JN171178

島／南の精神誌

Okaya Koji
岡谷公二

人文書院

島／南の精神誌＊目次

諸篇再録にあたり引用個所や固有名詞など旧漢字を新漢字に改めた。

島／南の精神誌

I

島の精神誌

思索社、一九八一年刊

島断章

私は、島に次第に近づいてゆく瞬間が好きだ。

たとえば明方、光が生まれず、海面がつめたい鈍色《にび》で、波のうねりの腹にまだ闇が漂い残っている時刻、彼方に、水平線とまぎれてしまうような一本の線があらわれる。実際、しばらく眼を離していて、またとらえようとする時、その線がいつのまにか消え去って、どうしても見出せないこともある。しかしやがて、その線は、もはやまぎれようのない、太い、黒々とした輪郭を帯びはじめる。それは、闇が凝ったような団塊となり、高低がはっきりしてきて、しまいには、島のはずれにある、海中の一つ岩の姿までが眼に映るようになる。それでもまだ、木々や、家々や、浜などの区別はつかず、すべては黒一色の中に呑みこまれていて、島全体の輪郭線がたどれるだけだ。

このような島影の中に、私は島の表情を読む。そこには、海の方へ昂然と顔をあげた誇らしさ、雄々しさ、馴染もうとする視線を拒否するきびしさ、孤立の憂愁、なにかに耐えている異様な静けさがある。

私は沢山の島影を見てきた。一番印象に残っているのは、水納島《みんなじま》の島影だ。その島は、那覇《なは》から石垣島《いしがき》の石垣港へむかう定期船が、宮古島《みやこ》の平良港《ひらら》を出てしばらくして、右手にあらわれる。水平線をなすった墨の一刷毛。しかし船がどれほど近づいても、島はついに一本の短い線のままだった。海が時化《しけ》れば、波がたちまち打ち越してしまいそうな、平坦で小さな島だ。こんな頼りない島は見たことがない。それでも百人近くの人々が暮していているのだという。しかし島の前面の白い砂浜には人影がなく、風にゆれている阿旦のしげみが夕空に寂しいシルエットを描いているだけで、どこにも人家の屋根は見えなかった。島の南端の、まだ灯の入っていない灯台は、押し寄せる闇と海の大軍を前にして、ひとり屹立しているという風だった。

そのほかにも心に残っている島影は多い。夜になると、中央にそびえる活火山の炎が、山頂に滞っている噴煙を下から赤々と照し出す諏訪之瀬《すわのせ》島の大きな島影、海から垂直に切り立って、人が住む平地があるとも思えない、険しい臥蛇《がじゃ》島の島影、海中に湧く硫黄泉のため、周囲の海が真黄色に染っている薩南の硫黄島《いおうじま》の島影……。

いろんな島のことを考えるときに人が感じるあの息づまるような印象は、一体どこからくるのか？　それでいて、島のなかより以上に大洋の空気、あらゆる水平線に自由にひらけた海を、人はどこにもつのか？　それ以上にどこで人は肉体の高揚に生きることができるのか？　だが、人は島 île のなかで、「孤立 isolé」する（それが島の語源 isola ではないか）。一つの島は、いわばひとりの「孤独の」人間。島々は、いわば「孤独の」人々である。（ロジェ・グルニエ『孤島』井上究一郎訳）

実際、島を旅していていつも感じるのは、島の孤立ということだ。島は、この孤立という状態から逃れることができない。それは、島の暮らしの一切を支配し、島の人々の行為と心理に濃い影を落としている。孤立は、島にとって不治の病である。だがそれは、特権でもあるだろう。

孤立とは、言うまでもなく、隔てられていることである。陸地からの距離に比例して、孤立の思いが深くなる。陸地から、海によって、しかも荒れ狂う海によって、はるか彼方に隔てられている島こそ、真の島である。それゆえ、湘南の江の島や、外房の仁右衛門《にえもん》島のように、陸地とほとんどつながっている島は、島とはいえない。それは、孤立を放棄し、陸地に隷従し、飼い馴らされてしまった偽の島々だ。

私がはじめて訪れた島は、伊豆七島の新島である。もう三十年近くも前のことだ。

当時の新島は、海水浴とサーフィンのメッカとなってしまった現在とは違い、さびれ切った離島だった。船も直行便はなく、大島の岡田港で一旦下りて、乗りかえねばならず、便の悪い時には、一泊して船待ちする破目になることもあった。大島からの連絡船は、二十トン足らずの小さな船だったが、それでも島の港には接岸できず、沖にとまって、はしけで上陸した。だから着いた時には、随分遠くへ来たという気がしたものである。

私は、知人の医者の家に厄介になって、一夏をすごした。

抗火石で出来た家々や、村中に漂っているくさやの匂いや、暗い小家の中で、黙々としてあじの腹をさいている女たちや、頭に物をかついで運ぶ風俗や、新しい供花でいつもみちあふれている広い墓地や、島の裏の、人の足跡一つ見えない、異様なまでに白い砂浜がどこまでもつづく羽伏浦の海岸や、夕食に折々出た、輪切りにされた海蛇の煮付や、すべてが私には物珍しかった。

島は、独自の顔を持つひとつの国、と私の眼には映った。風景から、空気の匂いから、言葉から、習慣から、人々の対応の仕方まで、ここではすべてが、私の暮らしていた東京とは異なっていた。そこに流れている、のびやかな時間も、心が拡散してゆくような明るい空間も、忘れられた生活の表情も、私の心に適った。私は、探していたものを見出したような気がした。

私は、新島そのものより、島という形をとった場所に心を惹かれた。それから私は、島ばかりをえらんで旅をはじめた。

「四面、局《カギ》ラレテ狭《セマ》、又ハ締《シマ》の義」

これは、『大言海』にのっている島の原義である。孤立していると同時に、周囲が明確に限定され、そして狭いことが、島の本質である。

陸地では、町や村の境界がはっきりしていない。どこから隣の町や村がはじまるのかを鮮明に示すものはなにもない。道路ひとつ隔てることなく、二つの区や町が続いてしまっている場合さえある。そこでは、想像力は、スプロール現象をおこす。

こうした曖昧さは、そこに住む人々の生活を蝕み、存在の形を、くらげのような、得体の知れないものにする。島は、まわりを海にかこまれているため、その輪郭は、まぎれようがない。隣の島および陸地は、まるで見えないか、水平線におぼろな姿を浮かべているだけだ。島のもっとも高い場所にのぼれば、私たちは、島のすべてを見てとることができる。陸地が海中に没するところで島は終わる。海岸線がすなわち島の国境だ。曖昧な部分は何一つない。島に住む人々は、どこへゆこうと、なにをしようと、つねに、島にいる、と感じることができる。陸地でのように、知らないうちに境をこえて、隣の町や村に入りこんでしまうということは決してない。彼等の見るもの、手にふれるものは、一木一草、すべてまぎれようもなく島のものだ。

明確な境界が、明確な帰属意識を生む。島ほど、人が土地とつよく結びついている場所は少ないだろう。島は小さく、人口は少なく、しかも周囲を、いつ凶暴化するかわからない海という敵にかこまれている。人々の団結は強固にならざるを得ない。こうして島には、よそ者の容易に入りこむことのできない、完結した、息苦しいまでに濃密な社会が現出する。

島それぞれの強い自意識もそこから来る。島の人々は、自分たちの島を、必要以上に他の島と区別したがり、いわれもなく他の島を軽蔑する。


島の人は〔……〕他島の者を侮辱の語を添えて呼ぶのを常とした。例へば新城《あらぐすく》の島の人々は隣の野嵩の島の者をNudaki atishō（野嵩のあはて者）、喜友名の島の者をChunnā hagā（喜友名の禿地持——貧弱な土地を有する人々の意）と云つて呼び、彼等自身は他の島の者からAragusiku hagā と云つて呼ばれた。（佐喜真興英『シマの話』）

隣同士の島で、言葉がいちじるしく異なっている場合があるのも、多分そのためである。沖縄では、とくにそれが甚しい。本島の中でさえいくつかの方言があり、その他宮古方言、伊良部《いらぶ》方言、多良間《たらま》方言、石垣方言、与那国《よなくに》方言、波照間《はてるま》方言と截然とわかれる。私にはどれも一様にきこえるが、沖縄の人に言わせると、言葉をきいただけで、どの島の出身かすぐわかるという。

また、小原一夫は、「南島の入墨（針突）に就て」という一文の中で、かつて南島の女性たちのあいだに広く行われた手の甲の入墨の模様が、島ごとにはっきり異なっていたことを証している。

島々は、それぞれ独自の風土、言語、風俗、習慣を持つ。はしけを下りて、島の中へ入ってゆくとき、私はいつも、どうしてここは一つの国ではないのか、という思いにとらわれる。

悪石島《あくせきじま》という島がある。トカラ列島に属し、面積わずか七平方キロメートル、人口百人余の小さな島である。三方を高い絶壁にかこまれて、いかにも近よりがたい。一方の、山の急斜面が海に落ちこむあたりに、浜とも言えない短い石浜がある。四日に一度の割合でやってきて沖に投錨する定期船には、ここからはしけを出す。海が時化れば、船は一週間、二週間、時には一月近く来ないこともある。最近は車が入って便利になったが、十余年前までは、島民たちは、浜から村までの急峻な九十九折の道を、荷物をかついで一時間近くのぼらねばならなかったという。

坂を上りきると、小さな盆地がひらけ、ガジュマル、アコウ、タブなどの木々にかこまれて、家々がひっそりと日を浴びている。それは、けわしい島容からはちょっと想像できないおだやかな風景だ。

島民は、平家の落武者の裔と称し、周辺の島々のあいだでは、悪石美人の名が高い。島には若い女性は少ないが、それでも私は実際に、おどろくほど顔立ちが繊細で上品な少女を何人も見かけた。

島では、村長を総代と呼ぶ。トカラ列島全体が鹿児島県十島村に属しているのだから、ここは正確には村ではなく、字である。総代という名も、その辺から生まれてきたのであろう。総代は選挙によってえらばれる。

島はもちろん耕地に乏しく、また、周囲の海は、鰆、飛魚、鰹などの宝庫でありながら、港がなく、冷凍設備もないため、魚は換金できず、したがって漁業も成立しない。このようなきびしい生活条件の中では、島民は一体とならなければ生きてゆけない。島民は総代の命令にしたがって動く。総代が今日は漁だといえば、男たちは揃って浜に下りる。そしてとれた魚は、村中の家々にもれなく分配される。工事だといえば、道路工事その他の工事に出て働く。これが、島ではほとんど唯一の現金収入の道だ。この時にも、何人かは、飲み方と称する夜の酒宴の肴をとりに海へ出る。この人たちにも同じ日当が支払われる。そして夜、人々は焼酎をのみ、歌い、踊る。

ここには警察官はおらず、役場も、郵便局もない。行政事務は、駐在員とよばれる島民が、県にかわって代行している。県から派遣されているのは、小中学校の教員くらいのものだ。

それゆえ、島は自治に近い姿をみせている。人々は信仰を一つにし、神事を大切にし、祭となれば、島をあげて行う。この島の盆に出るボゼという仮面は、民俗学上有名である。

焼酎と、映像の不鮮明なテレビ以外には娯楽はない。店屋は、なんでも屋が一軒あるだけだ。それでも島には活気があり、人々は深く睦み合っている。

なるほど閉ざされた社会だ。しかしこれは一つの国ではないだろうか？

島と海とは不可分だ。

島では、どこにいても海と顔をつき合わせることになる。海は、狡猾な見張人のように、まいたと思っても、全く思いがけない方角から突然姿をあらわす。

小さな島なら、どこにいても海が見える。いや、見えないまでも、海の気配は、至るところで感じられる。それは、風や光の中にも、戸を閉ざした家の闇の中にまで存在する。島では、海はすべてに浸透し、すべてを支配する。

島に住む人々にとって、海とは生活である。生きるとは、海とともに生きることである。彼等は海から逃れることができない。死ぬまで一緒なのだ。彼等の臨終の床にまで、いや死後にまで、海はついてまわる。海は彼等の意識と肉体の一部をなしているといっていい。

島には、必ず海を見る場所がある。トカラ列島だったら、スバタケと呼ばれる場所がそれだ。島民は、毎朝そこへいって海を見る。いや、海の表情を読む。そして海の色合いや、波の相から、その日の天候、潮の流れ、漁果の有無を判断する。彼等の見る海は、私たちの見る海とは全く違っているのだ。

「あの海を見たら病んでしまいますよ」と八重山の海を見てきた或る女性が言った。彼女は、「病む」という言葉を、「病みつきになる」という以上の、文字通りの意味に使ったのだということが、私自身、八重山群島を旅したあとで分った。海に病むとは、実感のある言葉だ。海には、人を病ませるほどの魅力、いや、魔力がある。トーマス・マンの言うように、海は実生活に立ち向かう意志を解体させてしまうのである。琉球弧の島々には、大概どの島にも、都会から来て、このように海に病んだ青年たちが、一人か二人は住みついている。

しかし島の人々が海に病むなどということは、決してありえない。

島々のあいだには、私たちの知らないひそかな交通があるらしい。

たとえば私は、口永良部《くちえらぶ》島の湯向《ゆむき》という村で、沖縄の伊是名《いぜな》島から毎夏小舟で、エラブウナギをとりにやってくるという老人に会ったことがある。伊是名から来るのは彼一人ではなく、中には夫婦でやってきて、そのまま居ついてしまった者もいるという。伊是名と口永良部は、距離もひどく離れており、全く関係のない島々と見えていただけに、この事実は私には意外であった。

八重山《やえやま》群島の竹富《たけとみ》島には、屋久《やく》島から渡ってきた人々が祀りはじめたという波座間御嶽《はざまおたけ》と称する古い御嶽がある。この人々は、竹富島の島建の祖に数えられている。そして私たちは、屋久島と竹富島との関係について、ほとんど何も知らない。このような例は、ほかにいくらでもあるだろう。

それにもかかわらず、島々は、互いに交わることなく孤立している。

島の人々の視線は、周囲の海より先にはゆかない。海は、水平線の彼方へと人を誘い出すよりは、島の中へと目を向けさせる。グルニエの言う通り、「島のなかより以上に大洋の空気、あらゆる水平線に自由にひらけた海」を持てる場所はないのに、海は、島をひらくより、あきらかに閉ざしている。

なぜだろうか？

折口信夫は、古代日本人は海を怖れており、『万葉集』をはじめとする歌集には、海洋の幸福を歌った歌は一首もなく、海はこわいということのほかは表現しなかった、と語っている。そしてそのような恐怖の原因を、水葬の風習に求めている。あるいは、今でも、同じ恐怖が、人々の無意識の奥に巣喰っているのかもしれない。

絶海の島々にはじめて住んだ人たちは、落武者や罪人のような、世をはばかる人々だったにちがいない。実際離島は、山村とともに、平家伝説、落人伝説のもっとも多いところだ。そうした人々にとって、孤立は安全の保証であり、島をかこむ絶壁は、恰好の砦であった。そして孤立を孤立とも思わない、島かぎりの生活が長い間続いたのである。人々は、島が生み出すものだけに甘じ、すべてを自分の手で作った。今日でも、島の人々が生活技術について持っている知識にはおどろくべきものがある。彼等は時として、大工、左官、電気屋、自動車修理工、床屋などを一身に兼ねている。

しかし海運が発達し、どんな不便な島にも、一週間に一度は便船が通うようになり、ラジオ、テレビを通じて情報がすみずみまでゆきわたる時代になって、かえって島の孤立感は深くなった。

実際、孤立とは、それを意識したときにはじめて孤立となり、災いとなるのだから。

島では、悪天候のために便船がとまり、足どめを喰うことがしばしばだ。そういう時、旅行者にも、島の孤立の意味がいくらかは分るようになる。

年末に数日の予定でやってきたのに、西風が吹き荒れて船が来ず、とうとう伊豆七島の利島で正月を送らされてしまったことがある。

或る日、風が西に変った途端、それまでおだやかだった島の様相が一変した。温度が突然下がると同時に、あたりが荒涼としてきて、晴れているのに物陰がひどく暗くなった。島の周囲の海には一面に白い三角波が立ち、轟々とした海鳴りがきこえ、島は風の音に包まれた。

来る日も来る日も船は来なかった。快晴なのに風は一向にやまず、三角波は高くなるばかりだった。

こうした日々の夕方の寂寥には、言いがたいものがある。村の家は雨戸をとざして深く黙し、どこにも人の姿は見えない。きこえるのは、身をもみしだく樹々のざわめき、風が小石を雨戸に吹き当てる音、それに海鳴りだけだ。四、五日もすると、島の店屋からは、めぼしい品物があらかた消えた。やがて酒も煙草もなくなった。こんなことはよくありますよ、と言う島の人々の顔にも、焦躁の色が次第に濃くなっていった。

その時私は、島は孤立しているのではなく、孤立させられているのだ、と思わずにはいられなかった。

多分、この受身の状態の中に、離島の不幸のすべてがある。実際、現在では、船便をはじめとして、大半の食料品や日用品から情報に至るまで、島はほとんどすべてを外部に頼っている。それは、島の意志とはさして関係なく、配給される。島はいわば、当てがい扶持で生きているのだ。

中央を認めた途端、島は末端になる。島はたちまち求心力の中にまきこまれる。こうして過疎がはじまる。人は孤立から逃れようとする。いや、そうではなく、孤立させられている、という意識から逃れようとするのだ。島を歩いていると、空家や廃屋が至るところで目につく。廃村一歩手前という村も多い。笹森儀助の『南島探験』（明治二十七）の中には、マラリヤのために廃村と化した西表島《いりおもてじま》の村々の凄絶な記録があるが、過疎とは、現代の心のマラリヤなのだ。

人の住まなくなった家は、いたむのが早い。とくに南国ではそうだ。屋根には忽ち草が生え、雨戸が腐り、根太が落ちる。そして、やがてとりこわされて一つの記憶が消える。

下甑島《しもこしき》の青瀬という部落で見た、そうした家の一つが、まだ私の眼に残っている。しばらく前に、一人暮らしの老人が死んだという家だった。八畳一間に小さな台所がついているだけの陋屋で、赤茶けた畳の、老人の万年床が敷かれていた場所だけがいやに白く、あたりには、空の一升瓶が二、三本ころがっていた。そして、白い歯みがきのあとが点々とついていて、コップや歯ブラシがそのままになっている、流しの横の釣り棚の細い柱には、外から入りこんできたたくましい蔓草が、すでに幾重にも巻きつき、毒々しい緑色の鎌首をもたげて、さらに奥の闇をうかがおうとしていた。

島の社会は、結束が固いだけに、島から出るのは、容易なことではない。いなくなった人の分だけ、はしけ作業をはじめ、島を維持してゆくための肉体作業が、残された人の肩にかかってくるからである。それでも人々は出てゆく。それは、一種の島抜けなのだ。

島から出てゆく人々に対し、ことさらに島に渡って住もうとする人々がいる。彼等は島にコンミューンを夢みる。島の人々が逃れようとする、孤立という条件が、かえって彼等の幻想を養う。

諏訪之瀬島にバンヤン・アシュラムという村を作った人たちのことは、すでに一部ではよく知られている。

諏訪之瀬島は、トカラ列島の中で、中之島に次ぐ大きな島である。中央に御岳とよばれる活火山がそびえていて、活潑な火山活動を続けており、文化十年の大噴火の際には、村が溶岩の下に埋没し、島民の大半が死亡して、久しく無人島になっていたこともある。現在の住民（四十人前後）は、明治初年に、奄美大島から移ってきた人々の裔である。

バンヤンの人たちが住みつくことができたのも、住民に比しての土地の広さもさることながら、この島が開拓民の島だからであり、開拓や移住に寛大だったからであろう。

十余年前、榊七夫という放浪の詩人が、定期船の船中でこの島の村長（総代）と知り合ったことから、バンヤン・アシュラムは生まれたという。榊は、誘われて島に下り、土地を借りて、家をたてた。そしてその仲間たちがいつのまにか集まって、村を作ったのである。

島民は、バンヤンの人たちをヒッピーと呼ぶ。実際長髪で、あごひげというヒッピー・スタイルが多く、大部分が家出や放浪生活の経験者である。アメリカ人やイギリス人もまじっており、子供を持つ夫婦者もいる。島には若者が少なく、そのためバンヤンの人たちは、はしけ作業や、祭、学校の運動会などには欠かせぬ存在となっている。過疎が生んだこのような不思議な共存状態は、他の離島にも見られる。

彼等の多くは、ヴェーダーンタという、インドで生まれた一種の哲学を信じ、自然を尊重して、機械文明を否定する。島には、自家発電の電気があるのだが、バンヤンの村には、電気が引かれていない。壁が竹編みのいくつかの小家のほか、ひときわ棟の高い礼拝堂が、村のはずれにある。ちなみに、バンヤン・アシュラムとは、ガジュマルの下の道場を意味するサンスクリットである。

彼等は、昼間は手分けして、或る者は魚や貝をとりにゆき、或る者は畑を耕やし、或る者は家内労働に従う。この島の周囲の海では、夜光貝というみごとな貝がとれるが、彼等は、その貝殻に細工して、ペンダントやネックレスを作り、東京その他の仲間たちのところへ送って売り捌いてもらい、現金収入を得ている。つまり彼等は自給自足しているのだ。夜、彼等は、焚火をかこんで焼酎の酒宴をひらく。

しかし、大企業が、最近この島にもリゾート・ホテルとホテル用の小さな飛行場を作った。彼等は、自然破壊を理由にこれに強硬に反対したが、その真の理由は、孤立の夢が破られることに対する怖れではなかったか、と思われる。

孤立し、海の彼方にへだてられているゆえに、実際島にはユートピア幻想がまといつきやすい。

ギリシア人のキテラ島、プラトンの語るアトランティス島から、中世人にとっての幸運の島、トーマス・モアのユートピア島をへて、ポール・ゴーギャンのタヒチに至るまで、多くの人々が島に楽園を夢みてきた。日本の古代人が信じた常世の国も、沖縄のニライカナイも、海上はるか彼方の島であり、他界というより理想境の面影が濃い。中国の蓬来山にしても、東海中の島だ。

もちろん山中に別の乾坤を夢みた場合も多い。しかしどんなに険しい山々にへだてられていても、そこは陸続きであり、現実から真に断ちきられてはいない。それに対し、島と私たちとのあいだには海がある。海は一切をへだて、清めると私たちは信じる。海によってへだてられればへだてられるほど、島は、私たちの心の中で、陸地の持つ一切の汚れから浄化されて、この世ならぬものの色を帯びる。

今日、島を楽園と信じる者などはいない。それでも私には、人々を島へと赴かせるもののどこかに、いまだにこのような幻想が尾を曳いているような気がしてならない。

島影が近づいてくるとき、私の感じるときめきの中にも、たしかにそれはある。

沖縄で

私が最初に沖縄を訪れたのは、昭和三十六年夏のことである。もちろん復帰前で、旅行にはパスポートをはじめとしてさまざまな手続きを必要とし、渡航の制限はかなりきびしかった。

当時の日記を見ると、七月十四日に汽車で東京を発ち、鹿児島で二日船待ちしたあと、沖縄丸で那覇へ渡り、本島にしばらく滞在してから、宮古、石垣、小浜、西表《いりおもて》、波照間《はてるま》の島々をめぐって、八月九日に本島に戻り、それからまた、船、汽車と乗りついで、八月十七日に東京に帰ってきている。全くの貧乏旅行で、旅館はできるだけ使わず、もっぱら伝手を頼っては泊めてもらった。それでも持金を使い果たし、鹿児島から普通急行の固い椅子に一昼夜ゆすられつづけ、ほとんど飲まず食わずで東京に帰りついたのをおぼえている。それだけに、この旅の印象は、今なおあざやかである。

もちろん沖縄に強い牽引を感じていたのは事実だけれども、当時の私は、沖縄についてまだ何も知らず、柳田国男も、折口信夫も、伊波普猷も、ろくに読んでいなかった。私はただ、会わない前や読まないさきから、或る種の人間や本に感じるのと似た親和を、沖縄という風土に対して感じていたにすぎない。

だがこの旅行以来、私は沖縄のとりことなった。

一体、沖縄のなにがそれほど私の心を魅惑したのか？

たしかに沖縄は、これまで多くの艱難を経てきた。薩摩藩の圧制と搾取、琉球処分、本土政府が戦前にとった差別政策、今次大戦の惨禍、戦後のアメリカ軍による軍政と基地問題——そうした事柄に無関心でいることは、本土の人間としてできもしないし、許されもしない。しかし、だからといって、たとえば大江健三郎が『沖縄ノート』でしたように、沖縄を黒い絵具で塗りつぶしてしまうことは、沖縄の真の姿を伝えることにはならないだろう。

基地問題がさかんに本土の新聞を賑わしていた時代で、私自身、現地を知るまでは、少なくとも本島の人々に関しては、もっとアメリカナイズされた、すさんだ心のありようを想像していた。そうした心の肌に全く出会わなかったとは言わない。しかし沖縄で何日か暮らしてみて、はじめに私が気づいたのは、人々の生活の万象にあらわれている、豊かでのびやかなリズムだった。戦争は、このリズムを何一つ変えていないように見えた。この尋常一様でないしたたかさはどこから来るのか？

町一つにしてもそうだ。アメリカ軍の空襲と艦砲射撃によって、首里《しゅり》と那覇はほぼ完全に破壊され、首里城をはじめとする由緒ある建物はことごとく失われ、森のように首里をおおっていたという老木は、跡方もなくなった。町は戦後装いを新たにした。それなのに、首里も那覇も、なんと沖縄くさいことか。復興した途端に個性的な表情まで失ってしまった本土の多くの戦災都市とは、その点で全く異なっている。

なるほど、表通りは一応近代的な姿を整えている。だがそれでも、ビルとビルの間から、亀甲墓の並ぶ草ぼうぼうの墓原が覗いていたり、交叉点の真中に、気根を垂らしたガジュマルが木かげを作っていたり、ガソリンスタンドの横に、石敢当が立っていたりする。一歩裏通りに入れば、そこはもうまぎれもない沖縄だ。豚の耳や足を山と積んだ肉屋、寸詰りの、青い沖縄バナナの房を軒に下げた果物屋、赤や緑の色あざやかな中国風の菓子を並べている菓子屋、「チャンプルー」、「足テビチ」など沖縄料理の献立を看板に大書した食堂、さんぴん茶や清明茶などを売っているお茶屋、そして、そうした店では、琉球まげを結った、元気のいい婆さんたちが沢山働いている。狭い通りの向うとこちらで、大声で話し合っている彼女たちの言葉は、私にはまるで分らない。頭の上の板に、大きくて少し黒っぽい豆腐をのせ、大股の濶達な足どりで売り歩いている女がいるかと思えば、電信柱の根もとにしゃがみ、蛇皮線《じゃびせん》をひいて物乞いしている盲の男がいる。

蛇皮線といえば、私は至るところでそのひびきをきいた。それに、ゆるやかでけだるく、低く嘆いているような、そして時には激しく切迫したものになる、声を絞り出すようにして歌う、あの沖縄独特の唄、家々の石垣が長い影をひく亜熱帯の夏の午後にいかにもふさわしい唄。多くはラジオ（テレビはまだあまり普及していなかった）からのものだったが、実際に蛇皮線を弾きながら歌っている声が、家の中からきこえてくることもよくあった。町中に沖縄の旋律があふれているという感じだった。

本島にいるあいだ、私は、首里の山の上にある崎山カトリック教会付属の学生寮で寝起きした。私は別にキリスト教徒ではない。ただ、頼って行った知人の永野善治氏が篤信者で寮の舎監をしていたため、便宜をはかってくださったのである。

寮に来て数日後に、夏休みにも故郷に帰らずに残っていた七、八人の学生が、私のために歓迎コンパをひらいてくれた。人なつこく、質朴な青年たちで、先島出身者が多く、みな一様に、骨太で、背が低く、色が浅黒く、眉が濃かった。

酒は、「守礼の門」という泡盛だった。酔うにつれ、彼等は争うようにして歌い出した。揃って声がよく、節まわしも確かなものだ。それも、本土の学生たちのコンパで必ず出てくる流行の歌謡曲やフォークソングではなく、すべて各自が生まれ育った島の唄だ。歌詞は島口だから私にはまるで分らなかったが、そばにいた学生が一々説明してくれた。それらの唄をきいていると、まだ見ぬ島々の面影が立ってくるようだった。手振り巧みに踊り出す者もいた。それは、唄がおのずから踊りを誘い出した、という風に見えた。

歌と踊りが、彼等にとって、宴会の隠し芸用のものなどではないことが、私にははっきりと感じられた。それは、彼等の喜怒哀楽が自然にとった形に近かった。これは、歌と踊りの本来の姿といっていい。岡本太郎の『忘れられた日本――沖縄文化論』の中には、本島の中部の村で闘牛を見た際、勝った牛の飼主らしい中年の女性が、嬉しさのあまり観衆の面前で踊り出す場面が出てくる。喜びがそのまま、手足の動きとなり、「アッと思うような見事な踊り」

となる。この本の中でもっとも印象的な個所の一つだが、私はそののち、こうした光景を沖縄の至るところで見た。

「内地の人はすぐ分ります。いきなりぺらぺら喋りはじめますからね」

このコンパの最中、学生の一人が私に言った。私たちのあいだの、悪質な黴菌めいた、言葉の異常な繁殖は、こうした直截な体の表現を失ってしまった人間の病徴ではないだろうか？

番が来て、歌わなければならない破目になった時、私は、歌うべき歌が自分には一つもないことに気付いて当惑した。もちろん、私だって歌ならいくつか知っている。中には好きな歌もある。しかし、考えてみると、それらはみな、私とは無関係な場所で生まれるか、作られた歌、要するに出来合いの、配給された歌だ。私の生活感情のひとかけらだって、そこに歌いこめられていはしない。

その晩、私が何を歌ったのかはもう忘れてしまったが、その当惑の感情だけは、鮮やかに記憶に残っている。同席していたアメリカ人の若い神父の歌った、フランク永井の「赤い灯、青い灯」のほか、流行歌はついに一つも出なかった。学生たちが、こちらにきかせるため、意識して歌をえらんだ気配は全く見えなかっただけに、私は感銘を受けた。

寮の周辺は、戦前は旧士族の屋敷町だったところだ。もうあまりその面影は見られないが、それでも、古びた狭い石畳の道だけはあちこちに残り、先祖伝来の広い敷地の中に粗末な家を建ててひっそり暮らしている旧家も折々は見かける。南国だけに草木の成長は早く、葉が緑の帆のようなバナナや、小判形の厚い葉がみずみずしく輝く、幹の白い福木や、ガジュマルその他の木々が、すでに家ごとに生いしげり、仏桑花の赤い花もちらほらと見えて、このかつての王城の地に、鄙びた田園の風趣を添えている。

白い漆喰でまわりを塗りかためた赤い琉球瓦の家がある。屋根の傾斜のほぼ中央に、魔除けのための陶製の獅子（シーサー）がのっている。戦火をまぬかれた、戦前のみごとな石垣に出会うこともある。沖縄の石の積み方は、たしかに本土のものとは違う。きめの細かい、いくらか黄ばんだ不揃いの石を積んでいるのだが、目地の描き出す線がいかにも繊細で、洗練されていて、ハイカラな感じがする。私は、このような石垣の代表的な例を、のちにペリーが来島したとき激賞したという中城《なかぐすく》城址で見た。私は、沖縄の石積みの技術がどこから出ているのか知らない。あるいは中国の影響でもあるのかもしれない。

私は一度、新しい石垣を積んでいる場面にゆき合わせた。袋小路の奥の家で、ひんぷんをしつらえた入口の左右の石垣を、中年の痩せた石工が、ただ一人だけで積んでいた。彼は、一筆描き加えるごとにキャンバスをためつすがめつする画家のように、石を一つ積んでは、後にさがって効果を調べる。時には、折角積んだ石をおろして、別の石にかえたりする。雨がぱらついてくると、近くの木蔭に入りこみ、しゃがんで煙草を吸いながら、じっと石垣を眺めている。そこには、石垣とのひそかで濃密な対話のようなものが感じられた。

夕方、雨があがって、強烈な日射しがよみがえってきたので、私はまた同じ場所に行ってみた。男は、例のように煙草をくわえ、腕組みをして、石垣の前に佇んでいた。仕事は、午前とくらべて、さして進んでいるとは見えなかった。彼は、この石垣一つに一体どれくらい時間をかけるつもりなのだろうか？　しかしその悠長な仕事振りとは裏腹に、すでに出来上っている部分はよく安定し、石の面は滑らかで、亀甲乱れ型の複雑な目地の線は、快い旋律を奏でていた。それは、戦前の石垣にひけをとらない、みごとなものだった。

私にはきわめて強い南方志向がある。人一倍旅が好きなのに、私は四十近くなるまで、福島県以北に足を踏み入れたことがなかった。私の眼は、いつでも琉球弧の島々の方を向いていたと言っていい。旅に出る時、私はいつも南に向かって出発した。

最近、折口信夫の『自撰年譜』を読んでいて、彼にも「仙台以北へ行かぬ旅癖」があったことを知り、大きな親しみをおぼえた。彼が友人の忠告によってこの旅癖をあらため、はじめて東北へ旅をしたのは、昭和五年四十三歳の時のことである。

南方志向、あるいは北方志向は一体どこから来るのだろうか？　それは、単なる体質や嗜好に還元してしまえるものだろうか？

少なくとも西欧において、南方志向は文化上のきわめて重要な問題である。アルチュール・ランボー、ポール・ゴーギャンをへて、アントナン・アルトー、ミシェル・レリスに至る人々の南方行は、いずれも単なる旅行ではなかった。彼等が南方をその目的地として選んだことには、大きな意味があった。南方——アフリカ、中近東、オセアニア、メキシコ、南米——は、西欧の物質文明に対立するものとして、彼等の眼に映っていたようである。事実、こうした南方行の系譜の誕生は、西欧の物質文明の確立と時期の上では一致しているのである。この文明に対する否定の激しさに応じて、彼等の旅もまた劇的な様相を帯びずにはいなかった。

彼等の行為は、いわば西欧文明の自己否定である。アーサー・シモンズの言葉を借りるならば、「自己否定にまで達した成熟」（『象徴主義運動』）を、この文明は持ったということであろう。個人に即して言えば、それは一種の自殺である。彼は、一旦死ぬことによって生きようとする。

このような死と再生の劇を、もっとも端的に生きたのは、ゴーギャンだった。彼は、「一切が腐敗している」と断じたヨーロッパには、終生戻らなかった。「私は野蛮人だし、今後も野蛮人のままでいるつもりだ」と彼が言うとき、私たちはその言葉を信じなければならない。しかし一方で、彼がその否定の徹底性を通じて、同時代の誰よりもよく西欧文明の本質を浮かび上らせていること、否定そのものによって西欧の精神と深く結びついていることも事実である。

このようなゴーギャンの作品と生き方に、当時の私は強い関心を持っていた。いや、関心という言葉では律しきれない心の傾斜が、私にはあった。

私の最初の沖縄行と、ゴーギャンに対する関心とが、直接ではないにせよ、どこかで結びついていたことは認めなければならない。つまり私は、日本人にとって南方とは何か、という問いをかかえていたのである。

たしかに日本の文化の歴史の中には、西欧にみられるような南方行の系譜はない。土方久功、中島敦、島尾敏雄のように、南方を精神の営為の場所として選んだ人間がいないわけではない。しかしそこに否定の契機を探すことはむずかしい。

私たちは否定者を持っていない。それは、さきのシモンズの言葉にならって言えば、私たちが、自己否定を生み出すまでの成熟に達していない、ということだろうか？　それとも、日本そのものがすでに南方だからだろうか？

結論からいえば、数次の沖縄旅行によって、私は日本人の中にある南方的要素を強く実感した。とくに八重山群島において、その思いが深かった。


最初に八重山を訪れた時、私は、金十丸という老朽船で、那覇港から宮古島を経由して、石垣島へと渡った。航海には一昼夜以上かかり、しかも数日来の低気圧の影響で、船はゆれにゆれた。船酔いが続出し、私のそばにいた五つ六つの女の子が、苦しさのあまり、怒った犬のような低い唸り声をあげつづけていたのをおぼえている。私は不思議と酔わなかった。

石垣港には深夜に着いた。デッキから眺めた港の光景も、はしけで上陸したあと、宿を探すために歩きまわった夜の町も、まことに暗く、寂しかった。

しかし一夜明かした翌朝の、なんという明るさ！　珊瑚礁石灰岩のこまかく砕けた真白な砂に光が反射して、目をあけていられないほど眩しい。そして海の色のなんというみごとさ。海がこんな色彩を帯びることがあろうとは、東京に暮らしていてはとても想像できない。浜の近くは、乳白色を含んだトルコ玉色、下に岩礁のある部分は真の紫、たえず白波のあがっている干瀬の向こうは、黒と見えるまでの濃いコバルトなのだ。

私は、永野氏の紹介状を持って、町はずれの海星カトリック教会を訪ねた。

小さな、白い石造の教会の隣に建つ司祭館は、仏桑花の生垣にかこまれた、白いペンキ塗りの、瀟洒な木造の建物だった。オーバン神父は幸い在宅していて、快く私を迎えてくれた。奄美に七年、石垣島で三年暮らした人で、日本語は流暢なものである。五十年配で、もう大分髪が薄いが、目はいきいきとし、鼻筋が通り、背が高く、身のこなしは運動選手のように軽快だ。あとで、ニューヨークの名家の出であることを、私は人からきいた。

神父は、私の旅行目的を訊ねたあと、部屋が一つ空いているからここに泊らないか、と言った。全く予期していなかったことだけに、私は一瞬返答に窮した。だが旅費の乏しさを考え、神父の申出を受けさせてもらった。こうして石垣島に滞在しているあいだ、私は司祭館の客となったのである。私には、漆喰の壁にキリストの磔刑像がかかり、ベッドと小さな机が置いてあるだけの簡素で清潔な部屋が与えられた。

オーバン神父は、キリスト教のことについては、一言も言わなかった。夕食の時、私たちは、神父が信者からもらったという泡盛をウイスキーグラスに注いで飲みながら、もっぱら石垣島、沖縄、奄美について話し合った。

民俗学上有名な宮良《みやら》村の赤マタ・黒マタの祭に私を連れて行ってくれたのは、このオーバン神父である。宮良は、石垣市にごく近い、海岸べりの村だ。この祭はプーリとよばれる豊年祭で、赤マタ・黒マタの二体の神は、ナンビドウという海辺の鐘乳洞から出て、行列を従えて村にやって来、太鼓の音に合わせて踊りを踊ったあと、村中の家を一軒一軒訪れて、祝福を授ける。

間近で見た赤マタ・黒マタの異様な扮装は、私の目をうばった。ともに頭にすすきの穂の束をいただき、赤マタは赤の、黒マタは黒の、大きな木製の仮面をかぶり、全身をくまなく草の葉でおおっていたのである。仮面はいずれも怪異なもので、極彩色で塗られ、瞳が一本の垂直線であらわされている丸く大きな眼、やはり一本の太い線をなす鼻、けものの牙のような白い歯をのぞかせた大きな口をそなえていた。

本土ではかつて見たことのない、いかにも南方の色濃いこの神々の姿は、私に一種の衝撃を与えた。

柳田国男は、赤マタ・黒マタと男鹿半島の村々に伝わるナマハゲの行事との関わりに着目している。訪れる神の異形の扮装ひとつとってみても、たしかに両者の類似はいちじるしい。両者がなんの関係もなく、それぞれ別個に発生したものでないことは、両者を隔てる地域に、同種の行事が散在していることからもわかる。柳田国男はこの事実について、「変化の色々の階段が地方的に異なるといふのみで、本来一つの根源に出づることは、比較をした人ならば疑ふことは出来ぬ」(『雪国の春』)と言う。そしてその「根源」が南方にあることを、断言はしていないが、暗示している。

この指摘は、私にとって刺激的だった。それは、南海の習俗が、東北の奥深くまで入りこんでいることを推測させるからであり、私たちの生活の深層に南方がひそんでいるという事実を意識させるからである。

この点、私が沖縄に初めて渡った年に出た柳田国男の『海上の道』は、大きな啓示の書物となった。この本の出版を契機として、以来、南方と日本とのかかわりが、人類学、民俗学、考古学、言語学その他の分野において、多くの学者によって討究されてきたことは、今更ここで言うまでもない。そしてそのかかわりは、日ごとに明確になりつつある。

私たちは南方なのだ。私たちはそこから出発しなければならない。

七月三十一日、私は石垣港から、西表島《いりおもて》西岸の村祖納《そない》へ渡った。水牛と一緒の呑気な船旅だった。右手には鳩間島《はとま》、左手には、断崖から滝がじかに海に落ちているような、西表島北岸の野生的な風景を眺めながら、三時間で船は祖納の沖に着いた。船から下されたクリ舟に乗って浜の近くまでゆき、あとは各自履物をぬぎ、ズボンの裾をまくり、浅瀬を歩いて上陸した。

村へゆく道で、漁から戻ってきたという、白髪を五分刈りにした老人と一緒になった。老人は、肩にかついでいる棒のさきに、大きな蛸、千針河豚、海蛇をぶらさげている。その獲物のグロテスクさは、この周辺の海に残る太古の気配を私に感じさせた。

祖納は、大樹の繁りに包まれた、静かな、古い村だった。家々は、孔だらけの珊瑚礁石灰岩を積んで石垣とし、周囲に福木を植え、赤い琉球瓦の重々しい屋根構えを見せていた。

この村で、私はオーバン神父から紹介された仲里医師に会った。島唯一人の医者であり、半世紀をマラリヤ防止のために戦ってきた人である。今次大戦後、アメリカ軍がヘリコプターを使い、山々をおおう密林にくまなくＤＤＴを散布して撲滅するまで、島はマラリヤの猛威下にあった。私たちは今でも、マラリヤのために亡びた村々のあとを、島の至るところで見ることができる。禅僧の面影を持つ医師は、閑雅な住居の小暗い部屋に端坐して、そんな死闘の歴史を淡々と、低い声で語ってくれた。

その晩私は、村で唯一軒の小さな宿に泊った。女主人は四十五、六の気のいいおばさんで、私が投宿するとすぐ、中学生の息子が言いつけられて、夕食のおかずを釣るため、竿をかついで裏口から出ていった。

私はここで、電気のない村の夜をはじめて体験した。

日が暮れきると、村は濃密な、真の闇におおわれてしまう。樹々が高くそびえ、枝葉をさしかわして空をかくしているので、月光も星明かりもあてにすることができない、過疎で空家が多く、人の住んでいる家も、石油ランプの光は、庭木の葉をしみのように染めるだけだ。馴れない者は、懐中電灯がなければ、一歩だって歩くことはできない。そんな闇の中にいると、村を包む四囲の自然の呼吸がじかに伝わってくる。風もない静かな夜なのに、自然の無言の威圧が、ひしひしと迫ってくる。

冷えた砂の道をすり足で歩くようにしながら村をまわっていると、天井から吊るしたランプの暗い光の下で夕食をしている家族の姿を石垣越しに見かけることもある。彼等はみな、闇という魔物から逃れようと、狭い光の輪の中に身をよせ合っているようだった。

濃く淀む闇の奥から、折々蛇皮線の音や、哀調を帯びた歌声がきこえてくる、泡盛に酔った数人の青年が、何か叫びながら、道をかけぬけてゆく。それは、虚勢を張って、闇の重圧を払いのけようとする姿と私の眼には映った。

翌日私は、船で知り合った那覇の中学の若い男女の先生方に同行し、村の青年に案内してもらって、島の奥の稲葉の滝を訪れた。稲葉の滝は、島では思いがけない大きな滝だったが、私は、それよりも、途中で目にした風光に強い印象を受けた。

多分西表島は、日本の中で熱帯の様相をそなえている唯一の土地であろう。朝焼けの空に優雅なシルエットを描いて高々とそびえている椰子の林や、山中に自生する、青い実のぎっしりなったバナナや、ジャングルという言葉でしかもはや言い表せない、気根が垂れ、蔓がからまりあった原始林や、密生するマングローブの中を、ゆるやかなカーブを描いて悠揚と流れる、小アマゾンを思わせる浦内川《うらうち》の泥土色の水面は、あきらかに熱帯のものだ。喜舎場《きさば》永珣は、その『八重山歴史』の中で、浦内川につぐ西表島第二の川、仲間《なかま》川の河口に、かつてワニがいたと書いている。この二つの川は、たしかにワニが棲息しても不思議はない川の相を持っている。

記紀に現れるワニは、普通サメと解されているが、折口信夫は、「古代日本文学に於ける南方要素」という一文の中で、かつてワニを実見した、南方からやってきた祖先たちの記憶の投影をそこに見ようとしている。日本が西表島のような風土を持っていることを思うと、折口信夫のこの大胆な説が、或る実感を帯びてくる。

西表島は、全島山々が重畳と連なり、千古の原始林におおわれて、とくに中央部は、人が立ち入ることを許さない。山を越えて島を横断する道は、現在でもないはずである。明治二十六年、笹森儀助はその『南島探験』の旅において、マラリヤとハブの危険を冒し、蛭《ひる》の襲撃になやまされながら、東岸の南風見から、中央にそびえるゴザ岳を越えて、西岸の祖納まで、島の横断に成功した。「余カ意既ニ決セリ。之ヨリ独歩スヘシ、君ト別レンノミ。若シ幸ニシテ生ヲ得帰ラハ、又君ト事ヲ共ニセント」――山越えを思い止らせようとした同行者に向かって言った彼のこの言葉からも分る通り、それは決死の行為だったのである。

稲葉の滝を見ての帰路、すでに祖納に近い峠をのぼりつめて後を振り返った時、日の沈んだ空に山々の尾根があざやかな輪郭を描き、眼下にひろがる原始林の緑は濃い夕影を帯び、隠見する浦内川の水面がかすかに光り、鳥の声ひとつ聞えず、すべては寂と静まりかえっていて、私は、粛然たる畏怖のごときものを感じた。

その夜、村の小学校の先生方が、宿直室で私たちのために歓迎会をひらいてくれた。PTAの会長で、精米所を経営しているAさんが蛇皮線を弾いた。細長い机のあちこちに立てた蠟燭の揺れる光の中で、私たちは泡盛を飲んで、歌い、踊った。ここでも歌はみな島の唄だった。「殿様節」、「仲間田節」、「デンサ節」といった西表の民謡が次々と歌われた。校長は、与那国島の「ションカネ節」を歌った。私はまた、自分の歌を持たない人間の困惑を味わせられた。

宴が果てて校庭へ出ると、空一面に大きな星が近々と輝き、その白い光の強さは、私を射すくめるようだった。波照間島で見た御嶽は忘れ難い。

八重山群島の南端にあるこの島は、周囲一四・八キロメートルの小さな、そして小高い台地がどこまでも続いている島だ。現在は空港が建設されて随分便利になったが、当時は、漁船まがいの船が四日に一度の割合で、石垣港とのあいだを往復しているにすぎなかった。舟行五時間、途中に潮の流れの早い個所があり、快晴無風なのに、船は随分ゆれた。

島には旅館はなく、私は空家になっている家を借り、そこで寝起きした。食事は、永野氏のかつての教え子で、今は小学校の先生をしている玉城さんの家で御馳走になった。

この島は鳥の島、という印象が強い、それほど鳥が多いのだ。空気が澄んでいて、物音があまりしないせいか、日がな一日、彼等の声が耳についた。ちょっと高いところに登ると、島の果てまで続いている野面に、黒胡麻をまいたように点々と彼等の姿が見えた。夕方には大群をなし、精細な影絵を描きつつ、ゆるやかに島の空を旋回した。

私が泊っていた家の前には、根方に香炉の置いてある神木らしいガジュマルの大木があった。どういう訳か、この樹には、いつも鳥が群れ集っていた。爬虫類めいた気根を無数に垂らしたガジュマルの暗い枝々に、眼を光らせた鳥がぎっしりとまっている光景は、ちょっと気味が悪かった。

一日、石垣市の高校に通っていて、今は夏休みで帰郷しているのだという玉城さんの弟が、島中を案内してくれた。道のない草むらに踏みこんだり、海沿いの岩を伝ったりして、とても私一人ではゆかれそうもない場所を見せてくれた。途中、司以外は、村人でさえ立ち入ることを禁止されているという御嶽に立ち寄った。ここ何百年、小枝一本とり去っていないかに思われる、神の森のただならぬ繁り様に心を惹かれ、翌日、うろおぼえの道順を辿りながら、もう一度訪れてみた。何度も道に迷ったが、狭い島なので、探しあてるのにそれほど時間はかからなかった。

入口がついに見つからず、私は仕方なく、身をかがめ、からみ合った枝々をかきわけながら、森の中へ入っていった。

やがて私は、森の中の空地に出た。そこは、かなり広く、中央の窪地には泉が湧き、ひとすじの細い流れが、海の方角へとためらいがちに流れていた。

そこは神の来臨する場所、司たちが神事をとり行う場所だった。しかし香炉一つ見えず、ヤラブの積った落葉の上に、海から来る透明な明るさが漂っているだけだった。

このような場所で、人々は一体どのような神を迎えるのか？　祖霊なのか？　それとも海の彼方にあると言われる楽土ニライカナイから訪れる神なのか？

私は、その御嶽に長いあいだいた。光の透く、木々の緑の天蓋の下に立ち、海からの微風にたえず吹かれているうち、私は、これまで神社でも、寺でも、教会でも味わったことのない不思議な感情に次第に捉われてゆくのをおぼえた。

それを言葉で表すのはむずかしい。たしかにそれは、一種の敬虔さではある。しかし私の心は、畏れ、虔んで、内にむかって収斂するよりは、もっと自在だった。心は、いつのまにか意識の垂鉛を振りすて、周囲にしたがい、周囲とともに動こうとしていた。私は、ヤラブの葉のあいだを洩れてくる光であり、吹き通ってゆく風であり、落葉の中をきらめき流れる水だった。私の心が、これほど周囲と一体化してしまったことはない。

やがて私は、窪地の底を、流れに沿って歩いていった。しばらくして森がきれ、真昼の光に輝く海があらわれた。御嶽の前には、短い、小さな、足跡ひとつ記されていない無人の浜があった。砂の白さは、そこもまた神域であることを私に感じさせた。干瀬の彼方の海は、例によって非現実的なまでに濃い、鮮やかな青で、水平線には、積乱雲の傍若無人の乱舞が見られた。

波照間島の御嶽での経験の意味を、私はまだ十分に解きほぐせないでいる。私にとって、沖縄について考えるとは、半ばはこの経験に帰ってゆくことなのである。

『海上の道』論――柳田国男の想像力

折口信夫は『自撰年譜』の昭和五年（四十四歳）の項で、友人の忠告に従い、「仙台以北へ行かぬ旅癖を更めて」、はじめて東北旅行をした旨を記しているが、柳田国男の方には、このような強い南方志向はなかったらしい。彼は早くから、北へも南へも万遍なく旅をしており、北に関して言えば、すでに明治三十九年には樺太まで足をのばしている。もっとも、彼の旅は多くが官費のもので、農商務省か法制局の用務を帯びての出張であり、行先について、自分の「旅癖」などにこだわっていられなかったことは、認めなければならない。しかし大正九年、野に下ってから最初に彼が試みた旅は、佐渡、次いで東北地方の東海岸を歩くものであった。そして同じ年の十二月には、沖縄への旅に出ている。このような旅の仕方にも、彼のバランス感覚がよくあらわれており、折口信夫の偏執とは対照的である。彼は、『遠野物語』（明治四十三）を出した理由について、後年、「西南の生活を写した後狩詞記が出たからには、東北でも亦一つは出してよい」と考えたからだと述べているが（「予の出版事業」）、同様に、沖縄紀行である『海南小記』は、東北旅行の産物である『雪国の春』の、明らかに意図した姉妹篇であった。

それにもかかわらず、晩年の柳田国男の関心は、いちじるしく南島へと傾いてゆく。このような関心が、最後の著書『海上の道』に結実したのは、周知の通りである。彼は、戦後間もない時期、「私は一日も早く平和な日がやって来て、琉球の調査と研究に出かけるのを唯一のたのしみにしている」（「これからの琉球」）と語り、その死に臨んでは、「沖縄の研究に万全を期することを条件として」、その全蔵書を成城大学に寄贈する。もはや彼の眼中には、沖縄しかないように見える。偏執とまではいえないにしても、たしかに彼は持前のバランス感覚を崩している。そして私は、そのような部分に、かえって彼の資質がなまなましく露出しているのを感ずる。

柳田国男は、その学問において実用を旨とし、経世済民をたえずめどに置いていたのだから、晩年の沖縄に対する関心を、南方志向という角度だけから論ずるのは、恣意のそしりをまぬがれないだろう。しかしこの関心が、きわめて自発的なものであり、必要に応じて生まれたものでないことだけは確実である。must の部分より、want の部分に、人の資質はもっともよくあらわれる。このような観点から、私は、柳田国男の沖縄研究、とくに『海上の道』(『海上の道』は単行本を、「海上の道」は同題の一文をさす)について、いささか論じてみたい。

「内からの見方」と「外からの見方」

『海上の道』は、柳田国男の数多い著作の中で、多分もっとも問題を孕んだ本である。彼が提出した、日本人の渡来に関する大胆な仮説がさまざまな論議を呼んだ、ということだけからそう言うのではない。仮説の提出の仕方、当否とは別の、仮説そのものの性質、それと彼の思想との関連性、いずれをとっても、そこには問題が含まれている。この本のもう一つの大きな主題である日本人の他界観についても、同様のことが言える。だから、極端な言い方をすれば、日本人の祖先が、沖縄近海に産する宝貝の魅力にひかれ、稲をたずさえて、南から島伝いに本土へ渡来したという仮説が、多くの証拠によって完全に否定されたとしても、この本の投じた問題は、少しも消えないのである。言うまでもなく、『海上の道』は、柳田国男の最後の著書であり、その学問の総決算である。しかし私たちは、ここに彼の円熟の姿を見ることはできない。

八十六歳の老翁として、柳田国男は、自ら種をまき、みごとに育てあげた民俗学という畑の稔りをさし示し、刈り入れをしてみせ、すでに賛辞を用意している、微笑を含んだ人々の前にそれをさし出して、悠揚と去っていってもよかったのである。しかし彼はそうはしなかった。彼は、自分のきずいた学問に、自分の手で挑戦状をつきつけるようなことをやってのけ、静かに閉じようとする円環を、無理矢理にこじあけてしまったのである。石田英一郎は、このような柳田国男の姿を「偉大なる未完成」と評し、谷川健一は、「柳田のなかに自分の作った学問を自分で始末したいという別の欲望が働いて、〔その力が〕日本民俗学をコッパミジンにたたきこわすことに用いられたような気がしてならない」（「『海上の道』と天才の死」）と書いている。

どうしてこのようなことが生じたのか？

単行本『海上の道』には、「知りたいと思ふ事二三」という補足的な短文も含め、全部で九篇の文章が収められている。そして前述のように、大ざっぱに言って、そこでは、日本人の渡来の問題と、日本人の他界観の問題が論じられている。すべての文章が、多少なりともこの二つの問題にかかわっているが、大まかにわけて、「海上の道」、「宝貝のこと」、「人とズズダマ」は前者に属し、「海神宮考」、「みろくの船」、「根の国の話」、「鼠の浄土」は後者に属し、「稲の産屋」は、やや間接的に前者に関係している。

ところで外間守善は、前者のグループを「外からの見方、考え方」に立つものであり、後者が「常に日本の内側からものを見、考えようとする日本民俗学の学問的方法によってつらぬかれたもの」と述べ、「二つのグループの視点ははっきりと違う」と指摘している（「柳田国男と南島研究」）。二つのグループのあいだに異質の要素が存在するのはたしかだけれども、「外からの見方、考え方」という表現には、いささかこだわらざるを得ない。

外間はほかの個所で、『海上の道』を「民俗学と民族学の学問的方法の融合を願望した柳田の遺言の書」と書いており、「外からの見方」が、民族学的な方法を指しているのはあきらかである。ところで柳田国男に民族学的方法や見方が果たして存在するだろうか？

柳田国男と民族学とのかかわりは、きわめて複雑多岐にわたっていて、一言では律しきれない。或る時は、その境界をとり払おうとするところまで接近するかと思えば、或る時は、民族学の方法と見方に激しい苛立ちをみせ、強い拒否を示すことさえある。そのかかわりを詳細にあとづける余裕はないし、私自身にその用意もないが、ただはっきり言えるのは、彼が内外の民族学の文献を広く渉猟し、その動向に注意を払うのを決してやめなかったにもかかわらず、最後までその方法と見方とのあいだに一線を画していたということである。

彼が『民間伝承論』の中で、採集を「旅人の採集」、「寄寓者の採集」、「同郷人の採集」の三つに分けたのは、よく知られている。そして彼は、もっとも重視する、目には見えない心意伝承は、同郷人によってしか採集しえないと考えた。彼が、民族学を全面的に受け入れることができなかったのは、その方法では、せいぜいが「寄寓者の採集」までしか行えない、と推察したからだ。

少なくとも柳田国男の場合、「内からの見方」と「外からの見方」は、簡単にかけ替えることのできる眼鏡のごときものではない。彼は「内から」しか物を見ることのできない人間なのであり、それは、彼の資質であると同時に選択であり、覚悟であり、生き方である。民俗学とは、彼にとって、このような生き方の実践の結果にほかならない。だから『海上の道』の中に、「外からの見方」などあるはずもない。それでは、第一のグループの異質性はどこから来るのだろうか？　私は、日本民族の渡来という、民族学や考古学の方法を借りなければ解決しえない問題に対し、あくまで「内から」迫ろうとしたところからそれが生まれていると考える。当然彼は破綻しており、そこに民俗学の限界が露呈しているともいえる。しかし日本人の来由を問うのは、彼にとって年来の課題であり、それに取り組むのは、責務でもある。民俗学の領域から逸脱するかどうかなど、彼には構っていられない。破綻は、あるいは覚悟の上だったのかもしれない。

宝貝、稲、南島

日本人の渡来についての柳田国男の仮説には、三つのメルクマールがある。一つは宝貝であり、一つは稲であり、一つは南島である。この三つを並べてみると、私たちはそこに、柳田国男の世界がおのずから現出しているのに気づく。まるでそれらは、詩人の感受性によって、さまざまなイメージの中からえらび出され、結びつけられたかのようだ。彼の仮説の当否を問うよりも前に、私たちはまずその美しさに魅惑される。明治三十一年夏の伊良湖岬滞在中に見た椰子の実の漂着が、この仮説の出発点になっているとなれば、なおさらである。

中村哲は、この仮説について、「学問以前の、椰子の実に仮託する初心の夢」であり、「それは詩であり文学であって、彼にとっての神話でさえある」(『柳田国男の思想』)と述べ、国分直一もまた、「若き日以来、柳田先生の胸中にあたためられ育くまれてきた詩的イマジネーションの結晶として評価されるべき性質のもの」(「柳田国男と『海上の道』」)と言う。このような評語は、多分柳田国男にとって、心外なものであったろう。彼は、長年の研究の成果をふまえた上でこの仮説に到達したのであり、あくまで事実をめざしているのであって、「詩」などは、まるで眼中になかったからである。それが、客観的妥当性を持つか否か以外に、「評価」の基準はありえない。事実、昭和二十七年五月の第六回九学会連合大会の公開講演の際に発表したこの仮説に対し、以後、三十七年の死の直前まで、彼は強い執着を示し、その成立をねがい、補強するための資料をたえず蒐集するのである。

日本人の祖先が、南から、沖縄の島々を経て北上したという考えは、大正九年末から十年はじめにかけての沖縄旅行の前後に、すでに彼の懐抱するところとなっていたらしい。たとえば、沖縄から帰った直後の、久留米市中学明善校における講演「阿遅摩佐の島」では、蒲葵について論じたあと、「此の如く永たらしく、コバと我民族との親しみを説きますのも、畢竟はこの唯一つの点を以て、もと我々が南から来たと云ふことを立証することが出来はしまいかと思ふからであります」と語り、「与那国の女たち」の中では、「北で溢れて押出されたとするには、平家の落人でもない限は、こんな海の果てまで来さうにないが、南の島に先ず上陸したとすれば、永くは居られぬからどうかして出て来たであらう」と書いている。

彼の口調には、まだ若干のためらいが見られる。それは、日本人の渡来に関して、当時世上に流布していた説の多くが、彼の説と相反するものであったからであろう。実際、彼が、沖縄研究において大きな啓発を受け、沖縄に渡った時には、「付きつ切りで話をきかせてくれた」(『故郷七十年』)という伊波普猷でさえ、沖縄への日本民族の南下説を唱えていた。柳田国男の北上説と伊波普猷の南下説との対立については、すでに外間守善の「柳田国男と南島研究」や、住谷悦次の「『妹の力』と『をなり神の島』」などに詳しく論じられているからここでは触れないが、伊波普猷は、「阿遅摩佐の島」その他で公表された柳田国男の説に衝撃を受け、一時自説の修正さえ考えたという。しかし、やがて彼はその必要のないことを確信し、以後晩年まで南下説を堅持するに至る。

柳田国男の方には、このような対立に動揺した気配は全く見られない。たとえば彼は、昭和十五年に発表した「海上文化」という一文の中で、「私は今日の大和民族はもと南の方から来たといふこと、その南から来た仲間を少しづゝ、途中の島に残しながらこつちへ上つて来たやうに思つて居る」と説く。私たちはこの説が、『海上の道』の中で、一層確信をもって述べられているのに出会う。彼は、異論にかこまれ、身近の、篤く信頼する伊波普猷とさえ対立しながら、そっくりそのまま北上説を信じ続け、しかも年をおうごとに、確信が深くなっていったようにさえ見える。修正を加えたり、留保をつけたりする余地など、少しもないかのようだ。考えてみれば、これは驚くべきことである。ことさらに自説に固執した、というようなところはどこにもない。石田英一郎は、柳田国男がこうした自説に対し、「ほとんど信仰にも近い詩人的な気持」を抱いていたという（「偉大なる未完成」）。私も、そこに彼の切望が、濃い影を落としているように思う。

宝貝に対する柳田国男の関心も、やはり大正十―十一年の沖縄旅行以来のものである。彼は、尚男爵の家でそのコレクションを見せられ、その色と斑紋の多様さと美麗さに驚嘆した。「今でもあの驚きは忘れることができない」、と彼は三十年後に「宝貝のこと」の中で記している。石垣島で彼が詠んだという「あらはまのまさごにまじるたから貝むなしき名さへなほうもれつつ」という歌も、半ばは、このときの強烈な印象から生まれているにちがいない（嘉治隆一『八重山群島と柳田翁』）。

しかし『海南小記』の中には、「宝貝は此あたりの海に、珠や錦よりも尚美麗な、様々の種類を産する。それを貨幣の用に立てることは、沖縄では知らなかつた。又何処からも求めには来なかつたらしい」（傍点引用者）という一節があり、宝貝が日本人渡来の動機としてまだ考えられていなかったことがわかる。

次に彼が宝貝に出会うのは、国際連盟委任統治委員会の委員として渡欧していたとき（大正十一―十二）のことである。彼は、ドレスデンの博物館で、アフリカ黒人の木像の眼にこの貝がはめこまれているのを見、また、エジプトを含めて、北アフリカでもこの貝が使用されていることを知る。そして「この貝は地中海にはないから、どこか遠くから持つてきたものであらうが、どういふ経路で運ばれたものであらうか」（『故郷七十年』）という疑問に捉えられる。そしてこの時から、宝貝の持つ文化史上の意味が、彼の関心をひくようになったと思われる。J・ジャクソンの『文化伝播の証拠としての貝類』をはじめとして、宝貝関係の文献に注意し出すのも、多分この頃からである。しかしこの関心は、彼の中に潜在して、戦後になるまで表にあらわれてこない。

伏流していたこの関心を顕在化させ、日本人の渡来の問題とのかかわりで、一つの大きな課題にまで成長させるきっかけを作ったのは、貝塚茂樹の『中国古代史学の発展』だったと推定される。「人とズズダマ」の末尾に、宝貝の文献として最初にこの本をかかげ、その「大きな感化力」についてふれ、「それがこの一文の発足点にもなつて居る」と書いているからである。

『中国古代史学の発展』の初版が出たのは昭和二十一年だが、成城大学の柳田文庫に蔵されている著者からの献呈本は、二十三年の再版である。至るところに赤インクで傍線が引かれ、重要な個所には小さな紙がはさまれていて、精読したことが歴然とわかる。末尾には、「昭和二十四年四月二十三日了、柳田国男」と、やはり赤インクで読了の日付が記されている。

ところでその翌々日の二十五日、彼は、大藤時彦、千葉徳爾、渋沢敬三とともに河口湖畔の浅間神社の祭を見に出かけ、その夜、湖畔の宿で、山梨郷土研究会の会員たちを前にして、「コヤスガヒのこと」と題して、一場の講話を試みた。それを筆記したものが、同年六月刊の雑誌『郷土研究』にのっているが、宝貝について、彼が最初に論じた一文として興味深い。定本には未収録なので、簡単に内容を紹介すると、まず『中国古代史学の発展』の読後感から説きおこし、「殷や周の金文に、王より宝貝を賜ったからそれに依って銅器を作製し先祖を祭るのだという銘記が沢山出てくる」という事実を述べ、元来山東省の付け根にいた東夷に属する種族が、中原に進出してたてた殷には、東夷の文化が、「宝貝の形で入った」とする。そしてこの宝貝がどこから運ばれたのであろうか、という問いを投げかける。それからひるがえって、沖縄諸島近海が宝貝の有力な産地である点に注意の喚起を促し、三十年前の沖縄旅行の際に見た尚男爵の宝貝のコレクションの見事さについて語り、「東夷から出た殷の時代に宝貝が極めて珍重されたという事と、海南諸島付近に立派なコヤスガヒが多く産するという二つの事柄は、直に結びつける事は未だ未だ困難ではあるが、興味のある問題であると思っている」と問題提起を行っている。

しかし、あきらかに彼の直観は、すでに「二つの事柄」を「直に結びつけ」てしまっている。あとは、その仮定を裏づける証拠を集めるだけでいいのだ。これまで誰一人指摘も、暗示もしなかった問題だけに、たしかにこれは「張合いのあるテーマ」（昭和二十五、平山敏治郎宛書翰）である。

昭和二十五年十月、比嘉春潮らの主宰する雑誌『文化沖縄』に発表された「宝貝のこと」は、このような証拠集めの中間報告ともいうべき一文である。そこで柳田国男は、「おもろ」の中の、頸飾りを意味すると思われる「ツシヤ」という語が、かつては宝貝をさすものではなかったか、という疑問を出し、その手がかりとして、本土の方で、子供たちが頸飾りにして遊ぶ、「形状曲線、殊に色沢」が宝貝とよく似たツシタマという草の実をあげる。もし彼の推測が正しく、「ツシヤ」が宝貝から頸飾りの意に転じたとするならば、それは宝貝を頸飾りにする習慣が沖縄ですたれたせいであり、その理由は、宝貝が輸出用として、自用を禁じられたからである、と説く。

私たちは、「海上の道」の仮説の構築めざして直進している柳田国男の姿をここに見ることができる。

この十月の二十四日から十一月一日にかけ、彼は、折口信夫、岡野弘彦とともに関西旅行に出、伊勢参宮したあと、当麻、橿原をへて大阪に出た。この旅の様子は、岡野弘彦の『折口信夫の晩年』にくわしいが、その中に、伊勢神宮での座談会のあと、かつて沖縄の波上宮に勤めていた杉谷という神官の家に、貝のコレクションを見にゆく場面が出てくる。大分夜がおそくなっていたけれども、「それは是非、拝見したい。いまからうかがって、見せていただきましょう」と言い出したのは、柳田国男であった。さまざまな珍しい宝貝は、いたく彼を喜ばせた。彼は、「殊にひときわ見事な、黄金色に輝く南洋の宝貝を両手にとって、青年のような興奮を見せながら、「海上の道」について話をした」という。

この旅の途次、大阪に出たあと彼はさらに京都へまわり、京都大学の理学部に貝類研究の権威黒田徳米教授をたずねて、宝貝について色々と質問をしている。

〔……〕先日御手紙にて承り候宝貝の蒐集家杉谷氏只今は伊勢の神官にて、偶然に其後のコレクションも合わせてすべて一見し参り候　非常なる好機縁に候き　それから京都大学にて黒田徳米氏にも逢ひ、又大へん大きな知識を得申候　いつか沖縄の人たちに話し度候。

これは、この旅について報じた、比嘉春潮宛の彼の手紙の一節である。宝貝を日本人の渡米の動機とする仮説は、ほぼこの頃、彼の中で固まったように思われる。

「海上の道」の問題点

「海上の道」は、昭和二十七年五月十一日に、九学会連合大会で行った「海上生活の話」と題する公開講演の草稿に加筆訂正したもので、同年の十月から十二月にかけ、雑誌『心』に三回にわけて連載された。

これは、従来の柳田国男の文章にはない幾つかの要素を含み、彼の業績の中で、特別な位置を占める一文である。まず第一に、彼はここで、日本人の渡来の問題という、一国民俗学の領域をはるかに逸脱した問題を扱っている。こうした問題にゆきつくのは、彼の学問の道すじから言えば、論理的な必然性を持っているのであり、そのこと自体は、異とするに足りない。異とするのは、このような問題に立ち向かう、ほとんど不用意とも見える彼の態度である。問題の性質上、民族学、考古学、言語学、形質人類学その他の学問のこれまでの成果と知見に対する考慮が当然必要であるのに、彼は、そのような手続きを省いてしまっているかのようだ。たとえば、稲が島伝いに北上したとする彼の説を裏付ける考古学上の発掘は全くといっていいほど見られず、むしろその反証が多いという事実は、不問に付されている。酒井卯作は、柳田国男が九学会連合でその仮説を発表したとき、「考古学界の長老たちは驚きのあまり失神したというデマさえとんだ」（「柳田民俗学と沖縄研究の周辺」）と書いているが、考古学界の反応の一端が、ここに或る程度うかがわれる。

柳田国男と考古学の関係は、民族学の場合よりはるかに単純である。彼は、明治四十一年頃に考古学会に入会し、四十四年にその評議員をつとめたりしているけれども、やがて有形のものだけを重んじ、眼に見えないものを無視する考古学界の行き方に大きな疑問を抱き、以後そのような行き方にしばしば痛烈な批判を放ってきた。無形のものを中心とした、民俗学という新しい学問を作り出すに際し、考古学は、文献史学とともに、いわば彼の仮想敵だったのである。

といって、彼は、考古学界の成果に対し無関心であり、したがって無知であったわけではない。むしろその大方に通じていたと推測される。第二次大戦後に再開された沖縄の発掘調査の第一陣であり、大きな波紋を投じた八重山波照間島下田原貝塚の、金関丈夫、国分直一らによる発掘（昭和二十九）が、柳田国男の主催する南島の総合調査の一環として行われたことだけでも、この推測を十分に裏付けてくれる。

「海上の道」の中で、彼が考古学の従来の成果に全く触れなかった事実は、それゆえに一つの意味を持ってくる。「海上の道」の中でもう一つ目立つのは、彼が仮説を述べるときのほとんど断定的と言っていい口調であり、そのような口調に見合うだけの証拠をほとんどあげないことである。

たとえば彼は、島々への日本人の先祖の渡来の動機にふれて、「私は是を最も簡単に、ただ宝貝の魅力の為と、一言で解説し得るやうに思つて居る」と言う。しかもこの断定の根拠としてあげているのは、「秦の始皇の世に、銅を通貨に鋳るやうになつたまでは、中国の至宝は宝貝」であったこと、「極東の方面に至つては、我々の同胞種族が居住する群島周辺の珊瑚礁上より外には、近いあたりには、之を産する処は知られて居ない」こと、宮古島周辺にこの貝を豊富に産する大きな珊瑚礁があり、宮古島と大陸とのあいだに、古くから貿易船の往来があったらしいこと、といった程度で、いずれも状況証拠の域を出ていない。

柳田国男はこれまで、仮説を立てるにしても、なんらかの結論をみちびき出すにしても、その前にくどいくらい多くの例証を積み重ねるのを常としてきた。場合によっては、事実だけを並べて、結論は読者にゆだねる、ということもある。その点、きわめて慎重で、だから一旦彼が引き出した結論には、強い説得力があった。「海上の道」は、このような彼の従来の論旨の立て方の逆を行っている。まず結論があり、しかもそれは、なに一つ証拠や裏付けを必要としない、自明の事実であるかのようだ。

谷川健一は、『海上の道』全体について、そこには「何かパノラマ風なもの」があり、「事実と事実の緊張関係からかもし出された実感」が少なく、「文献的で飛躍が多すぎる」と批判しているが（「『海上の道』と天才の死」）、少なくとも「海上の道」という一文については、当然の批判と言えよう。

「海上の道」における、従来の柳田国男の文章にはみられない幾つかの問題点は、一体どのように解釈すべきだろうか？

たしかに、年齢から来る焦りをそこに見てとることもできる。彼はすでに七十七歳であり、仮説が事実へと成熟してゆくのを待つ余裕はない。仮説だけをまず公にして、その裏付けを後進の学徒に委ねるのは、ごく自然のことかもしれない。宝貝の問題のように、これまで誰一人指摘も、暗示もしなかった仮説となれば、なおさらである。

しかし私は、別の見方をしたい。

柳田国男は、常に効果というものを考えて生きてきた人間である。彼は筆をとる場合、自分の文章が、誰に、どのように受けとられるかをいつも念頭においていた。経世済民を学問の本旨とし、「学問が実用の僕となることを恥として居ない」と公言する彼は、文章が文章で終わるのを望まなかった。それは、読む人に働きかけ、なんらかの運動を起させねばならぬ。だから彼は、いつも読者をきわめて具体的に限定して物を書く。その読者とは、或るときは小学校や中学校の先生であり、或るときは村の有志家であり、或るときは地方在住の民俗学の研究家である。

それゆえ、「海上の道」の要旨が、最初九学会連合大会で発表されたという事実を忘れるわけにはゆかない。この一文は、九つの学会の学会員、およびその周辺の人々を対象として書かれているのはあきらかだ。彼は自分の仮説を受け入れさせることよりも、それが彼等の運動の大きな起動力になることを望んでいる。そのためには、慎重な手続きを経た上での控え目な言い方より、耳目を集める断定的な表現の方がいいのだ。

考古学をはじめとする諸学の従来の成果をことさら不問に付したのも、この観点からすれば理解することができる。さもなければ、彼の仮説は、留保の多い、力の弱いものになっていただろうから。

「海上の道」の仮説が、発表以後さまざまな論議の対象となり、その論議がバネとなって、南島研究が飛躍的に発展したことを考えるならば、柳田国男の計算はきわめて正確だったと言わねばならない。

しかしそれにもかかわらず、その仮説を、あれだけ強力に打ち出すには、効果の計算だけでは足りない。やはり彼のヴィジョンの強さ、ということを言わずにはいられない。

感受性の選択

感受性は選択する。それが鋭ければ鋭いほど、その度合いは大きくなる。鋭い感受性は、多くの人々が見落とすか、気付かずに通り過ぎてしまう事象を捉え、敏感に反応する。それは、あるものを深く受け入れるかと思えば、別のものをきびしく拒否し、排除する。このような受容と排除の振幅は、その感受性の持主のものの見方、考え方に当然大きな影響を与える。それが、その人の個性を形作るといっても言い過ぎではない。

一方、この振幅の大きさは、日常生活の上で一種の不幸な状態を作り出す。感受性の選択の命ずるままに生きてゆくことは、とてもできないからである。それ故、多くの人々は、或る年齢に達すると、社会生活の必要上、自らすんで、感受性の上に保護膜のごときものをかぶせる。この仮面がそのまま、素顔に食い入って、見分けがつかなくなる場合もある。しかし多くの場合、保護膜のかげで、感受性は、受容と排除の営みをひそかに繰りかえす。それが鋭敏であれば、判断保留ということはない。受けいれるか、拒否するか、どちらかなのだ。こうした、精密な選別機のような感受性の働きは、時々刻々、一瞬の休みもなく、人の一生にわたって続くのである。

詩や小説においては、このような感受性の働きは、表面に明確にあらわれる。しかし学問の場合、それは比較的目につかず、論じられることも少ない。学問とはすべて科学であり、科学上の真実は、個人の感受性などには無関係だ、という幻想を多くの人々が抱いているからである。また実際、それが、厖大な知識や、論理の体系のかげにかくれてしまっていることも多い。

しかし、南方熊楠、柳田国男、折口信夫といった学者たちの著作に少しでもなじむならば、人は、彼等の学問の奥に鋭い感受性がひそんでいることに、遅かれ早かれ気づくはずである。読み進めば進むほど、その感受性は明確な姿をあらわしてくる。彼等の学問にあっては、感受性の選択が強く働いているゆえに、一切が緊密にむすびつき、一つの全体、一つの世界を形作っている。そこにはまぎれもない個性の相貌がある。

その一方に、知識や事実の羅列を以て、学問としている者が、巷には氾濫している。どれほど多くの知識や事実が動員されようと、感受性の選択を経ていないため、彼等の学問は寄せ集めにすぎない。彼等の著作は、無味乾燥であり、少しも私たちの想像力を刺激しない。それにもかかわらず、この無味乾燥を、かえって学問的として喜ぶ傾向がある。今日の人文学界の大方は、このような事実盲信ともいうべきものの上に成り立っているのである。

ここで誤解のないように、すぐれた学者の学問は感受性に支えられてはいるが、感受性の恣意には委ねられていない、ということを付け加えておきたい。彼等にとって事実とは、詩人や小説家にとっての人生の現実と似た位置を占めている。詩人や小説家の感受性が、人生の現実に対していかに否と叫ぼうとも、彼等はそれから逃れることはできない。彼等はそれと緊張関係を持つのであり、そうした関係の中に、彼等の感受性の形があらわれるのである。

すぐれた学者は、事実に対して謙虚である。いかに感受性に逆うものであろうと、それが事実であるならば、彼はそれを受け入れる。事実の重みを知っているため、彼の感受性が恣意的に働くことなどはありえない。ただ彼は、事実と緊張関係を持つ。もし感受性の恣意にゆだねられた学問があるとすれば、それは好事家の学問である。彼等は、事実に対してこのような緊張関係は持たない。

柳田国男の著作を読む時、私たちは、このような感受性の選択の働きを、ともすれば見落としがちであり、『定本柳田国男集』の中には、民俗に関するあらゆる事象が扱われていると信じこみやすい。民俗学が人文科学の一分野であり、柳田国男がその創始者であるとなれば、このように思い込むのも或る程度は自然であろう。しかしそこには、彼の感受性が選択したものだけが集録されているのであり、同じ感受性によって排除されたものが多いことを、私たちは一方で知っておかねばならない。

たとえば、よく指摘されることではあるが、『定本柳田国男集』の中では、性に関する事象が、ほとんどといっていいくらい扱われていない。性は人間生活の根本にかかわる事象であり、「科学」の立場に立つならば、このような欠落は、由々しい問題である。実際、そうした立場から、柳田民俗学の成立に疑問を呈するむきもある。南方熊楠と柳田国男の対立の遠因の一つは、性に対する両者の態度の相違にあった。柳田国男の態度を偽善的とし、「学問の進展に害あり」とした南方熊楠の批判の当否はともかく、性に関する事象が、柳田国男の感受性になじまなかったことだけは事実である。

『海上の道』の中の、日本人の渡来についての仮説と、日本人の他界観の問題についても、彼の感受性の選択が強く働いていることを、私は言いたい。いずれも、事実の明証性によって妨げられ、束縛されることの少ない対象だけに、彼の感受性と想像力とは、かなり自由に、時には我ままにさえ振舞っている。

日本人の渡来の仮説について言えば、彼は、江上波夫の騎馬民族説をはじめ、日本人が北から南下したという説には、ほとんど一顧だに与えていないばかりか、拒否反応に近い反応を示している。

たとえば、騎馬民族説について、彼は『故郷七十年』の中で次のように言う。

今日では大陸から朝鮮を南下し、海峡をぴよんと渡つて日本へ入つて来たらう、文化も人間もみなさうして入つて来たらうと、簡単にきめる空気が非常に強いが、私ははつきりとその説に反対してゐる。

日本民族が馬に乗つて北シナから南へ移住して、どつと船で馬もろとも海を渡つてきたといふのである。〔……〕稲は前からゐた人たちが作つてゐるところへ、普段米をたべたことのない人種が馬を連れてやつてきて支配者になつたといふのである。

柳田国男が反対する根拠は、日本人と稲とは切り離すことができず、稲作民であるからには、南方から島伝いに来るしかない、ということである。

ここは、二つの仮説の当否を論ずる場所ではなく、私自身にその資格もない。私はただ、引用の個所にあらわれている、彼のはっきりした軽侮の口調に読者の注意を促したい。一つの仮説に耳を傾け、それを慎重に吟味したあと、留保をつけつつ反対する、という態度はここにはない。私は、彼の感受性が逆撫でされたのをはっきり感じる。騎馬民族説は彼の感受性になじまず、彼はそれを拒否しているのである。

今日、稲が南方から島伝いに本土に伝えられたことを裏書きする考古学上の資料は何ひとつ発見されていない。むしろ、朝鮮から北九州へと伝えられた稲作が、南漸して沖縄に及んだとする説が、学界の主流を占めているように思われる。それゆえ、柳田国男の騎馬民族説に対する反対は、少しも論証に支えられたものではない。

伊波普猷の、沖縄への日本民族の南下説に対しても、柳田国男は苛立ちを感じていた気配がある。「柳田先生と伊波先生の間には、日本民族の形成ということにもつながる、沖縄人の祖先の渡来を想定するのに対立があった」と比嘉春潮は『沖縄の歳月』の中に書いているけれども、この対立は、表面化したものではなかった。二人の間に論戦という形が生まれなかったのは、折口信夫の場合もそうだが、多分伊波普猷の側に、柳田国男に対する敬意が大きすぎたためであろう。しかし伊波普猷の諸著作、とくに『おなり神の島』及び『日本文化の南漸』と『海上の道』とを読み比べるならば、その対立が、はっきりと浮かび上がってくる。住谷悦治の指摘する通り、『日本文化の南漸』の中には、あきらかに柳田説を批判した個所があり、一方『海上の道』は、これらの伊波の仕事を鋭く意識して書かれている。

元来、沖縄学に関して言えば、柳田国男にとって、伊波普猷は先達であった。明治四十五年に伊波から『古琉球』を贈られたことが、沖縄の文化に対する開眼になったことは、彼自身はっきり認めている。以来彼は、沖縄についての知識に関し、伊波に多くのものを負うており、そのことは、『海上の道』の中の宝貝、ニライカナイ、ニライカナイの使者である鼠についても言い得るのである。

それにもかかわらず、前述したように、彼は、伊波の、綿密周到な論証の上に立つ主張に、少しも動かされることがなかった。それは、柳田説に対して大きく動揺しながらも、自説をきずきあげていった伊波の態度と、対照的である。これを、両者のいわば貫録の違いという形で片付けることはできない。

仔細に検討するならば、二人の間の対立にはずれがあり、真の対立にまでは至っていないことが分ってくる。たとえば、ニライカナイの所在についてならば、二人は明らかに対立している。伊波普猷が、ニライカナイははじめ北方にあるものと信じられていたのだが、第一尚氏が東部の佐敷から勃興するに及んで、東に振りかわったのだとし、その事実を、日本民族―海部族―南下の主なる論拠としているのに対し、柳田国男の方は、「私などはどうも其証拠を見出すことが出来ない」(『海神宮考』)と、この説を真向から否定しているからである。

しかし沖縄人の祖先について言えば、伊波普猷の主張通り、本土からの南下の波が十分ありうるのと同様、柳田説のように、南からの北上の波の可能性も、排することはできない。つまり二人の説がともに成り立つ余地があるのだ。このところを、伊波の方は、「南島に打寄せた人種移動の波はただ一度ではなかつたやうな気がする」(『孤島苦の琉球史』)と認めている。

もう一つ、那覇で生まれて育った伊波普猷の思考が、どうしても本島中心になりがちなのに対し、柳田国男の方は、沖縄と言う時、八重山諸島、宮古諸島を、本島およびその周辺の島々とともに、つねに視野に入れているという点に留意しなければならない。彼の場合、この三つのあいだに少しも軽重はない。いや、時にはむしろ、本島よりも先島に関心があるのではないか、と思えるふしさえある。柳田国男の方が、視野が一層グローバルであり、二人の対立と言われるもののあいだには、このような視野ないし視点の相違から来るずれがたしかに存在する。

したがって、ここでは、二人の対立を云々するより、伊波普猷が、『日本文化の南漸』（昭和十四）を書き上げたあとになっても、「日本文化の南漸以前の沖縄に、南方系の文化や言語を帯同する先住民族がいたであろうことを〔……〕発言している」（外間守善）のに反し、柳田国男が、日本民族の南下説を終始一貫して不問に付したという事実の方に、注目したい。それはなぜだったのか？

この疑問を検討する前に、折口信夫によるもう一つの南下説に対しての柳田国男の反応にふれておきたい。

折口信夫は、昭和十二年に「琉球国王の出自」という一文を発表し、名和長年の流れを汲む一族が戦に破れ、大隅の佐敷から海路を南下して、沖縄東部に上陸し、その地を出自の地と同様佐敷と名づけ、沖縄をはじめて統一する第一尚氏の王朝の基礎をきずいた、というきわめて大胆な仮説を提出した。この仮説は、柳田国男の「海上の道」の仮説同様、単なる学問上の主張ではなく、詩的ヴィジョンに裏付けられたものであった。彼は昭和十三年、名和一族の南下の航海を歌った長詩「月しろの旗」の一部を雑誌『むらさき』に発表する。彼の詩の中で、もっともスケールが大きく、量的にも最長のこの作品が、ほぼ完成した形をとるのは、昭和二十年、空襲のために印刷所で焼失した『古代感愛集』の自装本においてであったという（岡野弘彦「「月しろの旗」論」）。つまり折口信夫は、このヴィジョンを十年近く胸中にしていたのであり、このことは、その仮説に対する執着の深さをも一方で示している。

この仮説は、あまり意表をつくものであったため、発表当時、多くの人々を戸惑わせたらしい。折口信夫は、伊波普猷の「つきしろ考」その他に準拠しながらこの論考を書いたのだが、その伊波でさえ、「アプリシエートしにくい」（「あまみや考」）と言い、東恩納寛惇もこれをはっきり斥けている。しかし沖縄出身の学者の中にも、稲村賢敷のようにこの説を肯定する者もあり、最近では、谷川健一が「「琉球国王の出自」をめぐって」の中で、積極的にこの仮説を擁護した。

柳田国男はもちろん、この説に批判的である。彼は、『故郷七十年』の中で、「折口君は沖縄のために一生懸命に働いた人だが、この名和氏説だけは困るという人が多い」と語り、稲村賢敷の『琉球諸島における倭冠史蹟の研究』をほめながら、この本の弱点は、折口信夫の名和一族南下説を承認していることだと断ずる。

これまで見てきたように、柳田国男は、騎馬民族説も含め、日本民族の南下説のすべてに批判的である。しかしその批判は、反証をあげて相手を論破するという形をとらない。頭からの否定であり、黙殺である。これは、実証を旨とする彼の学風にはそぐわない独断的態度といえよう。場合によっては、おのれの「海上の道」の仮説を成立させるためにとった、学問上の一種の処世術だと勘ぐることさえできる。しかしそう言っただけでは片付かない、或る根深いものが彼の態度の奥には存在する。

明治三十一年の夏、伊良湖岬の村に滞在していた大学生の柳田国男は、浜にいくつとなく流れついていた椰子の実により、日本が黒潮を介して南方と深く結びついているという事実を、まのあたりに知った。この経験は、彼にとってよほど強烈なものだったらしい。ただ彼の驚きは、日本の海岸に椰子の実が漂着するということの意外さだけから生まれているのではない。この、村人たちにとっては日常茶飯といっていい事実が、これまで彼の読んできた書物の中に、一言半句も記されていなかったということからも発しているのである。彼はその時、同じようにして、文字に録されることなく終わった常民の無数の体験についても思いを馳せたにちがいない。それゆえ彼の民俗学は、この時のおどろきから芽生えたといっても言いすぎではない。

私はかつて、柳田国男の伊良湖岬滞在が、椰子の実の一件も含め、のちの彼の仕事にどれほど深い痕跡を残したかについて論じてみたことがある（次章「椰子の実とアシカ」参照）。私は、この滞在と、そこから生まれた紀行文「遊海島記」とを、柳田民俗学の出発点とみなすものである。

椰子の実の経験は、いわば彼の民俗学の核である。「海上の道」の仮説は、この核の部分とわかちがたく結びつき、そこから発展してきている。あまり長いあいだ彼の胸中にはぐくまれてきたものだけに、それは仮説というより、彼の存在の深部に根を下したヴィジョンの如きものと化している。この仮説に対する石田英一郎の「ほとんど信仰に近い」ものという感想は、この辺の消息をさして言っているのであろう。「現在われわれが教えられる海流に関する知識は先生のご期待に十分答ええたとは信じられない。しかし先生は海のかなたに絶えず心を馳せておられた。それが何処であったろうかということはご在世中ついに確かめられなかったことはまことに残念である」という永井威三郎の言葉（『稲の日本史』序）も、同じ印象を語っていると思われる。

播摩で生まれ、関東で少年時代を送った柳田国男は、伊良湖岬で椰子の実に出あうまで、京畿と東京とを中心にして日本を考えていたはずである。椰子の実を通じての南方の発見は、後年島尾敏雄がヤポネシアを発見した場合と同様、それまでのやや単調で一律な日本のイメージに、変化と陰翳とのびやかな豊かさとを与えるものであった。この時彼が友人の田山花袋に宛てて書いた手紙によれば、南方という形で彼が考えていたのは、「小笠原嶋」であり、「南洋諸島」である。しかし、この漠とした南方への思いは、やがて沖縄という具体的な対象を得る。それゆえ「沖縄の発見」（『郷土生活の研究法』）の芽は、この椰子の実のなかにすでにひそんでいたと言うことができる。

伊良湖岬において、もう一つ彼に強い印象を与えたのは、アシカである。彼は、これを目撃したわけではないが、浜とは目と鼻の先にあるアシカ島とよばれる岩礁にアシカが来遊する話や、アシカ撃ちの話を、彼は村人から繰り返しきかされる。北海の動物だと信じていたアシカが、この中部地方の海岸まで訪れるという事実は、椰子の実の漂着と劣らぬくらいの驚きを彼に感じさせたにちがいない。彼が「海上の道」の中で、「永遠に、記録の外に迸散しようとして居る」常民の経験の例として、椰子の実の漂着と並べて、「アシカ・アザラシ・ミチの寝流れの話」をあげているのは、多分そのためである。しかし椰子の実と違って、アシカは、彼の後年の学問上の構想の中で、ほとんどなんの役割も果たさずに終わってしまった。このことは、彼の感受性が、北より南をえらんだことの象徴のように私の目に映る。

日本人が本土から沖縄へ南下したという仮説は、このような彼のヴィジョンにそぐわず、それと抵触する。この仮説は、いわば彼と沖縄とのあいだに邪魔を入れ、南方を遠ざけてしまう。もし沖縄の島々に住む人たちが、日本民族が本土へと北上する際の「落ちこぼれ」であるならば、沖縄人も日本人も、ともに南方を故郷とすることができる。そして蒲葵も、宝貝も、干瀬もない土地に移り住んだ私たちが、とうの昔に失ってしまったものを、沖縄の人々が色濃く持ち伝えていると考えることができる。しかし日本人が本土から南下したとなれば、私たちは、故郷としての南方をうばわれるのだ。

　柳田国男が南下説を認めようとしなかった背景には、考古学界、言語学界、歴史学界の大勢を占める、大陸と北に比重を置いた思考に対する反発も、たしかにあったにちがいない。そのような思考は、都府を中心とし、記録と有形物とを重視する思考と重なりあう部分を多く持っている。伊波普猷や折口信夫の仮説は、期せずして、そのような思考に手を貸すことになる。少なくともそれは、柳田国男の直観が鋭く感じとっていた、日本文化の深層にひそむ南方的要素を捉えにくくするだろう。これらの要素を明るみに出すために、彼はことさら、こうした仮説はとりあわなかったのであり、自分のヴィジョンを押し通すことをえらんだのだ、と考えることもできる。

　だが、こうしたすべての奥にあって、「海上の道」の仮説をみちびいた真のパトスは、新体詩人の松岡国男が持っていた、悠遠の彼方を希求してやまない、ロマン主義的な空間観念ではなかっただろうか？　人は、えてして、松岡国男を切り捨てて、柳田国男を論じようとする。しかし感受性というものは、人の一生にわたって、根本的に変化するものではない。それゆえ、彼自身の強い意志によって、『定本柳田国男集』から排除された「野辺のゆきゝ」や「野辺の小草」の中の新体詩と、厖大な定本の中のさまざまな論考とのあいだには、あきらかに通底し合うものがある。彼が「海上の道」の中で、伊良湖岬での体験を語るとき、詩人松岡国男としての体験を語っているのだということを、私たちは忘れてはならない（『柳田国男の恋』平凡社参照）。

　このように「海上の道」の仮説は、あきらかに彼の感受性の選択に負うところが大きいのである。

ニライカナイ

『海上の道』の中の日本人の他界観を扱った「海神宮考」や「根の国の話」は、きわめて充実した論考である。他界観も含め、日本人の神と信仰の問題は、柳田学のいわば本貫であり、『先祖の話』（昭和二十一）以来、柳田国男が他を打ちすててまで追究してきた問題であって、これらは、この方面での彼の達成のひとつと言っていい。

彼は、終戦後の虚脱した日本人のために、ひたすら神と信仰の問題をあきらかにしようとしてきたのだが、日本人の渡来の問題の場合と同様、そこには彼自身の切実な願いもこめられていた。私たちは、そのことを行間からはっきり読みとることができる。

二つの問題は、別々に論じられているわけではなく、互いに深くかかわり合っている。たとえば、ニライカナイの所在をめぐっての柳田国男と伊波普猷との対立の際に見られたように、日本人の他界観の問題の解決は、日本人の渡来の仮説に大きな影響を与えずにはいない。一方、「海神宮考」や「根の国の話」は、はっきりと北上説を想定して書かれている。こうして両者は、互いに支え合っているのである。

ここでは、記紀にあらわれる根の国、常世の国といった他界と、沖縄人の信じていた他界ニルヤ、ニライカナイとの関係が論じられている。とくに根の国は、根という言葉にひかれてこれまで地底の国と解されてきたが、彼は、本居宣長以来のこうした説を強く排し、ニライカナイとの関連から、根の国も常世の国も、元来、向こうからは神をはじめとして折々来訪するものがあり、こちらからも稀には訪ねてゆくことのできる海の彼方の楽土だったのではないか、と推測する。そしてもしそうだとするなら、「それこそは我々の先祖の大昔の海の旅を、跡づけ得られる大切な道しるべ」(「海神宮考」)であろうと考えるのである。

日本人の他界について語る時、柳田国男は、一切の暗さを忌避し、拭払しようとしているかに見える。日本人にとって、他界とは、あくまで「現世において健闘した人々のために、安らかな休息の地を約束するばかりでなく、なおくさぐさの厚意と声援とを送り届けようとする精霊が止住し往来する拠点」(「根の国の話」)でなければならない。このような彼の他界観は、折口信夫の他界観の異様な暗さと対照的である。

大正十年の三月一日、柳田国男は、ほぼ三カ月にわたる九州・沖縄・奄美の旅から帰京し、五日後の三月六日、折口信夫宅でひらかれた小集会で沖縄の話をしている(『定本』の年譜)。そしてその年の夏、折口信夫は、第一回の沖縄旅行に旅立つ。この旅が柳田の旅に刺激されたものであるのは明らかである。

ちなみに、柳田国男の沖縄旅行が周囲に与えた刺激と影響の大きさは、驚くほどだ。この旅の元来の目的は、彼自身の言葉に従うなら、図書館長の職務に忙殺されて研究から遠ざかっていた伊波普猷に会い、「学問をするよう、すすめて来ようと思い立って」のものであった（「伊波普猷君のこと」）。伊波普猷は、恋愛事件その他の複雑な動機もあったが、ともかく彼の助言に従って上京し、『おもろ』の研究に没頭して、沖縄学の発展に大きな寄与をする。この旅の途中、彼に接した比嘉春潮、嘉舎場永珣、島袋源一郎、新垣孫一といった人たちも、この解逅を、それぞれの学問の一つの機縁としている。沖縄から帰った翌年、彼は南島談話会を組織して、沖縄の研究者たちを集めたが、そこからは、佐喜真興英、宮良当壮、島袋源七、金城朝永らが世に出ていった。人々をむすびつけ、刺激し、励まし、一つの気運を醸成してしまう柳田国男のもう一つの天才、組織の天才に、私はいつも感嘆する。彼の沖縄旅行がなかったならば、今日見るような沖縄学の興隆はなかったか、少なくとも大幅におくれたであろう。

柳田国男は、その『海南小記』の中に「二色人」という章を設け、石垣島の宮良に伝わる、赤又黒又という海の彼方からの来訪神の行事について語り、これと、「初春に我々の門に来る春駒鳥追、その他種々の物吉ほぎ人」との関係について触れた。折口信夫は、この部分から大きな暗示を受けたらしい。後年、「翁の発生」の中で、彼は次のように言う。

実の処、をこがましくも、春の鬼・常世のまれびと・ことぶれの神を説いてゐる私の考へも、曾て公にせられた先生の理論から、ひき出して来たものでありました。南島紀行の『海南小記』の中に、つゝましやかに、言を幽かにして書きこんで置かれた八重山の神々の話が、其であります。

折口信夫の沖縄旅行は、その学問の核心となる「まれびと」論の構想を確立する上で決定的な役割を果したと言われるが、このように、その構想そのものもまた、柳田国男によって導かれていたのである。

折口信夫は、大正十二年の夏に第二回の沖縄旅行を企て、この時はじめて八重山に渡った。そしてこの二度の旅の成果をふまえ、「まれびと」という言葉がはじめて現れる重要な論考「古代生活の研究——常世の国」（大正十四）と「国文学の発生（第三稿）——まれびとの意義」（昭和四）を発表する。発表された年ははなれているが、この二つの文章は、ほぼ同時期に書かれたらしい。ところで岡正雄によると、折口がもっとも自信を持ち、のちにその主著『古代研究』の冒頭に据えた後者は、「こんなものは載せられない」と言って、雑誌『民族』に掲載することを、柳田国男によって拒否されたという（『柳田国男研究』第一号）。拒否の理由として、岡正雄は「プライオリティのひっかかり」をあげている。それは、「科学的に資料を順序に積み重ねて結論にいたるという方法」を重んじ、かつ実践していた柳田の、「独持の発想とことばで、いわゆる帰納法的手順をとらないで、〔……〕直接に結論を」出す折口の学風に対する強い苛立ちであったと言えよう。二人のあいだには、折口の「髯籠の話」（大正四）以来、このような対立がつねにあったらしい。これを、両者の学風の相違から来るものとするのは当を得ない。柳田国男もまた、その「独特の発想とことば」で、実証を経ずして、直観によっていきなり結論に到達する傾向をあきらかに持っていたからである。『海上の道』がそのいい例だ。むしろ柳田自身の言う通り、折口がいたために、このような傾向を殊更に抑え、「折口君がそれ（直覚的方法）を盛んにやられるから、いくぶんかその逆を行こうとする姿」（『第二柳田国男対談集』）を呈したというのが、実情であろう。とくに昭和初年代は、柳田国男が、民俗学を人文科学の一分野たらしめようと辛苦していた時期であり、実証的方法に従うことは、彼にとって当為だった。そのような彼に、折口信夫は、その直観が異常に鋭かっただけに、きわめて目ざわりな存在だったとは、十分に想像することができる。

「古代生活の研究」、「国文学の発生（第三稿）」をはじめとし、「妣が国へ・常世へ」（大正九）、「民族史観における他界観念」（昭和二十七）など、日本人の他界を論じた折口信夫の文章と、「海神宮考」、「根の国の話」を読み比べるのは、興味深い。岡正雄がプライオリティを云々したように、或る点では、二人の考え方はきわめて近い。折口も、柳田同様、常世の国とニライカナイとの深い関連に着目し、この両者をいずれも海の彼方に想定し、しかも、此世と断絶した世界ではなく、折々来訪するもの——彼の場合は「まれびと」——のあることを考えている。しかも彼は、名和一族の第一尚氏起源説を唱える一方で、「我々の祖先の有力な一部分は、南島から幾度となく渡つて来たことは疑ひない」（「国文学の発生（第三稿）」）と言って、はっきり柳田国男の北上説を支持し、常世の観念のなかに、「私どもの祖先の、海岸を逐うて移つた時代から持ち越して」きたもののあることを推測している（「古代生活の研究」）。

折口説と柳田説の著しい相違は、折口が、「とこよ」の語源を「常夜」とし、「とこよ」が「元、絶対永久（とこ）の「闇の国」であつた。其にとこと音通した退《ソ》く・底《ソコ》などの連想もあつたものらしく、地下或は海底の「死の国」と考へられて居た」（「国文学の発生（第四稿）」）とする点である。そして彼は、このような「常闇の国」が「段々光明化して行つた」と考えている。

これに対し、柳田国男は、根の国とニライカナイの語源については、それを論考の一つの主題とするまでに深い関心を払っているのに、常世の語源については、まるでわざとのように、一言半句も触れていない。まして常世が「絶対永久の闇の国」、「闇かき昏《くら》す恐しい神の国」（「妣が国へ・常世へ」）などとは、断じて説かない。

根の国についても、柳田国男と折口信夫は対立する。柳田は、根の国を地底の国とする従来の解釈を排し、根所《ニードゥクル》、根神《ニーガン》、根屋《ニーヤ》、根人《ニーチュ》といった沖縄の言葉に見られる通り、根という語は元来、本源、根本を意味するもので、それゆえ根の国とは、本の国のことであり、さらに進んで、沖縄の「ニライもしくはニルヤと呼ぶ海上の霊地の名は、多分は我々の根の国のネと、同じ言葉の次々の変化であらうと思ふ」（「根の国の話」）と説く。彼にとって根の国とは、地底の国などではなく、「もつと安らかな、この世の人の往つたり来たりまでが、かつては可能と考へられた第二の世界」なのである。

折口信夫は、常世の国と根の国とは元来一つのものであったとし、常世が次第に理想化されるにつれ、「死の島と言う側は、根の国で表される事になつて了つた」と考え、「とこよは海上の島、或は国の名となり、根の国は海底の国ときまつたのである」と書く（「古代生活の研究」）。彼はまた、「ほんとうに、祖々を怖ぢさせた常夜は、比良坂の下に底知れぬよみの国であり、ねのかたす国であつた」（「妣が国へ・常世へ」）とも述べていて、彼の根の国には、死の気配と深い闇とが、つねにまといついている。

ただしここで注目しなければならないのは、折口が、根の国の所在を、地底とはしないで、海底とし、海の彼方の国と考える点では、柳田説と一致していることである。

日本人の他界観において、海が果たしている役割の大きさに着目したのは、柳田国男と折口信夫の功績であろう。岡正雄は、その「日本民族文化の形成」の中で、日本において、「神の出現を、㈠垂直的に表象するものと、㈡水平的に表象するもの、と二つの形態がある」と分析し、㈠の神が天上から降臨するという信仰は、朝鮮半島、中央アジア、シベリア系のものであり、㈡の神を祖霊―妖怪と考え、「仮面・仮装の異形の来訪者」の姿をとって、彼岸から水平的に出現してくると信じる信仰は、東南アジア、オセアニア系のものと主張している。この分類に従うなら、従来の、少なくとも戦前の学界は、㈠の他界観だけをもっぱら論じてきた。

柳田国男は、そして多くの場合折口信夫も、日本人の他界観において、天が果たした役割を二次的なものとしか考えておらず、しかも時代的に㈡の信仰の方が先行するとみなしている。

天を根源とすることは言はゞ理論であつて、道路も無く方角も定かならず、まぼろしの拠りどころといふものが無い。高天原とても同じことだが、是にはまだ些少の地理的観念がある。オボツカクラの語源は確め難いが、それを「天のこと也」と注した解釈にはまつたく基礎がない。（柳田国男「海神宮考」）

「天空説」「海彼岸説」いづれによつても、日本古代の他界の所在は説明出来るが、どちらも事実であつて、恐らく唯、何れが先に考へられてゐたかどうかについて、正しい立場がどちらかにあるに違ひない。私は日本民族の成立・日本民族の沿革・日本民族の移動などに対する推測から、海の他界観がまづ起り、有力になり、後天空世界が有力になり替つたものと見てゐる。（折口信夫「民族史観における他界観念」）

このような所説は、二人がその多くの旅から得た実感によって支えられている。彼等は、沖縄の果てまで旅することによって、垂直の信仰が、庶民の信仰にはなじみにくいものであることを、肌で知ったのである。

それにしても、柳田国男の海と、折口信夫の海とは、なんという相違だろうか。前者の海はどこまでも明るく、美麗な宝貝を豊富に産する干瀬に砕ける白波のきらめきに満ち、たゆたう光の彼方に、常世やニライカナイの幻を髣髴とさせるが、後者の海は、青という色をうばわれ、暗く、さむざむとして、まるで北方の海のようだ。

柳田国男、石田英一郎との鼎談「日本人の神と霊魂の観念そのほか」の中で、折口信夫は、日本文学に海の表現が乏しい理由について、次のように言う。

折口〔……〕海に関しての表現を避けた傾きのあったことです。戦争前に文部省から、海に関する歌の話をしてくれといってきまして、結局話しましたが、海洋の幸福など歌った歌がない。海は楽しい、海は嬉しい、海に親しんでいるというのは『万葉集』にもない。〔……〕海にたいしては怖いということのほかは表現しなかった。〔……〕怖いということがありますが、そのほかにも、海の噂をすることを避けたのだと思います。われわれの考える以上に、海にたいする表現というものが見られない。(『第二柳田国男対談集』)

なぜ海を怖れたのか、なぜ海の噂をするのを避けたのか、その理由について折口信夫は何も語っていないが、彼の文章から、海岸に住んだ古代の祖先が、水葬を常としていたからだ、ということがほぼ分ってくる。古代人にとって、海とは、死の影におおわれ、死霊にみちた場所だったのである。「洞穴に投じたり、荒籠に身がらを検めて沈めたりした村の外は、船に乗せて浪に任せて流すこと、後世の人形船や聖霊船・虫払ひ船などの様にした村々では、海上遥かに其到着する死の島、或は国土を想像したことも考へられる」(「国文学の発生(第三稿)」)と彼は書く。そして常世も、ニライカナイも、元来はこのような「死の島」だったのである。

こうしてニライカナイについても、二人の抱くイメージは微妙に異なる。柳田国男は、それをあくまで、テダ(太陽)の輝きのぼるアガリカタ(東方)に措定しようとし、「清い霊魂の行き通ふ国、セヂの豊かに盈ち溢れて、惜みなくこれを人間に頒たうとする国」(「海神宮考」)と考えるのに対し、折口信夫は、それを元来は、常世同様、「死の島」

であったと推測しており、「光明的な浄土」と化してから後でさえも、そこには「多少の暗影」（「国文学の発生（第三稿）」）がつきまとっているとする。また「本島では浄土化されてゐるが、先島では神の国ながら、畏怖の念を多く交へてゐる」（「古代生活の研究」）とも言う。

以上のように、その他界観において、柳田国男は、どこまでも明るさに執し、暗さを排除しようとするのに、折口信夫の方は、死と畏怖と暗さから、逃れられずにいるかに見える。

柳田国男は、二人のこのような相違をはっきり意識していた。「わがとこよびと」（昭和二十九）と題する折口信夫の追悼講演の中で、彼は「折口教授とは大正三年以来の友人でありますが、この問題（「日本人の他界の問題」）について遂に話し合ふ機会がなかつたのであります。その為であるかどうかは永久に決することが出来ませんが、少しずつ、我々の考へは違つて来てゐるらしいのであります」と述べているからである。そして話し合わなかった理由として、「死ぬことに関係があるものですから」と付け加えている。私は、柳田国男のこの口調の中に、なんとはなしに、折口信夫の暗さに対する怖れのごときものを感じる。話合いを避けたのは、あきらかに柳田の方だ。一生柳田に対して師礼を尽くし、面と向かって師説に反駁することのなかった折口が、このような問題について、自分の方から問いかけるということは考えられない。もし話し合えば、両者の他界観の明暗は、すぐに明らかになっただろう。折口の暗さは、古代人の心性と一体化したようなところから生まれてきている。それゆえ、その暗さには或る種の現実性がある。ひたすら明るさを求めていた柳田国男にとって、こうした暗さは、気うとい、できれば触れずに済ましたいものだったにちがいない。

二人の世界観の明暗が、二人の気質、及び人生とのかかわり方から来ていることは明らかである。柳田国男に関していえば、明るさへの志向は、他界観にかぎらず、彼の学問の基調であるとさえ言うことができる。

一例として、彼の文芸観をあげよう。彼は、文芸というものは、「人を意外の怡楽に誘ひ込むもの」（「不幸なる芸術」）でなければならぬ、「アミュージングなものでなければならぬ」、「かならず終いは幸福におわらなければならぬ」（『柳田国男対談集』）と、機会あるごとに繰り返してきた。このような主張の背後には、「もう芸術の花野より外には楽しみを求めに行く処は誰にも無い」（「病める俳人への手紙」）という認識がある。彼が自然主義文学を嫌う理由の一つは、この点に存する。人生をありのままに描いて、明るくなるはずはないからである。

言うまでもなく、これは、暗さを避けて通ったのとは違う。『山の人生』の中の、貧苦のあまり、わが子の首を鉈で切り落した有名な炭焼きの物語一つとってみても、彼が人生の暗部に通じていたことが分る。あのような話を、あのように、一切の説明を加えず、投げ出すような形で書くとは、生半可な人間認識でできることではない。彼が『故郷七十年』の中で、淡々と、時には得意げに語る生い立ちからも、客観的にみて暗い材料は、いくらでも拾い出すことができる。彼の新体詩にみなぎっている濃い厭世観にしても、青年期の一時期に特有の現象と言い切ってしまうわけにはゆかない。

暗さを捨てて、明るさに即くとは、気質から来る好みが働いているにせよ、一つの選択であり、決断である。柳田国男は、文芸に対して要求したことを、自らの学問においても実践する。

他界観に話を戻すならば、この現世が暗く、時には悲惨でさえあるのだから、他界は明るくなければならないのである。

私は前章で、柳田国男の学問の持つ効果の問題について触れたけれども、他界観についても、それは言うことができる。その点で私たちは、『海上の道』に収められている文章のほとんどすべてが、昭和二十年代、つまり敗戦直後に書かれていることに注意する必要がある。

神島二郎は、『シンポジウム・柳田国男』（日本放送協会）の中で、当時の占領軍の中に、沖縄人は日本人と異民族だから、「沖縄を片面講和で分離したことは、文化的にいっても正しいのだという議論」があったとし、柳田国男は、「それに対して〔……〕猛烈に反撃したかった」ために、これらの文章を書いたのだ、と言っている。柳田国男の学問の性質を考えるならば、『海上の道』において強く打ち出されている日琉同祖論の効果を、このように捉える神島説には、きわめて説得力がある。

一方、柳田国男が明るい他界を求めた意味も、同じように、効果の観点から見ることができる。彼は、終戦後の、精神的支柱を失って喪心状態にある同胞に、なんとしてでも明るい他界を示したかったのである。原初の日本人の中に明るい他界を見出すとは、いわば、彼が自らに下した至上命令だった。

ネノクニといふのは、〔地下の国ではなく〕、もとづくところ、自分等の出て来たところ、故郷といふ意味であるといふことがはつきり解りまして、我々の学問は非常にほがらかになり、日本の信仰にも明るみが増えて参つたのであります。

「わがとこよびと」の中のこの柳田国男の言葉は、こうした彼の心情を知ったとき、はじめて真に理解することができる。

折口信夫は、彼の神と柳田国男の神との相違を臼井吉見に訊ねられて、「先生のはね、確かに人間を救うという気がしますね。どうも私共のは自分を救いたいという気が先に立ちますね」と答えている。柳田国男の説く神も他界も、あくまで彼自身のものであり、そこに彼の願望が色濃く投影されていることは、すでにみてきた。しかし一方で、彼が自分とともに、あるいは自分を通して、いつも人間〔具体的には日本人〕というものを考えていたのはたしかである。彼にはもちろん、人間を救うなどという傲慢な意識はなかった。また彼の「人間」とは、俗流ヒューマニストの、自己の弱さの正当化でしかないような、手垢にまみれた「人間」などではない。ヒューマニズムという概念自体、大正期に日本に根づいたものであって、明治人の柳田国男にはふさわしくない。経世済民という言葉の実質が、彼自身の意識しないところで、その存在を深くとらえてしまっている、とでも言うほか仕方がないものが、彼の中にはある。それはまた、彼が、自分と日本人とを無理なく一体化させて考えることのできる、幸福な時代の子であった、ということでもある。

それに比べて、折口信夫の神と他界が、個人主義的色彩の強いものであることは認めなければならない。それは、彼が人間を考えなかった、ということではなく、自己救済の願望が一層切羽つまったものであった、ということにすぎない。

柳田国男が明るさを志向したように、折口信夫は暗さを志向したのだろうか？　彼は暗い他界を望んだのだろうか？　そうではあるまい。彼の場合、根源に迫ろうとするほとんど盲目的な衝動が、おのずから暗い他界を現出させてしまったのであろう。彼は、人間存在の根本にある、本質的な暗さにまでゆきついたのである。「おそれとおののき」とは、キルケゴールの言うように、生きるということのもっとも基本的な感情なのだから。

柳田国男と折口信夫の他界観のどちらが、日本人の祖先の抱いていた他界観に近いのか、私には判断する資格がない。谷川健一、仲松弥秀といった人たちによるその後の研究も、明と暗のあいだをゆれ動いているようである。ただ、柳田国男の他界観は、暗い部分を意識的に切り捨てているところがあり、その点に関しては、私は、折口信夫の他界観の方に現実性を感じる。

一方、私は、谷川健一の次の言葉に心から賛同するものである。


私は沖縄になぜ関心をもつのかと問われて返答に窮することが少なくなかったが、今は「明るい冥府がほしいばかりに珊瑚礁《リーフ》の砂に踝を埋めているのだ」と答えることができる。私は死んでなお刑罰を受けねばならぬような他界を信じていない。（「孤島文化論」）

新たなる国学

私は、『海上の道』の中の諸文章において、柳田国男の想像力、直観、感受性、願望が、いかに大きな役割を果たしているかを検討した。結果としてこの小論は、「柳田史学は、科学たるべくして実際は柳田国男という一天才の個人芸にすぎない。個人を離れてその価値を維持されないという点で、それは科学というよりはむしろ芸術である」（「柳田史学論」）という家永三郎の有名な柳田批判を実証するような形になった。しかし私は、家永三郎の言葉をそのまま借りて、「個人芸」であり、「芸術」であるがゆえに、柳田国男の学問は偉大である、と言いたい。

柳田国男は、学問と生とを切り離してしまうような悪しき科学主義、科学がア・プリオリに価値を持つかのような科学信仰に一生わずらわされることがなかった。なるほど、彼自身、「科学」という言葉をしきりに口にしていた時期がある。彼の方法の体系化ともいうべき『民間伝承論』(昭和九)を発表した前後のことだ。それは、それまで学界において市民権を持たなかった民俗学を、人文科学の一分野たらしめようとするための努力から出てきたことで、いわば彼の戦術であり、科学という概念の普遍性を信じたためではない。

柳田国男の学問は、いや、新体詩も含めてそのすべての仕事は、彼の生と、そして日本人の生と深く結びついていた。彼は、新体詩人としての、農政学者としての、民俗学者としての立場から発想したことは多分一度もない。彼はいつも、おのれと日本人の生を問うという立場から発想する。つまり新体詩も、農政学も、民俗学も、自明の分野として彼の前にあるのではなかった。そうした生に対する問いが、結果として、新体詩、農政学、民俗学という形をとったにすぎない。このことは、新体詩と農政学からの彼の離れ方を見るとよくわかる。新体詩人として、農政学者として世間の評価を得ていたにもかかわらず、それらの分野が、おのれの深い内的欲求を充たしていないと知ると、彼は、惜し気もなくそれらを捨て去っている。あと十年の命を貸したならば、彼は民俗学さえ捨て去ったかもしれない。『海上の道』は、そうした心の気配を明らかに感じさせる。日本人の渡来の問題も、他界の問題も、実際、民俗学の対象から大きく逸脱しているからである。このような問題の討究が彼の内的欲求に合致し、世用に答えることが明らかになるならば、もう彼を押しとどめるものは何もない。

たしかに彼は、『海上の道』をもっと別の形で書くこともできたはずである。あくまで「科学」の立場を守り、実証に即した手がたい書物として。しかし彼はそうしなかった。そしてあちこちで破綻した。けれどこれは、単なる破綻ではなく、その場で鋭い問いかけに変じるていの破綻だった。この破綻が、のちにつづく人々に大きい運動をおこさせる結果になったことは、今日誰も否定できない。破綻にこのような大きな力を付与したもの、それは、学問と生を切り離すことのない、彼の在り方そのものだった。

『海上の道』の意味は、そこに提出されている仮説の当否などにあるのではない。学問という概念自体を西欧から借り、合理と分析を事としている日本の学界に、柳田国男は、全体を志向し、生と一体化した学問、つまり新たなる国学の可能性を、ここで、もっとも明確な形で示しているのである。

椰子の実とアシカ——柳田国男の伊良湖岬滞在

柳田国男（当時は松岡姓）は、大学一年生だった明治三十一年の夏、約二カ月にわたって、伊良湖岬の小さな漁村に滞在した。この旅は、「海上の道」の出発点となり、島崎藤村の新体詩にも歌われた椰子の実の挿話で有名である。しかしこの挿話ばかりがいたずらに脚光を浴びたため、旅の他の部分はかえって影の中に沈み、忘れられている。「初めて荒浜に働く人たちの、朝晩の生活にまじつた」この長旅は、伊良湖岬という土地柄と相まって彼に強烈な印象を与え、そのあいだのさまざまな見聞は、民俗学者としての後年の仕事に、明瞭な痕跡を残した。この旅と、その成果である紀行文「遊海島記」とは、もう一度詳細に検討しなおす必要があると私には思われる。

旅の背景

国男はなぜ伊良湖岬を旅の目的地として選んだのか？「遊海島記」の冒頭で、彼自身は、

我少《わか》くして愁多く、曾て独サーチャイルドが歌の巻を懐にして、西に夕づつの国に憧れ行きし日、図らずも此浦人の宿に留りて、此処に時の間の幻影を楽しみし事ありき。

と書いているけれども、これは新体詩人の文飾で信じ難い。国男の滞在中に伊良湖岬を訪れた花袋の一文「伊良湖半島」(『南船北馬』明治三十二、博文館刊所収)は、この辺の事情をもっとありのままに記している。

花袋によれば、友人に渥美半島畠村出身の男がいて、つねにこの半島、とくに伊良湖岬の美しさを吹聴し、「太古の遺風」を残しているその土地の「珍しき風俗、おもしろき物語」を語ってきかせるので、しきりに遊志が動いていた矢先、やはりこの友人の話をきいて心を躍らせた大学生の友人(国男)が、夏休みを利用し、七月十二日というのに東京を発って先鞭をつけ、期待に違わぬその土地の素晴しさを次々と報じてくるため、矢も楯もたまらなくなり、一切の所用を放擲して、新橋から八月二十七日の最終列車に乗りこんだのだという。

花袋の文中に出てくる渥美半島畠村(現福江市)出身の友人とは、宮川春汀という日本画家である。宮川春汀と言っても今日知る人は少ないが、生前は多方面に交際があり、画壇だけでなく、文壇の一部にも名を知られていた人物である。『大正過去帖』には、「画家。本年一月以来脳病のため加療中大正三年七月二十六日逝去。四二歳。三河生まれ。富岡永洗の門弟となり、日本美術院の展覧会盛んなりし時はその妙技に頭角を現わす。のち新聞、雑誌の挿絵に力を入れていた。その外文章、俳句にも長ずる。遺族妻敬子。一女登美子。葬儀は本郷赤門前幸福寺」という略歴がのっている。

国男によれば(「重い足踏みの音」)、「泣きも笑ひもする情の濃やかな人」だったというが、一方で巌谷小波は、永洗門では「出藍の方」であったにもかかわらず、「一寸狷介な所」があったため、画壇では恵まれなかったとしている(『私の今昔物語』)。また、その死の事情について、「帝展に出品したのが落ちた所から、少し気が変になり、遂に精神病院の厄介になつて、其処で悲惨な死を遂げてしまつた」とも書いている。ちなみに、春汀は小波と親しく、小波を中心とする木曜会のメンバーだったのである。

春汀は、挿絵画家として博文館に関係し、そこで花袋、太田玉茗、桐生悠々らと友人になり、おそらくは花袋を介して、国男とも知り合った。悠々とは特に親交があり、悠々の自伝には、二人で揃って花袋の家へ遊びにゆき、「蒲団」の悪口を言って花袋を怒らせたり、三人で一緒に花を引いたりする場面が出てくる。

藤村と春汀が湯島新花町で軒を並べて住み、国男が本郷の春木座の近くに間借りをしていた明治三十年前後には、家が近いせいもあって、国男も一時期春汀と頻繁な往来をしたらしい。藤村との交友を語った「重い足踏みの音」（定本第二十三巻）という一文には、無口で堅苦しい藤村のところへ斎藤緑雨がしげしげと遊びに来るのを不審がった春汀に対し、国男が、分ってるじゃないか、寂しいからだよ、君炬燵わが身時雨の小袖かな、という句があるじゃないか、と答えたという話が記されている。国男は、このような交際の間に、花袋とは別に春汀から直接伊良湖岬の話をきいたのかもしれない。

前述のように、「伊良湖半島」によれば、国男は夏休みがはじまると早々、七月十二日に東京を発って伊良湖岬へ向かっている。

伊良湖岬は今でこそホテルや旅館の並ぶ観光地だが、当時は豊橋から十二里の道を歩かねばならない僻地だった。花袋は夜汽車で東京をたち、朝豊橋につくと、そのまま十二里の道を一日で歩き通しているけれども、国男はどうしたか？

国男が滞在した渥美郡伊良湖岬村大字伊良湖は、明治三十八年、小中山から伊良湖岬までの二里の砂浜に陸軍の射撃場が設けられたため、土地を収用され、やや東に寄った現在地に移った。そのためかつての村をしのぶよすがは何もない。「あの明神山の蔭のつめたい清水は再び汲みに行くことが出来ぬ。数十匹の兎に出逢つた小山の麓の小松原にも永久に遊びに行くことが出来ぬ」（『水曜手帖』）――これはこの村が失われたのを知った時の国男の歎きである。

村には宿はなかった。国男が泊ったのは、小久保惣三郎という村の有力者の家の離座敷だったという（「伊良湖半島」）。おそらく宮川春汀あたりの紹介であろう。この家は、「村の人々の渇仰を集め」ていた伊良湖明神のある小山の麓に位置し、その離座敷の窓からは、すぐ前に、神にまで祀られた有名な「無筆の歌人、漁夫磯丸の旧宅と石の祠」が見えた。

惣三郎から数えて四代目の子孫小久保恒夫氏の話によると、小久保家は、村の移転とともに農業に転じたが、当時は鯛網を主とする大きな網元で、手広い商いをし、敷地の中に倉が八つもある豪勢な暮らし振りだったとのことである。当主の惣三郎は、地方政界ともかかわりがあり、村長もつとめ、村長時代には、当時道のなかった亀山から伊良湖岬村のあいだに、明治新道とよばれる直線道路を私費を投じて建設した。この道路のことは、花袋も「伊良湖半島」の中でふれている。その一方、惣三郎は、田原の遊廓で派手な遊びもしたというから中々豪放な人柄だったらしい。見知らぬ旅人を喜んで泊めるのは、元来小久保家代々の家風だそうだが、このような当主とあればなおさらで、国男は安んじて一夏を送ることができたにちがいない。

二カ月近い滞在のあいだ、彼は、度合の激浪を越えて神島へ渡り、渥美半島第一の高山和地の大山に登り、当時岨道しか通じていなかった日出の石門へ出かけたりしているが、あとは読書と散歩の静かな日々を送った。あいだに一度、前年、真宗高田派専修寺の教校真宗勧学院の英語の教授として伊勢の一身田へ赴任していた『抒情詩』の仲間太田玉茗が、ついで八月の下旬には花袋がやってきた。玉茗にとっても、伊良湖岬は印象深かったようで、彼はこの旅を記念して、新体詩「友よ伊良湖へ」(『中学世界』明治三十三年十一月)一篇を残している。

花袋にとってもまた、それは忘れられない旅だった。彼は旅の直後に「伊良湖半島」を書いたばかりか、後年になっても繰り返しこの旅について語り、『東京の三十年』の「私と旅」の項では、半生の数多い旅の中で、もっとも心に残ったものの一つにあげている。

「〔……〕柳田君がそこに行つてゐて、瀟洒な貴族風な大学生ぶりをそこらに振廻して」いた、と花袋は『東京の三十年』の中で、伊良湖岬村での国男の姿を、こんな風にいくらか揶揄を含んだ筆で描いている。花袋は約十日間滞在し、そのあいだ二人は一緒に神島へ渡り、「松原の奥をも訪ひ」、「立馬岬付近をも逍遥ひ」、「小山の絶峰へもよぢ登り」、「殆と快楽といふ快楽、遊予といふ遊予は、尽さず行はずといふ事なかりき」という具合だった。

そのあと二人は一緒に村を引き揚げ、福江から汽船で知多半島の亀崎にわたり、そこから汽車で伊勢の一身田まで行って玉茗を訪ねた(「伊良湖半島」では、『東京の三十年』や『定本柳田国男集別巻五』の年譜とは異なって、花袋が一人で先に伊良湖岬村から引き揚げる、というふうに書かれている。この辺は虚構のように思われるが、なお一考すべき伝記上の一問題である)。

三人は「町の料理屋の二階」で飲み、国男は「レクラム版のハイネの詩集を得意になつて二人に読んで聞かせ」、さらに三人は、「興に任せて、新体詩や万葉の古歌を朗吟した」。国男は、「靴の紐を結ぶことも出来ないほどに」酔い、仲居が「何てまァ難かしい厄介な靴やな」と言いながら、「肩に手を懸けさせて結んで」やった（花袋『妻』）。

このような姿は、後年の国男からはとても想像できない。

国男によると（『第二対談集』）、その時花袋は玉茗の妹に恋をしていたが、自分の気持を相手に伝えることが出来ず、国男に仲立ちを頼もうとやって来て、「言い出そうとしては言い出さずに、グルグル歩き廻って」、一身田にやってきてからやっと、「実はあれをもらってくれないか」と切り出したという。この結婚話は、国男と独歩の奔走でまとまり、花袋は翌年二月に挙式することになる。

国男と花袋は一身田でわかれ、国男は、奈良を経て、姫路、生野へと旅をつづけ、一方の花袋は、「東海道のかへりの汽車賃だけで、名古屋から木曾へと木賃旅行をし」（『東京の三十年』）、木曾福島に藤村を訪ねている。

「遊海島記」

伊良湖岬に滞在した時、国男はまだ現役の新体詩人だった。たとえばその年の一月には、「野辺のゆき、」に次ぐ第二詩集「野辺の小草」が、石橋愚仙編の『山高水長』に収録され、増子屋書店から出版されており、十二月には、野上松彦の筆名で「狂歌操」と題して三篇の短詩を『帝国文学』に発表している。彼が決定的に詩から離れるのは、翌三十二年の後半になってからである。

しかし新体詩に対する情熱が一時期に比べて衰えていたことは、それまでの発表機関だった『文学界』が廃刊になったとはいえ、一年を通じてわずか三篇の、しかも二番煎じめいた短詩しか発表していないという事実にあらわれている。この旅のあいだにも彼が詩作をした形跡はなく、しかも浜に漂着した椰子の実という、彼自身が作品化することも出来たはずの好個の素材を、帰京後にあっさり藤村にゆずってしまう。

だが明治三十五年六月に、「伊勢の海」という題で雑誌『太陽』に発表され、のち「遊海島記」と改題されたこの時の紀行文の基調をなすのは、新体詩人の浪漫性であり、文体である。これは、「伊勢の海の清き渚に遊び、類無《たぐひ》き夕凪夕月夜の風情を身に泌め、物悲しき千鳥の声に和して、遠き代の物語の中に辿り入らんとならば、三河の伊良湖岬に増したる処は無かるべし」という冒頭の一句からしてあきらかだ。

この年の彼の読書日記「困蟻功程」の五月五日の項には、「太陽原稿」、七日の項には「太陽原稿了」とあって、私たちはこの一文の執筆時期を知ることが出来る。これは、彼が、「恋歌を作って何になる！　その暇があるなら農政学を一頁でも読む方が好い」と叫んで新体詩を放棄し、農商務省の役人として農政や農政学に没頭していたにもかかわらず、まだこのころまで、自分の中の新体詩人を殺し切っていなかったということである。同じ六月に、水野葉舟らのはじめた同人誌『やまびこ』に発表した「栗の花」という一文は、そのことをもっと明らかに示している。これは、森の奥の栗の花を主人公とした、散文詩ともいうべき作品なのである。

しかし「遊海島記」と「栗の花」を最後に、彼は文語体によるこの種の詩的散文の筆も断つ。それから明治四十二年三月の『後狩詞記』まで、二、三の感想文を別にすれば、彼の執筆するのは、もっぱら農政学や産業組合に関する文章だけである。それゆえこの二つの文章は、新体詩人としての彼の白鳥の歌と言ってよい。また私たちは、この二文の執筆時点と、同年の十二月に大日本実業学会から出版された『最新産業組合通解』の執筆時点とのあいだに、彼のなかに、何らかの心境の変化がおきたと推測することができる。これはおそらく、新体詩の放棄によってはじまった彼の自己変革の最終段階と言うべきものであったろう。彼がこの頃から厖大な農政学関係の和洋書と江戸期の随筆とを、猛烈な勢いで、組織的に読みはじめていることと、この変化とは無関係ではあるまい。ともかく、内容の性質にもよるが、『最新産業組合通解』の中に新体詩人の俤を探すことはむずかしい。

しかし「遊海島記」を、新体詩人の手になる抒情的散文と割り切ってしまうのは誤りである。浪漫性にいろどられながらも、村の生活の叙述は精細で、観察が鋭く、現実に対する成熟した眼がそこに感じられるからである。「遊海島記」が「如何に立派な民俗学の記録であるか」を最初に説いたのは野田宇太郎だが（「伊良湖岬と柳田国男」『学鐙』昭和三十八年八月号）、たしかに、新体詩人の文体にとらわれなければ、この一文は、神島と伊良湖岬村の採訪記としても読める一面をあきらかにそなえている。

もちろん一篇の眼目は抒情にある。だが風物の美しさを見てすぎるだけでは甘んじることが出来ず、村の生活の根本にまで立ち入らずにはいられない彼の資性が、すでに至るところにあらわれている。

たとえば彼は、神島の絶壁の「鵜の鳥夥多《あまた》絶えず集り来て、浪と白きを争ふさま」に眼をうばわれる一方で、その鵜の糞が、肥料として伊勢尾張の農家に売られているという事実に着目している。また、「島人の、終日《ひねもす》戛々《かつ〱》と石割る音」に詩情をおぼえながらも、これが「島の産物の一」である石灰を切り出す音であり、熱田のセメント会社が「十年の間を約して一手に買入る、由」を記さずにはいられない。伊良湖岬村についていうならば、「里人海に潜《かづ》きて淡菜《いのかひ》〔貽貝〕を採るを生業とす。乾して支那に輸出するなり。此貝にも亦珠あり、色淡黒にして虹の彩《いろどり》を帯びたり。一匁の値は四五十銭、一季の間に一人が獲る珠は十四五匁、粉砕して目の薬とすといふは真にや」とその生業について述べて、珠の値段やその採取量まで注意を払うのである。

「遊海島記」は、国男の初期の仕事の中で、一つの分水嶺を形作っている。まだ新体詩人の感性や文体をとどめながらも、それは、後年の彼の民俗学の探究の方向にむかって開かれているのである。しかものびやかな抒情の流れは、現実認識によって妨げられることなく、むしろ両者は渾然一体となっている。これ以後、彼がこの種の文章を書かなくなった、あるいは書けなくなった事実からして、両者の均衡はきわめて危いものだったと言えようが、この均衡によって、「遊海島記」は卓抜な紀行文学となっているのである。

この文章は当時世評が高く、国男自身も自信を持っていたようで、それは、花袋が明治四十年十一月発行の『文章世界』特輯号「新古文範」に、「神島」と題してその一節を紀行文の文範としてかかげ、明治四十一年に国男が、瀕死の病床にいる独歩を見舞うために友人たちが編集した『二十八人集』（新潮社）に一字一句改変を加えず、題だけを「遊海島記」と変えて出していることからもわかる。

椰子の実とアシカ

主人は饅頭笠をかぶり、長き竹の杖をつきて、てく〳〵とわが前を歩み行き候ふが、をり〳〵立留りて、珍らしき海草の実やら、打ちあげられたる難破船の破片やらを拾ひ上げて、いろ〳〵と海の事を語り出で申候。ことに可笑かりしは、大なる椰子の実の二つに破れたるを拾ひ上げて、幾度もその破目を継ぎ合せ見て、これだに破れて居らざりしならばと頻りにこぼし居りし事にて候。生もそれを手に取りて見候ふが、こはかの小笠原嶋か、さらずば南洋諸島より漂着したるものならぬと思ひ候へば、はる〴〵と流れ来しものかなという悠久なる感起りて、南洋諸島の熱帯地方の珍らしき樹木の繁りたるさまなど、それとなく思出され申候。

これは、「伊良湖半島」の中に再録されている花袋宛の国男の手紙（と推定されるもの）の一節で、主人の惣三郎に案内されて、日出の石門を見にゆく途中の描写である。国男の青年時代の手紙は珍しいので、引用してみた。この椰子の実が、国男に黒潮のはたらきを思わせ、日本人はどこから来たかという問題を考えさせ、「海上の道」の端緒となったことはあまりにも有名だから、ここで私が今更繰り返すことはあるまい。それより、この挿話の持つもう一つの側面について、若干の指摘をしておきたい。

国男は、二カ月足らずの滞在中に、浜に「椰子の実が流れ寄つて居たのを、三度まで見た」（「海上の道」）という。つまりこれは、村の人たちにとっては、殆んど日常の経験だったということである。この事情は、現在でもあまり変わっていない。伊良湖岬における椰子の実の漂着は今でさえ折々見られ、台風のあとはとくに多く、昭和四十四、五年頃には、実のついた椰子の木まで流れついたという。これは昨年の五月、伊良湖岬を訪れた際、私が土地の老婆から直接きいた話である。

このような日常の経験が、殆んど書物に記されていないことは、椰子の実が彼に感じさせたもう一つの驚きであった。彼は後年、「文字の教育が都府とその周辺に偏在した結果」（「海上の道」）、常民の経験の多くは、記録されることなく闇から闇へと葬り去られてきたとし、日本人を真に理解するために民間伝承の採集の急務であるゆえんを説いたが、彼の民俗学の根本によこたわるこのような事実を、伊良湖岬の椰子の実は、一番最初に、端的な形で彼に示したと言えよう。

国男は「海上の道」の中で、「永遠に、記録の外に迸散しようとして居る」常民の経験の例として、もう一つ「アシカ・アザラシ・ミチの寝流れの話」をあげている。彼がそれを椰子の実と並べているのは、アシカもまた伊良湖岬での見聞の一つだったからである。

〔……〕神島の正面より聊外海に片寄りて、大なる巌多く海に連れり。昔は海驢《あしか》といふ獣の、群を為して来り遊びしが、今は来ずなりぬ。与八といふ翁の物語に、若き頃は幾つともなく、此大きなる獣を打留めたりき。或時はあまりに近く寄りて、仕損じたることあり。岩の陰に眠れるを見出して、其岩の頂より伏して狙ひしに、粗末なる火縄筒なれば、丸《たま》ころ〳〵と転げ出でて、海驢の頸窩《ぼんのくぼ》に落ちしかば、驚き覚めて海に飛入りぬ。二の矢継ぐ程には、早半里も泳ぎ去りしなるべしと笑ひて言ふ。（「遊海島記」）

日出の石門の近くにアシカ島とよばれる岩礁のあることは、伊良湖岬を訪ねた人なら知っていよう。この島にアシカが居たことは、江戸末期の書物『三河国名所図絵』（夏目可敬著）の中の伊良虞崎の条に、「海獺。当所に多し　海中に岩あり　岸を離るゝ事少許　其岩上に出て遊ぶ　人を見る時は必ず海底に入る」とあって、「海獺岩上ニ遊ブ」の図をのせていることからも明らかである。国男は「今は来ずなりぬ」と書いているけれども、昭和五十二年の五月、私が伊良湖岬を訪れた際、八十四歳（明治二十六生）になる村の故老は、アシカ島の近くの断崖の上には、おいしい実のなるグミの木があり、小学生の頃、その実をとりにゆく時、アシカの声がひどくこわかったのをおぼえている、という話をしてくれた。これは、どう考えても明治三十年代のことである。南方熊楠は、「紀州田辺湾の生物」（全集第六巻）の中で、紀州日高郡の葦鹿島《あしか》について語って、「毎年秋分前後に葦鹿来たり遊び、春分前後に北海へ去り」と書いているが、もしかすると国男の滞在中は、アシカが群遊してくる時期ではなかったのかもしれない。また私は、村の女性から、祖母の言ったことだとして、以前はアシカの声がうるさくて眠れない晩があったが、陸軍の射撃場が出来てからは来なくなった、という話もきいた。またさきの故老は、その父親が、東京から銃猟に来る人の伴をして出かけてゆき、よくアシカをかついで帰ってきたとも言った。ともかくこの村には今でさえアシカの記憶が濃く残っており、かつてアシカと村民たちのあいだに密接なかかわりがあったことをうかがわせる。

椰子の実の漂着についても同じ事が言えるが、アシカの棲息も、かつては日本全土にわたる現象だった。西岡秀雄の『気候七〇〇年周期説』という著書（昭和四十七、好学社）には、全国にわたるアシカ島という地名が、地図とともにかかげられている。そしてこれらの島に以前アシカが居たことはほぼ確実である。西岡は、千葉県鴨川沖合のアシカ島について、「明治四〇年頃までにはまだしばしばアシカの来遊するのを舟から眺めた覚え」のある当時（昭和二十三）六十六歳の漁師の話を記録している。

『大日本地名辞書』にも数カ所のアシカ島についての記載があり、三浦半島沿岸のアシカ島に関しては、次のように記されている。

海鹿《アシカ》島。〔……〕浦賀より十町余にあり、二島相並ぶ、葦鹿常に此島に上り午眠す、故に此名あり、享保以後浦賀奉行より同心等に命じ、鉄砲を以て討たしむ、此獣冬月頗多く、寒中は其肉味殊に美なりと云。

この記述通りならば、少なくとも江戸時代の半ばまで、東京湾にもアシカがいたことになる。

アシカの棲息は太平洋岸だけのことではない。日本海にも多く、とくに、現在韓国と係争中の竹島は、いわばアシカの本拠であった。この島では、明治三十七年に二千七百五十頭のアシカが銃殺ないし捕獲されたという記録が残っている。大正期には激減したが、昭和三十四年にも、まだ百頭の猟果があった（川上健三『竹島の歴史地理学的研究』昭和四十一、古今書院）。

アシカはすでに『古事記』上巻、山幸彦が海神の宮を訪問するくだり、宮殿の描写の中に「美智《みち》の皮の畳八重を敷き」として出てくる。アシカは古代人にとっても親しい動物だったらしい。こうして私たち日本人は、少なくとも千年以上のあいだ、全国にわたってアシカとかかわり続けてきた。だがそのかかわりのどれだけが記録に残ったか？

自覚せざる民俗学者

考えてみると国男は、長い一生にあれほど多くの旅をしながら、見知らぬ土地に一カ月以上滞在するという経験を、伊良湖岬の場合のほかには持っていない。彼は「民間伝承論」（昭和九）の中で、採集を、「旅人の採集」、「寄寓者の採集」、「同郷人の採集」の三段階にわけ、その段階に従って、外形から内面の生活意識へと採集が次第に深化すると説いたが、彼自身の採集は「旅人の採集」に終始していて、その敬慕する菅江真澄が自覚せずして実践した、「行く先々の田舎に、時としては三ケ月も半年も留まつて、其生活をぢつと見る」というような「寄寓者の採集」をしていない。その点でも、伊良湖岬滞在は彼にとってきわめて貴重な経験だったと言えよう。

彼はこの滞在のあいだ、読書と散歩のひまひまに、村の人々の生活に深い注意を払っている。ただ後年の、民俗学者としての意識的な採訪や観察とは違って、おのずから目や耳に入るものに関心を抱いた、という風である。そのためにかえって印象が深く、記憶が後まで鮮明に残ったのかもしれない。

この時の見聞の多くは、一時のものに終わらず、後に彼の民俗学上の仕事の中にとりこまれて、活かされている。そうした例を少しあげてみよう。

神なる磯丸が塵の世の骸《かばね》は、此里数百年の祖先と共に、渚に近き松原の奥に葬らる。月白き宵など、我は幾度か清き寂しさに酔ひて此辺に逍遥し、見ぬ世の浦人が安らかなる眠を訪れき。墓の石を見るに多くは自然石にして、名も月日も刻まず。されど詣づる者は、其形と在処《ありどころ》とによりて、我が母、人の姉を分つならん。同じく埋れ行く身の程ならば、初めより跡を留めずして、唯昔を慕ふ妻子にのみ、記憶せらるゝもよかるべし。げにや如何に優れたる碑の文なりとも、古き伊良湖人の生涯を、此無言の石塊《いしくれ》より以上に、巧には伝ふること能はざりしならん。(「遊海島記」)

磯丸の墓について語ったこの一節は、恰好の抒情的文章と見える。事実、発表当時にこの紀行文を読んだ読者は、それ以上の感想は持たなかったにちがいない。だが昭和四年六月に『人類学雑誌』に発表された国男の「葬制の沿革について」という論文(定本第十五巻)を読むならば、ここに記されている見聞が、両墓制と今日よばれている墓制の発見へと彼をみちびく一つの契機であったことを、私たちは知ることが出来る。

両墓制とは、埋《うず》み墓と詣り墓とが別で、遺骸を葬った埋み墓の方は、土を盛るとか、石を置くとか、木を植える程度の目印だけですませ、寺の墓地などに作る詣り墓の方には、墓石を立てて、墓参りはもっぱらこちらの方にするという墓制である。これは、今日では九州をのぞく日本のほぼ全域に知られており、わが国の重要な墓制の一つとして認められている。そして両墓制を最初に、正面切ってとりあげたのは「葬制の沿革について」である。

この一文の中で、彼は、自分自身の見聞をいくつかあげているが、年代的に一番古いのは、故郷辻川の例であり、次は伊良湖岬村のものである。それゆえ、伊良湖岬に来て、寺の麓の「まばらな松林」の中にあって、「常は児童の遊び場になつて」いた、「砂地に沢山の海石が散乱」している墓地に足を踏み入れたとき、彼は、すぐに故郷の墓地を思い、葬地と祭地とを別にするのが、辻川の周辺だけの風習ではなく、日本全土にひろがっている一つの墓制ではないか、という疑いにとらえられ、以後、旅をするごとに墓制に気をつけて、例証を積み重ねていった、と想像することが出来る。たとえこの想像が間違っているにしても、彼が伊良湖岬村の墓地にあって、月の光の中で「清き寂しさ」に酔ってばかりいたわけではないのは確かである。

与八は浜に寝る人なり。暑き夜は家の中は寝苦しとて、孫と共に蓙を持ちて、沙の上に出でて寝るなり。此を浜寝と云ひて、昔より此海辺の習なり。(「遊海島記」)

花袋の「伊良湖半島」には、二人で月夜の磯山を散歩していたとき、「見給へ、其処に、黒きもの二つあるを御身も認め給ふならん。〔……〕もしや裏の弥兵次老爺の浜寝を為して居れるにはあらずや」と言って、国男が花袋に、この風習を教えるくだりがある。「珍しき習慣もあるものかなと再び思ひしが、それと共に、かくて一生を送る人もあるものかなといふ感、ゆくりなくわが沈み勝なる胸に上り来りぬ」とは、その折の花袋の述懐である。

昭和十五年、のちに『家閑談』に収録された「大家族と小家族」を『婦人公論』に書いたとき、国男は、かつては「家屋の入用といふものがずつと我々より少なかつた」ことの例として、この風習を引合いに出し、「家は共同の竈の飯を食べるのに必要なだけで、夜はどこに寝るかにはさう大きな攷究を費さなかつたのである」と記した。

「大家族と小家族」を執筆するに際して、たまたま記憶の底から、「明治三十年頃に、三河の海岸に一夏を過した時」に知ったこの風習が浮かび上がったのではなく、この風習を知った際には、すでに彼の脳裏には、日本人の家屋についての思いがあった。彼は『故郷七十年』の中で「私の家の小ささは日本一だ」と言い、「この家の小ささ、といふ運命から、私の民俗学への志も源を発したといつてよい」と書いているが、家屋の構造と生活様式との関係は、彼にとって、少年時代からの関心の対象だった。彼は、この関心の持続の中で、浜寝という風習に出あったのである。

大人に泣かれた、「今でも忘れることの出来ない」経験も、伊良湖岬滞在中のものである。

二十歳の夏、友人と二人で、渥美半島の和地《わぢ》の大山へ登らうとして、麓の村の民家で草鞋をはきかへて居たら、二三十人の村の者が前に来て立つた。その中から婆さんが一人、近くよつて来て色々の事を尋ねる。何処の者だ、飯は食つたかだの、親は有るかだのと謂つて居るうちに、わしの孫もおまへさんのやうな息子であつた、東京へ行つて死んでしまつたといふかと思ふと、びつくりする様な声を揚げて、真正面で泣き出した。あの皺だらけの顔だけは、永遠に記憶から消え去らない。（「涕泣史談」）

皆が「一般に口達者になつた」現在からみて、人がはるかに無口だった昔、泣くという行為が意思表示の手段としていかに重要だったかを考え、「人間が泣くといふことの歴史」を書こうとしたとき、彼の念頭にこの経験があったことは間違いない。この経験に出会ったとき、四十年後に書かれることになる「涕泣史談」（『不幸なる芸術』所収）が胚胎したのだ、と言っても過言ではないだろう。

「海上の道」に思いを馳せていた晩年の国男にとって、大きな問題だった船に対しても、彼はすでにこの頃から強い関心を示している。「庭よく海の凪ぎたる朝、渚に立ち又は丘に上りて、船を見ることは楽し」、「船は種々の形せるものを、朝に夕に見たり」――しかし彼はただ漠然と船を眺めていたのではない。それが「四日市の港に出入るもの」か、「熱田鳥羽より紀路《きじ》に通ふもの」か、「豊橋の南牟呂より神社《かみやしろ》に行くもの」か、「福江と亀崎との間を通ふもの」かを見分けただけでなく、「楫も旧来の形は不便にて、暴風の時楫柄《かぢづか》に払はれて、折々人の海に落さるゝことありしかば、今は大抵西洋形に改めぬ。船首《みよし》の形も聊《いささか》昔のものとは変れり」というところまで注意を向けている。

彼は村の人々の漁法について観察し、また旧暦の七月十三日の夕方から十六日の明方まで、「亡魂の故郷に往来する日」だからと言って海に出ることを忌む漁民たちの風習を深く心にとめ、船唄にまで耳を傾ける。

彼が「民謡の今と昔」（昭和四）の中で、

〔……〕私が三河の伊良湖岬で聞いた船唄は、
天の星様かぞへて見れば
しまん九つ、やつ一つ
と言ふのであつた〔……〕

と書くとき、私は、彼がこの唄を三十年間そらんじていたのだろうか、それとも聞いたその場でノートに書きつけておいたのだろうかと自問せずにはいられない。どちらにしろ当時彼が、船唄までもあだにはきき過ごしていなかったことの、これは証拠である。

その注意は言葉にまで及ぶ。彼は、ナンバが伊良湖岬村では唐辛子なのに、海峡一つ隔てた神島では、故郷の辻川と同様玉蜀黍の意であることに心付き（『方言覚書』の中の「玉蜀黍と蕃椒」）、そのことを長い間記憶している。また、一般にはホウトウと呼ばれているウドンの如きものを、ドヂョウ汁と言って食べさせられたことに驚いている（『木綿以前の事』の中の「餅と臼と擂鉢」）。

明治末年から『郷土研究』の時代にかけて、つまり民俗学の草創期に彼がかなりの関心を抱いたお蔭参りやヨイヂャナイカ踊についての話をきいたのも、伊良湖岬でのことである。もっともそれ以前に、彼は母から、慶応年間のヨイヂャナイカ踊のことをきいてはいた（「踊の今と昔」）。しかしそれについて「本当にはじめて興味を吹き込まれた」（『対談集』）のは、伊良湖岬で、「酒井某と云ふメソヂストの牧師」の話をきいてからだった。

酒井氏は松坂在藩の紀州藩士なりき。領内取締の役にて日々巡回を為し人心鎮撫に力めたりしが、或日仕度を調へ玄関より数歩踏出せしに、晴天よりひら〳〵と頭の上に落来る物あり。思はず手にて之を受け留めたるに例の剣先の御祓なり。因つて立戻りて之を玄関の妻女に渡し置き、終日近村を巡視して夕方に帰宅したるに、家の中は覆へるばかりの騒動なり。これ御降の噂を聞き伝へて三井家を始め町の重立ちたる者より酒樽を担ぎ込み押掛客の大群が酒宴を催せるにてありしと云へり。（「踊の今と昔」明治四十四）

なお、国男は、『故郷七十年』の中で、明治三十年前後、本郷教会のコーチという牧師に可愛がられて一時キリスト教に傾いたと書いているが、このメソジストの牧師と「数日閑談」（「神符降臨の話」）したのは、偶然のことではなく、牧師と知って訪ねて行ったのではないかとも考えられる。もしそうなら、その牧師から、キリスト教の話ではなく、ヨイジャナイカ踊の話をきいて感銘を受けるのは、後年の彼の仕事を考えると、なかなか面白い。

もうこれ以上例をあげるのはやめるが、「遊海島記」の作者が、新体詩人のよそおいをこらしながらも、すでに一個の自覚せざる民俗学者であったことが、これで分っていただけたと思う。

「数学や音楽と同じように、民族学はまれにみる正統な天職の一つである。天職は誰に教えられなくても自己のうちに発見できるものである」――このレヴィ＝ストロースの言葉（『悲しき熱帯』）を民俗学にあてはめることができるとするならば、民俗学的な関心と感受性とが、一番最初に、明瞭な形であらわれているという意味で、一般に認められている明治四十二年刊の『後狩詞記』よりもさらに七年溯って、伊良湖岬滞在と「遊海島記」を、柳田民俗学の出発点に据えることも十分可能だと、私には思われる。

旅行家としての国男と花袋

花袋もまた、国男に劣らぬ大旅行家だった。彼の足跡は日本全国にわたり、しかもあまり人のゆかぬ場所まで入って、実にこまめに歩いている。そして創作のかたわら、厖大な紀行文を残した。しかし二人の旅は、全く色合いを異にしている。

主として「遊海島記」と「伊良湖半島」を通して、二人の旅の相違をあきらかにしてみたい。この相違は、当然二人の仕事の性質に大きなかかわりを持つ。

花袋の伊良湖岬滞在は十日前後だったにもかかわらず、「伊良湖半島」は「遊海島記」の倍近い長文である。ただしこれだけの長さが必要だったとは思われず、一言にして言えば冗長で、とくに導入部が長すぎ、本題に入ってからも無駄な細部が目立つ。紀行文としては「伊良湖半島」は「遊海島記」にはるかに劣る。

ここで二人の滞在の長短が問題になるだろう。二カ月と十日では、観察に深浅が生じるのは当然だからである。しかし優劣は、このような滞在日数の相違や、構成上の欠陥や、文章の刈込みの不足だけから生まれているのではない。

いや、むしろそれらは表面的な事柄にすぎず、根本には、二人の旅のあり方の相違がある。

国男によると、花袋は「非常な健脚の持主」で、「一日に十二里位は平気」で歩き、しかも「ゆっくり休むやうなこともなく、飯を食つても直ぐ立つて「サア行かう」といつた風」だったという（「花袋君のこと」）。花袋は、内心の促迫に駆られ、何ものかに追われるようにして旅をしている。

いろいろいな懊悩、いろいろな煩悶、さういふものに苦しめられると、私はいつもそれを振切つて旅へ出た。それにしても旅は何んなに私に生々としたもの、新しいもの、自由なもの、まことなものを与へたであらうか。旅に出さへすると、私はいつも本当の私となつた。（『東京の三十年』）

社会の重圧の中で自我を貫き通そうと苦闘している彼にとって、旅は何よりもまず、たとえ一時的なものであろうと解放であり、治療であった。それゆえ旅に出ること自体が目的であって、極言すれば、目的地も含めて、それ以外のことは二の次だったのである。彼は、鬱情を自然の中に解き放てば、それで事足りた。

花袋の紀行文がつまらないのは、それが、彼の旅の出し殻だからである。彼の旅の最高の瞬間は、自然との出会いの中にある。風景描写だけが生きているのは、この瞬間の余韻をとどめているからであろう。そのほかの部分は、説明であり、蛇足である。彼の厖大な紀行文は、その基調においてはどれもほとんどかわらない。三巻にまとめられているその紀行文集（大正十一―十二、博文館）を通読するのは、私には苦痛だった。それは単調で、退屈で、案内記の域をそれほど出ているとは思われなかった。

なるほど彼も、旅先で出会う人間や、人々の暮らしに心を動かされるが、それらはすべて風景の一部にすぎない。目の前を過ぎ去れば、それで終わってしまい、都会での彼の生活に、ほとんど何の痕跡も残さない。「伊良湖半島」について言えば、浜寝という風習に対して彼が抱くのは、「かくて一生を送る人もあるものかな」という一片の感慨だけで、それ以上のことは、何一つ心には浮かばない。

あれほど多くの旅をしながら、旅が花袋の文学に、藤村や独歩の場合と違って、本質的な影響を与えていないのは、多分このような事情による。彼は旅の見聞を素材にして、かなり多くの小説を書いてはいるが、一、二の例外（たとえば「重右衛門の最期」）をのぞけば、大部分がとるに足りない。

国男は、旅の仕方という点では、彼に対する花袋の「感化は著しいものがあった」（定本第二巻付記）ことを認めている。旅においては花袋の方が先達であり、体力にまかせて、遠路をいとわず、滅多に人の訪れない僻地僻村へ入りこんでゆき、宿がなければ野宿も平気、という花袋のがむしゃらな旅は、たしかに国男に影響を与えた。しかし旅に対する考え方では、国男ははっきり花袋と異なっている。

近代的な自我に重きを置かず、自己を社会と対立させて考えることのあまりなかった彼の旅には、解放や治療という面は比較的少ない。「旅行の第一義は如何。〔……〕一言にしていへば本を読むのと同じである」（「青年と学問」）と言うとき、国男は、花袋が囚われていた、旅に出さえすれば自分は本当の自分になるという浪漫主義的な旅行観から、はっきりと醒めている。旅とは彼にとって、知識欲のあらわれにすぎない。本を読む時、読むという行為よりも読む本の内容が重要であるのと同様、彼にあっては、旅そのものより、旅先で出会う対象の方が主眼となる。

国男が、旅にあって、早くから風景より人々の暮らしに関心のあったことは、「遊海島記」がその証拠の一つである。「遊海島記」と「伊良湖半島」を比較するならば、風景描写の占める割合は、後者の方がはるかに大きい。これは、国男が風景に対して鈍感だったということではない。自然の美しさには人一倍敏感に反応しながらも、磁石の針がつねに北をさすように、彼の視線はおのずから人々の暮らしの方へ向いてしまうのである。

二人がともに渡った神島についての記述は、このような二人の相違を典型的な形で示している。島で花袋が最も関心を抱くのは、「奇岩怪石」の連なるその断崖の風景である。関心の持ち方そのものが類型的だから、その描写も類型からまぬかれることが出来ない。「岩石は岩石と相嚙み、洞窟は洞窟と相連り、ある者は剣抜直立、ある者は孤遁馬奔、或は伏し、或は立ち、或は聳え、或は倒れ、千態万状殆端倪すべからず。之に加ふるに、山のごとき怒濤は絶えず来つてこれに当り、これに砕け、これに散して、其声殆ど天地も崩れんかと疑はるばかりなりき」——調子はいいけれども内容空疎なこの種の文章が、こうして延々と続く。国男は、断崖などには殆んど関心を払わない。

神島の二つの山は相結びて、南北に谷《たに》を作る。北の平地は隘《せま》く、南なるは寛かなるに、猶里人が北にのみ集りて住めるは、遠浅の舟の上下に便なると、大洋の風を厭ふが為なるべし。南の浜へ行くには細き径《こみち》あり。径の両側に山の雫を堰き溜めて、僅なる稲を植ゑたり。山畑には麦も作るといへど、之を合せて島人二月の糧《かて》に足らず。其余は知多郡より運ぶなるべし。

島において、彼はまず地形に留意し、その地形を人々がいかに利用しているかに目を向ける。彼にとって風景は、人々の暮らしと結びつくことなしには存在しないかのようである。国男の平静で正確な眼は、昂奮に酔った花袋の眼とは対照的である。

まだ方向付けはされていないけれども、すでに関心の所在はあきらかである。そして彼は、花袋のように先を急ぐことなく、もっと落着いた親身な態度で、この関心の対象とつきあう。彼はすでに、少年期からの稗史随筆類の乱読によって得た博い知識と、関西（辻川、北条）と関東（布川、布佐）の習俗のおのずからの比較によって養われた眼を持っている。この彼にこの関心と態度があれば、対象は、ゆきずりの眼には見えない面をあかさずにはいない。彼は、村の暮らしの全てに関心を持つだけでなく、現象の一つ一つについて由来を問い、その歴史を知ろうとする。その上それらを出来るだけ広いパースペクティヴの中に置いてみる。このようにして得られた旅の見聞は、当然次の旅の見聞によって補われ、裏打ちされ、強化される。こうして彼の旅は、次々と互いに関連づけられて、蓄積されてゆく。後年彼が自覚して民俗学という新しい学問を確立しようとした時、この蓄積が大きな財源となったのは言うまでもない。まるで彼は、すでにこの伊良湖岬滞在の頃から、その後日あるを予測して振舞っているかにみえる。

一方が、「ゆっくり休むやうなこともなく」、ひたすら先を急ごうとする性急な旅人花袋に、周囲に対する敏活で緻密な観察の働く余地はない。彼は何も見ようとはしない。目の前に次々とあらわれる風物は、観察の対象というより、彼の鬱を遣るための手段にすぎず、いわば一回きりで使い捨てられてしまう。旅が彼にとって、その創作と不可分な栄養源とならなかったのは、彼の旅が本質的には、苦しい創作活動からの息抜きだったからである。

明治四十一年九月の雑誌『趣味』のゴシップ欄では、「観察者と執筆者」と題して、旅行家としての国男と花袋を比較している。五十日余も九州を旅してきた花袋に対し、ゴシップ子が「材料が大分とれましたか」と訊ねたところ、花袋は、「いや、旅行記の材料ばかりで小説の材料はあまりなかった。まあ柳田君が帰って来なくては駄目だ」と答えたという。この年国男は、花袋とほぼ同時期に、鹿児島県下を巡回したあと、宮崎県の椎葉村に足を踏み入れる『後狩詞記』の旅に出ていたのである。ゴシップ子は、「法制局参事官に小説の材料が沢山ぶつゝかつて、小説家の田山君に割合にぶつゝからないとは一寸不思議だ」と結んでいるけれども、私に言わせれば、これは不思議でもなんでもなく、当然の結果だったのである。

治癒の場としての南島――土方久功、中島敦、島尾敏雄

日本は、奄美・沖縄や小笠原という亜熱帯の島々を領有し、戦前には、台湾、南洋諸島をその版図の中にもちながら、これらの土地と深くかかわり、それに表現を与えた人々をほとんど知らない。このことは、近代の西欧に存在する南方行の系譜ともいうべきものと対比してみるとき、一つの問題を提起する。

前述のように、ランボー、ゴーギャン、スティーヴンソン、D・H・ロレンス、アルトー、レリス、ロレンス・ダレルといった人たちにとって、南方とは単なる地理上の場所ではなかった。南方とは、近代の西欧が失ったすべてのもの、つまり抑圧されることのない本能、生きた想像力、宇宙との交感、謎と神秘を具有する世界の謂いであった。だから彼等の南方行は、単なる旅ではなく、死と再生の劇と化したのである。それは、一面では、西欧の自己否定であり、民族学とシュルレアリスムを生み出した原動力でもある。

南方行の系譜を持たないとは、このような精神の劇を欠いていることを意味する。私たちは、この事実をどう考えたらいいのか？　私はここで、土方久功、中島敦、島尾敏雄の三人の南洋諸島行、奄美大島行を通して、この問題にいくらかなりとも近づいてみたい。

土方久功の『文化の果て』を神田の古書店で見かけたのは、もう随分昔のことだ。この本は、昭和二十八年に竜星閣から出版されているのだから、多分その数年後であったろう。題名にひかれて書棚からぬき出し、頁をめくったと

き、あちこちに挿入されている、南洋の土民たちを描いたゴーギャン風の木版画にまず興味をそそられた。そして巻末の略歴によって、著者が南洋諸島で長年生活した彫刻家であることを知った。内容は、その南洋生活の中から生まれた詩、紀行文、日記の断片だった。日本のゴーギャンとも言うべきその境涯が私を驚かせた。私は、著者に関心を持ったといえる。しかし結局は買わずに店から出てしまった。その作品も生活も、ゴーギャンの亜流じみて見え、ただ風変りなだけで、日本の美術にも文学にも、ほとんど何一つ加えるものがないマイナーな存在と思われたからである。

以来、私は土方久功のことを忘れてしまった。誰も彼のことを知らず、彼について語らなかった。この沈黙は、私が早急に下した判断を裏書きするかに見えた。しかし、私は時折彼のことを思い出した。私は彼の存在を、どこかで意識しつづけていたらしい。

昭和五十四年の三月、新宿のデパートで土方久功の展覧会がひらかれていると知った時、私は、旧知の人間に会いにゆくような思いですぐに出かけていった。会場には、彼の彫刻と絵画だけでなく、その民族学上の業績や、自費出版した数冊の詩集までが展示されていた。

土方久功の作品も生き方も、一見ゴーギャンを思わせながら、あきらかにゴーギャンと異なるひとつの自立した個性を示していた。私はかつての軽卒な判断を改める必要を感じた。

土方久功は、昭和四年、二十九歳のとき単身でパラオ島に渡り、以後、南海の全くの孤島であるサテワヌ島での七年間の滞在も含め、十四年間を南洋諸島で暮らした。その体験は、きわめて稀有なものだけれども、そのことがかえって、彼を美術界や文壇から孤立させ、無名のなかに埋没させる因となった。日本の社会には、去って行った者をことさらに忘れようとしたり、共通の体験を持たない者を忌む傾向がたしかにある。

土方久功の日記をもとに編纂された年譜（丸山尚一編。雑誌『同時代』土方久功特集号）の中には、南洋行の動機について、次のような記述がある。

「南洋」へと飛びこませたのは、前々からゴーガンの『ノア・ノア』の影響もあって、土人に非常に興味をもっていて、南洋の土人の中へ入って、南洋原始を感じることによって、「日本原始」を作り出すことにあった。それと、当時の彫刻界の朝倉文夫、建畠大夢、北村西望という各派の織りなす芸術の世界では許されない暗闘といったものにつくづく嫌気を感じたことも底流にはあった。

一方、その裏には、母親の死や、私生活上の苦しみもあったらしい。同じ年譜の中には、昭和七年十一月六日付の日記の一節が引用されている。

〔……〕兎モ角、私ハイイ時ニ日本ヲ逃ゲ出シタ。アンナ生活ヲアンナ気持デモウ三年モ五年モ続ケテ居タラ、私ハ本物ノ狂気ニナッタカ、サモナケレバ今頃ハ自殺シテ居タカモシレナイ。私ハアレダケデモ本当ニ忍耐強カッタモノダト思ハズニハ居ラレナイ。十八歳カラ丁度十年ノ間、人間ノ一番大事ナ時ヲ私ハ殆ド他人ニ呉レテヤッタヨウナモノダッタ。

彼の言う「アンナ生活」がどのような生活だったかを詮索してもはじまるまい。ここでは、「日本＋原始」の問題だけをとりあげよう。

この問題について、彼は別のところで「美術学校を出たころ、フランスから帰った画家たちが、アフリカの未開芸術の影響を受けたピカソやブラック、マチス、ドランの画風を持ち帰って得々としているのを見ると、何もフランスまでいってフランス＋アフリカをもらって来るくらいなら、まっすぐ南洋へ飛びこんで、日本＋原始を作った方が立派じゃないか、そう思ったものですから」と語っていて、その主旨は明瞭である。

ところで西欧と原始とは対立項である。だから、絵画や彫刻の技法だけのことなら話は別だが、西欧にそのまま原始をプラスすることはできない。それは二者択一なのであり、原始をえらんだ人間は、自分の中の西欧を否定しなければならない。「私は原始的なものに惹かれている」（ベルナール宛の手紙）とゴーギャンが言うとき、その背後には、「ヨーロッパは腐敗している」という認識がある。ダニエル・ゲランが編集したゴーギャンの遺文集『オヴィリ』を読むならば、ゴーギャンが、カトリック教会から結婚制度に至るまで、西欧の社会を成り立たせている一切に、いかに峻烈な批判を浴びせているかを知って、私たちはおどろく。それはむしろ呪詛に近く、妥協の余地は一片だって残されてはいない。

アルトーにとっても、事は同様だ。彼にとって文化とは、「生命の動きと切り離すことのできない」ものであり、「人間の精神的な諸力と宇宙の諸力との共鳴」である。それなのに西欧の文明は、そのようなものから一切切り離されてしまっており、残っているのは、「死んだ理性」、「腐敗した理性」だけである。

一九三五年、ファシズムの脅威を前にし、共産党が中心となって主催した「文化擁護のための国際作家会議」に出席を拒否して彼は言う。「文化は擁護すべきだとして、そのような文化が〔西欧に〕現在存在するとは、私には思われません」。

そして彼は、「人間の新しい観念を求めるために」、メキシコのタラフマラ族のもとへ赴くのである。

このように、西欧人が原始へと向かう動きの中には、のっぴきならないものがあり、そこには当然、精神のダイナミズムがはたらく。

日本は、たしかに表面的には原始ではない。しかし少なくとも原始は、私たちの精神に二者択一を強いる場ではない。土方久功の著書の中には、日本の社会に対する批判が散見するけれども、それは、ゴーギャンやアルトー的な自己否定とは程遠く、対決という鋭い形にまで激化してはいない。日本はあくまで彼の故郷なのであり、彼は南洋諸島の中に、西欧化されない以前の古い日本の姿を探し求めようとしているかにさえ見える。そして、南洋諸島から帰国して以後の彼は、戦後の社会に対して一定の距離を保ちながらも、故国の優しい自然に包まれて、静かな晩年を送ることができたのである。

彼は、ゴーギャンやゴッホに惹かれる理由として、「多分ソレハ私ニナイ強烈サヲ二人ガ持ツテイル為ラシイ」と日記に書いていて、このような結果を、彼の個人的な性格に帰してしまうこともできる。しかし私は、土方久功ならずとも、結果は大同小異であったろうと思わずにはいられない。

日本は原始を内包しており、日本と原始とは対立項ではない。それは類似項なのであり、それゆえ日本人が原始へ向かうとき、そこに精神の劇が生まれることはありえない。そのことを私たちに一番よく感じさせてくれるのは、サテワヌ島に移ってからの一年間の克明な日記である『流木』（未來社）という土方久功の著書である。

サテワヌ島は、「面積は僅々一〇〇町歩内外、島民人口三〇〇に足りない」絶海の小島で、ヤップ・パラオ離島航路の船が年四回寄航するだけの、文字通り文化果つるの地である。土方久功は日本人の一人もいないこの島に、昭和六年から昭和十四年まで、満七年滞在した。

これは、あくまで民族学上の調査に主眼をおいた記録であり、個人的な記述はできるかぎり省かれている。それにしても、この平淡な口調はどうだろう。もちろん、感動のための昂ぶりが見える個所がないではないが、彼は終始ほとんどこのような口調を崩していない。彼は、東京で暮らしていたときと少しも変らない物静かな眼差で、日々島民たちの風俗習慣を仔細に観察し、書きとめている。稀な体験をしている、といった意識はどこにもない。といって、主観をことさらに抑制した科学者の冷静な筆致ではなく、行間には暖い共感がおのずから滲んでいる。彼は、太古から繰り返されてきた島民たちの暮らしを、自分の暮らしとして、ありのままに受け入れてしまっている、という風だ。

土方久功は、なんの抵抗もなく、島民生活の中に深く入りこんでいるかに見える。彼がいかに島民たちに慕われたかは、彼自身の著作からも、パラオ島で彼と知り合った中島敦の日記や手紙からも察せられる。羽根田弥太は、『土方久功展カタログ』の中の一文で、かつてサテワヌ島を訪れたとき、土方久功を酋長と勘違いしたと書いているが、この挿話はなかなか象徴的である。土方が、『サテワヌ島民話』をはじめとして、民族学上きわめてすぐれた業績をあげ得たことが、この点でもうべなわれる。

『ノア・ノア』の中のタヒチは、ゴーギャンの精神の劇の場であり、極言すれば、現実のタヒチとは何ひとつかかわりを持たないが、『流木』の中のサテワヌ島は、現実のサテワヌ島にあたうるかぎり近づいている。土方久功の人柄もさることながら、これは、サテワヌ島民の生活の中に、日本人にとって異質なものは何一つなかったという事実を意味しているように思われる。実際、『流木』に出てくる月経屋《イマニカット》にしても、さまざまな禁忌《ビス》にしても、ヤニューとよばれる悪霊にしても、私たちはその一つ一つの向こうに、日本の民俗を透かし見ることができる。『流木』を読みながら、私はたえず島尾敏雄の提唱したヤポネシアの構想を思わずにはいられなかった。

この事実は、一方において、土方久功の彫刻と絵画から、ゴーギャンの作品にみられる鋭い緊張感をうばい去っている。そこにあるのは、「母親の腕に抱かれた幼児の安らぎに満ちた明るさ」（池崇一）だ。この二人は、あきらかに異なった個性だけれども、私はどうしても二人を比較したい誘惑に駆られる。

実際、土方は、その出発から、ゴーギャンの影を濃く負うているのだ。『土方久功遺稿詩集』の中には、二十歳代のはじめ、まだ美学校在学中に作った「眠れぬ夜——Paul Gauguinの“L'esprit veille”に」という詩が収録されており、かなり早くからゴーギャンの作品に関心を持っていたことがわかる。

ゴーガンの小さな伝記を読む。懐しいゴーガン、最初に好きになったのはゴーガンだ。ゴーガンの幻想的なものがひどく引きつける。『ノア・ノア』は古くに読んだ。手紙も繰り返し読んだものだ。ゴーガンは全く不思議なほどに親しい。

これは、「年譜」に引かれている大正十五年（二十六歳）の日記の一節だ。それ以後にもゴーギャンについての記述はあちこちに散見し、たとえば昭和二十一年には、「ゴーガンの『ノア・ノア』を引き出して読む」という個所があり、ゴーギャンに対する関心は終生のものだったらしい。

《死霊は見守る（L'esprit veille）》は、ゴーギャンの第一次滞在の際の代表作である。『ノア・ノア』の中には、町に出て、夜おそく小屋に帰ってきた彼が、灯油がなくなったため、灯をつけず、暗闇の中で、死霊に対する恐怖におびえながら、身を固くして寝台に寝ていたテフラを発見するくだりがあり、この絵が、実見した光景から着想されているのがわかる。マオリ族の裸婦は、こちらに顔を向けてうつ伏せに寝ており、寝台の裾には、黒い頭巾をかぶり、黒い衣服をつけた老婆の姿の死霊が、横顔を見せ、柱を背にして立ち、背景には、ゴーギャンが「幻想の花」とよぶ燐火めいたものが描かれている。ここに表現されている恐怖と神秘は、ゴーギャンが希求していたもので、彼がヨーロッパを捨ててタヒチへやってきたのは、このようなものに出会うためだったとさえ言うことができる。それらは、造形への契機をこえ、彼の実存そのものにかかわっている。こうして、対象に対する全人的な共感が、作品にモニュメンタリティを与え、紫、暗青色、橙黄色などの色彩によって生み出された「暗く、物悲しく、おそろしく、弔鐘のように鳴りひびくハーモニー」（妻メット宛手紙）は、マオリ族の女の恐怖だけでなく、ゴーギャンの心の深層までも表出するに至っている。

土方久功には、この作品に想を得たと思われる《妖魔》と題する水彩画がある（同題のレリーフもある）。ここにもやはり、顔をこちらに向けてうつ伏せに寝ている土民の女と、その枕元に立つ、怪奇な姿の妖魔とが見られる。しかし全体の印象は、《死霊は見守る》にくらべると、はるかに素朴だ。類人猿じみた妖魔はどこかユーモラスであり、両足をあげている女は、妖魔に対し、恐怖よりも親しみさえおぼえているようだ。色彩は簡素で、《死霊は見守る》の色彩に見られるような魔的なものはなにもない。ゴーギャンが遂に西欧から逃がれえず、自己の精神の劇を通してしか、マオリ族の恐怖に触れ得なかったのに対し、土方の方は、むしろ島民の発想そのものに近づいている。土俗の匂いが漂うのは、そのためらしい。

土方久功は彫刻が本領なのだから、その彫刻について語らないのは片手落ちだろう。しかし展覧会でわずか一回見ただけのその彫刻について、私はなにほどのことも語れない。とくに彼の頭部とマスクに見られる独得のユーモア、明るさ、のびやかさ、単純さ。たしかに彼は「日本＋原始」を手に入れている。しかし彼の世界は、ゴーギャンが体現した痛切な精神の劇から、なんと遠いことか。

中島敦は、昭和十六年六月、それまで勤務していた横浜高等女学校をやめ、国語編修書記として、パラオ島の南洋庁に単身赴任し、翌年の三月まで、約九カ月滞在、そのあいだに、周辺の多くの離島をまわった。

彼の南洋行の動機は、一般には宿痾の喘息の治療のためとされており、彼自身、手紙にも書き、人に訊かれると、口でもそう答えている。しかし彼には愛する妻子があり、経済的にも豊かとは言いがたく、その上日米開戦間近の雲行きのあやしい時代とあってみれば、その南洋行はいかにも唐突で、強引な感じを与える。

> 中島敦が南島に関心を寄せたことは、ただの気まぐれとは思えない。彼が小笠原島に旅行し、ポリネシアに於けるスティヴンソンをテーマにした『光と風と夢』を書き遂には、パラオ島の南洋庁に就職したことの根には、同じ理由が潜んでいたことはまちがいなかろう。

という島尾敏雄の言葉（「中島敦と南島」）に、少しでも中島敦の文学に親しんだものなら、誰もが肯くだろう。

中島敦は、つねに、「自分と現実との間に薄い膜が張られ」ていて、「ものに、現実に、直接触れることができない」と感じ、「彼がものに触れ、ものを見、又行為する場合、それは、彼の影がものに触れ、ものを見、又行為するのである」（「北方行」）と考えずにはいられない人間だった。「カメレオン日記」や「狼疾記」では、日ごとに強くなってゆくこのような現実からの疎隔感のため、次第に閉塞させられてゆく彼の心の姿が、正確に描き出されている。これは彼が「狼疾《ろうしつ》」と呼んだものであり、いかにそれから癒えるかが、彼の一生の課題であった。彼はそれ以外のことは一行も書かなかったと言っていいし、彼の行為もすべてそれと深く結びついている。

中島敦の南洋行には、この狼疾を「「南方の至福」の地で癒やそう」（島尾敏雄）という一面がたしかにあった。サモア島で客死したスティーヴンソンの晩年を描いた「光と風と夢」を、パラオ島へ出発する前に脱稿していることは、この推測を強める。これは、「南方の至福」の地で狼疾を癒やした——あるいは癒やそうとした——一人の男の物語とも読めるからである。

南洋行に取材した「環礁」の中の「真昼」という小文の中では、彼が出発前、周囲の人々には殆んど語らなかったこのような動機が、主人公の内省を通して、生な形で示されている。

〔……〕お前が南方に期待してゐたものは、斯んな無為と倦怠とではなかつた筈だ。それは、新しい未知の環境の中に己を投げ出して、己の中にあつて未だ己の知らないでゐる力を存分に試みることだつたのではないのか。更に又、近く来るべき戦争に当然戦場として選ばれるだろうことを予想しての冒険への期待だつたのではないか。

怠惰でも無為でも構はない。本当にお前が何の悔も無くあるならば。人工の・欧羅巴の・近代の・亡霊から完全に解放されてゐるならばだ。所が、実際は、何時何処にゐたつてお前はお前なのだ。〔……〕お前は今、輝く海と空とを眺めてゐると思つてゐる。〔……〕とんでもない。お前は実は、海も空も見てをりはせぬのだ。たゞ空間の彼方に目を向けながら心の中で *Elle est retrouvée!* ―― *Quoi?* ―― *L'Eternité. C'est la mer mêlée au soleil.*（見付かつたぞ！　何が？　永遠が。陽と溶け合つた海原が）と呪文のやうに繰返してゐるだけなのだ。お前は島民をも見てをりはせぬ。ゴーガンの複製を見てをるだけだ。ミクロネシアを見てをるのでもない。ロティとメルヴィルの画いたポリネシアの色褪せた再現を見てをるに過ぎぬのだ。そんな蒼ざめた殻をくつつけてゐる目で、何が永遠だ。哀れな奴め！

これ以上、何も付け加える必要はないだろう。私たちはここに、「南方の至福」の地でもついに狼疾を癒やされることのなかった彼の姿を見る。

中島敦は、三人の中では、西欧近代の南方行の系譜に最も近いところにいる。実際、彼を南方へ赴かせたのは、ランボーであり、ゴーギャンであり、スティーヴンソンであり、メルヴィルだったとさえ言えるのである。しかし、西欧の系譜に近いだけに、中島敦の南方行は、比較の場に引き出されやすい。そのときそれは、彼等の南方行にくらべ、観念の匂いの強い、挿話的で、腰のきまらぬものに見えてくる。「欧羅巴の・近代の・亡霊」から解放されようとする試み自体が、「欧羅巴の・近代の・亡霊」であるという自己撞着に陥っているところが、彼にはたしかにある。

たとえばゴーギャンの南方行を支えたのは、西欧の社会と文明に向かって彼の放った否定と批判の言辞に対する責任感であった。彼のタヒチ滞在、とくに第二次滞在は、貧窮、病気、孤独と、実生活の上では悲惨をきわめた。タヒチは楽園どころか、地獄だった。それなのに、彼をフランスへ帰らせなかったもの、それは、「自分の立場を放棄しない」という考えであり、もし帰ったら、「私の生涯をはずかしめることになる」という思いであった。

ゴーギャンにかぎらず、西欧にあって南方に赴いた人々は、すべて多かれ少かれ、西欧の文明と社会に対するこのような責任意識を共有している。

私たち日本人には、それがない。土方久功や島尾敏雄はもちろん、中島敦の口からさえ、彼等の属している近代日本の社会に対する、否定にまで達する激しい批判をきくことができない。彼等を南方へと旅立たせたものは、一人一人の「狼疾」である。だから、もし、「狼疾」が癒えるならば、——たとえ癒えなくても——いつでも帰ることができる。日本は、去っていった者をすぐに忘れてしまうが、それだけに、彼等は、何の抵抗もなく戻ってきて、社会の中へ入りこむことができる。彼等の南方行は、ちょっと長いだけの旅であり、挿話にしかすぎない。日本人にとって、南方は、いつでも、疲れた精神の治癒の場としてだけ働いてきたように思われる。

西欧人にとって、南方とは、治癒の場ではなく、再生の場なのだ。ヨーロッパを去ることによって彼等は一旦死ぬ。それは精神上の自殺だ。そして彼等は、南方の光と闇の中で再生を手に入れようとする。だから彼等は、筋道からすれば、ヨーロッパに戻ることはできない。もし戻るとすれば、否応ない選択を強いられ、大きな負担を背負いこむことになる。ランボーがフランスに戻ったのは死ぬためであり、ゴーギャンはヒヴァ・オア島で客死し、アルトーは狂気の中にしか解決を見出すことができず、レリスは、西欧社会の中で生きつづけてゆくためには、民族学者に変身しなければならなかった。

このような事実の中に、西欧社会の秩序の強力さと成熟とを見てとるのは容易だろう。ひるがえって、そこから日本の社会の基盤の脆弱さと未成熟を引き出すとすれば、結論はあまりに図式的にすぎる。私はさし当たって、社会の型の相違だけをそこに見たい。

南洋行は、中島敦にとって、全くの期待外れだった。少なくとも表面的には旅の目的だった喘息の治療に、パラオ島はなんの役にも立たなかった。「東京横浜の夏の方がパラオよりは〔喘息に〕ずっと良い。今の様子ぢゃ、パラオは内地の冬とたいして変らない。イヤになってしまう。全くえらい目算違ひだったなあ」と彼は妻に宛てて書く。役人生活は性に合わず、役人仲間からは全く孤立してしまう。度重なる病気、乏しい、味気ない外食生活、一切の意欲を減退させてしまうおそろしい蒸し暑さ。そして孤独。彼はたまたま知り合った土方久功以外に話相手を持たない。日ごとに募ってゆく妻子への情。彼の気をまぎらせるのは、離島めぐりの出張だけだ。

将来どれだけ生きられるのやら、まるで自信がない。それを思ふと、見栄も意地もない。ただ〳〵、お前達との平和な生活を静かにたのしみたいといふだけの気持になる。それが一番正直な所だのに、それだのに、オレは今頃こんな病気の体をして、何のために、ウロ〳〵と南の果をウロツイテルンだ。全く大莫迦野郎だなあ、俺は。

渡島して三カ月もたたないうちに、彼は妻に向かってこんな泣言を言う。そしてそれから一月後には、「一日も早く今の職をやめないと、身体も頭脳も駄目になって了ふと思って、焦ってをります〔……〕」という言葉が、父宛の手紙の中に見られる。そして危惧していたように、十二月八日には、日米開戦の火ぶたが切られる。

彼をパラオ島にとどまらせるものは、職を紹介してくれた友人や、南洋庁に対する義理以外にはなにもない。「洗面器一杯の吐血」や、「水と、水で煮た少しばかりの米」しかない貧窮や、最愛の娘アリーヌの死をゴーギャンに耐えさせ、タヒチに居続けさせた「立場」は彼にはない。そうだ。私たち日本人は、いつでも戻ることができるのだ。昭和十七年三月初旬、帰国の船に乗りこんだとき、中島敦は、安堵と同時に、ある種の気抜けと徒労感をおぼえたにちがいない。

島尾敏雄と南島のかかわりには、宿命という言葉でしか言い表すことのできないものがある。昭和十九年十一月、第十八震洋隊の指揮官として、奄美群島の加計呂麻島に配属されたのは、彼の意志とは全くかかわりのない出来事だった。それなのに私には、南島が、偶然によって彼が投げこまれた場所だとは、どうしても思えない。その後の彼の文学の道すじを考える時、加計呂麻島以外の場所に彼が赴く可能性などありえなかったとさえ感じられてくる。それほどまでに南島は、彼の資質と一致した風土なのである。事実、彼は後に、「私は小学生のころから薩南琉球の列島に救いを求めていたのかも知れない」（「南西の列島の事など」）と書き、或る対談では、はじめて奄美に行った時、風土的な抵抗はなかったかと訊かれて、「最初から馴染んだというか、なんかずうっともう無意識の底で生活したことがある先祖の国といいますか、そんなところへ来たという感じがしましたよ」と答えている。

島尾敏雄は、加計呂麻島で、島の娘ミホと恋愛をし、「出孤島記」や「出発は遂に訪れず」などに具象化された、死の顔を眼前にした体験を経たあと、終戦を迎え、昭和二十一年三月、神戸でミホと結婚する。彼は、ミホという一人の女性を愛しただけでなく、彼女の体現している南島を愛したのであり、この結婚は、一面で彼と南島との結婚だったのだ。

やがて二人は東京に移り、ミホの発した狂気が、一家を再び奄美大島へ連れ戻すことになる。『死の棘』の記述を信じるならば、一家を狂気の深淵から救うためのこれは最後の手段であり、ほかに選択の余地があったとは思われない。ここでも、彼の意志は、ほとんど働いていない。そして彼は、昭和三十年から五十年まで、二十年間をこの島で暮らすのである。

『死の棘』はたしかに、読者にとってはやりきれない、息を抜く場所とてない小説で、暗澹の気が全巻をおおっているけれども、主人公の夫婦が知り合った南島の記憶や、南島への思いは、闇の中に折々、かすかな光を導き入れ、二人がやがて至りつく治癒の出口を暗示している。

たとえば、妻ミホが、自分の発作を「グドゥマ」にたとえる個所がある。グドゥマとは島の方言で、「岩の間に頑なにくっついて外に出て行こうとしない」貝のことなのである。夫婦のあいだに、たちまちにして地獄を現出させる発作がすぎたあと、「わたしはグドゥマにはならないんだから」とミホが言うとき、「空気のなかに張りつめていた膠質の膜がやっとゆれ動いて吹き」とぶのであり、一瞬ながら、二人は加計呂麻島の陽光にきらめく静かな入江を眼前に見るのだ。また、そうした記憶や思いは、夫婦の逃げ場のない葛藤のさなか、「首都の片隅、裏通りの瓦屋根の下」にも、「浜木綿のにおい」をよみがえらせる。

ミホを狂気へ追いやった嫉妬の、純粋で直截で、美しいとさえ言える姿には、山本健吉の指摘するように、記紀の中の仁徳天皇に対する磐之媛の嫉妬に似て、南島の「神話的＝巫女的な面影」に通うところがある。『奄美のシャーマニズム』（山下欣一）の中には、巫女病と呼ばれる狂気を経たあと、巫女（ユタ）に変身してゆく奄美諸島の女たちの例が沢山あげられている。狂気とは、神に近づくための必須の階梯であるという認識が、今なお南島に生きつづけているのだが、私は、ミホの狂気の持つ聖性を、このような狂気の伝統に近づけてみたい気がする。

『死の棘』は、男女の愛憎を主題とした明治以来の私小説の系譜に位置づけることもできようが、それは、南島に負う部分によって、この系譜につらなる他の作家たちの作品にはない、ひろいパースペクティヴを獲得しており、島尾敏雄が加計呂麻島の特攻隊の基地に赴く折、ただ一冊だけたずさえていったという『古事記』の世界に通じる部分さえ持っているのだ。

一方、『死の棘』は、北によって病み、南によって癒えた男女の物語として読むことも可能である。南島での治癒の有様は、ここには全く記されておらず、わずかに暗示されているだけだけれども、島尾敏雄が後に提唱したヤポネシアの構想と思い合わせるとき、そのような読み方へと誘うものがこの作品の中にはある。

なるほど、妻ミホの狂気の原因は、直接には「私」の浮気かもしれない。しかしその事実を知る以前から、ミホはすでに北の生活——北とはこの場合、本土のことである——によって、半ば病んでいたように私には思えてならない。まだ古代の影があちこちに漂う奄美から離れて、本土の大都会で生活するということは、それ自体、適応のなかなかむずかしい激しい変化である。しかも北とは、島尾敏雄がヤポネシアをめぐって書いたいくつかの文章の中の言葉を使うならば、「画一」であり、「つんとした顔付」であり、「固さ」であり、「しこってしまった肩のぐりぐり」なのだ。

そのような北に、彼女が傷ついたとは十分考えられることである。そして夫は、北への適応を半ば失っているとはいえ、彼女の眼から見るならば、あくまでも北の人間である。彼女は、北に表情を合わせようとして、次第に南島を自分の奥深くへ押しこめてしまう。

だから彼女の傷は二重の性質を持っている。それは、夫の背信によって受けた傷であると同時に、夫を通して、北から受けた傷でもあるのだ。

妻ミホの狂気とは、彼女の中で長いあいだ抑圧されてきた南島の復讐である。狂気という形をとって、南島は、妻の中から荒々しい、ときには狂暴な姿をとって立ちあらわれ、夫をたじろがせる。

「私」は、加害者としての自分を決して許すことができない。以後「私」は、ひたすら妻に尽くすことによって、自分を贖おうとする。

このような夫婦にとって、南島は、彼等に残された唯一つの治癒の場である。「奄美大島は病みそして適応を失った私らをやわらかく包んでくれた」(「奄美大島から」)と、島尾敏雄は来島間もない文章の中で書く。彼は別のところで、「南島の治癒力」(「南島について思うこと」)という言葉を、はっきり使っている。

島尾敏雄が南島に同化しようとするのは、南島に深い親和を感じているためでもあるが、一方でそれは、北の人間としての加害者の位置には、今後決して自分を置くまいとする決意と切願のあらわれとも言えるだろう。

ヤポネシアという言葉は、昭和三十六年に書かれた「ヤポネシアの根っこ」という一文の中ではじめて使われているが、その構想自体は、島尾敏雄が早くから懐抱していたものらしく、すでに「南西の列島の事など」(昭和三十一)の中に、大体の輪郭がスケッチされている。

ヤポネシアとは、これまで大陸の方ばかり向いていた人々の視線を南へと誘い、日本の文化を、南太平洋に散らばる島々とのかかわりにおいて、もう一度見直そうとする試みである。それは、日本と、ポリネシア、メラネシア、ミクロネシア、インドネシアの島嶼文化との親近性の強調であり、日本が「南」を自己の中に持っていることの自覚である。このような眼で見るとき、「もう大陸にしがみつこうとしているすがたではなく、太平洋の中でゆったりと手足をのばしているもうひとつの日本のすがた」(「奄美――日本の南島」)があらわれてくる。この考え方は、本土の不毛な画一性をやぶり、その「こつんとした固さ」をやわらげ、日本の文化に、南の熱い樹液を注ぎいれる。

それは、全く新しい展望をひらいた、実りゆたかな構想である。それは、谷川健一の指摘通り、これまで私たちが否応なしにえらばされてきた、インターナショナリズムという「日本脱出」か、ナショナリズムという「日本埋没」かの二者択一を拒否する第三の道を指し示している。この構想は、「日本列島社会に対する認識を、同質均等の歴史空間である日本から、異質不均等の歴史空間であるヤポネシアへと転換」(「ヤポネシアとは何か」)させる。

ヤポネシアの構想は、島尾敏雄の生活の中から生まれた。『死の棘』の体験を経なければ、彼がこのような視点に達したかどうかは疑わしい。この構想は、妻と彼との治癒への願いを抜きにしては、考えられないからである。もし奄美が、本土に対してつねに被害者の位置に置かれた、単なる辺境であるならば、北を拒否した彼は、妻に寄り添いつつ、どこまでも加害者と被害者の固着した関係の中に生きつづけねばならない。それは、閉ざされた、狭い場所へ自分たちを追いこむことにしかならず、真の治癒は生まれないだろう。もし「南」が、日本を成り立たせている一つの大きな要素であるならば、ヒエラルキーは崩れ、奄美は、本土と対等の関係に立つことができる。そのためには、奄美から本土を透視し、本土の「画一」と「固さ」と「こわばり」の下に「南」を発見しさえすればいい。

〔……〕本州や九州に於いて祭やアルコールのたぐいで、意識を解放させたときにあらわれてくる、日常の日本とまるで似つかわしくない放散はいったい何だろう。(「ヤポネシアの根っこ」)

と彼が言うとき、彼はたしかにこの透視に成功している。

こうして、日本の中に「南」が発見できるならば、奄美・沖縄は、もはや日本のどんづまりではない。視界はさらに南の、太平洋の島々へとひらけてゆくだろう。

私は、ヤポネシアの構想は、島尾敏雄の切実な体験とむすびつき、その悲願を通して生まれたからこそ、あれほど多くの支持を得たのだと思っている。歴史学者や民族学者が、たとえば文化圏といったたぐいの形で提唱したならば、こうした共感は生まれなかったろう。

ヤポネシアの構想の中にある新しさとは、日本人と南方とのかかわりは、西欧人と南方とのかかわりとは根本的に異なるという認識である。これは、土方久功と中島敦が、その体験によって実証してみせながらも、思想としてはわがものになしえなかったところだ。島尾敏雄は、この思想を生きた、日本で最初の文学者だ、ということができる。

旅への誘い——シャルル・ボードレールの南海旅行

この一文の目的は、ボードレールが二十歳の時にしたモーリス島とブルボン島への旅の意味を問うことにある。この無理強いされた旅は、一つの挿話にすぎず、『悪の華』と『パリの憂愁』に数篇の作品をもたらし、この二つの詩集にそこはかとない「異国の薫り」をそえただけのものだったのか？　それともそれは、彼の中に深い痕跡を残し、その後の彼の精神の発展になんらかの影響を与えたのだろうか？　与えたとすれば、それはどのような影響だったのだろうか？

一八四一年、オーピック将軍夫妻は、息子の文学者志望と放縦な生活を案じ、しばらく彼をパリから遠ざけようと考え、親族会議をひらいた末、インド旅行をさせることに決める。ボードレールは、「喜びも嫌悪の念も示さず」（クレペ）、この決定に従い、六月八日、ボルドーから、カルカッタ行の商船「南海号」に乗船する。

将軍の知人であった船長のピエール＝ルイ・サリスは、道中、文学者志望をあきらめ、真面目な職業につくよう、ボードレールに説諭することを将軍から頼まれたらしい。船長が後に将軍に書いた手紙によると、ボードレールの決心は固く、船長はこの説諭を途中で放棄せざるを得なくなる。

船は、ポルトガルとアフリカの西岸を南下、喜望峰をまわったあたりで、船長さえも「その長い船員生活において、かつてみたこともないような」激しい暴風雨に遭い、マストを折られ、沈没の危険に瀕するものの、なんとか持ちこたえて、九月一日に英領モーリス島（モーリシャス島）の首都ポール・ルイに入港する。船中での孤立した生活のために次第に募っていた旅に対するボードレールの嫌悪は、この暴風雨の経験のために、決定的なものとなる。船は、修理をおえ、九月十九日に出港、同日ブルボン島（レユニオン島）のサン＝ドニ港に着いたが、ボードレールは帰国を強く望んで、それ以上進むことを断固として拒否、船長も説得をあきらめ、後事をフランスに戻る船長に託し、ボードレールを島に残して出帆した。ボードレールは一カ月近く島に滞在したあと、十一月四日、「アルシード号」という小さな船にのって、一八四二年二月十六日にボルドーに、八カ月振りで戻ってくる。

以上がボードレールの一生に一度の旅のあらましである。

ボードレールは、帰国したあと、この旅について、テオドール・バンヴィルをはじめとする友人たちに、あることないこと混ぜ合わせて、面白おかしく話してきかせた形跡がある。だがこの旅について直接記したものとなると、まことに少ない。彼は、「火箭」や「赤裸な心」の中でも、その書翰の中でも、わざとのように何も語っていない。

インド旅行。最初の冒険、マストを失った船。モーリス、ブルボン島、マラバール、セイロン、ヒンドスタン、喜望峰、楽しい散歩。
二度目の冒険。食糧のない、沈みかかった船での帰国。

これは、ボードレールの伝記の執筆を企てたエドモン・デュランティのために書いて与えたとされているメモの一節で、この旅のまとまった記録としては、唯一のものである。ちなみにボードレールは、ここで、マラバール、セイロン、ヒンドスタンの名をあげているが、彼がブルボン島以東へはゆかなかったこと、つまり彼の記述が嘘であることは、今日殆んど証明されているといっていい。

だが『悪の華』と『パリの憂愁』の中には、この旅行はかなり明瞭な名残りをとどめている。「植民地生れの一夫人に」は、旅中のものであることがはっきり分っている作品であり、「あほう島」と「マラバール生れの女に」も、確証はないが、旅中か、旅の直後の作とされており、また後年の作ではあるけれども、「ここより遠く」と散文詩

「美わしのドロテ」とは、この旅から発想を得ている。これらの詩篇は、ささやかなものではあるが、ジャンヌ・デュヴァル詩篇やサバティエ夫人詩篇があるように、南方詩篇とも呼ぶべき一群を形作っており、ともすれば暗鬱で、地平の閉ざされがちな彼の詩の世界に、熱帯の陽光とエグゾティスムとをみちびき入れている。

またこの旅は、韻文詩「前世」、「異国の薫り」、「髪」、「悲しくて放浪性の」と散文詩「髪の中の半球」、「ああ、もうか」に確実に濃い影を落としている。

Au pays parfumé que le soleil caresse.
J'ai vu dans un retrait de tamarins ambrés,
Et de palmiers d'où pleut sur les yeux la paresse,
Une dame créole aux charmes ignorés

太陽の愛撫を受けた薫高き国
まぶたに怠惰の雨のふりかかる
琥珀色の花咲く羅望子と棕梠の木かげで
私は見た、人知らぬ魅力を持つ植民地生れの一夫人を

これは、ソネ「植民地生れの一夫人に」の初稿の冒頭の詩節である。『悪の華』の決定稿では、二行目が、

J'ai connu sous un dais d'arbres tout empourprés　　私は知った、赤い花の咲く木々の天蓋の下で

と改められている。ことさらに初稿を引用したのは羅望子（タマリンド）という樹木に注目したいからだ。この熱帯性の樹木は、沢山の小さな複葉から成る繊細な葉を持ち、黄色に紫紅色のすじの入った花を咲かせ、高さは二十から三十メートルに達する。樹容が美しいため、熱帯諸地方の街路樹や庭木に用いられるというから、このソネが捧げられたモーリス島のオタール・ド・ブラガール夫人の家の庭にも枝葉をひろげて涼しい木かげを作っていたにちがいない。羅望子は、「マラバール生れの女に」の中にも、

幸多き子よ、なぜフランスなどを見たいのか
苦しみの鎌に薙ぎ倒される、人のみ多いあの国を
水夫の逞しい腕に命をあずけ
愛する羅望子に永久の別れを告げて？

と歌われており、この旅のあいだ、ボードレールがとくに親しみ、或る印象を受けた樹木だったらしい。いわばタマリンドは、この旅のしるしであり、象徴だったとも言えよう。

それゆえ、「ある秋の暑い夕」に、ジャンヌ・デュヴァルの褐色の裸身に顔を押し当てながら、ボードレールが、

お前の薫りに、魅惑の国へと誘われて
私は見た、波の疲れのなお残る
帆と帆柱とに埋まる港を
風にたゆたい、私の鼻をふくらます
緑なす羅望子の香
心の底で、船乗の唄と混らう

と南方旅行を回想するとき、不意によみがえったタマリンドの匂いの中で、「栗色髪」で、「顔が青白く」、「背が高く、姿よく、狩人のように歩む」オタール・ド・ブラガール夫人と、夫人の下女で乳姉妹であったという「マラバール生れの女」の、「肌の色よりなほ黒い、びろうどの瞳」を持ち、「足が手ほどに華車」で、「どんな白人女も羨むほどに豊かな腰を持つ」面影とが、二重映しになっていたことはまちがいない。

散文詩「美わしのドロテ」の主人公である黒人女は、「マラバール生れの女に」の中の女性と同一人物であるとさ

れている。たしかにこのドロテもまた「マラバール生れの女」と同様、「とても豊かな腰」と「すばらしい脚」の持主で、しかも同じように「はだしで歩いて」いる。ただボードレールは、プーレ・マラシ宛の手紙の中で、この散文詩について、「ブルボン島の思い出」と書いていて、モーリス島のドロテとは別に、ブルボン島にもう一人のドロテがいたのだ、と推理する人もいる。どちらにせよ、私たちはただオタール・ド・ブラガール夫人の下女であった「マラバール生れの女」が、実際にドロテという名前を持っていたことを知るばかりである。

この散文詩は、ボードレールの「南方詩篇」の中で、熱帯の空気をもっともよく伝えている作品である。そこで私たちは、おそるべき直射日光に打ちひしがれた町や、人々が死にも似た午睡にふける人影のたえた通りや、その通りをただ一人、赤い日傘をさして昂然と歩いてゆく美しい黒人女を見、彼女の小屋の近くの浜にくだける単調な波音や、微風のささやきをきき、ドロテが鉄の鍋で作る米とサフランとをまぜた蟹のシチューの香ばしい匂いをかぐ。彼が、ブルボン島出身の詩人ルコント・ド・リールをたたえた言葉をそのまま借用するならば、ここには「熱帯の美と魔術が、不思議な魅力で輝いている」。

この散文詩が、「ここより遠く」とほぼ並行して、ボードレールの晩年に制作されたことは注目に価する。

私が「ドロテ」(ブルボン島の思い出)と「野蛮な女」〔……〕と「夢」〔……〕とを書きあげたら、『悪の華』の用意ができるでしょう。(一八五九年十二月十五日、プーレ・マラシ宛)

私にはさらに、制作中の三つの小品があります。「ドロテ」(熱帯の自然の美、理想の黒人の美人)と「縁日の野蛮な女」〔……〕と「夢」〔……〕とです。(一八五九年十二月十五日、カロンヌ宛)

この時点で彼が考えていたのは韻文詩である。他の二つはのちに「野蛮な女と伊達女」、「誘惑」という散文詩と化したが、「ドロテ」の方は、韻文詩の「ここより遠く」と散文詩「美わしのドロテ」にわかれた。二つの作品がいつ完成したのかは正確にはわからないけれども、発表は「美わしのドロテ」の方が一八六三年六月であり、「ここより遠く」の方は、一八六四年三月、つまり死の三年前である。

この事実は、南方旅行の記憶が、彼の中で二十年間、少しもうすれることなく、生き生きと持続していたことを物語っている。いやそればかりか、周囲のすべてが頽落し、彼の内面がとみに暗さをましてゆくとき、熱帯の午後の光の中を歩むドロテの姿は、かえって一層の生気と鮮明さを獲得していったようにさえ思われる。

ボードレールは終生海を愛した。彼の著作の中には、海についての言及や、海と船に関するイメージが、枚挙のいとまがないほど多くみられる。

自由人よ、君は常に海を愛するだろう。(「人と海」)
海、渺茫とした海が、われらの労苦を慰める。(「悲しくて放浪性の」)
何ゆえに海の眺めは、限りなくまたかくも永遠に快いのか。(「赤裸な心」)

散文詩「ああ、もうか」の中の「私」は、長い海路の末、やっと陸地が見え、人々が踊り上がって喜こんでいるとき、海から「断腸の思いなしに別れることが出来ず」、他の船客たちが「ああ、やっと」と叫ぶときに、「ああ、もうか」と呟くのである。

債鬼に追われるパリでの不毛な生活を清算し、オンフルールの母の家に移ろうと考えていたとき、彼は母宛の手紙の中で、「僕の部屋から海が見えるでしょうか?　駄目ならおとなしくあきらめますが」(一八五八年二月二十六日付)と不安げに訊ねている。そしてオンフルールに腰を落ち着けた後には、「ごらんの通り、海のミューズこそ私にふさわしいのです」(一八五九年二月二十四日、カロンヌ宛)とも「海の大気が私に役立っています」(同日、マラシ宛)と誇らしげに書く。彼が南方旅行から持ちかえった「あほう鳥」を十八年の間を置いて最終的に仕上げるのは、この「海のミューズ」の手引きによってなのだ。

しかし生粋のパリっ児で、この大都会においてその生涯の大半を送った彼は、当然のことながら、海に親しみ、海を呼吸し、海とともに生きるという経験をあまり持っていない。一八五八年以後の数次にわたるごく短期間のオンフルール滞在をのぞくと、二十歳のときの南方旅行が、海に関する彼の唯一の経験だったといっても過言ではない。

彼は、ボルドーで乗船した時、生まれてはじめて海を見たのではなかったろうか？　だがこの最初の経験において、海は、おだやかな、比類のない美しさから、信じがたいほどの怖しさまで、そのあらゆる相を彼に示した。彼が喜望峰の近くで遭った嵐は、五日間つづき、船は帆柱を折られ、帆桁が水に浸るほど激浪のため左右に翻弄されたという。彼はこの八カ月のあいだに「かくも奇怪な蠱惑の海、恐ろしい単純の中にかくも無限の変化を有する海」（「ああ、もうか」）のすべてを知った。それまで辞書の中のものにすぎなかった、海に関するすべての言葉が、はじめて生きた言葉となった。このときの経験に比べるならば、オンフルールの海などは、風景としての海、書割としての海にすぎない。危険もないかわりに、その海は彼にとって生きられることはない。

それゆえ『悪の華』と『パリの憂愁』の中にあらわれる海は、ほとんどすべて、この時の経験に裏打ちされていると言っていい。少なくとも、『悪の華』の初版（一八五七）に含まれている作品の中の海は、時期的にいっても、彼が南方旅行で体験した海を唯一の発想源としている、と断定できる。

たとえば「人と海」の中の、

しかも劫初の昔から
海と人とは、容赦も悔いもものかわと争ってきた
それほど君たちは死と殺戮を好むのだ
おお永遠に争い合う者、宿怨の兄弟よ

という最後の詩節には、彼が喜望峰の近海で目撃したあの人間と海との壮烈な死闘を多分踏まえているのだ。「悲しくて放浪性の」の中の

おらぶ嵐の大オルガンを伴奏に
嗄がれ声で歌う歌姫、あの海に、いかなる悪魔が授けたのか
子守りのように心をゆする巧みなわざを？

という部分にしても、「おらぶ嵐の大オルガン」とは、単なる修辞から出た表現とは思われない。

大空の姿を映す波のうねりは
その豊かなる音楽の妙なる和音を
わが目に映る落日の色にそえるのだ
おごそかに、そしてくしびに

この「前世」の中の海には、彼が大西洋で日々送迎した、壮麗な落日の記憶が揺曳している。ボードレールは、南方から帰国した直後に、ジャンヌ・デュヴァルに出会い、宿命的な関係を結ぶ。彼は、西インド諸島生まれの白黒混血のこの女性に何を求めたのだろうか？　あの「美わしのドロテ」の面影だろうか？　この推測は、少し恣意にすぎよう。ただ、「異国の薫り」一つとってみても分るように、彼のこの選択の中に、彼自身が意識したかどうかは別として、南方旅行が或る役割を果たしたとは十分考えられる。さきにあげた、「準南方詩篇」と呼ぶべき六つの作品のうち、「髪」、「異国の薫り」、「髪の中の半球」と三つまでがジャンヌ・デュヴァル詩篇であることに、この際注意しておきたい。

ジャンヌ・デュヴァル詩篇にしばしば海のイメージがあらわれることも、確かにその点について何事かを語っている。「髪」と「異国の薫り」の中で、ボードレールは、ジャンヌの髪や肌の匂いを通して南方と海とを夢みているが、「踊る蛇」にしてもそうである。

匂いが強く
奥深いお前の髪は
紺青の波、栗色の波たつ
香りよく、たゆたう海だ

朝風に目ざめた
一艘の舟に似て
夢みる私の魂は帆を上げる
遠い空をめざして
〔……〕
お前は身をかがめ、体をのばす
帆桁が水づくばかりに
右に左にゆれうごく
華車な船さながら

引用の最後の詩節にも、喜望峰での暴風の体験がはっきりと痕印されているのを私たちは見る。

一方彼女は、「うねうねと網目を刻む波のうねりのように」、その体を「いとも冷淡に長々とのばす」のであり、また長椅子にしどけなく身をよこたえては、「海が崖に打ちよせるように、彼女に向かって打ちよせる深くてやさしい私の愛」(「宝石」)に向かって微笑むのである。

南方と海の詩人としてのボードレールを強調することは、たしかに彼の姿を歪曲することになろう。海にしても、彼は時として、「大洋よ、俺はお前を憎悪する、お前の跳躍と喧騒を」(「妄執」)と歌うのであり、散文詩の「芸術家の告白の祈り」でのべているように、海の「限りなくかくも永遠に快い」眺めも、しまいにはその「不感無覚」が彼を苛立たせ、反抗させるのであり、「無慈悲な魔女、常勝の敵手、自然よ!」と叫ばせるに至るのである。

南方についていえば、彼は、熱帯の強烈な光よりも、「晩秋から、冬を越え、泥っぽい春先までの退屈な季節」を「讃美する」詩人なのであり、「強烈な色彩が部分的に存在するにもかかわらず全体としてほとんど黄昏に似た印象を受けるあの熱帯諸国」(「ウージェーヌ・ドラクロワ・その作品と生活」)の色彩よりも、北方の夢みられた色彩を好み、北方こそ「熱烈な色彩家たちの祖国」(「一八四六年のサロン」)と書く人間である。ゴッホがあこがれ、ゴーギャンが実現したあの「熱帯のアトリエ」の企てに対し、ボードレールが賛意を表したかどうかは疑わしい。ボードレールがあくまでパリという大都会の詩人であり、『悪の華』と『パリの憂愁』の「二つの詩集のほとんどすべての詩篇には、「パリ風景」という『悪の華』の一章の表題を冠することができる」というチボーデの意見(「内面の作家」)に私はさからうつもりはない。ただボードレールの場合、その都会の中にさえ海のイメージが現れる。

私は見たい、歌い、しゃべる工房を
都会の帆柱である煙突や鐘楼を
そして永遠を夢みさせる大きな空を (「風景」)

その点で彼が、元海軍士官で、海の熱烈な愛好者であり、しかもパリを描くすぐれた銅版画家だったシャルル・メリヨンを偏愛したのは興味深い。海を挟んでの二人の関係については、豊崎光一の「もうひとつの海、双児の海」

(『ボードレールの世界』青土社)にくわしいが、たしかにパリのような大都会と海とのあいだには、ひそかに通じ合うものがある。大都会の複雑な、時には頽廃した魅力に敏感な人間は、山岳や田舎より、海にひかれるのではないか、という気がする。たとえば、「群衆という浴みにひたり」、「多忙な群衆の間に処して独りでいる」(「群衆」)快楽と、「空と海との広大無辺の中に眼差をひたす」(「芸術家の告白の祈り」)快楽とのあいだには、或る共通の感覚が、共通の陶酔が存在するのではあるまいか?

ともかく二十歳の時のボードレールの南方旅行は、海についての豊かなイメージを彼に提供し、『悪の華』と『パリの憂愁』の世界に、波のうねりに似たある種の動きと官能性を与えている。これらを欠いた場合、二つの詩集の魅力が著しく失われることは確実である。

南方旅行は、「旅への誘い」の詩人の、唯一の旅らしい旅だった。晩年の足掛け三年に及ぶベルギー滞在は、旅というよりむしろ流寓、彼が自らに課した追放、といった相を帯びている。彼はブリュッセルのグラン・ミロワール・ホテルの一室かち殆んど離れず、時計さえも質入れしてしまう貧苦の中で、ひたすらベルギーとベルギー人を呪詛しつづけながら、債鬼を怖れてパリに戻ることもできない。これが果たして旅といえるだろうか?

ボードレールは、一生にわたって「定住を嫌悪し、旅への情熱にとりつかれ」(「群衆」)ながら、À quoi bon という内心の囁きに呪縛されて、決して腰を上げようとはしない。サルトルが揶揄するように、彼は、六カ月も逡巡したあとでなければオンフルールへ発つことができず、真に万やむをえない場合のほかは、パリを離れることがない。彼は所詮、「ただ旅立つために旅立つ真実の旅人」(「旅」)ではない。彼の旅は、「誘い」と「計画」の中にしか存在せず、「真の旅は精神の中でなされる」(ジョルジュ・ブラン「変化矛盾頌」)。このような彼の旅の観念の形成に、南方旅行は決定的な影響を与えたと考えられる。

たしかにこの彼にとって唯一の旅も、やはり強いられたものであった。だがどの程度強制されたのだろうか? それは有無の言えない命令だったのか? 真の懲罰だったのだろうか? 実情はちがうようである。ボードレールの死後、オーピック夫人がシャルル・アスリノーに書いた手紙によると、オーピック将軍は港町の生まれで、海を情熱的に愛し、若いころには航海にあこがれていたので、義理の息子に対しても、陸の旅よりも海の旅が好ましいと考えたのだという。将軍が「海を情熱的に愛していた」ことは、晩年、眼下に海を見下すオンフルールの崖の上の家を買って隠棲したことでも分る。してみると、この旅は命令どころか、将軍が、自分の青年時分の夢を義理の息子にかなえさせようとした試みとさえ言えるだろう。ボードレールは、拒否しようと思えばできたはずである。少なくとも、不満を表明することぐらいはできただろう。しかし彼は、「とくに嫌悪の念も示さずに」(オーピック夫人の手紙)、親族会議の決定に従ったのである。この時点では、「旅への誘い」に素直に従った部分が彼の中にあった、と推測してもそれほど誤りではあるまい。近年まとめて発見されたボードレールの主として少年時代の家族宛の手紙(一九六六、グラッセ書店)の中には、ボルドー出港の日に、船上から母に宛てて書いた手紙が一通含まれており、その中には、「僕は、お母さんがよく食べ、僕が満足していると考えて満足して貰いたいと思います。だって本当なんですから、少なくともほとんど本当のことなんですから」という一節がある。額面通りには受け取れないにしても、彼の中に満足感が少しもなかったとは言えまい。同じ手紙の中で、彼は母に、自分の持っている『ロビンソン・クルーソー』を親戚の子にやってくれと頼んでいる。この『ロビンソン・クルーソー』こそは、旅への誘いの一つのしるしと考えていい。

しかし日がたつにつれて、旅は責苦となる。船がヨーロッパから遠ざかれば遠ざかるほど、流謫の思いは深くなり、旅は、与えられた懲罰と意識されるようになる。喜望峰の近海で船が嵐とたたかい、彼もまた死の危険にさらされていたとき、どうして彼がオーピック将軍を恨まずにいられたろうか? 彼がモーリス島に着いて、もはや旅を続けることを断固として拒否したのは、旅の苦しさや、懐郷の念だけが原因だったのではない。ここにきて、彼ははじめてオーピック将軍に従うことを拒否したのである。

この旅に関する手紙として、もう一通、一八四二年二月十六日、ボルドーに帰着したとき、オーピック将軍に宛てて書いたものが残っている。

長い旅からやっと戻ってきました。十一月四日にブルボン島を出て、昨晩着きました。金は一銭も残っていません。僕はしばしば、必要品にさえ事欠く始末でした。

これは、あきらかに非難の口調である。この書翰集の編者フィリップ・オーゼルヴは、ボードレールの義父に対する感情が、この旅をさかいにしてはっきり変ったことを認めている。

この旅は、彼の中で怨恨として残る。後年母宛の手紙の中で、全くこの旅にふれない理由は、もしかするとその辺にあるのかもしれない。一方、以後彼の旅の観念そのものに、或る苦さがまといつくようになる。この旅は、彼の中にまだ残っていた旅の神話を殺したのである。

ボードレールは、『悪の華』の中の「旅のボヘミヤン」、「旅への誘い」、「シテールへの旅」、「旅」、『パリの憂愁』の中の「旅への誘い」、「計画」、「この世の外なら何処へでも」と、旅をめぐって沢山の詩を書いている。たしかに「居場所を変えるという問題」は、彼が魂と「たえず議論をかわしている問題の一つ」(「この世の外なら何処へでも」)なのだ。

これらの詩の内容は、一言にしていえば、旅の不可能性の証明である。とくに「旅」は晩年(一八五九)に書かれた点、「悪の華」最長の詩であり、その第二版の末尾に置かれている点で、こうした彼の旅の観念の結論であり、旅についての決算であると言える。人々は、「ある朝、頭に炎を充たし」、「波のうねりの律動のままに、無限の想念を有限の大海原の上に揺るがせながら」出発する。しかし水平線の彼方に現れる島は、「運命によって約束されていた黄金郷」と見えながら、「明け方の光でみれば、みな暗礁」にすぎない。旅人の見る「豊麗極まる大都市も、雄大無比な光景」も、所詮は「偶然が雲を素材に作り上げるあの神秘的な魅力」をかつてもっていたことがない。しかも彼は至るところに「宿命の梯子段の天辺から下まで、一面、永劫不滅の罪業の退屈きわまる光景」を見るのであり、人々が旅から持ち帰るのは「苦い知識」なのだ。旅は「時」を欺くためのペテンにすぎず、その上「揺籃の地を去らずに、「時」を殺し得る者」もいるのである。

旅の衝迫に駆られることのない人間が、旅の無意味さを歌ってみたところで、その作品は何の力も持ちえまい。この詩が私たちの心に迫ってくるのは、彼が自分にも私たちにも納得させようとする旅の無意味さのためではなく、このような旅の観念のために、彼の旅への衝迫が扼殺されているのが、はっきりと感じられるからである。「旅」を含め、旅に関する彼の詩篇のほとんどすべては、その内容とはうらはらに、私たちを旅へと促す力を潜在させている。

それゆえ、

おお死よ、年老いた船長よ、時が来た、錨を揚げよう
この国に、おお死よ、俺たちは飽き飽きした。船出しよう

という「旅」の中の末尾の詩句は、彼が呼びかけているのが死に対してであり、その目的地が「この世の外の」どこかであろうと、私たちを「未知の世界のどん底へ」と出発させる。

ランボー、ゴーギャンをはじめ南方へと向かったヨーロッパの旅人たちの系譜は、ボードレールのこの呼びかけに応じて生まれたのではなかったか？　そして事実、彼等は死に向かって出発したのだ。彼等にとって、旅とは死なのだから。そしてこの死がなければ、再生はありえないのだから。

南方のアトリエ——フィンセント・ファン・ゴッホとポール・ゴーギャン

『ヴィンセント・ヴァン・ゴッホ書翰全集』(みすず書房)をよむと、アルル時代のゴッホが南方の絵画を夢み、絵画の将来は南方にある、と信じていたのがわかる。たとえば、彼は一八八八年の十月に弟テオに宛てて、次のように書く。

もし本当に、新風を生もうと精進している画家であれば、思い切って南仏へ来ないかと誘ってくれたまえ。新しい色彩画家の流派は南仏に根を下すだろう。僕はそう信じている。

だが、ゴッホの頭の中にあった「南方の絵画」という観念は、アルルを含む南仏だけに局限されるものではない。たとえば彼は、「南方」というとき、アフリカについてさえ考えている。

なぜすべての画家の中でも最高の画家ドラクロワは、どうしても南仏へ行かねばならぬ、アフリカまでも行かねばならぬと考えたのか。他でもない、アフリカはもとよりこのアルルからでも、赤と緑、青とオレンジ、硫黄とリラ色の美しい対照が誰にもわかるからではないか。(弟テオ宛)

しかし、ベルナー君、きみにはっきり言っておきたい、だからアフリカへ行って過ごしたまえと。南方はきみを歓喜させるはずだ、またきみを大きな芸術家にしてくれるよ。ゴーギャン自身だって、彼のすぐれたところは南方に負っているのだ。（エミール・ベルナール宛）

ちなみに、ここに引いた三つの手紙は、真の南方の画家ポール・ゴーギャンのアルル到着（一八八八年十月二十日）以前のものである。ゴーギャンがアルルにやってきて彼と同居生活をはじめるや、ゴーギャンの影響を受けて、彼の「南方」という観念はいちじるしく昂揚し、南仏という枠組を大きく踏みこえ、彼は公然と、「熱帯の絵画」や熱帯のアトリエについて語りはじめる。

ゴーギャンが話す熱帯地方の話はすばらしいと思う。きっと絵画の偉大なルネサンスの将来はそこにあるのだろう。きみの新しいオランダの友人に、かりにもそういうことに思いを馳せたことがあるかどうか、訊いてみるとよい。もしオランダの幾人かの画家がジャヴァで色彩画家の一派を開いたら、どれほど愉快なことだろう。（弟テオ宛）

いずれにせよ、熱帯における絵画がどれほど重大問題であるか、それのみに固執するわけではないが、デ・ハーンやイサークソンには、もうその意味がきっと分っていると思う。（弟テオ宛）

ゴッホの「熱帯絵画」熱を、ゴーギャンの影響による一時的なものと考えることはできない。ゴーギャンとの共同生活が失敗に帰してから一年余ののち、サン＝レミの精神病院から、雑誌『メルキュール・ド・フランス』にゴッホ論を書いた批評家のベルナール・オーリエに宛てて次のように書いたのがその一つの証拠である。

〔……〕ですからあなたもお気づきになると思いますが、将来の問題である「熱帯の絵画」や色彩の問題を論じられるときに、私を論ずるよりもまず、ゴーギャンやモンティセリの意味をみとめられていたら——あなたの論文は一層正鵠に——と私は思うのですが——したがって一層強力なものになっていたでしょう。

一八八七年の冬のさなかのパリにおいて南方という観念を抱懐し、その観念に促されて誰一人知人のいないアルルに赴いて住みついたこと、しかもそこで彼の芸術が真の開花をとげたこと、ことさらに手紙を引用しなくても、これらの事実によって、ゴッホにおいて南方の持つ意味の大きさを私たちは知ることができる。

それではゴッホにとって南方とは何だったのか？　彼は南方にいかなる希望を託していたのだろうか？前掲のドラクロワについて語った手紙の一節からもわかるとおり、ゴッホは南方を純粋に絵画の観点から、もっと狭く色彩の観点からみている。

真の色彩画家ならだれでもやってきて、ここ〔アルル〕には北国と違う色彩があるのを認めるべきだ。また僕はゴーギャンが来たらこの地方が好きになることを疑わない。ゴーギャンが来ないとすれば、それはここよりももっと色彩の強い国にいた経験があるからだ。（弟テオ宛）

じっさい色で描こうという野心を抱いてジャヴァへ行ったら、まちがいなく多くのものが新しく見えるだろうと思う。それにもっと強烈な太陽に照らされた、もっと光線の強いそういう国々では、固有の影も、対象や人物による影も、別種の趣きを呈していて、いっそそれを取り除きたくなるほど色めいているということだ。こういう現象はここでもう始まっている。（弟テオ宛）

ぼくはもう何カ月もここの強烈な太陽を眺めてきた。これだけの経験をしたあとで、その結果、色彩の見地か

らびくともせずに残っているのはことにドラクロワとモンティセリだ。（ベルナール宛）

これらの引用から、ゴッホが南方に求めていたのが、強烈な太陽と色彩であったことがわかる。ところで近代絵画の展開は、絵画が色彩の強度と明度を獲得してゆく過程、言葉をかえていえば、絵画の南方化の過程であると、少なくともその一面において言うことができる。印象派からゴッホ、ゴーギャンをへて、ナビ派からフォーヴへと移ってゆく流れは、ほぼこの言葉に対応していよう。印象派は自然の光の効果の忠実な再現、つまり一種のリアリズムとして把握されることが多いが、私の眼にはむしろ絵画の南方化の第一歩として映る。印象派は当時にあってきわめてラディカルな性格を持っていたので、このような性格は、のちの絵画の展開のため、今日ではいささか実感されにくい。そしてどちらかというと、パリを中心とするイル・ド・フランスの穏和な光を描いた折衷的絵画とみなされがちである。

しかし視覚上の体験からいっても、印象派の画家たちはそれぞれしたたかなものを持っている。印象派の父であるマネは一八四八年十六歳のとき、南米航路の見習水夫として船に乗り、熱帯を知った。モネもまた、一八六〇年（二十歳）から足掛け三年間、アルジェリアで一兵卒として軍務に服し、アフリカの強烈な太陽を経験し、のちに友人に「かの地で私がどれほど多くのものを学んだか、私の視覚がどれほど豊かになったか、あなたには想像できますまい」と書き送っている。ピサロはセント・トーマス島（西インド諸島）という亜熱帯の島で生まれ、育ち、二十五歳の年にはじめてパリへ出てきた人間である。セザンヌは周知のとおり南仏エクス・アン・プロヴァンスの出身であるし、若死したが、初期印象派グループの有力メンバーであったフレデリック・バジルもまた南仏モンペリエに生まれている。このように印象派の大方の画家が印象派を結成する以前に熱帯を体験するか、もしくは南方出身であったことは、興味深い事実として指摘しておきたい。

私たちの眼にはいかにも明るく、楽しく、快く見える印象派の絵画が当時どれほど世間によってきびしく拒否され、またときには怖れられたか、印象派の画家たちがどれほど貧苦にくるしまねばならなかったかは、多くの美術史が繰り返しのべているところである。今日の私たちにはちょっと理解しにくいこの現象も、考えてみれば当然のことなのだ。色彩は理性よりも感情に、意識よりも無意識に属し、アナルシーをうちに秘めている。色彩の解放とはこのアナルシックな衝動の解放にほかならないので、中庸を理想とした当時のブルジョワ社会は、そこにおのれをおびやかす破壊的要素をかぎつけたのである。印象派の敵であるアングルが、「色彩は芸術のもっとも動物的部分だ」といって軽蔑したのは、一面の正しさを持っているといえる。印象派がラディカルであったのは、美術史の上だけのことではなく、そういう社会的な意味あいでもそうだったのだ。となれば、絵画の南方化とは、「西欧の没落」の過程と軌を一にするともいえそうである。

印象派から出発したゴッホとゴーギャンがともに南方へむかったのは理の当然だった。彼等は印象派の中に萌芽として含まれていた南方を一層発展させたにすぎない。この二人を印象派の否定者、超克者とみなす見方が一般的だけれども、私はむしろ継承者としての面を重くみたい。

しかしゴッホとゴーギャンを比較してみるとき、「南方」の持つ意味が後者において、はるかに大きく、圧倒的で、ほとんどその存在と一つになっている。前掲の引用にかかわらず、ゴッホの場合、「南方の絵画」はそれほど――つまりその存在と一体化するほどの役割は果たしていない。たしかに発狂と早死という要素は考えなければならない。けれどたとえ彼が発狂もせず、長生きしたとしても、彼の中の南方が、色彩の問題以上に発展したとは推測しにくい。付け加えておくと、もちろんこのことはゴッホの偉大さと少しもかかわりはない。

前掲のアルベール・オーリエ宛の書翰にはすぐにつづいて、次のように記されている。

なぜなら、結局私が演じている役割、或いは今後演じるであろう役割は、絶対二次的なものであろうと思うからです。

もちろんゴッホの謙虚さを考慮に入れねばならないが、「南方の絵画」に関するかぎり、これは、正確な自己認識ではあるまいか。
　僕はこの小さな国にいるだけで熱帯に行く必要は毛頭ない。熱帯でつくられる芸術を僕はいまでも信じ、これからも信じるだろうが、またそれはすばらしいものだと思うが、僕自身としては熱帯へゆくにはあまりに老いすぎているし（とくに張子の耳などとりつけられたら）、またあまり体にがたがきていると思う。

　これは彼が耳を切り落とした最初の発作後、すなわち一八八九年の一月二十八日に弟テオに宛てて書いた手紙の一節である。たしかに彼の健康状態では、熱帯へゆくことは不可能であったろうが、ここに、どうしても熱帯へゆかねばならぬという衝迫が欠けていることもまた事実である。
　ここで私は、ポール・ゴーギャンの一生にあって、「南方」が持っていた意味を検討しなければならない。その「南方」とのかかわり方において、ゴッホとゴーギャンは全く異質である。もちろんそこに二人の個性の相違がはっきりあらわれているのであるが、それとは別に「南方」というものの持つ比重が、両者にあっては全く異なっていたということがある。ゴッホは熱帯の絵画を信じながらも、「熱帯にゆく必要」をみとめなかった人間であり、彼にとって熱帯とはあくまで色彩の問題であった。それに対し、ゴーギャンは熱帯にゆかねばならなかったのであり、それは絵画をこえ、彼の存在と生活とに深くむすびついた問題だったのである。たとえば彼はこんな風に書く。

　来るべき世代にとって、おそろしい時代がヨーロッパで準備されつつある。すなわち金銭の王国だ。一切は腐敗している。人間も芸術も。少なくとも、冬を知らぬ空とすばらしく豊かな土地をもつかの地タヒチでは、食糧を得るには手を上げさえすればいい。だからタヒチ人は決して働かない。彼等にとって生きるとは、歌いかつ愛することだ。（シュフネッケル宛）

現在西欧は腐敗している。そして私にはかの地へゆけば、新たな気力が得られるような気がする。怪力のあるすべてのものは、アンタイオスと同様、彼方の土にふれれば力をとり戻すことができる。（ベルナール宛）

右はいずれも一八九〇年、すなわち彼がタヒチに渡る前年に書かれた手紙の一節である。ゴッホが南方の色彩と太陽について語るとき、ゴーギャンは魂の再生や、労働と金銭のない社会について語り、ゴッホが北方の光に不満をもらすとき、ゴーギャンは西欧社会の腐敗を断罪する。ゴーギャンの書翰集や手記を通読してみても、南方の色彩や光について触れた文章はほとんどみあたらない。しかしゴーギャンのタヒチ及びマルキーズ時代の作品をみれば、オセアニアの色彩と太陽とが、そこに大きな影響を与え、彼の芸術の開花をたすけたのは、ゴッホにおけるアルルと同然、いやそれ以上でさえある。それにもかかわらず、まるで語るに価しない二次的なことでもあるかのように、彼はそれらの事柄に言及しない。

小川では、金色の裸体が私を魅惑した。なぜ私は、この金色と太陽のよろこびのすべてをキャンバスにそのまま移すのをためらうのだろうか？

これは『ノア・ノア』の一節である。タヒチの色彩や太陽についてのべた殆んど唯一の例外といっていいくだりだが、ゴッホがドラクロワやモンティセリをひき、「青とオレンジ、硫黄とリラ色」について云々しているのに対し、ここでもゴーギャンは「衰頽した種族の表現の臆病さ」を批判せずにはいられない。

ゴッホにとって絵画上の一個の観念にすぎなかった「南方」は、ゴーギャンにとってほとんど全人的欲求であった。そしてそれはまた彼の経験でもあり、記憶でもあり、存在の一部でもあった。

フランソワーズ・カシャンはその『ポール・ゴーギャン』の中で、一八九〇年ゴーギャンがパリで描いた、熱帯風の背景の中に裸のイヴの立つ《エキゾティックなイヴ》にふれ、そのイヴの顔が、彼の亡母に酷似しているという面白い指摘をしている。熱帯と母の記憶が彼のなかでひとつにむすびついていたとは十分考えられることで、その場合の熱帯とは、一八四九年から一八五五年まで、すなわち二歳から八歳までの幼年時代を過ごした南米ペルーの首都リマである。自己の経歴について語ることの少ないゴーギャンだが、このリマ時代については、『前後録』の中の「祖母、父、母の思い出」の章で、貴重な記述をのこしている。

母が、リマ風の衣裳をつけ、絹のマンテラで顔をかくして、片眼だけをのぞかせたときの優雅で綺麗なことといったら。その眼は、とても優しくて、しかも威厳があり、とても清らかで、しかも情がこもっていた。

と彼は書く。

彼が亡き母を深く愛していたことは、いつもは感情を極端に抑制した、むしろ素気ないといっていい文章を書くゴーギャンが、母について言及するとき、情愛がおのずからにじむことからも分る。同じ一八九〇年に、母の若い頃の写真をもとにして書いたといわれる《母の像》一点を残しているが、これも彼の愛情のあらわれの一つであろう。

彼の恵まれることの少ない、波瀾にみちた一生にあって唯一の平和な時代であった、母の腕に抱かれた幼年時代へ帰ってゆくとき、ゴーギャンはそこに熱帯を見出す。母への回帰は、彼にとって同時に南方への回帰である。彼の南方に対する深い欲求は、このような記憶をぬきにしては考えがたい。

ゴーギャンのヨーロッパに対するイメージの少なくとも一半が、妻メットによって形作られたことは疑いをいれない。ゴーギャンについて「あの人の怪物じみたエゴイズム」と書いた彼女、ブルジョワ社会のモラルを体現する人物と彼の目に映ったこの女性は、ゴーギャンの中の芸術家を終生ゆるさなかった。「結婚からでてくる時、人間きまって心の中の何かがこわれている。このお上品な制度の中では、義務とか名誉といったことしか誰も口にしない。どうして誰も真実をはっきりいってのけないのか。結婚は金の問題にすぎず、まさに一個の売春だよ」と後年タヒチからゴーギャンは、モンフレエに宛てて書く。ゴーギャンのヨーロッパ像の核には、この苦い記憶がある。ヨーロッパは負であり、南方は正だ。両者は彼にあって全くの対立関係にある。ヨーロッパは妻メットであり、南方は母アリーヌだ。

もちろんこれは誇張である。ヨーロッパでは「一切が腐敗している」と彼が書くとき、「一切」という言葉の背後には、妻メットの顔とともに、金銭ずくの世の中や、偽善的な教会や、「牢獄のようなヨーロッパの家」や、「不潔なブルジョワども」や、掛けひきに終始する画家仲間や、文学者と称する口舌の徒や——要するに本能を、生命を、真の想像力を見失ってしまった一世界が存在する。

「西欧は腐敗している」——このような言葉はゴッホの口からは決してきかれない。同じことを言う場合でも、彼の言葉は次のような控え目な表現をとる。

このヨーロッパの持って回った面倒さのなかにいるよりも、向こうへゆけば誰もが自分をよりよく伸ばし、エネルギーを有効に使うことができます。

ゴッホが西欧社会の腐敗に盲目であったわけでも、楽観的であったわけでもない。それは多分、否定者よりも肯定者であろうとする彼の心のつつましさから来ている。彼は他を裁くよりも前に自分を裁いてしまう人間だ。ゴーギャンは西欧を断罪する。彼は否定者であり、それが彼の役割だ。

ゴーギャンは非寛容そのものである。彼の嘲笑や、侮蔑や、憎しみを逃れうるものは何一つとしてない。だがこの人間の偉大さは、他人にゆるさなかったことを、自己にも決してゆるさなかったことである。「西欧は腐敗している」と彼は書く。それゆえ彼は西欧に背をむける。これが彼の単純で明快な論理だ。しかし論理というものはおそろしい。それは最後まで歩かなければならない道なのである。

一八九一年の四月四日、ゴーギャンはマルセイユから船で単身タヒチにむかった。以後十二年（一八九三年から四年にかけて一旦帰国してはいるが）を彼はタヒチおよびマルキーズ群島のヒヴア・オア島で暮らし、一九〇三年五月八日にヒヴァ・オア島で生涯を終えている。

彼のタヒチ行についてはこれまでさまざまなことが言われてきたし、数多くの研究書もあるから、今更私がここで喋々することもない。

ただ私にとって興味深いのは、西欧文明の否定者であるゴーギャンが、その否定のあり方においてきわめて西欧的であるということである。いや、ひとりゴーギャンだけのことではない。その内部から強力な否定者を生み出すという現象自体が、私には近代の西欧文明の特色のように思われる。ゴーギャンがタヒチにむけて発った一八九一年にマルセイユの病院で死んだランボーも、またそのような否定者の一人である。ゴーギャン以後二十世紀にかけて、否定者の系譜はあとを絶たない。

このようにヨーロッパの社会と妥協しがたいまでに鋭く対立し、これを否認するものの眼にはきまって南方が姿をあらわす。彼等は、文明に対し、つねに南方を、南方の象徴である海を対置させる。『怒れる海』という海についての特異なエッセイの著者であるW・H・オーデンは次のように書く。


事実、海は、野蛮な無定形と無秩序の状態である。文明とは、そのような状態から脱出したものであり、もし神々と人間とが努力してそれを守らなければ、いつでも逆行する危険がある。

これを言いかえれば、ヨーロッパ文明の根源には海（南方）がある。そしてそれは、海に対する恐怖と否定の上に成り立っている。それは、決して海と絶縁したものではなく、ちょっと油断すれば、「いつでも逆行する危険」をはらんでいるゆえ、海に対する意識をつねに内在させている。ヨーロッパ文明の否定者が海（南方）へ赴くのは、この意味において根源へ戻ることである。彼等は忘れ去られようとする海を鋭く意識化させる。その反対に、彼等はどこまでいってもヨーロッパを忘れ去ることはできない。彼等は、ヨーロッパ文明を否定したことによって、己の立場と役割を確保したのであり、ヨーロッパを忘れ去ってしまえば、当然その立場と役割を失うからである。彼等は否定という行為を媒介にして、つねにヨーロッパとむすびついている。こんな言い方が許されるならば、彼等とヨーロッパ文明とは弁証法的関係にある。

たとえ即座にではないにしても、ヨーロッパは彼等を、この否定者たちを受け入れる。それどころか、彼等はその文化の伝統の中で、きわめて重要な地位につきさえするのである。

このようなパラドックスが他の文明にも存在するかどうか私は知らない。たとえば日本の場合、かつてただ一人もこうした否定者を生んだことはない。私たちは、その否定を通して日本の社会あるいは文化と深くかかわりあった存在を知らない。

前述のように、ヨーロッパ文明の否定者たちは、そのアンチテーゼとしてつねに南方をえらんだ。日本を否定する人々は、つねに西欧文明をアンチテーゼとする。だが前者の場合に成立した弁証法的関係が、後者の場合には存在する余地さえない。なぜなら、われわれと西欧との間にあるのは、このような場合、対立関係ではなくて、上下関係だからである。それにヨーロッパの否定者たちは、南方へ赴くことによって根源へかえることができたけれども、われわれにとって少なくとも西欧は根源ではない。だから日本を捨て、ヨーロッパをえらんだ途端、われわれは逃れようのないジレンマにおちこんでしまう。われわれと西欧とのあいだに越えがたい淵があり、その淵に目をつむればスノッブにしかなりえず、その淵の存在に気づいたら、もはやどこにもゆき場はない。われわれは、自己の社会や文化に対するアンティパシーを自己嫌悪という形でしか収拾できないのである。

日本を捨てた人間は、当然のことながら日本からも捨てられる。それが芸術家の場合、その否定を媒介として、文化の伝統に加わるということは全くありえない。彼等はそこから締め出される。たとえ位置が与えられるにしても、それは傍流の些々たるものにすぎない。日本人の尻の穴の狭さというより、このような否定は、日本に関するかぎり、何らの意味も持ちえないからである。

自己否定の有無を成熟の一つの基準とするなら、われわれはまたその社会と文化において未成熟なのだろうか？それともこれは社会と文化の型の相違だろうか？

ゴーギャンに戻ろう。ゴーギャンの偉大さはその徹底性にある。彼は論理という最後まで歩かなければならない道を歩きとおした人間なのである。

ゴーギャンのタヒチでの生活、とくに永住を決意して二度目に渡った一八九五年以後の生活がきわめて悲惨なものであったことは、二冊の書翰集がこれを証している。たしかに彼はこの地に楽園をかいまみたが、この楽園も植民地であるかぎり、資本主義経済の下におかれ、金銭の流通の環境から逃れることはできなかった。皮肉なことに、タヒチからの彼の手紙の大半は借金の催促によって占められている。

一八九八年の二月、貧苦と病気、さらに最愛の娘アリーヌの死の知らせが加わって、彼は自殺を決意する。だが砒素の量が多すぎたために、失敗する。この時点において、タヒチはもはや楽園ではなく、地獄なのだ。それにもかかわらず、彼は帰国しようとはしない。帰国をすすめる一人の知人に宛てて、彼は敢然と次のように書く。

それは、私の名と、これまでつづけてきた（私の信ずるところでは、立派に）私の生涯とをはずかしめることになりましょう。竜頭蛇尾ということになります。それでも私は生きてゆける、そうあなたはおっしゃるでしょう。これまであなたの生き甲斐となってきた考え方を捨てねばならないとなったら、それ以上生きたとて何になります。否です。そんなことはもうおっしゃらないで下さい。（ドクター・グーゼ宛）

すなわち彼をタヒチにひきとめ、ヒヴァ・オア島で死なせたもの、それは彼がタヒチに発つ前に夢みた「永遠の休息」でも「生きる喜び」でもない。それは「考え方」なのである。思想が人間を極限までつれてゆくことの、これは一つの例だ。そして極限まで生きられることのない思想は、思想の名に価しまい。

だが一九〇一年にマルキーズ群島のヒヴァ・オア島に移ってから、肉体の衰弱とともに帰国の思いが次第に彼の心を占めはじめる。帰国が自分の生き方を裏切ることになると明言したにもかかわらず、彼はその思いを友人のダニエル・ド・モンフレエには打ち明けずにはいられない。これに対してもモンフレエは次のように書く。

あなたの帰国はあなたについてやっと世論のなかに生まれつつある産卵と孵化を、台なしにしてしまうのではないかと心配です。現在のあなたは、太洋州のかなたから、驚嘆すべき無比の作品、いわばこの世から姿を消した偉大な人間の決定的な作品を送ってくる、前代未聞の伝説的芸術家なのです。あなたの敵どもは何も言わないし、あえてあなたを攻撃することもできず、またそんな気持もないでしょう。あなたはとても遠くにいるのですから！

帰ってきてはいけません。あなたは偉大な死者たちの特権を享受しているのです。

モンフレエは、本国にあって最後まで献身的にゴーギャンの世話をみつづけた、ゴッホの場合のテオに当たるような心やさしい友人だが、そのモンフレエにしてこの言葉がある。私はヨーロッパの酷薄さを思わずにはいられない。しかしこのような酷薄な風土の中にしか、ゴーギャンのごとき徹底性もまた生まれえないのである。ちなみにゴーギャンの遺作となったのは、故国ブルターニュの雪景色である。

民族学者にならねばならなかった詩人——ミシェル・レリスの場合

1

ひとはどのようにして民族学者になるのだろうか？　と私はよく考える。これはたとえば、どのようにして言語学者になるのだろうか、とか、どのようにして心理学者になるのだろうか、という問題よりも私には興味がある。この興味はどこからくるのか？　この問いに正確に答えることはできないけれども、ただひとつ明らかなのは、それは民族学という学問の性格それ自身からきているということだ。

ここで私は、文化人類学といわずに、民族学（ethnologie）という語を用いる理由をしるしておきたい。この両者が専門家のあいだでどのように使いわけられているかを知悉しているわけではないが、私の知るかぎり、両者の区分は曖昧で、国ごと、学者ごとに異なっており、アメリカのように民族学を文化人類学の一部門とみなす国もあれば、フランスのように同意語（といっても、フランス人は文化人類学 anthropologie culturelle という呼称を殆んど使わない）として使う国もある。しかしたとえ同意語としても、私には民族学と文化人類学とのあいだに微妙な相違があるように思われてならない。民族学という語には、ヨーロッパ大陸の人々が南方に対して抱いた幻影がどこかにむすびついており、ひどく人間くさい側面を持っているのにひきかえ、文化人類学という語は「民族よりも人類」という今日的な課題に答えている点はあるにせよ、アングロ・サクソン風に冷やかで、よくもあしくも科学的である。このような区別は恣意的だろうか？

けれどもミシェル・レリス自身、「ある語の真の意味」とは、「各人が自分の精神的愉楽にしたがって当の語に賦与する特殊な個人的な意味」(「語彙集」『獣道』所収)といっているではないか? 言葉についてのこのレリスの定義にしたがっていえば、少なくとも私にとって、レリスは民族誌学者あるいは民族学者であって、決して文化人類学者ではない(レリス自身は、自分のことを民族誌学者 ethnographe としかいわない)。

数学や音楽と同じように、民族学はまれにみる正統な天職の一つである。天職は誰に教えられなくても自己のうちに発見できるものである。

レヴィ゠ストロースの『悲しき熱帯』の中のこの一節も、民族学を文化人類学におきかえたならば成り立たないのではないか、と私には思われる。

レヴィ゠ストロースの言うとおり、民族学は「天職」なのだ。すなわち人は偶然に、事情に左右されて民族学者になるのではなく、民族学者になるよう運命づけられている人々だけがなるのである。その点レリスの場合も変りはない。レリスは詩人にして民族学者——医者兼作家というような意味合いで——なのではなく、民族学者にならねばならなかった詩人なのである。

ジャン・ポワリエの『民族学の歴史』によると、民族学という言葉は一七八七年に生まれ、民族誌学という言葉は一八一〇年にはじめて現れたという。民族学が一個の学問として真に確立されるのは十九世紀末である。「西欧の没落」がはじまった時期と、民族学が確立された時期とがほぼ一致しているのは、意味深い。なぜなら西欧にとって民族学とは、他文明への強い関心をあらわしているだけでなく、西欧がおのれに対して抱いた不安、疑惑、悔悟(たとえば植民地支配に対する)を示しており、その底に「ここではないほかへ」というロマン主義以来の呼びかけに答えるものを持っていることは疑いを容れないからである。

民族学を西欧の自己否定が生んだ果実といったら誇張にすぎるだろうか？　しかし「西欧社会は民族学者を生み出した唯一の社会である」（『悲しき熱帯』）といわれるのは、西欧社会が自己否定にまで達した唯一の社会だからではないだろうか？　そして自己否定とは成熟のひとつの極点である。それゆえ、第二次大戦後の若いアメリカを中心とする文化人類学と、ヨーロッパ大陸の生んだ民族学とは、扱う対象が一見同一にみえようとも、それぞれを成り立たせているパトスは明らかに異なっている。

西欧が西欧自身に倦みはじめたとき、具体的にいうならばロマン主義の誕生以来、西欧は、西欧文明を否定する精神の系譜を生み出してきた。パリを「ガス灯かがやく蛮境」と断じたボードレールから、ヨーロッパを捨て去ったランボー、「この醜悪なヨーロッパ」といい放ってオセアニアから遂に帰国することのなかったゴーギャン――このような底流は、二十世紀に入ると、第一次大戦というヨーロッパの破産を機に、ダダとシュルレアリスムとなって、一挙に表面にあらわれた。

私は西欧の民族学がこのような精神の系譜と決して無縁ではなく、民族学、民族誌学を成り立たせたもののうちに、この潮流の一部が流れこんでいることを疑わない。

「民族誌学者としてのミシェル・レリス」（『レットル・ヌーヴェル』第四十三号）という一文を書いたマルティニック島生まれの詩人エドゥアール・グリッサンは、このような潮流を「ほかへと向かう動き」と定義し、民族誌学と文学とがひとつに融合した作品がフランス文学を豊かなものにしてきたとして、ヴィクトル・セガレンの著作、アンリ・ミショーの『アジアにおける一野蛮人』、アンドレ・ブルトンの『マルティニック島、女蛇使い』、ポール・クローデルの『東方遊記』などをあげ、このような動きを極点にまで押しすすめた人物としてミシェル・レリスを論じている。

私がレリスに関心を抱いたのは、少なくともはじめは、彼のこのような側面に対してだった。

2

レリスを民族学に開眼させたのは、マルセル・グリオールである。レリス自身の記述によると（「民族誌学者の眼」『ドキュマン』所載）、二人が最初に出会ったのは一九二九年の七月だったという。一九二九年といえばレリスがシュルレアリスムのグループから脱退した年であり、彼の友人のジョルジュ・バタイユが『ドキュマン』誌を創刊した年だ。二人が知り合ったのは、この『ドキュマン』誌の寄稿家としてであったと思われる。「それは私の一生にあって、ひとつの重要な日付だ」とレリスはこの出会いについて書いている。

西欧の文明の否定から出発した以上、シュルレアリスムは当然他の諸文明に大きな関心を払った。レリスについていえば、まず彼を捉えたのは、第一次大戦後ヨーロッパに流れこんできたジャズと、フォーヴィストとキュビストが逸早く発見していた黒人彫刻である。彼は「西欧文明以外の文明について当時読みえたものは貪るように読み」、やがて「天の召命ともいうべきアフリカ文明の魅力」に憑かれた。つまりグリオールに出会う以前に、そのイニシエーションを受ける素地がすでにレリスのなかにできあがっていたのである。

この同じ一九二九年、彼は神経衰弱になやんで精神分析の治療を受け、「空気を変えたいという激しい欲求」（『ビフュール』）に駆られていた。それゆえ、足掛け三年に及ぶダカール＝ジブチ間アフリカ横断の調査団を企画していたグリオールが参加を求めたとき、彼はその勧誘をすすんで受け入れた。そして一九三一年から三三年までアフリカに滞在し、帰国後はパリの人類博物館に勤務して、民族学者に変身した。

以上が、レリスが民族学者となった外面的経緯のごく簡単な要約である。

それなら、もしグリオールに出会わなかったら、そしてもしダカール＝ジブチ調査団に参加しなかったら、彼は民族学者にならなかったろうか？　しかし、レヴィ＝ストロースの言うとおり民族学者が天職であるとするなら、彼は事情の如何をとわず、民族学者にならねばならなかった人間である。それなら詩人は？　詩人は天職ではないのか？

人は二つの天職に同時に身を捧げることができるものなのか？　もし捧げることができるとしても、そのようなものを天職といいうるだろうか？　この問いに文字通り引き裂かれたのはレリス自身である。彼の一生はこの問いに答えること、いや答えようと努力することであったし、今もなおありつづけている。

彼の作品の題名にならっていえば、このような分岐（ビフュール bifur）、互いに他方を抹殺（ビフュール biffure）しかねない分岐は、彼の文学的な出発のなかにすでに潜在していたということができる。

幼年代から彼は言葉に対して異常な執着を抱いていた。彼にとって言葉とは、事物を指示するために人々のむすんだ契約ではなく、事物の変身であり、幻であり、鏡であり、ときには呪物であり、呪文であり、世界という迷宮をひらく鍵そのものだった。その点で、「日常生活の中の聖なるもの」の中でとりあげられ、『ゲームの規則』の第一巻『ビフュール』の第一章をなしている《...Reusement》の挿話は興味深い。床に落ちた鉛の兵隊を拾いあげて思わず呟いた《...Reusement》という言葉を、それは《heureusement》（運よく、の意）というのが正しいのだと大人から注意されたとき彼の感じためまいは、外的世界——大人たちの世界——を支配している言葉と、彼の言葉とのあいだの激しい落差をあらわしている。《...Reusement》を《heureusement》と訂正されることにより、彼は幼年の心の闇から、外側の白日の世界に不意にひきあげられ、ちょうど大人の足もとで遊んでいた幼児が急に抱きあげられて大人と顔を向き合わせたようなめくるめく上昇感を味わったわけだが、それと同時に《...Reusement》という語に彼がむすびつけてきたすべてのものは、外的世界によって拒否され、彼の心の闇へと差し戻されたのであった。この拒否を素直に受け入れたとき、人は「大人」になる。だが受け入れなかった場合、詩人になるほかはない。

語源や、一般に認められている意義に頓着せず、愛する語を解体するならば、それらの語がもつもっとも深い美質、あるいはそれらの音、形態、観念の連合をとおして互いに連絡し合う、密やかな、言語全体にわたる分枝的組織を、われわれは発見することになろう。そのとき、言語は神託と化す。そしてわれわれは、そこに、われわれの精神のバベルの塔の導きの糸を見出すのである。（「語彙集」）

はじめ『シュルレアリスム革命』第一巻第三号（一九二五）に発表された、すなわちごく初期に属するこの一文は、この拒否を受けいれまいとする彼の詩人宣言である。

この文章には、中期以後のレリスの文章からかげをひそめるある誇らかな口調がある。それは、「わが意に反して投げこまれた」この不条理な世界に対する抵抗の手段として、彼が詩にまだなんらかの有効性をおいていたことのしるしではなかろうか？　もし言葉が神託と化すならば、言葉によってこの世界を変貌させることができるはずだ。「言葉を揺り動かし、さまざまな関係を転覆させ、ときには自分のイメージにあわせて新しい世界を構築すること」ができるはずだ。あるいは言葉を激突させることによって錯乱をつくり出し、閃光を迸らせ、幼児であった彼が一瞬聖なるものをかいまみたあのめまいを現出させることができるはずだ。

このような言語観は、多かれ少なかれ大部分の詩人たちの共有するものとみえるかもしれない。しかし、レリスほど、言葉のなかに武器をみた人、言葉の有効性を、その実践的な価値を信じた人は少ない。意識して右のような言語観を捨て去ったのちも、すなわち、所詮言葉は言葉にしかすぎないことを臍をかむ思いで認めたのちでさえも、彼の書くすべてのものは、この世界を変えたい、この自己を変えたい、という祈念に貫かれているのである。それゆえ彼の詩や散文は、呪術師のとなえる呪文や、信者の熱烈な祈禱に似たものとなる。彼は、詩および散文において、言葉がそれ自身としての価値を持つことを認めない。すなわち美しいイメージや描写、ある種の措辞や比喩や暗喩の巧みさといったものになんらの意味も認めない。言葉は、この生、あるいは世界と直接のむすびつきを持たないかぎりなにものでもない（これは、彼の書くものに、このような美しさや巧みさが欠けているということではない。その点でいえば、彼は当代屈指の「名文家」である）。『黒人アフリカの美術』の中に見られる、そのものとしてのみ存在する芸術、生活にむすびつくことのない芸術に対する彼の深い嫌悪は、このような言語観と表裏一体のものであり、また牛の角によって闘牛士がたえず直面している死の危険に似たものを、文章を書くという行為のなかにみちびき入れようとした彼の文学上の試み、すなわち『成熟の年齢』と『ゲームの規則』もまたそこからの当然の帰結である。

しかし幾つかの初期の試み（とくに詩集『シミュラクル』と『語彙集、私はそこに註釈をつめこむ』）および、「夢と現実という、外面的には非常に対照的な二つの状態が、いずれ一種の絶対的な現実、一つの超現実のなかに解消する」（ブルトン『シュルレアリスム宣言』）ことを信じたシュルレアリスム運動への参加ののち、彼は、言葉が世界の表面の皺ひとつ変ええないことを、「物質的世界は依然としてそこに、その汚穢の多彩な輝きの中で輝きつつ存在している」ことを、彼――あるいは彼ら――をとりかこむ西欧の醜悪なブルジョワ文明がこゆるぎひとつみせないことを、あるいは彼自身あいかわらず、死や老化や孤独におびえるプチブルジョワにすぎないことを思い知らされる。神託の効験は消え失せたのだ。このとき彼は一度破産したのだった。彼のシュルレアリスムからの脱退と神経衰弱は、要するにこの破産のしるしである。

このとき彼は、民族学と、それが促す未開地への旅とを再生の手段としてパリを発った。

もっぱら文学に明けくれていた活動から民族誌学の実践に転ずることによって、僕はそれまでおのれのものであった知的習慣と訣別し、自分とは異なった文化、異なった人種に属する人々との接触をとおして、僕がその間にあって窒息しかけていた隔壁をうち倒し、真に人間的な尺度にまで僕の地平を拡げることを意図していた。

と彼は『幻のアフリカ』の決定版の序文の中で書いている。

彼は、一切が言葉にすぎない文学、「哀れむべき審美主義にすぎない」文学を一旦捨て――ちょうどランボーのように――民族学という科学をえらんだ。科学は彼に対して、いわば文学の解毒剤としての働きをしたのである。

それではこの『幻のアフリカ』の旅行は成功だったのか？　民族学と旅によって、彼は再生を、自己の変革をなしとげることができただろうか？　少なくともこの旅行が、たとえ表面的なものであろうと、いくつかの大きな変化を彼の上にもたらしたのは事実である。彼は帰国したのち、人類博物館館員という実生活者となったのであり、また帰国の翌年（一九三四）に発表した『幻のアフリカ』の文学的成功によって世間に出た。しかし再生と自己変革については、この旅は苦い後味しかのこさなかった。あるいは、旅と科学という二つの神話を扼殺するという消極的な成果しかもたらさなかった。

科学とはなにか？　科学の要求する厳密な客観性とはなにか？　観察とはなにか？　民族学はその対象が人間であるだけに、多くの人文科学の中でもこのような問いが大きな意味を持つ。たとえば人間が人間を科学的に観察することができるものなのか？

民族学がたとえ白人文明の優越の独善性を否定し、それが多くの文明の中のひとつの文明にすぎぬことを認め、未開と呼ばれてきた人々の文明にもひとつの位置を与えることに努力してきたにせよ、その研究の対象を少なくともこれまでは未開社会にかぎってきたことに変りはない。未開社会の人々による白人文明の調査というものが考えがたいとするならば、そこに相互性はなく、精神の働きは一方通行的である。それゆえ民族学は、ネガティヴな形での西欧中心主義といえないこともない。

このような相互性のない場所には一つの大きな危険が待ちかまえている。研究者が、科学的調査の名において、相手の人間を対象化し、事物化してしまうということだ。民族学が西欧の植民地支配と平行してきた学問であり、その研究対象とする未開社会が、多くの場合植民地ないし旧植民地に存在するだけに、このような危険は一層大きなものとなる。このような誤りに陥らないためにはよほど柔軟な精神を必要とするだろう。

だがどのような柔軟な精神もまぬかれることのできないもう一つの罠がある。それは調査のなかに身をおいた途端、人は調査者と被調査者とにわかれてしまうことだ。搾取者と被搾取者、支配者と被支配者、原告と被告、加害者と被害者——これらの対立に似たものが調査者と被調査者とのあいだにはある。たとえ両者の関係がどのように和気にみちたものであろうと、両者は立場を異にすること、したがってその根本に対立が存在すること、しかもそれが上下の対立関係であることはまぬかれようがない。しかも調査者の立場は、全く無媒介に措定され、彼の「私」は終始一貫不問に付される。調査者の「私」を問おうとするなら、調査そのものは成立しなくなるだろう。

このような対立関係のなかでどのような人間理解が可能だろうか？

今日民族学者には不可欠のものとされているフィールド・ワークにおいて、一人の民族学者の置かれている立場の複雑さとは以上のようなものだ。

しかし実際には多くの民族学者は、素朴な学問的情熱にひきずられるままに、あるいは無知や楽観主義から、あるいは打算から、野心から、このような罠が存在しないかのように振舞ってきた。その点レリスは、この罠の逃れがたさを鋭く意識していた数すくない民族学者の一人である。つまり彼は、相互性のない科学的な観察や、真の人間的対話を欠いた調査は不毛であり、ネガティヴな形をとっているだけに一層始末のわるい白人の特権意識のあらわれであり、場合によっては植民地体制を側面から支持するものであることを、一言にしていえば「科学的な」民族学や民族誌学の不可能性をはっきりと知っていたのである。

〔……〕民族誌学は僕を失望させるほかはなかった。人文科学はあくまで科学であり、傍観的観察はそれだけでは接触をもたらしえない。おそらく定義上、観察はそれとは逆なものを含んでいるだろう、観察者に特有な精神の態度とは、一切の心情吐露に反対するところの非党派的客観主義なのだから。(『幻のアフリカ』序文)

肌の色、文化の相違はありますが、われわれが民族誌学的調査を行なう場合、われわれが観察しているのはつねにわれわれと同じ人間であり、したがってわれわれは、彼らに対して、例えば互いに闘い合ったり、あるいは互いに喰い合ったりしている昆虫を好奇の眼でみつめる昆虫学者的冷静さを採用するわけにはまいりません。さらに、一つの観察を完全に観察者の影響から引き離すことの不可能性は、民族誌学の場合、諸他の科学よりも遥かになおざりにできません。〔……〕たとえ、われわれが――純粋科学の名において――われわれは調査をするだけで干渉をしてはならないと考えたとしても、われわれはこのような事実に対しての対抗処置は何も取り得ません。すなわち調査者が調べている社会の中に調査者が存在するというだけですでに一つの干渉なのであります。
(「植民地主義を前にしての民族誌学者」『獣道』所収)

この二つの文章（後者は講演の原稿である）はいずれも一九五〇年に書かれたものだが、比較的新しいレリスの言葉をもう一つ引用してみる。それは、一九六二年、西アフリカ、コート・ディヴォワールのブアケで行われた「アフリカの伝統宗教」を主題とする国際的な討論会での彼の発言である。この討論会には国籍もさまざまな二十三人の民族学者、宗教学者、哲学者、社会学者が参加しており、そのなかの八人が主題をめぐる諸問題について報告を行なったのち（レリスは「黒人アフリカの宗教彫刻」について報告している）、討論に移っている。レリスは冒頭の民族学調査の基本的方法の討論に際して、次のような興味深い発言をしている。

わたしは、これまで民族学者たちがいつもしてきたようにするかわりに、つまり自分を全く忘れ去り、自分がまるで存在していないかのように振舞う——そんなことはけっしてできやしませんが——かわりに、その逆のやり方をしたほうがいいんじゃないかって思うんですよ。まず、自分の信念や偏見の一切をたしかめることからはじめ、そのあとでそれらを卒直に話題にするんです。情報提供者とただ討論し、その討論をすべてノートにとるんです。〔……〕

結局、できるだけ当たり前の関係をむすぶよう努力すべきです。研究しようとしている人々と、自分をカムフラージュしないで自由におしゃべりをすること、簡単にいえば、ありのままでいることが必要なんですよ。

レリスがここでいおうとしているのは、調査者と被調査者とのあいだの壁、彼が激しくのぞんでいる真の接触を不可能にしてしまうあの壁をとり払い、両者のあいだに相互性を回復させようとすることである。しかし、レリスのこの貴重な発言も、ドニーズ・ポーム女史の、

それはたしかにすぐれた方法かもしれませんけど、調査者に、自分の偏見の一覧表を作るように要求したりし

て、あなたは事をいたずらに複雑にしてしまっていますよ。

という発言にさえぎられてしまう。

このような、いわば民族学を否定した民族学者、現実からの疎隔に人一倍苦しんでいるだけに、観察という行為が生み出す自と他の距離に激しい苛立ちをおぼえていたレリスが、北エチオピアのゴンダールに滞在した際、憑依を主体とした、ザールと呼ばれる精霊信仰につよく惹かれたのは自然のことである。トランスによる自と他の境界の消滅、信仰を通じての全体との幸福な合一感、それはレリスが長いあいだ念願としてきた状態だった。五カ月近い滞在のあいだ、彼は殆んど連日通訳のアッバ・ジェロームをつれ、この信仰の結社を主宰するマルカム・アッヤフという老女の家へでかけ、ときにはその家に寝泊りしてさまざまな集会にたちあい、しまいには自分から犠牲を捧げて、マルカム・アッヤフから守護のザールを貰い、さらに彼女の娘のエマワイシュに恋情を抱いたりしている。『ゴンダール地方のエチオピア人にみられる憑依とその演劇的諸相』という、一見学術論文の体裁をとっている小冊子を読む人々は、このような彼の、対象に対する深い共感をはっきり感じとることができる。

このアフリカ旅行のあいだ一日も欠かさずにつけ、そして帰国後、彼の言を信ずるなら、全く修正を加えることなく上梓した旅日記『幻のアフリカ』において、彼は民族誌学的事実に対する客観的な観察や、調査団の調査についての公平な記録をことさらにさけ、主観的な態度を終始一貫守りとおしているが、これは私がこれまでのべてきた彼の民族学に対する態度からすれば当然のことである。

なぜなら具体的なもの以外になにひとつとして真実なものはないからだ。特殊なものに徹底することでひとは普遍に達し、最大限の主観性を通じてひとは客観性にふれる。(『幻のアフリカ』)

たしかにここに表現されているのは、「幻の」アフリカだ。しかしアフリカを訪れる文明社会の人間は、「幻の」アフリカ以外の何を見ることができるというのか？　人々の見たと主張する「真実の」アフリカこそかえって幻のアフリカではないのか、とこの本は問いかけているのである。

3

一九三三年、僕は少なくとも一つの神話を、つまり逃避の手段としての旅という神話を扼殺して帰国した。

レリスは『成熟の年齢』の中でこのように書いた。一九三三年とはいうまでもなく、彼が足掛け三年にわたるアフリカ旅行から帰国した年である。

レリスにとって旅が詩と同様、少なくとも一時期のあいだ、この世界からの一つの「逸脱」と、この不条理な世界を否定する一つの手段と思われていたのは事実である。彼がアフリカ旅行へ発つ直前、『ドキュマン』誌の第七号に寄せた「民族誌学者の眼」と『幻のアフリカ』、および彼が帰国後に書いた『成熟の年齢』をはじめとするいくつかの文章を読むならば、彼のなかでこの神話の扼殺されていった過程が手にとるように分る。たとえば「民族誌学者の眼」の中では、彼は次のように書く。

> 僕に関していえば、僕は旅の中に、真実の、つまり生きた知識を獲得する最良の手段のほか、幼年時代のある種の夢の成就を、さらには、時の歩みから想像の中で逃れるため、死物狂いで空間に身を投ずることにより、老年と死に対して戦う手段をみている。

次に『幻のアフリカ』の中から目についた――というのも、そのような記述はこの本の中にみちみちているから――個所を二個所ほど引用してみる。

いま、僕はただ一人だ。〔……〕僕はここでの自分の活動を考える。それは、死と老年を前にしての、そして生を前にしてさえの、僕の執拗な（かつ増大する）恐怖を自分自身に包み隠すためのへたなごまかしだ。旅はたまにしか僕たちを変えてくれない。たいていの場合、君は旅立つ前のいつもの君と情けないほどそっくりの、変りばえしない存在なのだ。

次は『ビフュール』（一九四八）の中の一節。

私が考えていたような旅は、結局のところ、場所を変えることによって今ある自分とは別のものになるための方法であるどころか、相変らず自分自身と同一な人物の単なる移動にすぎない。

レリスを一九二七年のエジプト旅行へ、そしてアフリカ旅行へと駆ったのは、ボードレール的な、あるいはランボー的な意味での旅の観念だった。私はここで、ゴーギャンをはじめとする西欧文明の否定者たちの系譜に、旅がつねに大きな役割を果たしている事実を指摘したい。彼等の否定は妥協の余地のないものだったから、それはヨーロッパを捨てるという行為へと必然的に彼等をみちびいた。旅とは彼等にとって一つの死であり、あるいは別の生だった。レリスはいずれの旅においても、このような旅を成り立たせることはできなかった。それは、ランボー、あるいはゴーギャンとレリスとの個性の相違ではなく、十九世紀と二十世紀の相違だ、と私は考える。

今日この地球上に未知な場所はどこにもない。いや、このようないい方は正確ではない。未知な——少なくとも文明人にとって——場所はあるいはどこかに存在するかもしれないが、未知の観念を成立させる場所はどこにもない。十九世紀人の旅を可能にしたのは、この未知の観念だった。

ゴーギャンを例にひくならば、彼は一八八七年、仏領西印度諸島のマルティニック島に約七カ月滞在した。この時代の島民たちの生活は、レリスがこの島を訪れた一九五〇年よりも一層悲惨だったはずである。しかし彼はそれについて一言もふれないどころか、「私がフランス植民地の生活にどれほど熱狂しているかいい表せないほどです」と妻宛に書いているほどだ。ところでレリスは、「マルティニック、ガドゥループ、ハイチ」の中で次のように書いていはしなかったろうか？

もし旅行者に少しでも感受性があって、絵のような風景だけに眼をむけるのではなく、住民の現実の生活条件にいくらかなりとも注意するなら、三つの島にみちみちている自然のすばらしさや、感嘆すべき人間的な光景にもかかわらず、しばしば彼は、悪夢のような印象を受けるはずである。

これは、レリスにくらべ、ゴーギャンが無神経だったということではない。住民の生活の現実に対してゴーギャンを盲にしていたもの、それは彼の抱いていた未知の観念のせいだったのだから。マルティニック島のすべては、彼の眼には、この観念の具象化と映じたのである。

その同じゴーギャンが一九〇三年、南太平洋のヒヴァ・オア島で、植民地政府の横暴に抗し、原住民の側に立ってたった一人で戦いを挑み、その奔命に疲れて死んだことは、私には象徴的なことのように思われる。

未知の観念が崩れ去ったとき、これまで色どりゆたかな書割にすぎなかったものが、その赤裸な姿を私たちの眼の前にあらわした。多くは植民地政府の支配下にある、未開と呼ばれる国々の住民の苦渋にみちた生活の現実である。このような現実を前にして、旅について、未知について語るのはもはやいまわしいことでしかない。

〔……〕いわゆる旅への逃避なるものは、われわれの存在の歴史上、最も不幸な姿にわれわれを直面させること以外に、果たして何ができるというのか。

という『悲しき熱帯』の中のレヴィ＝ストロースの鋭い語調の言葉は、旅の神話が終わったことをはっきりと告げている。

民族学が真に誕生するのは、多分そのような時点でのことだ。なぜなら私たちにはもはや、未知を知に変える以外の道は残されていないのだから。冒険や探険は、そのときフィールド・ワークと名を変える。

レリスが民族学者になったのは、彼の内的必然であると同時に、このように、外的必然でもあった。

アフリカから戻ってきたとき、レリスはいわば持札を使い果たした状態だった。「解放のためのすぐれた手段」であった詩は、今ではそのためには「悲しくも不十分なもの」と思われていたし、旅の神話は扼殺されていたし、民族学という科学は彼を失望させただけだった。今では彼は人類博物館の館員であり、「あまりにも規則的すぎる生活」がすでにはじまっていた。彼は『ゲームの規則』の第二巻『フルビ』の中で、アフリカから帰った直後、パリの夕暮れの長さと物悲しさが耐えがたかったと書いているけれども、この印象は、足掛け三年間彼の肌を灼いた熱帯の強烈な太陽の記憶から生まれたものであると同時に、そのとき彼のおかれていた精神状態の反映でもあったにちがいない。

彼に絶対をかいまみさせてくれる未知、既知の対立概念である未知というものは存在せず、未知は長い忍耐と根気によって既知に変えうるものであるという苦い認識をこの旅は彼に教えたのだが、その認識は外界に対してと同時に、自己に対してのものでもあった。彼のなかの未知の部分は、古い自己を捨て去って、新しい自己として再生するチャンスを含むものではなく、少しずつ既知にくみ入れられることによって、既知の部分に照明を与え、その根源と意味とを明らかにするものであった。なぜなら、「一見もっとも奇異にみえる発現を通してさえ、人はつねに自己と同一であり、人の一生にはある統一性があり、また人がどのような行為をなそうとも、一切のことがらは、さまざまなかたちで無限回も再現されることになる事象の小さな布置に還元されてしまう」（『成熟の年齢』）からである。したがって今後彼にのこされた仕事は、この「布置」を探しもとめ、発見し、明確に把握することだ。彼の民族学は、人類の

「布置」を求めることであり、彼の文学上の作品、とくに『成熟の年齢』（一九三九）と『ゲームの規則』（第一巻『ビフュール』一九四八、第二巻『フルビ』一九五五、第三巻『フィブリーユ』一九六六、第四巻『力ないひびき』一九七六）という告白的作品は、「私」についての「布置」、人生という試合《ゲーム》、人生という賭《ゲーム》の規則の探究となる。しかし一切がこの「小さな布置」から発し、あるいはそこに還元されてしまうとしても、この「布置」を発見することによってやはり人は変るのではあるまいか？　この「布置」自体に変化はなくても、それを確認することは、人生に対してなんらかの対抗手段をとることを可能にするのではあるまいか？　もしそうなら、これらの仕事は、彼が以前持っていると確信していたチャンスにくらべるならば、ごくささやかなものにはちがいないが、一つのチャンスであることに変りはない。

　つまり彼は文学に戻った。一刻もつきまとって離れない死のオブセッションから自己を解放し、孤立の円環をたちきり、全体へと合一してひとつの充実した生を生きるという彼の念願が他の分野——旅とか、民族学——で果たされないならば、彼はもう一度文学を試みるほかはない。しかしその文学はもちろん、彼が捨て去った文学、「美的で当たりさわりがなく、懲罰を受けない」文学であってはならない。きわめてストイックな人間である彼は、そういう意味でもとへ戻るということを自分に対して決してゆるさない。言葉に可能なかぎり荷電させること、一冊の本の中に危険を介在させること、死をよびこむこと、彼の有名な表現にしたがうなら、「闘牛士にとっての牛の鋼《はがね》の角に相当するもの」を存在させることが是非必要だった。言葉によって世界を変えることにはっきり絶望していたけれども、言葉が言葉でおわることに彼は我慢がならなかった。「ひとつの行為であるような書物をつくること」と彼は書く。しかしそんなことが可能だろうか？

　『成熟の年齢』の末尾には、「一九三〇年十二月—一九三五年十一月」という日付が記されている。一九三〇年といえば、彼のアフリカ旅行の前年のことだ。それゆえこの作品の構想が旅行以前に立てられ、その一部がすでに書かれていたことは明らかだが、『幻のアフリカ』の中には、旅行中この作品を書きつづけていた痕跡は全く見当たらず、また冒頭の「僕は一生の半ばの三十四歳になったところだ」（三十四歳は一九三五年に当たる）という一句からして、彼がこの作品に本格的にとり組んだのは帰国後のことだと考えていいだろう。

三十歳になる以前に書かれ、今までのところ彼の唯一の小説《ロマン》である『オーロラ』を読んだあとで『成熟の年齢』を読むと、その文体の変化に読者は驚かされる。処女作の通例どおり、『オーロラ』の中には、その後のレリスの作品の主題が殆んどすべて含まれているけれども、その文体は、「サンボリスト風文体の雑然たるよせ集め」であり「暗黒小説風大言壮語とロマン派的狂躁」にみちみちている。それに対し『成熟の年齢』の文体は、乾いていて飾り気がなく、直截であけすけで、警察の人相書や、精神分析医の症例の報告や、裁判書の調書にみられるような文体に似ている。この変化はどこから来たのか？

たとえばモーリス・ナドーの「『成熟の年齢』の独創性の一要素は、民族学の科学的アプローチ法、記述法を自叙伝に適用したことにある」（『ミシェル・レリスと円積法』）という指摘が一方にある。多分この指摘は正しいだろう。対象に対して距離を作り出してしまうゆえに彼を失望させた科学的方法を、自分自身に適用しようと彼が考えたのは、ありうることだ。他人に擬していた凶器を自分に擬する、といったおもむきがそこにはある。彼の考えている相互性の立場からも、被調査者（アフリカ黒人）に適用された方法は、調査者である彼自身にも適用されねばならない。人類学上の一個のサンプルと自己自身をみなすこと、それは、自伝や告白の陥りがちな恣意性から彼を守ってくれるだろう。なにはともあれ、告白と科学というこの意想外な結びつきには人の心を誘うものがある。科学的方法の持つ客観性は、告白につきまとううぬぼれや虚栄やナルシスムを告白からのぞき去るのに有効な手段だ。しかしその方法の持つもっとも大きな特色、それは、感情的要素を一切顧慮しない、その徹底した容赦なさである。なぜならそれは、かくれていたものをむき出しにし、真実を発見することだけを目的とするのだから。何一つ見逃されてはならず、見逃すことは「悪」なのだ。この方法は限界を知らない。それはゆきつくところまでゆきつかねばけっして止まらない。自分に適用されるとき、この方法は怖るべき効果を発揮する。それはときに危険でさえある。そしてレリスがこの方法をえらんだのは、その危険さのためだ。「素材としては真の事実以外はなにも、こうした事実以外のなにも認めぬこと、それが僕の択んだ規則である」（『成熟の年齢』序文）と彼は書く。彼がこの作品を書く意味の大半は、この規則を守りぬくか否かにかかっている。規則は、規則であるがゆえに例外を認めない。例外を認めた途端、規則はその価値を殆んど失ってしまう。そして規則のない闘牛が、単なる牛の虐殺に堕してしまうように、規則のない文学は、言葉の遊びと化してしまう。そこで私たちは、彼が自分の怯懦を、臆病さを、女々しさを、幼児性を、ナルシスムを、動作のぎごちなさから肉体的欠陥に至るまで洗いざらいさらけ出す光景に立ち会う。彼の犀利な眼は、一見なにげない、ささやかな事実や、大義名分のかげにかくれている行為の中にまで己の弱さを、死への恐怖を見ぬく。何一つ彼の眼を逃れるものはない、といっていいほどだ。しかし彼の告白的作品を読むとき、己を開陳し、曝露するときに人の味わう、すべての告白に必ず伴うあの肉感的とさえいえる喜びを私たちは全く感じることができない。告白するときの彼の口調には——とくに『ゲームの規則』において——沈痛なところさえある。スーザン・ソンタグはその「『成熟の年齢』論」の中で、すべての告白文学には多かれ少なかれ自己愛が伴うが、レリスは自分を嫌っている、といった。そう思わせるものがたしかに彼の作品にはある。ただし、自己愛を持たぬ作家というものは私には考えられない。告白という行為自体がそのなによりの証拠だろうから（そのことを一番よく知っているのはレリスだ）。

　すべての告白は告白衝動を前提とするが、レリスの場合、そのような衝動以前に、自己を危険にさらさねばならぬという当為があった。この当為が彼に告白を強いたのだ。だから告白そのものより、自分に課した規則に対するストイシズムの方が彼には重要だったのである。彼の沈痛な口調はそこから生まれたのであり、またその口調こそ、規則に対する彼の忠実さのあかしといっていい。レリスの告白文学を他の告白とわかち、それに普遍性を与えている理由の少なくとも一端はそこにあると私は考える。

　だがそれでもなお、彼はすべてを言ったのか、彼は真に規則に忠実だったのか、と読者は問うことができる。闘牛士の場合、彼が規則にしたがったかどうかは、観客には否応なしにわかってしまう。闘牛のみならず、すべての競技の規則には第三者の判定者がいる。しかし、レリスが自分に対して課した規則を守りとおしているか否かを判定できる者は、レリス自身以外にはいない。だから、彼の作品のすみずみにまでうかがわれる真摯さにもかかわらず、私たちは疑うことができるのだ。多分ここに一つの大きな問題点があるだろう。

科学という神話を扼殺したのちの民族学とは彼にとって一体何だったのか？

「私」は、私たちに与えられた唯一のチャンスだ。私たちは、やはり「私」という坑道を通らなければ、真の「われわれ」の鉱脈に達することはできないだろう。レリスの『成熟の年齢』から『ゲームの規則』に到る作品は、まさしく「私」の地下に迂余曲折の坑道を掘りすすみ、ついには「われわれ」を見出そうとする苦渋にみちた作業だ。もしそうなら、彼にとって民族学とは、「われわれ」から「私」へと向かう道ではあるまいか？　そして「私」についての「布置」が「われわれ」についての「布置」に一致するならば、それは彼にとって哲学者の石の発見に比すべきものとなるだろう。

しかし哲学者の石が存在しないように、そのような幸福な一致はひとつの理想でしかない。彼は、詩（私）に甘んじることができずに、民族学（われわれ）へと赴いた詩人なのであり、民族学（われわれ）に甘んじることができず、詩（私）にたち戻らざるを得なかった詩人なのである。民族学と詩は、それゆえ、相補うものであるとともに彼を引き裂いたのだ。

職業的な活動という私のもう一つの側面、つまり民族誌学者としての側面（知とヒューマニズム的参加の側面）。

たとえば彼は『フィブリーユ』の中でこんな風に書く。これは一方からいえば、彼が自己の文学者としての活動の中に「ヒューマニズム的参加」の面を少しもみていないということである。事実、死を唯一の主題とするといっていい彼の文学作品から、「植民地主義を前にしての民族誌学者」や「マルティニック、ガドゥループ、ハイチ」といった文章へと眼を転ずるとき、そこにみられる共産主義革命への支持と信頼、殆んど左翼知識人の典型を思わせる「前向きな」態度に私たちはいくらかの戸惑いをおぼえる。しかしこれは彼の芸術観から出た必然的な態度なのだ。なぜなら人は「他人に愛されたいがために書く」のであり、それゆえ「芸術は殆んど一個の売春」なのだから。マドレーヌ・シャプサルとのインタヴュー（『十五人の作家』）の中で、シャプサルが「すべての作家たちの中にとても女性的なものがあると私は感じているのですが」と問いかけたのに対し、レリスはこう答えている。

そうしたものは常にあります。媚態、といってもいいでしょう。それを自分にかくしてはなりません。そうしたものが存在しないかのように振舞う作家たちを私は好みません。

作家が作品を通して読者に働きかけ、己を愛するようにと仕向けるなら、彼はこの売春行為の代価をそれこそ体で支払わなければならない。ここにすべての非政治的な作家と詩人を政治的活動や社会的参画へと赴かせる深い動機がある。レリスの場合、それが「闘牛の角」となったのであり、民族学者としての活動となった、といえるように思う。これはバランスをとるなどということではない。彼は「人を魅するものと、人が善とみなすものとを一致させる正統な手段がもし存在するなら、事はどれほど容易になることか」（『フルビ』）と書いていなかったろうか？　ともあれ求心力と遠心力とのあいだで、よろめきながら何とか持ちこたえようとしているその姿が眼に映ってきたとき、ミシェル・レリスは私にとって忘れることのできない作家となったのである（一九七二年三月十三日）。

＊　なお引用したレリスの文章中、『成熟の年齢』は松崎芳隆の、『獣道』は後藤辰男の、『オーロラ』は宮原庸太郎の訳文をそれぞれ拝借させていただいた。

シュルレアリスムと民族学——ミシェル・レリス『幻のアフリカ』をめぐって

詩人にして民族学者であるとはどういうことなのか？　この二つの在り方は、ミシェル・レリスの中でどのように統一されているのか？　あるいは併存、あるいは矛盾しているのか？　そこにはどのような精神的ドラマがあるのか？

彼の真の処女作である『幻のアフリカ』を中心にして、このような問題について少し書いてみたい。

『幻のアフリカ』（一九三四）というのは実に風変りな本である。これは彼が一九三一年五月十九日から一九三三年二月十六日まで、民族学者マルセル・グリオールのひきいる調査団に随行して、西海岸のダカールから東海岸のジブチまでアフリカ大陸を横断したときの克明な日記である。それはまず第一に四十年前の黒い大陸の姿を詳細に我々に伝えてくれる。だがそのような民族誌学的な記述のかたわらで、彼は己の苦悩を、不安を、性的オブセッションを赤裸々に語り、夜ごとの夢をしるし、政治、社会、芸術についての意見をのべ、小説の構想を書きとめている。それまでシュルレアリスムの詩人だった彼は、この旅行を機にして民族学者に変身——もちろん詩人としての活動を並行して続けながらのことだが——するのだから、ここにその変身の過程を辿ることもできる。それは旅行記であり、民族誌であり、内心の告白であり、夢日記であり、また、一つの精神の甦生物語でもある。彼はレヴィ＝ストロースの『悲しき熱帯』の書評の中で、「回想録であり、旅行記でもあるこのエッセイの中には、自伝的な断片、民族学に関するページ、興味深い諸観念についての豊かな考察と並んで、肖像画やすぐれた描写、寸鉄詩風のいくつかの短い詩、さらには悲劇のプランまで見ることができる」と書いたけれども、この二冊の本は、諸要素の混淆という点でどこか似ている。

レリスは『幻のアフリカ』以前に数冊の詩集を出しているが、ガリマール書店から刊行されたこの本によっていわば文壇に出た。この本の中に含まれている自伝的、告白的部分はやがて発展して『成熟の年齢』、『ゲームの規則』という特異な告白文学を生み、彼を今日のフランス文学におけるきわめて重要な存在にする。一方民族学者としての彼は、『サンガ地方のドゴン族の秘密言語』（一九四八）、『マルチニックとガドゥループにおける諸文明の接触』（一九五五）、『ゴンダール地方のエチオピア人における憑依とその演劇的様相』（一九五八）といった業績によってその地位を確立する。彼の中の詩人と民族学者が一つにとけあっている著作としては、たとえばアンドレ・マルロー、ジョルジュ・サール監修の「人類の美術」叢書の一冊として刊行された『黒人アフリカの美術』（一九六八）がある。つまり『幻のアフリカ』は、処女作というものがつねにそうであるように、後年になって実をむすぶ彼の要素をことごとく含んでいるのであり、彼を知る上には欠かすことのできない本なのである。

『幻のアフリカ』の成立ちをもう少し詳細に辿ってみよう。

初期から現在までの彼の主要な評論、エッセイ、書評、ポートレートの類を集めた『獣道』（一九六六）という本の中に「幻のアフリカ」という一文がある。これは自身で書いたこの本の広告文で、若干の異同のほかはそっくりそのまま、『幻のアフリカ』の裏表紙に印刷されているものだが、この本の成立を端的に語っているので、その大半を引用してみる。

パリでの生活に疲れ、旅行を詩的冒険、具体的知識を得るてだて、試練、空間をへめぐることによって、彼を老いさせる時間を否定する手段とみなし、人間の諸関係の解明に寄与するところ多いゆえに民族学に関心を抱く著者は、アフリカ横断の学問的調査団に加わる。

彼は何を発見したか？
とるに足りぬ冒険、最初のうちは情熱をかきたてるものの、そのうち彼を満足させるにはあまりに非人間的なものに思われる研究、次第に増す性的オブセッション、段々大きくなる空虚な感情、文明人と首都の生活を嫌悪しながらも、旅の終わり頃彼は帰国を熱望する。

逃走の試みは失敗でしかなかった。ともかく彼はもはや逃走の意味を信じない。次第に資本主義が真の人間関係を不可能にしてゆくにもかかわらず、一人の西欧人が情念の面で自己を実現する機会を持つのは、己の文明のさなかでしかないのではあるまいか？　けれど他のすべてのところと同様ここでもまた、人間が己の孤立から逃れえないことを彼はもう一度知るだろう。それゆえいつかそのうち、新しい幻に捉われて彼は再び出発するかもしれない――ただし今度は誤った希望を抱くことなく！

ヨーロッパ文明を嫌悪してヨーロッパを棄てたランボーやゴーギャンの生き方と比較してみるとき、レリスの二重性が明らかになるだろう。彼はヨーロッパ文明を嫌悪しつつ、しかもヨーロッパでしか生きえない人間なのである。「ほかにゆきたいと思うとき、私はここから立ち去ることを怖れる」と彼は『フィブリーユ』の中で書く。

> そのほかは、たとえそこに行っても私にほとんど休息をもたらさない。そのほかはほかでありつづけるからであり、そこで私は途方にくれてしまうからであり、離れ去ってきたものについての悔恨がそこまで私を追ってくるからであり、またこのほかは、ごく束の間しかここでありえず、やがて私には取るに足りないもののように思えてくるからである。

かくして彼の軌跡は永久の振子運動と化さざるを得ない。このような二重性は至るところから亡霊のように立ちあらわれる。彼は己れの出身階級であるプチブルジョワを嫌悪しつつ、それでもなおブルジョワとしてとどまるのであり、文学を否定することによって文学者となる。彼は挫折した神話、失敗したランボー、「寸足らずのハムレット」であり、「娼家通いをしながら自分をサルダナパロスだと錯覚するプチブル」なのだ。しかし彼はこのような自己否定、自己断罪の底にあるマゾヒスティックな自己満足を見逃すような人間ではない。その否定は第二の否定をおのずから招きよせるので、あわせ鏡の中の像のようにこの否定は無限に増殖する。どこかでこの振子運動、あるいは堂々めぐりを断ち切らねばならない。彼に残された手段は書くことだけだ。書くとは己れを知ることであり、もしかすると彼に解放をもたらすかもしれぬ唯一の機会であり、また彼に読者がいる限り、コミュニケーションを成り立たせうる唯一の行為なのである。しかし「一切は文学にすぎない」と思いこむ瞬間がやってくる。そのとき彼は、水の中へ飛びこむようにして死の闇に身を投ずる。だが幸か不幸か、彼はその闇から這い上がらねばならない。

だから彼にとって書くとはひどく差し迫った行為なのだ。己れの奥にひろがる闇を探らねばならぬ。そこに深く測鉛を降さねばならぬ。彼を民族学へ赴かせたのも、或る意味ではこの己れを知るという欲求から出たことなのだ。己れの座標軸をさだめること、己れを内からとともに外からも眺めること。

彼の作品のほとんど全てが、自己に執して離れないのはかくて当然のことである。彼の書く目的には、エステティックなものは何もない。告白文学と言われながら、彼の書くものに告白にありがちな女々しさ、弱々しさ、虚栄心の悪臭が伴わないのはそのためである。時に彼の書くものは、精神病患者による自己の症例の記述に近づくことがある。

我々は生きることによって死に、死ぬことによって生きる。我々ができるかぎり死から遠ざかり、安全地帯での生を生きようとするとき、我々は生きながらにして死ぬのであり、生の中に死を呼びこもうとするとき、生の充実を知ることができる。レリスの二重性はいうまでもなくこの生と死の二重性から生まれている。真に生きようとする彼が望んだのは、死によって凡庸な生活を神話と化することだった。彼が恍惚を、陶酔を、合一を、血を、愛を、聖なるものをあれほど求めたのはそのためである。その点で彼は、僚友のジョルジュ・バタイユときわめて近いところにいる。バタイユにささげられた闘牛についての特異なエッセイ『闘牛鑑』はその一つの証拠だ。

しかし彼は己れの生活の神話化に失敗した。「孤独への突然の恐怖」によってブルジョワ的な結婚をしたからであり、アフリカから戻ったからであり、「哀れむべき唯美主義にすぎないと思われる一切のものに背をむけよう」としながらも、『幻のアフリカ』の成功によって職業的な文筆家と化したからである。彼はこの失敗を決して自分に許そうとしなかった。彼の鋭い内省の意識が、彼の眼にこの「失敗」を極度に拡大してみせた。レリス独特の二重性がここからはじまる。

しかし誰がレリスの「失敗」をあざ笑うことができるだろうか？　陶酔は必ずさめ、恍惚は持続することなく、愛はつねに合一へとみちびいた瞬間に二人をひきさく。人が死なずに生きているかぎり、意識するとしないとにかかわらず、生を維持しようとする本能がおのずから働くのはいうまでもない。自意識を持った途端に自殺でもしないかぎり、純潔を守り通すことは我々には許されない。いわば失敗は我々の「宿命」なのだ。外側から見るかぎり、レリスはこのような宿命に甘んずることができなかったというだけの話だ。「個人的生活と神話とのあいだの距離を消し去ることを可能にする組織的方法を発見した」と言って『フルビ』をほめたたえた或る批評家の言について、彼はこんな風に書く。「生活を神話化することに私が成功したとしても、それはあくまで書いたものによって、己れの過去について語った物語の中でだけのことであって、私が今生きている現在のことではない」（『フィブリーユ』）。しかもそのあと、彼はこの「決して満足しない」自分を、いつもふくれっ面をしている子供と同じだといって裁くのである。

『幻のアフリカ』の告白的部分には、このような引き裂かれた彼の姿がなまなましく息づいている。彼はレヴィ＝ストロースの『悲しき熱帯』について、その主調音はメランコリーだと言ったが、『幻のアフリカ』の中にあるのはもっとオクターヴの高いもの、時には悲痛な叫びに近いものである。

帰国すること。年老いること。眼の前にしていたものを後にすること。気違いにならないため、どれほど多くの仕事を見出す工夫をしなければならぬことだろう！　一体どうしたらフランスで再び生きてゆかれるのか？

私が研究に研究を重ね、出版に出版を重ねる計画を立てているのは、己れを忘れたいがためなのだ。しかしなんというみじめさ、なんという一切の終わり、一切の希望のなんという殺戮！

冷静で客観的な記述のあいだから、突然このような叫びが迸り出る。このような告白的な部分ゆえに、この本が少なくとも一部の民族学者の眼にうさんくさいもの、資料的な価値に留保をつけなければならないものと映ったであろうことは想像にかたくない。これはあまりにも個人的すぎる！　事実これらの内心の告白にみられる老いることの否定、時間の否定、生の否定は、民族学という科学の立場の対蹠にあり、その立場を危くするものである。科学はいつでも生の側にあるのだから。

彼が以後このような個人的な部分の表出を一切文学作品の方にゆだね、民族学者として、この点に関してはストイックに身を持するのは、科学に対する信頼のためではないし、まして同僚の学者たちの目をおもんぱかったためでもない。それは民族学を通じて彼の知った植民地政府支配下のアフリカの現実のためである。この現実を前にするとき、たしかにこれらの叫びは、別の意味で個人的すぎる。『幻のアフリカ』は第二次大戦中ヴィシー政府のもとで絶版を命じられ、戦後の一九五一年に再びガリマール書店から、彼の新しい序文を付して決定版が刊行された。この序文の中で彼は十七年前の己の姿を次のようにきびしく批評する。

たとえ彼が自己の文明にどのような嫌悪を持っていようと、教養ある西欧人の自己満足が多くの個所に透けて見えることを今日私は付け加えておきたい。また途中あちこちに審美主義と媚態が、陰気な喜びに浸り、コンプレックスをこねまわすのを好む姿が、甘やかされた子供の或る種の喜劇を演じる姿が、女々しい神経症を開陳する姿がみられるだろう。

ところで彼は民族学者として、「私」をいわば一切文学作品の方へ追放したのだが、それではその中に、この「私」

がそのまま生き永らえているのだろうか？　『成熟の年齢』、『ビフュール』、『フルビ』、『フィブリーユ』と彼の自伝的作品、告白的エッセイをよみすすんでゆくとき、そこには「私」のあきらかな変貌が認められる。『幻のアフリカ』の「私」は、括弧を解かれ、括弧のない私へと、「私」の奥にひろがるもう一つの大きな私、ほとんど非人称に近い私へと変ってゆくのが見られるのである。この変貌の過程において、民族学、あるいは民族学を通じて彼の知ったアフリカの現実が大きな役割を果たしているのはいうまでもない。

このように見てくる時、我々は民族学が彼の文学に対し、閉じたものを開く役割を果たしていることを、リアリスティックな観点をみちびき入れていることを知ることができる。そうすると彼にとって、民族学者と詩人とは相補い合うもの、互いに強化しあうもの、外と内との関係において矛盾なく統一されているものと考えていいのだろうか？　しかし事はそんなに簡単には済まない。

レリスには『夜なき夜』（一九六一）という大変特異な著作がある。これは一九二三年から一九六〇年にわたる彼の夢を集録したもので、期せずして夢による自叙伝になっている。シュルレアリストであった彼が夢に関心を持つのに何の不思議もないが、これほど長期にわたって関心を持ちつづけ、夢を書きとめつづけているのはたしかに尋常ではない。

一九二五年の雑誌『シュルレアリスム革命』第二号に、彼はすでに幾つかの夢を発表しており、『幻のアフリカ』が時に夢日誌のおもむきを呈するのは前に記した通りだし、『成熟の年齢』にも夢の、ないしは夢に関する記述が多く含まれているし、『ゲームの規則』において、彼はしばしば実に精緻な夢の分析を展開している。このように夢はレリスに対してきわめて大きな役割を果たしている。

それではレリスにとって夢とは何なのか？　想像力のたわむれなのか、神話なのか、詩なのか？

多分レリスにとって重要なのは、夢の精神分析学的側面、「夢はおそろしい。夢は真実を暴露します」（カフカ）といった側面であろう。自己を知ることを激しく求めていたレリスが、自我の奥にひろがる闇への通路として、その闇の中で無名のおのれに向かい合う場所として、おのれの二重性の根をさぐりあてる場所として夢に近づいたとは十分に考えられることだ。どのみち夢に対する彼の関心の中には、審美的なものは何もない。

彼にあって夢と旅とは相関関係にある。旅がついに逃走とならず、かえって自己とむきあう機会と化したように、夢は彼をひきつけつつも、彼自身の姿を深みにおいて明かす。かくてカフカの言う夢の怖しさに堪えつつ、彼は執拗におのれの夢を分析しつづけるのである。

ところでこの『夜なき夜』の中に、彼は興味深い夢を書きとめている。一九三三年九月三—四日のもの、すなわち例のアフリカ旅行から帰国した年にみた夢である。非常に長い夢なので簡単に要約すると、彼は雑誌『ミノトール』の編輯者であるE・テリアード、アルベール・スキラとともに、教会の地下にある、「岩の中に蜂の巣のように荒っぽく刻みこまれたいくつかのゴシック式の礼拝堂」を訪れる。しばらくすると、この礼拝堂は内部にバルコンをめぐらしたホテルに変っていて、彼等はそこでコーヒーを飲む。それから場面が移って、彼はパリのノートルダム寺院をリセの学友と一緒に観光客として訪れている。この寺院は、サント＝シャペルと合体している。そのあと彼は、ある広場へ赴く。そこの二四八番のバスの発着所で妻と待ち合わせることになっているのだ。ところが掲示によって二四八番のバスが別の場所から出ているのがわかる。一体このような条件で妻に会えるのか？　ここで待つべきか、それとも本当の発着所へゆくべきかを迷う。そして目がさめる。

二十五年余も後に『夜なき夜』のために古いノートから書き写しながら、レリスはこの夢の中に「2」という数字がかくされていることを発見する。『ミノトール』の二人の編輯者、教会でもあり、ホテルでもある建物の二重の性質、ノートルダムとサント＝シャペルという二つの建物の合体、二四八番のバスの二つの発着所。「現実に、約二年にわたる私の旅行は、私たち〔レリス夫妻〕を物質的な面で二つにひきさきはしなかったか？　そして以後私の生活は、職業の面で、二つの舞台で演じられることになろうとしているのではなかったか？　というのも私の作家としての活動に民族誌学者のそれが加わろうとしていたのだから」と彼は夢の分析の中に書いている。

詩人であり民族学者であることは、お互いに補い合うものであるとともに、その一方で彼の二重性の象徴そのものではないのか？　この二つの活動は、むしろ矛盾と対立によって彼を引き裂いたのではあるまいか？『ゲームの規則』の第三巻には、バルビツール剤を多量にのんで彼が自殺をはかる場面がある、結局は未遂におわり、病院の一室で回復を待っているとき、夜毎ふしぎな幻覚を見る。「一切の統一が失われ、分割が決定的に私の運命となったかのように、二人の存在がごく自然に私の日常の人格にとってかわった。私はミシェル・レリスであることをやめ、きわめてスノッブなイギリス人の作家のカップルとなり、左を向いてねるか、右をむいてねるかに従って、或る時は男になり、或る時は女となった」。

ここまでくれば、事は精神分析に属することかもしれない。ともあれ、これは、彼の分裂の深さを示すもう一つの例である。

> 私が自分たちの文明以外の文明に興味を持ち出したのは、シュルレアリスムのおかげだったといえます。西欧文明以外の文明について当時読みえたものは貪るようによみました。こうして、ちょっと大げさすぎますが、天の召命ともいうべきアフリカ文明の魅力が私のなかで確認されたわけです。ついで私は雑誌『ドキュマン』を手伝いました。〔……〕私はこの雑誌のおかげで、それはほとんど偶然といえるものでしたが、マルセル・グリオールとずっと交渉を持つようになりました。偉大な民族学者となったあのグリオールです。ところである日グリオールが、当時企てていたアフリカ調査団に参加する気はないかと私にたずねました。私は承諾しました。それは当時非常に評判になったダカール＝ジブチ調査団でした。（岩崎力訳）

『レットル・フランセーズ』のインタヴューで、彼は質問者に答えてアフリカ文明に関心を持つようになったいきさつを右のように語っている。ところでこの関心には、少なくとも当初においてあきらかに治癒の観念が働いていた。その分化と分裂のない社会、一切の美的な考慮をはなれた、効果の計算のない、いわば「神話的な、それ自身完結した現実」であるその彫刻、「自分が自分とともにあったと思いこむことのできる」その儀式や祭が、分裂した彼の対照物として、しかも彼をとりまく環境の中に全く見出しえないものとして激しく彼をひきつけたにちがいない。この点で、画家と文学者の違いはあるけれども、ピカソの黒人芸術に対する関心とは全く異質、いや対照的である。ピカソの親友であるレリスが正確に指摘するように、「キュビスムは形体論的観点からみて、当時知られていた黒人彫刻の至近に位置していた」(『黒人アフリカの美術』)。ピカソにとって黒人彫刻はきわめて親しいものだったのである。

ちなみに、レリスは、彼とは違って、分裂には決して災されることのない、堅固な統一をそなえたピカソのような人間に深い讃嘆の念や関心を抱くことが多い。言葉を怖れずに言えば、ピカソやエメ・セゼールに惹かれる彼の気持の中にはなにか性的なものさえ感じられる。前に引用した『ゲームの規則』の第三巻に語られていることだが、バルビツール剤をのんで自殺をはかった晩、彼はカンヌにいるピカソに最後の挨拶をするために、心を打ちあけ、己の行為を告白するために、深夜パリの自宅をぬけ出してリヨン駅から南仏ゆきの汽車にのる。そしてピカソとその妻のジャクリーヌに会い、ジャクリーヌの友人の家で酔いつぶれる。しかしこれはあくまで妄想であって、実際の彼は南仏などにはゆかず、汽車にものらず、ただパリの病院にかつぎこまれただけのことにすぎない。この一事を以てしてみても、彼にとってピカソがどれほど大きな存在であるかが分る。マルティニック島生まれの黒人詩人エメ・セゼールについて、彼は次のように書く。

今日、私に勇気を与えるものが誰かいるとすれば、それは彼だ。というのも私は彼を、私の友人中、芸術と政治とが互いに排除しあうか、よくも悪くも並存している代わりに、一つにとけあっている唯一の人間とみなすことができるからである。

ジャコメッティ、ルネ・シャール、マッソンに抱く関心の中にも多かれ少なかれこのような要素があるし、また中国、キューバの革命に対する彼の共感は、左翼知識人の誠実さだけでは割り切れず、私はかえってそこに彼の分裂の深さを見てとる。

彼は黒人アフリカのそなえている単純さ（彼がアフリカをよく知るにつれて、それは複雑さへと変るのだが）にふれることによって、自己の二重性の幾分かを解消させようとしたにちがいない。このようなきわめて個人的な関心からアフリカ文明に近づきつつ、やがてその現実にふれて、自己の苦悩を「うめいてみたところで場違いにしかならない歯痛のようなもの」と見る観点を手に入れる。彼が真の民族学者となるのは多分そのときだ。

前に引いた『幻のアフリカ』中の告白的な部分によってもいくらか推察できるが、レリスは科学に対してむしろ疑問を抱いているといっていい。「私をこれらの研究にむかわせたのは詩であり、我々の文明のくびきを振りすてたいという欲望であって、あるがままの科学に対する好みではなかった」（「アルフレッド・メトローについて」）と彼は書く。

レリスは、科学的観察、客観的観察を決して認めない。観察とはまず距離であり、視線の一方通行であり、自己の消去だ。だが外界から切りはなされて己れの孤立に苦しんでいる彼にとって、真に生きるとは、この距離の抹殺、主体と客体の一致、真の意味でのコミュニケーションである。だから観察の立場に立つことは、生きることの否定でしかない。彼がゆるすことのできないのは観察者の優越の立場だ。「動物園の中に入れた動物や、科学的実験のために「レトルト」の中にとじこめた動物のように人間を扱う」学者たちを彼はどれほど軽蔑していることか。そのような観察者の立場がそのまま白人の優越感に、あるいは植民地主義につながることを彼ははっきりと知っている。民族学を離れていえば、彼の全作品の中で、このような意味での観察によって書かれた個所はただの一行もない。「人間が人間を観察するような事を、僕は信ずることが出来ない。自分を観察してみるがいい。その時、恰も肉体に異物が入って来る苦痛を感じる様に、観察という異物が侵入して来る不快を覚えない様な精神は生きた精神ではない」という小林秀雄の言葉はそのままレリスの言葉である。

少し逆説的な言い方をすれば、彼はアフリカを見たのではなく、アフリカによって見られたのだった。彼にとって見るとは、少なくとも見られることによって見るという形をとらなければ成り立たない。「植民地主義を前にしての民族誌学者」（一九五〇）という『タン・モデルヌ』に発表した一文の中で、レリスが、西欧人が他民族の文化について行った民族誌学の研究は数多いが、その逆はない、つまり他民族——たとえばアフリカ黒人——によるヨーロッパ文化の民族誌学的調査が皆無であることをなげいているが、このような相互性があってこそ、真の民族学、ないし民族誌学が成り立つことを彼は説くのである。このような彼だからこそ、これまで曲解されてきた黒人の芸術、たとえ称讃されるにせよ、「原始主義」あるいは「エグゾティスム」の観点からしか称讃されることのなかった黒人の芸術の本質を、西欧の美学や美意識にもとづく見方をできるかぎり排除することによって正確に把握しえたのだと思われる。「エメ・セゼールとは何者か?」（一九六五）の中で、ネグリチュードの本質を、「黒人の特異性を主張することではなく、黒人の文化がありのままに受け入れられる権利、それが〔ヨーロッパ文化〕とは異ったものとしてとどまる権利を要求することである」と言っているのも、同じ態度から出た理解の言葉である。

このようなレリスにとって、一方通行の民族学・民族誌学がときに大きな苦痛を与えたことは十分に想像できる。

私にとって『幻のアフリカ』の中で一番面白かったのは、エチオピアのゴンダールに一九三二年七月一日から十二月四日まで滞在して、« zar » という精霊に憑かれた女たちを調査したときの記録である。はじめはグリオールの指示にもとづいて始めたにせよ、彼女たちは忽ち彼をとりこにした。この五カ月のあいだ調査団の中ではほとんど彼一人だけが終始その調査に当たっている。彼はエチオピア人の通訳をつれ、この種の女たちの頭である老婆の家を殆んど連日訪れ、時には寝泊りして彼女たちの憑依の姿に立ち会い、次第に接触を深めてゆく。精霊が降りると彼女らは失神状態に陥り、叫び、うたい、激しく踊り狂う。彼はこの老婆の娘であり、自身ザールに憑かれている、「蠟の立像さながらの」エマワイシュという名の美しいエチオピア女に恋心を抱く。彼女らは自分たちの精霊のためににわとりや羊を殺して犠牲にささげ、その切られた喉から流れ出る血を飲む。このような供犠を見たいがため、彼はすすんでにわとりや羊を提供する。

私は自分の初聖体のことを考える。もしそれがこれほどおごそかだったら、私は多分信者のままでいただろうに。真の宗教は血を以てしかはじまらない。

彼の要求に従い、彼のためになされた供犠のあとで、彼はこんな風に書く。それは民族誌学上の調査の域をこえ、彼があれほど望んでいた交感と交流の場と化しているようにみえる。しかしこのような場所においてなお民族誌学者としてとどまるとは一体どういうことか、紙と鉛筆を手にして陶酔を観察するとはどういうことなのか？

自己放棄しなければならない場合にあって、観察者の非人間的立場を守らせる民族誌学に対する恨み。

私は憑かれた人々を研究するより憑かれたいのだ。ザールに憑かれた女についての一部始終を科学的に知るよりも、彼女を肉体的に知りたいのだ。

いずれも『幻のアフリカ』の中に記された一節である。民族誌学においても彼は引き裂かれざるをえない。紙と鉛筆を捨てて陶酔に加われば、多分彼は民族誌学者として失格するだろう。だが「観察者の非人間的な立場」を守りつづけるとき、彼は一体何を失うのか？　詩人にして民族学者であるとは、このような代価を一方で彼に払わせて成り立っていることを、ここにおいて私は知るのである。

しかし『幻のアフリカ』を書いたとき、彼は年齢こそ三十を越えていたが、民族学者としてはいわば卵にすぎなかった。それゆえ人はあるいはこれを以て、まだ詩人の殻をつけた民族学者の見習い生の素朴な感想だと言うかもしれない。もしそれなら、それから三十年近く後に書かれた「アルフレッド・メトローについて」（一九六三）という一文の一節を引こう。

メトローはバタイユの友人であり、レリスと同じ民族誌学者だった。レリスによると「見る者と見られる対象との間に関係のないような観察はありえないと確信していた」人であり、資質的にレリスにきわめて近い学者だったらしい。この一文は自殺したこの同僚の追悼文として書かれたもので、真情のおのずから溢れた美しい文章である。ハイチに残るヴォードゥという憑霊にもとづく秘儀信仰をともに調査したときの思い出を語りつつ彼は書く。

憑依の宗教を前にして、合理主義は不信者の態度以外の態度を禁ずるが、それは損ではないか？　もっと素朴に、この白い糸で縫われたすばらしい神秘の中に素足で入っていった方がよくはないか？

控え目な表現ながら、三十年前に彼を苦しませた陶酔に対する希求と、民族誌学者の義務である冷静な観察とのあいだの分裂が今なおレリスを去っていないことを示している。このような分裂を彼に堪えさせたのはあの自己を超えたものをたえず認めようとする、彼の自己否定の精神である。

彼の民族学者としての立場を知るのにもっとも貴重なのは、先に引用した「植民地主義を前にしての民族誌学者」（一九五〇）であろう。ここには前述のような分裂は、その姿を毛ほどものぞかせていない。彼は自己否定の上に立つ誠実な口調で、己の立場を確固として語っている。

しかしレリスにあって重要なのはその二重性ではない。このような二重性は、大なり小なり現代の文学者の宿命といってよいものだから。重要なのは、彼が己れの二重性をチャンス（しかしなんというチャンスだろう！）として摑んだこと、その二重性にこだわりぬき、そこから運動を生み出し、ついにそれを典型にまで高めえたことだ。その点で彼はきわめて強靱な文学者である。

『幻のアフリカ』を中心に話をすすめてきたために、彼の最も重要な著作、『ゲームの規則』については残念ながらほとんどふれずにきてしまった。シュルレアリスム時代の語呂合せによる言語上の実験から生まれた『語彙集、私はそこに註釈をつめこむ』というこれまたきわめて特異な作品に発して、『ゲームの規則』の一巻と二巻で開花する彼の言語探究のこころみは、レリスのもう一つの大きな側面である。ここで語られているのは、言葉を持たない子供の意識がはじめて言葉と出会う瞬間であり、言葉と記憶のふしぎなかかわりあいだ。だがこれもまた彼の二重性に発する、自己を探ろうとして、その闇へと降りていった努力のもう一つの結実といっていいだろう。

モーリス・ナドーは『戦後のフランス小説』の中で、レリスは新しい文学上のジャンルをつくり出したと言っている。たしかに『幻のアフリカ』にしろ、『成熟の年齢』にしろ、『ゲームの規則』にしろ、いずれも既成のジャンルによって分類することはできない。自伝なのか？　告白なのか？　回想なのか？　私小説なのか？　自己探求の試みなのか？　自己分析なのか？　もう一つの『失われた時を求めて』なのか？　多分そのいずれでもあり、いずれでもない。レリス自身がこれらの著作に付しているエッセイという呼び名以外には適当な分類は見当たらない。ロマンと銘打たれた彼の唯一の作品『オーロラ』（一九四六）や『夜なき夜』にしても事実はあまりかわらない。

言っておきたいのは、彼が文学上の実験をしようなどとは多分少しも思わなかったことだ。ただ彼はおのれの二重性に忠実であったにすぎず、その二重性からぬけ出ようとする差し迫った努力の軌跡が、彼におのずから既成の枠を破らせたのである。新しい形式とはつねにこのような形でしかうまれない。

一昨年の十月初めの或る午前、『ゲームの規則』の中に「私にとって、ほとんど単なる巣のごときものになってしまっている事務室」と書かれている人類博物館の地下の研究室で、私はレリスと向かい合っていた。東京を発つ前、私は『黒人アフリカの美術』を訳し終えていて、その疑問の個所をききたいという申入れにレリスが快く応じてくれたのである。

黒人の仮面が一つ、大きなデスク。あとは本と乱雑な書類だけの、暗い、ひどく殺風景な部屋だ。未整理の彫刻や仮面の置いてあるだだっ広い隣の部屋にもまるで人の姿がない。

彼はデスクの上に原書をひろげ、黒人彫刻について語ったトリスタン・ツァラの一句について、ほとんど三十分近く、分りの悪い学生を前にした教授のような口調で、嚙んで含めるように醇々と説明してくれる。

ほとんど禿げて、凹凸のむき出しになった頭、ハンフリー・ボガードを思わせる細面の顔立ち。だがボガードの精悍さはなく、その物腰は柔らかで、慇懃だ。大きくみひらかれた、ちょっと泣き出しそうな感じのする目。その目の中にあるのはきびしさや鋭さでなく、一種の深さ、そして繊細さだ。ほとんど笑わない。低い、おちついた声。地味な背広。僧侶か道士といった雰囲気がそこにはある。

質問は一時間ほどで終わった。彼は私のホテルの場所をきき、これから出かけてゆく先の通り道だからタクシーで送ろうと言ってくれた。

タクシーの中で私は、『黒人アフリカの美術』をはなれた質問をした。

同時代の文学者の中では、バタイユとエメ・セゼールとルネ・シャールをもっとも高く評価すると答え、今は『ゲームの規則』の第四巻にかかっていると言った。いつまで続くのですかと訊ねると、多分私の死ぬまでだろうと冗談めいた笑いを浮かべた。日本についてはあまり知らない。一九六四年に訪日したときにはホテルから殆んど出られず何も見ることができなかった。しかし『ゲームの規則』の第四巻では、日本について少しふれるつもりだ。日本文学はあまり知らないが、映画はいくつか見ている。絵では岡本太郎が面白い。今は黒人アフリカより西印度諸島に関心があり、またそのうち出かけてゆくことになるだろう。

大体そんな話をした。今度は彼が私に、誰に関心があるかと訊ねるので、ポール・ゴーギャンの名をあげると、即座にあれは西欧にとってきわめて重要な問題的な《プロブレマティック》存在だと答えた。

カフェ・ドームの前で車から降ろしてもらい、握手をして別れた。彼をのせたタクシーはモンパルナス大通りをポール・ロワイヤルの方角へと走り去った。

＊　先日たまたま『群像』の四月号をめくっていたら、清水徹が「五月革命のころ」という一文の中で、レリスについて、「博物館の研究施設が狭いのをつねづね政府に訴えていたのに容れられず、一方で人類博物館と同じ建物に政府高官の官舎が居据ったたまま、博物館への返還がなされないのに抗議して、同僚のひとりと屋根づたいにこの官舎に侵入し、きわめて鄭重な態度でその占拠を宣言した」という事実を報告されていた。私は、当年六十九歳の彼の意気を壮として心を動かされるとともに、人類博物館の押えていないとすぐに閉ってしまうエレヴェーターの重い鉄の扉を、その小柄な体全体で、危険な動物でも取り押えるようにしておさえ、私を先にのせてくれた彼の「鄭重な態度」を思い浮かべた（一九七〇）。

死場所としての島――レーモン・ルーセルとシチリア島

レーモン・ルーセルが、シチリア島の首都パレルモで死んだ前後の様子は、イタリアの小説家レオナルド・シアーシアの努力によって、かなり詳細な点まで判明している。シアーシアは、倉庫の奥に眠っていた警察の調書を三十七年後に発見し、当時のパレルモの新聞類を丹念に漁り、生き残りの人々に会って話をきき、これらの結果を、『レーモン・ルーセルの死に関する記録』(一九七一)という一冊の本にまとめたのである。ルーセルの死には、人をこのようなマニアックな調査へと駆りたてる「どこか謎めいた、推理小説のようなところ」(シアーシア)がたしかにある。

ともかく今日、私たちは、棕梠園グランド・ホテルの三階の一室で朝、死体となって発見されたとき、ルーセルがどんな服装をしていたのか(彼は、白い寝巻の下に、当時流行のシャンパン色の肌着を着、前夜は、寝苦しいほどの暑さだったというのに、黒いソックスをはいていた)、隣室に泊っていた連れのシャルロット・デュフレーヌ夫人がフロントにどれほどの金額を預けていたか(一万九千二百七十五リラ。当時のイタリアの平均的家庭の一月の生活費は六百リラだった)、ルーセルは毎日、どのような睡眠薬をどれほど飲んでは、「幸福感」に浸っていたのか、ということまで知っている。

しかし、具体的な詳細を知れば知るほど、ルーセルの死は謎めいてくる。それは、自殺だったのか? 睡眠薬の飲みすぎによる事故死だったのか? 自殺だったとして、発作的なものだったのか、覚悟の上のものだったのか? それ以上に、計算され、演出された自殺だったのか? 私たちには何も分らないし、永久に分らないだろう。どのような推測にも手がかりが与えられているからである。

参考人たち――デュフレーヌ夫人、医者、ボーイたち――の陳述はそれぞれ微妙に食い違っており、しかもみな、一様になにかを隠しているように見える。実際、事件直後に姿を消し、やがてパリに現れ、ルーセルの唯一の遺産相続人である甥のミシェル・ネイのところにやって来て、生前のルーセルと「特殊な関係」にあったと称してゆすりを働いた若い運転手のことは、警察の調書には一言半句も記されていないのである。

警察自体、真相を究明することなく、なにかを怖れるように、わずか半日で調査を打ち切ってしまっている。当時のイタリアは、すでにファシズム体制の支配下にあり、自殺は、この体制に対する無言の批判とみなされるため、警察は、そのような認定を避けたのだ、というのが、シアーシアの見方だ。こうしてパレルモの警察は、「麻酔剤と睡眠薬の中毒によって恐らくは生じた自然死」という検死に当たった医者の意見をそのまま採用する。

それにしても、その死をめぐるこのような謎は、いかにもルーセル的である。まるでルーセル自身、謎を生み出すために、手を貸しているかのようだ。

謎はほとんどルーセルの属性である。それは、彼の作品、人間、この両者の関係の至るところに姿をあらわす。それは、解けたと思った瞬間、答えがそのまま新しい謎と化するていの謎だ。それは、合せ鏡の中のものの姿のように無限に増殖する。その姿を追うのに疲れて、人は、光のゆきわたった、平静そのものの鏡の表面に戻る。だがたちまち、人は、鏡の中の映像に再び捉えられてしまう。ルーセルの謎を解こうとする者は、このような無限の繰り返しの中にひきこまれるだろう。

ルーセルは、意味を拒否した。だから一切の意味づけ、つまり謎解きは、彼の意に反することかもしれない。それなのに私たちは、彼が意味を拒否した事実の中に、性こりもなく意味を見出そうとする。

とにかく、判明している外面の事実だけを記しておこう。

当時ルーセルは、ほとんど破産していた。劇場を借り切っての、度重なる自作の芝居の上演や、自費出版のため、彼はその莫大な財産を蕩尽し、ヌイイの邸を人手に渡すまでに至っていた。

彼は、邸を売却した金の一部で、ペール・ラシェーズに大きな墓所を買い、そこに、十九歳の時の写真をもとにして、書架の前に立つ等身大の立像を大理石で作らせる契約を石屋と結んでいる。フランソワ、カラデックの『レーモン・ルーセル伝』によると、その見積りは、十万フランの巨額に達していたという。

十九歳とは、彼が処女作の『代役』を書き、「栄光の感覚」を感じた年だ。彼は、寝食を惜しんで『代役』を書いているあいだに、次第に異常な昂奮にとらわれてゆき、「老いたヴィクトル・ユゴーが七十歳で感じたもの、一八一一年にナポレオンの感じたもの」を感じた。それは、自分のペンから発する光が外に洩れて、群衆が窓の下に殺到するのではないかという怖れから、カーテンを閉め切ったほどの「異常に強烈な栄光の感覚」だった。しかし『代役』の不成功は、彼に大きなショックを与えた。「私は、栄光の高みから地上に顚落したような印象を抱いた。ショックはあまりに大きかったので、全身に赤い発疹が出たほどだった」（『私はいかにして或る種の本を書いたか』）と、ルーセルは書いている。

以後彼は鬱病にかかって、ピエール・ジャネの診断を受ける。「あの栄光を一瞬でもいい、もう一度生きることができるなら、私は残りの人生の歳月全部を投げ出してもいいんです」、と彼はジャネに向かって語る（ジャネ『不安から恍惚へ』）。創作活動を含め、彼の一切の活動は、この感覚をもう一度求めるためのものだったことを、私たちは知っておく必要がある。

彼は、一九三三年一月二十日の日付で、新しい遺言書を作製して公証人に託し、その中では、「ごく簡単な葬式を望む。花も花輪も、遺影も必要なし」という葬式ついての指示までも行い、三月九日には、「生きたまま埋葬されないよう、どうか手首の静脈を長く切り裂いてもらいたい」（傍点原文）という遺言書の追加分を、「私の死の直後に開封のこと」と封筒の表に記して、やはり公証人に送った。また五月三十日には、創作上の秘密をあきらかにした、文学上の遺言ともいうべき『私はいかにして或る種の本を書いたか』の原稿を、死後刊行のことという厳重な指定をつけ、四通の覚書を添えて、ルノール印刷所に渡してもいる。

こうしてルーセルは、死ぬための準備を着々ととのえている。彼が以後、死への傾斜を滑りおりていったことは確実だ。ただ、例の大理石像の見取り図が、彼のパレルモ出発までに間に合わず、結果としてこの計画が実現しなかったことは、彼の死が、この傾斜の中での偶発的なものだったという見方に、たしかに一つの根拠を与える。

六月三日か四日頃には、ルーセルは、シャルロット・デュフレーヌを伴って、パレルモの一流ホテル、棕梠園グランド・ホテルに姿を現している。

ところでルーセルは、なぜシチリア島を選んだのか？

ルーセルの書き残したものの中には、彼がこの島になんらかの関心を抱いていた形跡は全くみつからない。シアーシアによると、ルーセルは、この島に唯一人の知合いも持たなかったという。カラデックは、むしろこの事実の中に、ルーセルがシチリア島へ赴いた理由を見出している。しかしそれだけでは、ルーセルがこの島を選んだことの説明にはならない。

ルーセルは、場所に対して、独特な好みと態度とを常に持っていた。だから彼の死場所の選択が、偶然だったはずはない。

たとえば、ミシェル・レリスは、「子供の頃のとくに幸福な思い出とむすびついている或る種の場所、エクス・レ＝バン、リュション、サンモリッツ、オーシーのボーリヴァージュ・ホテルなどは、彼にとってタブーの場所だった」（「レーモン・ルーセルにおける想念と現実」）と書いている。

「憂愁の地理学」という副題を持つ「ルーセルとヴェネツィア」（『アルク』ルーセル特集号）の筆者アリー・マテウスとジョルジュ・ペレックも、場所に対するルーセルのこのような特殊な態度を明らかにしようとしている（本稿を草したとき、私は「憂愁の地理学」の内容を事実と信じてしまった。後になって、マテウスとペレックの創作と知って啞然とした）。

この一文の冒頭では、フィッチウィンダー大学図書館で偶然発見されたルーセルの五枚の遺稿について語られている。この発見の経緯も、きわめてルーセル的だ。原稿は、彼の蔵書とおぼしい本の裏表紙にしつらえられた、クロースの隠しポケットから出てきたのである。秘密の隠し場所とは、ルーセルの作品に頻出するテーマで、『アフリカの印象』の中で、女優のアディノルファが、書棚の裏の隠し穴からシェイクスピアの自筆の原稿を発見する挿話や、

『額の星』の中の、水鳥の集まる池の底に祖先が埋めたダイヤを、古文書の透かし文字をきっかけにして見つけ出すサン＝トラン伯爵の挿話などが、すぐに思い出される。

本は、十六世紀のヴェネツィアで出版された『パルティボニス総督の悲劇』という戯曲で、マテウスとペレックは、一八九五年秋、ルーセル母子がしたヴェネツィア旅行の際、母が売立てで買って、ルーセルに与えたものと推定している。遺稿の内容は、この戯曲の題名からヒントを得たらしい物語のあらすじとそれに関するメモが主だが、中には、全く解読不能の、暗号めいた文字の記されているものも二枚含まれている。

ヴェネツィア滞在中、ルーセルは、母の友人グリファルコーニ夫人の息子アスカーニオに同性愛を抱いた様子で、この二枚は、この恋愛か、ヴェネツィアの記憶に関するものと考えられる。

翌年、アスカーニオは夭折する。ルーセルは、『パルティボニス総督の悲劇』の隠しポケットに、アスカーニオとヴェネツィアのかたみである五枚の原稿を隠すと同様に、この恋をも、心底に永久に埋めてしまう。以後彼は一度もヴェネツィアを訪れず、ヴェネツィアという名は、彼の作品には全く現れない。ヴェネツィアは、こうして、彼にとって、もう一つのタブーの場所となる。

マテウスとペレックは、この恋をルーセルの原体験とみなし、彼の作品の舞台にえらばれる場所すべての中に、ヴェネツィアの地理のひそかな投影を見出そうとする。その解釈はいささか恣意的と私には思われるが、ヴェネツィアが一つの島であるところからして、ルーセルが島を死場所として選んだのは偶然ではないという二人の意見には、一考に価するものがある。

なぜシチリア島か、という問いに、ルーセル的方法を使って答えを出しているのは、シアーシアの本の仏訳に序文を書いているジャン・リカルドーである。

彼の推理はこうだ。睡眠薬中毒に陥ったルーセルは、周囲の人々、とくにシャルロット・デュフレーヌ夫人の懇請により、不本意ながらも、かつて一度入院したことのあるスイスの療養所に入らなければならないと考えるようになる。以後彼の行為は、しなければならない行為と代用行為との間に二分されるに至る。ところでスイスは、いわばヨーロッパ大陸の中の島だ。だから彼は、スイスにゆくかわりに、地中海 La mer méditerranée（大陸の中の海の意）のシチリア島へゆくのであり、しかもフランス人にとって、シチリア島 Sicile とスイス Suisse とは、同数の六文字で、しかもともにSで始まって、eで終わる地名である、と。

ルーセルを論じる時、誰もが、地口、語呂合せ、アナグラムに熱中する傾向があり、これは、その典型である。

私はここで、ルーセルと島という形象のかかわりについて、もう少し考えてみたい。

マルシャル〔ルーセル〕は、文学上の美についてきわめて興味深い観念を抱いている。作品は、全く想像の産物である組合せのほかは、現実に関するいかなるものも、世界と精神についてのいかなる観察も含んではならない、と言うのである。

少しでも現実にかかわりを持つと、描写は醜くなってしまう、とマルシャルは言う。

ルーセルの神経症を診察したピエール・ジャネは、その著書『不安から恍惚へ』（一九二六）の中で、こう記している。ジャネは、ルーセルの文学を全く認めておらず、単に一つの症例として、ルーセルのことを書いているにすぎない。

ともあれ、ここには、ルーセルの終生変ることのなかった明確な文学上の態度が見られる。一見すると、彼の態度は、反リアリズムの文学者たちの態度にきわめて近いかに見える。しかし彼等の多くが、「反」という立場において現実とかかわり、その世界を構築しているのに対し、ルーセルには、この「反」という立場さえもない。

ルーセルの頑なまでの現実拒否は、立場というよりは、彼の存在そのものであり、生きてゆくための条件と化している。光を本能的に怖れる人々と同じように、彼は現実を怖れ、嫌悪し、拒否する。それは、治療の手段をあらかじめ放棄しなければならないたぐいの病いなのだ。

ルーセルは、作品を現実からできるだけ隔離させようとする。現実へと向かうベクトルを言葉から除き去るため、彼は言葉そのものの中に活路を見出す。こうして、言葉の同音異義という性質にもっぱらもとづく、彼のあの有名な方法が生まれる。彼はこの方法によって、散文作品のすべてを書くのである（この方法の詳細については『アフリカの印象』のあとがきを見ていただきたい）。

ルーセルにとって作品とは、現実から隔離されたもうひとつの現実、別の光、別の色彩、別の形をそなえたもうひとつの世界である。それは、一種のユートピアであり、楽園だ。子供が好きな玩具だけを集めるように、ルーセルは、そこに好みのイメージを集める。それは、仔牛の肺臓製のレールの上を音もなく辷ってゆく鯨のひげ製の奴隷の彫像であり、川水を利用して、華麗な織物を自動的に織り出してゆく織機であり、毛を剃られた猫が泳ぎ、フランス革命の大立物ダントンの頭蓋骨が浮かび、七匹のたつのおとしごが、日輪を曳くアポロンの馬車を模して、固形化した葡萄酒の玉を曳いている、「アカ・ミカンス」とよばれる液体でみたされた、光り輝く巨大なガラスの水槽である。

神経症という形しかとりえなかった現実の生に対する代償として、彼はこの世界で真に生きようとする。全く荒唐無稽な題材を扱いながら、彼の二つの代表作『アフリカの印象』と『ロクス・ソルス』にそなわっている稀な完結性と濃密な現実感はそこから来る。

ルーセルのこのような作品と現実との関係は、島と大陸の関係に照応する。作品とは島であり、現実とは大陸である。作品＝島は、できるかぎり現実＝大陸からへだてられた孤島でなければならない。へだてられればられるほど、作品＝島は、現実＝大陸の汚濁からまぬかれ、清浄化され、その自立性と完結性が保証される。それは、ユートピアとなる。

ユートピアの語源となったトーマス・モアの作品が示しているように、ユートピアとは元来島なのである。そして島に理想境ないし楽園を夢みるのは、ギリシアのアトランティス島以来の想像力の定型といっていい。

ルーセルは、作品——とくに散文作品——の場を設定する時、一定の規則を自分に課しているように見える。彼が選ぶのは、ほとんど常に、彼が一度も足を踏み入れたことのない、しかもこの地球上に現実に存在する、その上、ほかの世界から隔絶した、孤立した場所である。『アフリカの印象』のポニュケレ国の置かれた西アフリカ、『ロクス・ソルス』の中の、科学者マルシャル・カントレルがその奇抜な発明品の数々を並べるパリ郊外モンモランシーの広大な別荘も、『塵のように無数の太陽』の宝探しの舞台となる南米のギアナも、『額の星』の北フランスの田舎町マルリーも、ほぼこうした条件に一致する。

ルーセルが大旅行家であり、ヨーロッパ各地はもちろん、中近東から、インド、タヒチ、中国、日本、アメリカまで知っていただけに、こうした場の設定の仕方は興味深い。彼は、「こうした旅行から、私は自分の本の材料を何一つとして引き出さなかった」と誇らしげに語っており、そこに「私にあっては想像力がすべてである」(『私はいかにして……』)ことの証拠を見出している。

ルーセルは、島を舞台にして作品を書いたことはほとんどない。しかし彼が場の設定のために自分に課した条件にもっとも一致する場所、もっとも「ロクス・ソルス」(「孤立した場所」を意味するラテン語)という言葉にふさわしい場所とは、島である。ポニュケレ国も、マルシャル・カントレル博士の別荘も結局は島なのだ。その点、未完におわった遺作「ハバナで」が、キューバ島を舞台にしているのは暗示的である。

『新アフリカの印象』(一九三二)以後、ルーセルは、殆んど創作の筆を断ったかにみえる。そこまで彼を追いこんだものは、創作力の枯渇よりは、彼がことごとに突き当たった世間の無理解だった。とくに十三年振りに完成した韻文作品『新アフリカの印象』が全く無視されたことは、彼にはこたえたらしい。ロベール・デスノスは、そこに彼の死の直接の原因を見ている。

書くことの放棄は、彼にあって、精神的な死を意味する。生きながらえるためには、現実そのものの中に「ロクス・ソルス」を見出さなければならない。それがチェスであり、睡眠薬であった。そして最後に、彼は死場所として、シチリア島という「ロクス・ソルス」を選ぶのである。

それでも、なぜシチリア島か、という問いは依然として残る。地中海には、ほかにも島は沢山あるからである。場合によっては、コルシカ島でも、カプリ島でもよかったのだ。

ただ、シチリア島とR・ワグナーとの関係は注目に価する。

ワグナーは、ルーセルの最も愛した作曲家の一人だった。ミシェル・レリスは、彼の父の主催する家庭音楽会にやってきて、伴奏のピアノを自分で弾き、『イゾルデの死』を、「糸のように細い声をすばらしく巧みに使って」歌うルーセルの姿を、『フィブリーユ』の中で描いている。『タンホイザー』も『ローエングリン』も、彼のおはこといってよかった。彼は、ジャネに向かって、「栄光の感覚」を求めつづける自分を、「ヴェヌスベルクを愛惜するタンホイザー」に擬しはしなかっただろうか？

ルーセルの舞台がひきおこしたスキャンダルは、しばしば、ワグナーの楽劇のスキャンダルに比せられた。ルーセルを「文学上のワグナー」と呼んだ批評家もいる。

ところでパレルモは、ワグナーがその最後の作品『パルシファル』の総譜を一八八二年に書き上げた場所である。しかも彼は、棕櫚園グランド・ホテルに泊ったのだ。「ああ、わが王よ、わたしたちがどんなところで暮らしているとお思いです？　実にいい宿が見つかったのです。二つの棕櫚園のどまんなかなのです」（ヴェルステルンハーゲン『ワーグナー』三光・高辻訳）と、彼はルードヴィヒ三世にあてて書いている。

ルーセルがやって来た時、ホテルが面している通りの一つは、すでにワグナー通りと改名されていた。彼の泊った三階の二二四号室は、この通りを見下ろしていたのである。

棕櫚が栄光の象徴であるという指摘をリカルドーがしていることも、最後に付け加えておこう。

ともかくパレルモは、ルーセルの死にいかにもふさわしい場所だ。光の詩人でもあったルーセルは、この町のすみずみまでゆき渡り、すべてを明確に際立たせている地中海の透明な光の中にこそ闇があり、死があることを多分よく知っていたのである。

棕櫚園グランド・ホテルでは、ルーセルとシャルロット・デュフレーヌ夫人とは、隣合せの別々の部屋に泊った。

二つの部屋のさかいには扉があり、互いにゆききが出来るようになっていた。

警察の調書に「家政婦」と記されているシャルロット・デュフレーヌ夫人とは、同性愛者だったルーセルが、世間体をつくろうため、周囲のすすめもあって作った情人である。カラデックによると、もと某伯爵の思われ者だったが、伯爵が結婚するため、別れねばならなくなり、すべてを承知の上で、ルーセルに囲われたのだという。彼女は優雅で美しく、「金の兜」と綽名をつけられたほどの見事な金髪の持主だった。また、警察の調書から推測するかぎり、機敏で、頭のいい女性でもあったらしい。ルーセルは、芝居やオペラには、きまって彼女を伴って現れた。二人の関係は、ルーセルの死まで二十三年間続く。ルーセルにとって、彼女は最後まで世間体だけのものだったのか？　私たちは、彼の最後の著作『私はいかにして或る種の本を書いたか』が、彼女に献じられていることを知っている。彼女は「ルーセルが心の奥底を打ちあけた──ただしほんの少しだけ──唯一の人間だった」というレリスの言葉（「レーモン・ルーセルにおける想念と現実」）は多分正しいだろう。

ホテルに現れた時からすでに、ルーセルは薬びたりといっていい状態だった。彼はありとあらゆる種類の睡眠薬を手当たり次第に飲んでいた。一度、浴室で意識不明の姿で発見されたあと、彼はホテルの医者から、体に合った睡眠薬を見出し、量をできるだけ減らすため、一日に飲んだ薬の種類、量、効果について日記をつけるよう、すすめられた。デュフレーヌ夫人の手になるこの日記の全文が、カラデックの『ルーセル伝』にのっているので、一部を引用してみる。

〔六月〕二十六日、月曜。〔午後〕五時十分、イパレーヌ八錠、九時半に二錠、つづいて四錠。夜、全部で三十錠。

二十八日、水曜。〔午後〕四時半、リュトナル三錠。六時に三錠。全部で十八錠。眠れず。

二十九日、木曜。〔午後〕五時、ソネリール四錠。六時半に四錠。十時に睡眠。夜中に十三錠。十二時間と十五分眠った。極度の幸福感。

〔七月〕六日、木曜。ソネリール十六錠。九時間半の睡眠。非常に大きな幸福感。

八日、土曜。ソムノティリル二十錠。ヌリナーズ一壜。昼食抜き。終日幸福感。

十二日、水曜。ヴァニアーヌ一壜半。睡眠。とぎれとぎれの幸福感。

ルーセルが睡眠薬をのみはじめたのは、「神経症をしずめるため」だったとデュフレーヌ夫人は証言しているが、私はこの「幸福感（euphorie）」の中に、あの「栄光の感覚」の色あせた残映のごときものを認めずにはいられない。

この、睡眠薬による半朦朧状態の中でルーセルは何度も自殺未遂を繰り返す。その凄まじい様相は、デュフレーヌ夫人の直話をもとにしてレリスの書いた「レーモン・ルーセルにおける想念と現実」の最後の数頁や、シアーシアの本や、カラデックの伝記からうかがうことができる。或る時は、百フラン札を片手にし、もう一方の手でボーイに剃刀をさし出しながら、手首の静脈を切れと迫り、またデュフレーヌ夫人に、自分に向かってピストルの引金を引いてくれるならいくらでも出すと言い、夫人がことわるごとに、小切手帖に書きこむ金額を釣り上げてゆく。また或る時には、ついに自分で手首の静脈を切り、浴槽の中で血まみれになりながら、「静脈を切るなんて、なんてやさしいんだ。なんでもありゃあしない」と言いながら、けたたましく笑いつづけている彼の姿が発見される。

七月十三日の朝、彼はデュフレーヌ夫人の懇望に敗け、スイスの療養所に入院することを決意し、手配の電報を打たせた。出発は翌々日と定められた。この決意は本心からのものだったのか、それとも夫人の懇望をかわすための、表面だけのものだったのか？ 今となっては誰にも分らない。

午後、いつものように、別のホテルに泊っていた例の運転手が車をもって、ホテルの玄関まで迎えにくる。この車にのって、島のあちこちを散歩するのがルーセルの日課だったからである。この運転手は何者なのか？ 若い、ということのほか誰も何も知らない。名前さえも。パリの町中で拾われて、パレルモまで同行したのは、運転手自身がホテルの従業員に話したことである。この運転手と一緒に、ルーセルが島のどこへゆき、何をしたのか、これも誰も知らない。ともかく、ボーイの証言によると、この散歩から戻ってきた時、ルーセルは、支えられなければ部屋まで戻れないほど衰弱しきっていたという。

この日、パレルモは二重の祭で湧き立っていた。イタリアの飛行中隊による大西洋横断飛行が成功し、ムッソリーニの政府は、イタリア全土をあげてこの壮挙を祝うことを命じたからであり、同時に、サンタ・ロザリアの祭でもあったからである。さまざまな行事のほか、夜の九時半から、イリュミネーションで飾られた舟のコンクールが、十時からは盛大な花火大会が行われた。ホテルは町の中心部にあり、しかもルーセルの部屋は大通りに面していたから(数日前、ホテルの医者は、窓から身をのり出して、通行人に金を投げていたルーセルの姿を目撃している)、祭の喧騒は、彼の耳までたしかに達したはずである。すでに彼にとって、祭はよそごとであり、その喧騒は、蒸し暑さと相まって、ただの迷惑だったかもしれない。しかし大西洋横断飛行も、サンタ・ロザリアの祭も、イリュミネーションのコンクールも、花火大会も、いかにもルーセルの死にふさわしい書割だ。処女作『代役』の最後の部分には、代役専門の俳優である主人公のガスパールとその恋人のロベルトが、相擁しながら眺めるニースのカーニヴァルの花火の、六頁に及ぶ描写があるではないか? そして『アフリカの印象』の中では、彫刻家フュクシエの考案した水中花火がテズ川の水面を彩り、花火師リュクソ作の打上花火が、アフリカの漆黒の夜空に、バレストロス男爵のルビー色、サファイア色、ダイヤモンド色、エメラルド色の姿を描き出すではないか? 『アフリカの印象』も、『ロクス・ソルス』も、ともに全篇、光と音と色彩の祝宴ではないか?

十時十五分頃――すでに花火ははじまっていた――、デュフレーヌ夫人は、ルーセルを二二四号室に残して、自室にひきとった。さかいの扉は、ここ数日来の習慣に従って、ルーセルの部屋の側から鍵がかけられた。十一時ごろ、隣室で音がしたので、夫人がどうしたのかと訊ねると、ルーセルは苛々して、「心配するな」と答えた。それが、夫人のきいた彼の最後の言葉だった。

翌朝、二二四号室の客がなかなか起き出してこないのに不安を抱いたボーイの一人がデュフレーヌ夫人とともに扉をあけて入ってみると、ルーセルは、ベッドから降ろして床にじかに敷いたマットレス(彼は、寝ているあいだに寝台から落ちることに、いつも恐怖感を抱いていたのである)の上ですでに死んでいた。

ナイトテーブルの上から、ソネリールの空になった二つの壜が発見された。これは、ルーセルが、四十錠、この睡眠薬を飲んだことを意味する。たしかに多いが、この程度の量なら以前にもなん度か飲んだことがあり、薬の量から自殺の意志を判定することはできない。「死ぬ気だったら、これまでにない量を飲んだはずだ」とは、シアーシアの推理だ。

こうして私たちは、ふたたび鏡の表面に連れ戻される。

Ⅱ　神の森　森の神

東京書籍、一九八七年刊

ひとつの経験——御嶽

私が御嶽《おたき》という聖地を知り、強く惹かれるようになったのは、昭和三十六年の夏、はじめて沖縄へ旅したときのことだった。まだ復帰前のことで、大方の離島や僻村では、電気、ガス、水道ばかりか、旅宿すらなかったけれども、昔の沖縄の姿がいたるところ手つかずのまま残っていた。

私は、本島に一週間ほど滞在した後、金十丸《かなとまる》という老朽船で石垣島へ渡った。石垣市では、町はずれにあった海星カトリック教会の司祭館の客となった。私自身はキリスト教と関係のない人間だが、身元引受人——当時沖縄渡航には必要だった——の永野善治氏が、この教会のオーバン神父に紹介状を書いて下さったのである。

本島にいたとき、無知のため、御嶽は全く私の眼に入らなかった。石垣島に来てしばらくして、私は教会と道路を一つへだてた向かいに小さな御嶽があるのに気づいた。御嶽は本土の神社に相当するもの、ときいていたが、様子は随分違っていた。筒形の赤い琉球瓦で屋根を葺いた、壁のまるでない、吹放しで床を張っただけの古びた、小さな建物のほか、人手の加わったものはなに一つなかった。鳥居や、狛犬や、賽銭箱や、祠の類は一切見当たらなかった。あるのはただ、深々と繁ったガジュマル、アコウ、クバなどの大樹だけだった。どんな炎天の時でも、光がやわらかく漉されて、そこはいつも薄暗く、しんと静まり返っていた。

私は、なにかというとそこへ出かけていって、拝殿とも社殿とも見当のつかない建物の床に腰掛けて、しばらく時を過ごすようになった。神社のように、女たちが買物のついでに立ち寄って参拝してゆくということもなく、その場所で人の姿を見かけるのは稀だった。どんな神が祀られているのか、当時の私は知らなかったし、知ろうともしなかった。

現在私は、それが、かつての大川村の祭祀の中心であった大石垣御嶽（ウシャギオン）だということを知っている。その名は、沖縄の延喜式といわれる『琉球国由来記』（一七一三）には見えないが、由緒の深い、古い御嶽であるらしい。昭和十年に出た喜捨場永珣《きしやばえいじゆん》の『石垣町誌』によると、この御嶽はアンナン（安南？）から稲の種子をたずさえてこの島に移住し、八重山の人々にはじめて稲作を教えた兄妹のうち、兄のタルファイの墳墓のあとであり、妹のマルファイの方は、登野城の米為御嶽（イニナシオン）に祀られているという。そして明治の頃までは、この両御嶽の前で、八重山の重要な年中行事の一つである種取祭が、登野城、大川両部落の人々によって、盛大に行われてきたのであった。しかし神域も広く、樹木が鬱蒼としげっていて森厳だったこの御嶽も、「輓近《ばんきん》物質文明の中毒をうけて神木を伐採し、土地を分割公売に付し」たため、「寂寥たる現状」と化してしまったと喜捨場永珣は歎いている。私の見たのは、この御嶽のなれの果てだったわけである。

ともかくこれが、私と御嶽との最初の出会いであった。以来私は御嶽に強い関心を抱き、滞在中はできるだけ、この種の聖地の方へ足をむけた。

御嶽は、立地条件も、広さも、形状もさまざまで、中には、やはり「物質文明の中毒」のせいであろう、丸裸にされてしまったものもあったけれども、多くの場合、木々の豊かな繁りが私を迎えてくれた。木を伐ることはおろか、枝一本、葉一枚すら持ち去ってはならないという禁制がごく近頃まで守られてきたため——もちろん現在でも一部は守られている——、御嶽の木々の繁りようは、他の木々とはっきり異なっていて、馴れてくると、簡単に見分けがついた。木々は犇めき合い、盛りあがり、中の数本は高々とそびえて枝葉をひろげ、壺が古色を帯びるように古色を帯び、黒々と静まっていた。古代から生き続けている生き物を眼前にしたかのような、異様な印象を受けることもあった。大樹は例外なく、周囲に神秘的な気配を漂わせていたが、とくに太い根を互いに絡ませ、無数の気根を垂らし、葉むらの奥に闇を抱えこんだガジュマルは、それ自身が神像のように見えた。

しばらくして、私は小浜島へ渡った。小浜は西表島の手前に浮かぶ小さな島で、石垣港からポンポン船で約二時間、当時はまだ電気がなく、どの家でもランプを使っていた。私は島でただ一軒の宿に泊った。

翌朝、村を散歩している時、私は、いかにもすがすがしげな御嶽を見かけた。近年になって建てたものらしい、とってつけたような鳥居をくぐると、中は思いのほか広く、白砂が敷きつめられていて、クバやアコウの緑が目に沁みた。木々を明るませながらさしこんでいる光が、掃き清められた中央の白砂の上に、まるでこの御嶽独特の紋章ででもあるかのように、枝葉の影を鮮やかに描き出していた。

森の奥には、切石できずかれたごく低い石垣と、小さなアーチ型の石の門があった。ここから先はイビと呼ばれる至聖所で、司《つかさ》をはじめとする神女たちしか入ることができず、とくに男性は一切立入禁止である。石垣の中を覗きこんでみると、大きなクバの木の下に、自然石と、香炉がわりのシャコ貝とが置かれていた。鳥の声しかきこえない静寂があたりを占め、木々の葉が強く匂い、御嶽の中にいると、五官が洗い清められる気がした。

波照間《はてるま》島で見た御嶽には忘れ難いものがある。この御嶽については『島の精神誌』(本書第Ⅰ部)で書いているが、少し詳しく書いておこう。

この日本最南端の島には、当時は週に一、二回、小さな漁船が定期船代りに通うだけだった。島に宿はなく、私は、永野氏の教え子で、小学校の教員をしている玉城氏の家のお世話になった。

一日、私は、石垣市の高校生で、今は帰省している弟さんの先導で、島を見てまわった。その途中、これまでに見たことのない、大きな、繁りの深い御嶽の森があった。

翌日私は、心おぼえの道をたよりに、迷い迷いしながら、もう一度そこまで行ってみた。石垣島の御嶽も、小浜島の御嶽も、町中や、村の近くにあったのに、この御嶽は村からまったく隔絶した島のはずれにあり、周囲は蘇鉄のしげる原野で、人家一軒見えなかった。

森はどこまでも続いていて、入口が見つからないので、私は仕方なく身をかがめ、からみ合った枝々をかきわけながら中へ入っていった。アダン、クバ、ヤラブ、アコウ、ガジュマルなど、あらゆる木々が密生している。地面には落葉が厚くつもり、その落葉の層はところどころ黒く腐っていた。

やがて私は森の中の空地に出た。骨太の逞しい枝をもつヤラブの大木がまわりをとりかこみ、枝葉をさしかわして頭上を蔽っているので、日はささなかったが、森の中はなんとなく明るかった。

空地はかなり広く、中央が窪地になっていて、そこには泉が湧いていた。そして泉から一すじの流れが、落葉の積もったあいだを海の方角へ、ためらいがちに流れている。海に面した森の一角からは風が吹きこみ、枝葉がたえず騒いでいたが、海は狡猾なけもののように姿を隠していた。

そこにはなにもなかった。教会のそばの御嶽にあったような小さな建物も、小浜島で見たような石垣や石の門も、一般にどの御嶽にも置いてある白い陶製の香炉さえも。すき間なく落ち積もったヤラブの落葉の上に、海の気配を感じさせる透明な明るさが漂っているだけだった。

私は、このような場所に下りてくる神について考えた。それは、超絶的な、きびしい罰と恐怖の神、罪と血の中から立ち現れる、ひどく人間くさい神ではありえなかった。それは、風や光のように存在するもっと透明な神、人々の生活により添った、畏怖よりも安らぎと恵みとがいつも先に立つ神にちがいなかった。

私は、神社や、寺や、教会を好んで訪れる方だ。そうした聖所で、心の落着きや、感動や、粛然とした気持をおぼえたことも間々あった。しかしこれらの場所は、私にとっていつも眼の対象であって、心の対象ではなかった。御嶽の場合も、最初はそうだった。私はそれを、沖縄独特の風景の一つとしか考えていなかったのである。

しかしこの森の中に立った時、御嶽は、もはや単なる眼の対象ではなくなっていた。この時ほど私は、自分の心が周囲と一体化していると感じたことはない。心は、普段の重さと襞を失い、意識の垂鉛を振り捨てて、樹々とともに動いていた。いや、私は、樹や、風や、光そのものだった。この御嶽は、自分を壊れた機械と考えている私に、ごく束の間ではあったけれども、充足のグリンプスのごときものを、感じさせてくれたのであった。

私は、窪地を泉の方へ下って行った。岩の間から澄んだ水が溢れ出ていた。そこは、祭祀の際、神女たちがみそぎをする場所にちがいなかった。私は、窪地の底を、その流れに沿って歩いた。やがて森が切れ、真昼の光に輝く海が眼前に現れた。

私は、白砂の無人の浜に出た。その照り返しには目もくらむようだった。浜は短く狭かったが、清浄の気にみちていた。

波一つない珊瑚礁内の海は、明るい緑色をしており、下に岩礁のある部分だけ、紫がかった紺色をしていた。白い波しぶきがたえず上がっている環礁の彼方の海は深い青で、水平線にはその日も積乱雲の傍若無人の乱舞が見られた。

『琉球国由来記』は、波照間島の御嶽として、真徳利御嶽（マトゥルワー）、白郎原御嶽（シサバルワー）、阿幸俣御嶽（アバティワー）をあげ、この三つの御嶽の由来として、次のような話を記している。石垣島のホンカワラアカハチが首里王府に叛旗をひるがえした際、この島のメウ底シジカドノは、召集に応じず、琉球王への忠誠心を変えなかったため、連行され、小浜島の沖で刺し殺されて海に捨てられた。アカハチの乱が平定されたあと、メウ底シジカドノの三人の息子と三人の娘は、王府に召されて重用された。彼らは父の死体を探したけれども、見出すことができなかった。ある日、小浜島の潟で、ヒルギが一本風もないのに動いているので、不審に思い近づいてみると、それが父の遺骸であった。よってこれを波照間島に葬った。やがて三人の娘に神の託宣があり、兄弟は、自分たちの守護神として、この三つの御嶽を建立し、拝みはじめたという。

若干つけ加えると、一五〇〇年に起きたオヤケ赤蜂の乱は、八重山史上の大事件であった。そしてその首謀者赤蜂は、波照間島の出身だった、と伝える。

宮良高弘はその著『波照間島民俗誌』の中で、「これらの御嶽は、俗にピィテーヌワー（野原の御嶽）とよばれ、人里から遠く離れたところにあり、森林に深くおおわれている」と書いている。私が訪れたのが、この三つの御嶽のいずれかであることは間違いない。さらに、この本に付いている波照間島の地図を見ると、白郎原御嶽はまったく海から離れた位置にあるので、残る二つのどちらかであろう。氏は続けて次のように言う。「そして、その森林全体が聖地だと考えられ、鳥居、拝殿、香炉などもなく、祭祀に際して司（本島のノロに当る神女）は、線香を使用せず、生のニンニク、塩、神酒（白酒）を供え、最も神高い御嶽とされ、特定の祭祀以外は、司を除く部落民の入域は全く禁ぜられている」。

この記述は、私の実見したところと完全に一致している。そして私は知らずして、入域の禁を犯してしまったのである。

この最初の沖縄旅行以来、しばらくの間、私はいわば沖縄狂いとなった。しかし経済的・時間的余裕がなく、なかなか沖縄に行くことはできなかった。その渇を癒やすために、私は、柳田国男、折口信夫、伊波普猷といった人たちの著作を読みはじめた。私はこれらの本から、御嶽を中心とする沖縄の信仰が、神道の原始の姿をとどめていることを知った。

実際、御嶽を通して見ると、神社の原形が見えてくるところがある。町中のどんな小さな神社ですら森を持っていることは、神社にあって、森や樹木がきわめて大きい役割を果たしてきたことの証左であろう。それに対し、社殿や拝殿といった建物がむしろ二次的な存在であるのは、三輪神社を引合いに出すまでもなく、地方を歩くと、森の中に小さな祠だけを安置した神社がしばしば見られる事実からもわかる。これらの村の神社は、祠と鳥居をとり去ってしまえば、外形的には御嶽と少しも変らない。

一方、御嶽の信仰の大きな特色は、ノロ、根神《ねがみ》、司などと呼ばれる神女たちが、沖縄全体にわたって司祭者の位置についていることである。神事において、男性は排除されることが多く、せいぜい補助的な役割を果たす程度で、その影はきわめて薄い。これに反し、神社にあっては、神主、頭屋、頭人など、男性が神事の主導権を完全に握っており、巫女は、社務所でお守りを売るか、「白い著物に紅の袴をはき鈴を持つて舞ふ所の干菓子の如く美しい少女」（柳田国男）にしかすぎなくなっている。

しかしこの大きな相違も、外見だけのことであって、時代を溯れば溯るほど、女性が神事において大きな役割を果たしていることは、柳田や折口が繰り返し指摘するところだ。たとえば柳田国男は、「阿遅摩佐の島」（大正十四）の中で、「我々が大切に思ふ大和島根の今日の信仰から、中代の政治や文学の与へた感化と変動とを除き去つて見たならば、斯うもあつたらうかと思ふ節々」が沖縄に保存されていると説いたあと、両者の共通点の第一として、「女性ばかりが、御祭に仕へて居たこと」をあげている。そして彼は、今日梓巫《あずさみこ》、県巫《あがたみこ》などと呼ばれて、口寄せや卜占をして暮らしを立てている女たちは、中古以後祭祀者の地位を追われた巫女たちの零落した姿と考えるのである（「巫女考」）。

一方折口信夫も「沖縄に存する我が古代信仰の残孽」（大正十三）の中で、「我が神道にても、古代に溯り候ほど、巫女の勢力強く、神事の中心、神秘に属し候部分は、巫女の専ら相行ひ候例多く相見え候〔……〕」と書く。実際、卑弥呼、神宮皇后、伊勢の斎宮、加茂の斎院など、彼らの所説の正しさを裏付ける例を、私たちは古代史の中からいくつも拾い出すことができる。

私が最初に沖縄に渡った昭和三十六年は、柳田国男の遺著『海上の道』の出た年だった。この本の中で彼が提出している、日本人は南方から、沖縄海域の宝貝を求め、稲を携えて島伝いに北上してきたのだという仮説は、これまで閉されていた南向きの窓が一杯に開かれて、暗い部屋の中に燦々たる陽光が突然さしこんできたような印象を私に与えたが、一方、彼の語る、ニライカナイと呼ばれる沖縄の人々の信じる他界の話も、それに劣らず興味深かった。この「セヂの豊かに盈ち溢れ」、「現世において健闘した人々のために、安らかな休息の地を約束するばかりでなく、なほくさぐさの厚意と声援とを送り届けやうとする精霊の止住し往来する拠点」たるこの海の彼方の楽土のことを読むたびに、私は、波照間島の御嶽の前の白い浜や、珊瑚礁の海の色や、時には輝く島とも、聳え立つ城とも見えた水平線の雲の姿を思い浮かべた。

沖縄の神々は、このニライカナイや、オボツカグラという天上の聖域から、祭に際して御嶽に迎えられる。御嶽の木々、とくにクバは、そうした神々が来臨する際の依《よ》り代《しろ》である。このように神が聖所に常住することなく、「一定の期日を以て、海と天との堺から一定の土地に御降りなされたこと」（「南島研究の現状」）もまた、柳田国男の指摘する本土の信仰と、沖縄の信仰の大きな共通点であった。日本人が海の見えない内陸部や山間に村を作ったとき、それまで海から迎えられた神は、山から迎えられることになる。すなわち山の神が春には田の神となり、秋の終わりに再び山へ帰ってゆくこととなったのである。

折口信夫もまた、このような来訪神を沖縄において確認し、まれびとという概念を立て、それを、日本古代の文学や芸能を解く鍵とした。

ところで、沖縄に神道の原始の姿が残っているとして、原始とは未発達の謂なのであろうか？　壮大な社殿と、全国にわたる信者組織とをそなえるに至った本土の神社を以て、発達の姿となしうるのであろうか？　沖縄宗教史研究の先駆者の一人、鳥越憲三郎すら、沖縄の宗教は、「宗教発展史からいえば神観念の最も原始的、初歩的段階にあるところのもの」であって、そこには、「他の多くの民族に見られるが如き神々の組織的体系を見ることも出来なければ、また勿論神々の輝しき神格への発展」もなかったとし、さらに「神々の発展の過渡期に於て当然現われるべき神殿の建設を見ることもなかった」（「古代琉球村落に於ける巫女組織」）と書く。

他のことは措き、少なくとも、御嶽に森以外の何ものもない事実を以て未発達とする説には、疑問を抱かずにはいられない。それは、未発達という消極的な原因から生じているのではなく、そこにはもっと積極的な意味合いがあり、大袈裟に言えば、ある信仰原理にもとづいていると私考するからである。

そのことを痛感したのは、昭和四十七年に三度目に沖縄に行って、はじめて斎場《さいは》御嶽を見たときのことであった。斎場御嶽は、琉球王朝の信仰篤かった沖縄第一の御嶽で、本土の伊勢神宮に比すべき聖地である。『琉球国由来記』その他に記された伝承によると、琉球の祖神アマミキョは、五穀を持って久高島に上陸し、のち対岸の百名の浜へと渡ったという。斎場御嶽は、海上はるか彼方にこの久高島の小さな島影を望み、かつ百名の浜にも近い山の上にある。かつては国王が隔年に行幸して久高島をここから遥拝した。また新里恵二が大嘗祭に比している、琉球王朝最高の神女、聞得《きこえ》大君《おおぎみ》の就任式——すなわちオアラオリ（お新下り）もここで行われた。

現在は知念村久手堅に属し、那覇からバスで約一時間のところにある。小さな山の東側にもうけられたその聖域はなかなか広大だが、驚いたことに、そこには、建物はもちろん、施設らしい施設はまったく存在しなかった。鳥居、門、石碑のたぐいすら、どこにも見当たらなかった。古い、おそらくは琉球王朝以来の石畳の道をのぼってゆくと、森の中の、三方を大きな巌でかこまれた広濶な場所に出る。そこがこの御嶽の至聖所であった。見上げるように高い巨岩の下には、それぞれ香炉が置かれていて、拝所であることを示している。森の下草を刈る老婆のほかは誰もおらず、岩面を滴り落ちるかすかな水音と、老婆の鎌の音しかきこえない深い静寂があたりを領していた。それは、古代人が、森と同様、巨岩に対してどのような神秘を抱いたかを実感できる不思議な空間だった。

巨岩が左右から迫って作っている短いトンネルを抜けたところに、久高島への遥拝所があった。東に向かってやや突き出た崖の鼻で、眼下に海を一望することができた。三月の中旬ながら、沖縄には稀な肌寒い一日で、西風のために白波の立っている沖の彼方に、久高島がやや霞んで見えた。

翌日、私は馬天港から小さな連絡船に乗って、その久高島に渡り、有名なコバウの森や中森の御嶽を見た。コバウの森も中森の御嶽も、村から離れた田畑の中にある広大な森で、ここにも、建物の類はまったくなかった。『中山世鑑』によれば、コバウの森は、祖神アマミキョが天から下りて最初に作った七つの御嶽の一つに数えられており、一方の中森の御嶽も、五穀発生の伝説を伝える由緒深い御嶽である。琉球国王と聞得大君は、斎場御嶽から久高島を遥拝する以前、海を渡って隔年にこの島に行幸していた。そしてこの二つの御嶽は、彼らの参拝の対象であった。『琉球国由来記』は、コバウの森に関し、「聖上行幸之時、親行㆓拝礼㆒也」と記している。この行幸は、民力を疲弊させるものとして、宰相向象賢《しょうしょうけん》（一六一七—七五）によって廃止されるが、その後もこの二つの御嶽には、国王の使いが、祝物を持って、隔年、麦のシキョマ（初穂祭）の時に代参した。

沖縄の中央集権をなしとげた尚真王（一四六五—一五二六）は、村々のノロたちを支配するための神女組織をも確立したが、この組織の頂点に立つのが聞得大君である。その下には大阿母《おおあも》志良礼《しられ》と呼ばれる三人の神女がおり、沖縄全土を三つの区域に分割して、村々のノロたちを統率した。聞得大君には普通、国王の姉妹、王妃、王女が配された。聞得大君はよく伊勢の斎宮に比較されるが、少なくともある時期までは、斎宮とは比較にならない大きな影響力を保持していたらしい。

このような、本土にも例のない秩序立った神女組織の最高位にある聞得大君が、国王とともに、民力を疲弊させるほどの規模の行幸を行った斎場、コバウの森、中森の各御嶽に建物がないのは、決して宗教的観念が未熟のせいではなく、明確な意志のあらわれと見るべきであろう（ただし国王、聞得大君の行幸に際し、斎場御嶽などには、雨露をしのぐ臨時の建物がたてられた模様である）。

御嶽の大きな特色は、樹木以外に徹底してなにもない、ということである。宮城栄昌は、今日どこの御嶽へ行っても神木の根元に置かれている白い陶製の香炉さえも、道教が沖縄に入ってから以後のものだと言う（『沖縄のノロの研究』）。そういえば、私が波照間島で見た御嶽にも香炉はなかった。あれは本来の姿を残しているからなのであろう。

それにしてもなぜ人工のたくらみを御嶽の中へ持ちこもうとはしないのか？　確実に言えるのは、それが神のみ心に叶うと人々が信じていたからである。もし社殿を建てることが神を喜ばせると考えたならば、あれほど信仰の深い人々のことだから、資力の及ぶかぎり、どんな建物でも作ったにちがいない。とくに王家の場合、仏教に関しては、円覚寺、崇元寺など七堂伽藍を誇る寺院をいくつも建立しているところからして、官幣大社ともいうべき斎場御嶽その他に社殿がないのは、偶然のこととは思われない。

管見の範囲では、御嶽に関する文献にも見えず、土地の人々の口からもきいたことがないけれども、神が社殿を忌むという話は、本土の方では折々きくことがある。

たとえば、社殿のないので有名な三輪神社に関しては、平安中期に藤原清輔の書いた『奥儀抄』の中に、「やしろのおはせぬあやしとて里のものともあつまりてつくりたりければ、からす百千いで来たりて食い破り踏みこぼちて、その木どもをばおの〳〵くはへてゆきさりにけり。其の後神のいかりとしりてつくらず〔……〕」という話がのっている。

若狭は遠敷郡上中町中野木にある泉岡一言《ひとこと》神社は、いまだに社殿がなく、三輪神社同様、背後にそびえる山を神体とする。やはりかつて氏子たちが社殿を作ろうとしたところ、作るなら山の入る大きさにせよ、という神の託宣があった、と地元では伝えている。

対馬佐護の天神多久頭魂《あまのたくずたま》神社にも社殿がなく、やはり山を神体とするが、村の人にきくと、過去に何度か社を設けたものの、その度ごとに火災に遭ったり、大風でこけ（倒れ）たりしたので、神様がお嫌いになると考えて、以後そのままにしてある、とのことであった。

荒神、道祖神といった神々は、とくに社を嫌うらしく、柳田国男も『石神問答』の中で、「中には祠を立つれば忽ち焼失すと申伝ふるものさへ有之候」と書いている。一例をあげれば、岡山県湯原町本庄の荒神社は、お宮を作ると祟りがあると伝え、山麓に垣をめぐらして祀っている（和歌森太郎編『美作の民俗』）。

神社も社殿がないのが本来の姿だとは、多くの人々の説くところである。その際、神南備《かんなび》、ひもろぎ、といった語や、『日本書紀』や『万葉集』において、社と書いて「モリ」と読ませている事実などが証拠としてあげられる。たしかに、古代には、三輪神社のような神社が数多く存在したにちがいない。それゆえ、これらの話には、子々孫々、長い期間にわたり、無意識のうちに伝えられた、ある根強い心性が覗いているように思われる。御嶽を祀る人々もまた、このような心性に支配されてきたのであろう。

御嶽は神の下り給う場所であり、そうした場所に人間のさかしらを持ちこむのは、神の領域を侵すことであり、神に対する冒瀆だ、とたぶん人々は信じていたのである。神が御嶽には常住せず、時あって「海と天との堺から」来臨するという考えも、神が顔も姿も持たず、御嶽にいわば「気」のように遍在するとする感じ方も、そうした信仰を助けたであろう。こうした信仰に即して言えば、社殿を設けることは、信仰の堕落とまでは言えないにしても、少なくとも変化であって、決して発達ではない。

御嶽の空間にあって、もっとも私の心を惹くのは、このなにもない、ということである。それは、御嶽の中に立つ人の心を純一に、透明にし、周囲との一体感をもたらす。そこで人々は、なんのへだてもなく、直接神と向かい合うのであり、なにもないことが、この直接性をなによりも保証するのである。

御嶽に対するこのような感じ方は、私一個人のものではなく、ある普遍性を持つと私は信じている。たとえば以下は、岡本太郎が久高島のコバウの森の御嶽を見た時の感想である。少し長いけれども、すぐれた文章なので、そのまま引用しよう。

気をぬかれた。沖縄本島でも八重山でも、御嶽はいろいろと見たけれども、何もないったって、そのなさ加減。このくらいさっぱりしたのはなかった。クバやマーニ（くろつぐ）がバサバサ茂っているけれど、とりたてて目につく神木らしいものもないし、神秘としてひっかかってくるものは何一つない。

何の手応えもなく御嶽を出て、私は村の方へ帰る。何かじーんと身体にしみとおるものがあるのに、われながら、いぶかった。なんにもないということ、それが逆に厳粛な実体となって私をうちつづけるのだ。〔……〕それは、静かで、幅のふとい歓喜であった。

あの潔癖、純粋さ。——神体もなければ偶像も、イコノグラフィーもない。そんな死臭をみじんも感じさせない清潔感。

神はこのようになんにもない場所におりてきて、透明な空気の中で人間と向かいあうのだ。

日本の古代も神の場所はやはりここのように、清潔に、なんにもなかったのではないか。おそらくわれわれの祖先の信仰、その日常を支えていた感動、絶対感はこれと同質だった。でなければこんな、なんのひっかかりようもない御嶽が、このようにピンと肉体的に迫ってくるはずがない。——こちらの側に、何か触発されるものがあるからだ。日本人の血の中、伝統の中に、このなんにもない浄らかさに対する共感が生きているのだ。この御嶽に来て、ハッと不意をつかれたようにそれに気がつく。そしてそれは言いようのない激しさをもったノスタルジアである。（『忘れられた日本——沖縄文化論』）

おそらく、日本人である私たちの誰もが、心のどこかで、なにもないことに対するこのような共感を共有している。

それは、普段は表面にはあらわれず、人々の心の底にかくれているけれども、奥深いところから日本の文化を支配しているのだ。ともかくこうした心性は、ひたすら有形のものによって神を表現し続けようとしてきた西欧の心性、とくにカトリシズムが培ってきた心性とは、あきらかに異質である。

御嶽における神との一体感についてさらに言うならば、樹木の果たしている大きな役割について触れずにはいられない。樹木は、その深い茂りによって、人の心を敬虔にする一方で、その優しい、繊細な緑や、高い香気で以て、人を落ち着かせ、なごませ、周囲に、つまり神に向かって心をひらかせる。沖縄では、御嶽のことを腰当森《くさて》といい、「くさて」とは、仲松弥秀によれば、「幼児が親の膝に坐っている状態と同じく、村落民が御嶽の神に抱かれ、膝に坐って腰を当て、何等の不安も感ぜずに安心しきって拠りかかっている状態」（『神と村』）のことである。木々に包まれている時、人は、神にくさてされている、という思いをいっそう強く抱くであろう。

これに反し、建物――とくに巨大な社殿は、心よりもまず眼に訴えかけてくる。それは、心を逸脱させ、周囲との合一感を乱し、神を遠ざけてしまう。いや、そればかりか、その圧迫感によって、人の心を萎縮させさえする。

沖縄の人々が、御嶽に社殿を作らなかったのは、一方で、御嶽のこのような効用を熟知していたからではないだろうか？　しかし彼らは、そうしたことについて、あえて何一つ語ろうとしない。

ところで、本土の方の神社がすみずみまで鳥居と社殿と狛犬と賽銭箱をゆき渡らせ、巫女を追放して、男が祭祀権を独占したのに対し、沖縄の御嶽だけが、現在に至るまで、少なくとも数百年の長きにわたって、神道の昔のままのありようを保ち得たのはなぜだろうか？　日本と沖縄の置かれた状況、経てきた歴史の相違をあげ、沖縄社会のおくれが、御嶽の信仰の長い停滞の因となったのだという、たとえば鳥越憲三郎のような意見が一方にある。しかしこれだけでは、とても十分な解答にはならない。薩摩の琉球征服以来三百八十年、明治政府による琉球処分からでさえ百年余の歳月を閲しており、為政者が沖縄を本土化しようとつとめたことはあきらかだからである。

宮城栄昌は、『沖縄のノロの研究』の中で、薩摩藩が、支配下においた琉球において施行しようとした強力な政教分離政策について語っている。薩摩藩は、祭政一致制を琉球王国の支柱と認め、その解体をはかったのであった。ノロは、聞得大君によって叙任されると同時にノロクモイ地という田地を支給されてきたが、薩摩藩は掟によって、これを禁止した。つまり神女組織の根幹を破壊しようとしたのである。

このような政策は、向象賢によっていっそう押し進められた。彼は、これまで王妃よりも上であった聞得大君の地位をその下に落としたばかりか、先に触れたように、国王、聞得大君の久高、知念玉城への参詣その他、数多くの神事を禁止するか、簡略化するかした。この時期をさかいにして、聞得大君をはじめとする沖縄の神女たちの地位に大きな変動があったことはたしかである。しかし薩摩藩は、琉球王国が明国と行っていた交易の利を独占するため、琉球をあくまで明の朝貢国として擬装する必要があり、表立って行動することができなかったため、このような政策も上層部でとどまって、末端までゆきとどかず、従来の神女組織はいちおう温存されたままだったようだ。

薩摩藩が直轄下においた奄美では、ノロに対する弾圧はもっときびしく、村々の神行事が禁じられたり、沖縄の御嶽に相当する神山の木を伐って砂糖黍畑にするよう強制されたりしている。

明治の新政となるや、もちろん琉球王国は崩壊して沖縄県が設置され、聞得大君や大阿母志良礼などの地位は廃止された。しかしノロ制度の根本的変革は、人心に不安をあたえるとして、いちおうそのまま残され、ノロに支給されていた田地その他も、段階的に廃止してゆく政策がとられた。方言その他の面ではきびしい同化政策が行われただけに、この政策は矛盾だが、これは、ノロ制度がそれほど沖縄の人々の生活の中に深く根づいていたということであろう。

明治政府としては、御嶽を神社化することが究極の目的であった。『沖縄県史』の中には、「管下各郡下ニアル拝所ハ、旧来「ノロクモイ」大阿母等ニ於テ奉仕シ、県民一般、尊信浅カラズ、将来内地ニ於ケル神社ニ引直シ度候」という時の沖縄県知事日比重明が、明治四十三年に内務大臣にあてた上申書が収録されている。

このように、御嶽が大筋において、祭祀組織ともども、旧状を残し得たのは、為政者たちの同化政策をくぐり抜けてきた末のことであり、無為の停滞の結果では決してない。その根強さは、驚くべきものがある。

那覇の町は、廃墟から逸早く復興して奇蹟の一マイルと言われた国際通りを含め、どこを歩いても沖縄の匂いがする。それは、再建されるや、もののみごとに個性を失って小東京と化した本土の数多くの戦災都市と対照的である。私は、沖縄文化の個性の強さに舌を捲かずにはいられない。御嶽を守り続けてきたのは、このような根強さだったのである。

それでもなお、納得できない部分が残る。神社と御嶽のあいだには、さまざまな条件や要因によってもなお説明できないほどの大きな懸隔があるように、私には思えるのである。

私は、御嶽の信仰を支える心性の中には、神社の信仰を支える心性と異なるものがあるのではないか、とさえ考えてみた。それは、具体的に言えば、柳田、折口以来の単純な日琉同祖論に疑問を呈することであった。しかし先人たちの眼からのがれた、隠れひそむそうした心性の露頭を、どこにも見出すことはできなかった。

私はやがて、神社が一律に社殿を持ち、男の神主を祭祀者とする、という考え方こそ再検討を要する、と思うようになった。神社化した御嶽が存在するように、本土の方にも、御嶽に似た、社殿も鳥居もない聖地がどこかに残っているのではなかろうか？　私は、旅に出るたびに、そうした聖地を探し求めた。しかし、私は民俗学者ではなく、調査のために旅をするのではないから、探索はゆき当たりばったりだった。それでもトカラ列島や種子島で、私は、御嶽に近い聖地に出会った。

私はさらに、民俗学の著作を通して、離島や僻地にこの種の聖地があとをとどめていることを知った。奄美の神山、薩摩・大隅半島のモイドン、対馬の天道茂、蓋井島《ふたおい》の森山、西石見の荒神森、若狭、大島半島のニソの杜などがそれである。

奄美の神山

奄美空港の小さな建物を出ると、白熱した光の大群が私に襲いかかってきた。道路のアスファルトに反射する光のため、目をあけていられないほど眩しい。東京はまだ梅雨空で、朝方は肌寒いくらいだったのに、奄美はまさに夏のさなかだった。無防備のまま、私は光の攻撃に曝される。たちまち汗がふき出てくる。空港前のバス停には、木かげ一つない。

奄美空港は、南北に細長い島の北部、笠利町にある。北部では、ノロの信仰は跡を絶っているときいてきたけれども、島の全体の様子が知りたくて、今晩は、北端に近いあやまる岬の国民宿舎に泊まることにしていた。

言うまでもなく、奄美諸島は、かつては琉球王朝の支配下にあり、その文化は、今なお本土より沖縄に近い。とくに村々の神祭は、近世まで、沖縄同様、すべてノロの手に委ねられていた。しかし現在では、ノロは、加計呂麻《かけろま》島を中心に、島の南部においてわずかに命脈を保っているにすぎない。奄美のノロを中心とした信仰が、早く衰退したのは、なんといっても慶長十四年（一六〇九）の島津藩による琉球征伐以後、藩の直轄領にされてしまったからである。琉球の方は、当時、明との朝貢貿易によって大きな利潤をあげていたので、その利潤を横取りするためにも、藩としては、形の上で独立国のままにしておく必要があった。このような島津藩の支配の仕組みのため、さらには、奄美に比して、本土より遥か遠隔の地にあって藩の目がゆきとどかなかったため、沖縄の神女組織は、現在まで生き残ることができた。それに反し、奄美では、島津に帰属後、ノロたちは最初のうちこそ比較的寛大な扱いを受けたものの、やがて次第に圧迫され、すべての特権を剝脱されて、明治維新に至る前に、とくに北部では、ほとんど姿を消していたらしい。

やがてやってきたバスに乗りこんだのは私一人だった。バスは、砂糖黍畑の間の道を一路北へ向かう。全島はほとんど山におおわれている大島の中で、このあたりだけは比較的平地にめぐまれていて、ゆるやかな起伏がどこまでも続いている。東京ではまだ今年になって一度もきいていない蟬の声が、あちこちの丘の森から湧き上がるようにひびいてきた。

私はいったん、あやまる岬でバスを下り、宿舎の部屋に荷物を置くとすぐ、次のバスに乗って、さらに北の佐仁《さに》をめざした。

かつて薩摩藩の奉行所が置かれていた笠利の村はずれで、私は、低い木の十字架が一面に並ぶ墓地が道の右手にひろがるのを見た。十字架をいただく教会の建物も見え、まるで五島か天草でも旅しているようだった。

大島は、キリスト教、とくにカトリックのさかんな土地柄である。フランスから派遣されて明治二十四年に来島したフェリエ神父は、迫害にもめげず、名瀬を中心に、三方、竜郷《たつごう》、笠利など、島の北部の布教につとめた、と昇曙夢の『大奄美史』（昭和二十四）には記されている。大正七年には全島で三千七百九十九人の信者がいたというのだから、布教の成果がいかにめざましかったかがわかる。戦時中は弾圧のため、信者数が激減したものの、戦後アメリカの軍政下に入ってからは、このような地盤をもとに、キリスト教はさらに飛躍的に発展した。これは、衰えかけていた、ノロを中心とする古来の信仰の命脈を絶った大きな原因の一つだった。かつての特権を失ったノロたちの中には、煩瑣な行事や重い責任から逃れるため、カトリックに改宗する者もあったという。

用《よう》村で太平洋と別れて山に入ったバスが、峠を一つ越すと、もうそこが、東シナ海に面した最北端の村佐仁だった。めざす拝み山はすぐに分った。それは、村の背後、小学校のすぐ横にそびえるなだらかな小山で、かつては大木が生い繁っていたらしいが、今は草山の趣きを呈し、葉が光をはじく、緑の濃い数本の蘇鉄が目立つだけだ。

拝み山とは、ノロたちが祈願する、沖縄の御嶽に相当する聖地である。奄美では御嶽という言葉はきかれず、神山、オボツ山、拝み山などという。

しかしノロの祭祀が早く絶えたため、現在この山には厳島神社が祀られていて、山裾にコンクリートの大きな赤い鳥居と、やはりコンクリート造りの、柱の赤いペンキが剝げた殺風景な社殿が立っている。

笠利町の教育委員会が出した『佐仁の民俗』という小冊子によると、この山に厳島神社が祀られたのも古いことで、江戸時代、村の旧家の水野家の某が宮島の厳島神社から銅鏡をもらい受け、神体としたのがはじまりであった。かつては山頂に社殿があったのだが、「意地の強い神で、しばしば沖を通る船をとめたので、船の見えぬ山すそに移した」という。航海安全を司っているはずの神が「船をとめた」とは、いささか異常である。このことは何を意味するのだろうか？

『佐仁の民俗』の中には、かつてこの山にトゥンチュ（唐人）が住んでいたという言い伝えと、ノロガミは「もとシナに住んでいた作物の神」で、ある時芽の出た植物を海岸で見つけ、それを育てて米を作り、石垣島、さらに沖縄に渡ってこれを伝えた、という村に住むユタの話とが記されている。

奄美が琉球王朝に服属していた時代（一四四一―一六〇九）、奄美のノロたちはすべて聞得大君の支配下にあり、一生に一度は首里に上って聞得大君に拝謁して、任命の朱印と曲玉を拝領するのがならわしであった。この風は、島津の直轄領となってからも続き、享保年間（一七一六―三六）に至って禁止された。

拝み山に住んでいた唐人とは、ノロのことではなかったか？　そして沖の船をとめたのは、厳島神社の祭神市杵嶋《いちきねしま》姫命《ひめのみこと》にこの山を追われたノロガミの怒りではなかっただろうか？　ともかくこの村にはもう、ノロの信仰については、拝み山と、このような微かな記憶しか残っていない。

トノチ屋敷という古い家があるときいて、訪ねていった。屋敷の名をあざむく小家で、とりちらかした座敷の奥では、肥った老婆が一人糸繰りをしていた。

八月踊りは、今でもこの家から踊り始めるというのだから、きっと村の宗家だったのであろう。しかし直系の人々は鹿児島に移ってしまい、そのあとに老婆の家族が、二十年ほど前、名瀬から移ってきたので、古いことは何も分らない、とのことだった。屋敷の角にガジュマルとリンギ（ディゴ）の古木があり、リンギの方は十年に一度、花を咲かせる、という。

夕方のバスの時間まで、私は村の中を歩いた。太陽はすでに西に傾きはじめていたけれども、日差しは相変らず強烈で、熱を帯びた大気は、音もなく燃えている炎のようだった。私は、禁忌でも犯すようにして、そうした光の中へ入ってゆく。石垣が濃い影を落としている村の道には、人っ子一人いない。

黒いトタン屋根の低い家々、細い砂地の道、珊瑚礁石灰岩を積み上げた石垣、気根を垂らしたガジュマルや福木の屋敷林、いたるところに咲いている仏桑花……この村は、バスで通ってきた他の村々にくらべ、ひどく沖縄くさい。

私が佐仁へゆくと知ると、あやまる荘の支配人は、あの村は近隣の村とは言葉も様子も違っていて、たとえば橋をパシと言ったりする、と教えてくれた。私は後で調べて、奄美ではこの村だけにP音が残っているということを知った。奄美・沖縄で今日P音が残っているのは、佐仁のほかは、喜界島北部、与論島、沖縄本島北部、伊江島、津堅島、久高島、そして宮古と八重山のほぼ全域である（平山輝男『琉球方言の総合的研究』）。

言語学者たちの言うように、日本語のハ行子音が、P音からF音をへて、現在のようにh音に至ったとするなら、この村の言葉はひどく古いわけだ。ちなみに、伊波普猷はその有名な「P音考」の中で、奄美大島は薩摩藩の直轄領となったため、早くから日本化してP音を失ったと書き、佐仁のことには触れていない。佐仁にP音が残ったのは、国頭《くにがみ》、宮古、八重山のように辺陬の地だったからなのか、それとも沖縄との交渉の深さを語る事実なのか？

道を歩いていると、あちこちから大島紬を織る機の音がきこえてくる。開いている窓から、首に巻いた手拭で額の汗を拭きながら一心に機に向かっている中年の女の横顔が見えた。もうほかではあまり見られなくなった藁葺きの高倉がまだ残っている。写真をとっていると、プレハブの母屋から、古風な高倉にはそぐわないスラックス姿の奥さんが出てきて、「こわすのはもったいないから、記念にとってあるんですよ」と言った。

翌朝、旅装をととのえて、宿舎の前のバス停でバスを待っていると、中年の支配人が奥から出てきて、あやまる荘の建っているあたりも、かつては大木の鬱蒼と茂る森だった、という話をしてくれた。子供の頃は、ケンムン（化物）が出ると言われて、近くを通るのがこわかったというから、よほど古い森だったのであろう。森の中に祀られていたいくつかの石が捨て切れず、「ほら、あそこに置いてあります」と、彼は、赤や青の派手な布張りの椅子が並べてある、海に面した芝生の庭を指さした。何の変哲もない、珊瑚礁石灰岩が三つ、隅の方に片寄せてある。たぶんそれらは神の依り代で、森は神山だったにちがいない。そうした神山さえも躊躇なく伐ってしまうほどの信仰の衰えをまのあたりにして、私は言うべき言葉を知らなかった。

この支配人は、親切な人で、私が神山の森を見て歩いていると言うと、あちこちに電話をかけて問い合わせてくれた。返ってきたのは、以前にはあそこにもここにも森があったけれども、伐ってしまった、という話ばかりだった。

大島における神山伐採の歴史は、大島が薩摩の支配下に入った時代に溯る。最初藩は、ノロ信仰を従来のままに放置しておいた。前述のように、この島のノロたちは、享保年間に至るまで首里にいる聞得大君の支配下にあり、その任免は聞得大君が行った。ノロたちにとって宗主国は、薩摩ではなく、相変らず琉球王国だった。しかも村々において、ノロは生き神であり、村人たちの畏敬を集めていたのだから、これを捨て置いては、統治の実は上がらなかった。ノロが司祭する、そして農事の妨げとなる祭日の多さ、ただでさえ耕地の少ない大島にあって、みだりに立ち入ることができず、立木一本伐ることの許されない神山の占める面積の大きさは、全島を砂糖黍畑にし、その収益によって、藩の財政の立直しを急ぐ藩の方針には不都合だった。

藩は次第に、ノロやユタに対する弾圧を強める。『大奄美史』によると、安永六年（一七七七）、藩主重豪公の命を受け、勧農使として大島に渡った得能通昭は、村人の恐れて近づかない神山の古木を自ら伐り倒して神罰の当たらぬことを実証してみせ、さらに『霊管記』なる一書を草して全島に頒布し、「山徒らに茂り木朽れども人の取るなく、家破るれども材なきを喜ぶ神なし」と説いて、神山伐採をすすめ、こうしてノロやユタたちが、聖地として一切手を触れさせなかった山々や原野を開墾して、大きな実績をあげたという。

こうした方針は、強化されこそすれ、緩められることはなかった。幕末に大島に流された薩摩藩士名越左源太は、その有名な『南島雑話』の中で、「神事は当時禁制になりてなしといへり」と書いていて、この頃になると、祭そのものまでが禁止されていたらしい。

明治の新政に至って、ノロへの弾圧はなくなったが、神山保存の方針が打ち出されたとは思われない。「物質文明の中毒」や経済観念の発達は、ノロ信仰を風化させ、神山伐採の動きをいっそう促したであろう。それにキリスト教その他の新しい宗教の浸透ということもある。神がかった土地の開墾や、神やケンムンのついているという老木の伐採などは、神罰の当たらないカトリック教徒にしてもらった、と亀井勝信は書いている（「大熊部落に於ける民間信仰の風習と宗教」）。

まして開発一辺倒の現在に至っては、もはやなにをか言わんやである。

こうして大島の、とくに北部の神山はことごとく伐られた。

私は、バスを途中で下りて、貝塚で有名な宇宿や、城間、万屋といった村々を歩いてみたけれども、神山の姿はどこにもなかった。これらの村で私の見た唯一の森は、トール墓のものだった。

「始死る者を穴蔵に入処、是をトホロと云」と『南島雑話』にある通り、トール墓とは、洞穴や、崖の腹に掘った横穴を利用した、一時代前の葬所のことで、洞窟の字をあてる。死体はそのまましばらく放置し、三年忌に骨を洗って、同じ穴蔵の中の壺や甕に納める。かつては全島にあったというが、もう『南島雑話』の頃には、このあたりだけのものになっていたようである。

城間村に入ってすぐ、国道の右手に当たり、高々と繁って、尋常ならぬ気配を漂わせている森が目に入った。近づいてみると、中場家という旧家らしい家の裏手にその深い森があり、森の中には洞穴があって、入口の板戸には南京錠が下りていた。「トホロ口は、戸を立て鑰《かぎ》を下し厳重也」という『南島雑話』の記述そのままだった。

私は、中場家を訪れてみたが、畑に出払っているらしく、広い敷地の中に人の姿はなかった。近所の奥さんにきくと、やはりこのトール墓は中場家専用のもので、中には、二段に釣った棚に骨壺が並んでいると教えてくれた。もちろん、今は葬所としては使われていない。

私は、森の外縁に沿って歩いてみた。しかしどこまで行っても森は尽きない。森の中には、ガジュマルや蘇鉄をはじめあらゆる樹木が密生し、二抱え、三抱えもある大樹も多く、木々は枝をさしかわし、蔓や葉むらが絡まり合い、地面には落葉が厚く積もって、とても踏み入れそうもない。森の奥には、太古の闇がそのまま眠り続けているようだった。

私は、森の大きさと深さに圧倒されながら、死者たちのためにどうしてこれほど広大な森が必要なのか、と考えた。かつて、トール墓を利用する以前、この森の奥深くに死体が遺棄されたのではなかったか？　それと同時に私は、御嶽やグスクはかつて葬所であったとする仲松弥秀の説を思いおこさずにはいられなかった。


名瀬に一泊した翌日、私は、まだノロがいるという大和村今里へ向かった。

大和村は、奄美本島の中部、名瀬市の西に位置する村で、海岸線に沿って点在する十一の集落から成っている。人口は、昭和五十九年の調べでは二千四百五十六人だが、昭和四十年には倍に近い四千百二十五人だったというのだから、典型的な過疎地域である。今里は、その一番西はずれだ。

東シナ海に沿った国道を、バスは、小さな湾の奥にひっそりと隠れているような集落を縫って走った。雲の多い日だったが、日がさすと途端に海は、魔法の杖の一振りにあったかのように、これまでの鈍色《にびいろ》から、鮮やかで、いきいきとした濃青へとよみがえる。ここまで来ると、山が海に迫って、ほとんど平地がない。最近まで、隣部落までの交通は、けわしい峠路を越えるか、舟かであった。このような孤立性は、北の一部をのぞいて、奄美本島のすべての部落に共通するものである。

名瀬から終点の今里までは、バスで三時間近くかかった。今里は、海際から山にかけてのゆるい斜面にトタン葺きの家々が立ち並ぶ小さな部落だった。地先の海には、立神という名にふさわしい、岩礁のそびえる、神秘の雰囲気をまとった小島が浮かんでいる。

私はまず最初、ゆるい坂を村の高みへと上っていった。そして携えてきた今里の地図に位置の記されているミャーの跡や、トネヤを探しにかかった。

かつて大島のどの集落にも、中心にミャーと呼ばれる広場があり、その広場に沿ってアシャゲとトネヤという二つの建物が立っていた。そして祭の時には、集落の背後の神山から、元来は神しか通ることのできぬ神道《かみみち》を通って、神がミャーに来臨し、アシャゲやトネヤで、ノロの司る祭祀が行われたものだった。ノロとともに、全島からアシャゲもトネヤも、姿を消しつつあるが、ミャーだけは比較的よく残っていて、そこには通常、祭角力のための土俵が設けられ、傍らには公民館があって、八月踊りもここで踊られる。ミャーとは庭の意だとする人が多いが、宮だという説もある。

アシャゲのもっとも古風なものは、寄棟の藁葺屋根を二列の掘立柱が支えているだけの、壁も床もない、吹放しのきわめて特異な建物である。まさに、素朴きわまるパルテノン神殿だ。中にはなにひとつこしらえがなく、神棚さえ吊られていない。このような極端な単純さには、人工を一切排する御嶽の単純さに通うものがある。

アシャゲは、沖縄の北部の村々にも残っていて、私が伊是名《いぜな》島で見たものは、腰をかがめなければ中に入れないほど軒が低かった。

アシャゲの語源については、伊波普猷が「神武紀の足一騰宮（あしひとつあがりのみや）と縁を引いた語に違ひない」と言っているが、いまだ定説となるまでには至っていない。

一方のトネヤの方は、一般の民家とさして変りはなく、床を張り、畳を敷き、炊事場さえついている。実際、グジヌシと呼ばれる、ノロを助ける男性の神役の住居になっていることがままある。

アシャゲとトネヤの用途の相違については、アシャゲがノロの行う祭の祭場であることがあきらかであるのに対し、トネヤの方は、部落の神を祀っているところから、部落中心の祭の祭場ともなり、アシャゲで行われる祭の支度場所になるなど、その用途はもっと広く、そしてやや不透明である。

奄美全体において、トネヤはアシャゲよりはるかに普及しており、今里のように、アシャゲはないけれども、トネヤだけある例も少なくない。この点について下野敏見は、「中世に確立したと思われるノロ制度とより密接にむすびつくアシャゲよりも、村落民と深くむすびつくトネヤこそ、一段古層の信仰に立脚しているもの」(『南日本民俗の探究』)と指摘する。

トネヤの語については、柳田国男は「殿舎」(『海南小記』)と解し、金久正は刀禰《とね》、すなわち村長の家だといい(『奄美に生きる日本古代文化』)、小野重朗は、トネと呼ばれる地域集団の家だとする(『奄美民俗文化の研究』)。

私は、近くの家の老婆にきいて、今は海岸の方へ移っているミャーの跡を知ることができた。それはなんの変哲もない、木一本植わっていない小さな空地にすぎなかった。

それから老婆はトネヤまで私を連れていってくれた。

今里には、ホントネとウンヤドネという二つのトネヤがあり、一方は、畳を三畳敷いて、神棚をまつっただけの小屋だが、少し離れたところにある他方は、六畳、四畳半に炊事場がつき、座敷には床の間もあって、いちおう一軒家の体裁をなしていた。老婆は、小さい方が男のトネヤで、大きい方が女のトネヤだと言った。ただしウンヤドネの方は荒れていて、小さな庭には雑草が丈高く生い茂り、畳は汚れ、唐紙は破れ放題だった。

神山の所在をきくと、老婆は、彼女の家の裏手にそびえる、樹木の繁った山を指さし、案内しようと言って、先に立って歩き出した。しかし登り道があまりに急なので、私は老婆の体が心配になり、一人でゆくことにした。「ハブに気いつけなや」と注意してから、彼女は来た道を下っていった。以前は、たとえば出征の時など、事あるごとに神山に登ったものらしいが、今は、普段はほとんど誰も足を踏み入れず、道も荒れているという。やがて尾根を伝う細道はますます急峻になり、生いしげる草に行く手をさえぎられ、ハブの恐怖も手伝って、私は途中で引き返さざるを得なかった。

それから私は、ノロの坂元カツエさんの家まで老婆に連れていってもらった。道々彼女は、子供たちが大阪や鹿児島へ出てしまい、ここ何年も一人暮らしをしている、という話をした。子供たちが戻ってくるのは、せいぜい父親の年忌の時ぐらいで、もうめったに会えなくなった、と彼女は私に向かって嘆いた。そういえば先刻、彼女は、膝に手をおき、項垂れ、一瞬声をかけるのがはばかられたほどの暗い表情をして、ぽつんと家の縁側に腰掛けていたのだった。

坂元さんは幸い在宅していて、私を座敷に招じてくれた。

かつては奄美のすべての間切(村)にいたノロは、現在、加計呂麻島のような離島を別にすると、本島では、この今里と、同じ大和村の大棚、名瀬に隣接する大熊《だいくま》にしか残っていない。シャーマンの能力のある者なら誰でもなることのできるユタとは違い、ノロは家筋を尊び、伯母から姪、母から娘、といった形でしか継承されないから、継承者がいないと、そのまま絶えてしまうことが多い。ノロクモイ地のような田地などの特権を失った今、過疎という事情も加わって、ノロのなり手は少なく、このままでゆけば、全島からノロが姿を消すのは、時間の問題と思われる。そしてノロがいなくなると同時に、ノロが司祭していた祭も絶えるのである。

ノロの祭の中で、もっとも重要なのは、ウムケとオーホリであろう。ウムケ(御迎え)は、旧暦の二月に行われる神迎え、オーホリ(御送り)は四月に行われる神送りで、ウムケからオーホリまでの間、神は村に滞在すると考えられている。その神は一般にはナルコ神あるいはナルコ・テルコの神と呼ばれ、沖縄のニライカナイに当たるネリヤという海の彼方の他界から、あるいは竜宮から訪れてくると言われる。

しかし神様はどこから来るのですか、という私の問いに対し、坂元さんの口からは、「琉球からです」という思いがけない答えが返ってきた。この答えは、ノロたちの心が、いかに長い間沖縄の方を向いてきたかを物語っていた。最後に坂元さんは、もう神様のことを見る人は誰もいなくなりました。若い人は神様を信じませんから、といって笑った。

今里の帰りに立ち寄った大金久にも、大棚にも、トネヤは残っていた。ただし大棚のトネヤは、里さんという一家の住む、二階建てのごく普通の民家で、教えられなければ、外観からはとてもトネヤとは分らない。

出てきた里家の、細面で色白の、上品な老婦人は、毎年、ウムケもオーホリもちゃんとやっていますよ、と胸を張って言った。祭の時には、奥きちさんというノロが川向こうからやって来るという。私は、ガジュマルの大木が橋のきわに繋る、ほとんど水のない大棚川を渡って、奥きちさんを訪ねたが、留守で会えなかった。

名瀬から古仁屋まで二時間バスに揺られてゆけば、いかに奄美大島が山深い島であるかがわかる。名瀬の町を出はずれると、バスはすぐ山に入り、それから山坂を幾つも越えて東海岸の住用《すみよう》に出るが、陸地深く入りこんだ海の顔をちょっと覗いただけで、バスは再びひたすら山の中を走り続ける。幾重にも重なり合う黒ずんだ緑の山々と、光が燃えている空と、ぎらぎら輝く雲のほか目に入るものはなにもない。奄美大島の村々は海岸線にしか存在せず、内陸部には村一つ、家一軒ないだけに、いっそう山深い感じがするのであろう。やがてバスが最後の峠を一つ越えると、いきなり眼下に、加計呂麻島の大きな島影を前に控えた瀬戸内の海と、海に向かって突き出た、青や赤の屋根の目立つ古仁屋の町が見えてくる。

かつて軍港のあった古仁屋は、大島南部最大で、唯一の町だ。加計呂麻島へのフェリーや、与路島、請島行の連絡船もここから出る。海岸通りを歩いていると、背の低い、貧弱なガジュマルの木かげに、たくさんの人々が日射しを避けるために集まって、島口で声高にしゃべりながら船待ちしていた。この町は、昭和三十三年の大火で大部分が焼失したので、ほかに木かげがまるでないのである。碁盤目のように走る道路だけはやけに広く、立派で、町を歩いているとひどく暑い。その中を役場や教育委員会に行って人と会い、それから町裏の小さな旅館に投宿した。

その日の午後、私は、篠川、阿鉄、油井、手安といった、古仁屋より北の、瀬戸内沿いの村々を歩いた。

篠川は、奄美大島第一の名家と謳われた芝家の本貫の地である。芝家は、琉球最初の王朝の開祖舜天王の血を引くと伝え、初代の継好から数えて二十二代目の好徳（一七一四―九五）の時、島津藩に実に四万斤の砂糖を献上して、郷士の家格を与えられ、芝の姓を名乗ることを許された。

しかし村のさなかにあるその芝家の跡も、今は古木がいたずらに茂るだけの広い荒地で、まわりにめぐらされた濠も半ば草に埋もれ、ごみ捨て場と化していた。それでも十年ほど前までは、無人の大きな屋敷が半ば朽ちかけながら立っていたとは、近所の人の話である。過疎が連綿たる旧家を亡ぼしたのだ。後継ぎの一人は現在東京に、もう一人は名瀬にいるという。

ここには、もうアシャゲもトネヤもない。「昭和三十八年ごろに消滅した」と『瀬戸内町誌』は記している。高度成長期がひきおこした過疎の嵐のすさまじさが目に見えるようだ。二人の老婆に案内されていった村はずれの神山も、今は登る人がないため、道の所在自体が分らなくなっていた。

奄美の神山は、沖縄の御嶽に比べ、禁制がきびしく、ノロ以外の立入りが許されなかったため、ノロが絶えると同時に、その祈りのあとは、丈高い草によって封印されてしまうことが多い。そしてハブへの恐怖が、その封印を二重にする。

阿鉄でも事は同じだった。

訪ねていった区長さんの家では、奥さんが昔のことをおぼえていて、昭和の初め、まだ子供だった頃には、この村にもノロがおり、アシャゲの屋根を葺きかえる時など、白衣を着たノロたちが、鉦を鳴らしながら、ウガ山(拝み山)から下りてきたものだった、という話をしてくれた。村中の人々は平伏して行列を迎え、顔をあげてノロの姿を見ることは決して許されなかったそうだ。

連れていってもらった村の裏手のウガ山は、周囲よりもいくらか繁りの濃いだけの、変哲もない小山だった。ここももう草が茂って入ることができない。

ノロが清めの水を浴びたという小川も、コンクリートの排水溝と化し、水も涸れて、見るかげもなかった。トネヤは残っていたが、もちろん今は使われておらず、持主も鹿児島に移って廃屋同然である。三方を山に囲まれた村のいちばん奥深くにあるミャーは、ところどころに水溜りのある、打ち棄てられた空地と変り、今は海岸近くに新しいミャーができて、そばには公民館が建っている。

阿鉄から海沿いのトンネルを潜ってゆく隣部落の油井には、まだ古風なミャーが残っていた。夕方の光の中で深々とした影を落としているガジュマルの根元に、イビガナシとよばれる四つの自然石が祀られていて、前には香炉がおかれ、左右二つの白い陶製の小さな花活けには、榊に似たみずみずしい木の小枝が挿してあった。

奄美大島では、イビガナシといえば、ミャーに祀られているこうした石のことである。油井のように部落の守護神としているところが多いが、二月の神迎え（ウムケ）から四月の神送り（オーホリ）の間、ネリヤから訪れた神が宿る場所、とも伝える。たとえば加計呂麻島の須子茂では、神送りの際、ノロたちは、イビガナシのまわりを三回まわってから、浜に出てゆくのである（小野重朗『奄美民俗文化の研究』）。

イベ、イビ、イビガナシ（カナシは、尊いを意味する尊称）という言葉は、沖縄でもよく使われる。ただし沖縄では、イベ、イビといえば、御嶽の奥の、一般に香炉が置かれていて、神が来臨するとされる場所のことである。前にも記したように、八重山の御嶽では、このイベの部分は石垣によって仕切られていて、ノロ以外は立ち入ることができない。そして八重山の御嶽の神々は、神名のほかにイベ名と称する名前を持っている。石垣島の天川御嶽に祀られている神は、「神名　天川ハナサウ、御イベ名　アマイラ本主」（『琉球国由来記』）といった具合である。

沖縄の場合、イビとは神の来臨する場所の謂であり、奄美では、石の神体をさしていて、まったく異なるようだが、奄美でも、イビには神の依り代という姿が見えていて、この方がむしろ古いあり方であろう。依り代がやがて神そのものと信じられるに至ったのである。一方御嶽にも、香炉のかわりに自然石が三つ置かれている例があり、こちらが古風と思われ、時代を溯ってゆくうちに、沖縄のイビと奄美のイビは次第に近づいてくる。ともかく両者の間に、共通の心意が横たわっていることはまちがいない。

イベという語について、柳田国男は、「琉球の神道に於て、最も概念を得にくい古語」であって、「或は我々の諱といふものと語原を同じくし、即ち叨《みだ》りに口にすべからざることを意味するか〔……〕」（『海南小記』）と書き、折口信夫は一歩踏みこんで、死後長い年月を経たのち、神と化して「遠処の神境に鎮座」するに至った死者の霊であろうという（「女の香炉」）。

ガジュマルの木洩れ日を斑らに受けたこれらのイビガナシは、別に何の特徴もない古びた石にすぎなかったけれども、長い間受け継がれてきた村人たちの素朴な信仰が偲ばれて、私には懐しいものに思われた。

アシャゲ、トネヤは、油井にももうない。昭和十五、十六年頃取り払われ、そのあとには公民館が立っている。今ではどこの部落にも必ずある公民館は、現代のアシャゲであり、トネヤなのであろう。

私は油井で、奄美に来てはじめて、御嶽に近い神山を見た。それは、グンギン山と呼ばれる聖地で、海沿いの丘の上にある森だった。落葉の積もっているゆるい傾斜の細道をのぼってゆくと、森がひらけて、その空地の奥に、最近作ったらしいコンクリートの祠があり、中の棚の上に小さな自然石が祀ってあった。

グンギンやグンギン山は、大島南部から加計呂麻島にかけてしばしば見られる。グンギンとは権現のことで、その名前には修験道の匂いがするが、そして秋葉権現などを祀ってあるところもあるが、多くの場合、そのあり様は、御嶽と変らぬ古木の生い繁った森で、建物はない。

神山が、村からやや離れた高所に位置するのに比べ、グンギンやグンギン山は、村中に近い、比較的ゆきやすい場所にある。また、神山が部落全体のものであるのに対し、グンギンには、それぞれの家の氏神、といった面影があるようである。

私が最後に立ち寄った手安には、四つのグンギンがあった。その中の一つ、アツガナシグンギンは、部落のほぼ中央に祀られていた。海岸から部落の奥へと向かう道のはたに小さな木の鳥居が立ち、そのむこうに一本の巨木が枝葉をひろげて、狭い敷地一杯に濃い影を落とし、その影の中にいくつかの自然石が置かれているだけのものだった。通りがかった村の人に訊ねると、これは、ある特別の家だけの神様で、旧の九月九日に祭をするという。

私は、部落をとり巻く一方の山の中腹にあるミナトグンギンにも、他方の山のやはり中腹にあって、ミナトグンギンとちょうど向かい合っているアガレグンギンにも行ってみた。とくにミナトグンギンは、数本の黒松が高々と聳えていて、すぐに所在が知れた。どちらにも祠一つなく、木の根方に自然石を立てたり、積み重ねたりしているだけだった。アガレグンギンには、ほかに、御嶽のように陶製の白い香炉が据えてあった。

アガレグンギンの木々の間からは、暮れはじめた瀬戸内の海がよく見えた。加計呂麻島の島山の影を映した海は、光が水になずんで、波ひとつ立たない。日がな一日続いた太陽の暴威からやっと解放され、近づく日没を前にして、自然全体が口を噤んでいるようなひとときだった。やがてその静寂を破って、遠くの人に呼びかける若い女の声が、村の方からきこえてきた。

加計呂麻島は、周囲一四七・五キロに及ぶ大きな島だ。全島山におおわれて平地が少なく、人口は、過疎で激減した現在、三十一の部落にわずか二千余人が住むにすぎない。瀬戸内に沿う海岸線のほぼ中央に位置する瀬相が交通の中心で、古仁屋からの一日四便のフェリーに合わせて、東と西、そして山を越えた南岸の部落から、マイクロバスがここに集まってくる。加計呂麻島にはタクシーがないので、このバスが唯一の交通手段である。

私が泊った西阿室は、島の裏側、外洋に面した、戸数八十ほどの、加計呂麻島では大きな方に属する部落である。奄美の部落の例に洩れず、三方を山にかこまれ、村の前面、マクマオーやアダンが影を落とす防潮堤の向こうには、白砂の浜が弓なりの曲線を描き、濃青の海が拡がっている。かつて鰹漁で栄えたこともあるというのに、浜には人影がなく、漁船らしい漁船の姿もない。

この部落でも、ノロの信仰は地を払っていた。私が訪ねた公民館長の芳岡氏の話では、かつて二つあったアシャゲは、昭和三十二年頃、ノロがいなくなると同時に取り払われ、トネヤのあとは教員住宅になった、という。私は、バスで村へ入ってくる途中、一本のガジュマルの大木が作る涼しい木蔭の中に、数軒の棟割住宅が建っていたのを思い出した。あれが、かつてのミャーなのであろう。

それればかりではない。村の背後の、かつてのオボツ山の中腹には、屋根や柱のけばけばしい朱色が、村のどこにいても目に飛びこんでくるコンクリート造りの厳島神社が建てられ、海岸近くにあるもう一つの聖地、白い巨岩があちこちに露出していて、神秘感の漂うグリ山には、展望台が設けられている。

安斉伸の「西阿室の生活変動と宗教」(『南島史学』十七・十八号)は、ここ二十年の間にこの部落が物心両面において、いかに激しい変容にさらされたかを、さまざまな角度からあきらかにしていて興味深い。この一文によると、ノロ信仰の衰退の原因は、ここでもカトリックの進出であった。ノロも、男の神役であるグジヌシも、カミニンジュ

（神人数）と呼ばれる、ノロを補佐する神女たちの多くも、ある時期からカトリックに入信してしまった。それがどのような動機によるものかは分らない。村の中央、私のいた民宿のすぐ近くに、部落の割には大きい、瀟洒なカトリック教会と司祭館が建っていたが、ここが今では部落の信仰の中心なのである。

安斉の行ったアンケート調査の結果には驚くべきものがある。村の世帯主七十七名のうち、ニライカナイやナルコテルコの神について聞いたことのない者八十一・八パーセント、神山の神を信じると答えた者わずか五・四パーセント、否定した者は九十四・六パーセントに及んでいる。長い間にわたって先祖代々受け継がれてきたものが、そう簡単に根こそぎ失われてしまうとも、また、アンケート調査によって人の心の深層を測ることができるとも考えないが、ノロ信仰の根は、存外浅く、脆かったように思われる。それは、琉球王朝に奄美が服属していた時代に、上から与えられた、お仕着せの信仰だったのだろうか？　その姿を仰ぎ見ることさえ許されなかったノロの権威に対して、人々はひそかに反感の根を育てていたのだろうか？　この信仰はすでに以前から空洞化していて、カトリックの進出がとどめの一押しとなって、呆気なく倒れただけのことだったのだろうか？

それに比べると、阿多地は、いまだにノロがいて、人々の信仰も篤く、昔からの行事が行われている数少ない部落の一つである。

阿多地は、外洋に面した、西はずれのさびしい部落だ。西阿室とさして離れていないのに、直接海沿いにゆく道はなく、そこへゆくには、いったん峠を越えて瀬相に出、そこで阿多地行のバスに乗りかえねばならない。

阿多地に近づくと、道は極端に狭く、未舗装となり、バスが大きく揺れ出して、僻遠の地に来たという感を深くする。私は、ほかに客が誰も乗っていないバスの中で、『南島雑話』の中の挿話を思い出さずにはいられなかった。

名越左源太がやってきた時、この村には厠というものがなかった。村外れの浜に、土手から横に茂ったガジュマルの大木があり、老若男女、村人のすべてがその木にのぼって脱糞するのであった。下には数年間の大便が「三ケ所に山の如く積立て悪臭紛々」とし、便意を催していたにもかかわらず、彼はどうしてもそこで用を足すことができず、逃げ出した、というのである。

バスから下り立ったところが、ミャーであった。村の前の防風林を透かして、すぐそこに午後の光にきらめく海が見える。一本のデイゴの古木が蔭を作り、その向かいにアシャゲがある。屋根はトタン葺きで、粗削りの太い角材を並べて床を張ってあるけれども、四方吹き放しの古風をとどめた姿だ。隅には、祭事に使うらしい小さな臼と杵が吊り下げられていた。その裏には、掘立小屋という趣きのトネヤが建っている。わずかに開いている雨戸のすきまから覗いてみると、中には祭壇がしつらえられ、太鼓が一つ、柱に掛けてあった。

私が古仁屋に着いた日の『大島新聞』には、阿多地でアラホバナ（初穂祭）の神事があり、民俗学者やカメラマンなど多数の見物人が押し掛けた、という記事がのっていた。ノロは、カメラの放列や好奇の眼をひどく嫌がり、今年のミニャクチ（水口祭）は天にお返しした、つまりもうやらないと宣言したという話を古仁屋の教育委員会の人からきいていたので、私はあえてノロは訪ねなかった。それにしても、古い信仰がよく残っていると言われてきた加計呂麻島でさえ、ノロはもう阿多地を含め、わずか数カ所にしかいないのである。

ここも三方を山に囲まれているが、山が深く、その上ごく近くまで迫ってきているので、ひどく狭隘で、孤立した感じがする。実際ごく最近バスが通うようになるまで、険しい山道を越えて瀬戸内側の瀬武へ出るか、舟を使う以外には、部落には外界と接触する手段はなかったのである。この不便さが、カトリックの進出を妨げ、古来の信仰や習俗を守らせる結果になったのであろう。

ミャーの近くに、二本のデイゴの大木が深々と茂って、枝をさしかわし合っている場所がある。間を小道が通り抜けているが、木かげは草地になっていて、一方の木の根もとに小さな石が祀ってある。ここはあきらかに神の小さな森なのだ。私は木かげに坐って、しばらく、日を透かせた木の葉の柔い明るさや、葉むらの中に巣喰う繊細な影や、潮風に敏感に反応する葉の震えを見上げていた。

風に揺れている大樹を見ると、私の心もさわいでくる。古代人が森に神を祀ったのは、やはり樹木の動きに対して無感覚ではいられなかったからにちがいない。彼らは多分、木の葉の動きの中に神意の反映を見てとり、枝の鳴る音や葉むらのさやぎの中に神の声をきいていたのである。

阿多地の帰りに立ち寄った須子茂と嘉入にも、アシャゲ、トネヤは残っていた。須子茂には今なおノロが健在であり、阿多地も含め、この三つの集落は、加計呂麻島でもっともさかんに神祭が行われているところであろう。

嘉入の神山は、村をかこむ山の中腹にあり、黒松の大木が十本ほど高々と茂り、その太い幹の面に、夕日が枝葉の影を描き出していた。一本のとくに太い松の根もとに、香炉と花立てといくつかの盃が置かれているだけで、ここにも社殿はおろか、祠一つなかった。

薩川から三浦まで、瀬戸内の海に沿う村々を歩いた一日は印象が深い。

バスもタクシーもないので、炎天の下、三里近い道のりのすべてを足に頼らなければならなかった。日差しが強烈だから、十分もするや、体中の水分がことごとく汗となってふき出、喉が干上がってしまう。ほとんど車の通らぬアスファルトの道を歩き続けていると、折々、日傘がわりにさしている雨傘の丸い影がひとりでに動いてゆくような錯覚に襲われた。過疎のためどこも死に絶えたようで、海ばかりがいたずらに青かった。

それでも薩川は、戸数が比較的多く、小学校と中学校もあり、村の静かな空気の中に、子供たちの賑やかな声が折々響いていた。

赤土がむき出しになっているミャーのそばに、小さなコンクリートのアシャゲと、板壁に古びた墨の字で「刀禰屋」と記してあるトネヤが立っていた。この部落のノロは、区長さんの奥さんである。

公民館の建物の影の中に日射しをさけて坐っていた老婆が、今年は御意がないので、まだアラホバナはやっていない、そのうち村から米を出してミシャク（神酒）を作るのだ、と言った。

村の背後には、荒々しい岩肌が露出し、そのまわりに木々がせめぎ合って茂っているオボツ山がある。草のしげみの中を一筋の細道が通じていたが、ハブが怖くて、私は立ち入ることができなかった。

ハブの恐怖もあるが、奄美の神山は一般に、沖縄の御嶽より近付き難い感じがする。ひとつには、御嶽が村はずれの山の麓や、丘の上といった比較的ゆきやすい場所にあるのに対し、神山が、急峻な山道をのぼらなければならない部落の背後の山頂にあるからであろう。こうした立地条件の相違は、平地の多い沖縄と、山がちの奄美という地勢の相違から来ていることはたしかだけれども、沖縄の場合、行きにくい御嶽に対して、村の近くにお通し(遥拝所)を設けるという習慣の発達している事実も無視できない。奄美には、このお通しに当たるものが見られないが、それはなぜだろうか?

もうひとつ、御嶽が、イベの前までは誰でも入ることができ、男子禁制の場合でも、女子は立入り自由であるのに対し、神山は、少なくともごく近年まで、ノロをはじめとする女の神役以外の人々の立入りを固く禁じていた。御嶽に比べると、神山の方にいっそう秘儀的な性格があると言えよう。神山に通じる道の細さは、そのことを象徴している。

奄美では、多くの村で、祭の度毎に、白衣を着たノロたちの行列が、鉦を鳴らしながら神山から下りてきた、という話を伝えている。神山が、一般の村人の決して入ることのできない聖域だけに、この行列は、顔を上げて見ることのできないほど神々しいものに人々の目には映ったのである。

加計呂麻島は、かつて実久《さねく》村と鎮西村の二つに分かれ、実久村の役場は瀬武に置かれていた。つまり瀬武は、一時期この地区の中心だったのである。しかし行政区画が変って、実久村も鎮西村も廃止された今、瀬武には昔の面影はまるでない。廃屋ばかりが目立ち、深閑とした村の道で稀に出会うのは、杖をつき、足をひきずるようにして歩いている老人たちだけである。

この部落ではもう、ノロの祭祀も絶えている。しかしアシャゲとトネヤを兼ねた建物だけが、置き忘れられたように残っていた。一方が掘立柱を立てた吹放しの土間で、片方の部分が板囲いされているのである。トタン屋根は錆び、板囲いの板は半ば腐っていて、取り壊されるのは時間の問題と思われた。それでもトネヤの片隅にしつらえられた小さな神棚の上には、香炉が置かれ、花立てに真新しい木の葉が挿されていて、信仰の余燼が消え去っていないことを示していた。

実久役場の建物は、まだ海岸沿いの国道に面して残っている。入口の石柱の「実久役場」という標札ももとのままだ。大きな建物の窓のガラスは破れ、コンクリートの土間を歩く私の靴音が、やけに高くひびいた。

海べりのミャーの木かげで一休みしていると、通りがかりの、首に手拭を巻いた小柄な老人が寄ってきて、どこから来たのかと訊ねた。役場は十年ほど前まではあったそうである。古仁屋の砂糖工場が潰れたので、この辺ではもう砂糖黍さえ作っていないと言う。漁業もだめ、砂糖黍もだめ、その上大島紬の値段が下落したとなれば、産業と呼べるようなものは何一つ残っていない。

「この島はどうなっちまうんだか……」

老人は、喫い終わった煙草を海の方へ抛り投げながら言った。

木慈の部落の入口には、「木慈小学校跡」という木の道標が立っていた。国道を折れて、海と平行する細い道をたどってゆくと、突き当たりに、遠目には新築とさえ見える白亜の二階建の校舎が見えてきた。窓ガラスが日に輝き、広い校庭はまださして荒れておらず、芝生は青々とし、花壇にはサルビアの赤い花が咲き乱れ、今は夏休み中で、九月になればまたこの校庭に子供たちの元気な声がひびき渡るにちがいないとさえ思われた。しかし校門のすぐ左手に立つ御影石の石碑は、この小学校が昭和五十七年に廃校になった旨を告げているのだった。

小学校の立派さに比べて、部落の家々の貧しさが私の眼を惹いた。この小学校は、たぶん部落の大きな誇りだったのであろう。木の道標はそのことを証している。廃墟となった王宮や神殿のそばで暮らす人々が、かつての栄華を心のよすがとするように、この部落の人々も、小学校が象徴する、今はどこにもない、活力と精気の夢を追って生きているかのように見えた。

海に面したミャーには、アコウやガジュマルの大木が茂って、涼しい木かげを作っていた。ここのアシャゲとトネヤは、ごく最近まで藁葺きの古風を残していて、私もそうした写真を二、三目にしていたが、今はいずれもトタンにかわっている。

アシャゲでは、二人の女が昼寝をしているところだった。私が近づくと、二人とも起き出してきた。一人は中年で、一人は白髪を小さな髷に結った老婆である。老婆の方は、きちんと膝を揃えて坐ってしまった。

私が小学校のことを言うと、中年の女は、もうこの村には子供は一人もいないのだ、と答えた。かつては百人を越えた村の人口が今では二十人足らず、しかもそのほとんどが老人なのである。

「あたしなんかがいちばん若いんだから……」

と女は苦笑した。彼女自身も大阪へ働きに出ていたのだが、去年、体をこわして戻ってきた由だった。

神事がさかんなことできこえていた部落なのに、ノロが最近死んで、後継者がなく、祭ももうほとんどしなくなってしまった、と女は嘆いた。ただこのミャーで、八月踊りだけはするそうだ。

このままゆけば、数年後にこの村が廃村になるのは目に見えている。事情は、阿多地でも、瀬武でも似たりよったりだ。しかしそうした運命をとどめるどのような手段があるというのだろう。

私は海岸に出てみた。砂浜のおどろくほどの白さ。幻想と思えるほどの海の色。村の寂寥とはうらはらの、この青のなんという生気と鮮やかさ！　人間の営みが衰えるにつれ、自然は手のつけられないほど勢いづいてくる。私にはこの風景の美しさが、自然のあげる凱歌のように思えて仕方がなかった。

種子島のガロー山

私は、昭和四十九年に二回にわたってトカラ列島を訪れ、御嶽を思わせるいくつかの神山を見た。しかし当時、私は、自分がこのような本を書くことになろうなどとはゆめ思わなかったので、気ままな旅行者として振舞い、神山を注意して見て歩くということをしなかった。したがって、トカラの神山について、私は一章を立てて記すほどの見聞を持たないのだが、森の信仰を考える場合、トカラ列島の問題は重要だから、ここで若干触れておかねばならない。

屋久島の南から奄美大島にかけて点在するトカラ列島は、沖縄文化の色合いをいまだに濃く残している奄美諸島とは対照的に、外見はあきらかに薩摩文化圏に属している。トカラ列島の南端の宝島と奄美大島とのあいだに、文化上の境界線を引くこともできよう。島津の琉球入り（一六〇九）まで奄美が琉球王朝の支配下にあったのに対し、トカラがはじめから薩摩藩に属していたという歴史上の条件の相違が、おそらくこのような結果を生んだのである。

現在のトカラ列島には、寺はまったく存在しないが、中世から近世にかけては、仏教や修験道がかなり流入したらしい。下野敏見の言葉を借りれば、ここは「南下してきた本土の信仰の吹き溜り地」であった。したがって実にさまざまな神や仏が祀られており、これは、法華宗一色に塗りつぶされている種子・屋久両島にも、奄美・沖縄の島々にもない、この列島の特色である。

しかし薩摩、あるいは本土の文化の厚い表層をはがすと、その基層からは、奄美・沖縄に通じる南島の顔があらわれてくる。その一つの例が、神山と呼ばれる聖地だ。

神山に祀られている神は、多くの場合、八幡、伊勢、秋葉、恵比須など本土の神々であり、入口には往々、粗末な木の鳥居が立ててある。しかし社殿はないにひとしく、せいぜいが小さな祠が置かれているだけで、あとは鬱蒼と茂った森だけである。それは、本土の神社よりは、あきらかに沖縄の御嶽に近い。

ネーシという巫女についても同じことがいえる。トカラ列島のどの島にも、一人ないし二人のネーシがいて、村々の祭に公式に参加する。その地位は、ホーイと称する男の神役の次だが、採物《とりもの》を持って神楽を舞い、神がかり状態になって託宣を行い、祭において大きな役割を果たす。

ネーシは、中古、宮中の女官を意味した内侍という字を当てる。ネーシはこのようにその呼称も、そしてまた採物も、服装も、神口も本土の影響を強く受けているけれども、本土ではほとんど跡を絶ってしまった女性司祭者という点で、沖縄・奄美のノロや司とつながる貴重な存在である。

下野敏見は、ネーシ以前、トカラ列島には沖縄の根神と同様の巫女がいて、祭祀を司っていたろうと推測している（「南島の司祭巫女と内侍」）。根神とは、村の草分けの家から出た神女のことで、その兄弟の根人《にーちゅ》が村の行政を司っていたのに対し、祭祀を司っていた。この根神・根人の祭政一致の体制は、のちに聞得大君と国王を頂点とするノロと按司《あじ》を組み合わせた組織へと発展する。王府から任命されるノロに対し、根神はその下位に立つようになるが、実際には根神が祭の実権を握っていることが多かったらしい。そしてノロには、シャーマン的要素がないのに対して、根神はしばしば神がかりするのである。

下野の推測の根拠となったのは、トカラのほとんどすべての島に根神山という名の山が存在する事実である。いずれも村の近くの、比較的低い、山容の美しい山で、蒲葵《びろう》の林でおおわれ、林の中には蒲葵の葉で屋根を葺いた小さなコバミヤがあって、ネーシが祀っている。氏はこれを、かつてトカラ社会の本家筋の女、すなわち根神が管理していた聖地であろうとする。ネーシの祝詞の中に、サシカサという沖縄の高位の神女の名があらわれることが、その推測の強力な裏付けとなっている。

このようにトカラ列島は、本土と奄美・沖縄とを結ぶミッシング・リンクの役割を果たしているのである。

私は、昭和五十七年に、ガロー山を見るために種子島へ渡った。ガロー山は、私が注意して見た、御嶽以外の最初の森だけの聖地だった。わずか一週間の滞在ではあり、訪ねたガロー山の数も多いとはいえなかったけれど、この旅は私にとって森の信仰という主題に深入りする一つの大きなきっかけとなった。

ガロー山とは田の一画や部落の入口などに見られる、こんもり茂った神の森のことで、中に小さな石の祠を置いているところもあるが、それはむしろ例外といってよく、一般に森そのものが聖所であり、祭場である。ここに祀られている神は祟りが強く、ガロー山の木を切ったり、枝を折ったりすると、不慮の死や重病に見舞われると信じられている。そのためガロー山は、旅行者の目にさえすぐつくほどの、鬱蒼として小暗い森をなしていることが多い。

ガロー山の神は、同族団の信仰の対象で、一門の本家の当主が、代々世襲で司祭者役を務めている。祭は、正月、五月、九月に行い、その当日は、司祭者がガロー山に、米、海の塩、酒、餅、握り飯などを供える。また、収穫後の祭には、初穂を献ずる。

種子島に十五年住んだ下野敏見は、島をくまなく歩いて、百七十六カ所のガロー山を確認し、とくに南部に目立って多いことをあきらかにした。

ガローという名は、伽藍神の訛りであろう、と氏はいう。実際ガロー山は、折々ガランと呼ばれることも、伽藍と表記されることもある。伽藍神は、元来は仏寺の守護神だが、地主神的性格を持っており、種子島に仏教が入った際——それは八世紀に溯る——、従来からあった森の聖地に、伽藍神の名が用いられたのだ、と彼は考えている。

ガロー山の神については、国分直一は「田の神的、山の神的性格を持っているものといえる」といい、下野は、村を開拓した際、その地にいたもろもろの悪霊、精霊をまとめて祀ったもので、後には開拓祖をも祀り、それがさらに氏神化、田の神化したと考えている。祖霊という線はこれまでの調査では、少なくとも明確な形では出ていないらしい。

両氏ともに、森の信仰という点で、ガロー山と、沖縄の御嶽、奄美やトカラの神山、薩南のモイドン、対馬の天道茂、若狭のニソの杜などとの共通性を指摘している。

私が鹿児島からのフェリーで、種子島の玄関口西之表港に着いたのは、三月二十七日の午後だった。観光シーズンと人事異動期が重なって、旅館はどこも満員で、折からの雨の中を歩きまわって、あちこちで断られた揚句、やっと港に面した、野間旅館という小さな宿に投宿することができた。あとで私は、女主人の話から、奇しくも、ガロー山研究の第一人者で、高名な民俗学者の下野敏見が、中種子高校勤務時代、家庭の煩を避けるため、この宿に部屋を借りて原稿を書いていたということを知った。

種子島は、面積四百五十平方キロ、周囲百五十キロ、人口五万の細長い島である。高山がなく、島の大方は台地から成っているため、島にいることを一瞬忘れさせるほどの広い水田地帯や、見渡すかぎりつづく原野があって、面積に比して、いかにも広いという印象を受ける。

季節はすでに晩春で、東京ではせいぜいが二分か三分咲きだった桜は散り尽くして葉桜と化し、一部ではつつじが咲きはじめていた。今や島中の草木がいっせいに萌え立っていて、日が照ると、山野はめらめらと緑の炎をあげて燃え上がるかと思われた。鶯や時鳥がしきりに鳴き、人々は田植えに忙しかった。

最初に歩いた島の北部で、私は、神社の様子が本土と著しく違っているのに気付いた。粗末な木の鳥居を立て、社殿も設けてあって、いちおうは神社の体裁をととのえてはいるのだけれども、真白な浜砂利を敷きつめた神域の中には、蘇鉄が至るところに、鳥の翼に似た、緑の濃い葉をひろげ、ガジュマルが気根を垂らし、たくさんの自然石が立っていて、どこか熱帯の、異族の聖地を見るようだった。特に変っていたのは、どこにでも石が祀られていたことだ。小さな社殿や、狭い敷地とは不釣合いの、注連《しめ》を張った巨岩が、社殿のすぐ裏に屹立していたり、コンクリートの小祠の左右に、二メートルを越す高さの自然石が聳えていたり、神域の中に、環状列石さながら、たくさんの自然石が立てまわしてあったり、丸石を積んだ上に大きな平石をのせて、祭壇のごときものが設けてあったりする。祖霊の供養のため、自然石を使って石塔を立てる法華宗の慣習の影響もあろうが、その印象はもっと原始的で、御嶽よりさらに一つ前の聖地の姿を髣髴とさせた。

私は、現和《げんな》ではじめてガロー山を見た。現和は、東海岸に近い古い村で、下野の調査に従うと、北種子でもっともガロー山の多い土地である。しかし会う人ごとに訊ねてみたものの、皆例外なく首をかしげ、ガロー山のことなどきいたことがないと言った。

私は、台地の上に立つこの小さな村の中を歩きまわっているうち、神社にしか見られない亭々たる大木にまわりを囲まれた一画を見つけた。入口には射場山遊園地と書いた標柱が立っており、実際、二百坪ほどの小暗い空地の中には、ブランコと滑り台、それにベンチが一脚置かれていた。しかし樹々のしげり様にも、全体のたたずまいにも、そこが以前、聖地ではないにしても、なにか特別な場所であったことを思わせる或る気配があった。そして私は、近くの酒屋のおかみさんから、そこがもと弓射場で、元屋敷のガランと呼ばれていたことを教わった。

遊園地と様変りしたガロー山によって、私は、信仰の頽落の姿をいきなり見せつけられることとなった。もちろん、すでに祭は絶えてしまっている。この村の人々にとって、ガロー山はすでに、生活とはなんのかかわりもない、過去のかすかな記憶と化しているようだった。

島に来て三日目、私は南へと下って、熊野浦に面した浜崎の国民宿舎つまべに荘に宿を移した。ここまで来ると、さすがにガロー山は人々の生活に今でもなんらかの交渉があるらしく、宿舎で働く娘たちもその存在は知っていて、おばあさんに中へ入ってはいけないと言われたとか、枝を折ったらひどい罰が当たるといったようなことを口々に話してくれた。

浜崎周辺の平山、浜田、広田は、全島の中でもっともガロー山の多い村々で、いわばガロー山のメッカだ。実際、平山の村へ入るとすぐ、あきらかにガロー山とわかるいくつかの小さな森が目についた。その一つは、小学校の前の、田圃の真ん中にあった。森というより、十四、五本の木にかこまれた十坪に足りない一区画で、その中のタブの根もとには石の祠があり、あたりには椎茸栽培の丸太が数本立てかけてあった。

ガロー山の森の木は、タブ、椎、アコウなどが主だが、とくにタブの大木は、取り木といって神の依り代と考えられ、祭の時にはその根もとに供え物が供えられる。

タブは、薩南のモイドンでも、西石見の荒神森でも、若狭のニソの杜でも、やはりしばしば森の中心であり、神の依り代とみなされている。この木が、山陰から北陸にかけての、とくに日本海沿岸の神社の神域に植えられて、巨樹となっているのは、人の知るところだ。なぜこの木は、神の木に選ばれたのであろうか？　柳田国男や折口信夫はすでに察知していたことだが、この木は、これまでの日本人の信仰生活の中で、私たちの想像以上に大きな役割を果たしてきたらしい。

平山の村はずれには、小さな池の上にせり出すように茂っている森があった。樹木がもり上がるように密生し、しかも種類がさまざまなので、若葉の色がそれぞれに違い、なかでも楠の緑がひときわ華やかだった。近くの畑で働いていた若い女性に訊ねると、やはりガローー山で、ある旧家の屋敷内に祀られているのだという。「わたしら、入っちゃいかん言われて、一度も入ったことないですよ」と彼女は笑って言った。

たしかにガロー山の女子禁制はきびしく、その中への立入りはもちろん、祭に加わることも、ガロー山に付属する神田の耕作にたずさわることさえも許されていない。このような女性排除は、沖縄・奄美を除くと、第Ⅱ部でとりあげたすべての聖地に多かれ少なかれ見られるが、ガロー山の場合はとくに甚しい。男尊女卑の薩摩のお膝元だからと言ってしまえばそれっきりだけれども、どうもそれだけではないようだ。

種子島の古い村は、すべて清い泉のほとりに立地しており、そうした泉は、ほとんどすべてガロー山に付属している。ガロー山と泉は一体であり、泉の管理者は、同時にガロー山の祭祀者でもある。当然のことながら、泉は不浄を甚しく忌む。月経中の女は、ガローの泉に近づいてはならず、子供がガロー山に入って小便をすれば、「チンポが腫れる」。ガロー山のきびしい女性排除は、男尊女卑よりもむしろ、泉を清浄に保とうとする意志から来ているように思われる。

ガロー山が死穢を嫌い、二、三の例外を除いて、葬地や墓との関連をまったく持たないのも、同じところに理由があろう。ガロー山は、モイドンやニソの杜と、外観も、祭祀組織も、祭祀も、タブを取り木とするところまで酷似しているけれども、この一点だけははっきりと異なる。

私は、森を祀っている家の当主に頼んで中に入れてもらった。

屋敷の裏手から、一本の細い道が森の中へと通じている。普段はめったに人が入らないとみえて、草木の茂りが道を埋め、かきわけるようにしなければ入ってゆけない。しばらくゆくと、わずかな空地に出た。一本の大木の根方に、最近のものらしいシデや洗米が散らばっていた。旧正月の四日に祀るのだという。ここでは、ガロー山はまだ生きているのだった。

平山の隣の、海に面した広田は、広田遺跡で有名な村だ。今、白砂の浜を見下ろす小高い松林の中に、発掘を記念する立派な石碑が立っている。金関丈夫の撰文によると、昭和三十年九月の台風二十二号の潮害がきっかけとなって、浜の砂丘から発見されたこの古代葬所の発掘は、昭和三十二年から三カ年、百日間を費やして行われ、弥生時代の中期から後期に及ぶ百余体の遺骨、おびただしい数にのぼる貝製品が出土し、その中には、日本の遺跡では初めての、中国古代に盛行した饕餮《とうてつ》文の彫画のある貝符や竜佩などの貝器も含まれていたという。とくに、そうした貝器の一つに、隷書体で刻まれた「山」の字は、日本最古の文字として、当時の新聞を賑わした。

この遺跡は、このように大陸文化との強い結びつきを示す一方、おびただしい貝製品や、集骨再埋葬という葬制によって、あきらかに南方ともかかわりを持つと考えられている。いったい、この葬所に葬られた人々はどのような人だったのか？　いったいいつごろ、どこからやってきたのか？　彼らは、ガロー山を祀る現在の広田の住民の先祖なのだろうか？　これらの興味深い問題がもし解明されるならば、ガロー山信仰の由来についても、光が投げかけられることになろう。

ガロー山を一例とする森の信仰の由来について、国分直一は、「森、樹に神霊を迎えて行う農耕の祭事の方式は、南海諸島の漁撈耨耕《どうこう》社会の祭事でない」とし、朝鮮半島から、九州を経て種子島へ南下したものであろうと推測するのに対し、下野敏見は、沖縄の御嶽との関連をふまえて、それが南方系のものではないか、といくらか控え目な口調で示唆している。

たしかに朝鮮半島のとくに南部に森の信仰のあることは、すでに何人もの人々が指摘しているが、南方に関しても、柳田国男が写真を見て、御嶽そっくりだと言ったメラネシアの聖地（「阿遅摩佐の島」）や、クラマットと呼ばれるマレー半島の聖地、私がバリ島で実見した、時には森そのものを祀るかと見えたプラというヒンドゥー教の聖地のことなどが思い浮かぶ。下野も言うように、これが、北か南か、という単純な二者択一の問題ではないことはあきらかだけれども、私としては、今回訪ねて歩いた森を祀る聖地が、対馬暖流の洗う土地に点在していて、しかもタブという南方系の樹木がしばしば神の依り代になっている事実が、いささか気にかかっている。

広田でも、その隣の浜田でも、私はいくつかガロー山を見た。しかし下野や国分が調査した二十年前に比べると、南種子でもガローの信仰は、見るかげもなく衰えていた。広田には、「民宿ガロー」という看板をかかげる民宿が出現し、その庭にあるガロー山は駐車場代わりに使われていたし、浜田のガロー山の一つは、ゴミ捨て場となっていた。誰が祀っているのか分らなくなっていたガローもあったし、祭を続けている老人がいると教えられて、やっと訪ねあてでみたものの、もうだいぶ前から祀っていないと言われて落胆したガローもある。道路のため、田をひらくためにガローの森を伐ったという話もあちこちできいた。ガローを求めて、村から村へと歩きまわりながら、今ガロー信仰の終焉に立ち会っているのだという思いが、私の心から離れなかった。

つまべに荘に二泊したあと、私はさらに南に下って、上中に宿をとった。ここは南種子の中心で、宇宙センターが竹崎に出来て以来、急速に発展した町である。

私は、鉄砲伝来で有名な門倉岬から、宇宙センターに近い茎永まで、島の南岸を一日がかりで歩いてみた。道は海沿いに、ひなびた小さな村々を縫って続いていた。ひろびろとした水田では、人々は今や田植えの真最中だった。水田と海とのあいだには、見事な松の砂防林の連なる高い砂丘があって、海は、その向こうに顔をかくしている。砂丘にのぼってみると、ゆるやかな弧を描きながらどこまでも続いている広い浜にも、海にも、舟一艘見えない。ここでは人々は、村を埋没させかねない砂を運んでくる海を、ひたすら憎み、敵視し、海にまったく背を向けて暮らしているのだった。

もう茎永に近い真所という部落に入ると、道の右手に、小さな円形のこんもりした森が見えてくる。水田の海に浮かんだ島、といった姿で、立ち止って眺めずにはいられない、人目をひく光景だ。外見はあきらかにガローだが、そうは言わず、ただ森山と呼び、田の神の聖所とされている。

道路を挟んで、この森山と向かい合う位置に真所八幡の石の鳥居が立ち、その奥には社殿がある。そして森山の周辺の田は、八幡の神田だという。しかし下野は、森山の周辺から弥生式土器が出土するところから、このあたりは島の最も古い稲作地帯であり、森山は八幡よりはるかに古い、と推定している。実際、照り渡った春の光の中、異様なまでに黒々と木々の茂る森山を見ていると、白昼の幻に立ち会っているような思いに誘われる。

森山とガロー山が別物だとは、私には考えられない。むしろ森山こそ、ガロー山の原始の面影を残しているのであろう。

茎永の宝満神社は、今でも神田で、柳田国男が日本最古の米と考えた赤米を作っているので有名な神社だ。赤米は現在、日本では、ここと、対馬の多久頭魂神社の神田でしか栽培されていない。

宝満神社の簡素な社殿は、深い樹林にかこまれた、鳥の声だけがひびく大きい、幽邃な池のほとりに立っていた。この池は、砂丘によって海から隔てられた海跡湖なのだ。

神社の裏手には神田があり、その神田の真中に、真所の森山に似た、御田の森という森がある。小さな丘で、蘇鉄の目立つ森の中には、自然石の祭壇があり、神田のお田植祭の時には、ここに赤米の苗が供えられる。つまりここも田の神の森であり、ガローなのだ。

宝満神社は、太宰府の宝満大菩薩を勧請したものだが、社伝は、十八人の侍者とともにこの地をひらいた宝満様という名の女神を祀ると称している。そして茎永の十八のガローは、この十八人の侍者を祀るものであり、第一の侍者は、雪の子姫なる女性であったと伝える。

宝満様と雪の子姫――ここに至って、ガロー山の信仰にはじめて女性が姿をあらわす。下野はそこに、「沖縄のノロ制度や卑弥呼時代に見る巫女集団の残影」を見てとっている。

茎永は、西に低い山々を背負い、東に水田地帯のひらけた、国道に沿う細長い村である。田植の終わったばかりの、満々と水を湛えた水田からは、もう頻りに蛙の声がきこえてくる。そうした村の中を、私は雪の子ガランを探して歩いた。しかしガローやガランという言葉を出すと、誰もが不審や戸まどいの表情を見せた。人々は、隣の竹崎のロケット基地の方へもっぱら顔を向け、ガローとはまったく無縁な暮らしをしているかに見えた。

それでも雨田のガランを祀っているという女性に出会うことができた。道路ばたの雑貨屋のおかみさんで、その話によると、祭をやめてしばらくほっておいたところ、悪いことばかり次々と起きたので、また祀りはじめた、とのことだった。ただし場所があまりに遠いので、伺いをたて、許しを得て、今では家の中で祀っているそうである。彼女は店から出てきて、道路の反対側まで私を引っ張ってゆき、すでに夕闇の下りはじめた水田の彼方の、雑木におおわれた丘をさし示して、雨田のガローの場所を教えてくれた。

日がすっかり暮れて、田植えを終えた人々が耕耘機に乗って次々に村に戻って来、蛙の鳴き立てる田の水に人家の灯が映る時刻になって、私はやっと雪の子ガランを探しあてることができた。

それは、村はずれの岩山の崖のかげで、小高くなった狭い敷地の入口には木の鳥居が立ち、小さな石の祠も設けられていて、今ではいちおう神社の恰好になっている。しかし岩山の上にそびえ、濃い闇をまとった枝葉をあたり一杯にひろげている椎の大木が、ガランの本体なのだった。

ガランを祀っている人たちの話をきく時間はもうなかった。国道のところまで戻ると、ちょうどロケット基地の方角から、ヘッドライトをつけて、上中へゆくバスがやってくるところだった。

薩摩・大隅のモイドン

私は、小野重朗の著書『民俗神の系譜——南九州を中心に』（昭和五十六）で、モイドンのことを知った。その部分を要約すると、次の通りである。

モイドンとは、森にドンという敬称をつけたもので、薩摩・大隅半島にしばしばみられる古い民間信仰の聖地、時にはその聖地で祀られる神のことである。森といっても大きなものではなく、時には一本の大木や一叢の藪だけのこともある。社殿のないのが普通で、小宮や祠のあるのは、後の変化といっていい。森の樹木——とくに大木——が神の依り代で、後にこの樹木、あるいは森そのものが神とみなされるに至ったと考えられる。すなわち、神社のおこる以前の、祭のたびに神を迎えていた時代の信仰の名残りをとどめているのである。

祀るのは、この地方で門《かど》と呼ばれている、藩制以来の農民の同族集団で、一年に一度、木の根元に幣を立て、供物をして祈る、といった程度の祭をする。森の木を伐ったり、枝を折ったりするとおそろしい崇りがあると例外なく信じられていて、ふだん人々はモイドンにはめったに近づかず、この信仰には常に恐怖の影がつきまとっている。

モイドンには、中に五輪塔や古い墓石のある例や、墓地に近接している例が多く、かつての墓地、または葬地だった疑いがある。その場合、モイドンに祀られている死者とは、門の先祖か、門とかかわりの深い、影響力の大きかった人物であり、その祀り方には、御霊信仰と結びついたところがある。モイドンの崇りも、おそらく死霊に対する恐怖からきているのであろう。今日、鹿児島県下だけで、百カ所以上のモイドンの存在が確認されている。

小野の著書を読んで私がすぐに考えたのは、種子島のガロー山のことだった。そしてこの信仰はさらに、トカラ列島を介して、奄美の神山や沖縄の御嶽にも通じている、と感じた。

私は、文献によってもう少しモイドンのことを調べてみた。といって、それほど多くの文献があるわけではなく、しかもその大方は、小野が執筆したものか、関係したものである。

モイドンの信仰が初めて一部の識者の注目を惹いたのは、昭和三十二年に発行された謄写版の雑誌『薩南民俗』第十号のモイドン特集号によってだった。この雑誌は、国分直一や、小野の指導を仰いでいた、指宿高校の郷土研究部の機関誌である。小野氏は、当時この高校に勤務していて、この頃から民俗学に開眼し、南九州一円の民俗調査をはじめるようになったのだ、と後に私に向かって語られた。たしかにそうした氏の初心の情熱が、この雑誌には窺われる。

『薩南民俗』は、十号以前にもしばしばモイドンについての研究をのせており、十号は、それまでの調査の総決算といった趣きがある。

これらの号を読むと、当時すでに多くのモイドンが消失するか、かつての面影を失っていたことがわかる。

「昔はモイヤマは二十坪ぐらいの雑木の森になっていて、その中にタブノキの周囲一丈二尺ぐらいの大木があり、その根元にモイドンが居られたということです。〔……〕その頃はこの森山はこわいところで又淋しいところであったそうです」、「昔はモイドンの森山はもっと南西によった所で現在は畑になっているが、そのころは大きな樫の木がたくさん生えた深い森で、その森をモイヤマといっていた」、「私が幼い頃によく目にしたこの社は、現在の場所より約十五メートル位西の方にあった。それは不気味な、じめじめした苔の生えた、すごい感じのある所であった。〔……〕昔はこのモイヤマには竹のほか椿、楠、エノキその他さまざまの大木が生えて居り、その中に多くの狐がすんでいて、昼間も平気でわがもの顔に振まっていたという」——生徒たちの書いたこうした文章を読むと、一昔前まで、この地方の村々に、近寄るのも怖ろしい、鬱蒼とした神の森が至るところに茂っていたさまが偲ばれる。

ちなみに、柳田文庫にある『薩南文化』の、とくにモイドンの個所には、柳田国男があちこちに書込みをしていて、彼がこの信仰に強い関心を持っていたことを示している。『神樹篇』の著者であった彼は、モイドンと同系統の信仰にも尋常ならぬ関心を寄せ、蓋井島の森山に関しては、それを調査した国分直一に激励の手紙を、若狭大島半島のニソの杜に関しては、その調査を強くすすめる手紙を安間清に書いているほどである。彼もまた、これらの聖なる森と御嶽との関連を考えていたのであろうか？

三月の下旬、モイドンの旅に出る前、私は鹿児島で、小野重朗氏にお会いした。お訪ねするつもりだったが、一人住いだからと言われて、雨の中をわざわざ私の宿舎まで来て下さった。

篤実で、物静かな風貌の氏は、見るべきモイドンについて懇切に指示され、必要な資料を下さったり、貸与されたりした。そして現在は、モイドンは祖霊や死霊を祀ったものではなく、もっと古い、縄文的な、山や森に対する直接の恐怖から生れた聖地だと考えている、と付言された。また、なぜモイドンには建物がないのですか、という私の問いに、氏は、「それは、神様にさわるからですよ」という、きわめて含蓄の深い言葉で答えられた。

モイドンは、鹿児島県全体にわたってみられるが、とくに南部、すなわち薩摩・大隅両半島に分布が濃い。これは、奄美の神山と種子島のガロー山が南部に集中しているのと軌を一にしていて、興味深い現象である。九州、種子島、奄美大島は、民俗に関し、同様の分布構造をなしていて、古い民俗が南に吹き溜ったのだ、というのが小野の説だ（「森山の分布構造」）。

ちなみにモイドンは、必ずしも鹿児島県だけの信仰ではない。たとえば、隣接する熊本県にも同様の信仰があることを、わずか数例ではあるが、国分直一が報告している（「森の信仰」）。ただしこちらは、モイドンとは言わず、モリドンと称する。また、日向地方にも若干のモイドンがあることは、小野自身が指摘している。

小野氏とお会いした日の午後、私は、激しい吹き降りの中を、指宿へと向かった。錦江湾に沿ってゆく指宿線は、吹きつける雨のために車窓が曇り、海も桜島もよく見えなかった。

指宿周辺は、モイドンがもっとも色濃く分布している、とされている地域である。とくに温泉町の後背部の村々と、池田湖の北岸に点在する村々とが私の目的地だった。

その日は風雨に閉じこめられて、宿から一歩も出られなかったが、翌日は、打って変った快晴となった。

私がはじめて見たモイドンは、高之原の部落のものだった。

錦江湾に沿ってひろがる温泉町を抜け、指宿線の線路を越えると、もうそこが高之原であった。このあたりは半ば宅地化していて、モイドンも三方を近代的な住宅にかこまれ、森の一部はごみ捨て場と化し、町の中の厄介者、といった姿だった。しかし樹々は足を踏み入れることができないほど茂り、森そのものは昔とさして変っていないように思われた。遠くから眺めると、朝の澄んだ青空を背にして、葉むらが黒い団塊をなし、楠や樫の大木が数本高々とそびえ、樹冠が日に透いて、神の森らしいたたずまいだった。

このモイドンを祀る下高原門は、平家の落人斎藤美濃守別当の裔と称し、宗家の庭にはこの落人を祀る祠が別にあり、モイドンはその付人たちの墓と伝える。実際森の中には、小さな石の祠のほかに、いくつかの古い墓石が散乱していた。ただし刻まれている年号は、いずれも江戸時代のものだった。

私は、この高之原のモイドンを皮切りに、丸三日間にわたって、三十カ所近いモイドンを見たけれども、たしかに至るところで、モイドンと墓地とのかかわりに気付かずにはいられなかった。たとえば、大根占《おおねじめ》町にある瀬戸山のモイヤマは、古い墓地に隣接し、森の中に石碑が二基あって、このモイヤマを祀る門の祖先、真田幸村父子の墓と称し、墓地の方には、幸村の付人たちの墓と伝える古墓が残っている。また下市木の三森門のモイヤマは、宗家のすぐ裏の森で、やはり先祖のトッショという武士を祀る墓があり、しかもモイドンの両わきは、三森門の墓地なのだ。私は実見していないけれども、小野のあげている事例の中には、この種の言い伝えを持つモイドンはほかにもたくさんある。また、何の伝承も残っていないが、大木の根もとに古墓や五輪塔の置いてあるモイドンなら、私自身いくつも見た。

わずか三日の見聞にすぎないが、その見聞にもとづいて言えば、「モイドンの古い形は墓地または葬地だったのではあるまいか」（『民俗神の系譜』）という小野の、今は撤回されているかつての仮説が私自身は捨て切れない。

森を聖地とする信仰には、ほとんど例外なく、激しい祟りと、それに対する強い恐怖がついてまわっており、しかも信仰の衰微した今日まで、そうした恐怖が生き残っているのは興味深い事実である。この恐怖がどこからきているのかをつきとめることが、これらの聖地に祀られている神の本体を知る手がかりとなるだろう。

モイドンに関していえば、それは、「古い山の神信仰、山の神に対する怖れに由来する」(小野)ものであろうか、それとも下野敏見がいうように、宗教者によって一カ所に寄せ集めて祀られた「怨霊や、地霊、開拓に際して伐採された樹霊など」に対する恐怖であろうか、あるいは死者や死霊に対するものであろうか?

往古人々が、森に対して、山野にみちみちている精霊に対して、本能的恐怖を抱いたのは事実だとしても、そうした恐怖が、永い年月にわたって持続し、現代の人々の行動を支配するまでに、人々の心の深層に刻みつけられたものであったかどうか。むしろ死霊に対する恐怖の方が、いっそうの具体性を持ち、恐怖の持続を養うだけのエネルギーを備えているのではないか。

ところで斎藤美濃守別当や真田幸村父子は信じられないが、高之原、瀬戸山、三森の各モイドンについての伝説に、なんらかの歴史上の事実が含まれているとするならば、モイドンの成立は、縄文や弥生に比べるとはるか近年、ということになる。小野が葬地説を捨てられた理由も、その辺にあるようだ。

もちろんモイドンがいつ頃成立したかは分っていない。しかし森に神を迎えて祀るありようがきわめてプリミティヴなものであり、神社に先行する形であることは、衆目の認めるところだ。モイドンの分布と弥生式土器出土地の分布がよく似ているという、小野の指摘する事実も、モイドンの古さを示す一つの傍証であろう。

以上から私は、モイドンの古さと伝承の新しさとを折り合わせる道として、モイドンの少なくとも一部は、古い葬地であり、そうした言い伝えが、中古から近世にかけて、さまざまな伝説を吸い寄せる因となったのだ、という解釈をとりたい。

道上は、高之原より約三キロ北の村だ。池田湖を火口とする噴火山の外輪山の裾に位置し、シラス台地の上にひろがる畑のあちこちでは、観葉植物を栽培するビニールハウスが日にきらめいていた。

道上は九つの門から成り、そのうちの六つの門がモイドンを祀っている。その一つ、上西園のモイドンは、指宿市指定の文化財である。文化財の指定を受けたのは、モイドンがすでに生きた実体を失って、過去の遺物と化した証拠かもしれない。

実際、かつてはさまざまな大木が密生し、昼も暗く、神秘の気配を漂わせて、人が怖れて近づかなかったにちがいないこの場所は、今は誰もが自由に出入りをする、村の中の小公園といった趣きを呈していた。モイドンの本体である、幹まわりが五、六メートルはありそうなアコウの大木の木かげは、よく掃き清められていて、私が入っていった時にはちょうどそこで、乳母車を押す若い母親が、明るい笑い声をあげながら、一人の老婆と立ち話をしているところだった。

近くの吉崎のモイドンでは、私は、この神のさらに零落した姿を見なければならなかった。ここにはもう樹木はほとんどなく、雑貨屋の裏の狭い敷地に、コンクリートの小さな祠が一つ置いてあるだけだった。

私は、精米所をやっている吉崎さんのところへ行って話をきいた。七十年配の吉崎さんは親切な人で、見ず知らずの私を座敷へ招し上げ、茶菓を供してくれた。甘い物の苦手な私も、あまり強くすすめられるので、親切を無にしないため、羊羹をカステラで巻いた巨大な菓子を頬張らねばならなかった。

吉崎のモイドンも、かつては大木が鬱蒼と茂っていたのだが、土地が人手に渡り、森は伐られてしまった、と吉崎さんは言った。それから、やはり樹がないとモイドンは寂しい、と付け加えた。

彼は、若い連中の信仰心の衰えを歎き、モイドンなどは氏神に合祀してしまえばいいと主張した青年が、その晩の宴会で喧嘩をして顔を切られた、という話をした。それは、彼に言わせるとモイドンの祟りなのだった。

吉崎さんは小型トラックで、村はずれの広森のモイドンまで私を連れていってくれた。道々彼は、裏に道路が通って樹が伐られ、社殿がむき出しになった氏神の湯の峯神社の改築を提案したのは自分だと言い、雪の降る晩、眠っているると神様が現れ、彼の蒲団を持ち上げて嬉しそうな顔をした、と真顔で語った。

村にはまだこういう人が残っているのである。

開聞岳の美しい姿を映す池田湖は、典型的なカルデラ湖で、北西岸の一部をのぞいては断崖に囲まれているため、水辺に近づくことができず、すぐそこでどんなに眩しいほど輝いていても、いつでも遠くにあるように思われた。

石嶺の部落では、井元門と野元門の二つのモイドンを見た。いずれも母家の裏の小高い崖の上にあって、四、五本の古木が繁り、その根もとには、白い幣を挿した竹が立てかけてあったり、ブロックの石を祭壇代りにして、その上に榊をいけた花立てや盃が置いてあったりした。

井元家の奥さんの話では、モイドンは以前はもう少し離れた場所にあり、そこには榎の大木があって、そのうろに祀っていたのだが、山を崩したので、現在の場所に移したとのことであった。また、いずれの門でも、モイドンを子供の神様だと言っているのが、私の注意をひいた。

かつて山野に祀られていたモイドンが、人間の都合から、次第に家の屋敷の中に引きこまれ、内神と化してゆくのは、折々見られる現象である。この過程は同時に、モイドンが原初の荒々しさと神秘を失い、飼い馴らされて、子供にまで親しまれる温和な神と化してゆく過程であり、森が痩せて、貧しくなってゆく過程でもあるのだ。

隣の仮屋は、台地の上の、古い土着の面影を残す集落だった。ここにも、やはり市の文化財に指定されている吉永門のモイドンをはじめ、多くのモイドンがあった。ひときわ目立つ大木をめざしてゆくと、たいがいその根もとには、小さな祠があるか、幣が立ててあるかした。

一軒の無人の屋敷の中のモイドンが印象に残っている。樫や松や楠が、屋敷の敷地の広さに比して異常に高くそびえ、その茂りようは、普通の屋敷林とはまったく違っていて、折り重なる枝々には、神さびた気配があった。そして一本の松の大木の根もとには、中に自然石の入った木造の小祠が置かれていた。すでに夕闇が下りはじめていて、冷い風に葉むらが何かの合図のようにざわざわと鳴っている森の中に佇んでいると、モイドンの原初の神秘がよみがえってくるようだった。

しかし私が、ガロー山の森の中でも、モイドンの森の中でも、たとえば波照間島の御嶽の中で経験したあの特権的な瞬間を見出すことができなかったのは事実である。たしかにガロー山の森も、モイドンの森も、往時に比べたら、小さく、貧しくなっているだろう。けれど原因は、単に森の大小からきているのではなさそうだった。御嶽とガロー山、モイドンは、底に通い合うものがあるのは確かだが、本質的に違っている部分もあるように思われた。

御嶽にあって、大事なのは、森そのものではなく、森の中の空間である。樹々にかこまれた、浄らかな空間に神を迎えることを人々は尊ぶのだ。その証拠に、御嶽の中には、必ずイベの前と称して、しばしば白砂の敷かれている空地がある。祭の時、ノロたちはそこに集まって、歌舞をし、直会《なおらい》をする。一方のガロー山とモイドンでは、重視されるのは、むしろ神の依り代となる樹木だ。だから、ただ一本の大樹から成るガロー山やモイドンが存在しうるのである。そして多くの場合、ガロー山とモイドンの森の中は、草がおい茂って、立ち入りにくく、イビの前の如き場所を意識して設けてあることはない。下野敏見は、この相違を、一方は巨樹信仰であり、他方は森の精霊信仰であるという(『南日本民俗の探究』)。

私は、指宿に二泊したあと、フェリーに乗って錦江湾を横切り、対岸の大隅半島に渡った。そして大根占、郷の原《はい》、小梅枝《こばえ》、長谷《ながたん》と、バスもあまり通わない僻村を、モイドンを求めて終日歩きまわった。しかし収穫は少なく、至るところで失望を味わわねばならなかった。

さきに触れた、真田幸村父子を祀るという、大根占町の近くの瀬戸山のモイドンは、小野が調査した頃は、さまざまな大樹がそびえ、「その下のうすぐらいところに、ビロウが数十本自生していて、神秘感が強く感ぜられる」(「大隅のモイドン」)場所だったらしいが、森の木もだいぶ枯れ、その上、すぐ前が、新しくできた霊園の広い駐車場になったため、神秘感がすっかり失われていた。

また、同じ小野の、「マテ(マテバシイ)とカシとが一本ずつ平たい笠状に広く枝をひろげていて、実に美しい姿をしている」(「大隅のモイドン」)という記述に惹かれ、バス停のある上原から二キロの道を歩いて、郷の原のモイドンを見に行ったのだが、すでにマテもカシもなく、そこは水田のへりの、知らなければ見過してしまいそうな、一叢の平凡な茂みと化しているのだった。

県道をはさんだ向かいの農家に行ってきいてみると、マテもカシも台風でやられてしまったとのことであった。もう祭もやっていないが、それでも時々は花を持っていって供える、と中年の奥さんが話してくれた。

郷の原の近くの牛牧のモイドンを訪れるつもりでいたところ、牛牧では数年前に崖崩れがあって人が死に、今では部落全体がほかの場所に移っているときかされ、諦めざるを得なかった。

再び歩いて上原へ戻り、タクシーで山あいの道を奥深くまで入って、小梅枝の部落へ行った。しかし二十年前小野が、「川のほとりの田の中」にあって、「タブノキの大きいのが何本も生えて」いると書いたモイドンは、すでに影も形もなかった。なにしろ一目で見渡せてしまうほどの小さな村なのだから、探す場所など高が知れている。法事のために門の人たちの大方が集まっている家に行って訊いてみたけれども、誰もが首をかしげるだけで、モイヤマやモイドンという言葉さえ知らなかった。付け加えると、大隅半島では一般にモイドンという言葉はあまり使われず、モイヤマと言う方が多い。私は、人々が、モイヤマを伐ったことを隠すために、口裏を合わせているのではないか、と一瞬勘ぐったほどだった。

次に行った長谷では、すでに森はなく、モイヤマは石の祠一つと化し、しかも公民館の前に移されて、庚申塚や道祖神と一緒にされていた。

その晩私は、疲れ切って、錦江湾に面した海潟温泉の、ほかに誰も客のいない、がらんとして古ぼけた旅館に泊った。薄暗い浴室で湯槽に身を沈めると、白い綿のかたまりのような湯垢がいくつも、底からゆらゆらと生き物のように浮かび上がってきた。深夜、誰もいないはずの別館の廊下を軋ませながら歩いてゆく足音にめざめて、私はそれ以後なかなか眠れなかった。

それでも、その翌日に見た牛根麓の上ノ村のモイヤマはよかった。

上ノ村は、青灰色の山肌の桜島が眼前にそびえる錦江湾沿いの村で、すぐ背後に標高八五五メートルの 鵤《ひしゃご》 岳を負っているので、平地はほとんどない。しかもその狭い土地を、大隅線の線路と国道とが走っているのである。ただ、大隅線は日に数本しか通らないし、国道も交通量が少ないので、村の中はむしろひっそりとしていた。枇杷畑が多く、袋掛けの終わったその林は、遠くから見ると、白い花が一面に咲いているようだった。

この村の北はずれに、磯脇門のモイヤマがあった。門の宗家のすぐ裏で、中心になっているのは、根回り一〇メートルを越えるアコウの大木である。もとはタブが中心だったのだが、それにアコウが巻きついて、タブをはるかに凌ぐ大木になってしまったのだという。上西園のモイドンでも、元来神の依り代であった榎にアコウが巻きついて、榎をすっかり隠してしまっていた。アコウには、その太い気根で他の木を扼殺して、森の中心の座をうばうすさまじい生命力があるらしい。無数の気根におおわれたアコウの太い幹は、途中で二股に岐れていて、それぞれの幹は、さらに次々と枝をわかれさせながら伸び、空に向かって緑の泉を力一杯噴き上げていた。森の中へ入ってみると、落葉が厚く積もっているだけで、そこにはみごとなくらいなにもなかった。

母家とモイヤマの間には、カンキンジョ（看経所）と呼ばれる瓦葺きの小さな堂が立っている。私は、折よく居合わせた当主に頼んで、扉の鍵をあけてもらった。中には、古びてはいるけれどもまだ彩色鮮やかな千手観音の板絵が安置してあった。この看経所とモイヤマの関係はよく分らなかった。旧十一月の初申の日に神主を呼んで祭をし、その際モイヤマにも幣を立てるという。モイヤマの神についての私の質問に対して、当主は、「霧島から下りてきたとだけはきいとります」としか答えてくれなかった。

モイヤマに接して走っている単線の大隅線の土手にのぼって写真をとっていると、手拭を姉さんかぶりにし、白い前掛け姿の小柄な、六十くらいの女性が線路を歩いてきた。声を掛けられ、立ち話をしているうちに、嫁に行った磯脇家の娘さんだと分った。「大隅線を通す時は大変だったんですよ。この木の枝を伐らにゃいけんいうて、神主さんを呼んで、お祓いしてもろうてから伐ったんですの」と彼女は言った。

ガロー山と同様、モイドンも女子禁制とのことである。男尊女卑のお膝元だから、それは当然であろう。しかしモイドンをめぐる伝承の中に、女性の影が揺曳しないわけではない。たとえば、鹿屋市上高隅町の上古園のモイヤマには、旧村社の神が下りてくるというが、この神は女神である。肝属《きもつき》郡高山町野崎の津曲の森神社はモイドンといわれ、その森は、豊玉姫が鸕鷀草葺不合尊《うがやふきあえずのみこと》を生んだ場所と伝えられていて、胞衣をその下に埋めたと称する自然石が前に立っている。肝属郡田代村麓の大根田のモイヤマは、逃げ落ちてきた八人の女性を斬って埋めたあとで、かつてはタブの大木の下に八つの石が並んで立っていたという（小野重朗「大隅のモイドン」）。

それから私は、もう一つのモイヤマまで案内してもらった。私たちは、線路の土手を下り、すでに袋掛けの終わった枇杷林の間を抜けて行った。彼女は、自分も今袋掛けをしてきたばかりだと言い、最近の桜島の降灰をしきりに歎いた。枇杷の袋に音を立てて降ることもあるのだそうである。

彼女の教えてくれたモイヤマには、タブの大木が一本だけ立っていた。しかしそのタブは、磯脇家のアコウよりさらに大きかった。そしてここにも、祠一つなかった。枇杷林の中にひときわ高くそびえ、日当たりや通風の邪魔になるはずなのに、伐ることもなくこのような木を祀り続けてきた代々の村人たちの心根が、床しいものに思われた。

対馬の天道山

博多港を朝の九時五十分に出たフェリーは、午後の三時過ぎに厳原《いづはら》の岸壁に着いた。時化模様で、玄海灘は荒れ、とくに壱岐を離れてからは、船はひどく揺れた。甲板にも、その隅にしつらえられた小食堂にも終始人の姿はなく、冷い緑色の腹を見せた大波が、物言わぬ不気味なけもののように迫ってきては、時折甲板にしぶきを吹きかけた。

三月もすでに半ばを過ぎていたが、対馬の春は寒かった。六年前に訪れた時とさして変っていない厳原の低い屋並は、今日は、西風の中、押し黙って私を迎えた。

前回同様、町中の山屋旅館に投宿する。大きな、古びた長屋門をくぐると、突き当たりに、式台の広い、白い障子の閉まった、「頼もう」と声をかけたくなるような堂々たる玄関がある。いずれも対馬藩の家老屋敷の名残りなのだ。しかし玄関に続く母家の方は、モルタル造りの二階建てで、玄関の格式と規模に比べると、滑稽なほど貧弱で、小さい。出てきた仲居は、前と同じ人で、私のことを覚えてくれていた。

部屋にはまだ炬燵が置いてある。対馬ではこの季節、西風がよく吹いていつまでも寒いのだという。

私が対馬にやってきたのは、この島に、天道地、天道山、天道茂などと呼ばれる、社殿のない聖地があるからだった。対馬在住の史家永留久恵は、全部で三十六カ所の天道地の存在を確認している（「対馬の天道地」）。対馬全島の神社、聖所について記述した『対州神社誌』（貞享三）には、天道地のほとんどすべてについて「神体社無之」と記していて、その点は現在もほとんど変っていない。この聖地は、大樹のおい茂った山や、森や、巨木や、藪で、社殿のないところも、めったに立ち入れないところも、禁を犯した場合に強い祟りがあるところも、これまで述べてきた御嶽、神山、ガロー山、モイドンによく似ている。

神々に対するこの島の信仰は、原始の面影を濃く残していて、本土の信仰とは様子が違い、すでに江戸の頃から、対馬神道の名があった。同じように古神道につながるという琉球神道との対比は、きわめて興味深い一題目である。昭和十二年に対馬に渡って『対馬の神道』を書いた鈴木棠三は、「対馬の神社の多くがいわゆる神籬磐境《ひもろぎいわさか》式であることで、今後琉球神道などとの比較によって、興味ある結論にまで導かれるのではないかと思われる。対馬島内各地に多い茂地《しげち》というのは、琉球のオタケに相当するものの如く思う」と書いた。

南から来た黒潮の一分流が対馬の岸を洗っているのだから、沖縄、あるいは南島と対馬との間になんらかの関係があるのは当然であろう。

天道地は、天道法師を祀る場所とされている。いったい天道法師とは何者か?

白鳳十三年（六八四）、対馬の南端、豆酘《つつ》郡内院村の一女が、日光に感じて男子を生んだ。天道と名付けられたこの子は、性聡明俊慧、長ずるに及んで僧となり、巫祝の術を学び、九歳の時にいったん上洛して、大宝三年に対馬に戻ってきた。霊亀二年（七一六）、元正天皇不予の折、召されて再び本土へ飛翔、祈禱によって天皇を治し、褒美として対馬の年貢を許された。帰るに及んで行基上人を誘い、行基は島に滞在中、六体の観音像を刻んだ。これが今でも豆酘や佐護の観音堂に安置されている対馬の六観音である。天道法師はやがて豆酘の卒土山で入定した。

以上が『対州神社誌』その他に記されている有名な天道法師伝説である。しかし鬱蒼とした森だけで、社殿や祠のない天道地には、仏教の匂いはまったくしない。また、鈴木棠三、三品彰英、和歌森太郎、永留久恵といった人たちが詳細に記述している村々の天道の祭祀の中には、天道法師は、ほとんど姿を現さない。それは、ごく普通の祈年祭であり、麦や米の収穫祭である。それゆえ、原始の信仰——おそらくは太陽信仰——に、密教系の僧侶や修験者が、天道法師の伝説を付会したのだと考えられる。

一方、この伝説には、いろいろと異伝があり、日光感精説話や母子信仰をはじめさまざまな要素が複合していて、その成立に或る根拠があったことを、すなわち単なる捏造ではなかったことを思わせる。三品彰英は、天道法師伝説と新羅の始祖伝説の相似を指摘し、永留久恵は、朝鮮半島だけでなく、中国古代の信仰の投影を天道信仰の中に読みとっている。

天道法師の聖地としてもっとも著名なのは、浅藻《あさも》の八丁角である。

浅藻は、厳原からバスで海沿いに約一時間南下したところにある豆酘の一つ手前の村だ。この村はずれから、浅藻川という小さな瀬川に沿って山の方角に二キロ入ると、霊山竜良山《たてら》——一名天道山——の麓の深い原生林の中に、高さ三メートルに近い累石壇があって、古来から天道法師の墓と伝えられてきた。竜良山の反対側にも同様の磐境があり、こちらは天道法師の母の墓とされている。

浅藻の八丁角を訪れるのは二度目だが、入口には、以前にはなかった大きな石の鳥居がたち、拝殿が設けられ、あたりが小公園風に整備されて、大きな御影石の石碑が立っていた。石碑には、「八丁角由来記」と、御嶽教信者の山下雪なる女性の「自叙伝」とが金文字で刻まれている。「自叙伝」の方の碑文によると、ある夜この女性は、天道法師が現れて「汝われの前に麦種子を持ち来たれ」と告げる霊夢を見て以来、打ちすてられていたこの聖地の顕彰を念願とし、昭和五十五年に独力で鳥居その他を建てたのだという。中古以来さまざまな宗教と習合してきた天道信仰は、ここに至って御嶽教と習合するに至ったというわけである。鳥居や拝殿はいささか目障りだけれども、この事実自体はなかなか面白い。

かつては、太古以来の原生林があたり一帯を占めていたらしいが、今は周囲の山の木が伐られたため、聖域の森にも日が差しこんで、「おそろしどころ」と言われた面影は失せている。それでも、細い道をたどって森の奥へと歩み入ってゆく時、楠やタブや椎の古木の苔むした太い幹や、寄生木の生えた大きな瘤や、さしかわす深い繁りから、粛々として迫ってくるものがあった。

森の奥の累石壇は以前のままだった。板石をピラミッド型に積み上げたもので、その頂きには小さな石の祠がのっている。背後の森の中には、窺いしれない闇が蟠踞していて、ひそかにこの石壇を見守っている気配であった。

これは、多くの人々が指摘したように、墓ではなく、あきらかに祭祀場である。この種の石壇、石塔は、本土の方ではあまり見かけないが、対馬にはあちこちにある。豆酘と並んで著名なもう一つの天道信仰の聖地、佐護の天神多《あまのた》久頭魂《くずたま》神社の中にも同様の累石壇があったし、やはり天道信仰を伝える、東海岸の五根緒の村はずれにある小さな神社の前にも、広い岩場の上に、波しぶきを時折打ちあげる荒海に面して、四つの高い石積みの塔が築かれていた。

永留久恵は、今日でもまだ対馬の諸所で、六月午の日に行われるヤクマ祭は、天道の祭祀であろうと推定し、この祭の際、西海岸の木坂と青海で、浜にそれぞれ二基の石塔を積む行事のあることを紹介している。天道信仰のあるところに、いつもこうした累石壇、石塔が現れる事実は注目していい。

また、木坂でも青海でも、佐護や五根緒と同様、石塔が海に面して築かれているところからして、これは、海から来臨する神のための門であろうとする同じ永留の指摘は興味深い。というのも、もし氏の指摘が正しいならば、神が垂直方向から現れる北方系、大陸系の信仰が濃い影を落としている天道信仰の基層に、神を水平方向から迎える海洋系、南方系の信仰が存在することになるからである。対馬には、海神を祀る社が多く、しかも「延喜式神名帳」に名前ののっている海神の名社のある木坂や仁位に、天道信仰がさかんに行われている事実は、この点でひとつの示唆となろう。

一方、対馬の累石壇、石塔について、三品彰英は、石先王《トルソヌワン》などと呼ばれる「朝鮮の神樹の下にある神壇」との相似について語り、金達寿もまた、八丁角の累石壇に関し、「これは子供のころに朝鮮で見ていたもの」(『日本の渡来文化』)と証言している。そこに朝鮮半島の影響のあることは、まちがいない。

それにしても浅藻の八丁角をめぐるかつての禁忌のきびしさは尋常ではない。『対州神社誌』はすでに「往来不レ仕」と記しており、樹木の伐採や枝葉をとりさることはおろか、この界隈への一切の立入りが禁止されていた。もし誤って踏み入った場合には、草履を頭上に乗せて、後退りでそこから出なければならなかった。

浅藻は明治になってから紀州の漁師がひらいた村で、それまでは浜近くまでが原生林であった。そして浜沿いの一本道を通る時には、乗物類から下りねばならず、浜の石に触れることも、落とし物を拾うことも許されず、転んだら片袖を千切ってそこに身代りとして置いてくる定めであった、という（三品彰英「対馬の天童伝説」）。

豆酘の村で天道の祭が行われる際も、この浅藻の八丁角に村人が参詣したり、供物をそなえるということは、古来なかったらしい。ここは絶対不入の土地だったのであり、その点では、御嶽などとは著しく異なっている。

大正八年にこの地を訪れ、その見聞を『中世に於ける社寺と社会との関係』（大正十五）の中に記して、八丁角の存在を初めて人々に知らせた平泉澄は、竜良山が一名卒土《そと》山、八丁角のあたりが卒土の内、浅藻の浜が卒土の浜と呼ばれているのに着目し、この聖地を古代朝鮮に存在した蘇塗《そと》と称するアジールに類するものであろうとした。室町時代の中頃に来朝した朝鮮人申叔舟の『海東諸国紀』の中に、天道地に関し、そこに逃げ入ったものは「不㆓敢追捕㆒」と記されている事実が、この仮説のもう一つの根拠となった。

しかし対馬に実際にそのような慣習があったかどうかはいささか疑わしい。ほかに記録がなく、口碑さえ残っていないからである。むしろあまりの禁忌のきびしさが、八丁角その他の天道地を、おのずから罪人たちの逃げかくれる場所とした、と考える方がわかりやすい。

それにしても、かつての八丁角の原生林が持っていた神秘とおそろしさは私たちの想像を越える。もしかすると、森そのものに対する畏怖から信仰が生まれたのではないか、と思われるほどである。


豆酘は、前に豆酘湾を控え、後に竜良の連山を負い、ゆるい傾斜面に立地する、百六十戸の美しい村だ。

対馬が上県、下県に分かれていた古代、豆酘は下県の中心であり、下県直《しもあがたあたい》の居住地であった。村に残るいくつかの古墳、三座の式内社、その他多くの遺跡がそのことを示している。中世には政庁が置かれ、本土と朝鮮半島との間の中継港として栄えた時期もあった。

私は六年前、浅藻から海沿いに、一里の道を歩いて、村へ入って行った。四月の末で、一望の蓮華の花の海の彼方に、村が浮かんでいたのをおぼえている。今は花はなく、田畑にはまだ枯色が残っていたが、家々の屋根瓦が日にきらめいていて、のどかな村の姿に変りはなかった。

小さな川に沿って坂をのぼり、密集する家並を通り抜けると、村の背後には、山がちの対馬には珍しい、田畑のひろびろと広がる光景が現れる。右手には、式内社多久頭魂《たくずたま》神社の大きな森が見える。そしてその前の田圃は、古来からの赤米を今なお作り続けているこの神社の神田なのだ。

多久頭魂神社は天道信仰の中心であり、神田の耕作にかかわる行事、とくに旧暦一月十日に行われる頭受けと呼ばれる行事は、この村の天道祭祀中、もっとも重要なものとして知られている。これは、神そのものとみなされている、前年に収穫した赤米の俵を、頭屋《とうや》が、次の年の頭屋へ受け渡す、神秘の祭である。

現在日本で赤米を栽培しているのは、ここと、前述した種子島南端の宝満神社の神田の二カ所しかない。下野敏見が両者を綿密に比較対照（「赤米の栽培と儀礼」）しているが、赤米そのものにも相違があり、行事にも共通点は少ないようだ。対馬では、供僧《くぞう》と呼ばれる僧形の神主がすべての行事を司り、村人の多くは直接には参加せず、行事が秘儀化しているのに対し、種子島には、頭受けに相当する行事はなく、中心となるのは、村中総出で行う、歌や踊りを伴う、賑やかな御田植祭である。一方、多久頭魂神社の田植えは、一般の田植えが終わった後に、歌も踊りもなしにひっそりと行われる。

しかし日本に残るただ二つの赤米栽培地である対馬と種子島に、天道山、ガロー山という、社殿のない、森だけの聖地が存在する事実は、私には偶然とは思われない。

多久頭魂神社は、古木におおわれた広い神域のあちこちに小さな祠が祀られているだけで、中心となる本殿のない、不思議な神社である。元来この神社は、竜良山（天道山）そのものを神体とし、一切建物のない、森だけの聖地であったらしい。この神社と対をなす、かつての上県である北対馬佐護の天神多久頭魂神社を見ると、そのことはよく分る。こちらには神域内に小祠一つなく、鳥居をくぐるとすぐに、眼前の天道山を拝する形になっているからである。

中古、神仏が混淆した際、豆酘の村の観音堂が天道山の遥拝所とされた。観音堂はのちに多久頭魂神社の神域内に移され、現在いちおう社殿ということになっているが、村の人々はいまだにお堂と呼んで、神社とはいわないそうである（永留久恵『対馬古跡探訪』）。

多久頭魂神社の中には、やはりかつては別の場所にあったもう一つの式内社高御魂《たかみむすび》神社、天道法師の母を祀るという神住居神社をはじめ、さまざまな社が合祀されている。ここは今では、いわば村の万神殿《バンテオン》なのだ。はなればなれに立っているそうした小祠や堂をまわって歩いていると、この村の信仰の辿った複雑な歴史が髣髴としてくる。楠の大木が、緑の天蓋を支える隅柱のようにあちこちにそびえている広い森の中は、所々木洩れ日がさしているものの暗く、苔の匂いがし、大気がつめたく、長路を歩いてきたために汗ばんでいた肌はすぐに冷えた。

それから私はまた村に戻り、例の小さな川を少し遡って、雷神社を見にいった。ここも式内社だが、今は川に沿った雑木の茂みの中に、注連を張った木の鳥居と、粗末な小さい社殿が建っているだけだ。

雷神社は、村の卜部家である岩佐家の祖雷《いかつちのおみ》臣命——中臣烏賊津使主《なかとみのいかつおみ》——を祀ると伝える。対馬の亀卜は有名で、『延喜式』にも記されている通り、古代、対馬から十人、壱岐と伊豆から五人ずつが、朝廷によって卜部に任命された。そして対馬の卜部の中心は豆酘であり、岩佐家ではいまだに、旧一月三日に行われるこの神社のサンゾーロー祭において、七十代目の亀卜伝承者岩佐教治氏が亀卜を行っているという。

ともかく、豆酘の奥深さは底が知れない。

西海岸の阿連《あれ》は、今でこそバスもろくに通わぬ僻地だが、『日本後紀』にも名が見え、式内社雷命《いかつち》神社が鎮座し、かつては亀卜も伝えていた由緒のある村である。

もっとも、『延喜式』にのっている下県郡の雷命神社が、豆酘のものか、阿連のものかは、まだ決着がついていないらしい。

その阿連の雷命神社は、村を流れる阿連川のへりにあった。雷神は水神であり、蛇の形をしてあらわれる、とされているのだから、水辺に祀られるのは自然だけれども、とくにここは、川の水が淀み、緑色の深い淵をなしていて、いかにもそれにふさわしい場所だった。川から石段を登ったところに小さな社殿が立ち、一本の銀杏の巨木が狭い敷地の片隅にそびえている。鈴木棠三の『対馬の神道』には、「素晴しい大樟が何本も」あったと書かれているが、枯れたのか、伐られたのか、今はない。

雷命神社は村の氏神である。そしてこの氏神が村を留守にして出雲へいってしまう神無月には、おひでり様と呼ばれる神が、山から下りてきて村を守ってくれるという。そして旧十一月九日には、このおひでり様を再び山へと送ってゆく元山送りという行事が、村中総出で盛大に行われる。このおひでり様は、日神であり、もちろん天道にほかならない。

私は、たずねたずねしながら、村はずれにあるおひでり様を見に行った。

畑の中を、川に沿って歩いてゆくと、次第に左右から小山が迫ってきて、奥まった一角へと導かれてゆく。やがて正面に、いかにも神山らしい、木々が犇めいて黒々と茂っている森が現れた。誰かに確認しようとあたりを見廻していたら、かたわらの椎茸栽培をしている薄暗い林の中で、白い手拭をかぶった若奥さんらしい女性が立ち働いているのが見えた。私の問いに、彼女は案の定、「すぐそこですよ」と、背後の、例の森の方角を指さしてみせた。

村の裏は涸れ沢で、そのむこうがすぐおひでり様の森だった。かつては祠一つなかったらしいが、今は一本の大樹の根方に、小さな木の祠が置いてある。この森も禁忌がきびしく、昔は、「祭の日以外には、オヒデリ様の前まで来ることなどは、絶対に許されなかった」（『対馬の神道』）由だ。

すでに夕暮れが近づいていて、鳥の声一つきこえない森の中は、闇が少しずつ濃くなってゆく気配だった。竹にさして木の幹にたてかけた幣の紙の白さが、いやに目立ってくる。「分りましたかあ」——奥さんの若々しい声が、林を横切ってきこえてきた。

村へと戻ってゆく途中、奥さんの運転する小型トラックに追い抜かれた。奥さんは車を止め、乗ってゆかないか、と誘ってくれた。助手台に便乗して、あれこれとおひでり様のことを質問しているうち、彼女が偶然にも、雷命神社の神官橘家の奥さんであることが分った。

すすめられるまま、私は橘家に寄り、座敷にあげてもらって、当主からいろいろと話をきくことができた。

橘家は、豆酘の岩佐家同様、中臣烏賊津使主の裔と称し、やはり亀卜を行う卜部の家であった。阿連では、亀卜そのものは絶えているが、対馬の亀卜は、阿連からはじまったと一般にはされている。

橘氏からきいた中では、亀卜に使う亀は、阿連と小茂田のあいだの大野岬でとるものと決っていた、という話がいちばん印象に残った。亀卜は、殷代に盛行し、中国、朝鮮を経て五世紀頃日本に伝わり、それまでの鹿卜にとってかわった、というのが定説である。その伝来から、北方系の習俗とみなされがちだが、使われるのが海亀であるならば、これは明らかに南方系のものと言っていい。対馬、壱岐、伊豆から亀卜の卜部が選ばれたのは、技術の伝承もさることながら、海亀を容易に得ることのできる土地という意味合いもあったにちがいない。河岡武春の『海の民』によれば、伊豆の五人とは、伊豆七島の大島、新島、神津島、三宅島、八丈島の五島から召されたものであり、三宅島の壬《み》生《ぶ》家には、今なお数々の亀卜の法が伝わっているとのことである。その点で、折口信夫が、卜部＝海部説を唱えているのはまことに興味深い。

島の中部、浅茅湾のあたりは、海岸線が実に複雑に入り組み、大きな湾の奥にさらに深い湾がひらけ、その湾が、また多くの小さな入江をかかえ、無数の小島が浮かび、岬が触手のように細長くのびて、水路は蜘蛛手さながらである。こうした地形は、地図で見ていてさえ、母胎の襞の迷宮の中へとわけ入ってゆくような、不思議な肉感へと人を誘う。

『延喜式』に名神大社として名ののっている仁位の和多都美《わたづみ》神社も、このような入江の奥深くに鎮まっている。大きな石の鳥居が二つ海中に立ち、神殿は小さく、神域は深々としげった森である。この前来た時は、入江をかこむ磯山のつつじが満開だった。今はどこにも華やかな色彩がなく、萌え立つ緑もないが、磯山は深く静まり、引き潮のあとの潮溜りに冷い青空が映って、神域はかえって神々しい。

こうした社を見るにつけ、神社というものが、洋の東西を問わず、人間の手になるもっとも美しい場所《トポス》の一つだと思わずにはいられない。なるほどそこには、キリスト教の教会や仏教寺院に見られるような、壮大な建築も、巧緻な彫像も、華麗な祭具もない。しかしこれらが、どれほど人を魅惑しようと、人間の意志を具象化した物質であることに変りはなく、どこまでいっても人間臭さがつきまとう。それに対し神社は、有形のものをあたうるかぎり排し、自然をそのままに受容しながら、場所全体にある秩序をゆき渡らせている。神社にあってまず私たちの心を捉えるのは、神域全体を支配している空気、この目に見えない透明な秩序なのだ。それは、視覚に訴えない分だけ、直接心に働きかけてくる。神域に一歩踏み入り、この秩序に従う時、私たちは、ほかの場所では得られない心の平静さと安らぎを得る。

その点で、今日大社と言われている神社の多くは、神社本来の姿から離れているといえよう。社殿の規模の大きさを求めるのは、あきらかに寺を意識してのことだ。そこには仏教の著しい影響が見られる。和多都美神社のような神社こそ、神社の代表なのである。

この仁位にも、天道地がある。ここには、仁位の七岳、七茂、七淵と言われる天道信仰の聖地が存在するのである。

私は、七岳と呼ばれる七つの天道山がどの山々をさすのか知りたくて、仁位の役場へ行った。しかし役場の青年たちは誰一人として七岳の存在を知らず、天道山の名前をきいたことがないと言った。

私は、教えられて、和多都美神社と和多都美御子神社の宮司をしているという平山静磨氏のお宅へ行った。彦火々出見尊《ひこほほでみのみこと》と豊玉姫とを祭神とする和多都美神社は、町から二キロほど離れた海辺にあるが、鸕鷀草葺不合尊《うがやふきあえずのみこと》を祀る和多都美御子神社の方は、町のすぐ裏手の小山の中腹に鎮座する。孟宗竹の大きな藪と、古木の繁る暗い森の奥に小さな社殿が一つ建っているだけだけれども、こちらも『延喜式』の和多都美御子神社に比定されている。

古風な構えの平山氏の家は、神社の石段の下にあった。平山氏はさすがに、七岳と七茂の名を即座に明示された。しかしこれらの天道地の大方は、祭祀がすでに絶えているらしい。ただし七岳の一つ、モヨー岳には、今も正月に、仁位家の人が登って、山中の椎の古木の根方に供物を供えるという。

七茂の一つ、ヤクマの茂では、まだ祭祀が続いているというので見に行った。中学の体育館の裏を流れる川の屈曲部に当たり、崖の中腹に一団の茂みがあって、そこが天道地であった。かつては、その前に、恐ろしいほどに青い淵があったというが、川が荒れて、今はかつての面影はない。祭といっても、六月初午の日に、ここに御幣を七本立てるだけの話である。

和多都美御子神社と同じ小山の中腹にある阿恵神社も由緒のある社だ。ここも、社殿にはみるべきものはないが、森は深い。

宮司は、国道沿いのガソリンスタンドで働く青年だった。神社のことをききたいと言うと、彼は、国道の反対側にある家まで私を連れていってくれた。いかにも旧家らしい、堂々たる門構えの屋敷と、ガソリンスタンドとの取合せが、私には面白かった。

阿恵神社は、阿連の雷命神社を分祠したもので、やはり卜部の神である。青年の祖父の代までは、まだ亀卜をやっていたとのことであった。

和多都美神社の宮司長岡家は、阿曇氏の裔と称し、その代々の当主の背中には鱗がある、と伝えられている。この長岡家も、対馬有数の亀卜の家である。和多都美神社と阿恵神社との、また長岡家と国分家——青年の家——との関係は、私にはよく分らないが、ここにも、折口信夫の卜部＝海部説の裏付けとなる一事実の存在することはたしかだ。

仁位から、朝鮮海峡に突き出た小さな半島のはずれにある廻の村までは、バスがなく、タクシーでゆくより仕方がない。

若い運転手は、私が廻へ天道山を見にゆくのだという話をすると、自分の生まれ在所の吉田にも、子供の頃、川べりに天道様の森があった、と言い出した。吉田は、仁位のちょっと北にある古い村である。天道様の森は、大木のしげり合った薄気味のわるい場所で、子供たちは怖れてめったに近づかなかった。しかし近年、道路を拡張する際、邪魔だというので伐られてしまったという。

こうして私たちは森を伐り、神秘と別れるのだ。神秘と闇が、便利と明るさに抗することなど、とてもできはしない。それが世の趨勢というものであろう。しかし私たちが、追放した神々から復讐を受けないという保証はどこにもない。

廻は、かつては、朝鮮海峡を北上する鯨を捕って暮らしていた村である。一時はたいへん活況を呈したらしいが、今はただの小さな漁村と化している。

港からちょっとひっこんだ、山のはざまのような場所に、二、三十軒の家々が軒を寄せ合うようにしてかたまっていた。夕闇が漂いはじめてはいるものの、灯をつけるには早い、といった時刻のせいで、それに、さっきまで晴れていたのにすっかり曇ってしまった空の暗澹たる気配も加わって、その屋並はことさらに暗く、寂しげに見えた。漁村特有の狭い露地を奥へ向かって歩いていると、冷い雨粒がうなじに触れた。露地に面した村の寺では、本堂にあかあかと灯がともり、人々がたくさん集まって、法事をしている最中だった。

私は、鴨撃ちの人たちが泊るという小さな旅館に投宿した。夕食には、法事のために作ったらしい煮物や鳥の唐揚げが出た。

食事を運んできたおかみさんや中学生の娘に天道山のことをきいてみたが、一様に「さあ」と言って首を傾げるだけだった。しかし遅くなって法事から戻ってきた主人は知っていて、明日の朝、案内してあげましょう、と言ってくれた。

廻の天道山は、『対州神社誌』にも明記されており、一部では、豆酘、佐護と合わせて対馬の三天道とさえ言われていて、かつては天道信仰の一中心だったらしいのだが、今では村の一般の人々は、天道などとは没交渉に暮らしているようだった。

翌日は、朝食後早々に、主人が案内に立ってくれた。天道山は、村の裏山のもう一つ裏の山で、現在は誰も登らず、道がないので、山の見えるところまで勘弁してくれ、とのことだった。

道々主人は、一時イカの好漁が続いたため、家々で、無理して大型船を買ったところ、ぱったりイカがとれなくなり、最近では出漁するたびに赤字が出る、という話や、アワビやサザエの密漁が多く、どこの誰がやるのかも分っているのに、捕えようとすると、かえって無法者たちから危害を加えられる、という話をした。この村の漁業の先行きは、たしかに明るいとはいえない。といって、漁業以外にこの村がたちゆく道はない。これは、この村だけでなく、多かれ少なかれ対馬全体に通じる事情と思われた。

小山や丘のあいだをうねりながら上ってゆく緩い坂道を一キロほど歩くと、突然視界がひらけ、斜面に山畑が続いている場所に出た。彼方には、視界をさえぎっていくつもの山々が重なり合っていたが、その中の一つは、樹木を黒々と、盛り上がるように茂らせていて、すぐに私の眼をひいた。周囲の山が、樹林を伐採されたばかりの草山だったので、その山の樹木の茂りようは、ことさらに目立った。それが天道山だということは、言われなくても分った。古代の気配をいまだにまとっているかのような、遥かな過去の一瞬が突然幻となって現出したかのようなその山の姿は、まことに印象的だった。

主人が口にした「くろみ山」という名前は、この山の外観からついたものにちがいなかった。主人は、眼下の山畑のはずれに一本の小さな柿の木が立っているあたりを指さし、そこが柿の木ダンと呼ばれている場所で、毎年六月と十一月、浜の氏神様をお祭りする時、村の代表がそこまで御幣を持っていって、天道山に供えるのだ、と言った。また盆の時にも、盆踊りを天道山に捧げるのだという。

港に祀られている氏神は、鳥居の扁額には「権現宮」とあり、『対州神社誌』には「熊野権現」として載せられているが、『対馬州神社大帳』には、「霹靂神＝或云熊野権現。神体石。祭神雷大臣命」と記されていて、元来は雷神社だったと考えられる。『神社大帳』はさらに、村に祀られている嶽神と天道とを加え、「右三社ハト部ノ祭ル神也」と追い書きしている。現在祭に、神主として仁位の国分氏——例のガソリンスタンドの青年であろう——が呼ばれて来ていることも、この推定の傍証となろう。

雷神社であり、卜部が祭るからには、かつてここにも亀卜が伝えられていたことは確実である。そして、豆酘といい、阿連といい、仁位といい、廻といい、天道の祭祀のあるところに雷神社があり、亀卜が存するのは、決して偶然ではない。

対馬北部、佐護の湊にある天道山は、南対馬の豆酘の天道山と並んで有名で、天道信仰の一方の中心である。『海東諸国紀』の中の「南北有二高山一、皆名二天神一、南称二子神一、北称二母神一」という一文から、佐護は、天道法師の母を、豆酘は御子神、すなわち天道法師自体を祀る、と考える人もある。ともかく、佐護に天神多久頭魂《あまのたくずたま》神社と神御魂《かみむすび》神社があれば、豆酘に、多久頭魂《たくずたま》神社と高御魂《たかみむすび》社がある、といった具合に、佐護と豆酘とはあきらかに対になっており、佐護に上県直が、豆酘に下県直が住んでいたのであろう、という説（永留久恵『古代史の鍵・対馬』）が出てくるのは、ごく自然である。

佐護は、対馬第一の川、佐護川の流域にひらけた、島には稀な水田地帯だ。沿岸には、銅矛の出土した弥生式の遺跡や古墳が多く、古くから人が住んでいたことを示している。弥生の遺跡や古墳が多いというのは、雷神社と亀卜同様、天道地のある土地に通有の条件で、天道信仰の淵源浅からぬものであることを思わせる。

佐護川に沿って七つの部落があり、そのうち深山、恵古、仁田の内、井口、湊の五つに天道山ないし天道地があり、恵古には、行基が刻んだという例の対馬六観音の一つが、田圃の中の小さなお堂に安置されている。ついでに付け加えるならば、この恵古には、天神多久頭魂神社と並ぶ佐護のもう一つの式内社天諸羽《あめのもろは》神社が鎮座する。

湊は、佐護川の河口にある部落だ。内陸部を通って島を縦断している国道のバス停でバスを下りると、私は、タクシーを雇って湊まで行った。途中、佐護川の沿岸は、山が左右に退いて、ひろびろとした水田が拡がるが、河口に近づくにつれ、袋をくくるように、急にまた山が左右から迫ってくる。川の左岸、山の麓に沿って細長くのびる湊の家並を通りぬけたところに、めざす天神多久頭魂神社があった。

道路は、新しいコンクリートの堤防となって終わり、その向こうにはもう海が輝いていた。あたり一面の砂地に日が照って、ひどく眩しかった。

神社は、明るい松林の中にあった。川に面した正面と、東側とに古びた石の鳥居が立ち、まわりに低い石垣がめぐらしてある。一歩中へ入ると、いきなり、空の青さを吸って木々の黒々と静まる小高い天道山の姿が目にとびこんできた。芝草におおわれた白砂の神域には、物置きに使われているらしいトタンの小屋のほかには、まったく建物がなかった。日にむれた若松の葉や幹の香が立ちこめるその空間はいかにもすがすがしかった。

その先には、四角錐の形に小石を積み上げた、二メートル余の高さの石塔が左右に立ち、間にもう一つ、注連縄を張った木の鳥居が設けられていて、くぐってすぐのところ、本来なら拝殿のあるべき場所に、石の祭壇があった。そこで人が拝するのは、天道山そのものだった。

信者たちが奉納したらしい小さな鏡がいくつか積まれているその祭壇の前に立ち、木洩れ日の交錯する、深い照葉樹の森に相対したとき、私は、かつて経験したことのない不思議な印象を受けた。こちらを見据えるなにものかの視線に、何の用意もなく、むき出しの自分をさらしてしまったかのような戸惑いと同時に、ある爽やかで、透明で、直截な感覚が私を捉えていた。私の眼の前にあるのは、もはや単なる山ではなく、神霊のしずまる厳威《いつ》のみ山だった。

こうした神社に詣ると、社殿が、直接神に向かっている、という感覚の妨げになることがよく分る。この種の感覚を求める人間にとって、社殿はよけいな邪魔以外のなにものでもない。

私は後に、宮司の小宮氏から、第一章に引用したような、この神社の神が社殿を嫌うという話をきいた。天道地に関しては、ほかにも同様の話が伝えられており、たとえば和歌森太郎は、「これ〔社殿〕を建立することを極めて嫌う神だと敢《あえ》ていう村もある」として、廻をあげている（「対馬の天童信仰」）。

これらの話の中には、今では失われてしまった原始の信仰の姿が揺曳している。社殿の建立は、信仰の衰退の結果、とまではいえないにしても、信仰の二次的段階から生まれているのは明らかである。

私は、天道山の裏にまわってみた。そこは、天道山の続きの尾根や、他の小山に周囲をかこまれた草原で、御手洗川が流れ、ところどころに、古色を帯びた巨石が、誰かが投げ出したかのように点在していて、一種異様な雰囲気が漂っていた。天道山の山頂近くには、数百の磯石を積み上げた磐座があるそうだから、こうした巨石は、それらの落下したものかもしれない。村の人の言によると、かつてこの原で、人骨、銅剣、鏡などが発見されたという。

私は、橋を渡って、対岸の神御魂神社に行った。

神御魂神社は、川に突き出た洲に茂る、黒松を中心にした小さな森の中に祀られていた。入口に粗末な木の鳥居があり、雑草におおわれた森の中の空地の隅に、小さな社がぽつんと置かれているだけの、荒れた、寂しいお宮だった。私が入ってゆくと、一本の松の梢にとまっていた鳶がゆっくりと舞い上がり、弧を描きながら海の方角へ飛び去った。その声が、澄んだ大気の中にひとときこえた。

この神社は、腹部に日輪の描かれている女神像を神体とし、かつては女房神社とよばれていた。このことは、佐護の天道山が天道法師の母を祀るという説を裏付けるもの、とされている。

私は、川で桶を洗っていた老人に天道山のことをきいてみた。老人は、以前は、祭の日には、近在の村々からたくさんの人たちが歩いて参詣にやってきたのに、敗戦を機にすっかり信仰が衰えてしまい、今はろくに祭もやっていない、とやや悲憤色をなす口調で言った。

私はまた村に戻り、宮司の小宮氏を訪ねた。小宮氏は、日焼した、精悍な、まだ三十代の青年だった。たぶん普段は、漁業にでも従事しているのであろう。ちょうど彼岸の中日で、一家で墓参りに出かけるところだったが、私の質問にはよろこんで答えてくれた。

天神多久頭魂神社の祭日は、旧一月の二十三、二十四日で、ヒモロギ——椿の葉に紙シデを垂らしたもの——をかえ、米、塩、酒などを供え、あと社務所である小宮家で直会をするだけの簡素なものだという。

『対州神社誌』には、天道大菩薩の祭礼として、「霜月朔日　六月始午日」とあり、ある時期に祭日が変ったものらしい。また同じ『対州神社誌』には、「湊村百姓太郎兵衛女房神楽仕」ともあって、少なくとも貞享の頃には、神楽を奉仕することも行われたようである。

なお『対州神社誌』の頃、天道地をはじめ、対馬の神々の祭祀には、法者《ほさ》と称する両部の祈禱師と、命婦《みょうぶ》とよばれる巫女があずかることが多かった。命婦とは、トカラ列島の内侍同様、中古にあって、宮廷の女官を意味する語であった。命婦はたいがい法者の妻であり、両者の関係は、念仏聖と梓巫との関係を思わせるが、一方でこの命婦は、沖縄のノロや司とも縁を引いているように考えられる。鈴木棠三は、あくまで旅中にきいた伝聞だとしながら、かつて命婦が女系によって相続されていた、という話を『対馬の神道』の中に書きとめている。

もし天道が、本来海部の祀る太陽神であるならば、命婦には、日の巫女であった天照大神の影が落ちているということになろう。

それから私は湊を去り、国道のバス停までの一里の道を、佐護川に沿ってゆっくり歩いていった。枯田の上の空に日がのどかに照り渡り、背後の海の方角からは、たえず鳶の声がきこえてきた。私は、途中の村々で、またいくつかの天道地を見た。

蓋井島の森山

蓋井島《ふたおいじま》は、現在は下関市に属し、響灘に浮かぶ周囲十三キロの小さな島である。全島山におおわれて平地はほとんどなく、激浪の洗う周囲は断崖をなし、海蝕洞が多い。島の南側のゆるい傾斜地に村があり、百五十六人（昭和五十九調べ）の人々が、漁業によって暮らしを立てている。

島へ渡る船は、響灘に面した吉見という小さな漁港から出る。吉見までは、下関から山陰線で響灘沿いに北上して、約三十分の距離だ。五十トンの市営の連絡船は、朝夕二便しかない。私の乗りこんだ夕方の便は、土曜だったため、釣客で満員だった。

一般に島というものは、地図の上でどんなに小さく見えても、近づいてみると、存外に大きなものである。蓋井島に関しては、とくにそういう印象が強かった。それは、この島の山が、面積に比して高く、しかも峰が二つあって、重畳とした趣きをみせているからであろう。手前の、円錐形にそびえる乞月山は標高百四十メートル、そのむこうに梯形の山容をのぞかせている大山は、二百三十メートルの高さに達する。

吉見を出て三十分——舳先に次第に迫ってきた島は、一面樹林におおわれ、暗澹とした梅雨空のもと、黒々と静まりかえって、とりつくしまのない姿だった。断崖にあがる波しぶきは、遠目には、近づくものを威嚇しようとして咆哮する、島の白く、たけだけしい歯並のように見えた。こうした外観は、神功皇后の伝説が纏綿し、古代の神事をいまだに伝えるこの島に、いかにもふさわしいものだった。

この島の山の神神事については、国分直一の一文（「蓋井島の山ノ神神事」）がある。それによると、この島では全戸が四つの組に分かれて、一の山から四の山までの四つの森を祀っており、六年に一度、辰と戌の年の旧十一月の吉日をえらんで、これらの森から、当元家とよばれる各組の宗家に神を迎える。

森は神のものであるゆえ、そこからは小枝一本持ち出すことさえ禁じられており、そのため樹木は鬱蒼と繁って、原生林の姿をとどめている。樹種は松と椎が主で、松の多い森を祀る家では正月に松を、椎の多い森を祀る家では椎を、その門に立てる。これは植物トーテムであろう、と国分は言う。

祭は四日にわたって行われるが、それに先だち、島民は、それぞれの森を清め、古い神籬《ひもろぎ》を焼き、森の中の枯木や倒木を適当な長さに伐って堆高く、円錐形に積み上げ、新しい神籬とする。この中に祖霊が下りるか、籠《こ》もるとされるのである。

祭の第一日目には、島外から呼ばれてきた太夫（神主）によって、一の山から順に神迎えの儀式が行われる。太夫は、当元家の奥の間に注連縄を張って祭場とし、祭壇を設けて供物をそなえ、腰掛俵と呼ばれ、神の座とされる、麦をつめた俵の上に七十五本の幣を立てる。やがて太夫は警蹕の声をあげて神を迎え、奥の間に続く表の間に正座した当元は、上体を深く折りまげ、頭を下げて神に挨拶をする。こうした行事が四度繰り返され、四の山の当元家の神迎えが終わるのは、深更に及ぶこともある。

二日目からは、各当元家において、「まかない」と呼ぶ直会があり、三日目に神送りとなる。

太夫は、祝詞をあげた後、升に入れて祭壇に供えてあった七十五の「まさご石」をすべての部屋に撒き、さらに抜刀して、次には祓串を以て各部屋を祓い、最後に土間に下り、杵をとって空臼を搗く。

それから人々は、行列を作ってそれぞれの神の森へと向かう。当元は、「ひとふごも」と呼ばれる薦で包み、「神の締め緒」でしばった七十五本の幣を運び、神籬の中に移し入れる。そのあと人々は、七十五尋の山の標縄で、神籬をぐるぐると巻き締める。国分は、こうした一連の所作を、神の滞留に対する恐怖から出たものと解釈している。

神籬が標縄で巻かれるや、その前に掘り据えられている壺に一夜作りの甘酒が注がれ、御食《おごく》と呼ばれる炊いた飯や七十五の小餅が供えられるのだが、その際、他の山の氏子たちが餅を奪うために忍び寄ってきて、争奪戦がはじまる。この餅奪いは慣例で、盗んだ方が運がよく、盗まれた方が悪いとされるため、時には激しい争いとなって、怪我人が出ることもある。ちなみにこの祭には、七十五という数がつきまとっているけれど、国分はこれを聖数とする。

国分は、昭和三十三年に行われた祭に立ち会って、その経過を詳細に記録しただけでなく、当元家に残っている江戸期以降の祭に関する古文書に目を通して、その沿革をあきらかにし、さらにこの神事の意味をあたうるかぎり解明した。

国分のこの一文が、私の旅の唯一のガイドブックだった。

村の前の、海岸を埋め立てた港の一角には、島の唯一の文化財である山の神神事についての案内板が立っていた。案内文には、この神事が、「〔……〕奥山の賢木《さかき》の枝に白香つけ、木綿《ゆふ》とり付けて、斎瓮《いはひべ》を斎《いは》ひほりすゑ〔……〕」と『万葉集』に歌われた古代の祭の姿を残している旨が記されていた。この神事も、今は国指定の重要民俗資料なのである。

私は、漁協のコンクリートの大きな建物の横を通って、村の坂をのぼっていった。めざす松本満雄さんの家はすぐに分った。

蓋井島に行きたいと思いながら、島の事情が皆目わからず困惑していた時、私はたまたま、日本離島センターの出している雑誌『しま』で、この島について記している彼の短文を読んだ。私はセンターの知人に電話をかけて、松本さんのことを教えてもらった。知人の言によると、松本さんは、蓋井島在住の若い漁師で、下関市漁協の青年部の部長なども務め、センターの主催する研修会によく出席して、活発な発言をする人とのことであった。

松本さんの家では、一家総出での古い家の取り壊しが終わり、庭の一隅に古材を山と積み上げて燃やしているところだった。その炎が、漂いはじめている夕闇の中でひどく鮮やかに見えた。松本さんは、首に手拭を巻き、埃によごれた、汗まみれの姿で現れた。俳優の中村雅俊に似た長身の好男子で、年齢は三十歳前後と思われた。

私が来意を告げると、松本さんは、それじゃあこれから案内しましょうと言う。作業で疲れているだろうし、だいぶ日が暮れかかってもいたので、明日でも結構だと遠慮すると、明日は天気が分りませんからね、と海の方角の空を指さしてみせた。実際、家々の屋根越しに見える彼方の水平線には、暗雲が低く下りていて、いつ雨が来るか分らない空模様である。私は喜んで松本さんの申出に従った。

祖霊を祀る四つの森のうち、一の山から三の山までが、筏石と呼ばれる、村から半キロほど離れた谷地に隣合って存在し、四の山だけが、村のすぐ近くの田の口にある。最初村は筏石にあり、後年、といってもかなり昔のことであろうが、現在の地に移ったとされており、したがって一の山から三の山までが古く、四の山はあとからできた森、と考えられている。私たちは、筏石の森山から見てゆくことにした。

私たちは、魚のはねる音が時折きこえるだけの、静かな、しんとした海に沿って、一本道を西へ向かって歩いた。やがて一本の黒松だけが他の木々をぬいて高々とそびえる森が見えてきた。この、海に接した森が二の山だった。

森の中にはすでに闇が立ちこめ、重なり合って茂る木々は静まり返り、枝葉のあいだから何者かの眼がこちらをじっと窺っているような気がして、容易に踏みこみ難かった。一人だったら、私は森の中へ入るのにかなり躊躇したにちがいない。

松本さんの後から入ってゆくと、とっつきに、周囲を石で畳んだ古井があり、その傍らに小さな堂が建っていた。これは、四つの森を通じて私の見た唯一の建物だった。

その井戸から斜面を少しのぼったところに、三年前に行われた祭の時の神籬がそのままになっていた。高さ二メートル近く、円錐形に積み上げられた枯木は、幹の一部が夕闇の中に仄白く浮かび、なにか大きなけものが蹲っているようにみえた。神籬の前には、実際、素焼の壺が掘り据えてあった。

昭和三十三年の祭に際し、森の清掃をした時、二の山からは土師器の、三の山からは須恵器の大きな破片が発見されたという。この一事からしても、祭が古代から行われてきたことは間違いないだろう。もっとも四つの森の発掘調査は、当然のことだが、島民たちの信仰を重んじて、いまだ行われていない。ちなみにこの島に人が定住したのは、他の地点の発掘によって、ほぼ西暦六、七世紀頃と推定されている。

木々のあいだからは、盲いたような光がまだ残っている海が見えた。枝葉が潮風にさわぎ、その音は、私には、さばえなす精霊たちの声のようにきこえた。

それから私たちは三の山へ行った。

海に流れこむ小川を少し溯ったところにある狭い谷地に、小川を狭んで右に三の山が、左に一の山がある。いずれも小さな森だが、一の山より三の山の方が、茂りが深く、幽邃の趣きがあった。

小高い斜面にある三の山へあがる道は、草に埋もれていた。そして入口には、人一人が身をかがめてくぐるのがやっとの、小さな木の鳥居が、丈高くしげる草のあいだから、浮かび上がるようにして立っていた。それは、人を迎えるよりも、背後の神聖な闇へ人が立ち入るのを拒む姿だった。

三の山は、海から少し離れているので、森の中の闇は、二の山よりいっそう濃かった。ここでも神籬はそのままで、さらにその傍らには、祭の時に組の人々が作って山の神に献上した作り物の船や人形が打ち棄てられていた。すでに風雨のため、半ば朽ちていたが、船に塗られた白や赤のペンキの色は、薄明かりの中ながら、鮮やかに残っているのが分った。

各組の人々が、それぞれ作り物を作って神に献上するのは、祭の慣例である。各組は秘密に製作し、同じ作り物の重複は許されず、かちあった場合には、後の組の人々は作り変えねばならない。だから三の山、四の山の組の人々は、作り物にひどく苦労するそうである。

三つの森を見終わって、田の口まで戻ってきた時には、日はすっかり暮れてしまい、斜面に密集する村の家々にも灯がつきはじめていた。

田の口は、筏石よりずっと広い谷地で、ごく緩い傾斜をなす土地に棚田がひろびろとしつらえられていて、そのいちばん奥に四の山の森があった。

「あれがそうでしょう?」と、私が教えられる前に指さすと、松本さんは、「どうして分りますか?」と不思議そうな顔をした。しかしたくさんの神の森を見てきた私の眼には、その森のたたずまいの、一朝一夕に生まれたものでないことは、すぐに分った。

いちばん新しい森のはずなのに、四の山の森がもっとも大きく、そして立派だった。茂り合う木々の中には、一きわみごとなアスナロウの大木があった。落葉が積もり、石蕗《つわぶき》が丸い大きな葉を茂らせている森の中の空地には、四の山と記された石の標柱のほかには何もなかった。

その晩は民宿に泊るつもりだったが、あまり強くすすめられるので、松本さんの家の厄介になってしまった。近くの民宿で用意した夕食が、運ばれてきて、テーブル一杯に並んだ。鰤、イカ、あわびの刺身をはじめ、食べきれないほどの新鮮な海の幸づくしである。「今夜は飲みましょう」と言って、松本さんは奥の部屋からヘネシーの瓶を持ち出してきた。このような離島の漁村で、フランスの高級ブランデーが飲めるとは、日本も豊かになった、と思わずにはいられなかった。

若い松本さんの関心は、もちろん古い信仰や民俗にはなく、差し迫っている島おこしにあった。彼はそのさまざまな計画について、深夜すぎまで熱っぽく語り続けた。

蓋井島は、かつては農業の島で、周辺の好漁場は、対岸の吉見や安岡の漁民たちの専有に帰していた。乏しい耕地では、生活できる人間の数に限りがあり、十九戸より増やさないのが、長い間この島のさだめであったという。実際、記録に残っている島の戸数は、慶長から明治のはじめまで、十九戸か、それ以下である。

明治の新世になって、漁業に中心が移りはじめるにつれ、戸数も人口もふえ、最盛期の昭和八年には、三十二戸、二百四十八人に達した。そしてごく最近、離島振興法によって立派な港が出来てからは、生業は完全に漁業一本となった。

漁場が近く、その上漁果にあまり変化がないので、収入も比較的一定している。「サラリーマンみたいなものですよ」と松本さんは言った。私たちの窺い知ることのできないさまざまな危険や苦労はもちろんあるだろうけれども、そこには、人々が一般に漁業に対して抱くイメージとは若干異なった、出漁が通勤に思えるような業態があるのも事実のようであった。漁協の申合せで、全国でも珍しく、月二回の定休日が定められているのも、そうした業態とかかわりのあることにちがいなかった。そして幸いにも——松本さんにとっては不運だったかもしれないが——私がやってきたのは、その定休の第二土曜日に当たっていたのである。

安定した収入にひかれて、最近はUターンしてくる人々もふえ、若いカップルが生まれ、子供も次々に誕生しているという。過疎に悩む他の離島に比べ、青年が多いので、離島対抗のバレーボール大会などに出ると、いつも優勝するんです、と松本さんは言った。

その松本さん自身も、去年、下関出身の女性と結婚したばかりであった。とても漁師のおかみさんとは思えない、女子学生そのままの奥さんも出てきて、話に加わった。私が島の暮らしについて訊ねると、村中が親戚だから、道を歩くと挨拶がたいへんなんですよ、と言って笑った。しかし人は皆親切だし、魚はおいしいし、湧き水が豊富なので水の苦労はなく、山に入れば筍でも、山菜でもなんでもあるし、暮らしは結構しやすいらしい。実際食後には、山の奥へ行ってもいできたという、小粒だけれども甘い枇杷が、枝つきのまま、大皿一杯に出た。

離島を旅する時、決まって出会うのは、時には悲惨としか言いようのない、その過疎の有様である。老人と子供だけのその佗しい生活もさることながら、無人と化して、村が滅び去るのを待つほかになんの見通しも持てない、その希望のなさがいちばんやり切れない。そうした離島と比べると、蓋井島には、少なくとも、青年が明日を託することのできる展望がある。私は、松本さんの島おこしの話に快い感銘を受けた。

寝る前に、明日は山の中の古い牛の墓を見にゆきましょう、と松本さんは言った。

翌日は、松本さんの予想通り、朝からの雨で、とても山の中へはゆけそうになかった。私は、朝食前に、今度は一人で、四つの森をもう一度見てまわった。

昨日よりはずっと明るい光がさし入っているのに、私はやはり、抵抗なくこれらの森へ入ってゆくことができなかった。なにひとつ人手が加わっていないにもかかわらず、いや、それだからこそ、これらの森は、普通の森とは異なるものとなっていた。枝一本、葉一枚持ち去らないという、長年にわたる人々の意志が、こうした独特な繁りを作り出しているのだった。そして寺院や教会が、信者たちの供物で満たされているように、森の仄暗い枝葉の繁みは、世々の島人たちの情念の、声なき声によって満たされていたのである。

森の中へ入ると、濡れた落葉や木の匂いがした。私は、しばらく森の中に佇んでいた。森を包む雨の音や、眼下の浜に間を置いては砕ける波の音をきいていると、この島に生き死にした昔の人々のことが思われた。それは、十九戸だけの、単調な、ほとんど変化のない、そして貧しい生活の何百年にもわたる繰り返しだったにちがいない。その単調さ、貧しさを支え、それを安らかさに変えたものこそ、人々の信仰だったはずだ。

松本さんは、山の神の祭は面倒だから嫌だ、と言った。国分の一文の中にも、この祭を厭う青年たちの反応が記されていた。莫大な費用と時間と精力を費すにもかかわらず、あまりにも厳粛すぎて、青年たちの期待する解放感や楽しみが、この祭からは得られないのだ。直会の間でさえ、祖霊を憚って、声を立てることさえ許されない、という。しかしこの厳粛さこそが、昔ながらの信仰の深さのなによりの証左であろう。

そのあと私は、村の中を一通り見て歩いた。港を見下ろす斜面に密集する家々は、狭い、曲折する坂道に沿って並び、風除けの石垣をめぐらし、多くは赤い石州瓦をいただいている。道の曲がり角などに、なんの変哲もない丸石が祀られていて、前の竹筒に榊がさしてあったりする。

斜面を上りきった丘の高みには、山神の森とはまた別の、牛神の森、行者の森、地主の森といったいくつかの森が、村を囲むようにして茂っていた。森といっても、数本の大樹を中心に雑木が密生し、大樹の根もとに石の祠などが置いてある、といったもので、モイドンなどとよく似た姿だった。

松本さんの家に戻って遅い朝食を御馳走になっていると、ウニ採りをするから、海岸に集まるようにという村内放送のアナウンスがきこえてきた。松本さんの家の女性たちも、すぐ籠を持って、海へ下りていった。ウニは今日一日採って、夏まで禁漁となる。この島の瓶詰めのウニは、添加物がほとんどないので、味がよく、あっという間に売れてしまうそうだ。これが目下のところ、島の唯一の特産品なのである。

雨が激しくなってきた。私は仕方なく、横になってテレビを見ながら、帰りの船の時刻まで、また松本さんと島の話をした。

その日、私は下関に泊り、翌日は再び山陰線に乗って、吉見よりも先の梅《うめ》が峠《とう》まで行った。国分直一の別の文章（「森の信仰」）によって、その近くの大休庵という村に、村人たちがモリサンと呼ぶ、もう一つの聖なる森があることを知っていたからである。

モリサンは、里から山へ入る入口にある森のことで、かつては杉の巨木がそびえ、森かげには、大歳、御歳、若歳の三神が祀られていた。そして村人たちは、旧三月二十日、すなわち新緑のもえ出ようとする、初夏を迎える時期に当たって、モリサンゴモリと称し、甘酒を煮、大きな握り飯を作り、モリサンに乞うて集めた枯枝を赤々と焚いて、敬虔な夜籠りをした。しかし明治四十四年、神社合祀の際、三神は隣の豊浦町杜屋神社に合祀され、杉の巨木も伐られた。ただモリサンゴモリの方だけは、少なくとも国分がこの一文を書いた昭和三十二年までは続いていた由である。

梅が峠は、山中の佗しい無人駅だが、駅前に梅光女学院大学が出来たため、講義のある時には、下関周辺から通ってくる華やかな女子学生たちで埋まってしまう。しかし大休庵は、大学とは線路をへだてた反対側にあり、女子学生の華やぎとは無縁の静かな村であった。

立ち話をしていた農家の若い女性にモリサンはどこかと訊ねると、すぐに分って、近くまで案内してくれた。「あそこなんですよ」と、彼女は、道の角に立って、二、三十メートルほどさきの、小山の裾にある木々の繁みを指さしたのだが、そこまでゆく小道は、先刻までの豪雨が道一杯に流れていて、まさに川だった。私は、踝まで水に浸かり、泥水の奔流を溯って、やっとモリサンまで辿りついた。

そこは、杉や雑木にまわりを囲まれた十坪ほどの空地で、その真中に、石祠と、その左右に二つの小さな石塔が立ち、黒々と雨に濡れていた。モリサンの木立ちは、そのまま隣の林へと続いている。

柳田国男の『分類祭祀習俗語彙』には「モリサン」の項があるが、そこに記されているのは、大休庵の森ではなく、奈良県吉野郡賀名生村黒淵の、大先祖を祀った森のことである。最上孝敬の「黒淵の杜と墓――吉野賀名生村訪問記」によると、かつて賀名生村の四十八軒の旧家は、それぞれ森と淵とを持ち、すなわち四十八の森と淵とがあったという。しかし森は、神社合祀をさかいにことごとく伐られ、最上が村を訪れた昭和二十六年には、すでに跡形もなかった。そういえば、大休庵の杉の巨木も、神社合祀の際に伐られている。地方を歩いていると、廃仏毀釈と神社合祀が、いかに大きな破壊であったかが分る。

ともかく大休庵のほかにも、モリサン、モリサマと呼ぶ聖なる森が、かつては日本のあちこちにあったらしい。写真をとっているうちに、また雨が激しくなってきた。たとえ二、三十メートルの距離でも、道を流れるあの奔流の水かさが増すならば、戻るのは容易なことではなくなる。私は急いで、モリサンを後にした。

私はさらに山陰線に乗って、次の駅の黒井村で下り、モリサンが合祀されたという杜屋神社まで行った。

杜屋神社は、三穂津姫神を祭神とする式内社で、その神域は、水田のさなかにあって、遠くからでも目につく社叢を形成している。杜屋川にかかる橋を渡ると、破風屋根をいただく立派な門があり、その奥に社殿がたち、裏には、竹矢来に囲まれた磐座《いわくら》が残っている。

神社合祀で周辺の村々の小社を合祀した際に作られた小さな木造の社がたくさん並んでいたが、どれがモリサンを祀るものかは分らなかった。

杜屋神社という名称は、森を連想させる。実際、山陰線がすぐ裏を通るようになるまでは、神社の後方は、深い森であったらしい。また現在は遥か彼方に遠のいている海が、入江をなして、神社のすぐ前面まで入りこんでいたという(志賀剛『式内社の研究』)。その頃には、浜に立てば、沖に蓋井島の島影が望まれたであろう。

蓋井島の森山と、大休庵のモリサンとが、また杜屋神社とがどのようにかかわるのか、それは、私にとって、想像を刺激する問題である。

西石見の荒神森

小郡の駅のホームで、津和野行の列車を待っていた時、ちょっとした拍子に、眼鏡のつるの片方が呆気なく折れてしまった。安物だし、長年使ってきたので、つぎ目のあたりが脆くなっていたのであろう。しかし眼鏡がなければ、私は目が見えないも同然である。

津和野へ着き、宿へ行って眼鏡屋の所在を訊ねると、二百メートルほど先にあるけれども、六時には店を閉めてしまうから、急いだ方がいい、とせき立てられた。六時まではもう五分もない。走るようにして行ってみると、ちょうど、若い女子店員が、表のシャッターを下ろそうとしているところだった。

幸い、私がかけていたのとほぼ同じフレームを買うことができた。レンズをはめかえてもらって、店から出てきた時には、表はすっかり夜になっていた。十一月の初めで、日が短くなっている上、津和野は山峡の町なので、日が暮れるのがひどく早いのだ。観光都市なのに、大方の商店がすでに閉まっていて、いくつかの色の淡いネオンが、人通りのない街路に向かって、壊れた信号機みたいに無駄な点滅を繰り返しているだけだった。町をかこむ山々からは、明日の快晴を思わせる鋭い、しんの澄んだ冷えが迫ってきた。

翌日は、予想通りみごとに晴れた。山々は、青空に鮮やかな稜線を描き、澄んだ大気の中で、山肌が近々と見えた。

私は、駅前からタクシーを雇って、野中まで入ってみた。野中は、津和野川の支流の高野川に沿って、谷間の道をかなり上まで登りつめたところにある小さな山村である。

私が荒神森のことを訊ねると、近くの吹野出身の若い運転手は、子供の頃、家の近くに荒神さんを祀る森があったことを覚えている、と言った。

荒神森とは、藪神、森神などとも呼ばれ、西石見一帯に存在する神の森のことである。多くは、旧家の屋敷の裏山か、地続きにあって、杉、タブ、樫、欅などの大木を中心として、小さな森を形成している。一年に一度、神主を呼んで、神の依り代となる大樹の根方に幣を差してもらい、供物をして拝んでもらう、といった簡単な祭をする。祭日は、正月だの、十一月だのと一定せず、時には年に三度祀るという例もある。荒神といっても三宝荒神とはなんの関係もなく、祟りが激しいところからの命名かとも思われる。祀られている神は、祖霊なのか、地の神なのか、山の神なのか、今となっては判別しがたい。ただ、森のありようも、個人祭祀である点も、祀り方も、祟りの激しい性格も、ガロー山、モイドン、後述するニソの杜、ダイジョコの森、地主神の森などと共通するところが多く、かつては日本にひろく分布していた、森を祀る原始信仰の名残りであると考えられる。

運転手は、こうした方面に関心があるらしく、私の探索に好意を持ち、途中、時々車をとめては、村の人たちに荒神森のことをきいてくれた。しかしどこでも実のある返事は得られなかった。

野中の村のはずれに、八十過ぎの老人がいるときいて行ってみた。村のいちばん高みにあるその家を訪ねると、奥からその老人が、畳を這うようにして出てきた。耳も遠く、運転手が大声で何度もきいてくれたけれども、結局要領を得なかった。運転手の話だと、この体の不自由な老人は、山深い一軒家で、一人きりで自炊生活をしているのだという。

このあたりの山村の過疎は深刻で、私は、それ以後も、同じような一人暮らしの老人に何人も会った。少し下の部落で、八十を越えた老婆を訪ねた時のこと、耳がやはり遠く、どんなに大声をあげても話が通じないので、仕方なく、「おたくに荒神様の森はありますか」と手帳に書いてさし出すと、それまでも切なげな様子をしていた彼女は、「眼もよう見えしません」と言って、突然、その皺だらけの顔の造作がばらばらに壊れてしまったような表情をした。その老婆の顔と、彼女の家の庭に立っていた櫨の深紅の紅葉の色とは、今なお私の瞼裏に残っている。

私は野中で車を帰し、荒神森を求めながら、谷を下っていった。左右の山の斜面を蔽う樹は杉が多かったが、ところどころの雑木が鮮やかに紅葉していて、一杯に当たった朝日の中で、深紅や、朱色や、黄色の炎をあげていた。棚田はすでに刈入れが済み、稲架にも稲の姿はなく、切株の規則正しい列ばかりが目立った。そしてあちこちに、穂に出た芒の群が、白い光となって揺れていた。

谷に散らばっている家々のほとんど一軒一軒に入りこんでは、荒神森についてきいてみた。しかしなにも知らないだの、よそから来たので分らないだの、以前はあったが伐ってしまったといった答えしか返ってこなかった。それでも、山は売ってしまったが、荒神様を祀る杉だけは残してある、という家が一軒あった。今でも十一月二日にささやかな祭をし、木の根方に幣をさすそうだ。私は、家の裏手の山の、その杉のところまでのぼってみた。杉の根もとには、数日前の祭の時にさした真新しい幣が立ち、傍らに小さな祠が置かれていた。

別の家でも、人の丈ほどの小さな榊の木に荒神様を祀っていた。

材木屋から荒神森の大木を売れとすすめられた旧家では、しかるべき人間を呼んで祭をし、神様に別の木に移ってもらって、その木を伐らせる、という話が、三十七年前にこの谷筋の荒神森について報告した沖本常吉の一文（「荒神森——石見津和野川地方」）にのっている。さしずめこの榊などは、こうして無理矢理に立ち退かされた神のついの棲み家なのであろう。

私はこの谷筋を歩いてみて、いかに材木屋が猛威を揮ったかを知った。この谷の荒神森の木は、ことごとく材木屋の手によって伐られた、といっても言い過ぎではない。貧しい村々では、材木屋が大木につける、ちょっとまとまった金額の誘いに抵抗するのはむずかしかったろう。

父の業をついで、一時銘木問屋をやっていた私の死んだ友人は、生前よく、番頭について田舎に木を買いにゆく話をしてくれたものだった。材木屋の間では、どの村の、どの神社や屋敷に、どのような大木があるかが分っており、気長に交渉しさえすれば、たいがいの木は手に入るものだ、と彼は言っていた。信仰を失ってしまえば、大木などは、家を暗くし、風通しを妨げ、掃除をしても追いつくひまのないほど落葉を降らせる邪魔物にすぎない。この国土の天然記念物以外の大木は、遠からず、あらかた伐りつくされてしまうにちがいない。

吉ヶ原の村には、墓地の中に幹まわり二メートル近い椿がそびえ、そのすぐ隣に藤井家という旧家の荒神森がある、と沖本の報告に記されていたので、たずねてみると、椿の巨木は枯れたのか、伐られたのか、跡形もなく、荒神森自体も消えていた。

しかしこの村では、材木屋の誘いを断固としてはねつけ、荒神森の木を伐らせなかった九十歳の老人の話をきいた。老人が守り通したその杉の大木は、いちめんに蔦をまといながら、山の斜面に、青空をさして、鋭い剣のように屹立していた。

この村には、昔のことをよく知っている竹内さんという老人がいた。彼は、山裾の、今は畑になっているあたりを指さし、あそこにも荒神森があったのだ、と教えてくれた。だいぶ以前、ある家が、先祖の墓の世話をするのを条件に、荒神森を近所の家に譲ってよそへ移ったが、譲られた方の家では、墓の世話をしないばかりか荒神森の木も売り払った。そしてその金を持って津和野へ出たところ、市場でそっくり落としてしまった、という。「あれは荒神様の崇りだね」と、竹内さんは言った。

高野川を渡った対岸の、一軒の藁屋根の家の裏に、タブの大木を中心とする荒神森があった。大木はタブのほかにはなかったが、大木の朽ちたあとや、切株があちこちにあり、かつてはここが鬱蒼とした森だったことを偲ばせた。森のすぐ下に小さな石の祠が祀られ、榊が供えてあった。これは、この谷筋で私の見た、唯一の森らしい荒神森だった。

谷をすっかり下りきり、谷筋の道と直角に走る県道を津和野の方角に向かって歩いてゆく途中、中原の部落で、道の左手の丘の上に、周囲の植林された杉林とはあきらかに樹相の違う、木々が盛りあがるように茂って、一見神の森とわかる森があった。道を歩いていた老人に訊ねると、私の予想通り荒神森で、ちょっと上《かみ》にある米原家で祀っている由であった。

米原家は、やはり県道に面した、旧家らしい構えの家だった。中年の奥さんは、わざわざ森の中まで私を案内してくれた。森の中には、数本の欅と杉の大木が聳え、石の小祠が据えられ、磐座らしい巨石があった。大地の瘢痕を思わせる古びた大きな切株が、木洩れ日の当たっている落葉のあちこちに顔を覗かせていた。奥さんの話だと、祭といっても、今は、年末に餅をつく時、それを持っていって祠の前に供えるだけとのことだった。

年寄りがいるから訊ねてみたらと言われ、また米原家に戻り、縁側に坐って、奥さんの姑である、細面の上品な老婆から、しばらく荒神森の話をきいた。

米原家の荒神森には、昔、村のどこからでも見えるほどの高い檜の巨木が茂っていたが、七十年近く前、広島から来た材木屋が、二百円という値をつけたので、彼女の主人が、ついに手離したそうである。それは、四畳半の茶室の天井が一枚板でできたほどの大きな檜だった。その折材木屋は、他の杉の大木も数本、それぞれ十円で買っていった。主人はそのお金を全部使ってたんぼを買ったんですのよ、と彼女は言った。

米原家からの帰り、私はもう一度森を見た。それはさっきよりも、ずっと小さく、みすぼらしく見えた。それは荒神森のなれの果てなのだった。私は、檜の巨木が枝葉の翼をひろげ、その下で濃密な闇を孵し続けてきたかつての荒神森の姿を思い描いた。檜が音を立てて伐り倒されたとき、巣喰っていた闇は、それぞれ小さな翼を得て、どこかへ飛び去ってしまい、神もまた、あきらかにその日に切り殺されたのである。

山口線を、津和野から北へ二つ目の日原で下り、国鉄バスで一時間ほど、高津川沿いに山峡の道を入ったところ、高津川とその支流福川の分岐点に、柿木という村がある。この山奥に、と驚くほどの繁華な屋並が川の両岸に並んでいて、村というより町の姿だ。柿木温泉と称して温泉も湧き、旅館も数軒ある。私は、その中の川に面した一軒に泊った。川の瀬の音がたえず聞こえる、静かないい宿だった。

翌朝はまたタクシーで、福川沿いにさらに奥へ入った。運転手は、私の話をきくと、本郷の部落の、かつて庄屋をしていた三井という旧家まで連れていってくれた。

出てきた三十五、六の奥さんは、気さくな人で、その上、荒神森のことをよく知っていた。彼女の話によると、この家にもかつては二つの荒神森があったが、その一つ、家の前にひろがる福川沿いの水田のへりにあったものは、三年前、圃場整備事業の際、伐られ、もう一つの、山の上の墓地の傍らにあったものは木が枯れて、両方とも今は跡形もないとのことであった。田のへりの荒神森は、杉、樫、椿などが茂って、小暗い森をなしていた。木を伐ったあとの土地を整地すると、中からたくさんの五輪塔が出てきた。この五輪塔は、寺に預けてあるという。

彼女は、奥に母が住んでいるからと言って、母家の裏手に建てられた隠居所まで私を案内し、炬燵に入ってテレビを見ていた老婆からも話をきき出してくれた。老婆は、荒神森の樹を伐る時、どこからか真白な鳥が飛んできて梢にとまり、また、枝の切口から水が噴き出したという話を真顔でした。事実なのか、篤い信仰が生み出した幻なのか。とにかく今でも、彼女の心の中では白い鳥が舞い、伐られた枝が空に向かって水を噴きあげているのはたしかだった。奥さんは親切にも、あちこちに電話をかけて荒神森の所在をたしかめ、折橋にあるときくや、さあゆきましょう、と言って、小型トラックの助手席に有無を言わさず私を乗りこませた。

折橋は、福川の支流本郷川をさらに二キロ奥へと溯ったところにある、どんづまりの部落だ。山の斜面に石垣を組んで、十軒ほどの家が散在していて、いかにも奥在所というたたずまいだった。

本郷川の、木々の茂り合う暗い谷に沿った一画に、一本の杉の大木を中心に、樫や榊の茂る小さな森があった。それが荒神森だった。森の中には、三段に切石を積み、その上に注連縄を張った小さな祠が安置されていた。

近くの家の老人は、荒神様は村全体のもので、旧の三月二十八日に、村中が集まって祭をするのだ、と話してくれた。村全体で祀る荒神森は珍しい。多分ここでは、一門が一村をなしているのであろう。

本郷から柿木まで歩いて戻る途中、私は、伊豆原のあたりで、福川の対岸に、黄褐色に紅葉した欅の大木の茂る、もう一つの荒神森を見つけた。私は橋を渡り、長い土手道を歩いてその森まで行ってみた。欅の落葉が厚く積もっている森の中には、祠一つなかった。そして森の続きがすぐ墓地で、二、三十基の苔むした古い墓石が、木洩れ日を浴びて、ひっそりと立っていた。

モイドンやニソの杜同様、荒神森も、墓地・葬地との関係が取り沙汰されてきた。実際、私のこれまでの僅かな見聞からも、そうした関係を窺うことができる。たとえば、先刻の三井家の荒神森の一つからは、たくさんの五輪塔が出ているし、もう一つの荒神森は墓地の傍らにあった。吉ヶ原の今は失われた藤井家の荒神森も墓地に隣接していた。そして沖本の一文によると、その中に祀られていただいさあ、ばあさあという神は、かつて一夜の宿を貸した山伏によって殺された、藤井家の先祖の怨霊であると伝えられていたそうだ。

直江広治は、墓地に近接して設けられている荒神森の例を数多くあげ、「埋葬地としての墓に対して、森山は祖霊の祭地としての意味を持っていたのではあるまいか」（「森神信仰」）と書いているが、私には、荒神森が葬地そのものであったように思われてならない。時代が経つにつれ、葬地であることが忘れられて、祖霊を祀る場所に変じていったのではないだろうか？　荒神森につきまとう、激しく祟るという性質は、やはり死霊に対する恐怖をぬきにしては考えられないように思うのである。

午後私は、再び国鉄バスに乗って南下し、六日市町沢田まで行った。もうここは、島根県の南西端だ。相変らず中国山地のさなかだけれども、高津川の上流吉賀川の谷がひらけて、村は前にひろびろとした水田を控えている。村のすぐ背後の山の中腹を、中国自動車道が通っていて、疾走する車のひびきが、村の静かな空気をたえず震わせる。自動車道のために村の一部が移転したらしく、新築の家が多い。そしてそうした家々の裏は、芝を植えたばかりの自動車道の土手だ。荒神森は、家の裏山にあるのが普通だから、自動車道建設の際には、ずいぶん荒神森が伐られたにちがいない。

荒神森どころか、大樹一本見当たらなかった。家々の庭には、午後の日ざしが一面に当たり、洗濯物が白くひるがえり、コスモスが乱れ咲いている。芝生の上にデッキチェアーが置いてあったりして、都会の郊外の住宅地、といった風だ。祖先たちが培ってきた信仰とも、神々の棲む聖なる闇ともまったく縁の切れた、ただひたすらに明るい空間……。

実際にこの村での収穫は、ごく僅かで、小さな木を依り代として荒神様を祀っている家を二軒探し当てただけだった。

その一軒、指月神社宮司の能美家では、屋敷の裏の、崖を背負う暗い、荒れた庭に藤の木を中心とする一むらの藪があって、そこに荒神を祀っていた。

宮司は広島へ行って不在で、祖母に当たるという老夫人が、留守を守っていた。そして藤原からわかれて、当主で四十代目になるという、旧い家の歴史を静かな口調で語ってくれた。屋敷地はこれまでに二度変っていて、昔は、現在自動車道の通っている山の中にあったそうである。そのあいだに一度火事にあい、古文書はすべて焼けてしまった。山の中にあった先祖の墓は、あらかた屋敷の裏に移したけれども、崖崩れのために埋まった墓がいくつかあり、そのことを考えて眠れない夜もある、と言った。自動車道の車のひびきのさなか、この屋敷の一角だけが、時間を失ってしまっているようだった。

私は、先祖の墓というのを見せてもらった。屋敷の裏手が樹木の茂るちょっとした小山になっていて、その林の中に、三つに分けて墓石が並べてある。小山のいちばん高みにある五輪塔の群は、鎌倉か室町期のものと思われた。

指月神社の少し先に墓原があり、それに続いて森があった。森の中は荒れ放題で、萱や芒の類が丈高く生い茂り、そして一本の巨杉が、午後の日をさえぎって、高々とそびえていた。木の根もとに幣がさしてあったから神木なのであろう。

墓地と、それに隣接する古木の茂る森というありようは、荒神森を思わせた。しかし通りがかりの人にきいても、何一つ分らなかった。

昭和三十七年に西石見一帯の、荒神森をはじめとする森神信仰を調査した直江広治の報告には、「神社合併取計而奉伺上口上覚」なる明治七年の記録が収められている。これは、島根県弥栄村小坂の、各戸で祀っていた森神を、村社である稲穂神社に合祀しようとした計画である。この計画は多分、明治四十二年の大規模な神社合祀に先だち、上からのなんらかの指示によって企てられたものであろう。この計画書には、当時小坂にあった神を祀る森山のすべてが列挙されており、それによると、六十余戸のうち、四十二戸が森神を祀っていたことが分る。この計画が完全に実施されなかったことは、直江の調査時点において、なお十二戸が森山を持ち、祭祀を営んでいた事実によって知ることができる。

小坂の森神の森は、要するに荒神森のことである。例の計画書には、森に祀っている神として、大元社、荒神、山神、地主、塚神などの名が記されており、大元社とは、土地を開いた人を祀ったもの、と伝えている。

直江が調査してから二十四年の歳月が経ち、そのうえ高度成長期を経過しているのだから、森らしい森はもうほとんど残っていないにちがいなかった。それでも私は、失望を覚悟の上で、小坂へゆくことにした。

益田に一泊した翌日、私は浜田からタクシーで小坂へ向かった。浜田から小坂へゆくバスは一日二便しかなく、しかもその最初の便が浜田駅を出るのが午後三時四十分とあっては、タクシーに頼らざるを得なかったのである。

タクシーは、山をのぼってはくだり、のぼってはくだりしながら、中国山地をひたすら走り続けた。人跡まれな土地で、人家はほとんど見当たらなかった。道の大方は、水がどうどうと音を立てている谷川に沿っており、時として、曇り空を映した人造湖や、芒のなびく荒野が現れた。紅葉はすでにおそく、山々の木々は錆色をしていた。峠をのぼり切ると、彼方には、幾重にも打ち続く山並が見えた。奥へ入るにつれ、怖ろしいほどの山野の沈黙の気配が迫ってきた。

とくに急な峠を越えるや、道はゆるい下り坂となり、車は、思いがけず広い山中の盆地へと入っていった。稲架の列が整然と並ぶ刈田が、周囲の山ぎわまでひろがり、山裾に点々と農家の屋根が見えた。タクシーを帰すと、私はただちに山村の寂寥に包まれた。盆地のどこにも人の姿が見えず、物音ひとつきこえてこなかった。

私はやっと、動く人影を認めて、道に沿った一軒の農家へ入っていった。私は、土間の暗がりに立っていた長靴姿の三十前後の青年に来意を告げ、森神のことをきいてみたが、彼は口の中でなにか呟くきりで、いっこうに要領を得なかった。質問を二度、三度と繰り返してみても事は同じだった。私が諦めて出てゆこうとすると、青年もついて出て来て、いきなり私の肩を摑むや、高みにあるその農家の下方に見える、山際の林を指さしてみせた。杉に紅葉した雑木のまじっているその林のさなかには、周囲の行儀のいい木とは異なり、密生した葉むらを黒々と盛りあがらせ、動物じみた精気を孕む一本の大樹がそびえていた。

近づいてみると、それは樫の大木だった。幹まわりは優に三メートルを越え、地衣類をまとった灰褐色の樹肌は、劫を経た異形の生物の皮膚のように見えた。そして佶屈した、たくましい枝が、鬱蒼たる葉むらを支えていた。

神の木でないかぎり、このような樹が、このような場所に、伐られることなく、長年にわたって存在し続けることなど考えられなかった。そして実際樹の根もとには、かつて幣が挟んであったと思われる、半ば腐った数本の竹がさしてあった。

しかし周囲の家の人たちに訊ねてみても、もうその森を祀る家を知ることができなかった。それは、遥か昔に絶えた家の森神だったのかもしれない。そして皮肉なことに、それが、この村で私の見た、唯一の森神らしい森だったのである。

それから私は、村社の稲穂神社に行った。山を背にして、大きな注連縄を軒に吊した簡素な社殿が立ち、さして広くない神域は、銀杏の明るい黄の落葉に埋まっていた。

神社のすぐ前に宮司野上氏の家がある。例の「……口上覚」は、この家の所蔵だったものである。幸い宮司は在宅していた。そしてそこで私は、稲穂神社と思っていた神社は大年神社であり、稲穂神社は背後の山上にあるのだ、ということを知った。それから宮司は、今でも森神を祀っている家が数軒あり、毎年宅神祭に招かれて幣を切る旨を語り、それらの家の所在を教えてくれた。

最初に訪ねた三浦貞氏の家では、当主の三浦氏が、近所の人と家の前で立ち話をしているところだった。

三浦家は、開元社を祀る、村の草分けの家の一つである。しかし開元社は大年神社に合祀し、森神を祀っていた道傍の大きなタブの木も、二十年ほど前に伐ったとのことであった。

三浦氏も近所の人も、私が見せた「……口上覚」のコピーをひどく珍しがり、こうした文書は一度も見たことがない、と言った。そこに挙げられている森神の多くは、二人にとっても馴染みがなく、大方は消え失せてしまっているらしかった。その上、そうした森神を祀っていた家も、ほとんどがよそへ転出したり、絶えたりしている。一見昔ながらの生活を守り続けているかに見えるこの山深い村にも、この二、三十年のあいだに、驚くべき変転があったのである。そしてその原因の第一は、言うまでもなく過疎であった。

次の小松原家でも、私は、覚悟の上とは言いながら、やはり失望を味わねばならなかった。八十歳近い当主は、村の歴史について語ったあと、裏山の中腹にある森神のところまで案内してくれた。そこには、鈴を吊した小さな祠が一つあるきりで、樹木一本なかった。以前は森があり、樫の大木がそびえていたのだが、しばらく前に崖崩れが生じ、木が倒れると危ないので、みなことごとく伐ったという。

私は、この西石見の旅で、森を伐った話をどれほどきかされたことか。まるで鏖殺《おうさつ》された樹木たちの亡霊を弔うような旅だった。山野を歩いている時、折々そうした伐り倒された木々の声が聞こえてくるように思うことがある。数百年を生き永らえてきた大樹を伐るとは、単に木を伐るのではない。それは、その木を育てた祖先の心を伐ってしまうことなのだ。

最後の頼みの綱の笹本家は留守だった。しかし三浦氏から、村はずれにある、笹本家が祀っている森神の場所を教えてもらっていたので、そこまで行ってみることにした。

私は、盆地を横切り、周囲をかこむ低い山へと入っていった。そうした山中にも、点々と家があった。道の左右の雑木林では、枯葉の落ちる微かな音がたえずした。落葉に埋れた林の中の地面には、それでもまだ、赤や黄の華やぎが残っていた。顔の磨滅した古い石仏が四、五体、路傍に立ち、その前の竹の花立てには、赤や黄の色鮮やかな菊がふんだんに供えてある。

山を一つ越えたあたりに、空谷があった。そこが教えられた場所だったが、やたらに雑木が茂っていて、どこに笹本家の森神があるのか見当がつかない。

谷の斜面に一軒の農家があったので、訪ねてみた。しかし誰もおらず、留守番の犬が、私を見て、激しく吠え立てた。その声は、夕方の静かな山あいに殷々と響いた。

少し上の山林で、しきりに電気鋸の音がしている。私はそこまで上って行った。木を伐っていたのは、偶然なことに、笹本氏で、電気鋸の手を休めて、しばらく私の話の相手になってくれた。

笹本家は元来、谷の斜面の家に住んでいたのだが、盆地の方へ移ったので、森神は、あとに入った人に祀ってもらっているという。森神は、家よりも土地についている神らしく、直江の一文中にも、土地を売って転出した場合、その土地を買った人が森神の祭を受けつぐのがしきたりである旨が記されている。もっとも笹本家の方でも、今なお正月には、幣を切ってもらって、森神に供えにゆくそうだ。家にゆけば森神のことを書いた本がある由だが、笹本氏は、あと一時間は仕事をしなければならず、私の方も、浜田へ戻る最終バスの時間があるので、その本を見せてもらうのは諦めざるを得なかった。

大きな梅檀の木が目印だと言われて、私はもう一度谷まで戻った。しかし、それらしい木の見当はつけたものの、私を近づけまいとするかのような萱や芒の大群にゆく手をさえぎられて、ついに谷底まで下りることができなかった。

若狭のニソの杜

内外海半島とともに小浜湾を扼している大島半島は、その名の通りかつては島であり、その後土砂が次第に堆積して、陸に繋ったと考えられている。今でも小浜線で若狭本郷あたりを通過する時、半島は、入江の視界をとざし、車窓一杯に迫る、異様なまでに大きな島影として私たちの眼に映る。

この半島はほとんど山におおわれ、とくに外洋に面した西側は、重畳たる山々が断崖をなしてそのまま海に落ちこんでいて、住むに由なく、村は、小浜湾側のわずかな平地にいくつか点在するにすぎない。山が深いので、陸路は発達せず、ごく最近まで交通はすべて舟に頼るという、隔絶された別天地であった。しかし半島の突端に原子力発電所ができ、半島と若狭本郷を結ぶ青戸の大橋が完成したため、道路が整備されて交通が便利になり、今、この地域は急速にひらけつつある。

大島半島の歴史は古く、縄文時代から人の住んでいた痕跡が発見されており、また、未発掘のものも含め、数多くの古墳の存在が確認されている。奈良時代には、海岸部でさかんに製塩が行われていた模様で、これらの古墳は、製塩にたずさわった人々のものだったらしい。半島の寺々に藤原時代の仏像の優作が幾体も伝えられている事実、さらに、古くからの民俗、芸能、伝承は、この土地が単なる僻地ではなかったことを示している。

この大島半島に、ニソの杜と呼ばれる祖霊を祀る森のあることは、戦前から、民俗学者のあいだでは広く知られていた。宮田登の言葉を借りるならば、それは、「日本民俗学界がこぞって注目した聖地信仰の典型」であった。

ニソの杜の存在は、昭和十四年、安達一郎の小文「若狭大島探訪記」によってはじめて世間に紹介された。ついで鈴木棠三が現地をたずね、郷土史家大谷信雄からの聞き書をもとに、昭和十九年に「若狭大島民俗記」を書いた。

さらに安間清は、昭和二十五年八月、一週間滞在して大島半島の民俗調査を行い、「福井県大飯郡大島村民俗誌」をまとめて柳田国男に送った。これに対し柳田は、民俗誌としての価値は認めながらも、ニソの杜という「興味関心の焦点」が脱落している点を指摘し、再調査を強くすすめ、安間はこの勧告に従い、同年十月再び大島半島に赴く。そして安間は昭和二十七年にその結果を、「福井県大飯郡大島村ニソの杜調査報告」として発表する。

『定本柳田国男集』にはまったく言及がないけれども、安間清宛の手紙を通してみるかぎり、柳田自身、ニソの杜にきわめて強い関心を持っていたようである。とくに彼は、ニソの杜の祭が十一月二十三日に行われる点に着目した。この時期彼は、稲の刈上げから一月経った霜月の、とくに二十三日に、全国にわたって祭が行われる不思議を考え、この一月を物忌みの期間とみなし、霜月祭こそは村々の新嘗祭であろうと信じるに至っていたからである。彼は安間に宛てて、ニソの杜の「大いなる意義はニソウ即ち十一月二十三日を以て先祖の祭をすることにて小生など全く是あるが為に幾らも残らぬ老後の時間を費すに足るとまで致し居候」と書いている。

ニソの杜ニソの意味については、さまざまなことが言われてきたが、それが祭日を意味するニソウないしニジュウソウから来ていることは、今日ではほぼ定説と認められている。そのことを最初に言い出したのは、柳田国男である。またこの信仰と、若狭一円にひろがっているダイジョコ信仰との関係を逸早く指摘したのも彼だ。この関係は、近年の調査によってほぼ明らかにされた。柳田国男の眼はさすがに鋭いと言わざるを得ない。

柳田国男の死後におきた柳田学の再検討という潮流の中で、ニソの杜はいくつかの話題を提供しつづけた。たとえば、昭和三十九年に行われた、和歌森太郎を団長とする若狭地方の総合調査に際し、福田アジオは、同族によって祀られてきた祖霊信仰という、ニソの杜についての通説を批判し、大島半島の村々の社会組織の詳細な調査にもとづき、分家を出すことのほとんどなかったこの地方では、本家・分家といった同族関係は存在せず、親方子方制度がその代用をしている、という事実を明らかにして注目をひいた。

また最近では、佐々木勝が、この福田説を承けて、ニソの杜は、血縁よりもむしろ地縁によって祀られているものであり、したがって元来は祖霊を祀るものではない、という説を発表して、地元在住の金田久璋とのあいだに論争をひきおこした。この佐々木説は、日本人の信仰を祖霊信仰に一元化させてしまった柳田学に対する批判の一環として、あらわれたものである。

このようにニソの杜は、その信仰の対象、祭祀者の解釈をめぐり、半世紀を越える日本民俗学の歩みをそのまま映す鏡であったと言っていい。

ここで、ニソの杜について、これまでに明らかにされた点を要約しておこう。

ニソの杜は、浦底、西村、河村、日角《ひつ》浜、畑村、脇今安、宮留の各集落、すなわち半島のすべての集落に存在する。現在の村からはやや離れた、山裾や谷の奥に点在しているが、これは、山側から海岸部へ或る時期村が移動したためで、本来は家々の屋敷に接してあったものと推測される。広さは、大小さまざまだが、三、四十坪程度のものが多く、樹種は、土地でタモと呼んでいるタブの木がひときわ目立ち、ほかは椎、椿、ムクなどで、松と杉は見られない。ニソの杜の木を伐ることはおろか、枝葉をとり去ることさえも禁じられていて、禁を犯せばひどい崇りがあると信じられている。森の中には小さな祠が置かれていることが多いけれども、まったくないものもある。

ニソの杜は、大島半島を拓いた二十四の宗家によって祀られてきたと伝えられているが、現在三十カ所の森の存在が明らかにされており、一つの家が、複数の森の祭祀に関係している例もあって、また、福田アジオのように、二十四の宗家の存在に疑問を呈するむきもあって、この伝承は確認されるには至っていない。

祭は、旧暦十一月の二十二日から二十三日にかけて行われる。それぞれの森について、ニソの講なるものが存在し、講仲間から毎年一人、当番が選ばれて祭祀者となる。また、少なくとも一時代前までは、どの森にもニソ田と呼ばれる特定の田が付属していて、当番はこの田を耕作し、この田の収穫物を以て、祭の費用にあてるのがならわしであった。

祭は、二十二日の夜、当番が森に詣って、神の依り代とされる樹木——多くの場合タブの老木——の根もとや祠の前に幣を差し、赤飯や餅など一定の供物をそなえ、二十三日に講仲間が当番の家に集まって直会をする、というのが一般で、とくに変った行事はない。

ニソの杜に祀られている神は、従来は祖霊とされ、今も村の人々はそのように信じているようだが、すでに触れたように、祖霊ではなく、地主神ではないか、と考える人もいる。

このように見てくると、ニソの杜が、ガロー山、モイドン、荒神森などときわめて共通する部分の多い信仰であることが分る。

私がニソの杜を訪れたのは、去年（昭和六十一）の晩春だった。

朝からよく晴れて、小浜湾には波一つなく、半島の付け根深くまで食い込んでいる青戸の入江は、その名にそむかず、実にやさしい青を展べていた。バスが青戸大橋を渡って半島へ入るや、道路工事をしている人々の姿がやたらに目についた。至るところで木が伐られ、崖が崩され、赤土の肌がむき出しになっている。そしてバスの横を、原子力発電所へゆくらしい黒塗の車が何台も追い抜いていった。

その日は、日角浜の郵便局長若松賀六氏が、多忙の中を案内して下さった。

ニソの杜と大谷信雄の名は、切り離すことができない。彼は、半島切っての名家の出身で、かつては村長も務め、その一生を郷土史の研究に捧げて、未だ稿本のままに残されている厖大な『島山私考』を書いた。ニソの杜にはとくに大きな関心を払い、『島山私考』の中のニソの杜に関する部分は、この方面の古典といってよく、いまだに研究者たちによってしばしば引用される。とくに鈴木棠三、安間清の報告は、彼からの聞き書と『島山私考』をもとにして成ったものである。

しかしこのような事業は、地元では十分理解されなかったようで、とくに晩年は不遇だったらしい。その彼の、地元における唯一の理解者が、若松氏の亡き父君であった。若松氏の思い出によると、敦賀で教員をし、定年後、故郷の大島半島に戻って郵便局長をしていた父君のところへ、大谷翁はよくやってきて、話しこんでいたそうである。翁はその遺稿のすべてを若松氏の父君に託して、昭和三十二年、九十二歳で死去した。

若松氏が現在、研究者がまず最初に訪ねる、地元随一のニソの杜通になったのは、このような事情からのことであった。

午前中は、半島のいちばん北の集落宮留と、脇今安のニソの杜を見せてもらった。

宮留のあたりは、小浜湾側から、原子力発電所のある外海の側にかけて、山の多い半島には珍しく平地に恵まれていて、今は田植えのすんだばかりの水田が、青空を映してひろびろとひろがっている。この水田地帯を挟む左右の山の根に沿って、点々とニソの杜が存在する。

そのうちの一つ、神田の杜は、丘陵部の上に茂る、かなり大きな森であった。入口に、村の仏像を安置するという小さなお堂が建ち、近くには自然の湧水があって、水は、積もった落葉をぬらしながら、小流れをなして、水田の方角へと流れていた。タブや椿の古木の茂った森の中は、古い教会か廟の中のように暗く、冷やかだった。森に続く藪の奥からは、しきりに雉の声がきこえてきた。

この周辺は、神田古墳群とよばれる古墳の密集地帯であり、森の中にも幾つか古墳があった。その一つは天井石が露出し、半ば土砂に埋まった内部を覗きこむことができた。小さな祠の置いてあるあたりも、土地が塚状に隆起していて、あきらかに古墳だった。若松氏の言によると、今は海岸寺という近くの寺に移されているが、以前はこの上に古墓が並んでいたという。

この事実はなにを物語るのだろうか？　ニソの杜の中に古墳を設けたとは考えられず、古墳と森との間に関係があるか、古墳の所在を知らずに、偶然その上にニソの杜を祀ったか、どちらかであろう。しかし中口、日角浜、畑、マタの杜など、ほかにも古墳を中に持つニソの杜がいくつかあり、両者の関係は、偶然とは考えられない。

ニソの杜もまた、古墳に限らず、墓所ないし葬所とのかかわりを云々されることの多い聖地である。

大島半島も含め、若狭一円は有名な両墓制の地域で、今なお人が死ぬと、村はずれのサンマイ、ミバカ、ステバカなどと呼ばれる葬地に死体を埋葬し、しばらくしてから寺の墓地や共同墓地に詣り墓を作るのが一般のならわしである。

サンマイには多くの場合、タブをはじめとして大木が鬱蒼と茂っていて、その外観はニソの杜と少しも変らない。大島村の村民の中に、ニソの杜は昔のサンマイだ、と信じている人々のいることは、鈴木棠三も安間清もその報告の中に書きとめており、またサンマイは、時として、「ニソのつかないモリさん」とも言われる（金田久璋「ニソの杜と若狭の民間信仰」）。

若狭では、三十三回忌、四十九回忌など、弔い上げに際し、枝葉のついたタブを、うれつき塔婆として墓に立てる習慣があり、そのタブが根を下ろして大木になっているという例もある（高浜町高野）。

タブは、若狭に限らず、北陸では、神社、聖地、墓地、葬所などで、必ずといっていいくらい出会う木である。自生したものもあるにせよ、多くは意識的に植えられているのであって、人々がこの樹木に聖性を感じていたのはたしかだ。

タブは、葉が枝先に集まってつくせいか、暗褐色の滑らかな樹肌や、太い枝の織りなす空間が人目を誘う。大木になると、そののびひろがった逞しい枝で、神の棲む天空を支えているような趣きがある。陰気でいやだ、という人があるように、決して爽やかな明るさを持つ木ではなく、暗く静まっている感じで、神社や墓地にはよく似合う。

しかし一方で、この暖地原産の樹木は、南方とのつながりを私たちに感じさせる。折口信夫がこの木を愛し、『古代研究』の口絵にその写真を掲げたことはよく知られている。タブは、彼にとって、「南方から漂着した日本人の祖先の民族渡来の記念樹」（谷川健一）であった。タブは葉が厚く、光沢を持っており、まさに照葉樹林の樹木の典型といっていい。

このタブを徴表として、聖地、墓所、葬地が、区別なく一つにまじり合ってしまうように私には思われる。死霊の強烈な働きとそれに対する恐怖は、葬地に対する畏怖として残るだろう。そして長い年月の間に、葬地であった事実が忘れさられた時、土地そのものにまといついている畏怖は、その土地を容易に聖地に変えるだろう。人はそこに祖霊を祀るかもしれないし、地霊を斎くやもしれぬ。祖霊と地霊が厳密に区別できるとは考えられない。そうであれば、ニソの杜が血縁祭祀であるか、地縁祭祀であるかは、二の次の問題となってしまう。

このような葬地との結びつきは、これまで述べてきた沖縄の御嶽から西石見の荒神森に至るすべての聖地について、言われていることだ。

たとえば、御嶽に関しては、仲松弥秀が沖縄全土を精査し、多くの御嶽に古い人骨が存在する事実を明らかにし、「お嶽は葬所であり、風葬場であることが考えられる」(「お嶽・グシク・後生」)という結論に達して人々に衝撃を与えたのは、まだ記憶に新しい。

私が第一章の中でたまたま触れた石垣島の大石垣御嶽にしろ、波照間島の御嶽にしろ、それがもともと墓所ないし葬所であったことは、その伝承から十分に窺うことができる。十八世紀に首里王府が編集した沖縄の伝説集『遺老説伝』の中の御嶽の由来譚の中には、人を葬った場所が御嶽となった例が多い。

奄美についても事は同じで、瀬戸内町蘇刈の神山をはじめとして、ノロの葬地と伝える神山は、いくつもある。モイドン、天道茂、荒神森に関しては、すでに書いたことだから、もう繰り返さない。

神道は極度に死穢を忌むので、神社が葬地との関連で語られることは少ないけれども、ここでも同じことが言い得る。高取正男は、その『神道の成立』の中で、死穢の観念は、むしろ中古、朝廷から全国にひろがったものであるとし、したがって、地方、たとえば、北越から東北地方では、「神社の境内と土葬の墓地とが隣接しあい、死穢を忌むことのつよい地域では想像できない光景をみることがすくなくない」と書いている。私自身、若狭の河原神社その他、同様の例をいくつも見てきた。それよりも、神域内に古墳のある神社が枚挙のいとまもないほど存在する事実は、神社と葬地、墓地が無関係でないことを、雄弁に語っていよう。少なくとも神社の一部が葬地から由来していることは疑いようがない。これはすでに、柳田国男が『山宮考』の中で暗示していることだ。

同様に、ニソの杜の中にも、葬地からはじまったものが必ずや存在するだろう。

神田の杜の次に訪れた浜禰《はまね》の杜は、もうすぐそこに原子力発電所の見える、外洋に面した砂浜の近くにあった。まわりになにもない見通しのいい平地に茂っているので、小さいながら、いかにもニソの杜らしいその全容を遠くからはっきりと見てとることができる。周辺は、すでに六回にわたって発掘の行われた古代の製塩遺跡で、今は家一軒ないけれども、当時は、製塩を業とする村落が存在した、と推定される場所である。

神田の杜にしろ、この浜禰の杜にしろ、次に見た大坪の杜にしろ、日を通さぬまでに木々の茂りが深く、森の名にいかにもふさわしかった。一歩中へ入ると、周囲の明るい田園はたちまち消えて、まったく別の、樹木の匂いがこもり、緑の浄らかな光のたゆたう、仄暗い空間が私たちを包んだ。樹木は、ここでは、聖なる空間を日常の空間から隔てる役割をしているのだった。私は、このような空間に、ガロー山でも、モイドンでも、荒神森でも出会えなかったような気がする。その点で、ニソの杜の少なくとも一部は、他のどこよりも御嶽に似ていた。いや、御嶽を特色づけている亜熱帯の樹種を別にすれば、両者は同一の聖地だと言ってもいい。

もちろん、御嶽とニソの杜とを安易に結びつけることは許されない。たとえ外観がどれほど似ていようと、両者は、祭祀者も、祭祀組織も、祭祀そのものもまったく違うのだから。それでも、ニソの杜の中に佇んでいると、両者を結びつけたい誘惑に駆られるのはたしかだ。

若狭は、沖縄海域を通って北上してきた黒潮が、対馬暖流となって沿岸を洗っている土地である。この地方が、縄文の昔から、南方となんらかのかかわりを持っていたことは、三方五湖に面する有名な鳥浜遺跡において、約五千年前の地層から、二個分に相当する椰子の実の破片が出土したことからも分る。谷川健一によると、若狭姫神社蔵の鎌倉時代の絵巻の中には、社殿の前に二本のクバの木の茂っているさまが描かれている由である。クバ、すなわちビロウは、ヤシ科に属する暖地の樹木で、本土では九州、四国以外には自生していない。沖縄では神樹とされて、御嶽には必ず見られ、神はこの木を伝って下りてくると信じられているのである。また、人魚の肉を食べたために、八百歳まで容色が少しも衰えなかったという若狭の八百比丘尼の伝説にしても、ひどく南方くさい話だ。御嶽とニソの杜を短絡させることはできないにしても、若狭の文化の深層に南方の匂いの纒綿していることだけは事実である。

大坪の杜にいる時、「これが鳥口ですよ」と言って、若松氏が、私たちが入ってきたのとは別の、半ば下草に埋もれた一すじの細い道を指さしてみせた。それは、神霊の入ってくるとされる入口だった。祭の時には、ここにも供物を供え、幣を立て、供物を烏などが食べたかどうかによって、その年の吉凶を占うという。この場合、烏とはもちろん神のお使いだ。教えられなければ気付かなかったにちがいない、あるかなきかのその小道を見ていると、目に見えない神霊の訪れを信じる村人たちの信仰の床しさが偲ばれた。

その日の午後には、畑村と河村のニソの杜を見てまわった。上野の杜、窪の杜などのように、いかにも森らしい森もあったが、大方はすでに森の姿を失っていて、一むらの藪や、数本の立木の集まりだけ、と化していた。たとえば、安間清の報告の中に「大小のタモや椿が繁茂して壮大森厳な杜である」と記されている清水《すず》の前の杜は、道路によって分断され、前にガソリンスタンドができ、その上タブの木が枯れてしまったため、往時の面影はどこにもなく、今は孟宗竹が一面に茂るだけの竹藪だった。

枯木を一本、申訳ばかりに残し、あとの木は伐り払って、駐車場にしている家もあった。その後、この森の周囲の家々では、若者ばかりが四、五人、癌や交通事故などで、たて続けに不慮の死をとげたそうである。

その晩、私は西村の民宿に泊り、翌日は、今度は一人で、西村と浦底のニソの杜を見て歩いた。

民宿のすぐ近く、西村の集落のほぼ中央に中口の杜があって、盛土でもしたかのように一段高くなった小さな台地の上に、五、六本のタブの大木が繁って森をなしていた。密集する人家のさなか、家々の屋根におおいかぶさるようにして、鳥居も社殿もない神の森が深々と茂っているさまは、ちょっと不思議な眺めだった。しかもこの森は、村全体の信仰の対象ではなく、個人の持物なのである。

若葉の色のみごとな、円錐形のこの森は、まわりの家々を凌いで、高々とそびえ、遠くからでもすぐ目についた。まさしく樹木の作り出す大聖堂といった姿だった。

中口の杜が古墳であろうとは、実見したすべての人々が異口同音に指摘していることである。そして実際、森の中には、ごく最近作ったものらしいトタン葺きの小祠のそばに、古墳の笠石とおぼしい古い石が抛り出してあった。村には、この森に関し、もうなんの記憶も残っていないようだけれども、少なくとも外見は、人々は、この古墳に葬られた人物の威に服し、古墳を守るために、そのそばに住みついているかに見えた。

この中口の杜のすぐそばに、もう一つ、サグチの杜があった。森といってもそれは、古い薬師堂の裏にそびえる一本のタブの老木にすぎなかった。樹木のすぐ横手には、二十基ほどの古い墓石が並び、薬師堂の前にも墓があって、このタブは、墓地の真中に立っているようなものだった。このように、ニソの杜には、どこへ行っても死の影がついてまわる。

浦底の杜でも、事は同じだった。

浦底は、半島の付け根にもっとも近い集落である。他の集落がいずれも海に沿っているのに、ここは海からかなり離れた谷の奥にある。前に水田を控え、数軒の家と清雲寺という寺がたっているだけの寂しい在所であった。

村の入口には、左右に二本の棒を立てて、蛇縄《じゃなわ》とよばれる縄をかけ渡し、その真中に勧請板が吊るしてあった。これは一種の魔除けで、板には、「七難即滅、七福即生」と記され、物部というものものしい名を名乗る勧請元の名前が列記してある。明治の新政に至るまで、半島の住民の姓は、藤原か物部であり、物部を称するのは浦底の人たちだけだった、と言われている。今でも半島の村々では、正月に寺その他に人々が集まり、行いと称して蛇縄を編み、勧請板を作り、祈禱をする。

清雲寺と道を隔てた向かいに白山社という小さな神社があり、その入口左手に、半ば朽ちかけたタブや、椿が茂っていて、そこが浦底の杜であった。この森は、かつてこの地に落ちて来て死んだ平池守なる人物を祀る塚のあとと伝えられており、ここも半ば盗掘された古墳の様相を呈していた。

清雲寺には、重要文化財に指定されている鎌倉期の仏像が三体ある。私は、老夫人に毘沙門堂の鍵をあけてもらって拝観した。村は大正十四年に火事で全焼したのだが、これらの仏像は、村人たちの手によって救け出された。寺が類焼したのは、境内のタブの木に火がついたからだった。タブは油分を多く含んでいるため、よく燃えるらしい。数年前に死んだ住職は、タブは火を呼ぶ木だと、日頃口癖のように言っていたという。タブは強い木で、切っても切っても株が生えてくるんですよ、と老夫人は付け加えた。

その日の夕方、あらかたニソの杜を見終え、別れの挨拶のために日角浜の郵便局に立ち寄ると、若松氏は、私の見残していた日角浜の杜まで案内して下さった。人家の裏手の崖の上に茂る小さなタブの森で、なぜだか分らないが祠が二つ置かれていた。若松氏の話によると、ここも古墳で、先年、大島半島一帯の古墳を調査した同志社大学考古学研究室の人たちは、この古墳を、このあたりでもっとも古いものの一つと言った由である。

今年の六月半ば、私は、地主荒神やダイジョコの森を見るため、再び若狭にやってきた。

ニソの杜は、最初はきわめて特異な聖地とみなされていたが、やがてガロー山、モイドン、荒神森といった同種の聖地が次々と報告され、一方で若狭一円にひろがる地主荒神、地主神、ダイジョコなどの民間信仰とのかかわりが云々されるようになってきた。

地主荒神も、地主神も、ダイジョコも、ニソの杜同様、村の宗家や同族団によって、多くの場合屋敷に隣接する森や大樹に祀られており、神の依り代となるのは、ここでもタブである。祭日も同じ旧暦霜月二十三日であり、祭祀内容もほとんど変らない、地主荒神も、地主神も、その名の通り、地の神を祀っているのだが、祖霊だと信じていることも、ままある。ダイジョコは大将軍の訛だけれども、大神宮とも、柳田国男が指摘するように、関東から東北にかけての大師講とも筋を引く言葉であろう。これも、御先祖を祀るとも、地の神を祀るともいう。

直江広治、橋本鉄男、金田久璋、佐々木勝らの研究によって、これらの民間信仰は、ニソの杜と関連があるだけでなく、呼び名が違うだけで、元来は同じものだったのではないか、とさえ考えられるようになってきた。たとえば、ニソの杜の小祠の中に、地主大神、荒神などの文字の記された神札が納めてあることや、ニソの杜の中に、ダイジョコを思わせるダイジクという名の森のあることは、このような同一性を示す例証といえよう。

このように、ニソの杜を知るためには、私はどうしても地主荒神やダイジョコの森を見ておく必要があったのである。

今度は金田久璋氏が、車で半日かけて、多くの地主荒神、地主神、ダイジョコを案内して下さった。金田氏は、若松氏同様郵便局に勤めるかたわら、若狭の民俗を研究し、とくにニソの杜やダイジョコなどの杜神信仰についての論文を精力的に発表しているすぐれた学究であり、また、『土人』という詩誌を独力で発行している詩人でもある。

私はおかげで、高浜町高野、小和田、小浜市須縄、奥田縄、下三重など、車でもなければめったなことではゆくことのできない奥深い山村を訪れることができた。そうした村々で、長い間ひそかに守りつがれてきた聖なる森や神樹は、どれも私の心を動かしたが、ここではとくに印象の深かったものについて記しておこう。

高浜町小和田は、高浜町の西方、関屋川沿いの水田地帯から少し山の方へ入った、戸数四十七戸の村である。ここに小和田の七森と呼ばれる七つの森があり、いずれも村の旧家の祖たる平家の落人の塚のあとと伝える。その中の奥西家の森も、盛次家の森も、実にみごとなタブの森だった。

とくに盛次家の森は、村はずれの山林の中、小高くなった土地に、蔓草をまとい、幹が二またに岐れた巨木をはじめ、タブの古木ばかりが五、六本そびえ、雨催いの天候のせいもあるが、あたりに漂う幽暗の気配にはただならぬものがあった。入口には素朴な木の鳥居が立ち、奥の一本のタブの根元に祠が置かれていた。

七森の中に入ってはいないが、一瀬家の裏庭の、地主荒神を祀る椎も大きかった。やはり一段と高い場所に立っていて、一めんに藤蔓がまきついており、山桃その他の木々とともに小暗い森を作っていた。椎は、天然記念物の申請をすれば指定されることは間違いないと思われる巨木で、その異様な高さは、家の敷地が、バランスを失するまでに小さく見えるほどだった。家の裏に椎の木があるのではなく、人々は椎に守られ、その木かげで、親鳥の翼の下の雛鳥たちのように暮らしているかに見えた。

以前は先祖の命日ということで、毎月十九日に神酒、線香、果物を供えたが、今はそんなことはせず、ただ一日に一度、椎の根元の祠に詣るだけだ、と当主の一瀬さんが話してくれた。

私は、こうした大木を毎日仰いで暮らす人々の生活を思った。彼らは、この木を依り代とする神のことを、神の住む山や空のことを、宇宙全体を意識して生きるだろう。彼らと同じようにこの椎を仰いで生きた十代、二十代前の先祖たちにたえず思いを馳せるだろう。彼らの感じる空間と時間は、私たちの感じる空間と時間とは、はっきりと異なっているはずである。

「藤の咲くときは、そりゃ見事ですよ」

私たちの帰りがけに、一瀬さんはそう言った。

奥田縄は、小浜市に所属しているものの、小浜の市街から八キロ離れた、真に草深い山村だ。小浜湾に注ぐ南川の支流、奥田縄川の狭い谷に沿って、四十戸ほどの家が点在する。奥はゆきどまりのその谷へ入ってゆくと、瀬音がひときわ高くひびき、山の冷気が迫ってきて、肌寒いほどだった。この村に四塚という四つの森があり、往古、雄略天皇との皇位争いにやぶれて、謀殺された市辺押磐皇子《いちのべのおしはのみこ》の遺体を持って都から落ちてきた四人の従者、すなわちこの村の開祖たちを葬った塚のあとと称している。このように、ここでも、小和田でも、森は相変らず、葬地の伝承と結びついているのである。

木下の森も、尾上の森も、人家のすぐ背後に茂る昼暗いタブの森だった。尾上の森は、今では見ることの少なくなった見事な藁葺き屋根の旧家に接しているので、ひときわ趣きが深かった。

タブは、タマの木とも玉楠とも呼ぶが、古代人は、この木に魂魄が宿ると信じていたのだろうか？　現在タブは神の依り代とされているが、かつては、その下に葬られた死者の蘇生の姿と考えられていたのではなかったか？　少なくとも、人々が、死者とこの木のあいだにひそかな関係があると感じていたことは、弔い上げにこの木の枝をうれつき塔婆として墓にさす風習からも推測できる。弔い上げが終わって神となった死者は、この木を伝って天空の彼方へ上ってゆくと人々は思っていたのだろうか？　それだからこそ、タブは神の依り代とされたのではなかったか？

木下の森や尾上の森を見ていると、頻りにそんなことが思われてならなかった。

去年若狭を訪れた際、私は上野木村で不思議な神社を見た。河原神社というその神社は、二方に大きな石の鳥居が立ち、まわりに低い石垣をめぐらしていて、外見は少しも普通の神社とかわらない。しかし鳥居をくぐっていったん神域に入ると、中にはまったく社殿がないのだ。社殿があるべき五十坪ほどの土盛りされた場所が石垣で囲われていて、その中には数本の杉の大木がそびえているだけなのである。もう一つ私の注意を引いたのは、神域のすぐ隣に、ほとんど境すら設けずに、小さな墓石が隙間なく並ぶ古い墓地がひろがっていたことだった。

近くの家の女性に、なぜ社殿がないのか、と訊ねると、「虎杖《いたどり》の葉に乗ってきた野神さんだから」という答えが返ってきた。好奇心に駆られて、さらに何人かの村人たちにきいてみたが、それ以上のことは分らなかった。ただ、中の一人から、隣村にももう一つ社殿のない神社のあることを教えられた。しかし汽車の時間が迫っていて、その社まではゆけず、心を残して東京に帰ってきた。

帰京してからも、河原神社のことは、長い間気になっていた。やがて私は、谷川健一編『日本の神々』にこの神社のことが載っているのを知った。

大森宏の一文によると、祭神は不明で、楸《ひさぎ》の葉に乗って天から舞い下り、村のそばを流れる川の淵の上に降臨したという伝承だけが残っている由である。例の石垣でかこまれた、五十坪ほどの区域は、御殿と呼ばれ、その中へは祭主を務めたことのある者以外は立入りが許されず、さらに御殿の内部の、玉垣をめぐらした場所は、神の座として、何人たりとも絶対に入ることができない。

三月初酉の日にはじまるこの神社の例祭は、近隣ではよく知られているらしい。十歳前後の長男が祭主に指名される定めとなっており、いったん指名されたら、その少年は、毎日神社に参拝することをはじめ、さまざまな厳しい掟を一年にわたって守らなければならない。祭は二日にわたって盛大に行われ、祭主の家で用意された「百味の飲食《おんじき》」と呼ばれるさまざまな神饌が、未明、村中の人々の参加する行列によって、幣とともに神社に運ばれ、供えられ、そのあと氏子に分配される（なお『上中町郷土史』によると、祭はもともとは七月晦日だったが、のち正月と十一月の初酉の日に、年に二度行われるようになり、さらにいつの頃からか、三月初酉の日に変ったという）。

この神社のことは、江戸時代以前の文献には見えず、創立年代はまったく不詳である。延宝三年（一六七五）の『若狭管内社寺由緒記』によると、村の庄屋自身が「由緒相知不申候」と書いているほどだ。社殿のないことも、創立年代の不詳も、神名さえ分らぬ謎めいた由緒も、そうしたこととは裏腹のタブーの厳しさ、祭に当たっての潔斎や掟の厳格さ、祭の盛大さも、神域と墓地とが隣接している異常さも、すべてが、私の関心を惹いた。

さらに私は、『日本の神々』によって、河原神社の近くに、一つだけでなく、ほかにいくつも社殿のない神社があることを教えられた。

私が今年若狭を再訪したのは、地主荒神やダイジョコの森を見るためだけでなく、河原神社をはじめ、これらの神社を見てまわるのも、もう一つの目的だったのである。

上野木村は、遠敷《おにゅう》郡上中町に属し、小浜湾に注ぐ北川の上流に沿ってひろがる水田地帯のさなかにある。村の中央の河原神社は、去年と少しも変らぬ小暗い静もりをみせていたが、隣接する墓地の木が伐り払われ、古い墓石が整理されて大きな新しい墓石が立ち、あたりがすっかり明るくなっているのには驚いた。

私は、村の歴史にくわしい上野さんという故老を訪ね、その口から、河原神社の神体は蛇であるという、興味深い話をきいた。そのためこの村では、蛇をきわめて大事にするそうである。少なくともこの神社の信仰は、神道家や修験者の介入をまぬかれ、原初の姿をほぼそのままに残しているように感じられた。

蛇といえば、三輪神社の祭神大物主神が、活玉依毗売《いくたまよりひめ》に蛇体として現れたという『古事記』の話がすぐに想起されるが、その三輪神社を勧請したと伝える、やはり社殿のない弥和《みわ》神社が、河原神社のすぐ近くにあるのは、私には偶然のこととは思われない。

私が去年村人からきいた、隣村の社殿のない神社とは、中野木村の泉岡一言神社であった。中野木村は、野木山の裾にある集落で、野木川と水田をへだてて、上野木村と向かい合っている。

一言神社は、野木山の中腹に南面して鎮座していた。正面の石の鳥居をくぐり、参道の石段をしばらく登ったところに、瑞垣をめぐらした長方形の一画があって、そこが拝所だった。その一画の中に、さらに長方形に区画して小石を一面に敷きつめた場所があり、こちらからは遠い短辺の外側に、大きな自然石が一つ置かれていた。この神社では、この拝所から、背後の野木山を神体として拝むのである。昔は深い樹林があり、森厳の気配があたりを支配していたのであろうが、山崩れでもあったらしく、拝所のすぐ後の崖はコンクリートで塗り固められ、木もことごとく伐られていて、いささか殺風景だった。

この神社は、大和葛城の一言主神社を勧請したものと伝えられているが、河原神社同様、創建の年代は明らかでない。ただしこちらは、鎌倉中期の文献にその名がのっていて、少なくともその時期にはすでに存在していたことが確認されている。一言主神社もそうだが、この神社も、どんな願いであれ、一言だけ願いをきいてくれるとされ、この地方の信仰を集めているそうで、実際、拝所の前には、さまざまな願いを記した小さな板が一面に吊り下げてあった。

上野さんの話によると、河原神社には、この神社が合祀されており、御殿の前に並ぶ二つの賽銭箱のうち、右のものは一言神社のためのものだという。そこから彼は、上野木村は、中野木村からの出村ではないかと推測している。なお一言神社は、この地から西に当たる次吉の村にもあって、ここでも社殿はない。

中野木から野木山の裾に沿って東へ一キロほど行ったところに、大戸という村がある。このあたりは、水田地帯が山ふところ深く入りこんだ、宮川谷と呼ばれている地域で、中世の加茂庄に属し、広い水田を隔てた真向かいには、三角山の裾に加茂の村があって、加茂神社が祀られている。

この大戸に、弥和神社がある。県道沿いに切石を積んだ八段ほどの階段があり、その先は石垣を隔てて、榊の大木の茂る深い森になっている。この階段の部分が拝所であり、礼拝の対象は、森そのものであり、森に続く野木山である。河原神社や一言神社の場合、社殿はないにせよ、鳥居も、狛犬も、賽銭箱も、社務所もある。しかしここには石の階段と、茂り合って風にざわざわ騒いでいる榊の森のほかにはまるで何もない。知らない人は、ここに神社があるとは気付かずに通り過ぎてしまうだろう。しかもこれが、『延喜式』神名帖の弥和神社に比定されている神社なのである。

公認された神社が、千年前の素朴な姿をそのまま現在に残しているというのは、私にとって大きな驚きであった。千年とは、容易ならざる時間である。その間世の趨勢にわずらわされず、鳥居を立てず、社殿を設けず、原初の森に人工のたくらみを一切加えなかったのは、明らかに一つの意志である。いや、意志というより、子々孫々、村人たちを無意識のうちに支配してきた或る奥深い心性の結果である。

『日本の神々』の中の大森宏の一文によると、弥和神社と加茂神社を結ぶ直線のほぼ中央に、弥生式をはじめさまざまな土器を出土する田の神と呼ばれる場所があり、野木山を対象とした古代祭祀のあとであろうとのことである。ちなみに野木山は、三輪山に山容のよく似た美しい山であり、山頂付近には磐座がある。

私は、水田地帯を横切って加茂までゆき、加茂神社にも詣でた。ここには社殿はあるが、神域を流れる小川の対岸に、元宮の所在地と伝える森があり、かつてはこの神社にも社殿はなく、ここから北側にそびえる三角山を神体として遥拝したものであろうと考えられている。

若狭のこの地域に、なぜこれほど多くの社殿のない神社が存在するのだろうか？　三輪神社を大和から勧請し、その社のありようを単にそのまま模倣したのだとは思われない。この地の人々は多分、なにもないことを尊ぶあの心性に忠実に従って生きたのだ。この心性と、ニソの杜やダイジョコの森の信仰を生み出した心性との間に通い合うものがあることは疑いない。それは、遥か南の御嶽の信仰の底を流れるものにも、あきらかに通じているのである。

Ⅲ　南の精神誌

新潮社、二〇〇〇年刊

三宅島にて

三宅島は二度目だった。最初にきたのは、もう三十年以上前のことだ。白んだ空一杯を占め、雨気を孕んだ暁闇をまとい、雄山《おやま》の山頂から漆黒の滝となって船に襲いかかってくるかのような大きな島影——それは、断続してひびきわたる汽笛の音に眼をさまして三等船室から甲板に出てきた私が、はじめて眼にした三宅島だった。こちらを圧倒する、古生代の怪物じみた、得体の知れないなにものかの前に突然引き出されたかのような怖れが、三十余年経った今も、私の中に尾を曳いている。

当時、週にわずか二便の定期船は、竹芝桟橋から島の南岸の三池港まで十二時間半かかった。しかも港には、大型船の接岸できる岸壁はなく、船は沖がかりし、私たちは、台風の接近が伝えられていて、大きなうねりが次々と押寄せる中を、艀で上陸しなければならなかった。中央公論社から出ていた『島への旅』という当時のガイドブックには、三宅島について、「交通不便な島で、観光客もほとんどゆかず、観光施設は皆無である」と記されていた。好んで場末の悪所へ通う男のように、世間から忘れられた土地ばかりを選んで旅をしていた私は、この文句に惹かれて、島へやってきたと言っていい。

今は羽田空港からYS機でわずか四十五分、船も一日一便、所要時間は半分に短縮されていて、島は立派な観光地だ。空港から坪田へ向かうタクシーの中で、私は一瞬、旅券の審査も経ず、不法に入国してしまったようなやましさをおぼえる。

昔泊った坪田の旅館は、海を見下ろす崖の上に立つ小さな二階建ての建物も、一軒の土産物屋と数軒の仕舞屋が押し黙って並んでいるだけの周囲の有様も、以前とあまり変っていないように思われた。ただし代は替っていて、私たち泊り客を近くの岩場に連れてゆき、眼の前で海にもぐっては次々ととこぶしを採り、その場で焼いてくれた、海神の寵愛を一身に集めているかのように年齢に比して異常なまでに若々しかった当主は、数年前に亡くなった由で、今宿の切り盛りをしているのは、当時中学生だったその娘さんである。

私が島を再訪した直接の動機は、島の式内社を見てまわるのと、亀卜のあとをたずねるためだった。私が式内社に関心を持つのは、神社の原初の姿を知りたいからだ。『延喜式』に録せられず、しかも現在まで祀られ続けている古社もあるけれど、それは数少ない。

私は、柳田国男、折口信夫らが究めようとした日本の神々が、今なお私たちの心の奥深くに生き続けている、と考えている。私たちの祖先の心性を長いこと養い続けてきた、こうした神々に対する信仰は、もちろん今ではあらかた失われてしまっているが、その心性だけはいまだに残っていて、漠として捉えがたい形をとりながらも、私たちの生活をひそかに支配しているように感じられる。

この信仰には、経典も、聖人伝も、信仰告白の記録も、神像もない。一千年余にわたって脈々と続きながら、これほど可視の痕跡を残さなかった信仰は珍しい。それは、形あるものをむしろ忌んでいるようにさえ見受けられる。

私たちに残されているのは、記紀その他の古代のわずかな文献と、神社の名前と、神社が祀られてきた場所だけだ。もちろん『延喜式』に録されながら、今では所在の分らなくなっている神社、社地が移った神社も一つ二つではない。それでも千年余にわたって、場所だけは変らない神社もまた数多いのである。古代人が卜定したそうした土地に立つとき、彼らの信仰のありようが、いくらかなりとも分ってくる。彼らが拝した神名備山《かんなびやま》が見えたり、巨大の磐座《いわくら》や時の亡霊のような楠や杉の大木でも残っていれば、一層それは身近なものとなる。

そういうわけで、私はここしばらく、式内社を求めて、日本のあちこちを旅しているのである。

三宅島に異常に式内社が多いことは、すでに何人もの人々が着目している。『延喜式』が成立した延長五年（九二七）平安中期には、伊豆諸島は伊豆国賀茂郡に属していた。伊豆国全体で式内社は八十八社（九十二座）、これは全国で、飛びぬけて多い方である。そのうち伊豆諸島には二十三社、その内訳は、大島三、利島一、新島二、神津二、三宅十二、御蔵一、八丈二で、実に半数以上が三宅島にある。この数がいかに多いかは、当時相模国一国の式内社総数が、三宅島とほぼ同数の十三社、安房と上総が、半分以下の六社と五社であったことからもわかる。

しかも、千年にわたって島を支配した壬生《みぶ》家の屋敷があり、かつては島の中心だった北岸の神着《かみつき》村に八社もある。これは、『三宅島史考』の著者広瀬進吾が言うように、式内社の密度にかけては、「全国第一」なのだ。

平安時代には、文字通り絶海の孤島だったにちがいない、周囲三十五キロメートルの小さな、そして人口の稀少な——江戸中期でさえ千人に足りなかった——島に、これだけ多くの式内社があるのは、いかにも不思議である。式内社といえば、中央政府にその所在が知られ、登録されていただけでなく、毎年二月四日の祈年祭には、官幣、国幣の奉幣にあずかったのであり、そこらの村の、名も知れぬ社であるはずがなく、その成立は延長五年をかなり、おそらくは数百年、時には古代にまで溯るものと推測される。

三宅島に式内社が多い理由として第一に考えられるのは、この島が太古の昔から繰り返してきた激しい噴火である。当時の人々にとって、噴火が神の御業、ないし怒りと信じられていたことは、たとえば『日本書紀』天武天皇十三年（六八四）十一月の頃に、

是の夕に、鳴る声有りて鼓の如くありて、東方に聞ゆ。人有りて曰はく、「伊豆嶋の西北、二面、自然に増益《ま》せること、三百余丈。更一の嶋と為れり。即ち鼓の音の如くあるは、神の是の嶋を造る響なり」といふ。

とあるところからも、また『釈日本記』に引かれている『日本後記』天長九年（八三二）の項に、

内裏に於いて亢旱を卜筮せしむるに、伊豆国神祟を為す。癸丑、伊豆国言上、三嶋神、伊古奈比咩《いこなひめ》神二前、名神に預る。此神深谷を塞ぎ、高巌を摧く。〔……〕神異の事、勝計すべからず。

とあるのでもわかる。ちなみに三嶋神も伊古奈比咩神も、伊豆諸島にきわめてかかわりの深い神々で、伊古奈比咩は三嶋神の后神であり、かつて三宅島に祀られていたが、のちに伊豆の白浜に遷されたと言われている。また現在三島市にある三島大社は、もと白浜にあったともいう。

私は、今は白浜神社と名を変えた伊古奈比咩神社を訪れたことがある。ホテルや旅館の立ち並ぶ南伊豆の観光地白浜温泉のはずれにあって、この神社は、深い森の中に鎮まっていた。旧暦九月二十日の大祭の前日に行われる火達《ひたち》祭では、夜、本殿裏で火を焚き、伊豆諸島を遥拝する。社務所の若い神主の話では、昔は島々でも、それに応えて火を焚いたそうである。また、海に背を向けている本殿の裏には、海が小さく湾入している岩場があり、そこでは、大祭の翌日、御幣《おんべ》流しと称して、伊豆諸島を遥拝したあと、島の数に合わせて、十本の幣串と供物を海に流すという。あきらかにこれは、伊豆諸島の噴火の神を祀る神社であった。

三宅島の式内社のうちに、火山や火口そのものを祀る神社がいくつかあるのは確かである。たとえば島の氏神とも言うべき富賀《とが》神社は、今は西岸の阿古《あこ》に近い海岸に鎮座するが、かつては雄山の中腹にあったと伝える。しかしすべてが噴火神を祀るわけではなく、また、噴火が激しかったのは、なにも三宅島ばかりではない。大島の三原山が雄山と並ぶ活火山であることは今更言うまでもなく、神津島の天上山も、現在こそ休火山だが、古代から平安時代にかけて、しばしば噴火した。とりわけ承和五年（八三八）七月五日の噴火は人々を驚かせたらしい。『続日本後記』には、「上津島左右海中焼けて、炎野火の如し。十二童子相接して炬を取り、海に下り、火を附く。諸童子潮を履むこと地の如く、地に入ること水の如し。大石を震上させ、火を以て焼き摧く。炎煬天に達す」という生々しい記述がある。人々は、噴火の光景の中に、十二童子が火をつけてまわる幻を見ていたのだ。神津島は本土に近い島だから、夜空を赤々と染める噴火の炎は、海岸部からはよく見えたにちがいなく、伊豆の人々を深くおびえさせたはずである。伊豆諸島の式内社の中で、神津島の物忌奈命《ものいみなのみこと》神社と阿波命《あわのみこと》神社だけが名神大社に列せられているのは、この時の大噴火のためであったと推定されている。

式内社の半分以上が集中するほど、この島が伊豆諸島の中心だった形跡は見当たらない。島々を統轄する役所が置かれた事実はないし、その大きさは大島、八丈島に次ぎ、人口も、江戸時代の記録でみる限り、決して多い方ではない。実際中央に標高八百十四メートルの雄山がそびえ、全島山におおわれ、周囲は多く断崖で、平地の少ない、しばしば噴火に見舞われるこの島は、大きな人口を養える場所ではないのである。

三島明神の縁起ともいうべき『三宅記』という古い書物がある。筆者は未詳、作成年代も分っていないが、早ければ平安末期、おそくとも室町時代には成立していたと考えられている。異本がいろいろあるらしいけれど、『神道大系　神社編　十六』に収録されている内閣文庫本によると、そのあらましは次の通りである。

明神は、天竺の王とその最愛の后の間の子だったが、母に早く死なれてしまう。みめすぐれていたため、継母に懸想され、これをことわったがゆえにかえって継母の讒言《ざんげん》に遭って父の激怒を買い、天竺から追放され、唐、高麗を経て日本にやってきた。富士山頂で日本の神と会い、伊豆の海に住むことを許される。一旦天竺に戻ってこのことを父に報告して帰ってきた時、筑紫の博多で老夫婦の家に宿り、天児屋根《あまのこやねの》命と自称する老人から、夢のお告げとして三嶋大明神の名を奉られ、正体は薬師如来と告げられる。老人は、七粒のタミ（タブ）の実を明神に与えるとともに、二人の息子若宮、劔宮、娘の見目《みるめ》宮を随臣として付け添わせる。

伊豆の海に着いた時、三人の随臣は、火の雷、水の雷、山の神、海竜王などをやとってきて、孝安天皇二十一年からいよいよ島の焼出しをはじめ、七日七夜に十の島（十一という異本もある）を焼き出す。すなわち「はしめの嶋」（＝初嶋）、「神あつめ嶋」（＝神津嶋）、「大島」、「あたら嶋」（＝新島）、「三宅島」、「御倉嶋」（＝御蔵島）、「おきの嶋」（＝八丈島）、「小嶋」（＝八丈小島）、「わうこ嶋」（青ヶ島か?）、「としま」（＝利島）である。

ところで、箱根の芦ノ湖畔に三人の娘を持つ老漁夫が住んでいた。或る日湖で釣りをしていたが一向に魚がかからないので、大漁にしてくれたら三女をやってもいい、と独り言を言うと、たちまち釣れはじめ、やがて湖の底から声がして、約束の女房をいただきに数日後に参上する、という。実際数日後、湖の主の大蛇が、老漁夫の家へやってきたので、三女は鳩となって富士山へ逃げ、姉二人も白根山へ避難した。三女は富士山で明神に会い、その庇護を受けて、一緒に三宅島の雄山へと飛ぶ。追いかけてきた大蛇は、やがて明神の子神たちや、随臣の一人劔宮によって斬り殺される。

大蛇退治が終わると、三女をはじめ二人の姉も三宅島に来て、明神の后となる。明神は村造りをはじめ、神着に三女を、伊豆に長女を、坪田に次女を、阿古に、明神の最初からの后である天地今后《てんちいまこう》を置き、こうして四つの村ができ上がる。この后たちの腹に王子たちが生まれるが、三宅島の神社は、これらの后たち、王子たちを祀るものとされる。

ここで話は変って、富士山頂での明神と壬生御館《みたち》との出会いとなる。壬生御館は、明神と同じ天竺の出だが、日本に来て、駿河国の有度《うと》浜で、天人たちにまじって東遊《あずまあそび》を舞っていた。彼は明神に見込まれ、随臣として来島する。やがて年月がすぎ、推古天皇癸丑年正月八日、明神は、いよいよ劫がつきたから隠れると宣言し、壬生御館を呼んでさまざまな遺言をする。以後壬生家の人たちは、明神の遺言に従って島を治め、神々を祀り、亀卜を行い、東遊の舞を人々に伝えるのである。

伊豆諸島についての古文献はきわめて少なく、しかも室町時代以前のものは皆無に近いため、『三宅記』は、諸島の歴史を語る際にたえず引用され、三島大社や白浜神社の縁起にさえ影響を与えてきた。この本を読むと、いかにも三宅島が伊豆の島々の中心であるかのように書かれている。しかしこの本は、壬生家が神権を授与されていることを主張するために、壬生家の人間か、壬生家に近い人間——おそらくは修験者——によって書かれたとされており、もしそうであれば、我田引水は当然予想されるところで、三宅島が伊豆諸島の中心であった事実を証明する客観的な証拠にはとてもならない。

広瀬進吾は、平安初期に来島し、「島の内預り殿」として、長い間島の統治権、祭祀権を握っていた壬生家と、中央政府、具体的には卜部宿禰平麻呂《うらべすくねひらまろ》との関係を推測している。平麻呂は伊豆の人で、幼時から亀卜を習い、神祇官卜部となり、承和元年の遣唐使に随行、のち宮中神祇宮の権大祐を拝し、宮主《みやぬし》をも兼ねた。広瀬は、この人の在世中、三宅島を含め、伊豆国の神社にしばしば授位の沙汰があったことを、壬生家と平麻呂との関係の論拠としてあげている。ただ、三宅島の式内社の数のただならぬ多さが、壬生家と平麻呂との関係だけから説明できるとは思われない。また、関係が事実だとしても、その場合、平麻呂の心を動かしたのは、壬生家の力よりも、やはり、壬生家を通して伝えられる島の火山活動だったであろう。

私が三宅島の亀卜に関心を抱いたのは、河岡武春の『海の民』という本の中に、島の壬生家には現在も種々の卜法が伝えられていて、大正天皇の御大典に際しては、壬生家へも問合せがあった、という一節を読んだからである。平安時代、亀卜を行う卜部は、神祇宮に属する正式の職員だった。『延喜式』には、

凡そ宮主は、卜部事に堪える者を取り、之に任ず。其卜部は三国の卜術優長者を取る。伊豆五人、壱岐五人、対馬十人。

とある。

亀卜の法は、中国から朝鮮半島を経て日本にもたらされ、従来の、鹿の肩甲骨を灼いて行う鹿卜にとって代ったというのが定説で、もしそうであれば、当時つねに新文化の入口であった壱岐・対馬にまず亀卜がさかんになるのは自然である。しかし伊豆は東国であり、いわば僻地であって、なぜ卜部を出す国として選ばれたのかは分らない。

この三国が、いずれも亀卜に使う海亀の採取に都合のいい土地であるのはたしかだが、それがとれるのは、なにもこの三国とは限らない。現に同じ『延喜式』の中に、一年に用いる亀甲を五十枚限りとし、それを紀伊、阿波、土佐

から供進させるのを恒例とする、という個所があるからである。

折口信夫は、『日本文学史』（全集ノート編第二巻）の中で、卜部は海部だと断じ、「日本人が海岸に生活していた頃は、海獣をもって卜っていた。つまり亀卜だが、亀卜というとすぐ中国と思うが、私にはそうは考えられぬ。それが中国の方法と結びついて残ったまでである」と主張して、定説に異を立てている。もし折口の言う通りなら、伊豆の海部の間には古くから亀卜の法が行われていて、鹿卜に代って、亀卜が国の卜法と定められた際、亀卜の先進地である伊豆の伝統を重んじ、この地から卜部を採った、という考え方が成り立つ（なお西郷信綱は近著『古代人と死』の中で、壱岐・対馬と伊豆国から卜部が採用されたのは、この二つの土地が、西と東のはずれにあって、ともに根の国に接していたからだ、という興味深い説を提出している）。

日本の卜法、とりわけ亀卜についての古典である伴信友の『正卜考』（一八四四）には、壱岐・対馬のものとは違う八丈島の亀卜の法についての記述が散見する。信友は、当時の八丈島には、村ごとに卜部と称して亀卜を行う者が必ず一人おり、神事にあずかっていたと言い、平安期の書物『古事談』から、「堀川院の御時、件の嶋より卜人三人上洛、召されて之を占わせられる」という個所を引用し、そして島のこうした亀卜を、「古の伊豆卜部の伝の、遺れるものなるべき事決《うつな》し」と推定する。

伊豆卜部の五人のうち少なくとも何人かが伊豆諸島から出ていた可能性はたしかにある。長屋王の屋敷跡からは、天平十八年（七四六）の年号の入ったものも含め、「伊豆国賀茂郡三嶋郷」の占部の人たちが鰹節を送る旨を記した木簡が三点発見されており、また貞観（八五九—八七六）ごろに成立したとされる『令集解』には、伊豆国嶋直《しまあたい》のもとに占部なるものがいたと記されているからである（井上辰雄「卜部の研究」による）。

井上辰雄は、伊豆の卜部を率いていたのは、伊豆半島ではなく伊豆七島の豪族であるという。

もしそうであれば、この豪族は、三宅島の壬生一族だったのではなかろうか？　さきの平麻呂は、『三代実録』には「伊豆国人」とあるだけだが、あるいは三宅島の出身だったのではなかろうか？　三宅島の式内社の謎が、あるいはこの辺から解けてくるかもしれないと私は考えた。

対馬の亀卜は、豆酘《つつ》の岩佐家に伝えられていて、雷神社のサンゾーロー祭に現在も行われているが、壱岐の方は『正卜考』に、「壱岐卜部、今は絶て、そのかみの卜術も、絶て伝はらずとぞ」とあって、信友の時代にはすでに廃絶していたらしい。伊豆卜部に関して、橋口尚武は、近藤富蔵の『八丈実記』を根拠に、八丈島では少なくとも明治初年までは実修されていたという(「列島の古代文化と伊豆諸島」)。しかし三宅島の亀卜については、『三宅記』以外にはめぼしい記録がない。河岡武春の一文も、壬生家にはさまざまな卜法が伝わっている、とあるだけで、亀卜と明記されておらず、しかも書かれている事実は、加藤淘綾『旅帖二集』からの引用と註記されていて、氏自身の調査に拠るものではない。

私は、国会図書館まで行ってこの『旅帖二集』に当たってみた。これは、安田靫彦門下の画家であり、アララギ派の歌人でもある著者の紀行文集で、河岡が依拠しているのは、昭和十年に書かれた「三宅島再遊日記」なる一文である。それによると、加藤は在島中、壬生家の当主の孫で、のちに三宅島の史家として知られるようになる若き日の浅沼悦太郎と知り合い、大正天皇の御大典の話などをきいたという。ここでも壬生家に伝わるのは「種々の卜の法」とあるだけであり、その一つとして例に引かれているのは、炉の灰に豆を並べ、そのこげ具合で、その年の漁や農作の豊凶を占う法である。大正天皇の一件は事実らしいが、これはあくまで問合せにすぎず、亀卜実修の証拠にはならない。その一方広瀬進吾は『三宅島史考』の中で、江戸後期に書かれた「壬生家年中行事」に亀卜のことが全く出てこない事実を楯に、「かなり早く消滅したものと思われる」と書いている。壱岐の例もあることだし、早く消滅したからと言って、三宅島が伊豆の亀卜の中心でなかったとは言い切れないけれども、私の推測の根拠が弱くなるのはたしかだ。この辺のことも現地に行って確かめようと思ったのである。

翌日は快晴だった。昨日は曇りで西風が強く、海には白波が立って寒々としていたが、今日海の色はひときわ鮮かだ。紺青の海の環に飾られて、島には急に春が来ていた。鶯がしきりに啼き、すでに花がこぼれはじめている椿の葉が、日にきらきら光っている。

私は最初、飛行場の北の三池浜のはずれにある、式内社久良恵命《くらえの》神社の跡地を見に行った。久良恵命神社は、『三宅記』に出てくる、明神の第三の后佐岐多麻比咩命《さきたまひめの》が生んだ八王子の一人、「くら井」を祀るとされる。近年は久良浜神社と呼ばれ、昭和二十九年に坪田村の中心にある菅原神社（二宮神社と改称）に合祀された。『式内社調査報告』によると、社殿などは全く残っていないが、その跡地は、「高山さん」という不入《いらず》の森として、周囲の人々から怖れられているという。

「高山さん」は、山の手にあって、その名の通り小さな山をなしている。その森は、海岸の方から眺めると、教えられなくても神の森とわかる特異な茂り方をしていた。椎をはじめとする照葉樹が枝葉を重ね合い、盛り上がって、周囲と比べるとひときわ黒ずみ、どこか生き物めいた様相を呈して、見る者に迫ってくる。式内社の森だとすれば、千年余の歳月を閲していることになる。

私は、手拭いを姉さんかぶりにして道路の歩道の草とりをしていた二人の中年の女性に、「高山さん」について訊ねてみた。彼女たちは口々に、山に入って枝や木の葉をとるだけでも祟るこわい神様だ、と言った。畏怖は今でもまだ生き続けているのである。

私は、森に入ってみたいと思い、周囲を何度かまわってみたけれども、眼に見えない何ものかが私を拒み、隠してでもいるかのように、ついに道をみつけることができなかった。

私は、坪田へ戻り、公民館の向かいにある二宮神社を訪ねた。ここは、『三宅記』の中の、芦ノ湖畔に住んでいた三人の娘のうち次女を祀る式内社伊波乃比咩命《いはのひめの》神社に比定されており、かつては大路池という火山湖のほとりに鎮座していたが、昭和二十九年、久良浜神社と一緒に菅原神社に合祀され、そして前記のようにその後、こちらが二宮神社と改称したのである。ここは、ごく普通の村の神社だ。

私は旧社地にも行ってみた。大路池は、今は周囲に家が一軒もなく、水は樹林を映してひっそりと青い。池畔へ下りてゆく途中、椎の巨木があり、根もとには、ミニチュアのように小さな木の鳥居が置かれ、そのかたわらの木札には、大路池の水神を祀る旨が記されている。

旧社地にはもはや社殿はなく、鳥の声だけがひびく茂みの中に、石の鳥居が白い幻のように建っているだけであった。そして参道は草におおわれて、その鳥居には近づくことさえできない。

西岸の村阿古の近くの岬の上に鎮座する富賀《とが》神社は、式内社阿米津和気命《あめつわけの》神社であり、島の総鎮守だ。六国史に神階授与の記録の出ている島の神社は、ここと神着村の御笏《おしゃく》神社だけである。『三宅記』の中の、明神の最初の后天地今后（阿米津和気命）を祀るとされるが、現在祭神は、事代主命《ことしろのぬしの》、伊古奈比咩命、阿米津和気命の三柱の神になっている。ここで事代主命が出てくるのは、明治になって三島大社の方から、三嶋明神は事代主命だと言い出し、それを教部省が認めた結果である（『日本の神々　第十巻』）。ともかく、もとは噴火口の近くに祀られていた由だから、元来は噴火山そのものが祭神であったのはまちがいない。

敷地は実に四万八千坪、ほとんどが、黒松、椎、蘇鉄、椿、槙、無患子《むくろじ》などから成る森におおわれている。木々の間から日の光がこぼれ落ちている長い参道をゆくと、突き当たりに、広大な神域に比しては小さな拝殿が立っていた。

参拝を済ませて裏へまわると、そこには、白木造りの四つの小さな祠が並んでいる。若宮神社、劔神社、見目神社、壬生神社――つまり『三宅記』に登場する、明神に随従して三宅島の造成に功のあった、天児屋根命の三人の子供と、壬生御館を祀っているのだ。

裏の石垣の右手に、私は不思議なものを見た。人形《ひとがた》の、古びて黒ずんだ大きな石で、前に斎串《いぐし》が何本も挿してある。私はあとで、それが古代の火山弾であり、神社の元来の御神体だと言われていることを知った。

本殿は、拝殿裏の石段を百段以上のぼったところにある。ここまで来ると森は一層深く、日ほほとんどさしこまない。ただその暗がりは光の気配と潮の匂いを含み、じっと佇んでいると海鳴りの音がきこえてきて、海が近くにあることを感じさせた。

左手には日に輝く海があり、右手は茶畑で、道のへりには沢山の水仙が咲いている。雄山は、今日は全容をあらわしていて、青を含んだ黒い、深々とした山肌をさらしている。そんなのどかな風景の中を歩いていったが、阿古に近づくにつれ、周囲に異様な変化が目立ちはじめた。海に面した林が一面に立ち枯れていたり、真新しい溶岩の原が道路のすぐそばまで迫ってきたりしているのだ。

阿古まできた時、私は唖然とした。三十余年前、私が一泊した村が消えて、そのあとには、まだ生々しい溶岩が広がっているだけだった。昭和五十八年の大噴火で、阿古が大きな被害を受けたとは知っていたが、その被害は、私の予想をはるかに越えていた。

私は、もう私の記憶の中にしかないこの村を思い浮かべてみる。私は神着に二泊し、それからバスでこの村へやってきたのだった。バス道路は高みを走っていて、下りたバス停からは、眼下に村を一望することができた。軒を接して連なり、海の際まであたり一面を埋め尽くしていた黒いトタン屋根の家々――それは、坪田とも神着ともまるで違うたたずまいだった。トタン屋根の波の中に、キリスト教会の十字架が白く光っていたのをおぼえている。私はバス道路から下りて、村へ入っていった。夕方で、道の片側の家々に西日が一杯に当たり、ひどく暑かった。家々は小さく、みすぼらしく、畳は日に赤くやけ、障子は破れ放題だったが、眠ったような神着から来ただけに、村にみちている異常なまでの活気には驚かされた。砂の道をはだしで走りまわる子供たち、漁から戻ってきたらしい、辻に立って大声で話し合っている男たち、腰で巧みにバランスをとりながら、両端にドラム罐をさげた天秤棒をかついでゆきかう水汲みの女たち――当時島には水道はなく、水は井戸か天水に頼らざるをえなかったのである。私は、おかみさんが一人で働いている、村でただ一軒の宿に泊った。客はなく、東京から帰省していた新婚早々の息子と、その若い妻君が、二階の私の部屋の隣で寝起きしていただけだった。蚊帳も吊らず、蚊取り線香も焚かず、廊下のガラス戸は開けっ放しだったけれど、たえず海風が吹きぬけてゆくせいか、蚊はまるでいなかった。深夜眼をさますと、隣から襖越しに、息子夫婦の静かな寝息がきこえてきたものだった。朝は早々から、女たちの賑やかな話声でおこされた。私の部屋の真下が、水汲みに彼女たちの集まる村の共同井戸だったからである。

阿古に活気があるのは、島の五つある村の中で、唯一漁業専業だからであろう。『三宅記』には、明神が擬似鉤を発明し、富賀神社の裏手にある御前丸島《おんめまるしま》という岩礁地帯で、この鉤を使って人々に鰹を釣らせる話が出てくる。阿古の人々はたしかに海部の裔なのだ。

三日目に、私は神着村の民宿に移った。

坪田から来ると、神着はいかにも歴史の古さを感じさせる。木々が大きく、構えの立派な家々が多く、玉石を積んだ堂々たる石垣や立派な生籬が続き、村全体にどこかけだるげな落着きがある。

村の真中には、富賀神社と並んで島の祭祀の中心である御笏神社、すなわち式内の佐岐多麻比咩《さきたまひめ》命神社が鎮座する。佐岐多麻比咩とは、『三宅記』の中の、大蛇に追われて富士山に逃げ、そこで明神と会ってその庇護を受け、三宅島に来て、やがて明神の后の一人となった、箱根芦ノ湖畔の漁夫の三女である。繁りあう大樹の幹も、石垣も、地も苔におおわれていて、式内の古社らしい趣きだ。

その隣には、かつては島役所であった壬生家の屋敷がある。四百六十年前に建てられたという茅葺寄棟造の大きな建物で、そこには今なお壬生家の人たちが住んでいる。

島役所は大正七年まで続いたが、大正四年にその長の職は、壬生家の手から離れ、こうして千年余にわたる壬生家による島支配の歴史は終わった。しかし御笏神社、富賀神社をはじめ、島の主な神社の神事は現在も壬生家の当主が司っていて、祭祀権は相変らず壬生家の手にあると言っていい。壬生家のことを口にする時、島の人々の口吻には、畏敬の念がつきまとう。

私は、三宅島の亀卜のことが知りたくて、郵便局へ壬生明彦氏を訪ねていった。というのも、明彦氏は、今では村の郵便局長なのである。飛びこみの無礼な訪問者に対し、恰幅のいい初老の紳士である氏は、用務のさなかなのに、嫌な顔もせず会ってくれた。しかし亀卜に関しては、実のある返事を得ることはできなかった。自分の知る限り、亀トをやったという話はきいていないし、文献にもほとんど出てこないというのだ。やはり広瀬が言うように、この島の亀卜は早くに絶えたらしい。

しかし神着や隣の伊豆村の神社や村のたたずまいには、心惹かれるものが多かった。日本人の信仰のプリミティヴな姿が、ここらあたりにはよく残っている、という印象を抱いた。つまり石や泉や森に対する信仰である。

私は、至るところで、素朴な立石が祀られているのを眼にした。字ひとつ、文様ひとつ刻まれていない、さまざまな形の自然石が、物言わぬ使者のように、路傍や家の庭先に立っているのだった。一度は、神着の近くの森の中で、縄文の環状列石に似た石組みを見た。頂部が丸みを帯びた、やや大きめの長方形の石をかこんで、二十ばかりのもう少し小さい、ほぼ同じ形の石が円を描いていた。それは、突然石に変えられた、森の中のひそかな輪踊りを思わせた。それが一体何なのか、誰にきいてもついに分らなかった。

泉といえば、カサスゲ神社だ。伊豆半島の片瀬にも、同じ三宅島の中にも論社はあるけれども、『式内社調査報告』をはじめ多くの書物が、ここを式内社片菅命《かたすかの》神社に比定している。祭神は、三嶋明神の第三の后、佐岐多麻比咩が生んだ八王子の一人「かたすけ」である。

カサスゲ神社、島の人たちの言い方に従うなら、カサスゲ様は、神着村の中心から東へ二キロばかり離れた美茂井《みもい》という字にある。三宅島観光ホテルという大きなホテルの脇を海の方へと下る細い道をゆくと、左手に椎の原生林があり、その中に祀られている。注連を結んだ一本の椎の大樹の下に、石を畳んだ泉があって、その近くに小さな、新しい木の祠がある。しかしそれ以外には、鳥居も社殿も、何もない。祭神を佐岐多麻比咩の八王子の一人とするのは、おそらく『三宅記』以後の付会であって、あきらかに泉自体が神であり、御神体なのだ。

カサスゲ神社が式内社であるとするなら、千年の昔、離島の名もない泉が、京都の朝廷に知られ、『延喜式』に録され、毎年の祈年祭の頒幣《はんぺい》にあずかっていたというのは驚きであり、それと同時に、かつての神社のありようについて私たちに多くのことを考えさせる。

泉は今も水量が豊富で、澄んだ水が盛りあがるようにして湧いている。神域は広く、杉の原生林が、どこまでが神域か分らないほど、灌木や大谷渡りをまじえて奥深くまで続いている。杉の一本一本は、泉を汚穢から守る神の兵士たちのように私の眼に映った。

泉を拝んだあと、私は手を水にひたしてみた。水の冷たさが手に沁みた。

観光ホテルの前から雇ったタクシーの運転手に、カサスゲ神社のことを訊いてみると、彼は、自分はあの神社の氏子だと言い、現在の神役が病気になってしまったので、祠を新しく作り変えた、という話をしてくれた。それから、私を神社関係の人間だと思ったのか、祭は盛大にしたらいいだろうかとか、供物にはなにがいいかなどと、真剣な口調でたずねた。水道がなく、泉がいわば島の命であった時代の、泉の神に対する信仰が、たしかに島には根付いているのだった。

三宅島の神社の森は、高山さんでも、二宮神社でも、富賀神社でも、ほとんど例外なしに深い。とりわけ伊豆村にある御祭《ごさい》神社の森のたたずまいには、ただならぬものがある。

御祭神社は、まことに不思議な神社だ。黒松の大木が左右にそびえる参道をゆき、木の鳥居をくぐり、丸石を積んだ石段を二十段ほど上ったところに大きなお堂があり、右手に小さい、粗末な祠がある。神域を独り占めにして我物顔に立っている、神社には全くそぐわぬこのお堂が一体何なのか、私には最初わからなかった。私は近くの人々にきいて、これが満願寺の薬師堂であり、祠の方が御祭神社だということを知った。

この薬師堂は、三嶋神社の本地仏としての薬師如来を祀るため、壬生氏が長元五年（一〇三二）に建てたもので、島では重要な建物の一つである。お堂は近年の改築だが、江戸初期の製作にかかる本尊の薬師如来の胎内には、藤原末期の腐朽した頭部が納められているという。

神社の中に薬師堂があるからといって、神仏合体でも、満願寺が御祭神社の神宮寺というわけでもない。寺とはいいながら、僧侶はおらず、祭礼をはじめ薬師堂の行事はすべて、壬生氏と社人の手によって行われてきたからである。今は国の無形文化財に指定されている、巨大な男根をつけて舞う舞を含むこの祭礼は、古風をとどめ、興味深いものらしい。

この薬師堂と御祭神社をかこむ森は、まさに木々の乱舞だ。大木は、枝を一杯にひろげ、空に向かって何かを叫んでいるようであり、互いに挑発し合って、争っているようにも見える。股を大きく開いて根を露出させている木があるかと思うと、幹が裂けたり、梢近い枝が折れて、宙に垂れ下がっている木もある。葉の落ちた木が多いので、木々の奇怪な、黙示でも含んでいるかのような枝振りが目立つ。日がさしこみ、落葉の積もった地面には木々の影が交錯している。

神着の西隣にある伊豆村は、神着同様土着が古く、しかも噴火の被害をほとんど受けていないので、よく古風をとどめている。たとえばこの村には、七つ山とよばれる、各家の地主神を祀る七つの小さなタブの森があちこちにある。『三宅記』には、明神が筑紫で天児屋根命と称する老人に会った際、タブの実を七つもらう個所があり、タブは島には因縁の深い木の模様で、しかも七つの山の七という数字は、この七つと関係があるのではないかと思われる。一方池田信道の『三宅島の歴史と民俗』の中に、七つになる子供が一向に泣きやまないので、親が腹を立てて閉め出したところ、泣き疲れたのか、声がきこえなくなった。雨戸をあけてみると、どこにも姿がない。どこを探してもみつからない。村中の人々の捜索の末、手足をもぎとられた無惨な姿で死んでいるのが発見された。その手足の落ちていたところが後に七つ山になったという伝説が記されている。

タブの森といっても、タブの大木が一、二本茂っているだけの、社殿も祠のないところが多い。そのありようは、若狭大島半島のニソの杜や、薩摩・大隈地方のモイドン、種子島のガロー山を思わせる。多分かつては、一門の先祖の葬地だったのであろう。


森といえば、椎取《しとり》神社の森は忘れ難い。

椎取神社は、式内社志理太宜《しりたき》神社に比定されており、例の佐岐多麻比咩の八王子の一人「したい」を祀るとされる。島の東北岸、赤場暁《あかばきよう》と呼ばれる、昭和十五年八月の大噴火の際海中まで流出した溶岩の原の近くにある。椎取神社の案内板によると、噴火で埋没するまで、ここには島内唯一の自然の良港があり、事代主命――三嶋明神――が島への第一歩をしるしたのはここだという。一方『三宅記』には、「三女をば神着に浦有。しとりと名付也。是にいわゐまゐらせ《(す)》べし」という、佐岐多麻比咩自身がここに祀られたかのようにとれる一節もある。とも角しとりの浦は、古代から由緒ある土地だったようだ。

海に沿って走る国道でタクシーを捨て、道路から山側の方へ少しおりてゆくと、古びた木の鳥居があり、そのすぐ先にまだ真新しい白木の小さな社殿が建っている。普通だったら、その裏に森が控えているとしても、そこがゆきどまりのはずである。ところが道は奥へとさらにのびており、進むにつれ、私の眼の前には森の広大な空閑地がひろがり、そのほぼ中央に、あきらかに磐座とわかる屏風状の巨岩が屹立して、そこが神社の中心であることを否応なしにさとらせた。社殿は、五万五千坪に及ぶ神域にあって唯一の建物であり、しかも門番小屋のごとき付け足りのものにすぎなかった。

巨岩の下には、小さな木の祠が二つあり、その右手には、大小さまざまな立石が並んで、その前には沢山の斎串が挿してある。すだじいの大木が枝を差しかわしあって、よく晴れた夕方なのに、森の中は不気味なほど暗い。

ここほど、社殿が二次的な存在であることをあからさまに示している神社は珍しかった。私は、あらためて神社における社殿の意味を考えずにはいられなかった。柳田国男が説くように、私たちの祖先は、神が社殿の中に常住しているとは少しも考えなかった。神は祭の時だけ、海の彼方から、あるいは空や山の頂から迎えられて、神域に降臨するのであった。そうした神々にとって、どれほど宏壮なものであろうと、建物が必要だとは思われない。神々にとって必要なのは、依り代となる大樹であり、巨岩であり、人間の汚れを去った清浄の地だ。記紀を主とする古書も、考古学上の知見も、古代において、祭が多く露天で行われたことを示している。社殿は、祭の際、雨風を凌ぐために一時的に作った仮小屋が、やがて常在の建物になっていったものにちがいなかった。そこには寺院建物の影響も大きく働いたであろう。ともかく社殿は、祭をする側の人間の都合から生まれたものであることは明らかだ。

神社において、社殿、いや、社殿を含め一切の人工物が二次的な存在であることを、はっきりと私に教えてくれたのは、沖縄の御嶽《おたき》だった。沖縄では今でも、建物の類が一切なく、クバ、アコウ、福木、ガジュマルなどの茂った森だけを、神を祀る場所としているところが多い。そうした森の中に立っていると、人々の心が神に向かって純一になり、透明になってゆくのが実感でき、その一方、神の空間を占有する人工物が、そうした心の動きを妨げ、阻害するのがわかる。

柳田国男や折口信夫が言うように、沖縄の信仰が古神道の面影を残しているのならば、神社のありようも、かつては御嶽と同じだったはずだ。そしてそうであるならば、何もないことを尊ぶ心の傾きは、たとえ信仰が失われたとしても、私たちのどこかにひそんで、今なお私たちの生活をひそかに導いているはずだ。

私は、日本文化の中にそうしたものがあることを、以前から漠然と感じてきた。しかし私は、もう少し正確な形でそれを取り出してみたかった。だから私を三宅島へ連れてきたのは、沖縄の御嶽だったと言ってもいいのである。

雄山から夕闇が、足音を忍ばせたけもののように下りてくる時刻だ。森の中が刻一刻と暗くなってゆくように思われる。神域の中にも、その周囲にも、まるで人の気配がない。すだじいの枝にとまっていたらしい鳥が、一声鋭く啼き、羽音をさせて、森の外へ飛び去ってゆく。木々の葉むらが、海からの風にひっきりなしに騒いでいる。それは、なにかの合図なのだ。一人で佇んでいると、周囲の森や闇をまとった巨岩から、惻々と迫ってくるものがある。私は、隠れた無数の眼に凝視されているようなおびえに囚われる。

私は、入口の鳥居の方へと足を早めずにはいられなかった。

八重山の歳月

テレビの天気予報では、とっくに梅雨が明けたはずの沖縄地方にも、まだ長梅雨の明けない関東地方同様、連日雨印や曇印がついていたので、悪天候を予想してやってきたが、機上から見る石垣島は、酷熱の太陽に照り付けられて、道路も町も畑も白く乾き切っている様子だった。空港から乗ったタクシーの運転手の話によると、ここひと月雨が全く降らず、砂糖黍畑の地がひび割れ、葉にロール現象が出はじめていて、干魃が心配されているのだという。本島と先島では、往々こんな風にまるきり天気が違うのだ。

離島桟橋でタクシーを下りると、十二時の黒島行の船までまだ少し間があるので、港に面した観光案内所で、島の宿泊の手配を頼んだ。しかし島にただ一軒のホテルをはじめ、民宿も軒並満員だった。かつては観光とは無縁の島だったのに、最近は高速船が就航して石垣島から一時間足らずでゆけるようになったせいか、海水浴やダイヴィングの客が結構多いらしい。石垣島に宿をとって日帰りするより仕方がない、と半ば諦めかけていた矢先、最後の民宿に部屋が一つあいているのが分った。早速予約を頼み、私は、出航間際の船へと走った。

黒島は、周囲十二キロの小さな島だ。石垣港を出て三十分もすると、高い山並の連なる、黒ずむほど濃い緑におおわれた大きな西表島の西方に、新城島《あらぐすく》と並んで、その島影が現れる。水平線に引かれた一本の太い線。山も丘もない、全く平坦な島。この島の四つの村に二百人余の人たちが住む。かつては半農半漁だったが、今は島の大半を牧場にして、牛の飼育で暮らしを立てている。平均年齢は六十歳に近く、私を民宿まで送ってくれた送迎バスの若い運転手は、

「天国に一番近い島ですよ」と笑って言った。

私が予約した宮里村の民宿は、看板一つなく、どこにも屋号が記されていなかった。道路に面したそのたたずまいは、廃屋か、建築が途中で中止になって、長年雨ざらしになっている家、といった風だった。張った床と柱だけのその家の横を、眠たげな沖縄の唄を流し続けている置放しの大きなカセットをまたいで奥へ入ってゆくと、小さな庭——空地?——があり、それに面していかにも俄づくりという感じの平家が建っていた。四畳半ほどの部屋が幾つか並んでいて、泊り客たちのリュックやら、旅行鞄やら、衣類などが散乱している。そして左手には、こちらも足の踏み場もないほど皿や小鉢を積み上げた、仕切り壁一つない台所。客たちはみな出払っていて、こんな場所にはちょっと不似合いな、眉目のすがすがしい、都会風な少女が一人、台所で働いていた。

私が案内されたのは、裏の突き当たりの四畳半だった。北側に網戸のはまった窓が一つ。今夜は熱帯夜だろうに、もちろんクーラーはなく、下の隙き間にごみがびっしりつまって青かびが生えている、世にもおそろしげな扇風機が一台あるだけだ。それでもその扇風機は、スイッチを入れてみると、カタカタと音を立ててまわりはじめた。

近くのホテルの食堂で昼食を済ますと、私は、ブレーキの利かない宿の自転車を借り、早速御嶽まわりに出かけた。島にはバスもタクシーもないので、交通は、足か自転車に頼るほかないのである。

出かける前に少女に御嶽のことをきいてみたら、彼女は、御嶽が何であるかさえ知らなかった。

「もう少ししたらおじさんが帰ってくるから、おじさんだったら分ると思うけど」と彼女は言うが、その「おじさん」はどこへ行ったのやら、一向に姿を現さない。

一般に島というものは、どれほど小さく見えようとも、上陸してみると存外に広いものだ。黒島のような平坦な島では、とりわけそのことが強く感じられる。金網や柵で囲われた、見渡すかぎりひろがる日に灼けた牧草地、むらがって休んでいる黒い牛たち、杭や柵や牛の背中にさえとまっている沢山の鳥、ところどころの砂糖黍畑、その間を走ってゆく、日ざしをさえぎる樹木一本ないアスファルトの白い道、その果てに見える、幻想的なまでに濃青の海。

黒島には、御嶽——ここでは一般にワンと言う——が全部で十五ある。そしてそのほとんどが、沖縄の『延喜式』

人文書院
刊行案内

2025.7 紅緋色

映画が恋したフロイト

岡田温司著

精神分析と映画の屈折した運命

精神分析とほぼ同時に産声をあげた映画は、精神分析の影響を常に受けていた。ドッペルゲンガー、パラノイア、シェルショック……。映画のなかに登場する精神分析的なモチーフやテーマに注目し、それらが分かち合ってきたパラレルな運命に照準をあわせその多彩な局面を考察する。

購入はこちら

四六判上製246頁　定価2860円

ネオリベラル・フェミニズムの誕生

キャサリン・ロッテンバーグ著
河野真太郎訳

女性たちの選択肢と隘路

すべてが女性の肩にのしかかる「自己責任化」を促す、新自由主義的なフェミニズムの出現とは?果たしてそれはフェミニズムと呼べるのか?アメリカ・フェミニズムのいまを映し出す待望の邦訳。

購入はこちら

四六判並製270頁　定価3080円

人文書院ホームページで直接ご注文が可能です。スマートフォンで各QRコードを読み込んでください。注文方法は右記QRコードでご確認ください。決済可能方法：クレジットカード／PayPay／楽天ペイ／代金引換

〒612-8447 京都市伏見区竹田西内畑町9　TEL 075-603-1344
http://www.jimbunshoin.co.jp/　【X】@jimbunshoin（価格は10％税込）

新　刊

人文学のための計量分析入門
——歴史を数量化する

クレール・ルメルシエ／クレール・ザルク著
長野壮一訳

数量的研究の威力と限界

数量的なアプローチは、テキストの精読に依拠する伝統的な研究方法にいかなる価値を付加することができるのか。歴史的資料を扱う全ての人に向けた恰好の書。

購入はこちら

Now Printing

四六判並製276頁　定価3300円

普通の組織
——ホロコーストの社会学

シュテファン・キュール著　田野大輔訳

「悪の凡庸さ」を超えて

ナチ体制下で普通の人びとがユダヤ人の大量虐殺に進んで参加したのはなぜか。殺戮部隊を駆り立てた様々な要因——イデオロギー、強制力、仲間意識、物欲、残虐性——の働きを組織社会学の視点から解明した、ホロコースト研究の金字塔。

購入はこちら

四六判上製440頁　定価6600円

公共内芸術
——民主主義の基盤としてのアート

ランバート・ザイダーヴァアート著
篠木涼 訳

国家は芸術になぜ
お金を出すべきなのか

国家による芸術への助成について理論的な正当化を試みるとともに、芸術が民主主義と市民社会に対して果たす重要な貢献を丹念に論じる。壮大で精密な考察に基づく提起の書。

購入はこちら

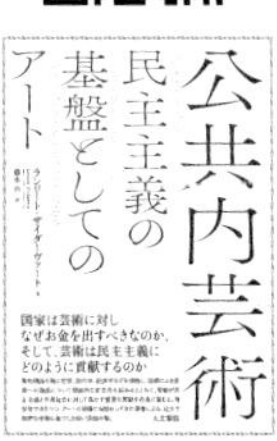

四六判並製476頁　定価5940円

好評既刊

関西の隠れキリシタン発見
―茨木山間部の信仰と遺物を追って
マルタン・ノゲラ・ラモス／平岡隆二編著
定価2860円

シェリング政治哲学研究序説
―反政治の黙示録を書く者
中村徳仁著
定価4950円

戦後ドイツと知識人
―アドルノ、ハーバーマス、エンツェンスベルガー
橋本紘樹著
定価4950円

日高六郎の戦後啓蒙
―社会心理学と教育運動の思想史
宮下祥子著
定価4950円

地域研究の境界
―キーワードで読み解く現在地
田浪亜央江／斎藤祥平／金栄鎬編
定価3960円

クライストと公共圏の時代
―世論・革命・デモクラシー
西尾宇広著
定価7480円

美学入門
美術館に行っても何も感じないと悩むあなたのための美学入門
ベンス・ナナイ著　武田宙也訳
定価2860円

病原菌と人間の近代史
―日本における結核管理
塩野麻子著
定価7150円

一九六八年と宗教
―全共闘以後の「革命」のゆくえ
栗田英彦編
定価5500円

監獄情報グループ資料集1　**耐え難いもの**
フィリップ・アルティエール編
佐藤嘉幸／箱田徹／上尾真道訳
定価5500円

近刊予告　詳細は小社ホームページをご覧ください。

・映画研究ユーザーズガイド　北野圭介著
・お土産の文化人類学　鈴木美香子著
・魂の文化史　コク・フォン・シュトゥックラート著　熊谷哲哉訳

新刊

英雄の旅
――ジョーゼフ・キャンベルの世界

ジョーゼフ・キャンベル著
斎藤伸治／斎藤珠代訳

偉大なる思想の集大成

神話という時を超えたつながりによって、人類共通の心理的根源に迫ったキャンベル。ジョージ・ルーカスをはじめ数多の映画製作者・作家・作品に計り知れない影響を与えた大いなる旅路の終着点。

購入はこちら

四六判上製396頁　定価4950円

共産党の戦後八〇年
――「大衆的前衛党」の矛盾を問う

富田武著

党史はどう書き換えられたのか？

スターリニズム研究の第一人者である著者が、日本共産党の「公式党史」はどう書き換えられたのか」を検討し詳細に分析。革命観と組織観の変遷や綱領論争から、戦後共産党の理論と運動の軌跡を辿る。

購入はこちら

四六判上製300頁　定価4950円

性理論のための三論文
（一九〇五年版）

フロイト著　光末紀子訳　石﨑美侑解題
松本卓也解説

初版に基づく日本語訳

本書は20世紀のセクシュアリティをめぐる議論に決定的な影響を与えたが、その後の度重なる加筆により、性器を中心に欲動が統合され、当初のラディカルさは影をひそめる。本翻訳はその初版に基づく、はじめての試みである。

購入はこちら

四六判上製300頁　定価3850円

とも言うべき『琉球国由来記』（一七一三）にその神名とイビ名がのっている。

私は、北岸の伊古村に近い、防風林の中にある仲盛御嶽を一番最初に訪れた。黒島の御嶽の大方は、このように海岸部にもうけられている。それは、海の彼方の他界であるニライカナイから神を迎えるからであり、かつては石垣島に渡る場合でさえ死の危険を伴った船旅の安全を祈願したためであろう。

島のすべての御嶽を見たあとでの感想だが、この島の御嶽は手入れがゆき届いていて、本島の一部の御嶽のように、草がおい茂って中に踏み入れない、というところはない。それだけ信仰がまだ篤いのである。形式はどこも大体一定していて、クバ、ガジュマル、アコウ、福木、アカギ、ヤラブなどの密生する森の入口にコンクリートの鳥居があり、その奥に赤い琉球瓦を葺いた、三方吹放しのコンクリートの小さな社殿が建ち、その奥壁には、船窓のような丸い窓がきまってあいていて、それに通しガラスが嵌めてある。私が訪ねた村の神役の男性の言によると、それは、鏡をあらわしているとのことだった。

奥壁の前の壇には、幾つかの香炉が置かれている。そして奥壁の左手には、イビへと通じる小さな入口がある。イビ――それは、御嶽の至聖所であり、ノロや司といった神女以外の者、とりわけ男性の立入りの許されない場所である。

イビの入口の向こうには、白砂を敷いた、細い、他界へと導かれるかのような道が森の奥へと通じ、突き当たりにはクバその他の大樹がそびえ、その根もとにじかに、あるいは小さな石の祠の中に、やはり香炉が置かれている。ただそれだけの空間なのに、そこには言い知れない神秘感が漂っている。

夏の午さがり、蟬の声だけが響く森の中にいて、こうした空間を眼の前にする時、そこには、私たちの信仰の本質が凝縮しているように思われる。なにもないこと――かつて御嶽には香炉さえなかったという――と清浄さ。黒島の場合、イビへの入口には、きまって草履が揃えられていた。土足を忌むということなのだろう。

東筋《あがりすじ》は、島のほぼ真ん中にある村だ。村の中央の通りは、日本の道百選の一つに選ばれている。珊瑚礁石灰岩を積んだ石垣、その内側に植えられた、緑濃い小判形の葉を繁らせている福木の並木、入口に立つ、ひんぷんと呼ばれる目かくしの仕切り壁、その奥にある、琉球瓦の平家。本島あたりではもうあまり見られなくなったそうした家々が、広い道の左右に続いている。老人だけの家が多いせいか、炎天下、どの家からも、声一つ、物音一つきこえてこない。

通りのはずれにある、比江地ワンという村の御嶽では、二人の女が、箒で神域を掃いていた。形ばかりの社殿の、丸窓の前にある香炉に線香をあげて、藍染めの琉球絣の着物を折目正しく着た中年の男が手を合わせていた。

ここは、村の遠祖であり、琉球王朝から首里大屋子という要職に任命された人の弓場のあとと伝えている場所である。話しかけてみたら、男は、その首里大屋子の子孫だった。明後日から豊年祭がはじまるので、御嶽の掃除をしているのだという。私が村の司の有無について訊ねると、姉がつとめているという答えが返ってきた。神役は健在で、毎年祭は滞りなく行われている由である。

「神様を信じない村はだめですよ。その点この村は大丈夫です」

と男は胸を張った。

沖縄全域で、ノロ、司の制度は、老齢化と過疎のため、今や危殆に瀕している。私は、六月初めに国頭《くにがみ》の東海岸の村々を歩いてみたが、死んだり、他に転出したり、あるいは留守だったりして、ついに一人のノロにも会えずじまいだった。いや、正確に言うと、一人だけは会うことができたものの、八十歳を越えたその老婆は、口もきけないほどの重病の床に就いていたのだ。ノロも司も血筋で継承するので、誰でもなれるというわけにはゆかない。そしてノロ、司の家筋が絶えると、祭が行われなくなったり、簡略化されたり、変質したりする。そして男の言う通り、そうした村は実際、精神的支柱を失って、荒廃してゆくのである。

東筋村の御嶽では、海辺の喜屋武ワンが印象的だった。森の奥の、例のごときコンクリートの社殿の奥壁にもうけられた入口からイビの方を覗いてみると、もうそこに森はなく、白砂の道は小さな岬へと通じていて、その突端に小祠が置かれていた。空と海のただ中にあって、小祠は、神を迎える劇のみごとな舞台装置のように見えた。眼下の珊瑚礁の海は、明るいトルコ玉色で、下に岩礁のある個所は紫の斑をなしている。その鮮やかな色彩は、海が神に捧げる供物だった。

夕方まで御嶽めぐりをし、私は疲れ切って民宿へ戻ってきた。

水を浴びたあと、中庭に据えられた大きな木の卓の前に坐って、家の前の、名を知らない大木に咲いた黄色い花をぼんやり眺めながら罐ビールを飲んでいると、宿泊客たちが海から次々と帰ってきた。みな二十代からせいぜい三十代はじめの若い人たちばかりだ。罐ビールや罐ジュースを冷蔵庫から勝手にとり出して、庭の卓に坐りにくる者もいる。

「私、横浜に住んでるんですけど、まわりに次々と大きなビルが建って、息苦しくなってしまって、広いところへゆきたいなあと思って、それで彼とやってきたんです」

とまだ幼さの残る、丸顔の若い女が言う。あとから話仲間に加わったその彼は、ちょっとやくざ風ながら、浅黒く日に焼け、鼻筋が通って、なかなかの男前だ。一体何をしている人間なのか、私には見当がつかない。

基地問題を卒論のテーマに選び、本島で調査したあと、八重山の島々をまわって歩いている学生や、この民宿にもう一月近く滞在しているという二人連れの女もいる。みなどこか都会の生活にはぐれてしまったという風だ。

台所で働いていた例の少女も、その一人だった。彼女自身の話によると、横須賀の出身で――御嶽のことを何も知らなかったのも当然だったわけだ――、東京の有明埠頭から船に乗って、一人で沖縄にやって来、那覇に二日ばかりいたあと、真っすぐこの島へ渡り、気に入って滞在し続けているうちに、民宿の主人に見込まれて、アルバイトとして働くことになったとのことだ。

トカラ列島から奄美・沖縄にかけての、観光地からはずれた過疎の島々には、こうした若者たちを誘い寄せるなにかがあるらしい。どの島へいっても、決まってこの種の男女に出会う。中には、島の空家を借りて、一年二年と住み、根を下ろして、島の人間になってしまう者もいる。若者の少ない島では、彼らを歓迎し、家や土地を貸し与えたりして、いろいろ便宜をはかる。現に黒島の四軒ある民宿のうち三軒、つまり私の泊った家以外は、東京や大阪からやってきて、そうした形で定住した人たちが経営しているのである。

かつてトカラ列島の諏訪之瀬島にバンヤン・アシュラム（ガジュマルの下の道場を意味するサンスクリット語）という共同体があった。成員の大方は、大学や職場や家庭を捨てて島にやってきた、大都会出身の良家の子女たちだった。彼らは、ヴェーダーンタの哲学を信じ、村から土地を借りて家を建て、畑を耕やし、漁をして、規則正しい集団生活を送っていた。二十余年前、私が訪れた時、彼らの中にはアメリカ人も、イギリス人も、子をもうけている夫婦者もいた。人数は四十人に近く、これは島の本来の村の人口とほぼ同数だった。村民には高齢者が多かったから、バンヤンの人たちは艀作業を引き受け、夜光貝の採取を行い、学校の運動会では主になって動いて、村民と共存共栄の関係にあった。もっともその後彼らは、或る大企業が、島にホテルと飛行場を企てた時に、それに賛成する村民と、自然保護の立場から対立してしまった。今では大部分が本土に引きあげ、五世帯だけが残っているとのことである。

この種の若者は、日本の社会の陰画だ。そして私自身、少なくとも一時期は彼らの同類だった。私は、目の前で屈託なげに談笑している人たちに、青年期の自分の姿を重ねてみる。

夕食は、台所の隣の座敷で、主人も、アルバイトの少女も、皆一緒だった。

主人は、少し偏屈だけれども気のよさそうな初老の男で、もともと独身なのか、細君を亡くしたのか、少女が来るまでは、一人で民宿をやっていたらしい。宮里村では、ほとんどの家が島から出ていってしまい、今では彼の家が村を代表しているのだった。しかし昔は番所があり、いわば島の中心だったのに、人数が少ないばかりに、祭の折などに他の村にないがしろにされるのが、彼の憤懣の種なのだった。

食卓には、彼が昼間海で突いてきたブダイの刺身や、昨夜、近くの洞窟でとったという椰子蟹などが並んだ。椰子蟹は、白い身が殻にぎっしりとつまって、なかなかの美味だった。泡盛が出、主人が壁にかかっていた蛇皮線をとって弾き出すと、座はやがて賑やかな酒宴へと変っていった。

翌日の午後黒島から戻ると、私は、石垣港に近いホテルに投宿した。そしてその晩久し振りに詩人の糸数用一氏に会った。

糸数氏は、石垣島の四箇《しか》の士族の出で、東京の大学を卒業すると、世田谷に住み、同じ島出身の奥さんと二人で学習塾を経営しながら詩を書いてきた人である。沖縄の文学賞を受けたその作品は、安易に沖縄を歌おうとせず、ローカル・カラーに頼ることを禁欲的なまでに避け、自分の中の沖縄を殺そうとさえしているのに、時折抑え難い吐息のように、硬質な言葉のすき間からふと沖縄が漏れ出てくる、といった風のものだった。

今年のはじめ、糸数氏は、両親が亡くなって無人のままになっていた父祖伝来の家を継ぐため、さし当たり一人で島に帰ってきた。

糸数氏の家は、以前は料亭が、今はクラブやバーが立ち並ぶ歓楽街のはずれにある。広い敷地の真中に、福木に囲まれて建つ、そこだけ昔が残っているような、周囲とはそぐわぬ琉球瓦の古い平屋建の屋敷だ。そこで彼は、やはり小さな進学塾を開き、自炊をして、一人で暮らしているのである。座敷に坐っていると、福木の葉の繁みにさえぎられて、殺風景な外の建物は一切見えず、歓楽街とは思えぬほどひっそりとしている。

「でも夜中に、前のスナックのカラオケがうるさくて、時々抗議の電話をかけるんですよ」

と、糸数氏は言う。

彼は私を、埋立地にある石垣牛のステーキハウスに案内してくれた。日の暮れにはまだ少し間のある、奇妙な明るさの漂う時刻で、海は全く見えないが、大気の中には海の気配が感じられた。

「この辺で子供のころ、よく貝を拾ったもんですよ。振り向くとおもと岳がみえたもんですがね」

と、糸数氏は嘆く。実際、立ち並ぶホテルや五階建て、六階建てのビルに視野をさえぎられて、おもと岳は稜線一つ目に入らない。

糸数氏の記憶と共鳴するように、私の中にも同じころの石垣の記憶がよみがえってきた。昭和三十六年、まだ沖縄がアメリカの軍政下にあった時代だ。

石垣島というと、すぐ私の瞼裏に浮かぶのは、三宅島の場合と同様、はじめて見たその島影である。夕刻の五時に那覇港をでた船——金十丸《かなと》という老朽船だった——は、台風の余波で荒れる海に難渋しながらも、次の日の夜十時ころ、やっと石垣島の北端に近づいた。舳先が水を切って進んでゆく音をききながら、甲板の欄杆にもたれてぼんやり海を眺めていた私は、突然前方彼方に、音のない真青な稲妻が背後から、全く予期していなかった大きな漆黒の島影を浮かび上がらせるのを見た。その現れ方はほとんど劇的で、私は一瞬、島だと分らず、信じ難いほど巨大な船だと思ったほどだった。稲妻が消えると、島はたちまち闇にまぎれてしまったが、しばらくしてまた稲妻が閃き、島が現れた。そうしたことが何度も繰り返された。まるで稲妻が、面白半分に島を小出しに見せては、すぐ後生大事に隠してしまうみたいだった。やがて船は一層島に接近し、島を左舷にしながら、ひたすら南下していった。どこまで行っても島には灯影一つ見えなかった。すぐ眼の前に立ちはだかる黒々とした団塊は、目くばせしようとさえせず、不機嫌に押し黙り、私に何一つ明かそうとはしなかった。私は、島が頑なにまとっている闇と、その闇が秘しているらしい未知の世界に、畏怖をおぼえる一方で強く心を惹かれた。

船は十一時ごろ石垣港の沖合に着き、そのあと艀に乗って上陸した時には、すでに午前零時をまわっていた。歩きまわってやっと見つけた宿で一夜をあかしたあと、翌朝、大分日が高くなってから表に出た私は、昨夜とは打って変ったおびただしい光の氾濫と、町の活気にみちた様子に戸惑った。底知れない無言の闇に閉されたあの島はどこへいってしまったのか？　私は、光の巧妙な詐術によって、私の眷恋《けんれん》の島をかすめとられたような気がした。二度目からは飛行機で来るようになっていたので、以後私は、稲妻が浮かび上がらせたあの島影に出会うことはなかった、あの幻は、今なお私の心の奥深くに、闇によって封印されたままだ。

……私は、首里の山の上にある崎山カトリック教会付属学生寮の寮長をしていた、沖縄での私の身元引受人でもある永野善治氏の紹介状を持って、石垣の町はずれにある海星カトリック教会の司祭館までオーバン神父を訪ねていった。奄美大島の出身の永野氏は、名瀬の教会で神父から洗礼を受けて信者になった人だったので、石垣島に転勤になった神父に宛てて、紹介状を書いてくれたのである。

五十年配のオーバン神父は、流暢な日本語と、よく動く、茶色の、いたずらっぽい眼で私を迎えた。そして紹介状に眼を通すなり、今ひと部屋あいているから、司祭館に泊らないかと言ってくれた。キリスト教には無縁な人間で、司祭館に泊めてもらうことなど夢にも考えていなかった私は、最初驚いたが、パインの収穫期で町の旅館はどこも満員だったので、この申出を有難く受けた。そして結局一月近く司祭館の客となったのだった。

仏桑花の彩る広い芝生の庭を前にして建っていた、二階建ての瀟洒な司祭館も、その隣の小さな木造の教会も、道路の拡張のため消え失せ、今では、立派だけれども味気ないコンクリートの建物に変ってしまった。そして芝生の庭を弾むような足取りで歩いていた長身のオーバン神父も、二年前故郷のニューヨークで亡くなった。それればかりではない。のちに沖縄国際大学の学長になった永野氏も、今は鬼籍の人である。

私の旅の目的地は、波照間島だった。現在飛行機でわずか二十五分、一日六便の高速船でも五十分しかかからず、石垣島から日帰りさえ可能な波照間島だが、当時は文字通りの地の果てで、五、六時間の舟行を要し、連絡船は週二便か、時には一便、全くの不定期と言ってよく、港に日参してきいてまわらなければ、出航の日も時間も知ることができなかった。その上島には、民宿を含め、一切宿はなかった。

そんな波照間島に、特に見るべき、あるいは訪れるべき対象が私にあったわけではない。日本の最南端――といって、沖縄は当時一応外国だったが――というその位置が、私には問題だったのである。そのころの私にとって、南は単なる方角ではなかった。それはアウラに囲まれた特別の場所であり、こんな言い方が許されるならば、私は南を信仰していたのだ。そこへゆけば、私にかけられていた一切の呪文が解けるとでもいうかのように……。

沖縄旅行の動機そのものがそうだった。漠然と心惹かれていたとはいえ、私はとくに沖縄に関心があったわけではなく、沖縄についてほとんどなにも知らなかった。沖縄が南に在る、という事実だけで、私を旅立たせるのに十分だった。在る日地図を見ていて、海をあらわす青いページに弓形の曲線を描いて点々と連なる島を目にした時、突然啓示を受けでもしたかのように――いや、比喩ではなく、まさしくそれは私にとって、ひとつの啓示だった――、旅行の決心をした日のことを私はよくおぼえている。

東京で、自分の暮らす世界を受け入れることができず、周囲をきびしく批判しながら生きていた私は、このまま東京で暮らし続けるなら自己欺瞞になる、東京を離れ、ゴーギャンにとってのタヒチに当たるような土地をみつけなければならない、と単純にも思いこんでいたのである。

結果として、沖縄旅行は事態を何ひとつ変えはしなかった。当時外国旅行は夢のまた夢だったけれど、たとえアフリカへ行っても、オセアニアへ行っても、事は同じだったろう。この旅は私に、私の落ちているのは自我の罠であり、そこからは永久に抜け出せない、ということをいくらか教えてくれたにすぎない。

しかし私は沖縄で、その後の私の人生に大きな影響を与える二つの出会いをした。一つは、沖縄自体、とりわけ御嶽との、もう一つは、柳田国男との出会いである。

御嶽との出会いについては、『島の精神誌』、『神の森　森の神』（本書第Ⅰ、Ⅱ部）で書いたので、もう繰り返さない。ここでは柳田国男との出会いについてだけ記しておこうと思う。

私がはじめて沖縄に行った昭和三十六年は、柳田国男の遺著『海上の道』が出た年である。私はすぐに買い求め、旅行鞄に入れて持っていった。私はそれまで彼の著作は一、二冊しか読んだことがなく、その学問についても、人間についても、通り一遍のことしか知らなかった。ただ、沖縄が主題になっていると知ったので、一種のガイドブックとして携行したのである。

私は船中でそれを読み、学問と詩のみごとな融合に心をうばわれた。それと同時に、日本文化の、それまで閉ざされていた南向きの窓が一杯に開かれて、明るい光が溢れるように入りこんできた、という印象を受けた。

当時私は、ゴーギャンを通じて南の問題を抱えこんでいた。私は、彼の周辺について調べているうちに、彼のタヒチ行が、西欧文明の文脈の中で、決して偶発事ではない、ということを知った。それは現在までも受け継がれている、脈々と続く一つの系譜の中での出来事であった。たとえば彼を旅立たせるきっかけになったものの一つに、ピエル・ロティ――ジュリアン・ヴィオー――の『ロティの結婚』（一八八〇）がある。ロティは、一八七二年、つまりゴーギャンより十九年前に、海軍士官として一時タヒチに住み、自分の体験をもとにして、この一世を風靡した恋愛小説を書いたのである。

ところでこのロティのタヒチ滞在も、やはりタヒチで暮らし、マオリ族の女性との間に子供までもうけた兄ギュスターヴ・ヴィオーの影響と無縁ではない。軍医であったこの兄は、文筆にも親しみ、タヒチに関する文章も書き残していて、少年ロティのエキゾティシズムを大いに養い育てたのであった。

そして一九〇二年、タヒチを基地とする軍艦デュランス号の船医となった詩人のヴィクトル・セガレンは、翌〇三年、ゴーギャンの死の直後ヒヴァ・オア島を訪れ、私淑していたゴーギャンの遺品や原稿、作品などをフランスに持ち帰り、「最後の舞台のポール・ゴーギャン」を書き、ゴーギャンが友人ダニエル・ド・モンフレエに宛てた手紙を編集して出版し、タヒチのマオリ族をテーマとする一種の小説『記憶なき人々』(一九〇七)を刊行した。

ロティの影響を受けた作家ラフカディオ・ハーンは、一八八七年、アメリカのニューオリンズから西インド諸島の一つマルティニック島に渡って二年近くを過ごしているが、同じ年ゴーギャンも、友人シャルル・ラヴァルとともに半年近くこの島に滞在している。どちらの側にもなんの痕跡も残っていないが、二人がこの島で知りあった可能性は、十分ありうる。ゴーギャン同様寒さとキリスト教社会を嫌っていたハーンは、実現こそしなかったものの、一時期南太平洋へいって暮らすことを考えていたらしい。彼の同国人、『宝島』の作家スティーヴンソンがサモア島に居を定めたのが一八八八年、つまりゴーギャンがタヒチへゆく三年前のことである。こうした系譜をたどってゆくときりがない。

アフリカや東南アジアを舞台にして『闇の奥』(一九〇二)その他の名作を書いたコンラッド、西欧文明に不信を抱いてオーストラリアやニューメキシコに住んだD・H・ロレンス、自分を売り渡さなければヨーロッパの人間にはなれないと宣言してジャワ島へ渡り、バリ島を永住の地として選んだ画家のワルター・シュピース、「ヨーロッパには腐った理性しかない」と言い放ってメキシコの奥地へ赴いたアントナン・アルトー、「ヨーロッパ人であるとは、なんとおぞましいことか」と感じて三年にわたるアフリカ横断の旅へと出発したミシェル・レリス……西欧人の南方行は、たしかに一つの系譜をなしている。

西欧の人々は、南方に熱い視線を注いできた。南方——アフリカ、中近東、インド、東南アジア、オセアニア、中南米——は、西欧文明を否定する契機として、つねに彼らの眼に姿をあらわした。民族学という学問は、こうした視線の中から生まれてきたとさえ言うことができる。ダダ・シュルレアリスムの運動にしても同様だ。南方をめぐる彼らの表現の質と量は、一つの範疇をなすほど圧倒的である。

それに比較する時、南方についての日本人の表現はきわめて乏しく、欠落という言葉を使いたくなるほどである。明治から少なくとも昭和の三十年代まで、日本文化において、南は一貫して無視されてきた、と言うことができる。日本は、奄美・沖縄といった亜熱帯の島々を国土の一部とし、戦前は台湾や南洋群島を支配下に置いていたのに、そうした土地は、文学の上でも、美術の上でもほとんど対象にならなかった。文学一つとってみても、樺太・北海道をめぐって、石川啄木、有島武郎、岩野泡鳴、小林多喜二、伊藤整らがすぐれた作品を書いてきたのとは対照的に、沖縄は戦前までの文学において、舞台としても現れてこない。沖縄という時頭に浮かぶ文学者は、かって首里城址にその詩碑が立っていた佐藤惣之助くらいのものだ。その彼の『琉球諸島風物詩集』(一九二二)とて、わずか数カ月の旅の所産にすぎない。沖縄が歴史を持ち、色彩に溢れ、陰翳に富んだ趣きの深い土地だけに、この欠落は不思議である。

台湾や南洋群島に関しても事は変らない。台湾については、佐藤春夫の「女誡扇綺譚」以下のいくつかの短篇、南洋群島では、中島淳の『南島譚』に収められている諸篇くらいしかなく、しかもこれらの作品は、二人の作家の文業全体の中で、挿話的な位置しか占めていない。日本文学における真の南の表現は、マレー半島をめぐる金子光晴の諸作ぐらいのものであろう。

美術となると、南の表現はもっと乏しい。戦前南洋群島に十四年住んだ彫刻家土方久功とその弟子杉浦佐助の仕事が眼にとまるくらいで、沖縄の珊瑚礁の海のこの世ならぬ美しさを、ゴーギャンのタヒチのように描いてみせた画家は、現在に至るまで現れていない。それでも日本画の分野には、インドから着想を得た今村紫紅の《熱国の巻》とか、ゴーギャンの影響を受けた土田麦僊が、八丈島旅行を機に描いた《島の女》といった作品がまま見られるけれども、洋画の方面は皆無に近い。ちなみに現在に至るまで、南島の真の表現に達した画家は、日本画家田中一村ただ一人である。

学問の世界でも事情は変らない。

日本における学問の、最近六〇年の業績は、世界有史まれにみる発達の跡を示している。その間を通じて、徹頭徹尾閑却され、放棄されていた領域があるというのは、不思議とだけいっていてはすまされない。

これは、自然人類学者で、考古学者でもある金関丈夫が「八重山群島の古代文化」(一九五五)と題する一文の中で言っていることである。「徹頭徹尾閑却され、放棄されていた領域」とは、奄美・沖縄を含めた南方のことだ。このように、学問の領域でも、文学・美術と同様、いやそれ以上に南方は無視されてきた。

今日、歴史学、言語学、民俗学などの分野で宝庫とされている沖縄にしてからが、大正九年沖縄へ渡った柳田国男が、帰京後、声を大にしてその研究の必要性を説くまで、本土の学者で、その方面に関心を持つものはほとんどいなかった。彼の沖縄旅行がなかったならば、沖縄研究が緒につくのは、昭和まで、場合によっては戦後までずれこんでいたかもしれない。その上伊波普猷、柳田国男、折口信夫らの沖縄研究が、当時のアカデミズムに公認されていたとはとても言い難く、それらはあくまでも在野の学問であった。

こうした傾向が典型的にあらわれているのは、言語学の分野であろう。戦前、日本語を南島語、オーストロネジア語と関連付けて考えようとした日本の学者は、無きにひとしかった。そうした考えは、日本語を汚すとでも思っていたかのようだった。言語学者の視野に入っていたのは、ウラル＝アルタイの諸語だけであった。今日、村山七郎らの研究によって、日本語がウラル＝アルタイ系の言語と南方系の言語の混合である事実が立証されつつあることを考えると、この傾向は驚きであり、偏向と言わずにはいられない。

戦前の日本人の眼に、南は、酷熱の太陽が照りつけるだけの、文化の上では何一つ収穫の望めない荒蕪の地と映っていたようだ。鷗外、漱石をはじめ、戦前ヨーロッパに留学した有名、無名の多くの人々にとって、南方はただ通過するだけの、暑い、貧しい土地にすぎなかった。彼らの眼はひたすら、留学先のロンドンへ、パリへ、ベルリンへ向いていた。彼らは、もしできることなら南方などははしょって、一刻も早くマルセイユに着きたかったにちがいない。長い船旅の途中で、いつか南方のこうした土地を、一時期であれ自分の活動の場としたいと考えた人間など、多分留学生の中には一人もいなかったろう。

一体何が、私たちを南に対して盲いにしたのだろうか？

明治以来の極端な欧米崇拝が、人々の眼を南に向かわせなかったのはたしかである。脱亜入欧は、同時に脱南入北でもあった。しかしそれだけですべての説明がつくとは思われなかった。そうした風潮を批判する人々も多かったからである。日本の近代を批判して永井荷風がかくれた狭斜や、谷崎潤一郎が居を移した関西と同じ役割を、南が果すことだってできたはずなのだ。

このような疑問に、『海上の道』は一つの解答を与えてくれた。この本は、日本人の先祖が、沖縄周辺の宝貝にさそわれ、南方から稲をたずさえて島伝いに北上し、本土に至ったのだとする仮説で有名だけれども、私にとってのこの本の魅力と驚きは、別のところにあった。それは、日本文化の中にある南方的要素を明示してくれたことである。たとえば彼は、この本の中の「海神宮考」、「根の国の話」、「鼠の浄土」などで、日本人の他界観について論じており、記紀にあらわれる常世の国、根の国など、古代日本人の信じた他界は、今も沖縄の人々の信じているニライカナイという他界と、元来は同じものだったと推測している。

ニライカナイという言葉自体は、今では沖縄の日常語からは消え去っているが、ニライカナイの神を祀る御嶽は現在もあちこちに残っており、他界からこの神を招じる儀礼は、各地の祭に見ることができる。それは、海の彼方の楽土であり、現世と必ずしも隔絶しておらず、そこにはなにがしかの交通があり、火も五穀も、そして鼠までもこの他界からもたらされたものと、人々は考えていたのである。

とりわけ根の国は、根という言葉の連想から、地底や海底の国と考えられやすく、そこには暗さがつきまとっているが、柳田国男によれば、これは、ネという日本語に根という漢字を宛てたために生じた誤りであり、ネとは、根所《ニードゥクル》、根人《ニーチュ》、根神《ニーガン》という沖縄の言葉が示すように、元来は根源を意味するのであり、したがって根の国は本つ国なのであり、根の国も常世も、ニライカナイ同様、「現世に於て健闘した人々の為に、安らかな休息の地を約束するばかりで無く、なほくさ〴〵の厚意と声援とを送り届けようとする精霊が止住し往来する拠点」（「根の国の話」）であり、「清い霊魂の行き通ふ国、セヂの豊かに盈ち溢れて、惜しみなく之を人間に頒たうとする国」（「海神宮考」）なのである。

柳田国男の、日本人の他界観についてのこのような考察は、彼の「海上の道」説と表裏一体をなしている。記紀にあらわれている日本人の他界観が、彼の説く通りのものであるならば、それは、私たちの先祖が、南から島伝いに北上した経験の残映なのであり、「我々の先祖の大昔の海の旅を、跡づけ得られる大切な道しるべ」（「海神宮考」）だからである。

こうして柳田国男は、闇にとざされがちだった古代の世界に、南の明るさと潮の匂いとを呼びこんだのであり、この世界はそのため一層豊かなものになったと言い得る。実際彼が先鞭をつけたおかげで、記紀の中に、高天原が象徴しているような北方的要素――垂直的空間――と、海幸山幸の神話が代表しているような南方的要素――水平的空間――とが複合している事実が、私たちの共有の常識に今やなりつつある。

ところでもし日本の中に南が存在するなら、ゴーギャンが演じてみせたような、南方を舞台としての死と再生の劇など、私たちの身におこりようがなかった。西欧の人々の南への視線の根にあるエキゾティシズム――異質なものへの関心――がないとなれば、欧米崇拝の風潮と相俟って、私たちが南へ眼を向けなかったのは、或る程度は自然の成行きだったかもしれない。だがそうしたことを、私が真に実感したのは、石垣島の宮良で赤マタ黒マタの祭を見た時だった。

私がこの秘祭についてはじめて知ったのも、『海上の道』によってである。柳田国男は「根の国の話」において、「猛貌の御神、身に草木の葉を纏ひ、頭に稲穂をいたゞき、出現之時は豊年にして、出現なき時は凶年なれば、所中の人、世持神と名づけ、崇め来り候」という、西表島の古見《こみ》についての『八重山旧記帳』（一七二七）の一節を引き、その後村人が神に仮装して祭を行うようになったとし、「古見の三離御嶽の世持神、もしくは世持役の扮する神様は小浜ではニロウ神といひ、又明和の大海嘯の後に、新城の島から移住を命ぜられて来た石垣島南岸の宮良の村では、神を代表して家々を訪れる仮装の若者を、赤マタ黒マタと呼び、又ニイルピトとも謂つて、文字には二色人とも表はして居る〔……〕」と書いている。

赤マタ黒マタの行われる日時を私に教え、当日、石垣島に遊びに来ていた那覇の小学校の先生たちと一緒に、教会のワゴン車で宮良まで連れていってくれたのは、オーバン神父だった。神父が、キリスト教ではなく、御嶽の信仰に私を開眼させたのは皮肉だが、それも、キリスト教を杓子定規に押しつけようとはせず、土地の風俗習慣を尊重し、それに強い好奇心さえ抱き、そのため前任地の奄美大島でもこの島でも、人々に好かれ、慕われた神父の人柄のなせる業であったろう。

同行した土地の中学の先生の話によると、赤マタ黒マタは豊年祭だが、成年式でもあり、成人に達した村の男子は必ず参加しなければならず、海岸近くにある、ナンビドウという洞窟で行われる式の儀礼は、秘密厳守で、今なお村の人々以外にはその内容が分っていない、とのことだった。元来この祭は、外部の人々の参加を許さなかったのであり、現在でも写真撮影は厳禁で、数年前フラッシュを焚いて撮影しようとした本土の学生が袋叩きにあって、新聞種になったという。

この夏、小浜島に立ち寄った際、私は、赤マタ黒マタを数日後に控えて、村の二人の青年が御嶽の中で、屠殺した豚の毛を剃刀でそいでいるのを見た。カメラをとり出すと、彼らは急に厳しい顔になり、これは神様のものだから、撮らないでほしい、と言った。こうして私は、平成十年の時点でも、そして準備の段階でさえ写真が御法度なのを知らされたのである。

祭は、ガジュマルの大木が二本繁っているだけの、村はずれの広場で行われた。

夕方私たちがやってきた時、すでに祭場には沢山の人々が集まっていた。神木らしく、根の間に白い瀬戸の香炉の置かれたガジュマルの木陰には、桟敷がもうけられていて、二十人ほどの老人たちが羽織袴に威儀を正し、きめこみ人形のように前を向いたまま、生真面目な沈黙を守って坐っていた。見物人の人垣がそのまわりに出来ていたが、一定の年齢までの成人の男子は原則として祭に参加するので、その大半は女子供だった、周囲の原野には少しずつ闇が下りはじめていて、彼方の海では、さっきまで見えていた、環礁の所在を示す白い波の線はもう見えなかった。海の方角からは、風が原野の草をなびかせ、口笛のような音を立てて吹いてくる。

例のナンビドウという洞窟でさまざまな儀式が行われたあと、神の一行は、この祭場に来て踊りを踊ることになっている。しかし行列はなかなか現れなかった。老人たちは、救助隊を一心に待ちのぞむ遭難者のように真剣な表情で、行列が現れるはずの方角に顔を向けていた。

やがて彼方の海岸の方角から、鈍い太鼓の音がきこえてきた。それははじめ、原野を吹き渡ってゆく風の音にまぎれてしまうほど微かだった。しかし一行の姿は見えないながらも、その音は少しずつ確実に近づいて来、誰の耳にもはっきりききとれるようになった。それから子供たちが、

「あ、見えた！」

と叫んだ。彼方の草原の中から、まず二本の白い幟が浮かび、ついに一行が、隠れん坊で見つかった子供たちのように次々と姿を現した。

祭場には、期待の昂奮が高まってきた。しかし姿を見せてから一行が祭場に達するまで、思いのほか時間がかかった。緊張はひきのばされ、ゆるみ、失われようとした。人垣がくずれ、追っかけっこを始める子供たちが出てきた。しかし彼らは、世話役の青年に叱られてもとの場所に戻らねばならなかった。夜が近づいていた。海面の光はあらかた消え、水平線に鈍い黒ずんだ輝きがわずかに残っているだけだった。澄明な青さをたたえた空にはすでに星が光りはじめている。

一行の姿は、丈の高い草に再びかくれてしまった。それからしばらくして、彼らは地中から沸き出したかのように祭場のすぐそばに不意に現れた。

二人の幟持ちが鮮やかに踊りの足を踏み、風にはためく幟をくるくるとまわしながら繰り込んできた時、祭場はどよめき、子供たちは一斉に拍手をした。幟持ちは二十そこそこの青年で、それぞれ赤と白の鉢巻をむすび、襷をかけ着物の裾を高くからげている。そのあとには、一様に白鉢巻を前結びにし、袖なしの着物を着、わらじをはき、小さな太鼓を小脇にかかえた数十人の男たちが従っていた。彼らは夫々の幟持ちについて、二組にわかれて祭場に入ってきた。

赤い鉢巻を結び、顔に濃い化粧をし、水色の揃いの着物を着た少年たちが、太鼓を持つ男たちに続いた。少年たちは澄んだ声をはりあげて豊年祭のユンタを歌っている。その単調な歌声は、祭場全体の雰囲気を清らかにし、一抹の哀しみを漂わせた。

最後に赤マタ黒マタが姿をあらわした。私は、二体の神の姿に眼を見張った。ともに芒の穂の束を頭にいただき、赤マタは赤の、黒マタは黒の、極彩色の大きな木の仮面をかぶり、全身をつるしのぶの簑でおおっている。面は、毒々しいくらいに赤く、あるいは黒く塗られ、眼は大きくみひらかれ、同じように大きな口からは、白い歯がけものの牙ようにのぞいている。神々の顔はいかにもおそろしく、「猛貌」という言葉にふさわしかった。私はかつてこのような神を本土で見たことがなかった。それは、どこか南方からやってきた異国の神のように思われた。

一行が勢揃いすると、歌声も太鼓の音も止み、祭場は一瞬しずまりかえった。神々を真中にし、二組の男たちは向かい合ったまま身動きひとつしない。一層濃くなってゆく闇の中に、原野を走りまわる風の唸りだけがひびく。世界は凝固し、冷え、石化したように見えた。だが次の瞬間、祭場全体が祭の狂騒に包まれていた。急調子に打ち出した太鼓の音を合図に、人々は一斉に激しく踊りはじめたからである。二本の幟が左右に大きくゆれた。二つの組が交互にかけ合う掛声は、次第に切迫したものになり、踊りのリズムを頂点へとみちびいていった。一旦頂点に達したあと、リズムは単調な弱々しいものになったが、それは更に一層大きな興奮に達するためのものだった。赤マタ黒マタは交互に足を踏み出し、見得を切るように面を傾け、手にした樫の棒を重々しく打ちおろす所作を繰り返していた。足を踏み出すたびに、つるしのぶの簑がかさかさ鳴る。そこには、あきらかに南方の雰囲気が強く漂っていた。私たちは南方なのだ、という思いが不意にやって来た。そしてその時、私はなぜか、重い責任を突然解除されたような不思議な安らぎをおぼえた。

この祭が南方系のものだとは、古くから言われていたことで、たとえば石垣島の史家喜舎場永珣でさえ『八重山民俗誌』（一九七七）の中で、「儀式の順序から行事の仕方等に至るまですべてが複雑怪奇で、あたかも南方の民族などが山奥で異様な祭祀を行っているかのような一種の神秘感に襲われた」と書き、この神事に歌われる唄の節々にトウ（唐）とかマナバン（真南蛮）とかアンナン（安南）とかハイヌシマ（南の島）といった言葉が出てくる事実を指摘し、小浜島には、難破して南の島に流れついた人々がそこから赤マタ黒マタの面を持ち帰ったという伝承がある旨を報告している。住谷一彦によると、新城島では、仮面は、南支で案山子に使われていたのを盗んできたと言っているそうである。また、昭和四十六年、日本のジャーナリストが、南ベトナム（安南）のビンという小さな村で、赤マタ黒マタにそっくりの面の出る豊年祭に出会った、という話が谷川健一の本（『日本の神々』ほか）の中にある。

赤マタ黒マタは、女性が祭を司祭するのが一般の沖縄にあって、男性が中心になっている点に特色があり、男性秘密結社の匂いが強い。実際岡正雄、宮良高弘は、この祭と、メラネシアの秘密結社の入社式および成人式の儀礼とのあいだに多くの共通点がある、と説いている。

ともかく『海上の道』、そして赤マタ黒マタの経験は、日本の中に南が存在することを私に教えた。

東京に帰ってから、私は、手当たり次第に柳田国男の本を読み漁った。彼は、日本文化の中の南だけでなく、その深層へと私を導いてくれた。

私は、彼が新体詩人として名をあげながら、詩を虚妄と断じて実際世界へ入っていったことに興味を持ち、『定本柳田国男集』に収録するのを「峻拒した」とされるその新体詩までも探し出して読み、詩集「野辺のゆきき」が『海上の道』に直結しているのを知った。

彼が新体詩の中で繰り返し歌っている他界願望が、晩年の彼の、日本人の他界観の研究と、どこかで結びついているのはたしかだった。ニライカナイ、常世、根の国をめぐる彼の視点の中に、伊良湖岬で漂着した椰子の実を見た若き日の経験とむすびついて、彼方を希求してやまないロマン派詩人のヴィジョンがひそんでいるのを私は感じた。それは、彼が詩を事実に優先させた、ということでは少しもない。詩を虚妄とした彼が、そのような恣意を自分に許すわけがない。それにもかかわらず、彼の描き出す古代日本の明るい他界が、師説に従いながらも、暗さと恐怖をまといつかせている折口信夫の他界と対照的なのは、誰の眼にも明らかだ。

私は、稲作史研究会で最晩年の柳田国男とたえず同席した農学博士永井威三郎の、

現在われわれが教えられる海流に関する知識は先生のご期待に十分答ええたとは信じられない。しかし先生は海のかなたに絶えず心を馳せておられた。それが何処であったろうかということはご在世中ついに確かめられなかったことはまことに残念である。(『稲の日本史』序)

という言葉に心を惹かれる。この言葉は、柳田国男が、時には考古学上の知見を無視してまでも、どうしてあれほど日本人の北上説に固執したかを、それと同時に、江上波夫らの日本人騎馬民族説を含め、一切の南下説にあれほど苛立ったのかを教えてくれる。南下説は、原郷としての南と海とを、彼から奪い去ってしまうからなのだ。

自分の中の詩人をついに殺しえなかった柳田国男のありように、私は心を打たれずにはいられなかった。

それから私は、それまでまだ十分に明らかにされていなかった彼の中の詩と学問の関係を解いてみたく、その青年時代の事蹟をしらべて『柳田国男の青春』(一九七七)という本を書いた。その後も、さらに二冊の本を書くまで、私は彼にとらわれ続けた。私が柳田国男から受けた恩恵ははかりしれない。しかし最初の沖縄旅行の時点で、私は、後にこれほど柳田国男の世界に深入りすることになろうなどとは、想像さえしていなかったのである。

鳩間島《はとま》は私の今度の旅の目的地の一つだが、定期船は週三便しかなく、一度島へ渡ったら、二泊はしなければならない。予定の日数というものがあり、半ば諦めながら離島桟橋へ行ってみたところ、今日は島の豊年祭で臨時便が出

るのだという。日帰りできるよりも、豊年祭に出会える方が、私にとってははるかに幸運だった。早速購入した乗船券には「祝鳩間島豊年祭」の文字が色鮮やかに印刷されていた。

船は、祭のために島へ戻る人たちで満員だった。彼らの大方は、本島、大阪、東京からはるばると帰ってきたのである。「やあ、久し振り」、「元気?」、「何年振りじゃろうかね」――そんな久闊を叙する光景が、船中の至るところで見られた。豊年祭は一年に一度の島をあげての大祭であると同時に、今では、島外に出た人々が一年に一度出会う、一種の同窓会の場でもあるのだ。

鳩間島は、西表島の北に浮かぶ周囲三・五キロメートルの、八重山群島では最も小さい有人島である。一時鰹漁で栄えたこともあるが、鰹がとれなくなって以来漁業は振わず、他にこれといった産業はなく、観光にも望みを託せず、高度成長期以後、人々は次々と島から出て行った。昭和二十四年に六百五十人いた人口が、今はわずか四十五人、最盛期の十五分の一である。

旅に出る前に読んだ、森口豁著『子乞い――八重山・鳩間島生活誌』(一九八五)は、このような過疎がいかなる悲劇をもたらすかを教えてくれる。これは、ただ一人いる生徒が来年卒業すると、在校生がゼロとなり、島の学校が廃校に追いこまれるという事態を前にして、村の人々が、養子縁組をして石垣島から親戚の子供を連れてきたり、里親制度を設けたりして、児童集めに狂奔する話である。離島の人々が学校に抱く思いは、都会の人間には想像できない。それは、かつて城下の人々が町の中心にそびえる城に対して抱いた思いにどこか似ている。島にはほかに見られないコンクリートの白亜の建物、日にきらめく窓ガラス、校庭の広い芝生、花壇に咲き乱れる色鮮やかな花々、先生というまれびとたち……。学校の行事は、どこでも島をあげての行事だ。たとえば運動会となると、学校に子供を通わせていない家の人々も総出で炊き出しをし、自分たちも競技に参加して一日を楽しむ。診療所も郵便局もすでに閉鎖されていた鳩間島にあって、学校は、島と中央を結ぶ唯一の機関であり、島の人々の精神的な拠り所なのだ。だから学校が廃校になれば、島は、新城島のように、廃村、無人島化という奈落へ落ちてゆくほかはなくなるだろう。

幸い現在、中学生が八人、小学生が三人いて、学校は、少なくとも当分は安泰の模様である。

今日は高速船が臨時に就航したので、いつもなら二時間かかるのに、一時間足らずで島に着いた。コンクリートの堤防が海に向かってコの字型に突き出ていて、その中が港になっている。今日も晴れて、昼近い強烈な日ざしがコンクリートや白砂に照りつける。

船から降りた人々は、両手に荷物をさげ、ぞろぞろと列をなして、港に接した村――通りを境にして東と西にわかれる――へと向かい、やがてそれぞれの家へ別れてゆく。普段は空家の家々も、大方は開け放され、至るところで団欒の光景が繰りひろげられていて、若い、賑やかな笑い声があちこちからきこえてくる。庭にテントを張って、キャンプ気分の人たちもいる。島には、店屋は、夕方から開く何でも屋が一軒あるきりだが、今日は空地にパラソルを立て、椅子・テーブルを並べ、生ビールやジュースを飲ませる臨時の売店もできている。公民館の庭の芝生では、琉装をした四、五人の女たちが、麦藁帽子を被った髯面の若い男が弾くギターに合わせて、午後の演芸大会の出しものである踊りの練習に余念がない。そうかと思うと、道の傍らでは、久し振りの出会いなのであろう、二人の老婆が肩を抱き合い、一方が眼を潤ませながら、涙声で、「お互いに頑張ろうね！　頑張ろうね！」と繰り返している。

私は、人々から離れ、島の第一の御嶽である友利御嶽の方へと登っていった。島の中央には中森《なかむい》という小山があって、ほぼその全域が御嶽になっている。中森は、有名な沖縄民謡『鳩間節』の舞台だ。「鳩間中森走《は》り登り……クバの下に走り登り……」と歌われているように、中森は今もクバの大木におおわれている。無数の鳥が暗い翼を重ねて眠っているかのようなクバの森の中をしばらくゆくと、鳥居があり、そこから段を数段上ったところに御嶽の建物とイビがあった。例によって、琉球瓦の屋根をいただくコンクリートの社祠。イビは、琉球瓦の小さな木の門と石垣によって隔てられている。門の向こうにはさらに石段が築かれていて、大木の茂り合う、窺い知れない高みへとのぼってゆくらしい。

門の前では、白衣を着けた司が、茣蓙の上に坐って、一心に祈願をしているところだった。その傍らには、補佐をする、眼鏡をかけた中年の男の神役（チヂリビ）がいる。

司は七十年配の、大柄で威勢のいい女性で、石垣市に住み、祭の時だけ島に帰ってくるのだという。祭はすでに昨日から始まっていて、祈願は夜通しだったと、下働きをしている村の青年が話してくれた。

やがて、神に酒食をすすめる刻が来た。司は、白い大きな徳利を並べて、それに一升瓶から次々と泡盛を注ぐ。社祠の中では、供え物の調理や盛り付けのために村の女たちが働いており、盆にのせて、生ぶし、ラッキョウ、あげ、かまぼこ、昆布の煮物、鰹の酢味噌あえなどが次々と運ばれてくる。門の前に徳利や皿、椀を並べると、司はまた祈願に入った。囁くような声なので、その上島言葉なので、祈りの文句は私には全くわからない。

司の祈願が続いている友利御嶽をあとにして、私は、島の他の御嶽を見てまわった。友利御嶽のすぐ近くには、西《にし》塘《とう》御嶽という小さな御嶽があって、船屋儀佐真の墓とされている。元禄十六年（一七〇三）、西表島の古見村と黒島の保里村から百五十人ほどの男女を強制移住させたのがこの島のはじまりと一般には考えられ、島の人々もそう信じており、船屋はその際の責任者である。しかし牧野清『八重山のお嶽』によると、『慶長検地記録』（一六一〇）にはすでに鳩間村の名とその収穫高が記されている由であり、また昭和三十三年には、多数の土器を伴う貝塚が、中森で発掘されている。この貝塚の年代は押さえられていないが、ともかく島には早くから、少なくとも断続的には人が住んでいたらしい。島の歴史は、まだ半ば闇の中だ。

港に近い海岸に沿って、竜宮の神を祀る前泊御嶽と、対岸の西表島ひなない村からの移住を連想させるひなない御嶽という二つの小さな御嶽があり、村の西、やや離れた、中森の南斜面にももう一つあらか御嶽がある。

あらか御嶽の森は深い。友利御嶽ではクバが多かったが、ここで中心になっているのは、沖縄で一般にヤラブと言う照葉木《てりはぼく》だ。幹は松に酷似しているものの、枝も葉も全く異なり、葉は、やや細目の小判形で、その名の通り光沢がある。枝振りは逞しく、この木が枝を差しかわしているさまは、太い腕を組み合って、神域を守護しようとしている聖なる軍団を思わせる。それに、樹肌が赤褐色で、高さに比して驚くほど幹が太く、沢山の瘤を隆起させて、けものじみた気配をまとっている赤木の古木や、気根を垂らし、大谷渡りの寄生する二十メートル近いアコウの大木がまじり、森の中には、炎天をよそに、古怪な暗さと冷気が漂っている。アコウの根元には、緑青色の巨岩が横たわる。この広い森の中に、建物は、吹放しの、小さな木造の社祠だけだ。その前のコンクリートのたたきにクバの葉を敷き、

五、六人の男女が車座になって酒盛りをしていた。この御嶽にかかわりのある一族の人たちで、豊年祭で島に戻ってくると、決まってここへ来て酒を飲むのだ、とその中の一人が言った。そして私にも罐ビールをさし出すのだった。

午後から演芸大会が、港を見下ろす村の広場で行われた。二本のヤラブが濃い影を落としている芝地にテントが張られ、長いテーブルと椅子が置かれ、私のような部外者――ほんの一握りと見受けられた――にまで、折詰と罐ビールが配られた。

ちなみに、演芸大会と称してはいても、単なる娯楽ではない。それは一種の儀式であり、歌も踊りも、神へのささげ物であり、供進なのだ。島民たちの間にそういう意識が強く残っていることは、村長や公民館長をはじめ主だった人々が、この酷暑の中、背広を着てネクタイを締めていることからも、島民たちの振舞いや口吻のはしばしからも感じられた。

二時ころ、頭にクバの葉を巻く司とチヂリビを先立て、十人あまりの人々が島建ての歌である『元《むとう》ジラバ』を歌いながら、広場へと通じる道に現れた。何人かの人々が、腰を折るようにして、丁重にこの行列を迎える。この場では司は神なのであり、行列は、いわば神の来臨なのだ。そのあと司とチヂリビは、最前列のテーブルに案内された。

続いて、「祈豊」と記した幟を立てた東村の連中と「瑞穂」と記した幟を立てた西村の連中が、広場の手前の三叉路で落ち合い、そこでひとしきり歌がうたわれた。演芸大会も、そのあとの爬竜船も、みな東村と西村の対抗という形で行われるのである。

村長その他の挨拶のあと、最初に奉納されたのは、八重山群島のどこの豊年祭でも演じられる弥勒踊りだった。弥勒は沖縄では、海の彼方から豊年――弥勒世《みろくゆー》――をもたらす神として信じられているのである。

現れたのは十一人の女たちで、鬱金色の振袖を着た一人だけが弥勒の面をかぶり、あとは、白い鉢巻を頭に巻き、白い井桁を散らした黒の絣を着て、濃青の帯を締め、何人かは神酒の大きな徳利を、何人かは五穀の入った籠を持ち、輪になって踊った。

次には、一人の年かさの子と七人の小さな子が登場した。年かさの子は、頭に黄色の布を被り、黄色の衣裳を着、右手にクバの扇を持ち、小さな子たちもみな黄色の衣裳だ。隣にいた村人の説明によると、年かさの子は翁をあらわし、彼らの踊る単調な踊りは、「カムラーマ」という古い踊りとのことだった。目立ったのは、男、とりわけ中学生と高校生の演じた棒踊りだった。二人一組になり、六尺棒をかざして激しく打ち合い、受け合い、かわし合う。もちろん試合ではなく、一定の型に従っての踊りなのだが、時には真剣勝負さながらの緊張感が漂う。みな白鉢巻、白のKK袢に短袴、黒の縦縞の脚絆をつけ、鮮やかな赤の布で縁どりした陣羽織風のものを羽織っている。

島の中学生たちが出演した時は、一きわ拍手が湧き、指笛が鳴り、あちこちから掛声がかかった。彼らはみな、沖縄本島からきて、島の里親の家に身を寄せている孤児たちなのだった。

弥勒踊りや棒踊りといった定番が終わると、あとは踊りと歌の競演になった。伴奏役として、つばの広い麦藁帽を眼深にかぶり、蛇皮線を抱えた二人の男と、太鼓打ち、それに島出身の有名な歌手らしい、三十年配の女がマイクの前に立った。彼女は自分では歌わなかったものの、歌のあい間あい間に、水際立った合いの手を入れた。

日ざしは相変らず強烈だったが、木々の影がようやく拡がりはじめ、夕づいてきて、海からも涼風が吹いてきた。儀式の緊張した空気がゆるみ、泡盛の瓶もまわって、今は人々は、出し物のひとつひとつを心から楽しむだけだった。島の中学で同窓だったという中年の女たちや、那覇在住の踊りのお師匠さんや、芸能界に出かかっているらしい女子高校生や、小学六年と三年の兄妹などが次々と巧みな、時には御愛嬌の踊りを披露した。舞台に当たる、マイクの前の芝地には影ひとつなく、直射日光が出演者の衣裳の色をひときわ鮮やかにした。

前列で見物していた、かつては踊りの名手だったにちがいない老婆が、誘い出されて踊りの輪に加わるという一幕もあった。子供が踊った時には、あちこちからお捻りが芝地に向かって投げられた。そのまま退場しようとするところを司会者に呼び止められ、それらを拾った彼らは、深いお辞儀をしたあと、拍手に送られて、楽屋になっている近くの民家の中へと嬉々として駈けこんでいった。

演芸大会のあとは爬竜船だった。人々は広場から、すぐ下の、港に面した浜へと下りた。すでに日が大分傾いていて、浜は影の中だ。防波堤の向こうに見える西表島の大きな島影は、濃い緑から、陰翳を帯びた暗紫色へと色を変えている。

漕ぎ手の全員が白襦袢、そして東村が青の、西村が赤の襷掛けで、舟の艫に建てられた小旗も、青と赤だった。

競漕に先立ち、漕ぎ手も含め、その場にいる全員が、まるで国歌でも斉唱するかのように、「ゆーくいじらま」という歌を歌った。「ゆーくい」とは「世乞い」であり、「世」とは豊作のことだ。爬竜船は、綱引きや角力のように、勝負によってその年の豊凶を占うと同時に、ニライカナイから神を招じる儀礼でもあるのだった。

やがて歓声と打ち鳴らされる太鼓の音のさなか、二艘の爬竜船は一斉に漕ぎ出していった。そして港の入口あたりで折り返して戻ってきた。夕方の光の中に鮮やかなシルエットを描く二艘の舟は、ニライカナイの幸をもたらす神の船の面影を、どこかに宿しているように思われた。

戻ってきた時、舟に水が沢山溜っていると、「ユー」が多くもたらされたと言って、人々はよろこぶという。舟に溜まる水、すなわち淦《あか》のことを、島では「ユー」と呼ぶそうだ（大城学「鳩間島の豊年祭」）。

競技のあと、漕ぎ手たちは、舟を浜に引き揚げ、それぞれの舟のまわりを、神歌を歌いながら何遍もまわった。司は、その間に立って、徳利から盃に酒を注いでは、それを一人一人に飲ませるのだった。

最後に、広場のもとの席に戻った司とチヂリビの前で、幟を立てた東村と西村の人たちが神歌を歌い、歌い終わると、皆深く頭を下げた。それは、祭の一切が神にささげられていることをはっきりと示す光景だった。

石垣島へ戻る臨時の高速船は、出船を一時間延期して六時に出る。以前だったら、人々はこのあと、夜を徹して酒を酌みかわしたにちがいない。今日が祭の「トーピン」（当日）だが、明日には綱引きもある。しかし祭の参加者の大方は、この船に乗らねばならない。なにしろこの船をのがしたら、あと二日は島に残らなければならないのだから。そして人々は、都会に忙しい仕事を持っているのだから。

挨拶も早々に、人々は再び荷物を両手にさげて港へと急ぐ。彼らは、半年、一年、場合によったら数年は島へ戻ることができないかもしれない。老人の中には、これが島の見納めになる者だっているだろう。

マイクが港へ運ばれ、船着場の岸壁の上で、再び踊りがはじまった。蛇皮線を弾くのは、昼間のあの麦藁帽の二人だ。それにギターを抱えた髯の青年が加わる。それにしてもなんて踊りの好きな人たちだろう！　彼らは、別れの悲しみまでも踊りで表現せずにはいられないのだ。そして踊りの賑やかさが、別れを一層哀切にする。

私が坐った船室の窓からは、踊っている人たちの足しか見えない。立ち上がって、覗いてみると、人々は、肩を抱き合ったり、握手をかわしたりしながら踊っている。船室の扉があくたびに、蛇皮線の音や、歌声や、指笛がきこえている。舞う手は、夕闇の中で、風にひるがえる白い葉のようだ。

出船の汽笛が鳴り、踊っていた人たちの多くが船に戻った。その一部は、息をはずませ、踊りの余韻を体にまといつかせながら、どやどやと船室へ入ってきた。

私は、彼らといれちがいに甲板に出てみた。船が港から出てしまったあとも、人々は岸壁でまだ踊っている。夕闇の下りはじめた海を越えて、マイクの歌声がきこえてくる。ライトに照らされて歌っているのは、相変らず麦藁帽の二人だ。踊る人の数は頼りないほど少ない。その姿も次第に遠い影絵となる。ライトが闇を切りとって、まるで小人たちの芝居を双眼鏡でのぞいてみているみたいだ。やがてその影絵も視界から消える。私は、茫々たる海を眺めながら、取り残された人々の夜の寂寥を思わずにはいられなかった。

旅の印象

海神祭《うんじやみまつり》の季節

伊平屋《いへや》島の蟬は、東京あたりの蟬とは随分声が違う。種類が別なのであろう、オクターヴが低く、蟬時雨といった言葉が連想させる騒々しさはなく、声が静かに揃って、山々をおおう濃い緑から湧き水のように滲み出てくる。

運天港からのフェリーの着く前泊から、海神祭の行われる田名《だな》までは二キロメートル近くあり、島にはタクシーがないので、私は宿の自転車を借りて出かけた。伊平屋島は南北にのびた細長い島で、東西の幅は二キロメートルほどしかないのに、道の左右には、沖縄には珍しい広々とした水田が続き、その果ては山が視界を遮っていて、どこにも海は見えず、こうして走っていると、島にいる、という気がしない。

田名は、島では一番古い村だ。かっては島のあちこちで行われていたらしい海神祭も、今はここにしか残っていない。

村はずれの小高い丘の森の中に、田名屋《だなや》と呼ばれる家とノロ殿内《どんち》――どちらも琉球瓦の屋根をいただく、平家の小さな建物だ――とが並んで立っていて、そこで祭が行われる。まだ九時前だったが、同宿の、本島から来た二人のカメラマンと三人連れの若い女たちを含め、沢山の見物人が集っていた。田名屋では、すでに数人の神女たちが普段着姿のままで支度をはじめており、ノロ殿内では、ノロらしい老婆が、ノロたちのかぶる、藁の輪にガジュマルの葉を挿した冠を作っていた。

私がいくつか質問をした男の神役の一人は、村が祭に非協力的だと言って怒っていた。彼の家が昔から祭に責任があるので、一切を彼に押しつけて、村は何もしないというのである。こうした話は、沖縄の島々を歩いていると、折々きくことがある。費用がかかり、しかも大方は女たちが取りしきるので、村の行政にたずさわる、信仰心を失った一部の男たちにとって、祭は厄介物なのであろう。かつては琉球王朝から田畑を支給され、経済的にも恵まれていたノロたちは、今やそうした特権だけでなく、村の後楯さえ失いつつある。ノロのなり手が払底するのも、自然の勢いと言っていい。

海神祭は、沖縄本島北部とその周辺の離島だけに見られるもので、旧七月に海の彼方のニライカナイから神を迎え、ノロたちが、弓矢で猪を射止める真似をしたり、魚取りや船漕ぎの所作を演じて、海山の幸の豊穣を祈る。多くの場合シヌグ祭と対になっていて、たとえば田名では、海神祭の数日後にシヌグが、国頭の安波《あは》、安田《あた》、奥、辺戸《へと》では、二つの祭が一年交替で行われる。海神祭はウナイウガミ（女の祭）、シヌグはヰキーウガミ（男の祭）と言われ、どちらにも性的要素がまつわりついていて、きわめて古い祭の姿をとどめているように思われる。十八世紀には、国頭恩納村のシヌグが、琉球王朝によって禁止される、ということがあった。また私が伊平屋に来る前に訪れた古宇利《こうり》島では、故老が、海神祭では、宗家の座敷で、男女の神が媾交の真似をするのだと言った。そして、男神を出す家の老人が死に、後継ぎの若い息子が恥しがって出てこないので、この行事はここしばらく中断していると笑って付け加えた。もっとも、これまでの報告を読む限り、田名の海神祭には、この種の要素は全く見られない。

十時ころ、十三人の神女全員が揃い、ノロ殿内で祭がはじまった。神女たちは、頭に幅広の白い布を巻き、何人かはその上に例の冠をかぶり、みな白衣を着ている。一人、とびぬけて若く、すらりとした美人の神女がいて、彼女の白衣の下は、パンツルックだった。

神女たちは、三つ石を置いて火の神を祀る祭壇に向かってコの字形に並び、海神となる四人のノロだけは、殿内の左前方に茣蓙を敷き、その上に東をむいて坐った。祈願と拝みのあと、全員が、盆にのせて配られた神酒を木の椀から飲んだ。

そのあと、ノロ殿内の前の、数本の杭を打ち、両端を縫い合わせた布をそのまわりにはりめぐらして作った舟形の中に四人の海神の神女が、他の神女たちはその外に立ち、それぞれが笹の葉を手に持って、神歌を歌い、時々掛声をかけながら、舟を漕ぐ真似をした。神歌が低く流れ、笹の葉が日に光り、神女たちの白衣を木洩れ日が点々と彩って、古代へと心の誘われるひとときだった。

この行事が終わると、神女たちは、村の東はずれにある、マジキナハンタという小高い草地に移動する。眼の前は、青々とした田の海だ。そこで神女たちは、四人の海神を先頭に並んで立ち、拝みをし、神歌を歌い、両手をかざして神を送る所作をする。

最後に神女たちは、島の東の浜へと赴く。かなり距離があるので、彼女たちは、用意された馬に乗ってゆく。神女たちの騎馬の列のあとに、村の人たちや見物人の長い車の列が続く。もちろん日傘をさしながら歩いてゆく人もいる。私は、村の青年の運転する小型トラックの荷台に乗せてもらった。むれた稲の香のさなか、行列はゆっくりと海へ向かう。

海は、今日も光の乱舞の中にあった。珊瑚礁の内側の海は、緑に近い和んだ青だが、白波の上っている珊瑚礁の外は、人をおびやかすほどの濃い青だ。水平線には積乱雲がそびえ、本島の島影は見えない。

神女たちは、海に突き出た岩の上に立ち、神歌を歌い、たずさえていた笹の葉を海に投げ、両手を合わせて祈る。田名の海神祭には、昔、首里からの帰り、台風に遭って田名に避難した喜界島のノロを、親しくなった伊平屋ノロが、浜まで出船を送りにいったのが始まりだ、という言い伝えが残っている。たしかにこの神送りのあと、ノロたちが再び田名屋に戻って歌う神歌の中には、「鬼界ぬ島」という言葉が出てくるが、それが現実の喜界島に当たるかどうかは分らないし、他の村々の海神祭同様、やはりこの村の海神祭も、元来はニライカナイの神を迎え、そして送るものであろう。そうした迎え送りの長い繰り返しの中に、この話が迷いこんできて付着したにちがいない。

今神女たちは、全員が両手をかざして岩の上で踊っている。そうだ、ニライカナイの神は、私たちの眼の前で、白波の花冠に飾られた珊瑚礁を越えて、濃青の海の彼方へと帰ってゆくところなのだ。

伊平屋から一旦名護に戻った私は、その翌日、島で知り合ったカメラマンのF君と一緒に、今度は塩屋の海神祭を見に行った。F君は、朝の九時半ごろ、宿まで車で私を迎えにきてくれた。F君は、カメラマンと言っても本職ではなく、暇があると沖縄の祭を撮って歩くのが趣味の、大宜味《おおぎみ》村で陶器作りにはげんでいる三十年配の男である。

本部半島の付け根を横切り、本島北部の西海岸をしばらく北上すると、海が深く湾入して、大湖の趣きを見せている塩屋湾がある。海神祭は、湾の北岸の塩屋、屋古、田港、南岸の白浜の四つの字の共同で、三日にわたって行われる。一日目は神迎え、私たちの見に行った二日目が祭の中心で、爬竜船を含め多彩な行事があり、三日目は踊りだ。

四つの字の神女たちは、まず最初に田港のアサギに集まる。ちなみにアサギ（神あしあげ、あしやげ、カンアサギ、アシャギなどとも言う）とは、主として沖縄本島北部の御嶽の中に見られる、一般には茅葺きの寄棟造り、壁も床もない吹放しの、極端に軒の低い、腰をかがめなければ中に入ることのできない建物で、神事はもっぱらここで行われる。「あしやげ」、「かみあしやげ」は『おもろ』にも出てくる古い言葉で、伊波普猷は「神武紀の足一騰宮と縁を引いた語」（「影薄き国つ神」）と言い、折口信夫も「建て物の様式から出た名であらう」（「琉球の宗教」）としているが、仲松弥秀は、建物のないアサギが存在することを理由に、祭祀の場所の名であって、建物の有無とは関係なく、アシー（神への食物）アゲ（上げ）から来ている、という意見を出している。島尻や奄美大島にも存在するが、宮古・八重山にはない。まことに不思議な建物だが、今はコンクリートに建て替っていて、茅葺きの古風なアサギはほとんど見られなくなった。田港の場合も例外ではなく、ブロックを積んで柱とし、天井も高く、ごく普通の集会所といった感じで、床には莫蓙が敷いてある。

アサギには、神女だけでなく、沢山の村の女たちが入りこんでいて、坐る場所もないくらいである。彼女らは、同じ門中に属するノロの前に坐って、ノロから神酒の盃を受けるのだ。何人かの老婆は、両手を合わせてノロを拝んでいる。ノロはここでは神なのだ。ノロたちは頭に白布を巻き、鬱金色に染めた芭蕉布の長衣を羽織っている。

例によって、カメラを首に下げた沢山の見物人がアサギを取り巻いている。私たちはその中に偶然、伊平屋島でF君と行動を共にしていたもう一人のカメラマン、T君をみつけた。こちらは、伊江島で写真屋をやっている、肥った髯の青年だ。

十二時すぎ、男の神役（シマンホー）の打つ太鼓の音を合図に、人々は一キロほど離れた屋古へと移動する。先頭に立つのは太鼓持ちのシマンホー、ついで、ヤイと呼ばれる、二股の槍のごときイルカとりの道具を持つ二人のシマンホー、そしてそのあとに神女たちが続く。田名では馬だったが、ここでは一部のノロは、男たちのかつぐ、赤と黄に鮮やかに塗りわけ、垂れ幕を下ろした駕籠に乗って、湾沿いのアスファルトの路をゆく。

今日の空は雲が多く、日が輝いていたかと思うと、突然曇って小雨をぱらつかせたりする。そうすると、それまで眩しい光にみちていた湾は、周囲の黒ずむ緑の山々を映した暗い鏡となる。

屋古のアサギもコンクリート造りで、屋根は琉球瓦だった。アサギの前に、クムと称し、かなり広い範囲にわたって、ところどころに高い柱を立て、藁で屋根のごときものが設けられており、地面には一面に芭蕉の葉が敷きつめてある。こうしたしつらえが、単に日よけや雨よけを目的としたものなのか、もっと深い意味を持っているのかは、私には分らない。クムは、籠りないし籠り屋を意味する言葉かもしれない。

アサギでは、例によってノロたちによる拝み、祈願、神酒のやりとりがあり、そのあとクムでヨンコイの行事があった。すなわち、色とりどりの衣裳をつけ、頭に濃紺の長い布を巻いて背中に垂らした三人のノロが、紙を巻いた長い棒――弓だという――をそれぞれ手に持ち、一人のノロの打ち鳴らす太鼓の音にあわせ、「ヨンコイ、ヨンコイ」と唱えながら、柱のまわりをまわるのである。その間別の三人のノロは、クバの葉の扇で彼女たちをあおいでいる。しばらくするとノロたちは、今度は白い衣裳に着かえて、もう一度同じことをする。

ヨンコイとは、世（豊作）を乞う、の意であり、ノロたちが手に持つ弓は、山野の獣を狩るためのものであろう。あきらかに予祝行事なのだが、所作の意味が忘れられて、形だけ残った、という趣きがある。それだけに、その形には、古い世の姿が揺曳する。

神ウスイ、という行事もあった。頭に白い布を巻いた、白い衣裳の五人のノロが、アサギの前に、前列三人、後列二人の二列になり、北に向かって坐り、前の三人が体を深く折って拝むと、後から二人のノロが、すすきの束で彼女たちの背を軽く叩くのだ。すすきは霊力を持つ植物であり、後列のノロたちの所作は、前列のノロたちに霊力をつけるためのものだ、と解されている。

そのあとは、いよいよ爬竜船だ。屋古の浜から、まず、舷側に赤白の波形文様を描いた二十人乗りの爬竜船（グムバリー）が、各字のノロをのせて三艘、しばらくして四十人乗りの爬竜船（ウフバリー）が、やはりノロをのせて三艘、一斉に出発する。ゴールは、約一キロ先の、もう湾口に近い、対岸の塩屋の浜だ。他の神女たちは、先刻同様、駕籠か徒歩で、途中の、海に突き出た桟敷へと移動するが、私たちは車で先に塩屋へ行った。

すでに塩屋の浜では、各組三、四十人ほどの、手拭をかぶり、荒縄で裾をからげ、それぞれが違った色の揃いの衣裳を着た三組の女たちが、銅鑼と太鼓を打ち鳴らし、歌をうたいながら、激しく踊っていた。踊りの激しさが船足を早め、各組の爬竜船を勝利に導くと、本気に信じているかのようだった。船がゴールに近づいてくるや、彼女たちは迎えに出ようと、衣裳の濡れるのも構わず、銅鑼と太鼓を持つ者は頭の上に捧げるようにし、腰の深さまで海へと入っていった。漕ぎ手たちも、そうした応援に応えて、櫂を持つ手を早め、それがまた彼女たちを一層興奮させた。銅鑼と太鼓の音と、歌声と掛声と踊りの狂騒のさなか、グムバリーが次々と浜に着いた。

しかし競漕が終わっても、勝った組の女たちの踊りは終わらなかった。彼女たちは、海の中でひとしきり踊り続けたあと、浜に戻ってからも踊りをやめようとはしなかった。爬竜船が踊りの熱狂を誘い出し、その熱狂が、今度は踊り自体の熱狂を誘い出した、という風だった。けれどそこへノロの一行が通りかかった時、彼女たちは、眼に見えない何者かの合図を受けたかのように突然踊りを止め、両手を合わせて一行を拝んだ。

爬竜船はまだ続き、そのあとにもいくつか行事が予定されていたが、比地《ひじ》でも海神祭が行われている最中とのことだったので、私たち三人はそちらへ行ってみることにした。

比地は、塩屋からさらに十キロほど北へ行ったところにある。本島の最高峰（四百九十八メートル）与那覇岳の麓、この山から発する比地川、奥間川の合流点に近い谷あいにあり、国頭村では唯一海に面していない字である。今では人口二百に足りない僻村だが、国頭では、もっとも古い村の一つだ。

ここの海神祭は、周辺の奥間、浜、桃原《とうばる》、鏡地《かがんじ》の四つの部落とともに行われる。もっとも祭をとりしきるのは、海辺の字奥間のノロだ。今は簡素化されているものの、かつてはきわめて盛大に行われたらしい。

祭場となる比地の御嶽は、『琉球国由来記』に「小玉森　神名、アマオレノ御イベ」と記されているところで、その樹木は、沖縄県指定の天然記念物になっている。比地の村の背後の、与那覇岳へと続いてゆく山の中腹にあり、かなり急な狭い坂道をしばらくのぼってゆかねばならない。

御嶽に足を踏み入れた途端、眼に飛びこんできたのは、立ち並ぶアカギの異様な樹相だった。目通りは二メートル近く、高さは優に二十メートルを越える巨木ばかりで、赤褐色の樹肌は、年老いた犀の角質化した皮膚を思わせる一方、幹のあちこちに隆起していて、中には中央の凹んだものもある瘤は、乳房や女陰さながらで、妙に生々しい。枝は幹に劣らず太く、まるで腕を一杯にひろげて立つ、巨大で逞しい女体を仰ぎ見るようだ。樹齢四百年余というのだから、御嶽の古さが偲ばれる。

入って左手には、香炉や三つ石などの置いてあるいくつかの小さな建物、右手には、琉球瓦、コンクリート造りのアサギがあり、そこに何人かの神女たちが坐っている。森の一部の、木々の間にシートを敷いて、沢山の村人たちが集まっていた。そしてその前の草地では、草の冠をかぶり、白い長衣を羽織った四人のノロが、太鼓を叩きながら単調な歌を歌っているところだった。

そのあと、ノロたちは一旦アサギに引きあげ、しばらくしてから、今度は華やかな衣裳に着替えてあらわれた。一人は弓矢、二人が太鼓を持ってまたひとしきり歌（クイナ）を歌い、ついで、一人のノロが弓に矢をつがえ、草地の真中に持ち出された、底の抜けている籐のかごを猪に見立てて射た。二人の、勢頭《しど》と呼ばれる男の神役も同じ所作をした。矢がかごに当たるたびに、人々は歓声をあげ、手を叩いた。

海神祭に猪狩りの行事があるのは変だが、これは、あちこちの海神祭で見られることだ。山の神の祭であるシヌグが禁止されたので、その方面の要素が海神祭に入りこんだのだとも、ニライカナイの神と山の神の交流をあらわすものだとも言われる。ちなみに、比地では、シヌグ祭は行われていない。

次には、田名の場合に似て、二人の勢頭が、結んだ二本の縄を舟に見立てて、舳と艫に立ち、シイカーサーの沢山入った四角な盆を持つノロがその中に入って、盆を大きくゆすりながら踊った。ノロが盆の蜜柑をあたりにぶちまけると、村人たちは争ってそれを拾おうとするのだった。

ノロたちはまたひと踊りし、供物の分配があって、比地の行事は終わった。

人々は、片付けを終えると、例の坂道を一列になって下り、奥間ノロの家へと向かった。モダンで小綺麗な奥間ノロの家には、芝生の庭に小さなアサギと殿内がしつらえてあった。

午後も大分闌《た》けて、物の影の長くなる時刻だった。奥間ノロをはじめ、神人たちは、アサギの前の、その影の中に並んで坐って、村人たちの挨拶を受けた。人々は、米一袋と泡盛の一合瓶をのせた盆を彼女たちにさし出し、お返しに酒を一杯注いでもらった。中には祝儀袋を渡す者もいた。引き続いて、四人の神人たちの歌、網を舟に見立てての所作事、蜜柑のばらまきと、比地での行事が、猪狩りの真似を除いて、もう一度ここでも繰り返された。

最後に奥間ノロたちは、浜へ神を送りに行った。鏡地と浜の村が面している浜は、赤丸岬の方へとゆるやかな弧を描いて続いている長い白砂の浜だ。かつては鏡地の浜と呼ばれたが、今は奥間ビーチの方が通りがいい。

彼方にリゾートホテルの建物が見え、海水浴客たちの歓声が風に乗ってかすかにきこえてくる浜で、奥間ノロたちは、積乱雲がそびえ立つ沖に向かって手を合わせ、死んだ鼠が中に入っている二つの青いパパイヤの実と、持ってきた弓矢を海に流した。鼠を流すのは、田畑を荒らすこの害獣を虫送りのようにして村から送り出す意味もあろうが、一方で鼠は、ウンジャガナシ（奄美）やニライソコモイ（伊平屋）と呼ばれた、ニライカナイの神のお使いなのだ。つまりこのお使いも、ノロたちに送られて、神とともに水平線の彼方の他界へと帰ってゆくところなのである。

静かに寄せて砂に滲みこむ波にひかれて、少しずつ沖へと流されてゆくパパイヤを見ながら、私は柳田国男の「鼠の浄土」を思わずにはいられなかった。

池間の大主御嶽《うぱるずうたき》

私が初めて池間島に渡ったのは、池間大橋のできる前、昭和六十三年春のことだ。宮古島の北端の狩俣港からフェリーでわずか六分だった。

ほぼ馬蹄形をなす隆起珊瑚礁の島は、周囲十キロ、おおむね平坦で、中央には野鳥の飛来地として知られる大きな池がある。南部の海岸線は深く湾入して港をなし、その周囲に鰹漁その他の漁業を主として営む八百余の人々が密集して住む。

私の目的は、この島第一の聖所であり、「宮古中の生命根を掌る神」(慶世村恒任『宮古史伝』)を祀るといわれる大主御嶽を訪ねることだった。しかしこの御嶽にはきびしいタブーがあり、司の許可を得ずに立ち入るのは許されない、ときいていたので、港から村へゆく途中の道で出会った中年の男に訊ねると、今司はいないが、御嶽をあずかっている仲原シズエさんのところへゆくのがいいと言って、狭い道の左右に家々が櫛比《しつぴ》する村の真中の小さな家の前まで連れていってくれた。

仲原さんは幸い在宅していて、私の来意をきくと、とにかくあがれと言う。玄関のとっつきの六畳の居間は、食器だの、茶道具だの、袋だの、衣類だの、さまざまな貝殻だのが取りちらかされていて、足の踏み場もなかったが、彼女は、あたりのものを手早く取り片付けて、座蒲団を敷いてくれた。

仲原さんは、かつては豊頬の美人だったにちがいないと思わせる、可愛げのある、小柄な、七十年配の女性だった。息子が東京に行ってしまって今は一人暮らしだといい、早速、写真立てに入れて卓袱台の上に飾ってあった孫娘の写真を見せてくれた。彼女に似て頬のふっくらとした美しいその少女は、東京の或る劇団に入って、子役をしているのだという。

茶を淹れたり、茶受けの黒砂糖を出したりしながら、仲原さんは色々な話をしてくれた。数年前、神籤に当たった女性がフヅカサ（大司）に就任するのをことわったので、それ以来フヅカサは欠員のままで、島では祭が行われていないとか、御嶽の掃除その他の管理は彼女がしているのだとか、或る日御嶽で拝んでいたら、神様がクバの木の下を掘れ、と言われたので、道具を持ってきて、深く掘っていったら、脚に人面のついた香炉その他が続々出てきたとか、それを宮古島の学者に貸したら、壊して返してきたとか……。彼女は、これを見てくれと言って、押入れの奥から、二つに割れたその香炉をとり出してきた。

それから私は、大主御嶽へ連れていってもらった。仲原さんは、白い紋様を散らした黒のワンピースに着換え、まるで神装束でもあるかのように、黒いビロードのお釜帽をかぶった。

大主御嶽は、村から少しはずれた野中にあり、遠くからでも御嶽とわかる鬱蒼とした森をなしていた。入口には、大主神社という扁額をかかげた、大正七年建立の大きな石の鳥居が立っている。仲原さんはその前ではだしになり、私にも同じようにしろと言う。それで私も靴を脱いで手に持ち、アコウや福木、ガジュマルなどの茂る森の中の長い参道の白砂を、靴下で踏んで歩いていった。

入口の鳥居よりは小さいもう一つの鳥居をくぐると、珊瑚礁の岩を積んだ低い石垣と樹木にかこまれた広場に出る。本殿も拝殿もないその白砂の空間が御嶽なのだ。午前の光の中に静まっているその空間には、なにか眼に見えないものの気配がみちている。南方系の樹木の濃密な香気が漂い、森の奥からきこえてくる鳥の囀りのほかは何の物音もしない。なんと豊かな空間だろう。その中に立っていると、心は和み、解き放たれて、周囲とひとつになる。たしかにここでは、本殿も拝殿も邪魔だ。この空間は、そうしたものをはっきりと拒んでいる。それは、私たちの心、いや、神の心を傷つけ、無限を遠ざけてしまう。

正面には、根の近くから太い枝が何本もわかれた琉球黒檀（ギタギー）の大木が、森の暗さを光背のようにまとい、この空間を司る神像さながらの姿で立っている。

広場の中央は少し高くなっていて、そこには沢山の香炉が埋めてある。百以上はあるだろう、と仲原さんは言った。

一つ一つにいわれがあり、島外の人が持ちこんだものもいくつかあるらしい。

『琉球国由来記』に出てくる池間御嶽と同一視されているこの御嶽については、全く違った二つの伝説が語られている。

一つは、大主の神はかつて宮古本島の上野村に住んでいたのだが、神同士の戦いにやぶれて池間島に逃れ、現在の御嶽の地に入って姿を消し、そのあとからギタギーが生えた。だからギタギーはこの神の化身だというものである（『沖縄民俗』第十九号）。

もう一つは、昔島に横暴な主人に仕える若い女がいて、野原に出て獲物を探して歩いたが思うにまかせず、帰って主人に叱られるのを怖れ、森の中で一夜を過ごそうとしたところ、雷鳴がとどろきわたって肝の縮む思いがした。翌朝、また獲物探しを始めるや、天から赤い鳥がおりてきて女にかしずき、それからは目に見えて収穫がふえた。数日後、またその野原にやってきた時、彼女は急に産気づいて十二個の卵を生んだ。穴を掘って卵をうめておき、しばらくして来てみると、十二人の幼児が母としたって、すがりついてきた。女は野原に家を作って子を育て、やがて子は成人して十二方位の神々となり、女は「子方母（ニヌファンマ）ティダ」として祀られた。そして十二の神々の一人が大主御嶽の神となったと伝える（『宮古史伝』）。

前者の伝説にあって、大主の神は、神同士の戦いで白旗を、相手の神は赤旗をかかげて戦ったとされており、そのため大主御嶽の中には、赤いものを持って入ってはならないというタブーができている。この赤旗の赤と、後者の伝説の赤い鳥の赤とは、なにか関係があるのかもしれない。

琉球黒檀の背後に、一カ所石垣の途切れたところがあって、森への入口になっている。その奥がいわばイビで、そこから先へは、司以外の者は、一歩たりとも入ることは許されない。

広場の右の隅には、瓦葺きの古びた小屋が建っている。女たちが夜籠りをするためのクムイヤー（籠り屋）だという。それが、森を含めて、広大なこの御嶽の中の唯一の建物だった。

仲原さんは、手提げ袋の中から、葉書大の黒砂糖の板を三枚とり出して神前に供えると、尻を落としてしゃがみ、手を合わせて祈りはじめた。低い声だったけれど、彼女の唱える文句の意味は大体わかった。私にわからせようとする気持が働いていたのかもしれない。村の人たちがあまり顧みないこの御嶽を、内地からわざわざ拝みに来た人がいます、神様、どうかその人の旅の安全をよろしくお願い致します――おおむね、そんな内容だった。

祈願が済むと、彼女は私に向かい、「これから歌を歌うからね」と言った。

私は、神歌がきけるものと期待したが、彼女が、少し音程のはずれた細い声で歌い出したのは、「世界文化の恵みの雨が、池間の島に降り注ぐ」とか「池間は愛と平和の島よ」といった歌詞の、池間音頭みたいな、新しい歌だった。

それから仲原さんは、私を、森の中の桑の夫婦樹の前へ連れていった。一方の樹の幹に男根状の突起があり、他方の樹の女陰状のウロと合体しているように見え、樹肌が白く滑らかで、ひどくエロティックだった。子宝を授かりたい夫婦が島外からもやってきて拝んでゆくのだ、と彼女は言った。

広場に戻ると、彼女は、供え物の三枚の黒砂糖の板を、土産に持ってゆけ、と言って私にさし出した。これからの旅を思い、余計な荷物はできるだけ持ちたくなかったので、一応遠慮したところ、彼女は憤然と色をなした。彼女がなぜ怒ったのかは分らなかったが、単に私が好意をないがしろにしたからというより、黒砂糖にはすでに神霊が乗り移って、私の旅の安全を守護するお守りとなっており、そうした貴重な品物を辞退するとは何事か、という意味かもしれないと考えて、有難く頂戴することにした。途端にリュックが、ずしんと重くなった。

表の鳥居まで戻ってきた時、仲原さんは、少し足が痛いからちょっと休んでゆきたいと言い出した。彼女は、草の上に両足をのばして坐り、またひとしきりおしゃべりをした。私の印象に残っているのは、彼女の息子が見たという夢の話である。

彼がまだ島にいた時、或る夜、神が大主御嶽から草色の馬に乗ってあらわれる夢を見た。彼が「ひさの、ひさの」と唱えると、神は馬から下りて彼のところへやってきて、何でも望みを叶えてやると言い、再び馬にまたがるや、天馬さながら、海の方へと去って行った。ひさのという名前が、どうして彼の口をついて出たのかは分らない。それから数年して、職を求めて東京へ出、そこで知り合った女性と結婚した彼は、生まれた娘――あの写真立ての中の少女にちがいない——に久乃という名前をつけた。仲原さんは、孫の名前を告げられた時、それが、彼の夢に出てきた名前であることを知って驚いたという。東京の雑沓の中で、池間島とはなんのかかわりもない暮らしをしているあの少女は、自分がひとすじの白い夢の糸で、大主御嶽の神と結ばれていることに気付いているだろうか？

島の池を見たいと思った私は、路順を教わってから、村の近くで仲原さんと別れた。

「気いつけてな」

と仲原さんは、私に向かって手を振った。しばらく行ってから振りむくと、彼女の小さな黒い姿が、御嶽の森を背にぽつんと立ち、相変らず私を見送っていた。

多良間《たらま》の春

多良間に来ると、いかにも島へ来た、という感じがする。宮古島へ六十七キロ、石垣島へ三十五キロ、島をかこむ茫々たる海には、心頼みになる島影はどこにもない。島のすぐ北に多良間を親島とする、周囲六・五キロの水納《みんな》島という小島があるけれども、ここは今や無人島同然だ。快晴で大気が澄んでいる時には、南の水平線の彼方に、石垣島の北端平久保崎の山々が見えるとはいうものの、そんなものは島の人々にとって、蜃気楼同然だろう。

敵にかこまれて籠城しているような孤立感が、人々の心に巣喰っているにちがいない。最近はやっと空路が開けたが、それまでは、海が荒れるとすぐに船が止まり、一月近く交通が杜絶することなどざらだったという。そういう時人々は、怒濤のひびきや激しい風音を、勝ち誇る敵の雄叫びのようにききながら、息をひそめて暮らさねばならなかったのだ。

晴れ渡った春の一日、珊瑚礁石灰岩の石垣と福木の屋敷林にかこまれた、琉球瓦の家々が左右に続く、よく掃かれた村の道を歩いていると、鶏が啼き、どこからか子供の笑い声がきこえ、テレビの歌謡曲のメロディーが流れてきて、まことにのどかだが、そうしたのどかさの底にも、一抹の寂寥感がある。

あちこちに梯梧《でいご》が咲いている。まだ葉は全く出ておらず、枯木の枝々にその花が咲いているさまは、無数の真紅の小鳥が翼を休めているようだ。多良間島第一の御嶽運城《うんぐすく》御嶽の神の名は一名、ディゴノハナツカシャ（梯梧の花司）という。この華やかな花は、寂しいこの島の人々に、ことのほか愛されてきたにちがいない。

村は、ほぼ楕円形の島の北にあって、塩川と仲筋という二つの字から成る。運城御嶽は、仲筋に属し、その字のはずれにある。

多良間の御嶽には、社殿のあるところが多い。ここにも、森の中央に、琉球瓦をいただく木造の古びた建物が立っている。しかも乾隆十八年（一七五三）五月、島の役人友利某によって建立されたと伝えていて、御嶽の社殿としては稀に見る古さだ。

隔絶した孤島には、古風が残るのが普通だが、多良間はいささか様子が違う。琉球王朝の流人の島だった関係から、ここには首里文化や、大和文化が流れこんでいて、その歴史や風俗習慣に独特の彩りを添えているからである。島の他の重要な御嶽、泊御嶽と塩川御嶽の社殿も同一人物の発起だというから、この島役人は、大和文化にかぶれていて、御嶽を神社化しようとしたのかもしれない。

多良間には、大和とのかかわりを思わせる話が多い。亀甲墓とは違うこの島独特の墓は大和墓と言われ、漂着した大和の人々が作ったものとされてきた。平家落人伝説さえ云々されることがある。運城御嶽は、土原大殿の孫遠曾呂《おそろ》なる人物の篤い信仰の結果出現した神を祀ると『遺老説伝』その他には記されているが、大和から来た鍛冶神を祀るという一説もある。御嶽の背後の小高い山の上に、島の有名な豊年祭スツウプナカをはじめたとされ、祭の神歌の中で、大和から来た鍛冶神と歌われている「うえぐすく金殿」の旧跡という場所があり、「うんぐすく」は「うえぐすく」の訛称であって、山の麓の運城御嶽は、この神を祀るものにちがいない、というのである（稲村賢敷『宮古島庶民史』）。

ちなみに、鉄を島に伝えた大和人を祀る御嶽はほかにもある。たとえば、多良間と同様宮古島諸島の一つである伊良部島の長山御嶽がそうだ。祭神は男神でカネドノ（金殿）といい、島民が牛馬の骨を使って耕作していたころ、くろがねを携えて大和から渡ってきて、鉄の道具を作って人々に与え、農法を指導したところ、収穫が倍増し、生活が安楽になったので、人々が恩人として御嶽を建てて祀ったと伝える。

こうした言い伝えや伝説は、なにがしかの歴史を反映しているにちがいなく、この大和人たちは、どのような人々だったのか、漂着したのか、なにか目的あってことさら離島へ渡ったのか、興味をそそられる。

運城御嶽の森の樹は、福木が多い。中には樹齢二百五十年を越えるものもあるという。「運城御嶽のフクギ群落」は、県指定の天然記念物なのだ。福木は、素直に伸びた円筒形の平滑な樹幹を持ち、中央の社殿は、円柱の柱廊にかこまれたギリシアの神殿のようだ。緑の濃い小判形の葉の群生する葉叢は、光をかかえこみながらもひっそりと暗い。

建物の背後にまわってみると、切石を野面《のづら》積みにした低い石垣が続いていて、真中に冠石をいただく小さな石門がある。その奥がイビで、一本の福木の大木がそびえ、石門の真下に方形の石の香炉が置いてある。クスノコウル（後の香炉）と呼ばれているこの香炉こそ、御嶽の中心なのだ。

運城御嶽の周辺は、古木の鬱蒼と茂る丘陵地帯で、島の人々がパカヤマとかグショーヤマ（後生山）と呼ぶ墓地だ。墓といっても個人の墓はなく、どれもが一族、つまり門中の墓である。例の大和墓と言われるもの――最近では疑問視されている――で、丘陵の石灰岩を掘り凹めて作り、石の壁で閉ざして、中央の下部に、棺を入れる小さな墓口だけがあけてある（ただしこの墓口も普段は石でふさがれ、塗り固められている）。そして墓の前には、運城御嶽のような石垣をきずき、中央にアーチ形の中門を設けている。古い墓は石が黒ずみ、石垣の上には大谷渡りが生え、入口の道は雑草におおわれて荒涼としている。そうした墓の間を歩きまわっていると、草むらや葉かげや石垣の隙き間からじっとこちらを窺っている死者の気配をふと感じたりする。

有名な組踊りの作者である劇作家平敷屋朝敏（一七〇〇―三四）一門の墓があるというが、どれがそれなのか、ついに探し当てることができなかった。朝敏は、島津藩吏に投書して、琉球王府の蔡温などを誹謗したかどで、尚敬王の二十二年（一七三四）、はりつけの刑に処され、長男朝良は多良間島に、次男は与那国島に、三男は水納島に流された。朝良は島の女を嫁とし、その末裔は今でも島に残っている。そして朝敏夫妻の遺骨は、昭和に入ってから、この島の一門の墓に納骨されたという。

この島の八月踊りは見事なものらしいが、その中では、首里や那覇ではとっくに廃れてしまった御冠船踊りのいくつかが踊られる由である。そこに平敷屋朝良ら首里人たちの指導があったのはまちがいないだろう。

ここにも梯梧が咲いている。墓地を少し出はずれた草原の中で、十メートル近い大木だ。ひろがった梢にむらがり咲くその花の鮮やかな赤は、めったに人の来ない場所だけに、むだに燃えている炎を思わせる。多分、これは、死者たちのための花なのだ。


私は、土原豊見親《とうゆみや》の生誕の地で、その屋敷跡だと伝える仲筋の土原ウガンに行ってみた。

土原ウガンをはじめ、彼を祀る多良間神社、彼の墓など、彼にまつわる遺跡がこの島には多い。土原豊見親とは一体何者か？　それは、島の初代の当主であり、島が生んだ唯一の偉人であり、伝説的な英雄だ。幼にして、島一番の力持ちを成敗したとか、与那国島の鬼虎を征伐したのは、仲宗根豊見親ではなく、彼だとか、立ったまま死んだといったたぐいのさまざまな伝説が語り伝えられている。それは、上江洲均が、「いま多良間島から土原豊見親の伝説を取ってしまうならば、多良間の口承文芸は実にさびしいものになってしまうだろう」と書いているほどだ。ところで彼は、琉球王朝の正史『球陽』に、宮古島の島主仲宗根豊見親に随従して、八重山の赤蜂征討に功を立て、「是レニ由リ、聖主深ク之レヲ嘉奨シ、遂ニ土原豊見親ヲ擢ンデ、、多良間島主ニ陞為シ、称シテ豊見親職トナス」と記されているのだから、れっきとした実在の人物である。しかし彼について残されている正史の記述からも伝説からも、その人間を窺うことはできない。正史の記述はあまりにも僅かであり、伝説は荒唐無稽にすぎるからである。さまざまな人間のさまざまな偉業や勲功がいつのまにか彼のものとされ、それが一層のアウラを生んで、別の手柄話や奇瑞奇談の類を彼のまわりにさらに誘い寄せる、といった風だ。土原豊見親とは、島の人々の想像力が長いことかけて養い育ててきた幻なのか？　いや、それが幻か否かを問うより、私たちは、こうした英雄を生み出さずにはいられなかった、島という限られた空間に生きる人々の心の渇きに思いを致すべきなのかもしれない。

土原ウガンは、アカギの巨木が君臨する広場で、八月踊りはここで行われる。ほぼ中央に、舞台となる長方形のコンクリートの台が設けられていて、そのすぐそばに、やはりコンクリート造りの拝所があり、大きな香炉が三つ置いてある。中央が天の神、向かって右手が土原豊見親、左手が彼の祖父を祀るものである。土原ウガンの北側には、彼の両親を祀る香炉も置かれている。今でも末裔の人々がいて、一日と十五日に清掃し、花をいけ、神酒をささげ、それぞれの香炉の前で祈るのだという。

土原ウガンの近くには、土原豊見親とその妻のミャーカ墓がある。ミャーカ墓とは、宮古島本島とその周辺の離島に残っている古い巨石墓で、例の「大和墓」や亀甲墓以前の墓制と考えられており、宮古島久松のものが有名である。大きな切石を立てるなり、積むなりして石室をかこみ、それを巨大な一枚石でおおい、さらにそのまわりに石垣を築いて作る。久松の久貝地区にあるミャーカ墓はとりわけ大きく、長方形の石垣は、長辺が八メートル余、短辺が七メートル余で、高さは二メートル近い。

数年前、これらの墓を見るために私が久松を訪れたのは、秋の雨催いの夕暮れで、灯一つ見えない村の暗さが、家々のさなかにある巨石墓の大きさを、一層きわ立たせていたものだった。

一般にミャーカ墓は、死霊に対する恐怖からであろうか、一切入口がなく、全く外界——現世——から遮断されているが、土原豊見親のものには、石垣にアーチ門がついていて、簡単に中に入ることができる。石室は二つあり、一つが豊見親、一つがその妻を葬るとされる。ただし昭和十二年、社会学者の河村只雄が来島した際、島民の立ちあいのもと、二つの石室の石の蓋をとりのぞいてみたが、妻の墓には骨が入っていたのに、豊見親の方は、中は空で、遺骨の類は一切発見できなかった由である（『沖縄民俗』第二号）。

私は、ここでも梯梧の花に出会った。いくらか佶屈した姿のある逞しい枝振り。枝振りとは一見対照的な、奔放に燃え立つ花々。しかしその花は、飛翔を思わせはするけれども、決して地を忘れてはいない。梯梧の木は深く根を張り、大地の養分を十分に吸いあげて、いきなり中空に炎を噴出させている、といった趣きである。青空を彩るその花の真紅は、天への大地の讃歌、とも私の眼には映る。梯梧の花は、どこで見てもいい。

粟国島《あぐに》瞥見

粟国島――長いこと沖縄通いをしながら、私は、本島の西に浮かぶこの小さな島には行ったことがなかった。名所旧跡に類するものは何もなく、一般のガイドブックにはまずのっておらず、したがって観光客は滅多に訪れない。だからこそ気にはなっていたのである。

一月某日、私は一日四便の琉球エアーコミューターのセスナ機で島を訪れた。

那覇空港で搭乗手続きをした際、「飛行機でゆくなら左側の席がいいですよ、上から島がよく見えますから」という沖縄の知人の言葉が頭にあったので、そう注文してみたところ、飛行機が小さく、左右の重さが同じになるよう、体重によってお客の振り分けをしなければならないので、必ずしも左側の席はおとりできない、と断られてしまった。私と、若い女性が一人、あと子供連れの夫婦が乗ると、もう満員だった。振り分けがうまくいったのであろう、私は左側の席を与えられた。

飛行機は、凪いできらきらと光る、縮緬皺を刻んだ午後の海にその影が映るほどの低空を飛び、わずか十五分で砂糖黍畑の中の空港に着いた。

予約しておいた民宿の主人が、耕耘機に乗って迎えにきてくれていた。粟国と那覇港を結ぶ連絡船の船長を長年やっていたという人である。何が見たいか、ときかれたので、御嶽を見たいと言うと、早速空港に近い、島の東岸ウーグ浜に沿って並ぶウフウタキ（大御嶽）、ナカウタキ（中御嶽）、フェーウタキ（南御嶽）の三つの御嶽を案内してくれた。

この島の御嶽はよく古風をとどめていて、福木、アコウ、ガジュマルなどの茂る森の中には、建物は一切なく、大樹の下に瀬戸の香炉や、香炉代りの大きなシャコ貝の貝殻が置いてあるだけである。

ウフウタキでは、森の中に巨岩があり、その裾は奥へと退いていて、そこに香炉が置いてある。岩の向こうは古木が繁り合って、見通しがきかないが、もうその先は浜らしく、海の明るさが尖兵のように森のあちこちに忍びこんでおり、潮風が吹きこんできて、木の葉を微かにざわめかせている。この島の御嶽は『琉球国由来記』に九つ掲げられ、名前こそいくらか変っているものの、場所は動いていないようだ。ウフウタキはヲコノ御嶽の名で登録されていて、神名はテヨイコムラジとある。どのような神かは分らないけれども、海から迎えられる神にちがいない。島の大祭ヤガンウユミの際、太鼓の撥を作るための材料は、この御嶽の桑の木からとるものと決まっている。

空港からは、耕耘機で十分も走れば村だ。村の通りで、杖にすがって歩いている老人とすれ違った時、主人は、米軍が上陸してきた時、鎌で以て襲いかかったので、腹をピストルで撃たれたのだと言った。終戦の年の六月、沖縄本島での決戦にそなえ、米軍は、人口千人足らずのこの島に実に四万の兵を上陸させたという。幸い島に日本軍は駐屯しておらず、交戦はなく、渡嘉敷島の集団自決のような悲劇はおこらなかったものの、やはり何人もの死傷者が出たし、村の施設や家々にも大きな被害があった。小さな離島における第二次大戦の戦禍は、本島の激戦のかげにかくれて語られることが少ないが、島に四万の軍が上陸した時の人々の不安と恐怖は、私たちの想像に余る。

民宿は、コンクリート二階建ての立派な建物だった。正月休みの期間を大分過ぎた平日なので、客はあまりいないのではないか、と思っていたが、釣り客も含め、ほぼ満室に近かった。

夕食には、ラフテー（豚の煮物）、ミミガー（豚の耳）の酢の物、シイラの刺身、クロイチャゴー（烏賊墨の吸い物）など、沖縄らしい料理が食卓一杯に並んだ。クロイチャゴーは、昔国頭の民宿で最初に出会った時には、度胆を抜かれた。白い深皿一杯に、なにやら得体の知れない真黒の汁が出てきたからである。烏賊墨は、今でこそスパゲッティの定番の一つにさえなっているけれども、当時は、そんなものが料理の材料になるなどとは考えもしなかったのだ。

離島が好きで離島めぐりをしているという、首里生まれの中年のサラリーマンと、仕事で島に来ているというNTTの営業課長の三人で、食後も食堂に残って泡盛を飲んでいたら、後片付けを終えた元船長夫婦も、久米仙（泡盛）の一升瓶をさげて座に加わり、粟国島談義、沖縄談義で話がはずんで、酒宴は深更に及んだ。

粟国島は周囲十二キロメートル、南の海岸線を底辺とするほぼ半円形の、隆起珊瑚礁の島である。中央が小高い台地になっているものの、全体として平坦で、起伏に乏しい。東岸にはウーグ浜という、夏には那覇あたりからの海水浴客で賑わう白砂の浜が続いているのに対し、西から北へかけての海岸線は絶壁をなし、西南端の筆ん崎《ふでぃんざき》では、その高さは九十六メートルに達する。村は一村だけで、南岸に位置し、港もそこにある。生業は砂糖黍栽培が主で、最近は自然塩の製塩が脚光を浴びているらしい。

村には、珊瑚礁石灰岩の石垣をめぐらし、赤い琉球瓦をいただく昔ながらの民家がよく残っている。しかし空家や廃屋が多く、人の姿もまれだ。

島は、今でこそ水道が完備しているが、しばらく前までは、水はもっぱら天水に頼っていたため、雨水を屋根から樋で集めて貯めておく、凝灰岩をくり抜いて作った、トゥージという水壺があちこちに見られる。民宿の主人の話では、那覇あたりからやってきて、骨董品として買ってゆく人がいるそうだ。

村のはずれ、中央の台地へのぼってゆく斜面にウガン山（拝み山）と呼ばれる大きな崖があり、崖の上は深い森になっていて、その裾にクバムィ、ヌルウタキ、ミルクウタキと称する三つの御嶽が並び、崖にうがたれた洞窟の中にエーガーという井泉がある。ここが島の信仰の中心であり、『琉球国由来記』にも記されている大祭ヤガンウユミの神を迎える場所だ。あたり一面に茂る石蕗の中に立っていると、曇り空のもと、黒みを帯びた緑の濃い森はしんと静まり、鳥の声一つきこえず、神秘感が迫ってくる。

ヤガンウユミは、旧暦六月二十四日から二十六日まで、三日間にわたって行われる。『由来記』には、「ヤガン祭トテ、粟神酒六ツ作リ、魚肴八重ノトノニ上ゲ、ノロ、根神、御タカベ、サバクリ、頭頭、朝八巻、百姓中相揃、拝四ツ仕也。御残リトテ、各呑喰ヒ申、二日遊申也」とあって、「由来不伝」としているが、島には、人の眼玉を抉ったり、鼻をそいだり、孕んだ子をおろしたりするおそろしい神が現れたので、この神を鎮めるために祭をはじめた、という伝説が、さまざまな形で語り伝えられている（『粟国村誌』）。神は、島の北端のヤガン御嶽にまずおりたち、次いでウガン山の前の、タレーラムイという丘に現れる。神は、夜の闇の中、大きな蛍の光や提灯の灯のように、上下しながら、横一列に正座した神女たちの前におりてくるという（比嘉康雄『神々の古層8』）。

私は、ヤガン御嶽を見たいと思った。見当をつけて歩き出したが、畑で働いている青年を見かけたので、念のために道を訊いてみたところ、三十分はかかるから案内しよう、と言ってくれた。

「鎌を持ってけ！」

とそばにいた母親らしい女性が言う。それが必要なほど草木の生い茂っている場所なのであろう。

二十五、六の、小柄な、島の人にしては顔の青白い、生毛めく無精髭をうっすらと生やしたその青年は、言語動作がちょっと変っていた。まず驚かされたのは、その足の早さだった。まさに飛ぶが如くで、普段人から足が早いと言われる私でさえ、ついてゆくのに骨が折れた。まるで、機を失すると、ヤガン御嶽に異変が生じて、見ることができなくなるとでも思っているみたいだった。そしてみちみち、右や左を指さして、一切説明抜きで途方もないことを言う。たとえば、樹木の生い茂っている御嶽らしい場所をキリストの墓だと言ったり、遥か彼方の、波しぶきの上がっているのが見える西岸の断崖を、猫が自殺するマヤマブシという場所だと言ったりするのだ。こんな孤島にキリストが来たとはとても思えないが、東北の八戸にもキリストの墓があることだし、切支丹にまつわる場所がそう誤り伝えられたとすれば、いくらかは納得がゆく。しかし猫の自殺となると、見当もつかない。

あとで民宿の主人にたずねると、マヤマブシは、砂糖黍畑に出る鼠を駆除するためどの家でも飼っている猫が死ぬと、首を紐で縛ってさげてゆき、海に投げ棄てる、いわば猫の葬所とのことであった。

谷川健一の『続日本の地名』の中に、沖縄では猫が死ぬと、埋葬はせず、海の見える公園などの樹に死体を吊るしておく、という話が記されている。沖縄では、かっては風葬が広く行われていたが、谷川も言うように、これは、人間に関してはとうの昔にすたれた葬法の名残りなのであろう。そして実際、粟国島の西岸の断崖にうがたれた洞窟は、かつては人間の風葬の場所だったのである。

北の海岸へと下りてゆく崖の途中に石の鳥居があり、「洞寺」と書いた額がかかげられ、その少し先に深い洞窟がある。青年の言によると、首里から流されてきた僧侶の死んだ場所で、洞窟の中には今でもその骸骨があるとのことだった。

帰京してから、二百五十年ほど前の本である『遺老説伝』を必要あって繙読していたら、偶然この僧についての記述をみつけた。「往古、僧有り、粟国島に漂至す。島の北の洞中を見るに、磐石立ちて、略〻仏像に似たり。乃ち謂へらく、以て阿弥陀・薬師・観音の三仏と為し、而して崇びて奉供を致すべしと。遂に身を此の洞に寓して居る。後、洞中に死し、首を西にして化す」とあって、実在の人物だったらしい。同書は続けて、「其の髑髏、石に化して西辺の石壁に付き、今猶ほ省形髑の如し。其の余の骨骸、化せずして少しく存する者有り」と書いていて、青年の言葉を裏書きしている。彼は、いい加減なことばかり言っていたのではなかったのだ。なお『粟国村誌』によると、この僧は、仏の功徳によって自分は下駄で水の上を歩けると公言したので他の僧と賭になり、ほとんど成功しかけたのに、目的地の寸前で片足が水に入ったために賭にやぶれ、罰として島に流された、という口碑が島に伝わっている由である。またこの坊さんは島の人々に慕われていた模様で、今でも洞窟に近い畑主の子孫たちは、洞窟門参りと称して、旧正月、九月に洞窟に参詣するのだという。

ヤガン御嶽は、崖を下りきった、狭い岩場にあった。深い井戸があり、崖の岩の下に香炉が二つ置かれ、灌木が数本茂り、石蕗が大きな葉をひろげているだけだ。前は、広漠たる東支那海である。ちょうど雲が切れて、鉛色だった海面が輝きを帯びた。そして私は一瞬、その光の彼方に、ヤガンの神がそこから来訪するという異界、沖縄の人々の信じるニライカナイを望見したように思った。

御嶽の思想

御嶽とは、沖縄の全域にみられる、本土の神社に相当する聖地である。御嶽は、一般にはウタキだが、オタキ、オタケと言う人もある。もっとも、土地によって呼び方はさまざまで、ハイショ（拝所）、ウガンジョ（拝み所）、ウガンとも言い、宮古島ではムトゥ、八重山では、オン、ワン、ワーなどとも称する。御嶽という語は、本島では比較的耳にするけれども、離島ではあまりきかれない。「〔……〕注意してみると、オタキという語を使用する者は、知識層（学校の先生、区長など）、あるいは老年層の女性でも、外部の者（島人以外の）に対する時で、いわば一種の公的用語としての性格が強いことが理解された」という鎌田久子の言葉（『神道大系』月報24）は、私の経験とも一致する。仲松弥秀は『沖縄大百科事典』において、聖地の総称として御嶽という語を与えたのは、首里王府であろう、と述べている。

嶽（たけ）とは高山であり、実際御嶽の中には、山頂や高所に祀られているものも多い。『中山世鑑』（一六五〇）の記す沖縄の創世神話の中で、最初に作られた御嶽とされている国頭の安須森《あすもり》御嶽（辺戸御嶽）は、典型的な例だ。本島の最北端辺戸《へと》岬《みさき》の近くにそびえるその山は、山頂に巨岩が露出していて、霊山と呼ぶにふさわしい異様な山容を呈している。『聞得大君御殿并御城御規式之御次第』（一八七五）が最初の七つの御嶽としてあげているうちの一つ、今帰仁《なきじん》城近くのコバオの御嶽も、鉄の鎖にすがって登らなければならない険しい岩山の山頂近くにイビがある。やはりそのうちの一つ、首里の辨の御嶽も、本島南部の最高峰辨ケ嶽――といっても、標高はわずか百六十六メートルだが――に存在する。

慶良間の島々では、一年に一度御嶽上りということをする。座間味島を例にとるならば、島の三つの村、阿佐、座間味、阿真《あま》は、西岸から南岸にかけて点在しているのに対し、御嶽は、村々から遠く離れた、北岸の山々の頂きにある。三つの村の人々は、門中組織に従い、大嶽(ウフタキ)、中嶽(ナカタキ)、小嶽(コタキ)、赤崎嶽(アカサチタキ)のいずれかの御嶽に所属する。そして旧暦九月、日をえらび、所属する御嶽に神酒や重箱をたずさえてのぼり、神に豊穣や一家の幸福を祈り、御嶽の掃除をし、神の前で御馳走をたべ、歌い、踊ってともにすごす。山といっても標高百五十メートル前後のもので、しかも今は山頂近くまで車が入るが、かつては一日がかりの行事であった。こうした御嶽は、いかにもその名にふさわしい。

仲松弥秀は、丘の中腹や斜面に立地することの多い沖縄の村にあって、御嶽は一番の高みに位置し、それに接して宗家(根所)があり、その下方に他の家々が展開するのが普通だと言う(『神と村』)。そうであれば、御嶽は、山岳とは言えないにしても、高所にあるのが一般ということになろう。しかし一方で、海岸部や平野部にある御嶽も多く、池間、竹富、新城、黒島のような平坦な島では、当然そうした御嶽しかありえない。また、航海守護の神、ニライカナイの神を祀る御嶽は、海に接していなければならない道理である。だから御嶽という総称は、必ずしも適切とは言い難い。

御嶽のありようは千差万別で、コバオの御嶽のように四万余坪の広大な神域をもつものもあれば、ほんの一握りの土地で祀られているものもある。ただ、『おもろ』の中で、御嶽というと、「首里杜《もり》」、「真玉杜」という風に歌われるように、森をなしているところが多く、また、鳥居や社殿を含め、人工物が一切ないのが原則である。今では御嶽というと、どこにでも見られる香炉でさえ、仏教や道教の影響であとから入りこんできたものだとされる(宮城栄昌『沖縄のノロの研究』)。実際私が波照間島で見た御嶽には、香炉がなかった。またこのことは、ピュテーヌワー(野原の御嶽)と呼ばれる、この島のもっとも神高い三つの御嶽においては通例だという(宮良高弘『波照間島民俗誌』)。一方その香炉にしても、「単に不焚香を奠《お》くからの名と思はれるほど、香炉の体裁を具へて居ない」（折口信夫「琉球国王の出自」）ことが間々ある。それは、一塊の石ころだったり、シャコ貝の貝殻だったりするのである。

現在では、コンクリートの鳥居のある御嶽は多いし、社殿を建てているところも珍しくない。しかしそれらは、本土の影響、場合によっては、本土からやってきた人々の命令の結果でさえあった。

島津の琉球入り以来、本土の為政者は、沖縄の本土化を強力に押し進めてきた。たとえば島津は、琉球王尚寧に十五条の掟を与えたが、その中には、「女房衆之知行遣はさるまじき事」という一条があった。つまり、それまでノロクモイ地の名でノロたちに給されていた田地を公に禁止したのであり、こうして神女組織を根幹から破壊しようとしたのである。島津が直轄地とした奄美では、御嶽（奄美では一般に神山という）と神女組織に対する弾圧はもっときびしく、神事は禁止ないし制限され、神山の森は伐られて、砂糖黍畑にさせられた。

琉球処分以後、明治政府は、沖縄の言葉をはじめ諸事一般をできるかぎり本土のものに近づけようとした。御嶽の神社化も、当然そうした政策の柱の一つであった。「管下各郡下ニアル拝所ハ〔……〕将来内地ニ於ケル神社ニ引直シ度候」とは、沖縄県知事日比重明が、明治四十三年、内務大臣にあてて書いた上申書の一節である。もちろんこれは、明治三十九年に発令された神社合祀令に連動する動きだったにちがいない。県の当局者は、県社を創立する一方で、村々の御嶽を一つにまとめ、村社にする意向を持っていた。しかし当時の県の役人たちの御嶽に対する認識がどのようなものであったかは、「県社・村社建設理由書」なる記録の中の「若シ夫レ各村各村落ニ現存スル深林幽谷等ノ共同礼拝所ニ至リテハ単ニ自然物崇拝ノ古俗ニ由ルモノナルヲ以テ其ノ存立ハ寧ロ社会文運ノ体面ヲ毀損スルノミナラス風教ノ故障トナルモノノモ亦少シトセス、且ツ其ノ地域広大ニシテ是ヲ利用厚生ノ途ニ流用スルトキハ国利民福ヲ増進スルコト頗ル大ナリ、故ニ一々其ノ由来ヲ調査シ適宜ニ是ヲ合併シテ村社トナシ居民敬神ノ美風ニ酬ヒントス」といった文句が如実に示している（鳥越憲三郎「沖縄の天皇制」による）。

この県社・村社建設計画は、祭神その他の件で頓挫した。

しかし太平洋戦争が始まると同時に、早川元県知事のもと、こうした計画が息をふき返した。昭和十八年三月、沖縄県庁は神社建立調査会を組織して沖縄の宗教改革に乗り出し、同年十一月神祇院に「沖縄県神社創立計画書」を提出、県庁の嘱託として御嶽をくわしく調査し、沖縄の信仰についての先駆的な研究家であった鳥越憲三郎を上京させ、神祇院で計画書の趣旨を説明させた。その内容は、一、各字の御嶽を一カ所に合祀して村に一つの村社を建てること、二、最小の社殿を設けること、三、旧御嶽はそのまま保存すること、四、天照大神を主神とし、『琉球国由来記』に記されている神名を配祀すること、五、各村から一人の神職希望者を募り、ノロは雇員とすること、というものであった（『沖縄大百科事典』その他による）。しかし戦局の逼迫が、この計画をも流産させた。

このようなほぼ四百年という長期にわたる強制、圧力、影響にもかかわらず、御嶽の神社化は、表面的にしかなされなかった、と言っていい。せいぜいが鳥居と社殿どまりであり、その社殿も、本土の神社の一部に見られるような宏壮なものはない。床を張り、壁をめぐらすことさえせず、多くの場合たたきのままで、三方は吹放しだ。そして神の占有する空間を少しでも損なうまいとして、建物はできるかぎり小さなものにしようと意図しているかに見える。また、賽銭箱、鰐口、狛犬のある御嶽は、少くとも私は見たことがない。他方、神社のように男性の神役を中心とする祭祀組織は、沖縄にはいまだにない。祭は常にノロをはじめとする女の神役が司るのであり、男の神役は、補助的な役割を果たすにすぎない。すでに述べたように、男の立ち入ることのできない御嶽は多く、イビの中には、男の神役すら足を踏み入れることができない。

威令のゆき届かなかった離島に本来の姿を残す御嶽が多いのは確かだが、お膝元の本島にある、琉球王家にかかわりの深い御嶽、たとえば斎場御嶽《せーふぁー》や、例の今帰仁のコバオの御嶽にしてもそうである。

斎場御嶽とは、琉球王朝最大の盛儀、聞得大君《きこえおおぎみ》の即位式である御新下《うあらう》りの行われる、本土の伊勢神宮に比すべき聖地である。

聞得大君は、王朝最高位の神女で、一般には王の姉妹か、王妃、王女がその位に就いた。その下に首里の大あむしられ、真壁の大あむしられ、儀保の大あむしられと呼ばれる三人の神女がいて、王国を三つの区域にわかち、それぞれの区域のノロを統轄した。ノロは任命制であり、王朝から辞令書とノロクモイ地を支給された。このような神女組織が確立されたのは、尚真王(一四七七―一五二六在位)の時代だとされている。

倉塚曄子は『巫女の文化』の中で、琉球王朝にあっては王の即位式はほとんど目立たず、記録もあまり残っていないのに対し、御新下りについては、『女官御双紙』(一七〇六)、『聞得大君加那志様御新下日記』(一八四〇)をはじめ、詳細な資料が多く伝えられており、大嘗祭を思わせる儀式だったとして、そこに沖縄独特のおなり神信仰の発露を見てとっている。

これらの資料を読むと、首里城を発し、与那原をへて斎場御嶽に至る、多数の神女をはじめとする多くの人々を従えての、聞得大君一行の華美な大行列のさまが髣髴とする。とりわけ『聞得大君加那志様御新下日記』には、沿道の村々の、儀式に先立っての道路の補修、仮屋の設営、供物の調達、行列の順序から儀式次第に至る詳細をきわめた記録が見られ、式に遺漏のないようにいかに人々が配慮していたかがわかる。最後の御新下りは、尚泰王女安室御殿の折のもので、大正十三年のことであった。

かつてこのような盛儀の行われた斎場御嶽を初めて訪れた時、私は、そこに全く建物がないのを見て、驚かずにはいられなかった。この御嶽は、本島の南東部、知念村久手堅《くでけん》の丘の高みにある。那覇からバスで約一時間、久手堅で下車して、海とは反対の、山側へと入ってゆくと、やがて「史跡 斎場御嶽」と刻んだ大きな石柱が立っていて、その前が駐車場になっている。以前は男子禁制だったが、駐車場であることでも分る通り、今ではガイドブックにものっている観光地だ。しかしいつ行っても、観光客の姿はほとんど見かけない。

斎場御嶽には、どこにも鳥居がないし、かつて建っていたという記録もない。御門口《うじょうぐち》と呼ばれる場所があって、門のかわりに二基の古びた、笠石をいただく石灯籠が立っているだけだ。男子禁制のころ、やむえない所用でどうしても中へ入らなければならない男性は、ここで帯を解き、左合わせの、女の着物の着方をして御嶽の中へ入ったと言われる。

御門口から入り、深閑とした森の中の石畳の道をしばらく登ってゆくと、左手に、道の側が垂直面をなしてそびえる巨岩が現れる。その裾は、ちょっとした洞窟を形作っていて、そこにいくつも香炉が置いてある。大庫理《おおこうり》とよばれる拝所で、御新下りの際、深夜、司祭者たる久高《くだか》島のノロが、大君の額に聖水をつけるウビナデ、霊力をこめるセヂ付け、戴冠、新たな神名をささやくお名付けといった秘儀が行われたのはここである。

さらに進むと、道が二手にわかれ、左手奥には、やはり巨岩から成る寄満《よりみつ》という拝所があり、右手の道はちょっとした広場へ出る。そこにも、下部が奥へと深く退き、その洞窟の天井から二本の鍾乳石の垂れ下がっている巨岩があり、チイタイイシと呼ばれる拝所になっている。ウビナデに使われる聖水は、この鍾乳石から滴りおちた水なのだ。

斎場御嶽で私がもっとも心を惹かれるのは、三庫理とギョウノハナという二つの拝所のある場所だ。そこへは、広場の一方をさえぎる巨岩の裾のトンネル状の入口から入らねばならない。入口をなす、鋭い小さな天然の三角形には、俗なるものを拒否しようとする自然の意志さえ感じられる。中に入ると、そこには、三方をそそり立つ岩壁にかこまれ、一方の海側だけがひらけている、狭い、隔絶した空間がある。突き当たりの岩壁が三庫理、右手のものがギョウノハナだ。私にはここがこの御嶽の至聖所、つまりイビだと思われるのだが、どこにもそんなことは書いてないし、御新下りの際、ここで特別の儀式が行われた様子もない。

海側に向かって立つと、眼下に輝く海がひろがり、彼方の水平線には久高島の島影が浮かんでいる。ここは、久高島への遥拝所でもあるのだ。

沖縄の創世神アマミキョが最初に下り立ったと伝えられる久高島は聖なる島であり、そのコバウノ森御嶽は、琉球王家にとって、斎場御嶽と並ぶ聖地であった。かつて国王は、聞得大君とともに隔年ごとに島へ渡り、この御嶽に参詣した。薩摩の意向を先取りし、聞得大君をはじめとする神女たちの権限を大幅に制限し、王府の神事を簡素化した宰相尚象賢《しょうしょうけん》の時代にこの御幸は廃止となり、一六七三年以降は役人の代参となった。御新下り自体、以前には久高島で行われていたのではないか、と推測する者もいる。斎場御嶽での御新下りにおいて、久高島の外間《ほかま》ノロが大きな役割を果たしたり、御嶽に久高の遥拝所のある事実は、たしかにこの推測を強める。

私は、最初に斎場御嶽を訪れた日に、久高へも渡ってみたが、コバウノ森御嶽は、クバ——コバウとはクバのことである——その他の木々のおい茂る、やはり建物のない、深い森にすぎなかった。

もっとも斎場御嶽にこれまで全く建物がなかったというのは、過言かもしれない。御新下りの際、聞得大君が休息や食事をするための、四面の壁をクバの葉でおおった御待御殿《うまちうどん》と呼ばれる仮屋をはじめ、首里あむしられやノロたちの仮屋が、御門口の外、現在の駐車場のあたりに設けられたことは、記録に見えている。もちろんこれは仮屋であって、式のあとには取り壊された。なお大庫理の前には、火の神を祀るための茅葺きの小さな建物が、戦前までは建っていたという。

ついでに今帰仁のコバオの御嶽について触れるならば、ここは山一つ全部が御嶽であり、すでに述べたように、山頂近くにイビがあり、山麓に拝所が設けられていて、やはり鳥居をはじめ建物の類は一切ない。また、かつてあったという証跡もない。

御嶽にあって、建物を含め人工物は皆無か、皆無に近く、たとえあったとしても付随的な役割しか果たしていない事実をここで確認しておきたい。

沖縄に行って、クバやアコウ、ガジュマルなどが茂り放題茂る森の中に、香炉が一つぽつんと置かれているだけの御嶽を見て、人は、長いこと自然のままに放置された結果、原初の姿を今にとどめているのだ、ともすれば思いやすい。そしてそこに、変化も発展もない、同じ日々を無限に繰り返してきた沖縄の村々の停滞と貧困を見てとろうとするかもしれない。実際、御嶽に建物のないことを以て、未発達の結果と極めつける論者もいる。島津の琉球入り以後、琉球の村々がその搾取にあって貧困にあえいだのは事実だが、そのことと、御嶽における建物の有無とはなんの関係もない。

斎場御嶽を例にとるならば、首里城や中城、今帰仁城のような堂々たる城郭を築き、崇元寺や円覚寺をはじめとして数多くの伽藍を建て、琉球八社と言われる神社に本土並みの社殿を設けていた琉球王府が、この御嶽に、その格に見あうだけの宏壮な建物を建てる財力がなかったなどとはありえないことだ。これは明らかに一つの原理、一つの意向、一つの強力な意志の結果なのである。

村々の御嶽にしてもそうだ。一見茂るにまかせているかに見えるその森も、村人たちが長い時間をかけて築きあげてきた天然の伽藍と言いうる。御嶽から一木一草、枯枝さえとり去ってはならないという、今でも至るところに見られるタブーを、人々が恭順に守り続けてきた結果が、このような森を作りあげてきたのだから。御嶽の森は、馴れると一目で見分けがつくほど、他の森とはその茂りようが異なっている。木々は盛りあがるように茂り、生気を孕みながらも、古色を帯びて粛然と静まり返っている。そこに差し交わす枝々の作る穹窿があり、円蓋があり、アーチがあり、交差リブがある。そして日がさせば、濃い緑の葉叢を透かして、ステンドグラスを通す光にも比すべき清浄で透明な光が、この天然の伽藍の中に入りこんでくるのである。ここにも、斎場御嶽と同じ原理が支配し、同じ意志が働いている。

それでは、この原理はどのような意味を持っているのか？ そしてこうした意志ほどこから生まれてくるのか？ 沖縄の文献と口碑は、この点について何一つ語ろうとしない。私は、神女や村の人たちに機会のあるごとに質問してみるのだが、これまで満足のゆく答えが得られたためしがない。この全くの沈黙の中に、問題を解く鍵が隠されてでもいるかのようだ。

本土の方にも、有名な大神《おおみわ》神社をはじめ、社殿のない神社が、全国にわたって、比々として存在する。私は、御嶽に強い関心を抱いて以来、この種の神社を長い間訪ね歩いてきた。そしてこちらの方には、社殿のない理由を説明する伝説のたぐいが、わずかながら残っているのを知った。

たとえば対馬には、天道山と呼ばれる、社殿のない聖地が全島にある。その一つ、式内社でもある天神多久頭魂《あまのたくずたま》神社は、島の北西岸、佐護川の河口近くに位置する。古びた木の鳥居をくぐると、白砂の神域には一切建物がなく、正面にしつらえられた石の祭壇の向こうにあるのは、照葉樹林におおわれて静まる小高い山だ。大神神社と全く同じ神体山の信仰がここにはみられるのである。参詣のあと、宮司の小宮氏の家を訪ねた際、私はまだ若い宮司の口から、これまでに何度か社殿を建てたけれども、その度ごとに火事で焼けたり、台風でこけたりしたので、神がお嫌いになると考えて、以後そのままにしてある、という話をきいた。

天道山については他にも同様の話が伝えられており、和歌森太郎は、「これ〔社殿〕を建立することを極めて嫌う神だと敢ていう村もある」として、島の中部の西岸、朝鮮海峡につき出た小さな半島のはずれにある廻村《まわり》の名をあげている（「対馬の天童信仰」）。

柳田国男は、荒神、道祖神といった神々は社殿を嫌うといい、「中には祠を建つれば忽ち焼失すと中伝ふるものさへ有之候」と『石神問答』の中に書いている。その荒神の一つ、岡山県湯原町本庄の荒神社は、「お宮を作ると祟りがあるといい、山麓に垣をめぐらして祀ってある」（和歌森太郎編『美作の民俗』）。

紀州は、木葉神社、矢倉神社をはじめ社殿のない神社の多いところだが、野本寛一は、これらの神社には共通して「社殿を建ててはいけない禁忌」があるとし、さらに、鳥居や社殿を建てるなら、境内の木より高く、という条件のつく場合が多いと言う。そしてこのことは、「本来、樹木ないしは森全体を神座としていたことを語っていると見てよかろう。木の高さ、神の依り代としての木の高さの絶対性を信じ賛えてきた人びとの伝承なのである」と説く（『熊野山海民俗学』）。

往古神社に社殿がなかったであろうとは、柳田国男、折口信夫をはじめ多くの人々の言うところである。そうであれば、今に至るまで社殿を持たぬ神社は、原初の姿をとどめていると言ってよく、そこにまつわる心意伝承のうちに古代人の思いがいくばくか筋を引いているとは、考えられることである。

一方、沖縄の信仰が古神道の面影を残しており、御嶽がかつての神社のありようを偲ばせるとは、これまた柳田・折口以来の定説だ。私自身この定説に異をさしはさむ気は毛頭ない。むしろその正しさについての確信を日毎に深めてさえいる。だから沖縄の人々が御嶽に社殿を建てようとしない意志の背後に、本土と同様の、神がそれを忌むという心意伝承の伏在を推測せずにはいられない。それが表にあらわれないのは、彼らがそれを、わざわざ書きとめたり、言い伝えたりする必要のない、多くの人々が現在にあっても共有する常識と感じているからではないだろうか。

神社にあって社殿は、多分神よりも人間の都合を優先させるところから建てられるに至ったのである。祭が二日や三日にわたるとなれば、当然、それをとり行う人間の側に雨露をしのぐ設けが必要となるのであり、柳田国男が説くように、「元は祭の度毎に仮小屋を作り、もしくは幕を張り席を敷いて座を設けて居た」（「神社のこと」）のに、やがて手間と経済を考えて、それが常設のものとなっていったのであろう。そしてそれと同時に、神が祭の時だけ来臨するという信仰がうすれ、神が社殿の中に常在すると考えるようになり、そのため宏壮、時には華美な社殿さえ建てられるに至ったのである。仏教の寺院の影響、社殿を寄進する貴紳、為政者の権勢の誇示といった要素も当然そこに加わってくる。極言すれば、社殿の大規模化は、信仰の衰退のしるしであった。「必ず常設の社殿の在るものでなければ、神社でない如く考へたのは明治以来といつてもよく、又少しも根拠の無いことであつた」（『氏神と氏子』）と柳田国男は言う。

だから、御嶽に社殿がない、あるいはできるかぎり小さな社殿しかもうけない事実は、沖縄の人々の信仰の深さを示している。また沖縄に仏教があまり浸潤しなかったこと、御嶽の管理が政治的権力に無縁な女性たちの手に委ねられてきたことも、なんらかの要因になったにちがいない。

しかし神はなぜ社殿を忌むのであろうか？　あるいは忌むと人々は考えるのであろうか？

沖縄の史書を読んでいると、折々「神遊」とか神の「託遊」といった言葉に出会う。たとえば袋中上人の『琉球神道記』（一六〇五）中、琉球の創世記を述べているくだりに、昔シネリキュとアマミキュという男女天から下り、女が風によって孕み、三人の子を生み、一人が「所々ノ主ノ始」、一人が「祝《ノロ》ノ始」、一人が「土民ノ始」となり、さらに竜宮に乞うて火を得た、とあって、その続きに、「爾シテ国成就シ人間成長シテ、守護ノ神現ジ給フ。君真物ト称シ上ル。此神海底ヲ宮トス。毎月出テ託アリ。所々ノ拝林ニ遊給フ。持物ハ御萱ナリ。唄ハ御唄《オモリ》ナリ」と記されている。

君真物は、ここにあるようにニライカナイから来訪し、聞得大君に憑依する、位の高い琉球守護の神である。その神が毎月来臨して、拝林、すなわち御嶽で遊ぶというのである。

また『琉球国由来記』の久高島中森御嶽の項には、一人の男が浜に出て海を眺めていると、白い壺が浮かんでいる、手をのぼしてとろうとするが、どうしてもとることができない、家に帰って妻に告げると、妻は行水し、白衣を着て浜に出、袖をひろげて迎えるや、壺はすぐに流れ寄ってきて、とりあげられた、中には麦、粟、豆、コバ、アザカシキヨの種が入っており、蒔くとすぐ生えて食物となったという穀物起源の伝説があり、続けてまた次のような一節がある。

　コバ・アザカシキヨハ、二三年ニ生立ケル。随分秘蔵シテ、人不二踏損一ヤウニ、禁ズル故、コバ高ク秀デ、アザカシキヨ、茂リケル也。其比、君真物出現、度々此山ニ託遊。誠ニ神遊ノ所ト見ヘタリ。念願ヲ祈ケレバ、験アリ。ソレヨリ、御嶽ヲ崇始ト也。

また同じ『琉球国由来記』の、首里冕（辨）大嶽の項に、「此嶽者、琉球国冠二于諸峰一、号二冕嶽一。其巓茂樹蓊生、其枝葉婆娑然、類二翠鳳張一レ翼。是乃神仙来貢、降遊之霊地也」という個所もある。

　このような記述から、神が折々来臨して御嶽で遊ぶ、と人々が信じていたのがわかる。御嶽はその空間のすべてが、このような「神遊」のためのものであり、したがってそれにそなえて、日頃から御嶽を清浄にし、木を植え、育てて、豊かな森にしておかねばならぬと人々は考えていたようである。

　神はもちろん不可視の存在である。人々は神を、眼に見えない霊気のごときものと感得していたふしがある。なお、『琉球国由来記』の中森御嶽の項には、コバ（クバ）、つまり蒲葵のことがでてくるが、蒲葵は御嶽においてもっとも尊ばれる樹木であった。イビには蒲葵の木がそびえ、その根元に香炉が置いてあることが多い。蒲葵が尊ばれるのは、他の木々より高く秀でるため、神がこの樹を依り代として御嶽におりてくる、と人々が信じたからである。「幹に数多の刻みが附していて自ら梯子の感じがする」（宮城真治「山原の御岳」）ため、神の梯子とみなされたのであった。一方吉野裕子は『扇』の中で、蒲葵は男根の象徴ゆえに御嶽に植えられたのだ、という大胆な仮説を提出している。

　ともかく蒲葵が御嶽においていかに尊ばれたかは、『琉球国由来記』にあげられている六百ほどの御嶽にあって、御嶽名やそこに祀られる神の名に、コバ、クバ、クボウ、フボーなど蒲葵の名を冠したものが夥しい数にのぼることからもわかる。蒲葵以外の樹木の名を冠した御嶽名、神名はきわめて少ない。今帰仁のコバオの御嶽、久高島のコバウノ森御嶽についてはすでに触れた。蒲葵は御嶽に植えられるだけでなく、その葉は神事に欠かすことのできないものであった。祭に際し、神女たちは、蒲葵の笠をかぶり、蒲葵の扇を使い、その葉を座に敷いた。すでに述べたように、斎場御嶽における御新下りの際の仮屋の壁は、すべて蒲葵の葉でおおわれたのであった。このような沖縄の信仰と蒲葵との関係については、柳田国男の「阿遅摩佐《あじまさ》の島」が委曲を尽くしているので、もうこれ以上は説かない。

村々の御嶽においてどのような神が祀られているかについては諸説がある。本島と先島、あるいは奄美とでは、神観念が微妙に異なっているように思われる。また長い年月のあいだに当然さまざまな変化があったであろう。だから一概には言い得ないが、ここでは、沖縄の多くの村では、根所（宗家）に接して御嶽があり、御嶽には往々、骨神《ふにしん》と呼ばれる神骨が納骨されているところからして、御嶽はかつての葬所であり、そこに祀られる神は祖霊神だ、という『神と村』の仲松弥秀の意見に従いたい。もちろん、火の神、水の神といった自然神、ニライカナイの神、船舶の神など、祖霊神以外のさまざまな神を祀る御嶽があることも確かだ。

神が御嶽に時あって来臨するのか、それとも御嶽に常在するのかも大きな問題である。来訪神と滞在神と二通りの神があると説く人もいるが、沖縄全域にわたってクバが神の依り代だと信じられている一事からしても、また多くの祭があって、神迎えと神送りの儀式があることからも、神が祭の時だけ御嶽を訪れると人々が考えていたのはまちがいない。神は海の彼方（ニライカナイ）から、あるいは空（オボツカグラ）から御嶽にやってくるのだ。これは、柳田国男が言葉を尽くして説き明かした、ひと昔前までの本土の村々の神のありようと同じである。

このような神にとって、社殿とはなんだろうか？　それは、本来ならその一切が神のものであるべき御嶽という清浄な空間を損なうものであり、時には侵害でさえあるだろう。御嶽に、建物を含め人間のさかしらな手の加わったものを持ち込むとは、この聖なる場所をけがすことなのだ。

なにもない、とは、全き帰依のあかしである。この場合、それは、空虚は欠失ではなくて、充溢であり、透明さであり、きわめて豊かな何かである。無が実となり、有が空虚に転ずるとは、沖縄の人々の信仰の根底にある逆説だと言っていい。

私たちもかつてこのような信仰を持っていたのではなかろうか？　いや、今なお私たちの奥深くには、このような信仰に筋を引く心性がひそんでいるのではなかろうか？

私一個人の経験について言うならば、御嶽に対して抱く関心の中には、エキゾティシズムに類するものはなにもない。御嶽の森を望み見る時、私の感じるのは、或る言い難いなつかしさ、としか言いようのない感情である。それは、私の心のどこかに深い刻印を残しているのに、長いこと忘れ去っていたものに不意に出会った時の感情だ。東京で生まれ、東京で育った私は、沖縄にゆくまで、写真であれなんであれ御嶽を目にしたことはなかったし、知識さえ全く持っていなかった。それなのに初めて御嶽の森の中に入った時、私の体はたしかにその空間をはっきりと覚えていたのである。

沖縄の信仰のありようを、生気ある筆ではじめて本土の人々に伝えたのは、柳田国男である。

大正八年に貴族院書記官長を辞任した彼は、翌年、「最初の三年間は内地と外地とを旅行させて貰ひたい」（『故郷七十年』）という条件をつけて朝日新聞社に入社し、東北、中部、中国地方を歩いたあと、その年の十二月に念願の沖縄旅行に出発した。一月余のこの沖縄旅行は、彼によほど強い印象を与えたと見え、後に彼は、「我々の学問にとつて、沖縄の発見といふことは画期的の大事件であつた」（『郷土生活の研究法』）と書いている。とりわけ御嶽やノロをまのあたりにし、そこに古代の信仰の面影を認めた時には、興奮を禁じえなかったらしい。

〔……〕もとは異国の如く考へられた此島の神道は、実は支那からの影響は至つて少なく、仏法はなほ以て之に対して無勢力でありました。我々が大切に思ふ大和島根の今日の信仰から、中代の政治や文学の与へた感化と変動とを除き去つて見たならば、斯うもあつたらうかと思ふ節々が、色々あの島には保存せられてあります。必要なる片端だけを列挙しますならば、先ず第一には女性ばかりが、御祭に仕へて居たことであります。家の神が一族の神となり、次第に里の神・地方の大神と、成長なされたらしきことであります。巫女を通じての神託に依つて、神の御本意と時々の御心持とを理解し、之に基づいて信心をしたことであります。神の御名は神御自らが託宣を以て之を顕したまひ、従つて割拠の時世に於ては御嶽毎に各〻異なる神が出現なされ、諏訪八幡の如き勧請分霊の沙汰の無かつたことであります。八百万と申して居ながら、古事記日本書紀の神代巻に由つて、神の御名を訂正しようとするが如き、企ての無かつたことであります。神は御祭の折のみに降りたまふものと信じて居たことであります。神を社殿の中に御住ませ申さず、大和の三輪の山と同じように、天然の霊域を御嶽《おたけ》として尊敬して居たことであります。

これは、沖縄から帰京する途次、久留米市中学明善校において彼の行った講演「阿遅摩佐の島」の一節だが、「沖縄の発見」の興奮を余韻をまだとどめている。

帰京した柳田国男からその話をきいた折口信夫は、七月、大学が夏休みに入るや、すぐに沖縄へと旅立ち、師の言葉を確認して戻ってきた。彼は大正十二年夏には、東照宮三百五十年祭記念会から補助を受けて本格的な沖縄調査旅行へと出発、本島から宮古・八重山を経て台湾にまで渡った。彼は、この二度の旅の直後に「琉球の宗教」(一九二三)と「沖縄に存する我が古代信仰の残孽《ざんげつ》」(一九二四)を書いているが、それぞれのその冒頭の一節を引用してみる。

袋中大徳以来の慣用によつて、琉球神道の名で、話を進めて行かうと思ふ。それ程、内地人の心に親しく亨け入れる事が出来、亦事実に於ても、内地の神道の一つの分派、或は寧、其巫女教時代の俤を、今に保存してゐるものと見る方が、適当な位である。其くらゐ、内地の古神道と、殆ど一紙の隔てよりない位に近い琉球神道は、組織立つた巫女教の姿を、現に保つてゐる。(「琉球の宗教」)

沖縄の宗教は、僧袋中の命けて、「琉球神道」と申し候とほり、我が国の固有信仰と全く同一系統に属するものに有之、神道の一分派或は寧ろ、其原始形式をある点まで、今日に存したるものと申す事を得べきものに御座候。(「沖縄に存する我が古代信仰の残孽」)

後者の一文にあって、彼は、古神道と琉球神道との共通点を、「巫女中心の思想」など十二点にわたって列挙し、その一点一点について簡単な説明を加えているが、「神山」の項では、以下のように述べている。

神地として崇められ候は、御嶽《オタケ》・御拝処《オガン》に有之候。御嶽とは、森或は山の神聖なる地域にて、多くは影向降臨の地と考へられ居候。〔……〕此等の神地には、神人の外、深く内部に入る事を禁じ居候。かくの如きは、常に社殿を以て礼拝の対象とせる内地神道との差異の著しきものゝ様に相見え候へども、実は神道に於ても、古くは此様式なる神地多かりしものにて、「みもろ」「かむなび」系統の神社は、社殿なきが原則なりし様に存ぜられ候。

折口信夫は、昭和十年の暮れから十一年にかけても、藤井春洋を伴って第三回目の沖縄調査に赴いていて、沖縄がいかに彼の心を捉えていたかがわかる。柳田国男の場合と同様、彼の学問もこの三度の沖縄旅行と切り離すことができない。彼もまた師とともに、沖縄をその学問の根底に据えていた、と言い得るのである。以後の沖縄研究は、柳田・折口の描いたこの見取り図に従って、蓄積を重ねていった。沖縄の文化をあまりにも日本の古代に結びつけようとする傾向に対しては批判の声があがってはいるものの、この見取り図そのものの訂正を迫る、説得力ある反論は、今に至るまで現れていない。

御嶽は、沖縄の人々だけでなく、私たち全体の聖地なのだ。

私は、西欧の町へゆくと、決まって教会を訪れる。由緒のある大聖堂でも、名もない小さな教会でも、歩いていて見掛けるならば、重い木の扉を押して必ず中に入ってみる。

眼差しの届かないほど天井が高く、海底にでもいるような印象を抱かせる薄暗がり、私の靴音だけが石の壁に反響する静けさ、信者席の木の椅子のつめたさ、祭壇の前で背をかがめ、小声でなにか呟きながらいつまでも祈り続けている老婆、片隅のマリア像や聖者像の前で燃えている蠟燭、日がさすと、バラ窓や側廊の左右の尖頭窓からさし入ってくる五彩の光……そうしたものはいい。

シャトーブリアンは、森の中の、枝をさしかわす大木の姿が中世の建築家に交差リブの着想を与えたにちがいないと書いているし、ユイスマンスは、シャルトルの大聖堂の内部を森にたとえている。小泉八雲にも似た内容の一文がある。幼いころゴシックの教会に対しておぼえた恐怖の理由を長年探しあぐねていたが、熱帯――多分マルティニック島であろう――に来て、見あげるばかりの椰子の巨木の並木を見た時、その謎が解けたという趣旨の「ゴシックの恐怖」である。

高い柱が林立し、その先端が交差リブとなって穹窿を形作っているゴシックの大聖堂は、たしかに石の森である。ケルト文化の中には、日本のものに似た樹木崇拝があるのだから、そうした信仰がキリスト教と習合して、このような教会を生み出したと考えることもできる。

御嶽の場合と同様、ゴシック教会の根源にも、人々が森の神秘に対して抱いた畏怖があるのかもしれない。それにしてもなんという違いだろう！　私は時として、ゴシック教会の高さ、巨大さ、そこから来る威圧感にどうしようもない異和をおぼえてしまう。

「そう、ゴシック建築は恐いよ。あれはね、つまり、キリスト教の信仰を、人間の目に見えるように表したものだからだよ」

これは、「ゴシックの恐怖」の中に出てくる八雲の友人の言葉だ。信仰をなんとしてでも視覚化、有形化、物質化せんとする強い意志――これが、ゴシック建築を成り立たせているものであろう。そして石という物質に対する絶対の信頼感。石を一つ積めば、その石一つ分だけ、信仰は神のいます天に近づくのである。形にならない信仰は、信仰ではない、顕在化こそすべてなのであり、表に現れないものは存在しない、人々はそう考えているかのようだ。ここでは、一切が語ろうとする。ゴシック教会は、石と化した祈禱、訴え、叫びであり、石の言語の巨大な集積である。語りえないもの、そんなものはもともと存在しないのだ。

ゴーギャンや小泉八雲が逃げ出したのは、ゴシック教会に典型的にあらわれているこうした西欧の心性からだったにちがいない。八雲が、ゴシックの恐怖について、「いやでいやでたまらない……悪夢のような」その印象について云々しながら、椰子の大木を見たことによって、その恐怖の意味を理解した気になっているのは解せない。彼の恐怖の背後にあったのが、「植物の成長の法則を誇大に表現したもの」などであるはずがない。一切を顕在化せずにはやまず、少しも彼の心を休ませも、解き放ちもしない意志こそ、彼の恐怖の真の対象だったのではなかろうか。

日本に戻ってきて、沖縄にゆき、久し振りに御嶽の森の中に立つ。そして私はもう一度、なんという違いだろう！と呟かずにはいられない。本当に呆気ないくらい何もない。人によっては、都会の大劇場の豪華絢爛の芝居のあとで、書割さえろくにない村芝居を見るような頼りなさを感じるかもしれない。ここでは、人々は、信仰を眼に見えるもの、形あるものにすることを慎んでいる、あるいは自らに禁じている。神をはじめ、不可視のものこそ尊いのであって、可視となった途端、一切は価値を失うかのようだ。この場所を支配しているのは、顕在化とは逆の、伏在化への意志である。いや、意志という言葉は当たらない。それ以外のありようなどはじめから存在しないかのように、一切がごく自然にそうなっているのだから。

御嶽が私たち全体の聖地であるとするなら、御嶽にあらわれている心性もまた、私たちのものだ。私たち日本人の心の奥には、形あるものに対するひそかな、そして自分でさえ気付かない深い不信の念がたしかにある。しかし一体なぜなのだろう。

ゴーギャンが、彼の窮境を知って帰国をすすめた知人に対し、そんなことをすれば、これまでの自分の生き方、考え方を裏切ることになる、そうするくらいなら、自殺した方がましだと言い放ったのは、一八九八年、つまりまだ彼がタヒチにいた時のことだ。
やがて、画商ヴォラールと正式の契約を結んだ彼は、一九〇一年、「最後の努力をし」、そして自分の「才能に結論をつける」ため、タヒチより未開で、最近まで食人が行われていたというマルキーズ群島のヒヴァ・オア島に移住する。

しかし経済的には一応安定したものの、足の湿疹、心臓の衰弱、視力の減退が彼を苦しめる。すでに五十四歳の彼の肉体は、ボロボロなのだ。彼は、一九〇二年八月二十五日付の手紙で、ダニエル・ド・モンフレエにそれとなく帰国の打診をする。それに対して、モンフレエはこう返事をする。

「帰ってきてはいけません。あなたは偉大なる死者たちの特権を与えられているのです。あなたは今では美術史中の人物なのです」

モンフレエは、ゴッホにとっての弟テオに近い、最後までゴーギャンに献身的に尽くした心優しい友人である。だから酷薄と私たちには見えるまでのこの言葉のきびしさは、彼の人間性ではなく、彼の生きていた西欧の風土や心性から出たものだ。

ゴーギャンは帰国をあきらめ、一九〇三年、現地民の側に立っての、植民地の官憲との戦いのさなか、心臓麻痺で急死する。彼の死後、そのアトリエのイーゼルに置かれていたのは、彼が故国で描いた雪景色だった。

逆説的な言い方をするならば、ゴシック建築に典型的に表れているあの堅固さと秩序、物質――石――に対する絶対の信頼が、ゴーギャンをタヒチやヒヴァ・オア島へ連れてゆき、その生き方を全うさせたのだ。彼は、南を楯にして、北と真に対立することができた。対立の緊張の中に、彼の生と作品のすべてがあった。ゴーギャンは西欧を嫌悪したけれども、彼ほど西欧を体現した人間は稀である。

私たち日本人は、このような対立を生きることができない。

かつて私は、ゴーギャンの影響を受けて南洋群島へゆき、そこに十四年住んで、「日本のゴーギャン」と言われた彫刻家の土方久功や、やはりゴーギャン、ランボー、スティーヴンソンらの影響を受け、パラオへ赴任した中島敦を、ゴーギャンと比較してみたことがある。土方久功も中島敦も、ゴーギャンとは異なり、なんらかの事情——健康上の理由とか、戦況の逼迫とか——があれば、さっさと日本に戻り、ゴーギャンのように、自分の「考え方」を裏切るなどとは少しも思わずに、東京で生活を続けることができた。そこに彼らの、ひいては日本人の無節操や弱さを見るとすれば誤りだ。これまで見てきたように、南は、日本と対立する場所ではないのだから。パラオは、極言すれば、東京の延長なのだから。

天を摩してそびえる、堅固で冷いゴシックの大聖堂は、それを無化しようとする動きを誘い出さずにはいない。しかし御嶽の森は、私たちを優しく包みこむだけだ。御嶽の森に背をむけて歩き出すことなどできない。私たちにできることと言ったら、そんなものなど存在しなかったかのようにそれを忘れ去ってしまうことぐらいである。そして現に私たちはそうしている。

私たちは、最初から対立を奪われてしまっている。それが私たちの栄光と悲惨だ。しかし私たちは、そこから出発するほかはない。

原初の神社を求めて

神社の歴史がどこまで遡れるものか、私は知らない。『延喜式』(九二七)に登録された神社の多くは、その時点ですでに古社だったにちがいないのだから、古墳時代を越えて、弥生時代に起源を持つものがあるとは十分考えられることだ。

神道史の権威である西田長男は、晩年の昭和五十一年、「神社の起源の古さ——式内比比《ひひ》多《た》神社および阿夫利神社を一例に」と題する一文を発表し、「神社の起源は、日本民族の出現と時を同じくし、およそ一万年にもなんなんとする、とおい古《いにし》えに溯る」という仮説を提出して話題を呼んだ。西田が論拠としているのは、神奈川県伊勢原市の比比多神社と、同市大山の阿夫利神社の神域から縄文遺跡や多数の遺物、とりわけ前者においては立石《メンヒル》と環状列石、後者においては立石が発掘され、しかも後者において、それが神体として今なお祀られているという事実である。比比多神社で発掘された土器は、縄文早期の稲荷台式で、八、九千年以前、阿夫利神社のそれは加曾利B式で、三、四千年以前のものとそれぞれ推定されている。縄文人たちが当時祀っていた神とその聖地が、比比多神社と阿夫利神社の起源に、直接はつながらないとしても、全く無関係だったとは誰も断言しえないだろう。

その神域に縄文遺跡を持つ神社は、ほかにも多い。私自身が実見したものとしては、修善寺温泉に近い中伊豆町上白岩の、式内社大朝《おおあさ》神社に比定されている大宮神社がある。田圃の中の丘の上に鎮座していて、その古色を帯びた森は、遠くから見るとまさに「田園に浮ぶ小島」(『日本の神々　第十巻』)の趣きがあった。森の中には驚くべき巨木の根がいくつかあり、この一事からもその起源の古さが窺われた。もっともこうした巨木は、狩野川台風であらかた倒れてしまったらしい。御手洗の近くには、刃形の不思議な立石が祀られていて、村の故老の話によると、「観音さん」あるいは「地主さん」と呼ばれて、昔から村の人々の信仰を集めていた由である。『式内社調査報告　第十巻』の中で、菱沼勇は、この立石について「たぶん弥生時代の頃からこの場所に祀られてゐたやうに思はれる」と言う。

神社の周囲からは縄文遺跡と、環状列石が発掘されており、列石の方は、神社にほぼ隣接した土地に今なお見ることができる。菱沼は、この環状列石を通して、人々は大宮神社の森を拝祀していたにちがいないとし、「してみると、大宮神社すなはち大朝神社の起源は、はるか縄文時代にさかのぼることにならう」と書いている。

縄文立石らしき石を神体とする神社には、群馬県多野郡鬼石町の鬼石《おにし》神社がある。本殿の床下に上面をのぞかせて現存する径百二十センチ、地上高九十センチ、地下不量の「鬼石」を神体とし、かつ神社の神域、およびその北に続く台地からは、かなり広い範囲にわたって、縄文中期から後期にかけての遺物が発見されており、神社にも石棒二点、凹み石一点が保存されている。『日本の神々　第十一巻』でこの神社の項を執筆した田島桂男もまた「祭祀の起源は縄文時代にまでさかのぼるのであろうか」と推測する。

神奈川県海老名市上郷字宮畑の相模川沿いに、式内社有鹿《あるか》神社が鎮座する。『三代実録』によれば、貞観十一年(八六九)、すなわち『延喜式』の成る半世紀以上前に、従五位下から従五位上へと神階をすすめられている古社である。神社から川を五キロメートルほど溯ったところに国指定の代表的な縄文中期の遺跡勝坂遺跡があり、その一隅の小洞窟の中に今なお湧水の豊富な泉があって、遺跡はこの泉を中心にして発達したものと考えられている。泉の傍らに小祠が建ち、有鹿神社の元宮とされ、七月十四日の例祭には、現在もここまで神輿の渡御がある。ここでも縄文遺跡が有鹿神社の成立になんらかのかかわりを持ったであろうとは、考えられることである。

柳田国男が『石神問答』でとりあげた、主として諏訪地方に伝わるシャグジ、ミシャグジの信仰について、宮坂光昭は、「諏訪明神進入前に存在した原始信仰ともいうべき信仰で、縄文期のシャーマニズムの色が濃い」(「強大なる神の国」)と言う。ほとんど建物を持たず、小さな石の祠に祀られ、神体は男根を思わせる石で、その中には縄文期の石棒も多い。この信仰は、諏訪信仰の中にとり入れられ、それと習合した。

諏訪信仰には、たしかに縄文の影が揺曳している。諏訪地方は、縄文遺跡のメッカであり、諏訪信仰の根源にあるのが農耕ではなく狩猟であるとは、現在まで伝わるその神事からも察せられる。諏訪大社の上社が、大神神社同様、本殿を持たず、守屋山を神体として拝していることは有名で、神社信仰のプリミティヴな姿を残している。

近年、諏訪地方をはじめあちこちで、巨大な木柱を何十本、何百本と方形、あるいは円形に配置した遺構が、縄文遺跡から発掘されている。こうした遺構と諏訪大社の御柱《おんばしら》との関連に注目する人も多い。もし関連があり、これらの柱が神の依り代だとするなら、それは御柱や神社の森の木々、御嶽のイビにそびえるクバへとつながってゆく。

古代の神社は、どのようなたたずまいを持っていたのであろうか。「内地の杜々の神も、古くは社を持たなかつたに相違ない。〔……〕社ある神とない神とが同時に存在したのは事実である。社殿に斎かなかつた神は恐らく御嶽と似た式で祀られてゐたものであらう」（「琉球の宗教」）と折口信夫は言うが、柳田、折口の言うように、かつて神社の大方には社殿がなく、生い繁る深い森だけだったのであろうか?

かつて森そのものが神社であったであろうという手がかりの一つとして、『万葉集』その他で、神社あるいは社と書いてモリと読ませている事実が、しばしば引合いに出される。『万葉集』では、社をヤシロと読ませている場合もあるが、たしかにモリの方が多い。

哭沢の神社《もり》に神酒《みわ》すゑ禱祈《いの》れどもわご大王《おほきみ》は高日知らしぬ　（巻二）

木綿《ゆふ》懸けて斎《いつ》くこの神社《もり》越えぬべく思ほゆるかも恋の繁きに　（巻七）

神名火の伊波瀬の社《もり》の呼子鳥いたくな鳴きそわが恋まさる　（巻八）

神名火の磐瀬の社《もり》の霍公鳥《ほととぎす》毛無《ならし》の岳に何時か来鳴かむ　（巻八）

もののふの石瀬の社《もり》の霍公鳥今しも鳴きぬ山の常陰《とかげ》に　（巻八）

紀の国に止まず通はむ妻の社《もり》妻寄しこせぬ妻と言ひながら（巻九）
山科の石田《いはた》の社《もり》に布麻《ぬさ》置かばけだし吾妹に直に逢はむかも（巻九）
斯くしてやなほや守らむ大荒木の浮田の社《もり》の標《しめ》にあらなくに（巻十一）
山代の石田の社《もり》に心おそく手向したれや妹に逢ひ難き（巻十二）
思はぬを思ふといはば真鳥住む卯名手の社《もり》の神し知らさむ（巻十二）

短歌の中で、眼についたものだけを抄出してみたが、長歌の中にもいくつか例がある。哭沢の神社《もり》とは、橿原市木之本町、香具山の西麓にある式内社畝尾都多本《うねおつたもと》神社のことで、伊邪那岐神が伊邪那美神を喪って泣いた時に生まれたという泣沢女神を祀る。磐瀬の社《もり》と妻の社《もり》とは諸説あって不詳、石田《いはた》の社《もり》は京都市伏見区石田の石田神社、大荒木の浮田の社《もり》は、五条市今井町にある式内社荒木神社の背後にある森で、旧伊勢街道に接し、古来から旅人に親しまれていたもので、今日県指定の史跡になっている。卯名手の社《もり》は、畝尾山西北方、橿原市雲梯《うなて》にある神社だ。

現在においても社殿、少なくとも本殿を持たない大社として、大神神社、諏訪大社、金鑽《かなさな》神社（埼玉県児玉郡神川村）が知られているが、ほかの大社にもそうした痕跡が見られる。たとえば石上神宮の拝殿の背後には、石玉垣に囲まれた禁足地と称する平地があり、古来何人も立ち入ることを禁じられてきた。その中央に現在本殿が建っているが、これは大正二年に新築されたもので、それ以前は、拝殿から禁足地を拝してきた。そこには神剣フツノミタマが埋められているという社伝があり、明治七年の菅政友の発掘によって、実際にそこから剣と鉾その他が発見された。この剣は例の七氏刀とは別のものである（和田萃編『大神と石上』）。

また上田正昭によると、天平勝宝四年（七五二）の「東大寺山界四至図」にあって、春日大社の現在本殿の建っている場所には、樹林に囲まれた方形の「神地」だけが描かれていて、建物は全く見えないという（『神道と東アジアの世界』）。

もし社殿を持たない神社が、単にそのプリミティヴな形というだけでなく、私たちの心性に適い、少し大袈裟に言って一つの原理の結果であるとするならば、御嶽同様の森だけの聖地が本土の方、とりわけ中央の影響の及ばない離島や僻地に今でも残っているはずだ、と私は考えた。そして大分前から、そうした聖地を求めて旅をはじめた。奄美大島の神山、種子島のガロー山、薩摩・大隅のモイドン、対馬の天道山、山形県蓋井島《ふたおい》の森山、西石見の荒神森、若狭のニソの杜……。

これらの聖地の詳細については『神の森　森の神』（本書第Ⅱ部）にゆずりたい。社殿のない小さな森、という共通点を別にすると、それぞれが固有の成立ちと歴史をもっていて、そう一概には言えないけれども、私が強く感じたのは、どこにも葬地の匂いがする、ということだった。ただし葬地といっても、直接死体を埋めた第一次葬地だけでなく、洗骨した骨を埋めた第二次葬地、さらには、これらの葬地となんらかの関係がある場所をも含めての話である。

下野敏見の研究に従うかぎり、ガロー山と葬地は、一見無関係のように見える。それでも恨みを抱いて死んだ老婆や変死した女の霊を祀る、という言い伝えのあるガロー山や、墓地に隣接していたり、森の中に五輪塔や石塔のあるガロー山があるという事実は、見逃すことができない。

モイドンとなるとその関連はきわめて密接で、森の中に墓石のあるもの、墓地の近くにあるものは珍しくなく、中には墓地の中自体に立地するものさえある。小野重朗は「結論を簡単に言えば、モイドンは墓地の傍か近い所にあって墓地にうめた祖先達を祭る祭場であると思われる」と言う。

天道山は、さまざまな信仰の複合した聖地なので、簡単には言えないが、たとえば浅藻の天道山は、天道法師の墓と伝える以上、人々の中に葬地という観念があったのはまちがいなく、永留も「本来葬地だったのではないかと思われるふしがある」（『海神と天神』）と書いている。

蓋井島では、一ノ山、二ノ山を祖先の老夫婦の森、三ノ山をその娘の森、四ノ山をその婿の森とする伝承があり、また筏石には、「じいさん」、「ばあさん」と呼ばれる二つの積石塚があるという。こうした事実をふまえて、国分直一は「塚が埋葬地で森が祖霊の降下する祭場ではなかったろうか」と推理する。

祖先の埋められている大地と、穀物の稔る大地とは共通の大地であることから、その共通の大地を媒介として祖霊は植物の成長に参与することになると思われる。〔……〕小野重朗氏が『薩南民俗』十三号に書かれた大隅半島の「柴の口明け神事」は、葬地と見られる場所から祖霊を正月に迎えてくる行事であるが、その祖霊をコツドンとよび、祖霊をよび出すことをコツダシとよぶ例のあることをあげている。この「コツ」はおそらく「骨」を意味していたものではなかろうか〔……〕。(「蓋井島の山ノ神神事」)

この国分の言葉は、神の森について考える時のひとつの指標になる。

西石見の荒神森に至っては、墓石そのものを荒神として祀っている例さえあり、その祟りの激しさから見ても、元来は第一次の葬地だったのではないか、とさえ思われる。

ニソの杜にあってもことは同様で、墓地に隣接するもの、地目自体が墓地になっているもの、森の中に古墳のあるものなどがあり、ニソの杜を昔の三昧だと言う故老さえある(直江広治「ニソの杜信仰とその基盤」)。私自身、ニソの杜をたずね歩いていた際、三昧の森をそれと間違ってしまったことがある。そしてニソの杜の一つである浜禰の杜からは、近年、中近世のものと考えられる熟年男性の人骨二体が出土しているのである。

こうして見てくる時、これらの神の森に対する人々の怖れの中に、死霊への怖れがあることは、まずまちがいない。もっともこの種の聖地が、葬地ないしそれに準ずる場所であったのは、百年や二百年前のことではないだろうし、死者はすでに清まわって神となっているのだから、怖れは直接のものではない。人々の怖れの中に、かつての死霊への怖れの記憶が、意識されずに尾を曳いて残っている、と言えばいいのかもしれない。

御嶽以下の神の森の鏡に照らすと、神社のことも少し見えてくる。もし御嶽その他の神の森の少なくとも一部が最初は葬地だったとするなら、神社の一部もまた葬地からはじまったのではあるまいか？　こうした問いを発するのは、御嶽葬所説を唱えた仲松弥秀である。

「お嶽」は其の村の守護神を祀ってある神聖な杜であって、筆者の調査では大昔の祖先の墓所（風葬所）であると考えている。日本本土の鎮守の森がお嶽と原初的に同一のものであるとしたならば、恐らく鎮守の森も其の発生は墓所ではなかろうか。（『古層の村』）

神社は死穢をきわめて嫌うので、神社葬地説は一般にはまだ受け入れられておらず、また、正面切って唱えられてもいないが、そうした説を口にする人は仲松弥秀、谷川健一をはじめ決して一人二人ではない。柳田国男自身『山宮考』でそのことを暗示している。彼は、伊勢神宮の氏人の氏神祭について語り、山宮で行われる氏神祭に参加した氏人は、触穢だとして神宮の方の祭儀に出るのを慎しんだと説き、山宮は葬地かと問い、その問いにほぼ肯定の答えを出しているのである。

現在でも、土地によってはそれほど死穢を嫌わず、たとえば高取正男の言うように「北越から東北地方では、神社の境内と土葬の墓地とが隣接しあい、死穢を忌むことのつよい地域では想像できない光景をみることが少くない」（『神道の成立』）のである。私もそうした光景を何度か——たとえば若狭の河原神社——実見している。同じ高取の説によると、死穢という観念が成立したのは、早くても平安時代だというのだから、これらの地方は古代風を残しているのである。

神社が葬所、または墓所から生まれたのではないかとする仮説にあって、問題となるのは、式内社ないしそれに準ずる古社であり、死穢の観念が普及するに至った中古以降の神社、とりわけ大社から勧請された神社は当然対象にはならない。そうした神社が葬所であるはずはないからである。

この仮説の論拠は、神域内あるいはその周辺に古墳のある古社がきわめて多いという事実である。古墳はいうまでもなく墓、それも貴人や有力者の墓であり、この古墳と神社の同居を偶然と言って済ますわけにはゆかない。なるほど年月の間に社地はしばしば移動しており、古墳の埋まっているのを知らずに神社を建立したという例もあるであろうが、古墳と同居する神社のおびただしさは、そんな偶然だけではとても説明がつかず、両者の間になんらかの関係を考えなければならない。

この同居を神社の当局者がどのように考えているのかは分らないが、中にはこうした同居を嫌って社地を移した和泉の日部《くさべ》神社のような例もある。式内社で、日下部氏の氏神であるこの神社の社地には、日下部首の祖または道臣の墓と言われる御山古墳があったが、「墓と一緒に神社があるのはまずいので」（大和岩雄『神社と古代王権祭祀』）、明治四十四年、三百メートル北に移転したのだという。

神社に古墳がある場合、神社の中に無関係な人間の墓を作ることも、墓の敷地内に、葬者となんの因縁もない神社を建てることも、ともに考え難い。両者は必ずや密接に結びついており、そして古墳が先か、神社が先かと言えば、古墳が先、と考えるのが自然であろう。福岡県宗像郡津屋崎町にある宮地嶽神社は、かつては宗像神社の摂社だったが、明治になって独立し、発展した大社で、神域中に日本最大級の横穴式石室を持つ円墳宮地嶽古墳（終末期）があり、羨道入口には祭壇がもうけられていて、社殿の一部と化している。天武天皇の後宮に入って第一子高市皇子を生んだ尼子娘《あまこのいらつめ》の父宗像君徳善の墓とされるこの円墳が、宗像氏一門の氏神の社の中に作られたと言うより、古墳が次第に霊地化、神社化したとする方が理に適っている。小野重朗のあげているモイドンから生まれた指宿神社の例、下野敏見のあげている、社殿や鳥居をもうけて神社化、氏神化しているいくつかのガロー山の例など、私たちの眼前の例がこの推測を支持してくれる。

古墳のある神社は無数といっていいが、参考までにいくつか例をあげてみる。

伊勢神宮外宮の神域内に高倉山があり、その上には、外宮を見下ろす位置に、七世紀中期の高倉山古墳がある。山には、外宮の氏人度会《わたらい》氏が先祖祭を行う山宮があり、この事実から岡田精司は、外宮はもと度会氏の氏神であったろうという。京都の伏見稲荷の稲荷山には、今は破壊されてしまっているが、一ノ峰、二ノ峰、三ノ峰に四世紀後半築造とされる古墳があった。大分県の宇佐神宮中の小椋山は、古来禁足地で原生林におおわれ、古墳だと言われている。

諏訪大社上社には、フネ古墳という、諏訪地方最古、五世紀半ばの古墳がある。

古墳の上に社殿が建っている例としては、大阪府羽曳野市の誉田《こんだ》八幡宮が有名で、その古墳とは伝応神天皇陵である。同市にある白鳥神社もそうで、六世紀後半ごろに築造された前方後円墳の後円部に鎮座する。愛知県佐織野にある奥津社も、その近くの美和町の神明社もともに、前者は前方後方墳の、後者は前方後円墳の上に社殿がある。関東では埼玉県坂戸市浅羽の土屋神社が、帆立貝式古墳（七世紀）の上に建ち、式外社ながら境内には、樹齢千年の巨杉がそびえる。

寒川神社は、『延喜式』の名神大社で、相模一の宮でもあり、その地方の信仰を集める大きな神社だが、社地の南東一キロの地点に応神塚古墳があって、祭神寒川比古、寒川比売の奥津城と伝えているのは興味深い。三重県鈴鹿市の式内社椿大《つばきおお》神社は、参道の途中に前方後円墳があり、これまた祭神猿田彦命の墓という伝承を持つ。

能登は石川県羽咋市にある式内社羽咋《はくい》神社は、垂仁天皇の皇子石撞別命《いしつくわけのみこと》を主神とし、その子石城別命《いわきわけのみこと》、その母弟《おと》苅幡刀辨命《かりはたとべのみこと》を相殿に祀る。社地のほぼ中央に、石撞別命の墓と伝える、高い墳丘の上に古木の鬱蒼と繁った巨大な前方後円墳大塚（御陵山ともいう）が、その東隣には、石城別命の墓という、同様の前方後円墳があって、社地のほとんどを古墳が占め、社殿はその片隅においやられているという感じだ。そして大正七年までは、本殿は大塚の上にあった。その上森田平次著の『能登志徴』によると、宝暦のころまでは建物はなく、墳上は茂る樹木だけだったという。六十年配の神主は、祖父は毎朝塚の上の本殿に詣ったと言い、まわりの空濠に下りるので一旦みえなくなるが、また現れて大塚の上へとゆっくりのぼってゆくその姿が印象的だったと、子供のころの思い出話を私にしてくれた。

ここほど神社が墓から生まれたということを実感させてくれる神社はない。

女性が祭を執り行う森の信仰には、南方の母系社会の匂いがする。もっとも本土では、巫女の存在は歴史の闇にほとんど消え去っているが、前述のように、時代を溯れば溯るほどその姿が私たちの眼に映ってくる。その森も照葉樹林の森であり、神の依り代となる木も、南西諸島ではクバやアコウ、本土でも楠、タブ、椎といった南方系の樹木で、とりわけタブが目立っており、ニソの杜でさえそうだ。

折口信夫が、『古代研究』の口絵にその写真を掲げたほどこの樹木を愛したことはよく知られており、現在慶應大学の正面玄関の近くには、彼を記念してタブが植えられている。彼は、タブを常世神が将来した木と信じ、神事に用いられたかつての「サカキ」は、「「たぶ」なる南海から移植せられた熱帯性の木である」（『古代研究』）と考えていた。日本人がどこから来たかという問題について、柳田も折口も、生涯南方説を採り続けた。そして現在、彼らを先鞭とする学問研究のおかげで、日本文化の基層にある南方的要素が次第に浮かび上がってきた。たとえば言語学者の村山七郎は、日本語の、親族呼称や身体部位の名称といった基層語にオーストロネシア系の言語を祖語とする単語が多い事実を明らかにした。氏は、日本語のハ（葉）がかってはヤシの葉を、ヒサゴがバナナを、アム（虻）が吸血性の小昆虫を意味していたことを、オーストロネシア祖語との音韻対応によって証明してみせたあと、次のように言う。

私たちの祖先は、ヤシが生え、バナナがなり、熱帯性のヤム芋が生育し、熱帯性の吸血小昆虫が棲息する地方に住んでいたのです。それが南方のどの地方であったかは今のところわかりませんが、今後比較研究がすすめば、もっとくわしいことがわかってくるかもしれません。いつごろ南の原郷から日本列島に到来したかと言えば、ヤヨイ時代というような比較的新しい時代においてではなく、縄文中期よりおそいことはないと思います。（『原始日本語と民族文化』）

村山のこの言葉は、私に「古代日本文学に於ける南方要素」という折口信夫の一文を思わせる。この中で折口は、『古事記』その他に出てくるワニは鱶と解されているが、かつて鰐の棲む南方で暮らしていた日本人が、鰐のいない土地に渡ってきて、ワニを鱶に転用したのだと説いている。そして実際ワニという日本語は、オーストロネシア語と関係があるらしいのである。

柳田国男も、少なくとも一時期、御嶽を南方と関係付けて考えていた。明治四十五年四月十二日付の南方熊楠宛の手紙の中で、彼はこう書いている。「Skeat の Malay Magic をよみ候に、マレー半島にて Kramat といふ一定の聖地あることを少しく記し有之候。これも容易に伝来を論ずるは誤れる速断ならんも、今日琉球にてオタケ（御嶽）、またはオガン（拝）所と称するもの、これとよく似たり」。

Walter William Skeat の『Malay Magic』は一九〇〇年に出た本で、今でも成城大学の柳田文庫にある。同書によると、クラマットとは、マレー半島の村々にある聖地で、イスラム教の使徒や村の建設者の墓と言われているが、墓らしいところはなく、多くは古木の繁る森で、人々はその樹に精霊が住むと信じており、みだりに森の木を伐ろうとせず、また日没後は怖れてこの森に近づこうとはしないという。

また「阿遅摩佐の島」の中の、御嶽について語っているくだりには、「香炉の一点を除けば、他は悉くコドリングトンの、メラネシア誌などに在る写真などと同じ光景でありました」という一節もある。

R・H・コドリントンは、十九世紀イギリスの民俗学者でメラネシアの専門家、一八九一年にオックスフォードから出た彼の『The Melanesians : Studies in their Anthropology and Folklore』はメラネシア研究の古典であり、マナという概念をはじめて西欧に紹介した書物としても知られている。柳田文庫にあるコドリントンの著作はこれ一冊だけなので、彼の言う『メラネシア誌』は、この本のことにちがいない。

このように柳田国男は御嶽を、マレー半島の聖地の森や、メラネシアの神の森と結びつけようとしていたのである。

南方の神の森という時、すぐ私の念頭に浮かぶのは、バリ島のプラだ。

インドネシアは一般にイスラムを宗教としているが、バリはヒンズー教を信じるほとんど唯一の島である。しかしインドのヒンズー教とは大分様相が異なり、土着の宗教と習合していて、どこか日本の古い信仰を思わせるところがある。プラとは、このヒンズー教の聖地で、寺と訳されることが多いが、あきらかに神社に近い。チャンディ・ブンタールと呼ばれる独特の割れ門や、プラをかこむ壁の表面にヒンズーの神々が所狭しと彫刻されていることも多いけれど、中には一切彫刻がなく、森だけのところもある。神域内の樹木は一切伐採を許されず、その上台風が滅多に来ない島なので、プラの森はどこも深い。とりわけワリギンと土地の人々の言うガジュマルの中には、想像を絶する巨木がある。そうした森が、棚田《ライス・テラス》の彼方に浮かぶさまは、まさに鎮守の森だ。田舎で出会った、米の神を祀るというプラなどは、森の中に建物が一切なく、柱の上にのった小さな祠だけで、御嶽と少しも変らなかった。

もちろん森の信仰は、世界中至るところにあり、南のもの、北のものと一概に割り切ることはできない。国分直一のように、御嶽を含め日本の神の森は北方系だと断ずる人もある。実際朝鮮半島には、たとえば仏教伝来以前の新羅には樹林崇拝の慣行があって、巫覡の本拠地となっていたが、仏教が伝来するや、森の中に寺院が建ち、巫覡が尼僧に変ったともいう（田村円澄『仏教伝来と古代日本』）。あるいは、北と南の森の信仰が、日本で複合したのかもしれない。

しかしそれでも、日本文化の基層にある森の信仰は、『黒潮の民族学』（一九七六）の著者谷川健一も言うように、南と海、とりわけ黒潮と深く結びついているような気がして仕方がない。照葉樹林の濃密な繁茂と、海洋性の温気のこもるその小暗い闇と、神の先導をするかのようにそこにさしこんでくる海の光がなければ、このような信仰は生まれない、という気がする。この種の森に来臨するのは、天空からおりてくるのではなく、海の彼方の他界から訪れてくる神でなければならない。

岡正雄は、神の出現の仕方に、「著しく対照的な二つの型、すなわち、神の出現を、㈠垂直的に表象するものと、㈡水平的に表象するもの、との二つの形態がある」とし、「㈠の天神信仰に基づく祖先崇拝は、父系祖先的および英雄神的傾向が強く〔……〕朝鮮半島から中央アジア、シベリアの、諸民族に顕著に現われているのに対し、㈡の水平的表象、母系祖先崇拝・女神崇拝・霊魂崇拝などは、東南アジアおよびオセアニアの古層文化にみられるところである」と言い、さらに「仮面・仮装の異形の来訪者を祖先・祖霊とみる、いわゆる原始秘密結社的な宗教・社会的形態はメラネシアやニューギニアに分布している」と付け加えている（「日本民族文化の形成」）。

岡正雄のこの有名な定義に従うなら、御嶽を代表とする神の森の信仰を支えるのは、あきらかに、神の出現を「水平的に表象する」南方系の人々であり、社会だ。

御嶽、ガロー山、モイドンからニソの杜に至る、そしてタブその他の南方系の樹木を神の依り代とする社殿のない聖地は、沖縄・奄美、トカラ列島、種子島から、九州の西岸と対馬を経て若狭に達する、黒潮の洗う島々や地方に点在する。

一方、第一章でとりあげた三宅島も、もちろん黒潮本流のまっただ中の島である。伊豆七島をくまなく歩いたわけではないけれども、この群島には、社殿のない神社が比々としてある。たとえば八丈島。ここは、いくつかの縄文遺跡が示すように早くから人が渡って住んだところであり、式内社も優波夷《うばい》神社、許志伎命《こしきのみこと》神社と二社ある。この両社は、合祀されて、現在優波夷宝明神社になっているが、この神社の近くの三島神社と出雲神社は、いずれも、小暗い森の中に、ごく小さな石の祠が並んでいるだけの社殿のない神社であった。八丈島の神社は、このような形式のものが多い。ちなみに、前記のように、ここは、明治のはじめまで亀卜が実修されていたところでもある。

また、黒潮に洗われる紀伊半島に社殿のない神社が多いことは、後に少しく説いてみるつもりである。これらの事実は、私には偶然とは思われない。

興居島《ごご》――これは、松山市の沖二キロメートルのところに浮かぶ、周囲二十八キロメートル、人口二千の、南北に細長い島だ。ここに、社殿のない神社の一つ、磐神《いわがみ》神社がある。

冬の一日、私は、高浜港からフェリーで島へ渡った。神社は、フェリーの着く、島のほぼ中央の由良港からさらに北へ二キロメートル、門田町大室に鎮座する。港でタクシーを雇ったが、運転手に神社の前まで車が入らないと言われ、私は県道で下りて、蜜柑畑の間の細い道を、神社のある丘の方へ向かって歩いていった。

市の天然記念物に指定されているという神社の森はすぐに分った。一切手を加えないという消極も、長年にわたると、森に独特の表情を与えるものだ。周囲にひろがる明るい蜜柑畑の中にあって、小高い丘の頂きから麓へかけてひろがる黒ずんだ森は、あきらかに風景に押された異様な刻印だった。

神社のすぐ前までレモン畑が迫っていて、森の木々とレモンの木が相接していた。夫婦らしい年配の男女が、淡黄色のつややかな実を鋏で枝から切りとっては、籠の中に投げ入れている。レモンのかおりが、あたりに香のように漂う。
丘の斜面の裾、暗い森を背にして小さな石の鳥居が立ち、その横に案内板がある。それによると、森の広さは約二千平方メートル、ホルトの木、ヤブニッケイ、シロダモ、カクレミノなど南方系の樹木が多く、とりわけホルトの木は、高さ二、三十メートルのものが二百本密生しているという。

鳥居をくぐると、すぐ左手に石の古井戸があり、数歩のところに、最近の造作らしい、壁がトタンの、まことにお粗末な小さい社殿がある。そしてその向こうには、社殿にのしかかって、人間のこの不埒な営みを押しひしがんとするかのような巨岩がそびえる。まわりに注連縄をはりめぐらしたその巨岩は、高さ五メートル、周囲三十四メートル、磐神の名にいかにもふさわしい。祭神は、大山祇《おおやまつみの》命の娘で、木花之開耶姫《このはなのさくやひめ》の姉、磐長《いわなが》姫命だというが、この巨岩に対する人々の畏怖の念から神社がはじまったのはまちがいなく、祭神の名は、磐という字にひかれてのあとからの付会と思われる。

森の中には、例の社殿と井戸以外に人工物は全くなく、斜面には、巨岩を含め、いくつかの大きな岩が、蟠居しているだけだ。晴れているのに日はほとんどさしこまず、古代からそのまま続いているかのような暗さが居坐っている。道はなく、絡み合う無数の蛇を思わせる木の根や、生い繁る笹の中を歩いてゆかねばならない。まわりが五、六メートルある根から幹が十本近くわかれた、化物めくホルトの大木がある。湿った地に藪椿が落ち散って、その赤がいやになまなましい。

磐神神社のことは、古文献には全く見えず、その創始の年代も由来も全く分らない。この島自体の歴史、少なくとも古代史が不明なのだから、これは仕方がない。もっとも島には縄文や弥生の遺跡があり、人は早くから住んでいたらしい。

私は、レモン畑で働いていた老夫婦に道をきいて、太夫さん（神職）の家へ行ってみた。しかし太夫さんは、県庁勤めとのことで留守だった。それで私は、その近くに住む氏子代表の老人を訪ねた。磐神神社は、大三島の大山祇神社のわかれで、祭は七月二十八日、巫女舞いが出る由である。去り際に、老人は、興居島中学編集の『ふるさと興居島』という本をくれた。

それを読んでみると、森に祀られる神の例に洩れず、この神社もタブーがきわめてきびしいようだ。神域の木を伐ると祟りがあるとされ、誰も決して伐らなかったが、一度だけ伐った男がいて、その木を牛に曳かせて運び出そうとしたところ、牛が口から泡を吹き、一歩も動こうとしなかったという話が残っている。また、蓋井島の場合と同様、磐神様の前の海を通る時には、船は帆を半分下ろさねばならなかったともいう。

磐長姫は、その醜さゆえに瓊瓊杵尊に嫌われ、しりぞけられたことを呪い、「唾《つは》き泣《いさ》ちて」、「顕見蒼生《うつしきあをひとくさ》は木の花の如《あまひ》に、俄《しばらく》に遷転《うつろ》ひて衰去《おとろ》へなむ」（『日本書紀』）と予言し、以来人間の命は限りあるものになったとされる神である。祭神を磐長姫とすることによって、人々の畏怖は一層強くなったのかもしれない。

また、いつの時代の話ともしれないが、或る時巫女が御神体の岩に向かって一心不乱に祈っていると、ヒューと音がして、磐神様が彼女に乗り移った、その音はまわりにいたすべての人々がきいた、そしてそれ以来その巫女の予言はことごとく当たるようになったという言い伝えも記されている。巫女舞いといい、この言い伝えといい、この神社の信仰にも、かつては祭の中心にいたらしい巫女の姿が見え隠れする。


紀州の社殿のない神社には、たとえば、熊野速玉大社（新宮）の元宮とされる神倉神社がある。標高百二十メートルの神倉山の頂にあり、ゴトビキ岩と称する巨岩を祀る。神仏習合時代には、かなり大きな社殿が建っていたらしいが、明治三年の台風で倒壊して原初の姿に戻り、今は申訳程度の小さな社殿が設けられているだけだ。岩の基部から銅鐸の破片多数が出土したというのだから、信仰は古く、少なくとも弥生後期まで溯る。また、伊弉冉尊の葬地とされる熊野市の花窟《はなのいわや》神社は、海岸に向かって突出した高さ七十メートルの大岩壁「花の窟」を御神体とし、その裾に祭壇を設け、白石を敷き、玉垣をめぐらしていて、社殿はない。紀勢線の鵜殿駅から山間部へしばらく入ったところに鎮座する紀宝町の神内《こうのうち》神社も、山の斜面に累々と露出する奇岩を祀り、その下の、楠、ホルトの木、イヌマキ、杉などの大木が繁る森の中に祭壇がある。

野本寛一の『熊野山海民俗考』の中には、このような、岩、森と樹々、井戸、滝、島を祀る、社殿のない神社が熊野全体で実に七十例もあげられている。大方は名もない小祠だが、矢倉神社という名前が多く、全体の三分の一近くを占める。この社名について、南方熊楠は「紀州東牟婁郡に矢倉明神の社多し。方言に山の険峻なるを倉という。諸荘に険峻の巌を祭れる神を矢倉明神とすること多し。大抵は皆巌の霊を祭れるにて別に社がない。矢倉のやは伊波の約にて巌倉の義ならんとは紀伊続風土記─八一の説だ」(「人柱の話」)と言い、柳田国男は、クラは単なる岩ではなくて、人為の石組み、すなわち石塚のことであり、矢倉明神とは、路傍の木または石に矢を掛けて神を祭った跡であろうと説く(「地名考説」)。一方野本は、『熊野年代記』を引いて、矢倉との関係に言及している。

私は、まだ見ぬ紀州の古社や、このような社殿のない神社を訪れるため、三月早々に東京を発った。まず宮川上流の、伊勢神宮のもとの鎮座地だという一説もある滝原宮に詣り、そのあと紀勢線で南下して、紀伊長島で下車し、長島神社と二郷《にごう》神社を見た。朝、東京はさむざむとした曇り空だったが、ここまでくるとすっかり晴れて、海はすでに春の青さだった。町はずれの山ふところにしずまる長島神社では、楠の巨木が、南国の闌けた午後の光を浴びていた。二郷神社は、だだっ広くてあまり風情はないが、ここも社域から縄文土器が出土する神社の一つである。

その晩は尾鷲《おわせ》の古風な旅館に投宿した。尾鷲は、俳人でもあった、死んだ友人のHが、山口誓子のそばに住みたいばかりに、数年間高校教師をしながら暮らした町だ。尾鷲のことはさんざんきかされていたし、私同様東京の山の手育ちだった彼がここでどんな生活をしていたのか、その片鱗が知りたくて、一泊する気になったのである。

翌日は、市の周辺の九木神社や飛鳥神社をまわった。九木神社は、中世九鬼水軍の根拠地だった九木浦にあり、かつては島だったと思われる、港に突き出た小高い丘の上に鎮座していて、森の茂りも深い。やはり海辺にある飛鳥神社の、楠や杉、ハマセンダンなどの森はとりわけみごとだ。ここには三重県で三番目という、周囲十四メートルの大楠がある。空間一杯にひろがる、光を含んだ葉叢の豊かさといい、変化のある、逞しい枝振りといい、生気に満ちた樹肌といい、深々と張った大きな根といい、楠はいかにも神の森に似合う木だ。そしてタブと同様、私たちが南から来たことを思わせる。ここは一族だけで祭を行うので有名な神社だが、案内してくれた七十年配の小柄な宮司は、過疎で人が少なくなって、一族もばらばらになり、中止した祭もあると言った。ここも、神域内や隣接する小学校の敷地から、縄文や弥生の遺物が多量に出土する。そうした遺物は、神社の裏の公民館の二階に展示してある。

それから私は、紀勢線で再び南下し、木葉神社という社殿のない神社を見るため、急行の止らない紀伊田原という小さな駅で下りた。すでに夕方で、さすがに大気は冷えてきていた。神社は駅の近くにあり、その森は、人に訊かないでもすぐに分った。入口に蒲葵(クバ)の木が立っていて、私に御嶽を連想させた。柳田国男が「蒲葵島」や「阿遅摩佐の島」で言うように、蒲葵は、御嶽だけでなく、本土、とりわけ四国、九州の神社にしばしば見られる木である。

たしかにここにも社殿がない。石段を数段のぼったところに白い玉砂利を敷きつめた斎庭があり、その正面に二間四方の瑞垣がめぐらされていて、その中央に三段に切石を積み、頂部の四隅にヌキで支えた二尺ほどの白木の柱を立て、その中に白い浜石を盛って御神体としている。

野本の本によると、ここにも祠を作ると火事になるという言い伝えがある由だ。祭神は木花之開耶姫だというが、これも氏の言うように、社名の「コノハ」からの付会であろう。安産、子育ての神として近隣の信仰を集めていると言い、実際瑞垣の柵に、涎かけがいくつも結びつけてあった。豊穣多産を禱る原始の信仰が、このような形に変化したにちがいない。

串本に泊った翌日、私はバスに乗って、潮岬の潮御崎《しおのみさき》神社まで行った。ここは、少彦名命を祀る名社として知られる。日本書紀の「少彦名命、行きて熊野の御碕に至りて、遂に常世郷《とこよのくに》に適《いでま》しぬ」という記述の中の「熊野の御碕」はここだといい、神社の近くの海岸に洞窟があって、少彦名命が神隠れした場所と伝える。ただし串本町の町中に式内社潮崎本之宮神社があり、潮御崎神社の方は式内社ではない。

社殿はむしろ小さなものだったが、神社の背後には、高塚の森と称する広大な森がひろがっている。かつては絶対不入の聖域で、中には巨大な磐座があるという。この森のことや、潮御崎神社と潮崎本之宮神社の関係が知りたくて、私は神社に隣接する社家の家を訪れた。石垣をめぐらした堂々たる邸宅である。セーター姿の中年の宮司は、日当たりのいい縁側の椅子で本を読んでいるところだった。座敷にあげてもらって、話をきいた。代々宮司を務める潮崎家は、当主の教之氏で四十五代目に当たり、四十五代よりも前に溯れるというのだから古い家だ。本之宮神社の社家の小原家も四十代続いたが、ついに最近絶えたらしい。ただし二つの神社は、祭神も違い――本之宮神社の方は表筒男命、中筒男命、底筒男命――、全く関係がないと言われた。

私が高塚の森の話を持ち出すと、宮司は違い棚から、一冊の部厚い本を持ち出してきて、テーブルの上に置いた。「南紀潮岬謎の巨岩遺跡　高塚の森」という題で、著者は南紀上代史研究会の北岡賢二とある。宮司の話によると、高塚の森の中の巨石群は、これまで応神天皇の侍従の墓とされてきたが、北岡の精密な実測の結果、夏至の太陽を拝するための祭祀遺跡だと分ったというのである。先刻の木葉神社の祭にも、行列の一行が太陽を遥拝する部分があり（野本前掲書）、南紀一帯には太陽信仰がひろがっていたようだ。

町で人に会う用があるから送ろうと言われ、私は宮司の車に便乗して串本に戻り、本之宮神社の前でおろしてもらった。ここは町のはずれ、海の近くにあって古社らしいたたずまいをみせる。社域にはアコウの大木や、樹齢千二百年の柏槙の大木がある。

そのあと私は、串本町矢ノ熊の矢倉神社を探した。小さな神社だから、名前を言っても誰も知らない。矢ノ熊という地名を手がかりにして歩きまわり、やっとみつけることができた。長い、みごとな白壁の塀にかこまれた大きな造り酒屋の裏手の、細い道が交錯し、小家の立ち並ぶひっそりした界隈のさなかである。道に沿って立つ比較的大きい石の鳥居をくぐって中に入ると、そこには、楠やタブの茂る小さな森と、草地のほかには何もない。社殿のない神社と心得ていない人間には、取り壊された神社の跡地にしか見えないだろう。草地の中央に低い石垣で囲まれた区画があり、そこが聖域だ。中には白い浜石が敷きつめられ、奥が一段低くなっている。今は埋められているが、そこには、毎朝近隣の女たちが集まり、船の安全と大漁を祈り、水を汲んで帰る、滾々と清い水の湧く神の井戸があったのである。昔、神様が一本の矢となって天から下り、その落ちたところが井戸となって水が湧き出したという伝説が、この井戸には残っている。

井戸のすぐ向こうが、もう紀勢線の線路だ。森の木々の間から、その柵と夕陽に光るレールが見える。こんな町中で、敷地も狭いのに、森の中は小暗く、静かで、とても神さびた感じがする。私も野本同様、御嶽のことを連想せずにはいられない。私は、波照間島の御嶽の森の中の泉を思い出す。この井戸を祀る人々の心と、御嶽を祀る人々の心はあきらかに通じ合っている。

私には、水を汲みに集まった女たちの陽気な話声がきこえてくる。晴れた朝で、枝をさしかわす木々の葉叢の間から、それこそ神の矢さながらに光がさしこんで、井戸の水面をきらめかせる。水面はたえず動き、時には盛りあがるように見え、湧水の豊かさを思わせる。突然歓声とともに釣瓶が投げこまれ、のぞきこむ女たちの顔が映っていた水の鏡が微塵に砕ける。一瞬光が消え、水面が暗くなったかのようだ。しかし逞しい腕が釣瓶をひきあげると、すぐに鏡が、そして光が蘇る。

Ⅳ　南海漂蕩

冨山房インターナショナル、二〇〇七年刊

南方行の系譜

南の思想に生きたゴーギャン

私に、南という方角の意味を教えてくれたのは、ポール・ゴーギャン（一八四八―一九〇三）である。よく知られているように、ゴーギャンは、一八九一年、四十三歳のとき、フランスを去り、すでにスエズ運河が開通していたにもかかわらず、マルセイユから船行二カ月を要する南太平洋の仏領の島タヒチへ渡り、一八九三年にはいったん帰国するものの、一八九五年には永住を決意して再び渡島、一九〇三年、タヒチから東北へ千五百キロメートル離れた、マルキーズ群島の中心ヒヴァ・オア島で客死した。

彼のこのような行動は、「ヨーロッパでは、人間も芸術も一切が腐敗している」という認識のうえに立ってのことであった。しかしなぜタヒチだったのか？　今日、彼の手紙や友人たちの証言から、アンティル諸島の一つマルティニック島、トンキン（現在のヴェトナム）、マダガスカル島を候補地と考えながら、さまざまな条件を勘案して、最後にタヒチを選んだことがわかっている。極端な言い方をするなら、彼にとって、南方の、西欧文明に汚されていない未開の土地でさえあれば、どこでもよかったのである。

しかしその土地は、どうしても南でなければならなかった。幼年時代を熱帯のペルーで過ごした彼にとって、南は、最愛の母アリーヌの思い出と結びついて、早くから聖なる方向となっていたからである。いや、ゴーギャンに限らず、この時代の西欧の一部の人々にとって、南はすでにアウラを帯びた方角になりつつあった。ゴーギャンが一生の大半を暮らしたパリを基準とするならば、その緯度はほぼサハリンに相当する。それは、あきらかに北であり、西欧文明は北の文明である。その西欧に、産業革命を経て、キリスト教の神に変り金銭を神とするブルジョワ社会が誕生したとき、そうした社会を嫌悪し、拒否する人々の瞼裏に、南が次第に姿をあらわしはじめる。南は北の対蹠地であり、それゆえそこには、北にはないすべてのものがある、と彼らは考えたからである。輝く太陽、色鮮やかな花々、放恣と快楽、夢と神秘、金銭にとらわれることのない素朴な生活……。

ゴーギャンは、この南の思想を生きた。彼をタヒチに赴かせたものは、絵画の新しいモティーフを求めたいという欲求よりも、人生についての考え方であったことに留意しておきたい。

彼が当初、タヒチに楽園を求めたのはたしかである。

あちらタヒチでは、冬のない空の下、すばらしく豊かな土地で、人々は、その食料を手に入れるためには、手をあげて果物を摘むだけでいいのです。だから人々は決して働きません。ヨーロッパにおいて男女があくせく働かなければ満足に必要なものも手に入れることができず、貧苦に悩み、寒さと飢えに苦しんでいるとき、オセアニアの知られざる楽園の幸福な住民であるタヒチの人たちは、これとは反対に、生活については楽しさしか知らないんです。彼らにとって生きるとは、歌うことであり、愛することなのです。

これは、タヒチに発つ前、ある画家に宛てて書いた彼の手紙の一節である。

しかしタヒチでも、タヒチより一層原始の島であったヒヴァ・オア島でも、金銭の流通から逃れることはできず、「貧苦」のくびきは、最後まで彼をとらえて離さなかった。それに病気、彼が母と同じ名前をつけた愛する娘アリーヌの死……。

彼の第二次タヒチ滞在は、楽園どころか、地獄の様相さえ呈した。彼は遺言代りに、大作《われらはどこから来たのか、われらは何者なのか、われらはどこにゆくのか?》を描いたあと、自殺をはかったほどだった。しかし死に切れず、一時は画筆を捨て、薄給で植民地政府に雇われるという屈辱的な生活に甘んじなければならなかった。そうした彼の姿を見かねて、帰国をすすめた知人に対し、彼は昂然と答える。

それは、私の名と、これまで続けてきた(私の信ずるところでは、立派に)私の生涯とをはずかしめることになりましょう。竜頭蛇尾ということになります。それでも私は生きてゆける、そうあなたはおっしゃるでしょう。これまであなたの生き甲斐となってきた考え方を捨てねばならないとなったら、それ以上生きたとて何になります。だめです。そんなことはもうおっしゃらないで下さい。

こうして私たちは、ゴーギャンをタヒチへ赴かせたものも、自殺をはかるまでの苦境に追いこまれながらも帰国させなかったものも、すべて「考え方」であるのを知ることができる。ゴーギャンの作品と生き方とは、その後の絵画、彫刻に、いや、芸術を超えて、その後の人々の精神世界に大きな影響を与えた。それは彼が、これまで西欧社会のひそかな底流であったものに、ひとつの決定的な形を与えたからである。

西欧の画家・文人たちの南への系譜

私は、ある本(『絵画のなかの熱帯――ドラクロワからゴーギャンへ』平凡社、二〇〇五)の中で、ゴーギャンへと至るこのような系譜を、絵画の面において辿ってみた。

半年にわたるモロッコ、アルジェリア旅行から戻ったあと、「コルセットを締め、窮屈な靴をはき、滑稽なガードルをした私たちは、なんとも哀れな存在だ。私たちは科学の代償に、気品を失っている」、「ヨーロッパ文明がすぐれているなどと、現在、誰があえて言い得るのか？」と苦々しげに呟いたドラクロワ。あらそって北アフリカや中近東へ旅したオリエンタリストと呼ばれる一群の画家たち。商船の船員としてリオ・デ・ジャネイロに滞在し、若年にして熱帯を知ったマネ。兵役を受け入れ、すすんでアルジェリアに赴いたモネ。カリブ海に浮かぶ亜熱帯の島セント・トマス島生まれのピサロ。アルジェリアを好み、「印象派の中のオリエンタリスト」と呼ばれたルノワール。絵画の将来は南方にある、と説き続けたゴッホ……。

近代絵画の展開は、色彩が明度と強度を増してゆく過程だと要約することができる。ドラクロワからはじまったこの色彩の解放は、一面では、画壇を支配していた新古典主義のきびしい線に対する反抗であった。後者のきびしい線が秩序を象徴しているとするならば、色彩はアナーキーである。すべてを光と色彩に還元し、対象の輪郭線を廃してしまった印象派の絵が、絵画の革命にとどまらず、社会秩序への反抗、と当時の人々に受けとられたことは知られている。今の時点で考えると、人々のこのような反応は正しかった、と言い得る。人々は、印象派の明るさが「西欧の没落」と背中合せになっていたことを、本能的に感じとったのである。

絵画の世界において、南方へと向かう動きは、ゴーギャン以後もあとを絶つことはない。それはとくに、ゴーギャンとゴッホの影響を強く受けたフォーヴとドイツ表現主義の画家たちに目立つ。マティスのアルジェリア・モロッコ旅行やタヒチ行にはゴーギャンの影がさしているし、エミール・ノルデのニューギニア旅行、マックス・ペヒシュタインの、当時ドイツの植民地だったパラオへの旅行はあきらかにゴーギャンに触発されたものであった。さらにここに、クレーを色彩に開眼させたそのチュニス旅行を加えることもできよう。

また、ペヒシュタインやオスカー・ココシュカらとかかわりを持ち、一九二三年、「もうヨーロッパでアットホームの気持になることは不可能です。自分がヨーロッパ人だと感じるためには、私の全存在を形作っているものを放棄しなければなりません。〔……〕それくらいなら、皆と別れて新しいホームをどこかへ見つけにゆくほうがいいのです」と知人の女性に書き残し、ハンブルクから貨物船に乗ってジャワ島へ向かい、やがてバリ島に移ってそこで終生暮らし、バリの文化を欧米に広く紹介した、ロシア生まれのドイツ人ワルター・シュピース（一八九五—一九四二）のような画家もいる。彼は、ゴーギャンよりアンリ・ルソーの影響を受けた画家だが、その軌跡はゴーギャンのそれとよく似ている。

もちろん、こうした動きは、絵画の世界だけのものではない。西欧を呪詛して南方へ去るか、南方に一時滞在した文学者もひとりやふたりではない。

「ああ西欧の泥沼よ、俺はその色あせた光を、衰弱した形式を、錯乱した運動を信じちゃいない」と言い放ち、西欧を捨ててアラビアのアデンへと去ったランボー。ゴーギャンより二歳年下だが、ゴーギャンより十九年も前に海軍士官としてタヒチに滞在、『ロティの結婚』（一八八〇）を書いて一世を風靡し、ゴーギャンのタヒチ行にも影響を与え、ヨーロッパを「氷の牢獄」にたとえたピエル・ロティ。故郷、英国の寒さを嫌ってアメリカへ渡り、南太平洋の島々をめぐり、やがて「白人文明を以て一の大いなる偏見」と見なすに至り、ゴーギャンのタヒチ渡島と同年の一八九一年に、妻とともにサモアに定住し、そこで死んだスティーヴンソン。もはや西欧には「死んだ理性」、「腐敗した理性」しか残っていないと考え、一九三五年、ファシズムの脅威を前にして、共産党が中心となって開催した「文化擁護のための作家の国際会議」の招請状に対する返事に、「文化は擁護すべきだとして、そのような文化が現在この西欧に存在するとは私には思われません」と書いて出席を拒否し、翌年、再生を求めて、メキシコ奥地のタラフマラ族の村へ入っていったアントナン・アルトー。パリでの生活にゆきづまり、一九三一年、民族学者マルセル・グリオールの率いる、足掛け三年にわたるアフリカ横断調査団に参加し、「ヨーロッパ人であるとは、なんとおぞましいことか」と旅の日記（『幻のアフリカ』）に書きつけるミシェル・レリス……。

アルトーもレリスもシュルレアリストだが、シュルレアリスムは西欧文明を否定したがゆえに、その旗下に集まった人たちの眼はおのずから西欧以外の土地、とりわけ南方へ向いた。それゆえ彼らの多くは、少なくとも一時期、南方と深いかかわりを持った。リーダーのブルトンは、オセアニアを訪れることはなかったけれども、オセアニアを愛し、その仮面その他を蒐集したことは知られており、とくに後年、ゴーギャンに大きな位置を与え、また、マルティニック島に滞在して、『蛇使いの女　マルティニック』（一九四八）という亜熱帯の魅力にあふれた一書を公にした。ポール・エリュアールは若年のころ、ゴーギャンを愛し、そのブルターニュ時代の作品を一点所蔵し、ゴーギャンがタヒチから友人のダニエル・ド・モンフレエに宛てた手紙（一九一八年刊）を読んで感銘を受け、一九二四年三月、妻のガラにも、友人たちにも告げず、マルセイユからパナマ運河経由でタヒチへ向かう船に乗り、以後、七カ月にわたって南海を放浪した。タヒチといえば、初期シュルレアリスムの有力なメンバー、画家ジョルジュ・マルキーヌも、一九二九年タヒチへ渡り、《タヒチの女》その他を描いていて、ここにもゴーギャンの影響がみられる。

西欧から脱走したエリュアールを、ガラとともにサイゴンまで迎えにゆき、フランスへ戻ったエリュアール夫妻と別れて、こんどは自らが南海旅行を続け、のちにメキシコに住んだマックス・エルンストにも、船員としてアフリカや南米をめぐったイヴ・タンギーにも、永遠の旅行者ジョルジュ・ランブールにも、同様の強い南方志向がある。

このように、十九世紀から二十世紀にかけて、ゴーギャン同様、西欧文明を否定し、あるいはそれに異和感を抱いて南方へと赴いた画家・文人は、枚挙にいとまがないほどである。そしてその南方行の多様な成果は、ひとつのジャンルをなしている、とさえいうことができる。

南洋に渡った日本人画家たち

それに比べると、日本には、一時的にしろ南方に居を据えて、重要な営為を行った画家や文学者はきわめて稀だ。というより、少なくとも戦前にあっては、皆無にひとしい。日本は、奄美・沖縄といった亜熱帯の土地を国土の中に持ち、戦前は、日清戦争の結果、台湾を領有し、第一次世界大戦後には、パラオ、サイパン、ヤップなどの南洋群島を委任統治領として支配下においていたにもかかわらず、である。

その点で、この第Ⅳ部でとりあげた土方久功《ひじかたひさかつ》、その弟子の杉浦佐助というふたりの彫刻家はきわめて貴重な存在である。久功は、絶海の孤島サテワヌ在住の七年を含め、南洋群島で十三年暮らし、一方の佐助は、大正六年、二十歳のとき南洋群島へ飛び出してから、昭和十九年テニアン島で不慮の死をとげるまで、途中二度、短期間帰国するものの、文字通り南洋で生き、南洋で死んだ。

ただ、日本の委任統治領となったのを機に、ゴーギャンの影響もあって、南洋群島へ渡った画家は思いのほか多く、ここで、彼らについて若干触れておきたい。


その中で、もっとも早く南洋群島へ渡り、しかもその旅が、その生涯と作品に比較的重要な意味を持った画家は、上野《うえの》山清貢《やまきよつぐ》（一八八九―一九六〇）であろう。

清貢は、明治二十二年、北海道に生まれ、大正元年、画家を志して上京、太平洋画会研究所に学んだ。元来、南方志向の強い人間だったようで、南洋へゆく前年、薩南硫黄島に二カ月滞在しており、このとき描いた《とかげを弄び夢みる島の少女》が帝展に初入選した。そして翌年、サイパン島を中心に南洋群島を訪れた。滞在期間は正確にはわからないが、彼の残した紀行文「Barean! Barean!!」その他から推測するに、それほど長期ではなかったようだ。

彼は早くからゴーギャンに私淑し、南洋行の目的も、自身書いているように「南洋へ行くことが、そしてその色をみ、その土人の生活を知ることは、その空気にふれることは、せめて、ゴーガンの絵を知る一端でもあろうと思ったから」（「Barean! Barean!!」）であった。彼はこの旅行から発想を得た《パラダイス》で帝展の特選となり、土方久功に先だって、日本のゴーギャンと称された。

彼は最後まで官展に出品を続けるが、むしろ野人肌の人間で、その作風は、熱っぽい色彩のせめぎ合うフォーヴ風のものであり、たしかにゴーギャン熱、南洋熱は決して付け焼刃ではない。しかし以後、再び南洋へ戻ることはなく、晩年はむしろ故郷北海道の風物を多く描いていて、その南洋行は、若き日の挿話といった域をそれほど出ているとは思われない。

この上野山清貢の弟子であった武田範芳《のりよし》（一九一三―八九）も南洋群島へ行っている。やはり北海道の出身であった彼は、早くから清貢に私淑、二十一歳のとき、清貢を頼って上京し、約一年間、書生として上野山家に住みこみ、本郷研究所に通った。

彼は、自らの南洋行について、「追憶」という一文の中で、「古本屋から求めたノアノアの翻訳ものを読んで感激し今回の南洋旅行もゴーガンを無条件に愛しての行動であった」と書いているが、そのゴーギャン熱、南洋熱は、師匠から吹きこまれた公算が大きい。

彼は、昭和十四年十一月に出発し、サイパン、テニアン、ロタ、ヤップ、オレアイ諸島、ウルシイ諸島、パラオをめぐり、十六年四月に帰国、その滞在は一年半に及び、期間からすれば、ここで紹介する画家たちの中では最長である。

パラオ滞在中、彼は、南洋庁に勤めていた土方久功と知り合い、その肝煎りによって、コロールの昌南倶楽部で個展を開いてもらっている。この時期の久功の日記には、「武田君」が頻出し、一時期ふたりはきわめて親密な交流を持ったようだ。

彼が帰国後、銀座で開いた南洋作品展の推薦文の中で、上野山清貢は「武田君は二年ぶりで〈苛酷と真剣〉な内容を持った、世にも美しい佳品三百点を土産にして南洋を後に漂然と帰って来た」と書いていて、彼の南洋行は収穫豊かなものであったことがわかる。

しかしこれだけの日子《にっし》を使い、これだけの情熱を傾けたのに、彼の南洋行もまた、あとが続かない。皮肉なことに、彼はゴーギャンとは逆のコースをたどり、南洋から、ゴーギャンが捨て去ったパリへ渡り、ル・サロンその他に出品、日本よりもフランスで知られた画家となる。ピエロを好んで描く、いくらかユーモラスな構図と、おだやかで、親しみやすい色彩を持つ彼の後年の作品には、どこにもゴーギャンや南洋の影はない。

武田範芳とほぼ同時期にパラオを訪れた画家に、のちに丸木位里《いり》と結婚し、丸木俊《とし》の名で原爆の画家として知られた赤松俊子（一九〇一―二〇〇一）がいる。彼女もまた、清貢、範芳とともに北海道生まれであるのは興味深い。北の人間には、西欧の場合でもそうだったように、とりわけ強い南方憧憬があるのかもしれない。

彼女は、十七歳のとき上京し、女子美術専門学校に入って四年間洋画を学び、卒業後は小学校の代用教員をしながら、二科展に出品し続けた。南洋へ行く前、二十五歳のとき、彼女は、モスクワへ赴任する外交官の子弟の家庭教師としてモスクワに一年滞在する、という経験を持っている。

彼女の南洋行の動機は、その自伝『女絵かきの誕生』(一九七七)によると、たまたま見た記録映画『ヤップ島』と失恋だった。「わたしはもう日本へは帰らない。タヒチで死んだゴーギャンのように、南の島で描きつづけよう、南の島で死のうと思ったのでした」と彼女は書いている。

彼女もまた、土方久功の知己を得た。久功の日記の昭和十五年一月二十七日の項に「昨日ノ笠置丸デ来タ、赤松俊子ト云ウ女流画家ガ役所ニ訪ネテ来ル」とあり、以後その日記には、「武田君」と同様、「赤松君」がしばしば登場する。彼女もやはり久功のおかげで、三月十五日から三日間、昌南倶楽部において個展を開くことができた。久功は個展の目録に、「半ズボンにリュクを背負つた赤松さんの姿を町に見かけられた方も沢山あると思ひます。赤松さんは熱心で、正直で、そしてセンシブルです。赤松さんの画には、赤松さんのセンスに触れた南洋が脈々とおどつてゐます」という推薦文まで寄せた。

彼女の滞在が半年に及んだころ、南洋庁が小さな無人島を五万円で払い下げるらしいという話をきき、矢も盾もたまらなくなり、金策のため東京へ戻ったところ、丸木位里との恋、家庭教師としての再度のモスクワ行、結婚と、事がつぎつぎとおき、やがて戦争、そして広島の位里の実家が原爆の被害を受けたのを機に、原爆という大きなテーマが位里と俊の心をうばい、彼女の南の夢は、あっけなく消え去ってしまった。しかし丸木美術館には、俊の南洋時代の絵が今なお多く残されている。

光風会の重鎮・藤本東一良《とういちりよう》(一九一三―一九八)も、昭和十二年、二十四歳でまだ美校に在籍中、約三カ月にわたって、サイパン、ヤップ、パラオ、パラオ本島を旅した。その動機は、「当時、ゴーギャンの『ノア・ノア』を読み、その素朴で神秘につつまれた南海の生活とゴーギャンの画風にあこがれ」たからであった(『藤本東一良画集』年譜)。廻船問屋の子として生まれ、「海と船ばかり見て育った」ため、生涯にわたって海好き、船好きであったことも、その背景にあったであろう。

『ノア・ノア』に魅せられて

なおこの時期、南洋群島に渡った画家たちのほとんどが、『ノア・ノア』に感銘を受け、ゴーギャンの人と作品に憧れを抱いていることに注目したい。久功自身も「ノア・ノアは古くに読んだ。地震で焼いてから再び新しいのを買ったほどノア・ノアは私に懐かしい」と大正十五年の日記に書いており、『ノア・ノア』とゴーギャンの影響は、彼の南洋行の四つの動機のうちのひとつだった。

後期印象派、とりわけゴーギャンとゴッホの紹介には、周知のように、明治四十三年一月創刊の雑誌『白樺』が大きな役割を果たした。第一巻の第二号にすでにゴーギャンの《タヒチの女》が挿画として出ており、小泉鉄訳による『ノア・ノア』は、明治四十五年の第三巻第一号から、大正元年の第四巻第十号まで断続的に連載され、大正二年、雑誌の版元である洛陽堂から、白樺叢書の一冊として刊行された。

小泉鉄《まがね》（一八九四―一九五七）は、今ではまったく埋もれてしまった人物だが、『白樺』にはほとんど毎号、小説、随想、翻訳などを発表、時には「三つの勝利」のような大長篇も連載し、編集にも参画していて、少なくとも一時期は雑誌の中心人物のひとりであった。東大の哲学科中退で、美術にもくわしく、この時期にクリムトについて書き、カンディンスキーの『響き』という詩集も翻訳している。

彼は、単行本の『ノア・ノア』の訳者序に、死んだ恋人がゴーギャンを好んでいたので、彼女のために訳したのだと書いているが、後年、何度も台湾に渡って高砂族の調査に従事し、『蕃郷風物記』（一九三二）、『台湾土俗誌』（一九三三）などを書いているのだから、彼自身、ゴーギャンのような人間に共感と関心を抱いていたのはまちがいない。

ただ、連載第一回の末尾に書いているように、彼はフランス語はまったく解さず、これは独訳からの重訳であった。

フランス語の原文とひき比べてみると、小泉の訳は、省略、遺漏、誤訳が多く、決してよい訳ではないが、それでも、上野山清貢をはじめ、多くの画家たちがこの訳に酔ったのである。

ゴーギャンの作品と、その『ノア・ノア』がひろく紹介された時期に接して、南洋群島が日本の委任統治下に入ったことが、多くの画家に南海の夢を抱かせたのはたしかだ。

なお『ノア・ノア』のフランス語からの訳は、大正十五年、前川堅市《けんいち》によってマルス社から上梓され、これが昭和七年、岩波文庫に入り、現在に至るまで読みつがれている。

藤本東一良に話を戻すならば、彼は、《ウラカスの噴煙》、《カナカの女》、《パラオ島のアバイ》など、明るい、のびやかな色彩で南洋風景を描いたたくさんの板絵やデッサンを持ち帰った。また昭和十六年、南洋美術協会結成の際には、積極的に動いてもいる。しかし彼も、武田範芳と同様、昭和二十八年から三十年にかけてフランスへ留学し、ゴーギャンとは逆の道を歩むのである。

染木《そめき》煦《あつし》（一九〇〇—八八）の南洋行は、以上の画家たちの南洋行とは、いささか趣きを異にする。

染木は東京の出身、昭和四年、母の家を継いで染木姓を名乗るまでは河田姓であった。昭和二年、東京美術学校西洋画科を卒業、このころの彼は、油絵を描く一方、開成中学で同窓だった村山知義《ともよし》らの新興美術運動の刺激を受けて、構成主義的な構成物を手がけ、また演劇活動にも情熱を注いで、舞台装置の分野にも進出した。その点で、従兄の子で、幼友達だった土方与志《ひじかたよし》の築地小劇場の演劇運動に協力し、劇場のシンボルマークを作っただけでなく、装置や小道具の手伝いをし、時にはエキストラとして出演までもした土方久功と非常に近い場所にいた。ただしこの時期、ふたりが交流した痕跡はない。

染木の南洋行は、昭和九年三月七日から九月二十七日までの七カ月間、南洋群島だけでなく、イギリス領ギルバート諸島まで足を伸ばしていて、大小二十九の島々を踏査するという、むしろ探険に近い旅であった。

彼はこの旅の間、久功と杉浦佐助のいたサテワヌ島へも立ち寄っている。ただ久功の日記には、八月十五日の項に、

「カロリン丸代リテ国光丸来ル。〔……〕染木煦画家来」とあるだけだ。

彼は、自らの南洋行について、「ゴーガン位僕の生活や仕事と縁の遠い者は無い」とゴーギャンの影響を否定し、「僕は恐ろしく詩的要素にかけた人間だ。南洋と云ふと詩の国夢の国とすぐ人は云ふ。そういうものに僕が憧れて行つたと思はれると僕は迷惑する」と言う。ここには、この時期に南洋へ行った画家たちのいささか素朴で、手放しのゴーギャン憧憬、南洋憧憬への反発がある。

彼は、自らの南洋行を「裏南洋写生旅行」と規定し、「南海の風物を画嚢に満載して」くるのが目的であった、としている。その言葉通り、彼は八十点を越える油彩画と五百点余のデッサン、スケッチを携えて帰ってきた。

また彼は、旅行の間、多量の土俗品を蒐集し、帰国後二度にわたってそのための展覧会を開き、昭和二十年には『ミクロネジアの風土と民具』と題する著書を刊行していて、この方面にも目的のひとつがあったことがわかる。

もうひとつ、明治の著名な経済学者で、『東京経済雑誌』を創刊、さらに南島商会を設立、明治二十三年、「一片の孤舟に帆して遠く裏南洋に航し貿易の途を開かんとした」田口卯吉《うきち》（一八五五―一九〇五）が彼の叔父であったことも、彼を旅へと誘うきっかけとなった。田口が南島旅行に同伴した井上彦三郎、鈴木経勲《けいくん》の共著になる『南島巡航記』を読んで、「抑制しがたい旅情をそそられた」とは、彼自身が書いていることである。

染木に関するこの項を書くにあたって、私は、滝沢恭司の「ミクロネシアの誘い――一九三四年、染木煦の南洋群島行」（『アジア地域における版画文化と版画教育の現状』所収）という一文に多くを負っているのだが、氏によると、その南洋行をさかいにして、染木の絵が大きく変ったという。彼は、いくらかありきたりなそれまでの描き方を捨て、形体を単純化した、幻想味の漂うピカソ風の画風へと転換したのである。

このように彼の南洋行は、彼の生涯にかなりの痕印を残した。しかし、それでもそれは、滝沢の言うように「一過的」なものであり、ある一時期の彩りにすぎなかった。

以上紹介した六人の画家は、昭和十六年七月、「南洋に遊歴せし作家三十余名」をもって結成された南洋美術協会の会員となり、年に一度、三度にわたって開かれた展覧会に出品した。なお南洋といっても南洋群島に限らず、フィリピン、ニューギニア、蘭領インド（現在のインドネシア）など南洋全体を含んでいる。会員の中の、南洋群島に赴いた、六人以外の画家の名をあげると、会長で、東京美術学校の教授だった小林万吾《まんご》（一八七〇—一九四七）、太平洋画会の代表をつとめた布施信太郎（一九二四—六五）、光風会の笹《ささ》鹿《が》彪《ひょう》（一九〇一—七七）、と和田香苗《かなえ》（一八九七—一九七七）、やはり光風会員でガラス絵にも秀でた西尾善積《よしづみ》（一九一二—九五）らがいる。西尾は、赤松俊子や武田範芳が訪れたのとほぼ同時期にコロールに来ていて、久功とも親しかった。

　南洋美術協会員以外で、南洋群島に足跡を残した著名な画家には、ほかに川端竜子《りゅうし》（一八八五—一九六六）、丸山晩《ばん》霞《か》（一八六七—一九四二）らがある。

　ここで、南方へ赴いた文学者について一瞥するならば、戦時中徴用されて南方へ派遣された、いわゆる従軍作家たちを別にすると、自らの意志で、沖縄、台湾、南洋群島などへ旅した文学者は、画家に比べると数少ない。南という問題意識を抱えての旅となるとさらに少なく、戦前においては、金子光晴のマレー、蘭領インド行、中島敦のパラオ行くらいしか見当たらない。

日本人の原郷としての南方

　西欧と日本の南方行の系譜を比べてみるとき、すぐに気がつくのは、南方に定住する、しないは別として、ゴーギャン以下の人々が生涯にわたって南の問題を持ち続けるのに対し、日本の画家・文人の南方行は、ほとんどが「一過的」で、若き日の一挿話にとどまり、それが、彼の後半生になんの痕跡も残していない場合すらあることだ。それは、なぜなのだろうか？

　ゴーギャン以下の人々は、北の文明や社会のありようを否定して、南へと去っている。その否定には、当然責任が伴ってくる。ゴーギャンの言うように、北へ帰ることは、彼の名と、それまで続けてきた彼の生活を「はずかしめることに」なるのだ。だから彼らは、ゴーギャン、スティーヴンソン、シュピースのように生涯故国へ戻らず、南方で客死するのを生き方の本領とする。たとえ戻った場合でも、否定の責任は生涯負い続けなければならない。だから彼らは、アルトーのように狂気の中に逃れるか、レリスのように民族学者に変身しなければ、西欧で生きてゆくことはできない。

ランボーは、関節疾患のためやむなくフランスに戻るが、その年、一八九一年にマルセイユの病院で死んでいる。私には、彼の精神上の死がその肉体の死を誘い寄せたように思われてならない。

ここで付け加えておくと、ヒヴァ・オア島に移ったゴーギャンは、化膿した脚の傷が治らず、とみに肉体の衰えを感じ、帰国を考えたことがある。その打診を受けた親友のダニエル・ド・モンフレエは、その返事に、「帰ってきてはいけません。あなたは偉大な死者たちの特権を享受しているのです」と書くのだ。

南へ行った日本人には、このような責任感はない。それは、日本人が無思想だからではなく、日本が北ではないために、北と南の対立はなく、そこにダイナミックスが働かないからである。

なるほど北海道や東北は、地理的には北であろうが、東京を基準とするならば、その緯度は北アフリカにほぼひとしい。日本は総体的にあきらかに南なのであり、ゴーギャンは、タヒチの代りに日本を選ぶことだってできたのである。実際ゴッホは、日本は遠くて行けないから、その代りに南のアルルへゆくのだと弟テオ宛の手紙に書いている。

日本の文化や社会の基底に南方的要素があることは、柳田国男の『海上の道』以来、多くの学者によって証明されているといっていい。言語ひとつとっても、日本語の基層語の多くがオーストロネジア語と関わりのあることは、村山七郎らによってあきらかにされている。

ゴーギャンにとって、マオリ族の宗教や神話、習俗は「驚くべき奇異な現象」(『ノア・ノア』)であったが、土方久功は、パラオやサテワヌの信仰と風習を通して、日本をうかがいみることができたはずである。たとえば、サテワヌ島の月経小屋《イマニカット》（月経中の女や産婦のこもる忌小屋）は、ごく最近まで日本の僻村のあちこちに残っていた産小屋を、また流行病をもたらした悪神を祓う行列は、やはり最近まで日本の村々で行われていた同じように仮装して松明をふりたててゆく疫病送りや虫送りを、他島から来た人たちに対する女たちの性的な接待は、かつて八丈島や沖縄の島々にあったとされる同種の風習を、そして新しい舟のための呪儀は舟霊《ふなだま》祭を思わせたにちがいない。

西欧文明を否定したゴーギャンらにとって南方へゆくとは、北の人間としていったん死に、南において再生をはかることであった。それに反し、日本人にとっては、南方行は原郷へ帰るという趣きさえ呈する。

南へ行った日本の画家・文人たちの中で、久功、佐助を含め、日本の社会や文化のありようを激越なまでに批判した者はひとりもいない。たとえば、久功の南洋行の動機は、彼自身日記に記したように、寒さ嫌い、ゴーギャンの影響、考古学や民族学への関心、原始的なものへの好みの四つであって、そこには、表だった日本批判に類するものはなにもない。だから彼は、昭和十七年一月、中島敦とのパラオ本島めぐりから久し振りに戻ったコロールの町が兵隊たちで一杯なのを見て、敦とともに帰国することを躊躇なく決意するのであり、そして、自分をはずかしめた、という意識に悩むこともなく、三十余年にわたる後半生を、東京郊外の一隅で、心静かに暮らすことができたのである。

ともかく大恐慌から満州事変、二・二六事件を経て、日本が日中戦争、太平洋戦争へと突入してゆく時代、そういう激動を時代とは一見無縁に、南の島々で暮らした土方久功と杉浦佐助のふたりは、日本人と南の問題を、ひいては、近代日本人の精神のありようを考えるうえで、私たちに多くの示唆を与えてくれるのである。

南海漂蕩——杉浦佐助の生と死

三河の宮大工杉浦佐助

杉浦佐助は、戦前、南洋群島でその生涯の大半を送った、宮大工上がりの特異な彫刻家である。しかしその名を知る人は少なく、日本の美術界において、彼が彫刻家として認知されているかどうかさえあやしい。私の知る限り、彼の名を挙げている美術史は、森口多里の『美術五十年史』（昭和十八）だけだ。この本の第七章「昭和時代」の彫刻の項の末尾に次のような記述がある。

特殊な作家としては、土方久功と杉浦佐助がある。土方は東京美術学校を出てから昭和四年南洋の帝国委任領に渡って永住し、近代文化から遮断された民族の情操と感性とを以て制作し、十数年同じ南洋で大工をして暮してきた杉浦は土方に師事して更に一層原始的な幻想の耽酔を彫技に託することを知り、昭和十四年六月両人共初めて東京で作品を公開したのであった。

ちなみに土方久功は、南洋群島に永住したわけではなく、この本刊行の前年、年下の友人中島敦とともに帰国し、以後、東京の世田谷に住んで静かな晩年を送り、昭和五十二年に七十六歳で死んでいる。久功も生前は比較的無名だったけれども、死後、昭和五十四年には新宿の小田急デパートで、平成三年には世田谷美術館で彫刻と絵画の大きな回顧展が開かれたし、平成二年にはその評伝（拙著『南海漂泊』河出書房新社）も出たし、平成五年には『土方久功著作集』全八巻（三一書房）も完結し、彫刻家、画家、詩人、民族誌学者としての仕事の全貌が明らかになり、したがってその地位もほぼ定まったといっていい。

それに比べると、杉浦佐助のほうは気の毒なものだ。昭和十四年、銀座の三昧堂ギャラリーで催されたその個展は高い評価を受け、高村光太郎からは「恐るべき芸術的巨弾」と、川路柳虹《かわじりゅうこう》からは「最もユニックな個性〔……〕世界で最も奇異な芸術」と激賞され、当時の代表的な美術雑誌の一つ『美之国』が特集号を組んだほど注目されたのに、南洋群島へ戻っていったばかりに、太平洋戦争というまがまがしい嵐にその生身の姿も作品も巻き込まれ、嵐の去ったあと、海面には二、三の破片が漂うだけで、彼の存在を証すものは、ほとんど何も残らなかったからである。現存する彼の彫刻は、習作を含めて十点足らず、今後どこからかその作品が出てくる可能性はあるにしても、これではあまりに少なく、展覧会を開くことができないばかりか、その仕事のありようを窺うにさえ足りない。画家にしろ、彫刻家にしろ、作品がなければ無にひとしい。といって、佐助をこのまま忘却の闇の中に葬り去るのは、忍び難い。

作品は別にしても、佐助の生き方にはきわめて特異なものがある。いや、単に特異なだけでなく、それは、一つの意味を荷なっていると私には思われる。

私はかつて『南海漂泊』の「あとがき」の中で、次のように書いた。

> 私は、西欧の中の、南にかかわった人たちの系譜に長い間関心を抱き続けてきた。それは、私自身、体質的に南を好み、沖縄を含め、南へ旅する機会が多かったからであろう。最初はゴーギャンだった。それからランボー、アルトー、レリス……。南の問題とは、文明のありようの問題である。西欧には「腐った理性しかない」というアルトーの呪詛は、今なお生きているということができる。
>
> 日本人にとって、南はいつでも政治と経済の場所であった。その点は、現在でも少しも変わっていない。なる

ほど西欧の人たちも、南を侵略と搾取の対象としてきたけれども、それとひきかえに、ゴーギャン以下の人々が投げかけた難問を抱えこむことになった。明治以降にあらわれた、おびただしい南進論の著作や文章の中には、この種の問題意識はひとかけらもない。

日本の中の南にはじめて人々の眼を向けさせた柳田国男と折口信夫の著作に、私は深い敬意を払っている。しかしこの二人の碩学が南——沖縄——に関心を抱いたのは、その知の一環としてであって、南は、彼ら自身の生とは直接のかかわりを持たなかった。極言すれば、戦前の日本において、真に南の問題を生きたのは、土方久功ただ一人だけだったのである。

私は今、この「あとがき」の最後の部分を訂正しなければならないと感じている。「戦前の日本において、真に南の問題を生きたのは、土方久功ただ一人だけだった」のではなく、「土方久功と杉浦佐助のただ二人だけだった」と。私は、以下の文章において、せめて佐助の一生の軌跡だけでもあきらかにしておきたい。

倉橋弥一著『孤島の日本大工——杉浦佐助南洋綺譚』という本がある。私は土方久功のことを調べているとき、『日本近代文学大事典』（講談社）でこの本の存在を知った。

倉橋弥一は、久功同様、川路柳虹門下の詩人であり、ともに柳虹の主宰する詩誌『炬火』の同人で、二人の仲はきわめて親しかった。昭和十四年に久功がパラオからいったん帰国した折の旧『炬火』同人による歓迎会、パラオに戻るに際しての送別会の幹事をしたのは倉橋弥一であり、久功から紹介された佐助の個展の世話をやいたのも彼である。彼は、佐助の作品と人柄にすっかり惚れこんだ模様で、久功に代って佐助をあちこちへ引き廻した。久功のこの年の内地滞在中の日記には、「大工サンハ朝カラ倉橋ノ所ニ展覧会ノ相談ニ行キ、昼頃一寸帰ッタガ、倉橋ニツレラレテ高村光太郎氏ヲ訪ネルトカデスグ出テ行ッタ」といった個所があちこちに出てくる。

この本は、こうした付き合いの間に倉橋弥一が佐助からきいた身上話をまとめたものに違いなかった。入手するのは難しいとしても、近代文学館か国会図書館にならあるだろうと思って出かけて行ったが、両図書館には影も形もなく、そのうえどこの図書館にも見当たらなかった。

『日本近代文学大事典』によると、『孤島の日本大工』の出版は昭和十八年である。久功は昭和十七年に内地に引き揚げてきているのだから、倉橋弥一が彼に一本を献じないはずはない。私は、自分の出した手紙をそっくり手控えておくほど筆まめな久功の日記の昭和十八年やその前後の分を隅々まで調べてみたけれども、それについての言及はどこにもなかった。久功の未亡人敬子さんに問い合わせてみたところ、そんな本など見たこともきいたこともない、という返事が返ってきた。

昭和十八年には、佐助はロタ島からすでにテニアンに移っていた。当時の彼は住所不定の放浪者に近く、そのうえ筆をとるのは苦手だったから、倉橋に連絡をとっていたかどうかはあやしい。たとえ彼の手もとに届いていたとしても、この本が、翌年、島を襲った米軍のすさまじい空襲をくぐり抜けたうえ、乳呑み児をかかえて身ひとつで帰国した佐助の未亡人の手で持ち帰られたとは考え難い。実際、本は未亡人のところにはなく、そればかりか、こちらも本の存在自体をご存じなかった。

私は、『日本近代文学大事典』の倉橋弥一の項の執筆者に手紙を書いてもみた。しかし実物は見たことがない、という返事が得られただけだった。倉橋弥一の遺族とは連絡がとれず、『炬火』の生き残りの二、三の同人の家に電話をしたものの、手がかりは何ひとつ摑めなかった。私は思い余って、『週刊新潮』の「掲示板」に、この本を探している旨の記事を出してもらった。しばらくして、年配らしい女性の読者から、編集部に一枚の葉書が届いた。子供のころ、大工である父親が買って持っていたので、その本の表紙には見覚えがあるが、本自体はなくなってしまい、父親も、昔のことなのでどんなことが書いてあったか記憶していない、という内容のものだった。この葉書を見せられたとき、私は、長年探し求めていた人の後姿を遠くにちらりと認めながら、次の瞬間、人ごみの中に見失ったような口惜しさを感じたものだった。

この本は、刷り上がりはしたものの、戦争末期の混乱の中、なんらかの事情で十分に流通することなく終わったにちがいなかった。本との出会いを半ば諦めかけていた折、高村光太郎の研究家である北川太一氏から、知人が持っているという知らせを受けた。早速拝借してみると、粗末な仙花紙に刷られたものながら、表紙は、南洋の高床の藁家と熱帯植物をあしらった瀟洒な着色版画で飾られていて、奥付を見ると、当時比較的よく知られていた銀座の文松堂書店から昭和十八年八月三十日付で出ていて、初版八千部とある。

私には、この本の運命が、杉浦佐助の運命そのものを象徴しているように思われた。それは、せっかく刷り上がりながら流通をみることなく終わった本、ひととき鮮やかに閃いて消えた幻、どうしても思い出すことのできない夢なのだ。

倉橋弥一は、『孤島の日本大工』の「あとがき」で、

私が杉浦佐助といふ大工の南洋彫刻家の半生を物語に書いたのは、皇国の治下に属してから満二十五年になる南洋群島に、委任統治された頃から、彼が単身渡南し、あらゆる人生の苦難を経て、大工として、彫刻家として一家をなすまでの経路が、時局下、青年を奮起せしめると信ずるからである。

と書いている。当時、時局と関係のない本の出版はなかなか難かしかったから、これは、その辺の事情を慮っての言葉で、彼にこの本を書かせた動機は、単に佐助の前半生に対する好奇心と共感にすぎなかったであろう。内容は、私の予想通り、佐助からの聞き書きをもとに、それに会話や風景描写を加えて小説仕立てにしたもので、佐助や久功をはじめ人物はほとんど実名で登場する。素直な、淡い書き振りで、文学作品としては物足りないが、意識しての虚構はないと考えられるだけに、佐助を知るには貴重な資料である。佐助の前半生は、本書や、佐助自身が『美之国』昭和十四年八月号に書いた「私の手記」、久功の日記や二、三の文章によって、大体の輪郭を知ることができる。

佐助は、明治三十年一月十九日、愛知県蒲郡市神之郷町東門前三十に杉浦佐兵次の五男（末子）として生まれた。『孤島の日本大工』によると、生家は三河木綿の問屋だったが、佐助が数えで十四歳のとき、輸入のため木綿の価格

が暴落して商売が立ちゆかなくなり、佐助は大工の年季奉公に出されたという。

佐助の実家は今も蒲郡市の郊外にあり、佐助の長兄恋三郎の息子の清一氏が跡を継いでいて、現在は蜜柑農家である。実は蒲郡市では、ごく最近まで佐助のことなど誰一人として知らなかった。地元の画家牧野正則氏が、『芸術新潮』平成元年七月号の拙文「南に行った男　土方久功」をたまたま読んで佐助の存在を知り、苦心の探索の末、この実家をつきとめ、同時にそこで佐助の仮面一点と、木皿に南洋風景を油彩で描いた久功の作品二点その他を発見したのであった。

ついでに発見の話をもう一つするならば、数年前のまだ残暑のきびしい一日、私は牧野氏とともに清一氏宅を訪ねて佐助の仮面や久功の木皿を見せてもらい、近くの正行院にある佐助の墓に詣ったあと、佐助が学んだという小学校に立ち寄った。ちょうど運動会の最中で先生方は忙しかったが、それでも教頭さんをはじめ何人かの先生方が、私たちの相手をして下さった。私はかいつまんで佐助の話をしたあと、佐助が昭和十四年にいったん南洋から帰国した際、小学校にしゃこ貝を寄付したときいているが、残っていないだろうか、と訊ねてみた。貝はみつからなかったけれども、やがて一人の先生が、「こんなものがありました」と言って、倉庫の奥から一体の彫刻を持ち出してきた。黒っぽい、固い木に刻まれた、かなり大きい、重量感のある、中年の男性の胸像である。力強い、写実的なその作風は、人とも動物ともつかないあやかしを扱う佐助の作風とは、ちょっと違うような気がした。しかし久功や佐助が好んで使った鉄木という南方の樹木を思わせる材質といい、男のちぢれた髪の毛といい、唇の厚いその顔立ちといい、全体にどこかパラオ臭いところがある。彫刻をかこんでそんな談議をしているときに、別の先生が、寄贈品に関する古い台帖に、「昭和十四年九月八日、木彫せむし男、モクモク人形二体、土人腰巻二枚、杉浦佐助」と記されているのをみつけた。せむしといえば、たしかに男はかなり前かがみの姿勢をしている。私はそのとき、久功の日記に頻出する、久功と佐助がパラオでよく行動をともにしていた、トカイという名のせむしの老人のことを思い出した。この彫刻は、久功が「三河大工杉浦佐助の彫刻」なる一文の中で「立派なもの」と言ってほめている、佐助の初期作品の一つ「トカイ像」にまちがいなかった。佐助は昭和十四年九月、個展が終わって帰郷した折、個展で売れ残ったこの彫刻を、小学校に寄贈したのであろう。しばらくして、モクモク人形というパラオの郷土人形も一体、倉庫から出てきた。こうして短い期間のうちに、佐助の彫刻が二点まで発見されたのである。

南洋へ飛び出す

佐助は、最初、立川組の大場兼吉、ついで一の字組の尾崎平助という親方のもとで、宮大工としての修業を積んだ。生来器用で、大工としての手筋はよく、親方たちから可愛がられた。しかしその胸には、彫刻家への夢が早くから宿っていたらしい。「私の手記」には、

其ノ頃私ノカラダガ小サイノデ、ノミノ仕事ガ一番スキデシタ。コトニホリモノガ好キデシタ。大黒様ヤエビスサンヲ造ルノヲタノシミニシテ居マシタ。

とある。パラオで最初に会ったとき、久功に対しても、「子供の時から彫りものが好きで、年季中からいつも木切れを懐に入れて、大黒さんなどを彫っていたものだった。親方も彫りは上手で好きだったから叱られもしなかった」と語っている(「三河大工杉浦佐助の彫刻」)。

しかし大工の徒弟が彫刻家になる道はきびしい。佐助は、周囲の人々から諫められて、いったんはこの夢を殺した模様である。

大正六年、二十歳のとき、大工の年季奉公が明け、徴兵検査が終わるや否や、彼は南洋群島へと飛び出した。

大正三年(一九一四)、第一次世界大戦が始まると、日本は連合国側に加わって、ドイツその他に宣戦を布告し、直ちにそれまでドイツの植民地だったマリアナ、マーシャル、カロリンの諸島を占領して軍政下に置いた。戦後の大正九年、国際連盟の決議により、これらの島々は日本の委任統治領となり、日本は翌々年、パラオのコロール島に南洋

庁を置いてその統治に当たった。だから佐助がパラオへ渡ったのはまだ軍政下の時代であり、彼は南洋では、いわば草分けだったのである。

第一次大戦後、蒲郡近在の豪農鈴木家と大隅家の当主がはからい、東京の某氏の斡旋を受け、南洋産業株式会社を設立、椰子の栽培や肥料となる海鳥の糞の採取などをもくろんで、南洋群島へ進出した。会社は数年にして倒産、「東京の賢い利権屋に田舎の金持のボンボンがだまされた」という噂が流れた由だが、この会社の誘いに応じたのが、ともかくも佐助の南洋行の直接の動機だった（牧野氏の調査に拠る）。

倉橋弥一は、彫刻家への道が閉ざされたため、佐助がやけ半分、やみくもに会社の勧誘に乗ったように書いているけれども、その後の佐助の歩みを思い合わせるとき、この選択にはある必然があったと考えられる。当時、中国大陸と南洋群島は、内地で鬱屈していた青年たちにとって、自分を試すべき新天地であった。大陸へ渡った人々は、みなどこか国士といった肌合いを帯び、政治や策謀にかかわろうとする腥さを持っていたのに対し、南へ行った人たちには、そういうところがまるでない。南とはまず海であり、光と色彩であり、繁茂であり、国家や社会から遠く離れた、アナーキーな夢想の場所でもあって、楽園の面影を宿す一方、それは世外であり、他界に近い土地、人が自らに課す流謫、いや、流刑の地でもある。佐助は、自分の素質の中に、そうした風土とひびき合うものを感じたからこそ、南へ赴いたのであろう。

大正六年にパラオへ渡ってから、昭和四年、遅まきながら彫刻家を志して久功を訪ねるまでの十二年間の佐助の生活は、久功の言に従えば、「立派ナ植民地ノ裏面小説ヲナスモノ」（『日記』）であった。しかしこの間に佐助がどのようなことをしていたのかは、正確にはわからない。

『孤島の日本大工』その他によると、彼は南洋産業には大工として雇われたのであり、最初のうちはコロールで、島民を何人か使って、会社の建物や社宅を建てるため、真面目に働いていたようだ。しかし五年目に、小金を貯めた気になっていったん故郷へ帰ったところ、内地では大工の手間賃が上がっていて、兄弟弟子の誰もがそれ位の金を持っていたので、南洋くんだりまでわざわざ出かけていって一稼ぎしたつもりの彼にはひどく面白くなかったこと、内地から連れ帰った妻君が発狂し、蒲郡へ戻さねばならなかったこと、加えて会社が左前になったことから、今度は大工をそっちのけにして、手段を選ばず金儲けにかかり、外南洋のセレベスまで出向いたり、沖縄人の漁師と組んで高瀬貝の密漁に手を出したりしたがどれもうまくゆかず、飲んだくれて、生活がすさむようになっていったらしい。

佐助の結婚の話は、久功の日記にもちょっと出てくるし、私が蒲郡で会った、佐助のことをよく知っていたという元左官の老人も口にしていた。老人の話によると、その女性は大変な美人だったが、佐助とは結局不縁となり、のちに狂気は治まって、土地の電気屋と再婚したとのことである。佐助は、家庭生活には生涯恵まれなかった。昭和十四年に帰国した際に一緒になって——正式に結婚したかどうかは不明だが——南洋へ連れてきた女も自殺しているし、テニアンでの結婚も、彼自身の不慮の死のため、二年足らずしか続かなかった。このような不幸は、あながち運とばかりは言い切れない。私はそこに、佐助の業のごときものの影がさしているのを感じるからである。

やがて佐助は金儲けに見切りをつけ、もとの大工に戻り、好きな彫り物をまたぼつぼつ始めていたときに、土方久功という美術学校出の彫刻家がコロールに来ていることを人づてに知ったのである。

土方久功の南洋行

土方久功は、明治三十三年東京に生まれた。師といいながら、彼のほうが佐助より三歳年下である。父久路《ひさみち》は陸軍の軍人、父の長兄土方久元《ひさもと》伯爵は、明治の名高い元勲であり、その直系の孫には、築地小劇場の創立者で、新劇運動に大きな足跡を残した土方与志《よし》がいる。久功からすると、与志は従兄の子に当たる。二人は幼友達であり、生涯の盟友であった。築地小劇場の葡萄のマークをデザインしたのは久功である。

久功自身は爵位を持たなかったけれども、父方母方の親戚には華族が多く、学習院に学んでいることからしても、彼は華族界の人間だった。この生まれと、彼の南洋行の間には、深いかかわりがある。

父母の仲が悪く、父は結核の療養も兼ねて茅ヶ崎に別居し、父を愛していた久功は、兄弟の中でただ一人だけ父とともに住んだ。父はすでに陸軍をやめていて生活は苦しく、彼は「金のかからない学校」ということで、大正八年四月、東京美術学校の彫刻科に入学、建畠大夢《たてはただいむ》の教室に入った。しかしこの年、父が病死し、彼は、母や他の兄弟たちの住む麹町六番町の祖父母の持家に戻る。屋敷住いとはいえ、一家の生活費は、父の死のためにさらに減額された国からの扶助料だけで、体面を保たねばならなかっただけに貧窮感、閉塞感は一層深くなった。そのうえ兄が母に楯ついて、すさんだ暮らしをしていたので、家の空気は暗かった。以後、南洋へ発つまでの十年間は、久功の一生にあって、もっとも不幸だった時期である。「私ト云フ人間ハ何時デモ事件ヲ起スノデハナク、何時デモ人ノ事件ノ後片ヅケバカリサセラレタ……。兎モ角、私ハイイ時ニ日本ヲ逃ゲ出シタ。アンナ生活ヲアンナ気持デモウ三年モ五年モ続ケテ居タラ、私ハ本物ノ狂気ニナッタカ、サモナケレバ今頃ハ自殺シテ居タカモ知レナイ」と彼は後年の日記に記している。

南洋への思いが生まれたのは、こうした彼の心の闇の中でのことだ。彼はその希望を何度か母に向かって口にしたものの、病身の母を残してゆくことはできなかった。しかし、その母が昭和二年喘息発作のため急死し、一家が瓦解して兄弟四人がそれぞれ別の親戚に引き取られたとき、久功の心は決まった。

それにしてもなぜ南洋なのか？　彼は当時の日記の中に「南洋行キ次第」という一文を書き残していて、南洋へ行く理由として、寒さ嫌い、ゴーギャンの影響、民族学や考古学への関心、原始的なものへの好みの四つを挙げている。

たしかに久功は、作品と生活の両面で、ゴーギャンの強い影響を受けた。『白樺』同人の小泉鉄《まがね》が、大正二年に白樺叢書の一冊として訳したゴーギャンのタヒチ紀行『ノア・ノア』は、白樺派のごく近いところにいた久功の、早くからの愛読書だった。抽象性の強い、平面的な処理の目立つその彫刻や絵、原始的なものへの好みなど、久功にはゴーギャンと共通するところが多い。実際、戦後の美術界で、久功はしばしば「日本のゴーギャン」扱いされた。しかし本質からすれば、二人はまったく異なる人間である。久功の作風は、平明で、安らかで、そこにゴーギャンの魔的な激しさはない。久功自身そのことをはっきり意識しており、ゴーギャンを好む理由について、「多分アマリニ自分カラ遠イカラカモシレナイ」（『日記』）と書いている。とはいえ久功が、ゴーギャンの描き出す南海の魅力に心をうばわれ、ゴーギャンの指さすままに、南へと旅立ったことだけは確かである。

民族学や考古学への関心についていうならば、彼は松岡静雄の愛読者で、その『ミクロネシア民族誌』や『太平洋民族誌』を愛読、精読していた。当時ミクロネシアの民族学的・考古学的研究は緒についたばかりで、これから彼が見、聞き、触れるはずのものは、系統立った形では、まだほとんど文字に録されてはいなかった。彼の前には、未開の処女地がひろがっていた。親戚の家で徒食していた無名の青年が、この彼一人の王国の主権を手に入れるには、ただその場所へ足を踏み入れさえすればよかったのだ。

久功は、その日記を見る限り、南洋での十四年間、ほんの一時期をのぞいて、彫刻や絵にあまり時間を割いておらず、その余のすべての時間は、民族誌学の研究に捧げている。彼は、まだ美校に在学していた大正十一年の七月六日から、昭和五十二年一月六日、すなわち死去の四日前まで、実に五十五年にわたり、一日も欠かさず日記をつけ続けたが、南洋時代の日記は、フィールド・ノートそのままであり、まだ一部しか活字になっていないとはいえ（現在、民族学博物館からそのほとんどが刊行されている）、その方面ではきわめて貴重視されていて、そのため原本は、大阪の国立民族学博物館蔵となっている。一方、南洋をテーマとした、高村光太郎をして「南洋の匂いがぷんぷんするね」と言わせた世田谷美術館その他に残る彼の彫刻・絵画の大半は、実は帰国後の所産なのである。そして彼を呑みこんだこの民族誌学研究への情熱こそ、長年にわたって彼と佐助を分かちがたく結びつける動機となったのであった。

ともかく昭和四年三月七日、二十九歳の久功は、伝手も職もないパラオへと、ただ親戚友人からもらった餞別だけを懐にして、徒手空拳、横浜から南洋航路の船に乗った。

押しかけ弟子

パラオ諸島は、フィリピンの東、グァム島の南に位置する島々である。カロリン諸島に属し、西カロリン諸島とも呼ばれる。大小二百余の島々から成るが、有人島は八つに過ぎず、最大の島は、パラオ諸島の全面積の七割五分を占め、グァム島に次いでミクロネシアでは二番目に大きいバベルダオブ島、一名パラオ本島である。ただし諸島の中心は、日本の統治時代も、現在のパラオ共和国にあっても、バベルダオブ島の南に隣接する――現在では、両島は橋でつながれている――小さなコロール島だ。戦前コロールの町は人口一万余を有し、南洋庁をはじめすべての官庁、銀行、会社、商店がここに集中していた。久功がパラオで最初に住んだのもこの町である。

　コロールに着いた翌々日の三月二十一日、彼は家賃三十円で小さな家を借りて引き移り、自炊生活をはじめた。そして早速、かつてはパラオのどの村にもあった、アバイと呼ばれる、破風屋根をいただく集会所の切妻壁を埋め尽くす、神話や伝説をテーマとした絵や浮彫を写しにかかった。佐助がはじめて久功の家を訪ねてきたのは、久功がアバイ通いに明け暮れていたこうしたある日、正確にいえば四月四日のことである。直情径行の佐助は、「誰の紹介もなく、自分が彫ったのだと言って七寸ほどの、堅い鉄木で彫った達磨さん」（久功、前掲文）だけを持ってやってきた。その日の久功の日記の、佐助に関する部分を抄出してみる。

　晩杉浦ト云フ大工サンガ訪ネテ来テ十一時頃マデ話シテ行ク。何デモ彫刻ガ好キデ好キデ仕方ガナイカラ弟子入リサセテクレト云フノデアル。私ダッテ木彫ハ少シモ習ッタワケデハナシ、マア一緒ニ研究シヨウト云ッテヤル。

　大工サンノ話ハナカ〳〵尽キナイ。

……………

　大工サンハ年期ガアケルト南洋ヘ飛ビ出シテ大工ハソッチノケニシテ金儲ケニカカッタ。多少ノ成功モアッタガ同ジ以上ノ失敗モアリ、表南洋マデ出カケテモ見タガ結局同ジ事ダッタ事、金儲ケト云フモノハアクセクシテユトリノナイモノデ儲ケレバ更ニ儲ケヲ望ムヤウニナリ、間違ヘバ元ニカヘッテシマフ。ソレダケノ経験ガ残ルト云フガ、ソンナモノハ時代ガ一緒ニモッテ行ッテシマフカラ、同ジ事ヲクリカヘシテモ駄目ダ。ソコデ金儲ケハキッパリヤメニシタ。芸術ナラバ後マデ残ル。決シテヤッタラバヤッタダケデ元ヘハカヘラナイ。コレカラハ一生ノ仕事トシテ彫刻ヲヤル気ヲ、シッカリト決メタ処ダ。マダ遅クハナイ。
モウ南洋ニ来テカラ十二、三年ニナルガ其ノ間実ニ何デモヤッタ。田舎デハ何ト云ッテモ金ガヤカマシカッタノデ金儲ケヲスル気デ随分悪イ事モシタ。密猟モ何年カヤッテ罰金ダケデモ二百五十円カラオサメタ。ダガ人ノ目ヲヌスンデヤル仕事ハ決シテヨソカラ考ヘルヤウニ儲カルモノデハナイ。信用ハ落ス、真面目ナ仕事ニハ遠クナル。商売ト云フモノハ兎角人ニ悪マレル。尤モ全ク悪イ事モヤッタノダカラ仕方ガナイ。最近ニナッテ目ガ覚メタ。金儲ケハ止メタ。元ノ大工ニカヘッタ訳ダ。
十二、三年モ親方ニ逢ハナンダガ淋シクモ恋シクモナカッタ。処ガ此頃ニナッテ親方ガナクナラレタ。ナクナッテ見ルト自分ガ本当ニ頼ミニシテ居タノハ親方ダッタノダト云フ事ガワカッタ。コッチニ来テ云ハバ出鱈目ヲヤッテ居ラレタノハ、何時何時デモイヨ〳〵ノ時ハ親方ノ処ニ帰レルト云フ安心ガアッタカラダッタノダ。親方ガナクナッテ見ルト片腕ガソガレタ様デ妙ニ懐シクテイケナイ。
大工サンノ話ハナカ〳〵尽キナイ。

それから四日後の四月八日の夜にも、また佐助が訪ねてきた。このときも久功は、「大工サンノ話ハ縷々トシテ、デハナクテ、ポツ〳〵トシテナカ〳〵尽キナイ」と言って、日記の中に佐助の話の内容を詳しく書きとめている。久功の記述からは、三河弁丸出しの佐助の話振りが髣髴としてくる。しかし引用があまり長すぎるし、話の内容にも重複があるので、ここでは後半の部分だけをかかげておく。

〔……〕ソレカラ十年前ノ土人ノ有様ヲ思ヒ出シテハシキリト昔ノ閑カサヲ懐シガッタ。十年前ニハ行キアタリバッタリニドコノ土人ノ家ニ行ッテモ有ル程ノ御馳走ヲ出シテ新ラシイアンペラニ新ラシイ枕デ寝カシテクレタ。今デモ本島アタリデコチラカラ行ケバソレダケノ事ハスルガ、ドウモ今ノモノニハズルサガアッテ昔ノヤウニシンカラト云フ処ガナイ。ダガソウハ云ッテモ今デモ島民達ノ生活ニハ何処ニモユタカナ処ガアッテイイ。例ヘバ食物ニシテモガダ、ソレハ日本人ノハウマイ。ソレハ日本人ノハウマクシテ食フト云フ事ヲ心ガケテ居ルノダカラ仕方ガナイ。ソコヘ行クト島民ノハ食ヘルヤウニシタト云フダケダカラ決シテウマクハナイ。ケレドモソレダケニ食物其物ニモ、ソレヲ食ウ心持ニモユウナ処ガアッテ実ニユタカナ気持ダ。云ヘバソノユタカナ気持ガウマイノダ。ワシ等ハ同ジ金デヨバレルトシタラ島民ノ料理ノ方ニ行クヨ。例ヘバガ島民ノ処デハパパイヤナドニシテモ山ノ様ニ出ス。熟シテ柔ラカイノガ食ベタケレバヨリドリダシ、生ノヤツガヨケレバソレモ勝手ダシ、ツユダケ吸ッテ残ソートト何ヲシヨウト何トモ思ハナイ。日本人ノ処デハイクラウマイモノデモガ小皿ニ盛リキリ、カヘル事ガ出来タトシタ所デ程度ガシレテ居ル。何処ニモユトリト云フモノガナイ。ソノ上イケナイ事ニハソレヲ食フ人達ノ心持ニ又チットモユトリガナイ事ダ。コレハ何ウシヤウモナイ。ヤッパリ小サイ時カラ何事ニツケテモヤカマシイ処ニ育ッテ来タカラダロウガ、何一ツスルニシテモワシニハ内地ノ人達ハウルサクテシカタガナイ。ソレカラ、ソレカラ、大工サンノ話ハナカ〳〵尽キナイ。

久功は欄外に、「ゴーガン風ニ云ヘバコレハ「古代ノ野蛮人達ガ持ツアル贅沢サ」デハナイカ」と書いているが、ここには佐助の鋭い日本人批判、文明批判がある。と同時に、南の毒が佐助の全身にすでにまわっていて、彼が内地の生活にはもはや適応できなくなっているさまをも窺わせる。

久功は、昭和二年に東京で一度個展を開いていて、一部から注目されはしたものの、まだ彫刻家として一家をなしているとは言い難く、とても弟子をとるような身分ではなかった。そのうえ美術学校の彫刻科で彼が籍を置いていたのは塑造部であって、木彫は日記の中で述べている通り、勝手にやっただけのものにすぎない。木彫の技術自体についていえば、あるいは佐助のほうが上だったかもしれない。また、そのための条件がすべて満たされていたとしても、弟子をとるなどとは、彼の好むところではなかった。だから内地だったら、彼はこんな弟子入りの申込みは即座に断っていただろう。しかし彼は、パラオのすべて、とりわけ宗教や古い民俗を調べるに当たって、パラオ語の習得が必要不可欠であり、来島早々、自分の前に言葉の障壁が立ちはだかっているのを、いやというほど感じさせられていた。彼はできるなら、パラオ在住十余年の、パラオ語にはまったく不自由のない佐助を、協力者として身近に引きとめておきたかった。佐助のほうも、この機会を逃したら宿願の彫刻家にはなれないと思いつめている。

けれど、佐助の携えてきた達磨は、たしかによく彫られていて、形にも狂いはないものの、これはあくまで「似せ彫り」であって、この道はどこまで行っても芸術には達しない。久功は、佐助に後悔させないため、率直に芸術の難しさを語った。そして彫刻家になるためには、一年中モデルを使い、モデルにさまざまなポーズをさせて、人体のあらゆる相に習熟する、という基礎訓練からはじめて、東西の美術史や芸用解剖学までも学ばねばならない、そしてそういう勉強の中から自己特有の創作態度と方法を見出してゆくのだが、これは、勉強したからといって誰もが必ずしも見出せるものではない、と説いた。しかし佐助は、「そういうものですか、それじゃあ大いにやり甲斐があるはずです、美術史の本も買ってもらいましょう、芸用解剖学も勉強させて下さい、そして写実ということからみっちりやってみましょう」と言って、一歩もあとに退かない。

そこで久功は交換条件を出した。自分が南洋に来たのは、彫刻のこともあるが、島民について調べるのが目的なのだ、だから大工をやめて、私と一緒にパラオをまわり、通訳をしてもらいたい、そうすれば毎日でも彫刻や芸術の話ができるし、一緒に彫刻することもできる、それも一年や二年ではだめで、少なくとも数年はやらなければならない、と彼が言うと、佐助は即座にその条件を受け入れた。そのとき「大工さんがいかに一途に彫刻をやることを決意していたか、また一度考えたら一途に実行する人であるかがわかりました」と、久功は、佐助の死の十四年後、雑誌『民芸手帖』昭和三十三年九月号に執筆した「三河大工杉浦佐助の彫刻」という一文の中で書いている。

ふたりのパラオ遍歴

こうして佐助は、偶然のことながら、彼という人間を理解し、彼の中にひそんでいた彫刻家の才能を引き出してくれることになるまたとない師匠にめぐり合ったのであり、一方の久功も、「パラオニ十三年居テ、パラオ中ニ島民ノ知人ヲモチ、パラオ中何処ニデモ住ンダ事ガアリ、年寄達ノ六カシイ言葉サヘ自由ニ聞ク事ノデキル」、理想の好伴侶を得たのである。以後十年、二人は行動をともにし、久功の赴くところ、どこにも佐助の姿があった。やがて二人の「名コンビ」振りは、「ハラオ中ニ知レ渡」ることになる。かつてパラオで久功の事跡をたずねて歩いたとき、私は、まるで切り離せない存在ででもあるかのように、人々が久功と並べて佐助の名を決まって口にするのに驚いたものだった。生まれも育ちもまったく異なるこの二人の組合せは、さまざまな点で興味深く、そして稀有である。久功に出会わなかったら、佐助の彫刻はなかっただろうし、佐助がいなければ、久功の民族誌学の研究は、あれほどの成果をあげることはできなかっただろう。

弟子入りの話が決まると、佐助は三日にあげず久功を訪ねてくるようになった。デング熱にかかって寝こんでいる久功を梅干しを持って見舞ったり、パラオの故事に詳しい島の故老を連れてきたり、飼っていた蝙蝠を肩にとまらせてあらわれたり、酒に酔ってそのまま久功の家に寝泊りしてしまう佐助の姿が、久功の日記の中に見られる。

その間にも、佐助は久功の求めに従い、コロール島の北岸の村ガラマエに住む焼物作りの老婆のところへ案内したり、その近くのアルボードゥルの廃村へ人面の鰐を刻んだ神像石を見にゆき、ただ一軒だけ残っている家に病軀を横たえていたかつての酋長から、この石についての伝説をきき出す際の通訳をしたり、島民に舟を出させて、コロール島の南に浮かぶほとんど無人のアルプタシェル島へ渡り、風葬のための洞窟の中で土器片を拾う久功の手伝いをしたりもしている。

久功は、六月二十日付で南洋庁支庁の嘱託に任命され、以後コロールを振り出しに、ガラルド、マルキョクとパラオ本島の東海岸の村々に二月、三月と滞在しては公学校で講習会を開き、ほぼ一年にわたって島民の子供たちに木工を教えた。南洋庁の狙いは、島民にパラオ特有の物産品を作らせることにあったが、久功の教師としての力量のおかげで、この狙いは見事に成功した。実際、今日パラオの主要な土産物になっている、ストーリーボードと称する、パラオの神話伝説を刻んだ横長のレリーフは、公学校での久功の直接の教え子や孫弟子たちの手で作られているからである。

こうした講習会にはもちろん佐助も同行し、助手をつとめた。久功の日記のこの年九月十九日の項には、「杉浦君昨日ヨリ役所ヲヤメ家ニ来ル」と記されている。佐助はそれまで南洋庁に雇われて大工の仕事をしていたらしいが、久功のガラルド行についてゆくため、辞職したのである。

ガラルドでもマルキョクでも、久功と佐助は村の空家を借りて住み、昼は公学校で教え、あとは村の故老に話をきいたり、周辺を歩きまわったり、ときには子供たちを連れて海へ魚とりや貝拾いに行ったりして過ごした。この間、佐助は単独行動をとることなくほとんど久功につき従っていたようである。コロールに比べパラオ本島はのどかで、日本人は少なく、生活費はただ同然だった。こうした生活の間に、久功は次第に島民の中に溶けこんでいった。それには彼の威張らず、気取らない人柄もさることながら、佐助の配慮に負うところが大きかった。当時、神様事件と呼ばれる事件があって、島民の中に日本人に対する悪感情がくすぶっていただけになおさらだった。

パラオには、日本の統治下になるしばらく前から、一種の新興宗教がひろがっていて、島民たちの心を深く捉えていた。この宗教は、ごく大雑把にいえば、日本の統治以前、スペイン人とドイツ人の宣教師が教えこんだキリスト教とパラオ古来の信仰の習合したものである。日本の官憲はこの宗教を蛇蝎視し、その指導者や信者たちを次々と捕えては投獄した。この宗教の教祖トモダツヅは獄死したと言われている。だから島民の間には、日本人に対する警戒心がきわめて強かったのである。

ところで久功は佐助から、トモダツヅのあとを継ぐこの宗教の指導者コーデップを紹介された。コーデップは、本島の村の第一長老であり、青年ながらパラオの神話伝説や古俗に通暁し、大きな結社の頭目として多くの人々を信服させる力を備えていた。久功は、調査を通して、コーデップときわめて親しくなった。それは彼が、「私の調べものの大半はこのコーデップの案内により、助力によった」（「パラオに於ける信仰的新結社に就いて」）と書いているほどである。実際、久功の日記には「朝コーデップ来」、「晩コーデップノ所ニ行キ話」といった記述が頻出する。この親交が、久功に対する島民たちの眼を変えた。久功も佐助も、新興宗教の集まりに、何ひとつ警戒されずに加わることができた。二人は、パラオのどの島でも、どの村でも歓迎され、親しまれた。これは、そのころの日本人では異例のことだった。その辺のところを久功は、後年帰国してからの日記の中で、佐助について、「当時変テコニコジレテヰタ島民タチニ、私トイフモノヲ上手ニ紹介シテクレタノダッタ」と回想している。

久功は、やがて公学校だけでなく、日本人子弟の学ぶ小学校でも教えさせられた。午前中は公学校、午後は小学校という忙しい日もあった。彼は無類の子供好きであり、人に教えることも嫌いではなかったが、教師生活の単調さと束縛とに次第に倦んできた。コロールに住まない限り、パラオはどこへ行っても生活にはほとんど金がかからない。彼は一年間の貯えをもとにして、離島その他パラオのまだ見ぬ隈々を、心置きなく歩きまわりたい、と思うようになったらしい。昭和五年六月十二日の彼の日記には、「夕食後支庁長ノ所ニ行キ此ノ六月デ役所ヲ止メサセテ貰フ様ニ話シテ来ル」と記されている。

そして七月八日、定期船緑丸の甲板には、パラオ諸島の南端に近いペリリュウ島へと向かう久功と佐助の姿が見られた。以後二人は、北のカヤンガル島から南のアンガウル島まで、二年半にわたってパラオの離島を旅して歩いた。

こうした島々には旅館は一切なく、二人は島民の家か空家に泊るのだが、どこへ行っても我が家のように気ままに振舞っているのには驚かされる。二人は為政者側の人間として、酋長、あるいはそれ以上の格の扱いを受けているかにみえる。実際、久功や佐助の指示に従って島民たちの動く姿が、あちこちに見られるのである。たとえば、昭和六年元旦の久功の日記には、

朝八時頃村中ノ島民ヲ桟橋ニ集メ北ニ向ッテ遥拝サセ、日本帝国、両陛下ノ万歳ヲ唱ヘシメ、十時頃皆バイ〔アバイ〕ニ集ル。

という記述がある。

当時二人は、パラオ本島の北の小さな離島カヤンガルにいた。ここは日本人が誰一人住まない別天地で、後年、南洋庁の役人をしていたとき、久功が、コロールの喧騒を避け、休息のためにしばしば渡った、パラオで彼の最も愛し

た島だった。この正月前後の久功の日記を通して、当時、久功と佐助がどのような生活をしていたかを窺ってみよう。

パラオ本島西岸の村々を再訪したあと、二人がカヤンガル島へ戻ってきたのは、十二月二十一日のことだった。彼らはすでに七月末から二カ月余にわたって島に滞在しており、島民たちとは馴染みといってよかった。

村は正月の用意で浮き立っていて、アバイでは、連日人々が集まって踊りの稽古をしていた。久功はルバク（長老）たちと相談し、正月に村の若い者に芝居をさせることにし、三十日には佐助が指図して、皆に「大キナ竜ノ様ナモノ」を作らせた。久功の日記を読むと、この時に限らず、このような場合には、佐助はいつも大工としての手腕を発揮して、人々を取り仕切っている。この手腕は、久功の彫刻や絵の才能とともに、島民からは畏敬の眼で見られたにちがいない。

大晦日には、二人は、例のせむしのトカイ老人を使って、正月に島民たちに振舞う御馳走作りにはげんだ。一皿には、「五本ノ椰子筍ト三羽ノ鶏トカラバサンノ天プラト昆布ト餅」を盛り、別の皿には「ウドン粉ヲトイテ流シテ支那料理トモシチュートモツカナイモノヲ拵へ」、さらに別の皿には、「アルボットルノ実ヲ二百バカリモキザミコンデ煮、砂糖一斤半塩二握モ入レテ」食後の飲み物とした。それから海へ行ってひと泳ぎし、帰って前祝いに宝焼酎を飲み、すっかりほろ酔いになり、コーデップらを誘って散歩に出かけている。

元旦は、桟橋での遥拝と万歳の儀式のあと、皆それぞれ芋を持ち寄ってアバイに集まり、久功たちの作った料理に舌鼓を打ち、続いて夕方まで、ひっきりなしの余興大会を楽しんだ。人々は興に乗って踊り、歌ったが、アバイの片隅では、例の新興宗教の信者たちが、そんなことには一切お構いなしに、ケセケス（神歌）を歌っていた。

夕方になると皆はよそへ踊りに行ったものの、暗くなるとまた戻ってきて、踊りや変装や芝居などと出し物が続き、最後にルバクたち全員がルクという男踊りを、女たちはモノイックという女踊りをして、十時頃、散会となった。久功たちはそれから桟橋へゆき、礁湖に銀色の光をゆらめかせている月を一時間以上も眺めてから、寝に戻った。

二日は、島めぐりをするというルバクたちに同行し、途中の家で酒や食事を振舞われ、酔いにまかせて大声でヤップ島の歌などを歌う年寄りたちの姿を興味深く眺めながら帰ってきた。夜は再びアバイに集まって「踊リヌキ、歌ヒヌキ」、そのあとは深夜一時半近くまで、また月見をした。三日は午前中は海で泳ぎ、昼は島民の家によばれ、食後は昼寝をし、夕方は例によってアバイで歌や踊りに興じ、それから、習慣になった月見をしながら、浜でおそくまで談笑する、といった具合だった。

こうした日々の中で、久功は佐助にどのように彫刻を教えたのか？

久功は、佐助の個展に際し、目録に「杉浦佐助の紹介」という短文を書いているが、その中に「私は杉浦に美術史と解剖学の本を与へ、生きたモデルによる写実から始めさせました」とあり、『孤島の日本大工』の中にも、「佐助は古ぼけた解剖学の本をたよりに、外形的な写実を学んでゐた」と記されていて、佐助が「写実ということからみっちり」やらされたのはまちがいない。このことは、蒲郡の小学校にある例の《トカイ像》が裏書きしている。《トカイ像》を含め、パラオ時代の佐助の彫刻について、久功は別の文章で次のように語る。

〔……〕大工さんは大工をやめてしまって、私と一緒にパラオじゅうを、北はカヤンガル島から南はペリリヨウ、アンガウル島まで、満二年半の間、歩きまわり、その間にパラオ人をモデルにした幾つかのマスクと首とを作ったのでした。就中私たちのパラオ遍歴の間いつもつれ歩いたトカイと言う、実に忠実なせむしの爺さんの胸像は立派なものになりました。（「三河大工杉浦佐助の彫刻」）

ただ久功は、同じ文章の中で、佐助が彫刻に専念するようになったのは、パラオ遍歴のあと、パラオ語の通じないサテワヌ島に住んで、通訳の仕事から解放されてからだ、と述べていて、パラオ滞在中は、久功の民族誌学研究の情熱に曳きずられて、なかなか彫刻の実作にはたずさわれなかった模様である。実際一月、二月で転々と居を変える旅暮らしでは、彫刻という、集中を要する仕事はむずかしく、久功の口から彫刻や美術の話を聞くのがせいぜいだっただろう。その証拠に、パラオ時代の久功の日記には「杉浦君、彫刻ノ色ツケデ午後四時半迄カカル」といった個所がごく稀に出てくるだけで、佐助の彫刻についての言及はほとんどない。

絶海の孤島サテワヌでの生活

久功と佐助は、昭和六年十月八日に、サテワヌ島に移住した。その動機として、パラオ諸島を見尽くしたので、もっと未開の島へゆきたかったのだ——ちょうどゴーギャンがタヒチを去って「まだ食人が行われているという」マルキーズ群島をめざしたように——と久功自身は語り、『孤島の日本大工』にもそうあるけれども、神様事件もそこに一抹の影を投げかけているようだ。二人がサテワヌ島に向かって長明丸に乗船する一月余前、七月十一日の久功の日記に「昨晩自分達ガ寝テカラ夜中コーデップ、イックルケツ、エルカサオル、トカイ来。何デモ二日前ニアルクライガ来テマヅニ「先生ト大工サンガ神様ノ事ヲ調ベテ訴ヘタノデ今度ハ皆ハヒドイ目ニ会フダロウ」ト云ッテ行ッタ由。大工サンニ一緒ニマルキョクニ行ッテクレト云ッテクル」という個所が出てくるからである。当時二人は本島のガラルドにいた。まったく根のない噂であろうと、いったんこのような噂が立った以上、パラオではどこへ行っても人々の猜疑の眼が二人に絡みついてきて、これまでのような屈託のない心を枯らせてしまうのは必定だった。この噂が、久功をサテワヌ移住へと踏み切らせた動機の、少なくともひとつであることは確かだ。

サテワヌ（最近はサタワルと表記されることが多いが、ここでは久功の表記に従っておく）は、パラオ諸島の北東に位置するヤップ島のそのまた離島である。コロールからだと十八日の船旅を要し、航路の終着点に当たる。周囲わずか八キロメートル、珊瑚礁にかこまれ、標高はほとんどなく、島の大半はココ椰子やパンの木におおわれている。当時の人口は約二百八十人、日本人は一人もおらず、したがって役場も学校も警察もなく、定期船が年に四度やってくるだけの、文字通り絶海の孤島だった。

二人がサテワヌ島を選んだのは、久功の言（「お金のいらない島へ」）によると、カヤンガル島でこの島出身のオジャレブルという青年と知り合い、原始そのままの島の暮らしの話をきいたのがきっかけだったという。燐鉱採掘のためパラオへ雇われてきて、故郷の島へ帰りそびれていたオジャレブルを、二人は案内役として連れていった。島では人々は、ヤニューという魔神を怖れ、無数のタブーに囲まれながらも、実際、青年の言葉通り、歌と踊りと漁撈とタロ芋掘りからなる、太古以来ののどかな生活を繰り返していた。二人は以後、昭和十三年十二月二十五日まで、足掛け八年をこの島で暮らすのである。

二人は最初、岩崎という、コプラの仲買いをしてこの島で暮らしていて、半年前、椰子の木から落ちて死んだとされる日本人の家に住んだ。岩崎は、実は黄永三という朝鮮人で、横暴だったため、島民たちに撲殺されたことを二人はあとになって知る。

オジャレブルは、島に帰って早々に若い娘と結婚し、最初この女に久功と佐助の面倒を見させていたが、ある日、別の二人の島の娘を連れてきて、その一人を指さし、ちょっと気取ったパラオ語で、「イニポウピーと申します。先生のシバイ(召使)として私が探してきました。今日からはこの女が何によらず先生のお望みのままにいたすでしょう」と言い、さらにもう一人をさして「ニヤニケジです。大工さんのシバイです」と付け加え、それから今度は少しふざけて、「いかがです、お気に入りましたか?」と笑って帰っていった。これは、久功のサテワヌ島滞在記『流木』の中に出てくる話である。その日の久功の日記には、「今晩カラ私達ハオ嫁サンヲ持ツ事ニナッタ。話ガワカラナイオ嫁サン、私ノガ Ilipoūpi 君、大工サンノガ Yarikeshi 君ト云フ」とあって、二人の娘は単なるシバイではなく、現地妻だった。

佐助はやがて、ここでも大工の腕を生かし、島民たちに手伝わせて隣に一軒家を新築し、ニヤニケジと一緒に越して行った。こうして久功と佐助は、島にいる間、別々の世帯を持つことになる。佐助は翌年にはさらに、流木を集め、久功と自分のために、二間に三間半のアトリエまで建てた。

久功は、酋長たちに頼まれて島の子供たちに日本語を教え、大事な問題については酋長たちの相談に乗り、戸籍を作って島勢調査の手伝いをし、携えてきた薬でもって、医者の代りまでした。「島中でいちばん偉いのだから一寸気持がいい」と彼は来島してすぐの弟宛ての手紙に書いていて、ここでも久功らは、酋長より一格上の存在だった。二人は黄永三のあとを引きついで、南洋貿易のためのコプラの仲買いの仕事もやっていた様子で、島民たちに椰子林の手入れや実の採取をさせたりするのは、佐助の仕事だった。

島の一年は、星にちなんで名付けられた十二の月からなり、前半年がラック、後半年はエッファンと呼ばれる。ラックは概して東風の吹くおだやかな季節で、天気のいい日が多く、海も静かで、航海や漁に適し、礁湖も干上がって、女子供たちまでが存分に貝や雲丹をとることができる。パンの実も豊かにみのり、食糧が豊富なので、生活は明るい。それに引きかえ、エッファンになると西風が吹きはじめ、天候が不順で、海が荒れて漁に出られなくなる。食糧も欠乏し、芋田の芋や貯蔵しておいたパンの実に頼ることが多くなる。

島民の日常生活についていうならば、昼間、男たちは漁に出たり、船造りとか椰子林の手入れといった共同作業に加わることもあるが、多くの場合ぶらぶらしていて、夜になると舟庫に集まり、椰子の花苞を焚いて、決まって踊り出す。もっぱら男が踊り、女は見物して囃し立てるだけだけれども、時には男女の競舞もあり、男女二つの組にわかれ、歌う歌がなくなり、息が尽き、声が嗄れるまで互いに歌い踊り、競い合って夜をふかす。女たちは、共同で食事を作るための厨屋に朝から晩まで集まって、冗談を言い言い、遊び半分の御馳走作りで一日を潰してしまう。

典型的な母系社会で、結婚すると、男は女の家に入り、女の家のために働く。離婚した場合、男は子供を残して家を出てゆく。子供はあくまで母親のものであり、夫婦の結合の所産とは考えられていない。だから女は平気で父無し子を生む。人々は、性に関してはまことにルーズで、大らかだ。

久功は、サテワヌ島滞在から二十年近く経ったあと、「孤島」という詩でこの島のことをうたっていて、その中に「彼らは恋をし　踊り狂い　そして充分に生を享受する　それにもかかわらず私に飛びかかる考え「彼らは蟻だ」何千何万年来　生きて死んで来た虫けらの大ものだ」という文句があるが、実際、人間はここでは「虫けらの大もの」であり、虫けらのように生まれ、そして死んでゆく。すべては無窮の循環であり、地に落葉が積み重なるように、昨日に今日が重なる。二人の在島八年の間、とり立てて何事もおこらず、事件といえば、定期船長明丸の年に四度の寄航か、台風の襲来くらいのもので、まことに静穏な日々だった。

新しい表現へ

定住の地を見出し、家もアトリエも出来たので、久功は、長いこと離れていた彫刻に戻った。佐助も喜んでそれに倣う。久功の日記には、このころから佐助の彫刻や絵に触れた個所が増えてくる。

大工サンハ毎日毎日村ニ出カケテハ、子供ヤ女達ヲ五六枚ヅツスケッチシテクル

大工サン、シコタマ下絵ヲ画イテモッテ来ル

此ノ頃大工サン二日目三日目ニ作リカケタ彫刻ヲモッテハ見セニ来ル

久功の各日記帖の末尾には、内地の親戚、友人、知人からの受領品と、こちらからの送付品のリストがのっているが、送付品の中に「杉浦自像」、「杉浦作踊木彫」といった文字が見える。

久功の彫刻は、カイバックルと称するパラオ人の手斧を使い、鉄木その他の硬質の厚い板から、叩き出すようにしてイメージを彫り出すレリーフが中心だが、佐助はレリーフはあまりやらず、丸彫や面をもっぱら手がけた。

「一年カラ二年三年トタツト、モデルノ不ジ由ナ所デガイケイ写実ヲ造ルト云フ事ハナンダカイヤニナリマシタ」

と「私の手記」の中で書いているように、佐助はこのころから写実に飽き足りなくなり、幻怪ともいうべき世界へ入っていったようだ。これはもちろん、彼の素質から出たことにはちがいないが、「写実とは大分距離のある」久功の彫刻の影響が大きかったことも確かである。この辺の経緯については「私の手記」に詳しい。小学校しか出ていない佐助の文章は、たどたどしく、誤字や不明の個所も間々あるけれど、幼稚な文面を通して、写実を超えた世界へ至りつこうとする彼のひたむきな探求心が読む者に伝わってくる。

〔……〕ソレカラナニカ自分デ自分ラシイモノヲ作ツテ見タクナリ、アレヤコレヤト迷ヒヌイテ居マシタ。事業ニモシツパイシ、ゲイジツニモシツパイニオワルカト思フトナンダカ生テ居ル事スラアイソガツキル様ニナリマシタ。先生ワイツモ個性ノゲイジツノモツ力ダノト云フテキカセテ下サイマスガ、ナンノ事ダカヨクワカラヌ。タヨリナイホソイ糸ノ様ナゲイジツニタズサワツテ居マシタ。其ノ頃母ガ八十一歳デナクナツタノデ、国本ノ兄カラオキヨノ本ヲ送テモラツテソレバカリヨンデイマシタ。

オシヤカサンノ山デノ仕業ノ心モチモヨク私シニワカル様ニ思イマシタ。

一サイ無モ私ニワヨクワカリマシタ只仏ノタリキ本願ワドオシテモワカリマセンデシタ。美術史ノ中ノホトケ様ヲ見マモルダケデシタ。其内デモ一バン小サイ古イ仏様ガ一番スキデシタ。

タレガ作カシラナイガヨホドタリキノ本願ニハイツタ人ガ作タノダロオト一人デウラヤマシク思ツテ居マシタ。其頃先生ガモツテオラレル伎ガク面ノシヤシンヲ思イ出シギガクブガクノオメン等ノシヤシンヲ見ツメル事ニナリマシタ。

伎ガクメンワイツモ親方ノ様ナカオデ私ヲ見テ居マシタ。

シホオ形チフゲンジツノモノガゲンジツ的ニチカラツヨイヨウ、伎楽面ガナゼニ親方ブツタ力ヲモツテ居ルノダ、ドレモコレモト其ノ不思議ヲ時々私考ヘサセラレマシタ。其ノケツカ自由ノ表源ト云フ事ニナリマシタ。右ワ私ガヘンナモノヲ造リ出ス迄ノケイレキデス。

コノシホオト云イ形ト云イゲンジツニ思イ出セナイ伎楽面ガ二千年モタツタ今日私ニナゼスルドク私ノ心ヲウツノカ、不思儀ニナツテキマシタ。ソコデ、作品(2)〔展覧会出品作〕ヲ作タ様ニ、ギガグ面ヲ顔ニシテ其ノカンジデカラダヲツクテ見マシタ。コオシタギガク面ヲキリニ、色々ナ習作ヲシテ見マシタ。作レバ作ルホドゲンジツデ思イオコサナイ様ナコオカガ生レテキマシタ。ソコデ自分モ一ツギガク面ノ様ナモノヲ表源シテ見タイト思ツテ夜分ワ色々ト考ヘル事ニシマシタ。ドオシテモウマク行キマセンノデ、今度ワ早ク(午後七時頃)ニネテ朝二時頃ニオキ、ニワトリト共一バン鳥、二バンドリ、三バンドリノコヘヲキキナガラ、ウソヲカイタリ、クウソウヲカイタリ、カツテナ感情ヲカイタリ又ハ手アタリ次第ニ、カツテキママヲカイテ、デツサンヲ作テ見マシタ。スルト中ニワキニ入ツタモノモ一ツヤ二ツカケル様ニナリマシタ。表ゲン方ホオトシテワ草木デモ動物デモ石デモ雲デモ見ツカリ次第ニ取テ見マシタ。

感ジ方ワ土人等ノ本質的カラクルカレラノカオノヘンカラモダイブウケトリマシタ自分ノ心ノオクニアル者カラモ作テ見マシタ。コオシタレンシウノケツカガ、自由ノ表ゲント云フ事ニナリマシタ。

久功は、佐助の彫刻のこうした展開について、「私が写実とは大分距離のあるものを次々に描いたり彫ったりすると大工さんの彫刻も急カーブをかいて幻想的になり、私の境地を乗り越えて「怪物」にまで行ってしまった」(「三河大工杉浦佐助の彫刻」)と書いている。

佐助の彫刻の実相を知るよすがとしては、現存の十点足らずの作品のほかには、雑誌『美之国』や個展の目録にのっている、写りの悪い数点の写真しかない。それらから判断するに、写実的な作風のものは《トカイ像》一点だけで、あとはみな「怪物」である。それは、あぐらを組む蛙の化物であり、布袋のような腹をした鳥であり、蛇かとかげの頭を持つ、頰杖をつく人体であり、謎の行にはげむ、痩せて肋骨をむき出しにした裸の行者であり、昆虫めく鋭い眼でこちらをうかがう未知の国の神像だ。並行線や群点が、まるで傷痕のように、あるいは彼らの神秘の出自を示すしるしででもあるかのように、顔や体に深く刻まれている。しかしこれらの怪物は、この世の空間から逸脱しようとはせず、その中で不思議に安定した位置を占め、ゆるぎない実体感さえそなえている。

この幻想は、西欧の、とりわけ近代の美術にみられる幻想とは、まったく趣きを異にする。大体、佐助の発想の中には西欧的なものはなにもない。彼が汲んでいる泉は、彼自身が書いているように、仏像や伎楽面、舞楽面などの日本の伝統であり、もう一つはおそらく、パラオの昔の島民が残した作物である。さきにちょっと触れたように、パラオの島々には、いつの時代のものとも知れない、人面の鰐などを刻んだ石の神像があちこちにある。久功は佐助を連れ、遠路やジャングルをものともせず、そうした神像を見て歩いて詳細な報告(「パラオ石神　並に石製遺物報告」)を残しているが、その中で久功が写しとっているこれらの神像の奇怪さには、佐助の彫刻の奇怪さに通うものがある。

佐助の彫刻はたしかに奇怪だが、そこには、近代人の病んだ意識が生み出す、底知れない暗い淵を覗きこむような不気味さはない。その奇怪さは、もっと根太く、土くさく、ときにはとぼけていて、ユーモラスで、一抹の明るささえ漂う。それが、彼の持味なのであろう。ともかく彼がサテワヌ島において、余人の企て得ない、彼一人だけの世界を作り出したことだけは確かである。

『孤島の日本大工』には、久功の日記にはまったく出てこないような、佐助にかかわるさまざまな事柄が書かれている。たとえば佐助は、心に浮かぶ、現実から離れた幻や感覚を、目の前にひろげ、左手で押えた藁半紙に、右手に持ったクレヨンで、目をつむったまま次から次へと描き、そうしたデッサンをもとにして彫刻を作ったという。このような方法は、シュルレアリスムが開発したオートマティックなデッサンに近く、きわめて興味深い。

これは彫刻とは関係ないことだが、佐助は、南洋貿易のコプラの仲買いだけでなく、アトリエの前に「南洋貿易分店」という看板をかかげた小さな店を開き、衣料品や雑貨を商って島民に喜ばれた由である。彫刻の仕事の邪魔にならないよう、開店は夕方の一時間だけであった。島では生活費は年に二十円とかからなかったから、コプラの仲買いの収入と合わせて、八年間で三千円の貯金ができた。これが、久功と佐助の帰国の費用となるのである。

佐助は、料理も上手で、豚を殺したからとか、鮫をさばいたからといっては、たえず久功たちを呼びに来た。鮫のことは、「大工サンハ鮫ノ料理デ一日カカッテシマッタ」と久功の日記にも出てくる。この日記によると、佐助は、「貰ったから食べましょうよ」と言って、犬の頭を丸ごと皿にのせて持ってきて、久功を唖然とさせてもいる。

サテワヌのような小さな島にあっては、八年という歳月は長い。その間に久功は、島民の信仰、民俗、言語から村の仕組み、家族構成から結婚制度に至るまで、ほとんどすべてを調べ尽くした。もっとも滞在の後半は、大分調査に倦んできた様子で、日記には、調査の記述が少なくなり、代って、日本の風景を詠んだ短歌、俳句、詩、子供のころの思い出がふえはじめ、やがてそれらが、池の面を藻が蔽うように、ページを蔽ってしまう。最後のころ、彼はあきらかに重度の郷愁病に冒されていた。

たしかに二人が島を去る潮時ではあった。ただしその潮時を早めたのは、黄永三の一件だった。隣のナモチョック島で、やはり椰子の木から落ちて死んだとされる日本人がおり、この二人の死因に疑惑を抱いた久功と佐助が、ひそかに調査を進めているうち、酔った島民の口から黄の死の真相があきらかになった。久功はそのことをパラオに通報し、やがて久功らと入れ違いにパラオから警官の一隊がやってきて黄の墓をあばき、その頭蓋が鈍器で打ち砕かれていることをつきとめ、責任者を逮捕するのである。

酋長は二人の発つ前、集会所に島民たちを集めて、久功と佐助のために盛大な送別会を開いてくれた。イニポウピーは、理由は不明だが数年にして久功のもとを去り、何人かの男と結婚、離婚を繰り返したあと、ヤニュー（魔神）に取り憑かれ、重い病気にかかって死に、水葬に付されてしまうが、ニヤニケジのほうは最後まで佐助から離れなかったようで、『孤島の日本大工』には、二人が別れを惜しむ情景が描かれている。佐助は、四歳になる島民の子を貰い子にしたとか、犬を飼っていた、と久功の日記にはある。ニヤニケジとの生活は、これまで家庭には縁の薄かった佐助が、はじめて知った家庭の味だったかもしれない。

二人は昭和十三年十二月二十五日に島を去った。その日の久功の日記には、ただ「未明マイ丸来ル。荷物ヲ全部積ンデモラヒ、杉浦君ト共ニ便乗、十時出帆」と記されているだけである。

美術界への衝撃

八年振りに戻ってきたコロールの変貌は、久功と佐助を驚かせた。

何処モ此処モ変ッテシマッテ居テ、昔ノ面影ハナク、殊ニ家並ミノ飲食店ノ数ニハ実ニ驚キ入ル。何処モ此処モ縦横ニ道ガツキ、小型自動車ヤ「バス」ヤ「オートバイ」ガノベツニ走リマハリ、Doskokel ノ美シイ「アケズ」（草山）ハ消エテナクナリ、何処モカモガ家家家デウヅマッテシマフ。

と久功は日記に記している。

実際、久功と佐助がサテワヌで楽園の夢をむさぼっていた間に、昭和十二年には日中戦争がはじまり、翌十三年には国家総動員法が公布されて、日本全土が戦時体制下に入り、南洋群島の状況は激変していた。とりわけその西端に位置するパラオ諸島の軍事上の重要性が高まっていて、コロールには軍人がたくさん入りこみはじめており、久功らがサテワヌに渡った昭和六年には二千人に足りなかったこの町の邦人の人口は、昭和十四年には一万三千に達していたのである。

戻ってすぐ、久功は南洋庁の嘱託を命じられ、地方課に勤務することになった。彼は今や在住十年に及ぶ屈指の南洋群島通であり、ほとんど唯一の文化人だったのだから、このような人材を南洋庁がほうっておくわけはなかった。彼のほうにしても、今後コロールで生活するなら、なんらかの職につかなければ、やってゆくことはできなかったのだ。

職につくに際し、久功は役所とかけあって、いったん帰国するための長い休暇をとることに成功した。帰国の主な目的は、これまでの民族誌学研究の成果を東京の学界に報告することと、佐助の彫刻の展覧会を開いてやることだった。

二人の帰国直前の昭和十四年四月九日、十日の両日、東京の展覧会に先立ち、佐助の個展が、南洋庁の真向かいにある昌南倶楽部で行われた。久功の日記の四月六日の条に「昼新聞社ニ行ッテ杉浦ノ展覧会ノ広告ヲ出シテクル」とあるから、彼の肝煎りであったことはまちがいない。「相当人ガ来タ」と日記にあるところからして盛況だったらしいが、どのような作品が展示されたのか、評判はどうだったのか、といったことはわかっていない。

四月十六日、二人は、東京で洋裁を習いたいという島民の娘を連れ、久功が昭和四年にパラオに来た時と同じ山城丸の三等船室の客となった。佐助の荷物の中には、この十年に制作した丸彫、浮彫、仮面など三十余点の作品があった。師の久功には認められていたとしても、佐助を待ち構えている東京の美術界の評価は、まるで見当がつかなかった。不評や黙殺にあえば、一切を放擲して志した彼の彫刻家としての将来は、暗いものになるだろう。十年間に貯えた彼の力が、この評価に合格するかどうか、試験場に向かう学生のように彼は不安だった。

四月二十七日の夜遅く、船は東京湾に入った。湾内に入ると、これまでのローリングが止み、風も収まって、湖水の中を行くように静かになった。湾の水に映って揺れている、どこまでも続く町の灯を見て、久功は「アア十年振リデ見ル日本ノ火、横須賀ノ火、横浜ノ火」と日記に記しているが、ほぼ二十年振りの佐助の感慨はひとしお深かったにちがいない。

三人は、東京郊外、東横線の府立高等学校駅（現在の都立大学駅）の近くにある、久功の妹英子の婚家中沢家で旅装を解いた。英子の夫中沢佑は、のちには第二十一航空戦隊司令官に任命され、海軍中将まで昇進した人物だが、当時は軍令部第二課長だった。

三人は、当主夫妻をはじめ、一家の歓待を受けた。滞在中、佐助は、庭掃除をしたり、風呂を沸かしたり、下男のように働いたので、皆から「佐助さん、佐助さん」と言われて愛された。佐助の現存する彫刻の中で、私の眼からするともっともすぐれている丸彫一点が、この中沢家にある。あぐらをかき、右手で頬杖をついた、行者らしき裸体の人物像で、『孤島の日本大工』によると、歓待の礼として、佐助が同家に進呈したものという。

佐助は、横浜までは知っているが、これまで東京に来たことがなかった。そして彼が留守にした二十年という時間が、故国を別の国に変えていた。彼は、生まれてはじめて乗った地下鉄や自動車に啞然とし、銀座のネオンに瞠目し、溢れる人波に恐怖さえ覚えた。彼にとって東京は、パラオやサテワヌより異郷だった。

五月二十一日の晩、佐助は久功に連れられ、新橋の浦霞で開かれた『炬火』の旧同人――『炬火』は昭和三年に廃刊になっていた――による久功の歓迎会に出席し、川路柳虹をはじめ同人の面々に紹介された。この時、倉橋弥一だけでなく、御大の川路柳虹も、佐助の人間と作品に強い興味を抱いたらしい。柳虹は、東京美術学校の出身で、元来は画家志望であり、美術評論家としても一家をなしていた人だった。佐助の個展の実現、会場の選定から目録の作成、雑誌『美之国』特集号の発刊に、柳虹が一臂どころか二臂三臂の力を貸したことは、『美之国』に載った洋画家で美術評論家今井繁三郎の「佐助さんについて」という一文の中に、「川路柳虹さんは前々から土方久功氏と知り合いの間柄だったので、柳虹氏の手で、先日の個展が開かれたわけである」と書かれていることからも、久功の日記の中の「歯医者ノカヘリ上落合ノ川路柳虹氏ノ所ニ行ク。大工サン来テ居ル。後カラ倉橋ガ来ル」、「三昧堂ニ行ッタラ丁度川路氏ガ来テ居テ、大工サンノ展覧会場ガココニキマル」、「川路柳虹氏ヲ訪ネ、杉浦ノ方ノ展覧会ノ目録ヲ全部タノンデ来ル」、「川路氏ヲ訪ネ、展覧会ノ経費ヲスマセ、大工サンノ『美之国』ノ写真原稿ヲ置イテクル」といった個所からも知ることができる。

佐助の展覧会は、こうして、会場が銀座八丁目の三昧堂ギャラリー、会期は六月二十一日から二十四日までと決められた。三昧堂は階下が同名の書店で、二階が貸画廊だった。当時、銀座でさえまだ貸画廊は少なかったが、その中では一流だったという。

展覧会に先立ち、倉橋弥一は、佐助を旧知の高村光太郎の家へ連れて行った。そのときの様子は、『孤島の日本大工』の中に次のように記されている。

佐助の素朴な、むき出しな態度に、心から感動した詩人は、すぐ彫刻家としても、詩人としても大家でゐる高平先生に電話して、佐助をつれていつた。

佐助は、本郷駒込の高平先生の隠棲して居られるアトリエに、始めて伺つた。先生は、老人で、巨きい手を膝の上において、暖い眼差しで、佐助を見た。

「先生、この人です。南洋の孤島で、ひそかに勉強してゐた人は。」

詩人は、佐助をかういつて紹介した。

「うん。」

高平先生は、清らかな、気魄のある詩人として現代日本の巨きい人の一人であつた。

大きい厚い地図を出して、南洋群島のところをひらき、眼鏡をかけて、佐助の話をきいて、うなづいてゐた。

佐助は、先生の巨きい胸に抱かれたやうな気がした。

ここで、断が下つたら、自分は、再び南洋へ帰らう。更に精進しなければならない。そう思つて佐助はかたくなつてゐた。

先生は、黙つて、佐助の彫刻をいぢつてゐたが、その製作方法や、彫刻材のことについて、先生は細かく、質問した。

「よく、そんな寂しいところで、勉強してゐましたねえ。」

高平先生は、はじめて温顔をほころばせた。

…………

先生は、幾度も彫刻をなでてゐたが、

「いいものを見せてくれました。このグロテスクなものには、厭味がありません。」

といつた。

佐助は、先生に、もつともつと、自分は勉強したいといつた。

「展覧会をやりたいのですが。」

「銀座あたりへ並べて、都会の人をおどかして下さい。」

先生は笑つていはれた。

アトリエを出ると、若い詩人は、佐助の手を握つて、

「先生に、認められてよかつた。よかつた。」

とよろこんでくれた。


いうまでもないが、文中の「高平先生」は高村光太郎、「詩人」は倉橋弥一自身のことである。この年、光太郎は佐助より十四歳年上の五十六歳、夫人智恵子の死去の翌年であった。

五月三十日から六月二十日まで、佐助が蒲郡に帰っている間、今度は久功が光太郎を訪ね、目録のための推薦文を依頼した。光太郎は、目録の巻頭を飾る一文の中で「此はあの南洋の地からでなければとても生れないと思はれる原始人の審美と幻想に満ちた、恐るべき芸術的巨弾である」という最大級の賛辞をもって佐助の彫刻をたたえ、久功の依頼にこたえた。

「南洋彫刻家　杉浦佐助作品展覧会」と表紙に刷られた僅か八ページのこの目録には、ほかに川路柳虹と久功が執筆しており、柳虹も「此世のいづくにかゝる生きた幻想が潑剌と捉へられてゐるだらうか。杉浦君の作品は白日夢の如くにしてしかもその造形の力強さ――その中に潜む直情の鋭さによつて、最もユニツクな個性を表現してゐる。それは誰にも汚されない絶海孤島の自然の工房中で育てられた作品であるからだ」と、光太郎に劣らぬ賞讃振りである。

目録によると、出品されたのは、丸彫十五点、浮彫三点、面十四点の合計三十二点だった。ほかに素描若干が飾られ、また、久功が浮彫数点を賛助出品している。さらに佐助は、「島の写真を額に入れたり、腰巻や、ステッキ、お盆などの製作品を並べ」（『孤島の日本大工』）たという。この腰巻は、のちに蒲郡の小学校に寄贈したものにちがいない。なお目録の末尾には、「作品は凡て作者の希望により命題を付せず」と記されていて、実際作品は、丸彫五とか浮彫二というふうに呼ばれている。これらの怪物にはどうにも名付けようがなかったというのが実情で、題を付けなかったことに、それほど仔細があったとは考えられない。

当代一流の彫刻家や詩人の強力な推輓に加え、物珍しさも手伝って、佐助の個展は盛況を呈した。「案に相違して、非常な評判で、見物人が市の如くたて込む有様」と今井繁三郎は書いている。

頭を丸刈りにし、「詰襟の洋服を着て、一見国民学校の小使さんのような恰好」（『孤島の日本大工』）の、でっぷりして小男の佐助は、とても彫刻家には見えず、そばにいた久功がたえず作者と間違えられ、そのたびごとに、久功は笑って佐助を皆に紹介するのだった。生まれてはじめて作った名刺はたちまち切れ、彼は白い紙にゴム印をポンポン押して即製の名刺を拵えながら、「俺も偉くなったものだ。こりゃ大変なことになった」と頻りに呟き、うまそうに煙草をふかしては、手拭で額の汗を拭っていた、という（「佐助さんのこと」）。

来会者の中には、平櫛田中《ひらくしでんちゅう》、高村豊周《とよちか》、金子九平次、伊原宇三郎、藤森成吉、北園克衛、伊福部隆彦、長尾宏也らの姿があった。高村光太郎も二日目にやってきた。

佐助は、来会者の一人一人に感想を書いてくれといって葉書を渡していた、と『孤島の日本大工』にはある。『美之国』には、このアンケートらしきものの一部が掲載されている。「この彫刻に使用された素材が好ましいので、題材と味とがぴつたり一致した作品には、何んな他の塑造や木彫でも出せないボリウミオーな手触りがあつた」(伊原宇三郎)、「すべてヱキセントリックな幻想を取扱つてゐるが、その構成や技術は立派な確かさを持つてゐる」(北園克衛)、「大へん面白いと思ひました。近来の異色展です」(藤森成吉)、「特長を持つた面白さはある。独創的表現は優れて居ると思つた」(金子九平次)と、識者らも口を揃えて賞めており、ほかにも「南洋の別天地で静かに思ふまゝ彫刻された可驚貴重な作」、「一つの驚異!」、「こんな夢があるだらうか。こんな陶酔があるだらうか」といった激賞が目立つ。もちろん一方には、「立体感乃至彫塑感に未だしのものがある」、「いづれの作品もあまり変化がなさすぎる」のような批判や留保がないわけではないが、おおむね好評といってよかった。

光太郎の弟で、著名な工芸家の高村豊周は、雑記『汎工芸』のこの年の七月号に一文を寄せて、次のように書いた。

最近見た展覧会の中で私が最も感銘を受けたのは銀座三昧堂に開かれた杉浦佐助といふ人の木彫の作品展であつた。南洋諸島の中でも最も遠い何とかいふ孤島に、十年も土人と一緒に生活してゐて、その間に作り溜めたものだといふ。その経歴からして一風変つてゐるが、作品に至つては一風どころではない。曾て我国に生れた如何なる作家とも全然類を異にしたユニークなものであつた。作品は一つも名題がなく番号ばかりである。全体を通して魑魅魍魎をモデルとしたやうなもので、幻怪といふ言葉が最もよくあてはまるであろう。熟視してゐると怪気人に迫るものがある。ファンタジーといふものは絵では相当深酷なものが昔からあるにはあるが、彫刻では寡聞にして、余りよく之を知らない。杉浦氏の彫刻は、その私の全然知らない不可思議な世界をあくどい迄にはつきり見せてくれた。私は作家の想像力の逞しさに寧ろ呆れた程である。陳列作品の半分はマスクであるが、そのマスクなるものが、どうすればこんな面想を考へ出せるものかと驚かされるものばかりである。

しかも、この怪奇極まる作品に於て、私の感じたのは、その作品にわざとらしさや作為の跡が全然なく、全く作家の幻想の自然に任せた表現である、といふ事である。これが作り物だつたら鼻持ちのならない下等な卑しい作品に過ぎないものとなるであらう。尚、私は未曾有の主題に幻惑されてのみ感心したのではなくて、それが技術も相当に出来て居り、彫刻といふ一つの立派な造型作品になつてゐたのであるといふ事を念の為に付記して置きたい。

光太郎の厭味がないという言葉と、豊周のわざとらしさや作為の跡が全然ないという言葉は符節を合している。しかも奇怪な幻想があるリアリティを持ち、木彫の確かな技術に支えられている、という点でも、兄弟の、いや、もっと広く識者たちの意見は一致している。

新聞では、『朝日新聞』が六月二十四日付の朝刊で佐助の個展をとりあげ、「三河の宮大工の出で南洋に在る事二十数年、今から十年前彫刻の道に志し、孤島サトワヌに潜んで専ら幻想的な作品を作つてゐた異色の作家で、作品は玄怪を極めた伝説的な怪物の小像と面から成つてゐる」という紹介文を書いた。

光太郎の「恐るべき芸術的巨弾」という言葉は決して過褒ではなく、佐助の個展は、この年の美術界にたしかな衝撃を与えたのであった。

作品の行方を求めて

佐助の現存する作品のうち四点が、この展覧会の出品作であることがわかっている。蒲郡の佐助の実家に残る仮面、小学校のトカイ像、中沢家の行者像、そして久功が所持していてのちに佐助の未亡人に贈られた仮面（現在は佐助の一粒種、杉浦国久氏の蔵）である。すると残りの二十八点はその後どうなってしまったのであろうか？

土方敬子夫人の言によると、久功の家には、杉浦家に譲られた仮面のほかは、佐助の作品はなかったとのことである。一方、高村光太郎、川路柳虹、倉橋弥一の三人が、佐助の作品を一点以上買ったか、あるいは佐助から贈られるかしたことはまちがいないが、いずれも行方がわからない。光太郎の家もアトリエも昭和二十年四月の大空襲で全焼しているから、彼の持っていた佐助の彫刻は、この際、焼失したと考えられる。もっとも光太郎は、佐助のことを長い間気にかけていたようだ。彼が疎開先の岩手県稗貫郡太田村の山小屋に隠棲していた昭和二十一年二月十八日の日記に「勝治さん〔佐藤勝治〕とコタツで暫時談話。天皇についての感じ、余の自由思想との関係など、杉浦佐助の事も話す、テニヤンで死んだらしきこと」と書いているからである。どのような文脈の中で佐助のことが話題になったのか、光太郎の「自由思想」とのかかわりでのことなのか、この短い記述ではわからず、今となっては知る由もないが、興味をそそられる。

佐助の出品作のその後の行方については、若干の資料が残っている。一つは高見順が雑誌『知性』の昭和十六年二月号に寄せた「化け物」という随筆だ。「よほど前の話になるけれども」と断りながら、彼は、浅草吉野町の一瀬直行の家で、茶簞笥の上に置かれた「高さ四五寸の、蛙の化け物のやうな」木彫を見た、と書いている。一瀬直行は、倉橋弥一や久功同様『炬火』の同人だった詩人である。直行の口から佐助の名を聞いて、高見順はかつて、銀座でその人の展覧会が開かれている旨を友人から知り、行きたいと考えながら行きそびれたことを思い出す。彼はこの木彫について、「素人の私はどういふ木か知らないが、いかにも固さうな木には美しい艶が出てゐる。見るからに奇怪であるが、いやな不気味さはなく、飄々乎として剽軽であるが、浅はかな滑稽さは無い。まことに不思議な代物である」とも、「いやらしさが無い。言ひかへると、そこに何か芸術的なものと言ふか、何かほんものの感が感じられる」と言い、「展覧会を見落して、惜しいことをした」と呟く。そして「南洋の離れ小島で、かうした化け物を一心不乱に彫つてゐる不思議な人のことが私の頭からながく去らなかつた」と、この一文を結んでいる〔彼の『昭和文学盛衰史』の中にも、佐助についてのほぼ同様の言及がある〕。この蛙の化物の彫刻も、浅草を焼き払った戦火からやはり逃れることができなかったにちがいない。

蛙の詩人草野心平も、佐助の蛙の彫刻を愛蔵していた。昭和十五年に南京へ赴く際、彼は高村智恵子の切紙の絵と一緒にこの彫刻も携えていった。彼がどのような径路でそれを入手したのかはわからないが、個展で買ったのでなければ、もしかすると、光太郎と親しかったことや智恵子の切紙の絵の件から考えて、光太郎から譲られたのかもしれない。そして昭和二十一年に引き揚げる際、それを切紙の絵ともども親友の黄瀛《こうえい》の家に残してきた。これは彼が、「黄瀛と昔」（昭和二十一）という一文の中で書いていることである。中国人を父、日本人を母として重慶に生まれ、陸軍士官学校を卒業して、戦前の日本の詩壇で活躍した黄瀛氏は、九十歳ながら今なお重慶で健在である。私は一度、佐助の彫刻についての問合せの手紙を出してみたものの、返事は得られなかった。氏は文化大革命の際投獄され、辛酸を嘗めているから、佐助の彫刻も含め、その所持品は多分劫掠されたのであろう。

佐助は、展覧会が終わるや、七月一日にまた蒲郡へ戻った。その折、売れ残った彫刻を石炭箱一杯持ち帰ってきて、親戚知人の誰かれにくれようとしたが、誰も気味悪がって貰わなかった、という話が、蒲郡の人々の間に伝えられている。佐助の旧知だったという例の左官の老人の話によると、このとき、彫刻を見せられ「こんな、人間でもねえ、鳥でもねえ、蛙でもねえようなものが彫刻なんかであるものか」と言うと、佐助は、「ばかめ、人間か鳥か猿かわかるようなもんは本当の彫刻じゃねえ」と答えた由である。

かつて私は敬子夫人から、久功の親戚の家で、比較的近年、やはり気味悪がって佐助の彫刻を大ごみに出してしまった、という話をきいたことがある。私は、ゴーギャンが残した絵や彫刻を、魔物扱いして海に沈めたタヒチの人々のことを思わずにはいられない。こうして佐助の彫刻の大方が失われたのである。

久功は、佐助の展覧会とほぼ同時期に、京橋の南洋群島文化協会東京出張事務所で、「土方久功氏蒐集南洋土俗品展」と銘打って、パラオやサテワヌでの蒐集品を展示し、それらを東大の人類学教室に寄贈したあと、八月一日、親戚、友人、佐助らに送られて、一人でパラオへ戻って行った。ここで十年来の久功と佐助の「コンビ」は解消することになる。二人が別れた理由について、久功は一言も記していないが、『孤島の日本大工』には、南洋へ戻るつもりだと言う久功に向かって、佐助が、「わしは、少し東京にいて、高平先生について勉強しようかとも思います」と告げる個所がある。佐助は、十年の間に久功から吸収できるものはすべて吸収したであろうし、久功の側からすれば、もはや佐助に教えることなど何一つなかった。それに久功は、今では、佐助の通訳をまったく必要としないほどパラオ語に熟達していた。だから二人は、袂をわかつべくして、わかつことになったのである。しかし二人は、このときの別れが、今生の別れとなることをまだ知らなかった。

テニアンの佐助

佐助が、少なくとも暫時日本にとどまりたい意向を持っていたことは確かである。今井繁三郎も「どうせ彫刻で食へなくなつたら、宮大工になれば、めし位は日本で食へるのである。二三年ひとつ日本に居て見ようと決めてしまつた。それに幸ひ高村光太郎氏が佐助さんの仕事に興味を持つてくれてゐるので、これから住みつく事になつた知人の家が本郷動坂なので、高村氏のお宅とは目と鼻を幸ひ、色々の話をきゝに参るといふスケジュール」だと書いているし、蒲郡の老左官も、「もう南洋に帰らねえで日本にいた方がいいと思うが、どこかでやってゆけるところはないか」と佐助に訊ねられたので、「坂本の観音さん〔無住の寺〕にでも入るより仕方があるめえ。あそこだったら頼めば入れる」と答えたところ、「あんなとこは嫌だ」と言って南洋へ帰っていった、という話を私にしてくれたからである。

佐助は最初、安宿に泊りながら一月近く奈良、京都の寺々の仏像を見て歩き、それからあらためて上京して、光太郎に入門を乞うたが、断られた模様である。日本の封建的な彫刻界に愛想をつかして欧米へ渡り、のちには長男でありながら、家督相続を拒否して、恋人の長沼智恵子と結婚した光太郎にしてみれば、佐助が考えているような旧弊な師弟関係など受け入れ難いものであったろう。

故郷にも東京にも寄る辺を失った佐助の心の隙間に忍び入ってきたのは、南海の光と風の誘いであった。所詮内地の暮らしは彼の肌に合わなかった。こうして、久功から遅れること一月余にして、佐助は再び南洋群島へ旅立つ。

倉橋弥一ら数人が横浜まで見送りに行ったところ、突然佐助から「この人を南洋へ連れてゆくことになりました」

と、いかにも田舎出らしい若い女を紹介され、その女がぺこんとお辞儀をしたので、皆啞然として、お祝いの言葉も言わないうちに船が出てしまった、という話を『孤島の日本大工』は伝えている。この話が事実であったことは、久功の日記の「昼食堂デ小川節一氏ニ逢フ、何年カブリデ。ヤップカラ昨日国光丸デ出テ来タ由。小川君ノ話ニヨレバ、大工サンハ嫁サンヲツレテ来テ居ルノダトノコト。先日便リヲヨコシテ置キ乍ラ一言モソンナコトハ言ッテ居ナイガ」という、その年九月二十七日の記述が裏書きしている。

しかしこの結婚は悲劇に終わった。それから二月後の十一月二十六日の久功の日記に、「検事ガ来ラレ、ヤ、、ヤップノ杉浦大工サンノ女房ガ自殺シタ由ノ電報入リシ由」とあるからである。

前述のように、佐助の最初の妻も、パラオに来てすぐ発狂している。この二人の女の発狂と自殺は、偶然とは思われない。その原因が、いわばカルチャー・ショックにあることは、容易に想像することができる。当時の女性は、結婚が嫌になったからといって、簡単に親元に舞い戻ることは許されていなかった。最後まで夫に添い遂げなければならない、というのが、結婚した女に対して世間が求めた倫理で、地方出身者となればなおさらだった。だから、南洋の暮らしになじめない、とわかったとき、彼女たちの前には闇しかなかったのである。いや、むしろこう言うべきだろう、彼女たちのカルチャー・ショックを十分理解できないほど南洋の人間になってしまっていた佐助に多分原因があるのだ、と。

佐助は、久功のように、住み慣れたパラオへ戻って行ったわけではない。すでに記したように最初にヤップ、次いでその北のロタ島、そして昭和十七年にはそのまた北のテニアンへ移って、昭和十九年にそこで死を迎えるのであり、ついにパラオへは二度と足を踏み入れなかった。

これは、偶然だろうか？　横浜からの定期船は、サイパン、テニアン、ヤップに寄航してコロールに向かうのだから、その気になりさえすれば、彼は、久功をはじめ友人、知人の多いパラオを気軽に再訪できたはずである。パラオの主権は久功に委ね、佐助は、南洋群島の他の土地に、自分一人だけの王国を築こうとしたのかもしれない。それにしても、頑なにパラオに背を向け続けるかにみえる佐助の行動には、罰せられるのを怖れて祖国に帰ろうとしない亡命者や、伝染病の病源地に近づこうとしない神経質な男のようなところがある。

それでもなおしばらく、久功と佐助は、文通だけは続けている。久功の日記のところどころに「受信、杉浦佐助」、「発信、杉浦佐助」という文句が見られる。しかし佐助の手紙の内容については、まったく触れられていない。佐助はとても筆まめとは言い難く、なにしろ自分の結婚さえ報告しなかったくらいなのだから、その手紙の内容は簡略で、日記に書きとめるほどのことは記されていなかったと思われる。それゆえ久功の日記は以後、佐助の動静についてはほとんど何も語らない。『孤島の日本大工』は、佐助が横浜から乗船するところで終わっているので、昭和十四年九月に日本を離れて、昭和十九年九月にテニアンで死ぬまでの佐助を知る資料は、きわめて限られたものになってくる。それでもテニアン時代に関しては、若干の記録があり、未亡人をはじめ何人かの人たちの思い出話が残っているけれども、ヤップとロタにおける足掛け四年の佐助の動静は、その妻君の自殺を別にすれば、杳として不明だった。しかしごく最近になって、儀間《ぎま》比呂志氏の貴重な証言が得られた。儀間氏は、沖縄を代表する版画家で、昭和十五年春、十七歳のとき、沖縄を出奔、沖縄県人のたくさんいるテニアンへ渡り、沖縄芝居の道具方をしながら、絵を描いていた。そして、たまたま訪れていたテニアンの隣のロタ島で佐助と出会うのである。筆者宛の手紙の中で、氏はそのときの様子を次のように書いておられる。

私と先生との出会いは、昭和十七年の春ごろ、ロタ島の原住民集落のヤシの木陰で手斧でカッチン、カッチン鉄木を彫っている場でありました。何とふしぎなカッパのようなおどけた面、見ている二時間もすぎたころ、顔をあげられた先生は、目を光らせて自分の仕事をみている放浪少年に自分のかつての姿を見たのでしょうか、「君は芸術家になりたいのか」と声をかけ、しばらくご自分のヤップ島での修業時代を語って下さいました。私のスケッチブックを見たあと、「また縁があったら会いましょう」と、握手をかわしてお別れしました。

そして、あとに記すように、儀間氏は翌年、テニアンで佐助と再会、その弟子となるのである。

テニアンは、サイパン島とは指呼の間にある、南北十六キロメートル、東西八キロメートル、周囲五十キロメートルのさつまいもの形をした小島である。中央のラソ山と南端のカロリナス高地のほかはほぼ平坦で、周囲は多く絶壁に囲まれ、南西岸がややひらけて、そこに唯一の港テニアン港と、唯一の町ソンソン（のちにテニアン町と改名）がある。かつては島民が多数住んでいたが、スペイン統治時代、反抗のゆえに一人残らず虐殺されたとも、グァム島へ強制移住させられたとも伝えられ、日本人の手によって開発されるまで、二百年近く無人の島であった。テニアンとは、チャモロ語で死を意味する由である。

最初、大正五年以来、喜多合名会社が進出して椰子園を経営したが失敗に終わり、そのあと南洋興発が、砂糖黍を栽培して成功した。南洋興発は、砂糖王松江春次が創業した会社で、サイパンには今なお彼の銅像が立っている。彼は、島全体を碁盤の目に区切り、その目の一つ一つに開拓農家を配し、またたくうちに島を砂糖黍畑に変えた。その際、椰子につく虫が砂糖黍を害するというので、全島の椰子をことごとく伐り倒したので、南洋でありながら、この島には椰子がまったくなかったという。収穫された砂糖黍は、簡便鉄道で、港の近くに建造された巨大な精糖工場へと送られた。だから太平洋戦争がはじまって半ば軍の基地と化するまで、テニアンは文字通り「南興の島」だったのである。

久功は、昭和四年はじめてパラオへ渡る途中この島に立ち寄って、「今マデ何年カ無人島ダッタ処此ノ一両年来又人ガ入リ出シタ所ニテ、土人ハ居ズ、新開地気分デ一向面白クナイ」と日記に記しているが、佐助来住のころには、人口一万を越え、町には商店が軒を並べて活況を呈し、花街さえできていた。

久功は、昭和十七年に内地へ引き揚げる際にも、三月十二日に船がテニアンに寄航したので、中島敦と一緒にちょっと上陸しているものの、佐助と会った形跡はない。このときまだ佐助が来ていなかったか、来ていることを知らなかったか、どちらかであろう。

島民を愛し、内地人を嫌う佐助が、ほとんど日本人しか、それも軍人と開拓民と南洋興発の社員しか住まない、伝手があるわけでもないこうした島へ、なぜわざわざやって来たのかはわからない。以前、勤務先の熱海のホテルにお訪ねした際、息子の杉浦国久氏は「父は固い木がほしくて南洋へ来たのだそうです」と私に向かって言われた。なるほど島の南端に近いカロリナス高地には、鉄木の豊かに茂るジャングルがあった。この鉄木から抽出するカッチという染料を作る工場があるためカッチ山と呼ばれた土地に彼が居を定めたところからして、鉄木目当てだったとは十分考えられることである。

テニアンに来た当初、金がなかったためであろうが、彼は、カッチ山の、海岸に近い洞窟に住んでいた。戦後テニアンから引き揚げてきて、今は山形県天童市の郊外で農業をしている伊藤吉三郎氏は語る。

「子供心に変った人がいるもんだ、と思いましたね。父の家がその洞窟のそばだったんで、やがて遊びに来るようになり、父と意気投合して、泡盛を飲んでは日本の行末について話し合っていましたよ。なにしろ畑が忙しいもんで、父と私は昼間家にいないんですが、母がいつも留守をしているんで、夕方やってきては、蓄音機をかけたりしていました。面白い、気さくな人で、母の作る胡瓜もみが大好物でした。ある晩酔って面白い踊りをして、皆で大笑いしたことがあります。母など一晩中笑っていましたよ。河内音頭だったと思います。鶏を荒らす山猫を年に四、五匹殺すことがあって、先生、猫食うか？　と言うと、食うよ、と言ってすぐやってきました。でもあれはまずかったなあ。遊びに来いよ、と言われたんで、洞窟へ行ったこともあります。先生のいないすきに、置いてあったノートをめくったら、いろんなことが書いてありました。洞窟には半年くらい住んでいましたね。それから辻徳次さんの娘と結婚するんです。『南洋ラジオ新聞』をやっていた加藤暁夢さんが新聞に先生のことを偉い彫刻家だと書いたもんだから、辻さんは娘をくれる気になったんでしょうね。結婚したあと、役所と掛け合って、土地を払い下げてもらい、カッチ山で農園をはじめました。砂糖はやらず、メロンなんかを作っていましたよ。私の知る限り、先生は当時彫刻よりも絵を描く方が多かったと思います」。

現在、伊藤家には、セピア、あるいは砥の粉を思わせる茶褐色のカッチで描いた《山神》、《達磨》、《天孫降臨》と、墨絵の《農家図》と四点の佐助の絵が、立派に表装されて残っている。引揚げの際、伊藤氏の父君が全部腹に巻きつけて持ち帰ったものだという。骨太の、おおらかな描きぶりで、どの絵にも、佐助独特の飄逸味があるが、主題も画風も文人画の伝統に即していて、銀座の個展の彫刻で彼が見せたような、奔放な幻想はここにはない。四点すべてに南幽という署名が入っているが、これは南洋へ戻るに際して、高村光太郎から彼に贈られた号とのことで、彼は島では皆から南幽先生と呼ばれていたのである。

儀間氏が佐助の内弟子となるのは、佐助が洞窟に住んでいたこの時期のことだ。

先生のアトリエは島の南部カロリナス高地の深い崖の下。岩と岩の間に、太い丸太を渡して縄でしばり、粗削りの板を打ちつけただけの掘っ立て小屋そのものだった。しかし奥行きはふかく、造りは頑丈。「ここなら、敵の艦砲弾もとどくまい」。それが、先生がこの地にアトリエをかまえられた本音だったかもしれない。

それに、食糧も自給自足だ。私たちは、朝早くから高地の密林を切り拓き、芋畑、野菜作りに精を出した。その合間に先生は彫刻し、わたしはデッサンの勉強をした。モデルは、先生の作品である。あの褐色の妖怪たちだ。したがって私は、形の正確な把握より、そのものの「気」を表現しようと努めた。先生も、絵かき臭い技術など、覚えたさきから忘れろ、と指導された。

岩間の夜のおとずれは早い。日没前に夕食をすますと、食堂はそのまま、ランプを灯して美術史や、芸術解剖学の勉強室となる。教科書にはむずかしい字がならんでいた。日中の農作業の疲れが、眠気をさそう。

キキッと、甲高い獣の声、ハッとして振り向いた岩壁の隙間から、一メートルはあろうかと思われる大トカゲが、赤い舌をペロペロ出しながら、こちらをうかがっている。「こりゃっ!」と、先生が一喝する。トカゲは、どたりと、先生の作品がならべてある棚に飛び移って、闇の中の魑魅魍魎《ちみもうりょう》の仲間入りをしてしまった。それを見て、ニコリとされた先生の顔がまた、先生作るところの南洋の河郎《かわろう》の趣であった。やがて幽谷の夜はふけ、私たちはねむりの床についた。(『版画集　儀間比呂志の沖縄』海風社、平成六)

佐助が儀間少年に使わせた美術史や芸術解剖学の教科書は、久功が佐助に与えたものだったにちがいない。土方久功、杉浦佐助、儀間比呂志と三代にわたるこの師弟関係は興味深い。三人はともに時流にとらわれず、南洋群島を生活の場として、欲するままに生き、自然を通して、自己の内奥を表現する道を歩んだ。

「自分が用ゐる或る客体は、再現される為ではなく、それを透かして主体が生み出される所の手段であり、材料である」、「帝展の彫刻はたった一つだ。曰く外面。一体いつまでこんな素朴実在論の素直な無智の中にぷかぷか漂って居るつもりなのだ」——これは、久功がまだ美校の学生だった二十二歳のときに日記に書きつけた言葉だ。この精神は、三代にわたって貫かれている、ということができる。

しかし半年後、佐助に結婚の話が持ち上がったので、儀間少年は、また町の芝居小屋に戻った。

儀間氏は続けて次のように書く。

真に、カロリナスの修業の日々は、夢か現か、定めのつかない幻想世界に生き、学び、燃えたのであった。そうしているうちにも、戦況は逼迫。満二十歳になった私は、郷里から徴兵検査の令状を受け取った。島に残れば徴兵猶予もできたが、先生は、帰郷をすすめた。

「帰りなさい。生きて、良い絵を描くんだ」

先生のその言葉を胸に、私は昭和十八年五月十二日、テニアンの青春に別れを告げた。

佐助は、テニアン港の桟橋まで見送りに来てくれたという。「わたしが今あるのは、杉浦先生のおかげですよ」、儀間氏は私に向かってそう言われた。

佐助の結婚に話を戻すならば、かつて南洋興発の社員で、その専習学校の教員でもあった阿部興資氏の直話によると、辻徳次は台湾から来た請負師で、興発の砂糖工場を建て、興発の支所長になり、かたわら自分でも製氷工場や台湾料理屋を営み、港の近くの二階建ての立派な家に住んでいて、テニアンのいわば顔役だったとのことである。娘のきよは、台湾第一高女出身の才媛で美人だったが、一度結婚に破れていて、当時は父親の店の手伝いをしていた。

佐助に死なれたあと、きよさんは一歳の乳呑み児を抱えて、身ひとつで引き揚げて来、戦後の日本で辛酸をなめ、沼津の料理屋で住込みで働き、やがてもう一度結婚して一児をもうけたものの、その夫にも先立たれ、私がお会いしたときには、ホテルマンをしている国久氏の一家と、南伊東で暮らしていた。八十も半ばに近いはずだったけれども、記憶はたしかで、話は面白かった。辞去する際、記念だからと言ってカメラを向けると、「鬼婆みたいに写るからいや」と、どうしても写真をとらせてもらえなかった。佐助との結婚の経緯や結婚生活についてのきよさんの話はこうだ。

「ある日、父が山へ散歩にゆこうと言うんで、ついてゆきますと、ここで一服しようって、暗い、洞窟のようなところへ入ってゆくんです。中には、象さんみたいな眼をした男の人がいて、なにか彫っていました。シャツとパンツだけで、その色ときたら、煮しめたようで、汚くって、汗臭くって……。だから離れたところで、父とその人が話をしているのをきいてたんです。帰ってくるなり、妹から、お姉さん、御感想は？　って訊ねられたんで、なんの感想？　ってきき返すと、その男のことだって言われてびっくりしました。それが杉浦でした。やがて今度は、杉浦がちゃんと服を着て家にやってきたんで、話をしました。そして次にはもう縁談が決まってしまったんです」。

二人の結婚の届出は、昭和十七年九月三日である（杉浦家謄本）。仲人は、伊藤吉三郎氏の父君寅吉氏であった。吉三郎氏の言う通り、佐助の洞窟暮らしが半年だとするなら、彼の来島はその年の三月ということになる。久功と佐助はすれ違いだった公算は大きい。もし二人が会っていれば、久功だけでなく、同行の中島敦も、佐助についてなんらかの記録を残していたであろうにと惜しまれる。

「大工ですから、山の上に家を建てて、そこに住みました。けれど彫り物をはじめると、わたしのようなものは汚れてるんでしょう、一切寄せつけないんです。わたしの持ってゆくお茶さえ飲みませんでした。つめたい人だなあ、って思って……。それでその間は山を下りて、父の家へ帰ってるんです。でも仕事が済むと迎えにきてくれました。合図があって、酒と肴を持ってわたしのほうから山へのぼってゆくこともありました。普段はお風呂でわたしの体を洗ってくれたりするんですよ。

一町五反の土地をもらって、畑をやっていました。日本人や、沖縄の人や、人食い人種がたくさん集まって、先生、先生って言ってました。人食い人種はわたしをじっとみつめて、島の言葉でなんか言ったりするんです。こわくって……。杉浦は、山の畑で裸でねころがるのが何より好きだって言ってました。野蛮人みたいな、なんだかよく分らない人でしたよ。

杉浦は教育を受けていないもんだから、言うことを口述筆記して原稿に書いたこともあります。彫り物のことかなにか、そんなことでした。その原稿をどこへ持っていったのかは知りません。

あんまり大きな彫り物はしていませんでした。小さなものを彫っては、人にあげたりしていましたっけ。わたしとは十歳違いで、二年しか一緒にいませんでした」。

彫刻をはじめると一切女性を近づけないというのは、あるいは宮大工の習慣の名残りだったのかもしれない。そしてこうした佐助の「冷たさ」が、前の妻君を自殺へ追いこむ一因だったのではないか、とも考えられる。

島の顔役である辻徳次のむこになったことで、佐助の交際範囲は一挙にひろがった。洞窟住いの変人だった彼が、やがて島の文化人、有名人になった。『南海ラジオ新聞』の加藤暁夢氏や、南洋興発の阿部興資氏と知り合ったのもこのころのことである。実際加藤氏は、最初島で「孤独だった」佐助が、「急に明るくなった」と、「彫刻家杉浦南幽と市丸利之助海軍少将と私」という一文の中で書いている。

佐助が、島の寺、曹洞宗春海寺の釈迦像の制作を依頼された背景には、こうした交際があったと考えていい。昭和十八年四月二十一日行われたその開眼供養の折の写真が、阿部興資氏の手もとにある。掘立小屋のような粗末な寺の建物の前で、袈裟をつけた三人の僧侶をかこんで、二十人ほどの人たちが二列に並んで写っていて、後列の左はしに、小柄で口髭を生やした佐助が、黒っぽい和服を着て帯を締め、昂然とした表情で立っている。この釈迦像は、翌年、島を襲う米軍の大空襲によって寺もろとも焼失し、残念ながら写真一枚残っていない。

阿部興資氏は、開眼供養のあと、春海寺の住職と一緒にカッチ山の佐助の家を訪ねた。仕事場のほかに座敷が一間、あとは風呂場と台所だけの小さな家だった。夫人は例によって山から下りていたのであろう、佐助が手料理でもてなしてくれた。料理は上手だったが、食後に出されたお茶は、ごみが底に沈む前の天水を使っていたので、飲めたものではなかった、とこれは阿部氏の談である。そのあとも阿部氏は、専習学校の生徒の菅谷正男を連れて遊びに行った。菅谷は、このころから佐助に私淑するようになる。

佐助は、山を下りて辻家の厄介になっているときには、目と鼻の先にある『南海ラジオ新聞』に、よく加藤暁夢氏を訪ねてきた。

加藤氏は、熊本県玉名市の出身で、二十歳のときから新聞界に身を投じ、南洋群島に渡り、パラオの電報新聞を経て、『南海ラジオ新聞』に転じ、戦後は、引き揚げてきた故郷の玉名市で『肥後日日新聞』をおこし、長いこと社長の職にあった。お会いする機会もないまま、一昨年亡くなってしまわれたが、私の問合せの手紙に対し、佐助を懐しんでさまざまな資料を恵与して下さった。氏が『肥後日日新聞』に二百回にわたって連載した「老のたわごと」と題する回想記やその他の文章には、しばしば杉浦南幽が登場する。

　芸術家らしい風貌もなく、服装だって汚れたシャツに半ズボン、ズボンの下はいつも赤ふんどしだった。無精ヒゲを生やしていなかったら少しは見栄えがすると思ったので、ヒゲを剃ることを奨めた。案外すなおに応じてくれたので、そのかみそりを進呈すると、ペコリと頭を下げたあたり、気むずかしい芸術家じゃないなと思った。

これは、加藤氏が描くところの、初対面のころの佐助の姿である。

某日、佐助が加藤氏のところへ来て、いつまでも辻家の世話にばかりもなっていられないから、仕事を紹介してほしいと頼んできた。当時、加藤氏は写真に凝っていて、島の風景や風物を写し、それを四つ切りに引き伸ばして土産物として売っていた。佐助の本音は、加藤氏の写真が金になるなら、自分の彫刻や絵の技術もそうならないはずはない、ということらしかった。そしてカッチを使って絵葉書を作ったらどうだろうか、と提案してきた。テニアンには観光土産が乏しかったので、加藤氏はそのアイデアに賛成し、いろいろと面倒を見た。カッチ工場の経営者に頼んで、工場内にアトリエを作らせてもらい、上質の私製葉書を提供し、絵葉書の売り捌き方も引き受けた。この絵葉書は好評で、いくらかは佐助一家の生計の助けになった模様である。

それから佐助は、マングローヴの根を斜めに切り、それに絵を描いて壁掛けを作ったが、これはあまり売れなかった。鉄木で彫った人物像や仏像は、カッチ工場を見学にきた人たちが買って帰った。こうした観光土産は、佐助の芸術とは無縁であろうが、この種の作品なら、これからもどこかから出てくる可能性はある。

大作《やまたのおろち像》秘話

佐助のテニアン時代の彫刻は、今のところ、市丸利之助少将の依頼で制作した《やまたのおろち像》と、辻徳次が佐助に彫らせて少将に贈った刀架けしか発見されていない。

市丸利之助は、硫黄島玉砕の際の海軍航空戦隊の司令官であり、死の直前、ルーズヴェルト大統領に宛てて、日英両文の遺書を残した軍人として知られている。彼については、平川祐弘が『新潮』平成七年九月号に「米国大統領への手紙」という力作を発表しており、翌年には、同題にて新潮社から単行本として刊行されているから、お読みになった方もあるだろう。

平川の著書その他によってその略歴を記すならば、少将(死後、中将に昇進した)は、明治二十四年、現在の唐津市柏崎に生まれ、海軍兵学校を第四十一期生として卒業したのち、海軍航空隊に入隊、海軍のパイロットの草分けで、所沢から霞ヶ浦までの日本海軍最初の夜間飛行に成功した。しかし大正十五年、飛行訓練中、飛行機の操縦索が切断して墜落、大腿骨骨折、頭蓋骨骨折などの重傷を負った。そのため、生涯杖をついて歩かなければならない身障者となり、三年の療養のあと、辞表を懐にして人事局に出頭したところ、思いがけず海軍予科練習部の設立委員長、ついで初代の部長に任命され、以後五年、練習生の教育に当たった。つまり彼は、予科練の生みの親だったのである。彼は古武士の風格をそなえ、漢詩や短歌をよくする文人としても知られ、多くの練習生に慕われた。のちに佐世保航空隊副長、鎮海空司令、横浜空司令、父島空司令を経て、昭和十四年、第十三空司令として中国大陸に出陣、さらに太平洋戦争勃発後は、昭和十七年九月、第二十一航空戦隊司令官として、ビスマルク諸島のうちの一つ、ニューアイルランド島のカビエンに赴任した。ちなみに、佐助が東京滞在中厄介になった、久功の妹の婚家の当主中沢佑は、海軍兵学校で市丸利之助の二期後輩であり、昭和十九年十二月には、市丸の後任者城島高次のあとをおそって、奇しくも同じ第二十一航空戦隊司令官になっている。市丸利之助のほうは、十八年九月一日付でいったん帰国し、翌十九年八月に第二十七航空戦隊司令官として硫黄島に向かうのだが、私の調べた限り、どの本にも彼のテニアン在任について記述がなく、その点は平川の本も同様である。

市丸利之助がいつテニアンに赴任し、いつまで在任していたのかは、正確には分らない。阿部興資氏は「追想市丸海軍少将」(『肥後日日新聞』)という一文の中で「思い出は遠く、それは昭和十七年である。それまで浜松海軍航空隊司令官であった市丸利之助少将は加藤暁夢氏や私の住む南洋テニアン島に重責を帯びて着任した」と書いているけれども、この記述は平川の記述とは合わない。そして私は、市丸少将の南洋での最初の赴任地は、平川の言う通り、やはりカビエンであったと思う。

少将は、与謝野晶子の主宰する——彼女は昭和十七年五月に死去——歌誌『冬柏』の同人で、ほとんど毎月同誌に、故郷の柏崎に因んだ柏邨という号で短歌を発表している。昭和十七年九月号までは題が「海鵬雑詠」だったが、十月号からは「海鵬再征」と変り、内容からも新しい任地へ向かう歌だとわかる。その中に、

　南指し赤道を越え戦局の中に衝き入る戦機熟せば
　此のあたり赤道ならん見る限り雲漠漠たり海溟溟たり

の二首がある。ビスマルク諸島は赤道のやや南だが、テニアンはその大分北であり、テニアンへ行くのに赤道を越え

る必要はない。以上がカビエン説を私が支持する理由である。

市丸利之助は、昭和十八年九月一日付で帰国する前、カビエンからテニアンに転任し、ごく短期間在島していたと推定される。唯一確実なのは、《やまたのおろち像》の背面に刻まれた少将の漢詩に入っている「昭和癸未盛夏」という干支からして、少なくとも昭和十八年の夏までは少将がテニアンにいた、ということだけである。

加藤暁夢氏の「老のたわごと」の中の「市丸将軍はテニアンに半年駐留した」、「その三日後将軍は内地の大井航空隊司令として帰国した」という言葉を信じるなら、市丸少将は九月はじめに帰国するまでの半年の在任で、テニアン赴任は昭和十八年の二月か三月ということになる。『冬柏』の歌の方も、「海鵬再征」、「海鵬尖守」に続いて、十八年八月号から「海鵬三征」となり、歌の中に「かりそめの転進なれど」という文句もあって、任地が変ったことを窺わせる。当時カビエンはすでに頻繁に米軍の空襲を受けていたが、テニアンの初空襲は十九年二月で、島にはまだのどかな平和気分が残っていた。ついでにテニアン時代の少将の歌をいくつか掲げておこう。

飛魚や濃き藍色の海を行き島見てかへる一日の閑
マリアンとドルチイと呼び島少女メリケン風の踊りもをどる
環礁の町の浦浜朝まだき裸の子等の海蟹を掘るかな

しかし日本軍は前年六月にはミッドウェイ海戦に敗れ、この年の四月十八日には、真珠湾攻撃の英雄であり、海軍のシンボルだった山本五十六元帥がソロモン上空で戦死し、圧倒的な米軍の軍事力を前にして漸く日本軍に敗色がきざし、南洋群島にも不安の影が忍び寄りはじめていた。元来、平坦地が多いテニアンは、飛行場の建設に適し、このころから軍民あげての突貫工事で、砂糖黍畑をつぶして次々と飛行場が作られ、七月に、マリアナ、パラオ、ダバオなどの基地の航空部隊を統括する第一航空艦隊が編成されたとき、テニアンの北部のハゴイに司令部が置かれた。市丸少将の「かりそめの転進」は、この艦隊の編成と関係があったのではないか、と思われる。

市丸少将は、テニアンでは、加藤暁夢氏や阿部興資氏の夏野句会に参加して、俳句も作った。普通なら、民間人が口をきくどころか、顔さえ滅多に見ることのできない司令官が、こうした場所に気軽に姿をあらわすのを見て、加藤氏も阿部氏も驚き、大きな親しみと感銘をおぼえた。阿部氏は、ステッキをついて吟行に同行した少将の姿を書きとめている（前掲文）。

加藤氏は、こうした句会の折々に、カッチ山で仕事にいそしんでいる世に隠れた彫刻家杉浦南幽のことを少将に話した。少将自ら会ってみたいと言ったとも、佐助の作る彫刻や絵葉書を司令部で売らせてもらうために、少将を加藤氏が引っ張って行ったとも、氏は両様の書き方をしている。ともかくある日、何の前触れもなしに、少将と加藤氏が、佐助のアトリエにあらわれたのである。少将は、たちまち佐助の人柄と作品が気に入り、作品を司令部に持ちこむことを加藤氏に許した。そのときの「南幽が相好をくずして喜んだ姿がいまも目に浮んでいる」と氏は書いている。

それから少将はいきなり、「自分は第一線の指揮官だから、いつ出動命令が下るとも知れぬ。生きている間になにか形見として家族に残したい。彫刻を一体頼まれてくれませんか」と切り出した。佐助は、壁にかけ連ねてある彫刻のためのデッサンの中から、とっておきのものだと言って、八岐大蛇を退治する素戔嗚尊の図柄をとり出して示したところ、少将もその主題に同意したので、話はすぐに決まった。少将は、「私はもう何日もテニアンにはいない。もし私がいるうちに形でもできたら拝見したいが、それも叶うまい。完成したら加藤君に知らせて下さい。兵隊をとりにやらせるから」と言い、手付金として、島の一年分の生活費に相当する五十円ほどの札束を差し出したという。

佐助は、週に一度位しか家族のもとへ帰らず、アトリエに泊りこんで、昼夜兼行で制作に没頭し、粗彫だけはなんとか少将に見せることができた。少将は、台座に刻んでほしいと自作の漢詩を従卒に届けさせ、それから数日後にテニアンを去った。そして完成作は、少将の指示通り、加藤氏の立会いのもと、従卒によって梱包され、唐津の市丸家へ送られた。

この彫刻は、加藤氏と阿部氏にとって、長いこと所在が不明だった。少将の遺族と連絡がとれなかったからである。

『芸術新潮』に「南に行った男　土方久功」を書いたとき、私は、阿部氏から聞いたこの彫刻のことを編集部員のM君に話した。彼はすぐに唐津市に連絡をとり、探索の結果、少将の長女市丸晴子さんが同市に健在で、佐助の彫刻も現存している旨をつきとめ、すぐに九州へ飛んで、写真をとってきた。拙文を飾ったこの写真を通して、私ははじめて《やまたのおろち像》を知った。しかし私は、気になりながら、これまで実物をこの眼で見たことがなかった。

昨秋、私は唐津の市丸家を訪ね、床の間に飾られているこの彫刻とはじめて対面した。これは、鉄木に刻まれた、像高六十五センチのかなり大きな作品で、人間の身の丈をはるかに凌ぐ巨大な八岐大蛇を光背のように背にし、右手に持った剣を大蛇の頭の一つに突きさしている、まなじりを決した素戔嗚尊をあらわしている。空間の中で細部はすべて所を得、安定していて、形に狂いがなく、そして全体に生動感がみなぎっている。複雑な構想を見事に処理しながら、腕の冴えを誇示する嫌味はなく、印象はむしろ単純だ。佐助の本領であるあやかしの世界のものではないけれど、この作品が彼の晩年の秀作であることはまちがいない。

市丸家の床の間にはもう一つ、高さ三十センチほどの、鬼とおぼしい顔を彫った刀架けがあって、背面に、「贈市丸少将閣下　テニアン島　辻徳次」とあり、作風からいって、これもまちがいなく佐助の作である。

その死

昭和十八年九月、同盟国イタリアが無条件降伏し、十一月にはマーシャル群島の南にあるギルバート諸島のタラワ島、ついでマキン島の日本軍が玉砕、十九年二月にはマーシャル群島のクェゼリン、ルオットも米軍の手中に帰した。十八年九月三十日、御前会議において、絶対に確保すべきものとして決定された千島、小笠原、内南洋（中西部）、西部ニューギニア、スンダ、ビルマを結ぶ地域、いわゆる絶対国防圏の東端に位置するサイパン、テニアンが、このため、米軍の侵攻を受けるのが必至の状況となった。それでも日本軍は、その時機がそれほど差し迫っているとはまったく予期していなかったようである。二月二十三日、サイパン、テニアン、グァムは、延べ二百機に及ぶ米軍の最初の大空襲を受け、急を襲われたテニアンの航空隊は潰滅し、精糖工場をはじめとして、テニアンの町も大被害を蒙った。

加藤暁夢氏は、市丸少将に頼まれ、新聞社とは別に経営していた印刷工場でその歌集を印刷させていたが、この空襲で工場が爆破され、ほとんど刷り上がっていた歌集は灰燼に帰したという。

四月、待ちに待った陸軍の増援部隊、緒方敬志大佐の率いる歩兵第五十連隊、別名雷部隊約三千が到着し、島の人々は小躍りして喜んだ。しかしこの部隊も、九隻の船団を組んで横須賀を出発しながら、途中四隻が沈められており、内地への航路はすでに危険きわまりなく、制空権も米軍に完全に握られていて、もはや勝目などどこにもなかった。それでも人々は、偽りの大本営発表を真に受けて、いまだに日本の勝利を確信していたのである。

六月十日から再び大空襲がはじまった。今度は、これをある程度見越して、人々は島には無数にある洞窟やジャングルにあらかじめ避難していたので、死傷者は少なかったが、空襲は三日に及び、前の空襲では被害をまぬかれた島の目ぼしい施設は、飛行場も、司令部も、兵舎も、送受信所も根こそぎ爆破され、このときをもってテニアンの空軍は全滅した。

空襲がやみ、爆音一つきこえない静寂が奇跡の鳥のように島に舞い下りた六月十三日の朝、人々は、環礁の彼方の、すでに日に輝きはじめている濃青の海原の彼方に、いくつもの船影があらわれるのを見た。船は北からサイパンとテニアンへ向かって進んできた。肉眼で見える距離まで達したとき、船隊が戦艦、巡洋艦、駆逐艦からなる大艦隊であることがわかった。人々は、連合艦隊と信じて歓呼の声をあげた。だがそれは、二月の大空襲以来、人々の心にとりついた救援への願望が現じさせた幻にすぎなかった。艦隊は、サイパン港に碇泊するや、島の首邑ガラパンの町に向かって、次いでテニアンに対して、砲門を開いたからである。

翌十四日早朝、人々は、無数の上陸用舟艇が、サイパンとテニアンとの間の水道を埋め尽くしているのを見て啞然とした。サイパンとテニアンへの同時上陸が危惧されたが、米軍はテニアンにはまったく近づこうとせず、十五日にサイパンに上陸して、たちまち島の大半を征圧、南のアギンガン岬に重砲を据えて、テニアンにすさまじい砲撃を浴びせてきた。加えて艦砲射撃と空襲があり、テニアンの町は廃墟と化した。

このころから佐助の姿が見失われてしまう。彼は妻と生後一年に足りない子供とともに、熟知しているカロリナス高地周辺の洞窟に避難していたのであろうか？　一夜、加藤暁夢氏は、佐助の身を案じ、懐中電灯を手にしてカッチ山へのぼっていった。しかしカッチ工場には人影はなく、佐助のアトリエでは、懐中電灯の光の環が、闇の中に散乱しているデッサンやマングローヴの壁掛けを照らし出しただけだった。

やはりこのころ、海軍設営隊の人たち十数名が寝起きしていたカッチ山の佐助の留守宅が、艦艇から発見されて集中砲火を浴び、隊員全員、家もろとも吹き飛んだ、と加藤氏は記している。残されていた佐助の彫刻やデッサンも、当然同じ運命に遭ったであろう。

七月七日、サイパン玉砕のあと二十三日に、ついに米軍はテニアンへ上陸してきた。米軍は、上陸地点の多い南西部のテニアン湾に上陸するかに見せかけてこの方面に日本軍を集結させたあと、虚をついて、断崖の続く北西岸に、三千トン級の船をわざわざ坐礁させて兵員や兵器を揚陸させた。日本軍は戦線の立直しをはかったものの、連日の米軍の空と海からの攻撃によって戦力の大半を失っていたので、とても抗するすべはなく、進軍してくる相手の戦車隊に蹂躙された。七月三十一日、大家大佐の率いる海軍警備隊の、続いて緒方大佐麾下の陸軍の残存兵の、八月一日から三日にかけては海軍航空艦隊司令長官角田中将らの敵戦車への突撃をもって、日本軍は消滅した。そしてカロリナス高地のジャングルや洞窟に、指揮官を失った四千人の兵士と、一万を超える民間人とが取り残された。

生存者が記録にとどめた、以後数カ月に及ぶ人々の逃亡生活は、サイパンや沖縄の場合にまさるとも劣らぬ悲惨なものである。ジャングルの中の累々たる死体、そばを通る人に手を合わせて水を求める瀕死の重傷者、片手をもがれたまま彷徨する兵士、食料を分けることをことわった民間人をピストルで射殺する将校、家族のこもる洞窟の中に外から手榴弾を投げこみ、そのあと一人で敵中に飛びこむ父親、月夜の海岸で『君が代』を歌い、ダイナマイトで集団自決する人々や、カロリナス岬の断崖から海中へ身を躍らせる人々——佐助は、このような生き地獄をどのようにくぐり抜けたのだろうか？

米軍が上陸してから二カ月後、洞窟での籠城生活に見切りをつけた加藤氏は、米軍の勧告に従い、死を決意して投降した。そしてジープで運ばれていった島の中央部のチューロの民間人のキャンプで、さきに投降していた佐助と再会した。

キャンプには管理事務所があり、主任のライフシュナイダー大尉は、東京生まれで在日十年に及び、日本語は流暢で、補佐役のトーライソン中尉も日本語は巧かった。人々は、十分な衣食を与えられたばかりか、大幅な行動の自由も認められ、そのためキャンプは、収容所というより日本人町という様相を呈した。人々はそれぞれ職業を営み、佐助は、専習学校の菅谷正男を助手にして大工やペンキ屋をやった。そして米軍の将校が家を新築する際には、外装ばかりか、室内装飾まで面倒を見たので、とても喜ばれた。こうして彼は、大尉をはじめ、米軍の人々に大変愛された。阿部興資氏の話によると、大尉は佐助に彫刻まで注文したという。アメリカのどこかに、あるいは佐助の彫刻が残っているのかもしれない。

佐助を突然襲った死について、加藤暁夢氏は、『肥後日日新聞』連載の回想記「老のたわごと」のまるまる一回分を充て、「杉浦南幽翁の憤死」の小見出しのもとに、次のように書いている。

この頃、穴の中にいる日本兵の抵抗が非常に弱体化したので、キャンプでは毎日救援隊をくり出して、各地の洞窟に頑張り通している同胞を迎えるために、米軍の厳重な護衛と協力のもとに決死行をつづけ、毎日十人、二十人の避難者がキャンプに迎えられた。

…………

私たちのいた洞窟から五百米も隔てたもと陸軍陣地あとに、無電機があり、どうも秘密の通信が行われているらしいと云う情報を耳にした米軍では、この無電機を探すため案内者を物色した。そして白羽の矢を立てられたのが杉浦南幽であつた。

杉浦翁は数年間、この土地に住んで、地理にくわしかつたからである。杉浦翁は、この使命を無事に果せば、幾人かの同胞を救い出すことが出来るとの大きな希望を抱いて米兵たちを誘導しつつ、洞窟に向つた。そして単身、穴の中に乗込んだ。外では米兵たちが万一を慮つて銃口を構えていた。

穴の中からしばらく、押問答らしい口調が低く流れてきた。とたんにドーンと一発、銃声がひびいた。

翌日、佐助の死体は洞窟の外にほうり出されていたという。洞窟の中の日本兵をして佐助に発砲させたもの、それは、おめおめと降服したうえ、米軍の手先になりおおせていると彼の勘違いした佐助に対する憎しみだったのか、それとも佐助の背後の米軍に対する恐怖感だったのか？　ともかくこうして、テニアンの攻防戦とそのあとの敗走生活をせっかく生き抜いたのに、佐助は無惨にも、同胞に撃たれて不慮の死をとげるのである。

加藤氏は「翁」と書いているけれども、佐助の享年は四十七歳にすぎなかった。生きて引き揚げてきたならば、彼は戦後の彫刻界でどのような仕事をしたであろうか？　再び「恐るべき芸術的巨弾」で、人々を驚かせたであろうか？　彼の死は、彼自身にとっても、私たちにとっても無念のきわみというほかはない。

以下は、専習学校で菅谷正男を教えた阿部興資氏の話である。

佐助の死にひどく動揺した様子の菅谷は、数日後、阿部氏のところへ来て「先生、人間って死ぬとどうなるんですか？」と訊ねた。その夜、阿部氏が疲れて眠っていて、ふと目をさますと、ベッドの傍らに菅谷が呆然と立っていた。声をかける間もなく、菅谷はふっと立ち去った。入口まで出てみたものの、もうどこにも彼の姿はなかった。阿部氏は気になって、キャンプ中あちこち探してみたが、見つけることはできなかった。その夜遅く、町の旧墓地の佐助の墓の前にうずくまっている菅谷を見たものがあるという。翌朝、墓地で首を吊って死んでいる彼の姿が発見された。

久功は、その日記の昭和三十六年十一月三日の項に左の記述を残している。

英子サンカラ電話ガアリ、近所ニ南洋カラ引上ゲテ来タ人ガアッテ、最近ニナッテ親シク話スル機会ガアッテテニヤンニ行ッテイタコトヲ聞イタノデ、若シカシタラ杉浦佐助ノコトヲ知ッテイナイカト尋ネタラ、親シクシタコトハナイガ知ッテイルトノコトデ、テニヤンガ上陸サレル前ニ投下シタ爆弾デ家ゴトフットンデ死亡シタト云フコトダッタ由。人カラモドレホドキカレタカ知レナイ杉浦佐助ノ消息、勿論テニヤンニイタノダカラ死ンダコトトワ思ッテイタガ（生キテ内地ニ帰レバドンナコトガアッタニシテモ中沢ノトコロニ来ルナリ便リガアルナリスルハズダカラ）コレデ敗戦後一六年デ佐助ノ死ガ確認サレタワケダ。アノ人ワ日本ニワ帰ラナイ方ガヨカッタ人ダカラ、ソンナヒトオモイニ死ヌトモ思ワズニ死ンダノナラ、イイ死ニ方ヲシタノダト思フ。

英子とは、中沢家に嫁した久功の妹である。英子の近所の人は、前述した佐助の留守宅の爆破の際、佐助もそこにいたのだと信じていたらしい。

久功は、昭和十七年に内地に引き揚げてきたあと、川名敬子と結婚、その年の末、太平洋協会から陸軍の司政官としてボルネオのクチンに派遣され、ほぼ半年滞在、胃潰瘍となって、昭南（シンガポール）、香港で入院生活を送り、十九年の三月に病院船で日本に戻った。そして六月には、妻とともに岐阜県土田村に疎開、戦後の二十三年三月までこの村にいた。やがて上京し、医師の敬子夫人は世田谷の豪徳寺で開業、久功も久し振りに彫刻の仕事を再開する。こうした戦中から戦後にかけてのどさくさのため、久功と佐助はまったく疎遠になり、交信さえ絶えていた。それにしても久功が、二十年近く経ったのちまでも佐助の死すら確認していなかったばかりか、その死の真の事情も知らなかったとは、いささか驚きである。これは佐助が、もっとも親しかったはずの久功の眼さえ届かぬ世界で生きていた、ということであろう。

パラオ好日——土方久功と中島敦

中島敦、パラオへ

中島敦の乗った南洋群島航路の定期船サイパン丸は、昭和十六年六月二十八日に横浜を出港したあと、サイパン、テニアン、ヤップの島々に寄港して、七月六日の午前、コロール島に着いた。パラオはすでに雨季に入っていたが、その日は晴れたり曇ったりの天気で、日が雲間から出ると、海は仮面をぬぎ捨てたかのように劇的に表情を変え、濃青からトルコ玉色、下に岩礁のある部分は紫と、色あざやかな素顔を覗かせた。珊瑚礁を切り開いて作った狭い水路を通って、ゆっくりと港へ入ってゆく船の甲板に佇んで、石灰岩の白い険しい崖が続き、内地のものとは違う濃密な、けものじみた緑におおわれている島の北岸が次第に近づいてくるのを眼にしながら、彼は何を考えていたろうか。

港には、日曜だというのに、彼が配属された南洋庁地方課の課員、嘱の高里景行、視学の佐野佐久馬ら四、五人が迎えにきていた。彼らは一高、東大出の颯爽たるエリートを期待していたのに、あらわれたのは、蓬髪で部厚い眼鏡をかけた、まだ書生ぽさの残る、痩せた小柄な男だった。

彼はすぐに、同じ地方課の課員牧野豊一郎の案内で、アラバケツの南進寮に案内され、その十二号室に旅装を解いた。コロール島は、面積わずか八平方キロメートルの、東西に細長くのびた小さな島で、その両端がそれぞれ勾玉状に彎曲しつつ南へ伸びて岩山湾を形作り、当時は南洋松島、あるいはパラオ松島、今はロックアイランズと呼ばれる、樹木の茂った、岩礁からなるたくさんの小さな島々を抱えこんでいる。「荒物屋さんのバケツみたいな所」と彼が冗談めかして横浜高女の教え子の一人への手紙に書いたアラバケツとは、この西側の突出部である。寮は、それ自体が深紅の飛ぶ花のような紅雀が蜜を吸いにくる仏桑華の生籬にかこまれ、部屋の窓のすぐそばに椰子の木がそびえ、パパイヤやパンの木が茂り、バナナがたくさんの実をつけ、その向こう、「クチナシのやうな白い花をつけ」たマングローヴの茂みの彼方には湖のような岩山湾の海が見えた。

「僕の室は〔……〕六畳、で一間《けん》の押入、半間《げん》の床の間つき、日本箪笥《たんす》が一つ付いてゐるから、行李の心配はいらなかつた。役所迄、歩いて十二三分位の距離だから、本郷町から学校迄よりも近い」と敦は妻のたかに宛てて書く。本郷町とは、南洋へ発つまで妻子と暮らしていた家のある横浜の町であり、学校とは勤務先の横浜高女のことだ。

しかし彼はすぐにその部屋に不満を抱きはじめる。その最大の欠点は「便所に近くて、臭いこと」であった。便所に通う人々の立てる物音も彼の気に障ったであろう。着いて十日も経たないうちに、彼は部屋替えを望むようになり、そして実際、翌月九日には希望が叶えられて、島の北岸、南洋庁にほぼ隣接する第五官舎の四号室へ移ることができた。

来島した翌日彼は、コロールの町の西はずれに近い丘の上に立つ、前面にヴェランダを設けた、両翼部の長い、瀟洒なコロニアル・スタイルの南洋庁の建物に初出勤し、辞令を貰った。

「中島敦　任南洋庁編修書記　給三級俸　昭和十六年七月六日」と記されたその辞令が、彼の遺品の中に残っている。編修書記の仕事とは彼の場合、公学校と呼ばれる島民の子供たちの学校のために教科書を作ることだった。彼は判任官であり、その三級俸とは、本俸百十円、もっとも外地手当が加算されるので、手どりは二百十円ほどであった。そのうち毎月百五十円を彼はたかに送金する。

第一次大戦後のヴェルサイユ条約によって南洋群島が日本の委任統治領になってから三年後の大正十一年に設置された南洋庁は、拓務大臣の管轄下にあり、長官官房のほか、内務、拓殖の二部にわかれ、地方課の属する内務部には、ほかに企画、財務、税務、警務、土木の五つの課があった。地方課は、群島全体の行政、教育、文化を扱う課で、内務部の中心である。当時、南洋庁長官は八代目の、もと熊本県知事近藤駿介、内務部長は、釜山郵便局監査課長その他を歴任したあと、昭和十一年に南洋庁に赴任してきた堂本貞一だった。「胸中経綸あり、常に文筆に親しむ」と『大南洋興信録』（昭和十四）にあるように、堂本は一種の警世家で著書もあり、一方、敦の来島前後に土方久功らを中心に結成された、南洋群島在住の美術愛好家の集まりである「南洋画壇」の会長をつとめて絵も描き、また短歌や俳句も作るという文人肌の持主でもあった。もっとも敦の方は在任中、近藤長官とも堂本内務部長ともほとんど交渉を持たなかったようだ。

直接の上司、すなわち地方課長の席は、敦が「今、地方課には課長がゐない。この九月十日頃内地から赴任してくる」と書いているように、彼の着任時には空席だった。前任者の麻原三子雄は、衆議院の事務官に転任するため、敦とは入れ違いに、敦の乗ってきたサイパン丸で七月十日に帰国してしまったからである。その前日に行われた壮行会には、敦も出席していて、麻原とは一度だけ顔を合わせている。後任者の、やはり衆議院の事務官だった山野雄吉がやってきたのは、九月十一日のことだ。

今日初めて役所へ行つた。
一日中何もすることがない。給仕のつぐお茶をのんで、自分の本をよんでゐた。当分この通りらしい。役所はとても涼しい。椰子の葉ごしに海が見えて仲々宜しい。たゞ、昼休にラヂオ体操を皆で、しなければならない。

初登庁の印象を、敦はたかにこんな風に書いている。役所が涼しいのは、高みに建っていて、風が吹き抜けだったからであろう。ここから見える海は、南進寮の窓から見える海とは違って、北側の海である。晴れていれば水平線に、北に隣接するパラオ本島（バベルダオブ島）の大きな島影も見えたはずである。

敦がコロールにやってきたとき、土方久功は同じ地方課の嘱託であり、かたわら拓殖部商工課の管理する物産陳列所の仕事もまかされていた。

物産陳列所——人々は略して物陳《ぶっちん》と呼んでいた——は、コロールの町の西はずれ、マダライ運動場の中に建っていた。島々の物産品、特産品を展示して人々の観覧に供する施設で、その片隅には、参考品として「島民の実用器具から祭器、昔の武器等」（「僕のミクロネシア」）も並べられていた。ここでの彼の仕事は、まだ貧弱な蒐集品をふやすことであり、新たな特産品を見つけ出すことだった。ちなみに彼の月給は、昭和十六年の『南洋庁職員録』によれば百三十円である。

彼は、絶海の孤島サテワヌ島（ヤップの離島。現在の表記はサタワル）での足掛け八年に及ぶ滞在を含め、南洋群島在住十三年に及び、パラオ語を自由に話して島民たちに知己が多く、一方、島民の信仰、民俗をつぶさに調べて、南洋群島協会から、『ヤップ離島サテワヌ島の神と神事』、『過去に於けるパラオ人の宗教と信仰』という本まで出している、南洋庁屈指の南洋群島通であり、コロールの町の有名人だった。

内地から来島する著名人、学者、文化人の案内は、ほとんど彼に委ねられた。この案内は、地方課における彼の主たる業務といってよかった。実際この時期、さまざまな人々が次から次へとやってきた。日本におけるミクロネシア研究の先駆である文化人類学者杉浦健一、東北大の教授、法学者の中川善之助、東大教授の水産学者檜山義夫、言語学者の泉井《いずい》久之助、画家では赤松俊子、丸山晩霞《ばんか》、西尾善積《よしづみ》、武田範芳《のりよし》……。物産陳列所と町の東端にあるアバイ——島民の集会所——を見せ、希望があれば、島民たちに頼んで島民食を作ってもらい、試食させるというのがお決まりのコースだったが、島や島民について一層深く知りたいと思う人々には彼は親身な世話をした。こうして彼は、当時悩んでいた背中の痛みを押して、本島における十日近い杉浦健一の調査に同行しているし、中川善之助にはサテワヌ語を教えているし、日本語の基層に南島語が入っていることに逸早く気付きはじめていた泉井久之助とは、ほとんど毎日行動をともにしている。赤松俊子や武田範芳といった年下の若い画家たちのためには、南洋庁の職員のクラブである昌南倶楽部で展覧会をしてやり、案内状には自ら筆をとって推薦文を書き、会場の飾り付けまで手伝った。

敦の来島直前、芥川賞作家の石川達三がコロールに来ていた。海軍省と情報局の斡旋による文化人の南洋群島の視察の一行に加わってのことだった。パラオの離島――赤虫島――で真珠の養殖をしている弟に会うのも、彼の旅の目的の一つであったらしい（木村一信「南洋行」）。この弟が隣に住んでいたアラバケツの熱帯生物研究所で、久功は石川達三に紹介されている。その翌々日、石川兄弟と本島の北に浮かぶカヤンガル島へゆく親しかった研究所員和田清治のために紹介状を書き、その二日後には、他の人々とともに石川と会食してもいる。

石川は七月十日、例の元地方課長麻原三子雄同様、敦とは入れ違いに、サイパン丸で日本へ帰っていった。久功は彼らを見送るため波止場まで出むいている。

彼は四十一歳だったがいまだに独身で、敦が南進寮からやがて移り住む第五宿舎と同じ敷地に並んで建つ第三宿舎に一人で住んでいた。彼のまわりには、同じような独身者、あるいは単身で赴任してきている人々が多かった。彼らは、心さびしさと一人暮らしの気楽さから、果実や花の甘い匂いに満ちている熱帯のどこかけだるい逸楽的な空気に誘われ、夜になると、集まってはよく酒を飲んだ。町には彼らを迎えるカフェーや、料理屋、レストラン、料亭が軒をつらねていた。「グリンパレス」、「日本」、「金寿司」、「鶴之家」……久功の部屋はいつしかそういう人々の溜り場になった。偉ぶることも、構えることもなく、気をおかずに人と接する、話好きの彼のまわりには、おのずと人が集まるのだった。

久功自身、たしかにこのような交友を楽しんでいた。彫刻を習いたいばかりに、彼と行をともにしていた、もと宮大工で三歳年上の弟子杉浦佐助のほかに日本人のいなかったサテワヌ島から戻って、まだそれほど間は経っておらず、孤島暮らしでは一番欠けていた、こうした賑やかな交友で、長年の心の渇きを癒やしている、という姿がそこにはあった。しかし一方で「ドウモオ客ガ多スギル。永イ間自分ノ事ト云ッタラ一向マトマッタ事ヲシナイ」、「夜、毎夜、毎夜、「クラブ」ノ様ニ入カハリ立カハリ人ガ来テ本モ読メナイ」、「一日中人ト会ハナイデスム、人ト一言モ話サナイデスムヤウナ処ニ一月バカリ行ッテ頭ノ中ヲ整理シテ来タイモノダ」といった記述が、彼のこのころの日記にしばしばあらわれるのも事実である。

彼のいう「自分ノ事」とは、具体的には彫刻であった。南洋庁では、嘱託という身分上、時間の制約はあまりなかったが、彼には、彫刻に専念する心の余裕も、場所もなかった。たまの日曜日に、西隣のアラカベサン島に住む友人の家へ行ってするのが関の山だった。彼は、彫刻はもちろん、絵にもまったく年記を入れないので、その作品の正確な制作年代を推定するのはむずかしいが、今日彼の代表作とされている彫刻と絵の大方が、帰国後、とりわけ終戦後の昭和二十四年から死ぬ五十二年の間のものであることは、ほぼ確かだ。

当時周囲では、彼が美校出の彫刻家であることを知らない者も多かった。やがて久功と親しくなる敦自身、手紙その他の中で久功のことを、「南方民俗学の泰斗」、「土俗学者」としか記していないし、武田範芳画伯も、久功を最初、美術にくわしい南洋庁の役人とばかり思っていたと筆者に語ったことがある。

とにかく、人との応接だけに日々が過ぎてゆく、もともと肌に合わない役人暮らしに、彼はすっかり嫌気がさしていた。そのうえ彼がリュウマチと考えていた背中や腹の痛みもひどくなるばかりだった。昭和十六年七月二日の日記に彼は、「毎日鬱陶シイイヤナ日ガ続キ私ハ背中ヤオ腹ガ痛クテ仕事ガハカドラナイバカリカ苦シクテ仕方ガナイ。ドウシテモ一ペン内地ニカヘッテ来ヤウト思フ」と記す。彼は十日に商工課長榊田幸太郎のところへ行って休暇の了解をとり、翌日早速、九月十八日出航の山城丸の乗船申込みをする。しかしすでに満員で、申込みは受け付けてもらえなかった。このときもし受け付けられていたら、久功と敦は知り合うことがなかったかもしれない。少なくとも現在私たちが知っているような二人の間の友情は、生まれなかったであろう。その場合、鬱屈した敦の南洋での生活は、一層暗いものになっていたであろう。

土方久功との交流

久功の日記に敦の名前がはじめてあらわれるのは、七月十八日のことである。

朝、航空会社ノ中垣ト云フ人ガ物陳ヲタヅネテクル。絵画同好会ヲ作ルコトニナッタノデ、今晩南貿デ集ルカラ来テクレトノ事。今日ハ中島君（文化協会）ガ編輯《ママ》書記ノ中島敦君ヲツレテクルコトニナッテ居ルノデ断ル。
夜中島敦君ハ来ズ。

「絵画同好会」とはさきにふれた「南洋画壇」のことだ。「文化協会」とは、正式には「南洋群島文化協会」と称し、南洋庁長官を会長とし、月刊誌『南洋群島』の発行、南洋群島関係の書籍の出版、展覧会や講演会の開催など、文化活動をする南洋庁の外郭団体であった。このころの『南洋群島』には、久功がパラオの民俗に関する文章をほとんど毎号執筆しており、表紙絵や扉絵、カットなども描いている。最近発見されて、筑摩書房の新しい全集の第二巻に収録された敦の二つのエッセイ「旅の手帖から」と「章魚木」は、その親友三好四郎の名前でこの雑誌に発表されたものである。「文化協会」の「中島君」とは中島幹夫で、『南洋群島』の編集長であり、ときには酔って泊りこむことさえある、久功の部屋の常連の一人だった。やがて敦も久功の部屋にしげしげと通うようになると、仲間は二人の中島を区別するため、姓ではなく、「幹夫ちゃん」、「敦ちゃん」と名前で呼ぶようになった。久功の日記の中でも「中島（敦）君」は、いつしか「敦ちゃん」にかわる。また敦は喘息持ちでたえず喉をヒューヒューさせていたので、かげでは「トンヒュー」と綽名されてもいた（土方久功「トン」）。

南洋庁の職員たちを別にすれば、中島幹夫は、敦がコロールに来て最初に知り合った人間の一人である。敦が「嘱望された文学者」であることは彼の来島早々から南洋庁の一部の人々には知られていたようで、将来雑誌に寄稿してもらうつもりで、幹夫の方から近づいたのであろう。敦の「南洋の日記」には、昭和十七年一月二日の項に「午後より、中島幹夫、材料を仕入れ来り、土方氏方にて、鍋三杯のしるこを作り、腹一杯喰ふ。うまし」とただ一カ所だけに幹夫の名前が出てくる。敦は人名のあとに「氏」をつけるのが普通だが、中島幹夫の場合はいわば呼びすてなので、彼より年下で、かなり気安くつきあっていたふしがある。しかし敦は滞在わずか八カ月で帰国し、その年に早逝してしまうし、島に残った幹夫のほうも、昭和十八年、アメリカ軍の爆撃によって死亡したため、二人の間柄がどのようなものであったかは、今となってはわからない。

敦が、七月十八日に久功の部屋に来ると言って来なかったのは、同じ日付の妻たか宛の手紙によって、前日か前々日に、喘息の「ひどい発作」がおきたためであることがわかる。

敦の着任早々の生活は、病気の連続で惨澹たるものだった。「喘息が少しよくなると急性大腸カタルで八日間ばかり寝込んで了」う有様であり、その大腸カタルも、「内地の腹下しなどとは、まるで、違ふ、殆ど赤痢のやうな症状で、実に猛烈なもの」であった。しかも周囲には親しく看病してくれる者は一人もなく、「腹痛と下痢との中にまる三日間、炎熱にあへぎながら、のまず食はずで、はふりつぱなしにされてゐた時は全く弱りました、その時は、実際、内地が——横浜が——一番ハツキリいへば女房が——しみ〲と恋しくなりましたよ。全く」と、彼は教え子の一人に宛てて書いている。

しかも、八月初め、「まだフラ〲」の体ながら、やっと出勤できるようになったと思ったら、月末にはデング熱を発症し、四十度近い熱が出て、またもや八日間も床に就かねばならなかった。大腸カタルを患った南進寮では、それでも「食堂の小父さんが懐炉二つかりて来て温めてくれる」というようなことがあったが、八月九日に引っ越した第五宿舎では、食堂が「極めて不親切にて〔……〕粥を運ぶ労さへ取つてくれない始末」だった。そして彼は、アスピリンは胃に悪いからあまり使わない方がいい、という父田人《たびと》の注意に対し、「四十度近く熱が出て、氷枕や氷嚢をあてがつてくれる看護人のをらぬ場合、熱の苦しさ、背中や関節の痛みを少しでも軽減するには、アスピリンを用ひる以外に途はございません」と返事するのである。

敦からこうした病気やその折の心細さを知らされて、たかは心配でたまらず、子供二人をあずけて、パラオへゆこうとしたくらいだった。

敦がはじめて久功の部屋を訪ねたのは、七月十八日からちょうど一月後、デング熱にかかる前のことだった。久功の日記の八月十八日の項の末尾には、「夜中島君（敦）来ル。Maria 来ル」とある。

久功も敦も、同じ地方課に所属していたのだから、敦の着任早々に二人は役所で顔を合わせたかもしれないが、久功は、南洋庁の建物とは大分離れた物産陳列所のほうに毎日通っていて、地方課にはあまり顔を出さなかったし、敦の方も、病気続きで欠勤がちだったから、二人の初対面は、案外遅れたようにも思われる。しかし敦が今度は中島幹夫に連れられずに一人で久功の部屋にやってきた事実は、それまでに二人の間にある程度の親しみが生まれていたことを思わせる。

二人は、一、二度会っただけで、多分すぐに共感を抱き合った。敦は、どこか超然としながら、包みこむような優しさを持つ、黒縁の眼鏡をかけ、口髭を生やし、額のかなり禿げ上がった、この八歳年上の男の中に、彼のような人間を理解してくれる、普段接する周囲の役人たちとはまったく違う、いわば仲間を発見したのであり、久功の方は、敦の「稚気のようなものがただよっている」人柄の中にひそむ、鋭い才能を即座に感じとった。

敦は、「役所の同僚とはまるで打解けた交際が出来ず」(「マリヤン」)、久功と知り合うまでは隔意なく話し合える人間がパラオには一人もなく、孤独感に苛まれていた。「トンは南洋ではほんとに淋しかったのだ。私以外のものとは、笑顔とつまらない冗談以外には殆ど何も話さなかった」(「トン」)と、久功も言う。その久功も、「役所ノ連中トハドコカピントガ合ハナイモノガアッテ通リイッペンヨリ深ク話スコトナドナイ」有様で、心を許してつきあっていたのは、「熱帯生物研究所ニ来テイル若イ学者達」くらいであり、その彼らにしても、みな生物学者であって、彼と同じ関心、同じ好みを共有する人たちとは言えなかった。多くの人々にとり囲まれながら、彼自身も孤独だった。それぞれの孤独が、二人を一層近づけたのである。

敦は、早逝したために、南洋時代の日記や手紙以外に久功についてほとんど何も語らずに終わり、「南洋では土方先生に肉親も及ばぬ御親切を戴いたと、申しました」という夫人たかの言葉が残っているばかりだが、久功の方は、多くの文章を書いて、その死後もことあるごとに敦を愛惜し、終生たか夫人と二人の遺児との交際を絶やさず、文治堂と筑摩書房の敦の二度の全集には全面的に協力した。

本当に短かかったトンとの交遊。パラオでの幾月と、パラオを引上げてからの東京での、これも唯何カ月の交わりだった。しかもその短かいあいだにトンは私には、あの無くてはならない筈の友達になっていたのだった。そしてこの何年ぶりと言わず、何十年ぶりで得た若いトンを私は直ぐに失ってしまったのだ！　若い頃のOとAと、それからあのNと。これらの友達があんな風にして死んでしまわなかったならば、私は今のような私ではなかったように、トンが死んだ為に、又々私の一つの未来が折りもがれたことを今更のように思う。

これは久功の死後、『土方久功著作集』第六巻に収録されて、はじめて日の目を見た「トン」の中の一節だが、元来、ボルネオ——南洋から帰ったあと、彼は「ボルネオ博物館長、図書館長事務取扱」としてボルネオに派遣されていたのだ——で発病した胃潰瘍のため香港の病院に入院していた、昭和十八年十一月の日記の一節だけに、ここに記されている思いは、彼の真情といっていい。

なお八月十八日の久功の日記の中の「Maria」とは、敦の『南島譚』の中の「マリヤン」の女主人公である。「マリヤン」は、本名はマリアだが、「パラオ地方の島民は、凡て発音が鼻にかかるので」、皆からマリヤンと呼ばれていた、「実にのびのびと屈託の無い豊かな顔」と「堂々たる体軀」を持つパラオの若い女性と、「土俗学者H氏」と「私」との心の交流を描いた印象的な短篇で、ほとんど事実そのままを書いたものと思われる。小説の中のマリヤン同様、マリアは、コロール島第一の名家の出身で、イギリス人と島民の混血児で島の有名人たるウィリアム・ギボンの養女であり、内地の女学校に数年留学したのち、島に戻って結婚し、子供までもうけるが、嫉妬深い夫を追い出してしまうという生まれと経歴の持主である。「土俗学者H氏」とは、もちろん久功のことだ。

小説の中には、ある夜、H氏の「狭い独身官舎の一室で、畳の代りにうすべりを敷いた上に坐ってH氏と話をしてゐると、窓の外で急にピピーと口笛の音が聞え、窓を細目にあけた隙間から」、若い女の声が「はひつてもいい？」と訊ね、「オヤ、この土俗学者先生、中々油断がならないな」と「私」が驚いている中に、マリヤンが扉をあけて入ってくる場面があるが、敦とマリアの初対面は八月十八日なのだから、これは、この日のことにちがいない。

マリアは、やはり小説の中のマリヤン同様、久功のしていた「パラオ地方の古譚詩」の邦訳を手伝っていたので、敦はその後も久功の部屋で何度も彼女と顔を合わせた。彼女の手料理の島民食を他の人々と一緒に食べたことも、久功と二人で、コロールの町の東はずれにあるその家を訪ねたこともあった。この訪問のときの様子は「マリヤン」の中にも取り入れられている。マリヤンは、「H氏」の部屋に集まる人々と同様、「私」のことを「トンちゃん」と呼んだ。「H氏」と「私」とが帰国してからも、H氏のところへマリヤンから何度か便りがあり、「その都度トンちゃんの消息を聞いて」きたという。

昭和四十二年、すなわち久功と敦がマリアと別れてから二十五年後の久功の日記に、「土方センセイ」と呼びかけている久し振りにとどいたマリアの日本語の手紙が、そのまま引き写されている。「実を言ふと、日本語・日本文字をすつかり忘れました。二十年以上もぜんぜん話す日本人も居らず、本も読まずでは忘れます」とマリアは書く。戦後、アメリカ合衆国の委任統治下に入ったパラオで、マリアは、養父ゆずりの英語を使って暮らしてきたのであろう。本といえば、「マリヤン」の中には、マリヤンの家を訪れた「私」が、小さなテーブルの上に岩波文庫の『ロティの結婚』と厨川白村《くりやがわはくそん》の『英詩選釈』を発見して驚くくだりがある。そして敦は、「岩波文庫を扱つてゐる店が一軒も無い」、「書物とは縁の遠い」コロールの町で、「恐らく、マリヤンは、内地人をも含めて〔……〕第一の読書家かもしれない」と書く。

それでも、たどたどしいところはあるにせよ、マリアの手紙は、文意の通った、懐旧の情のよく伝わってくる日本文である。久功は、「ヨク、コレダケ日本字ヲオボエテイタモノダト思ウ」と感心して付け加えている。

マリアは再婚して、名前はマリア・ギボンからマリア・メレップに変っていた。そしてこの手紙には、もうさすがに「トンちゃん」の名前は出てこない。

ちなみにマリアはこの手紙の四年後、肝臓病のため五十四歳で死んだ（上前淳一郎「三十年目の南洋群島」）。

ガルミズ行

誘われたのか、こちらから頼んだのかはわからないが、敦は、八月三十日から久功らの一行についてパラオ本島を一周するつもりだった。パラオ本島は、面積三百七十平方キロメートル、グァム島についでミクロネシアでは二番目に大きな島だ。今では島の南部に国際空港ができて、コロール島とは橋でつながっているが、当時は船で渡らなければならなかった。

デング熱のまだ治り切らない八月二十五日、敦は父田人に宛てて、

実は、無理にも早く治して、この土曜（三十日）からパラオ本島へ一週間位の予定で出張に出かけるつもりなのです、今度は同行の二人が、南洋に珍しい教養人（一人は帝大教授、一人は土方氏とて土方与志氏の弟で、南方民俗学の泰斗です）だから、是非出かけたく思つてをります。

と書く。帝大教授とは、月の半ばころ来島し、久功がほとんど毎日あちこちを案内していた、農村経済学者渡辺信一のことだ。また久功は、土方与志からみると、弟ではなく、父の叔父の子に当たる。

しかし二十九日になっても熱が引かず、彼が楽しみにしていた、最初の出張旅行になるはずだった本島行を諦めねばならない。

明日から土方さん達とパラオ本島へ出張に行く計画は、勿論、駄目になる。何時でも、これで、全く、腐るよ。

と彼はたかに向かって歎く。

その埋合せででもあるかのように、九月十日、彼は、再び渡辺教授を案内してガルミズへゆく久功に同行した。一行には宮崎高等農林の沢田教授、開局を間近に控えたパラオ放送局局員の久保田公平も加わっていた。久保田は敦よりわずか二歳年上の青年で、二人は前の晩、久功の部屋に消灯の時間まで居坐っていたから、同行の話はその折に決まったのであろう。

ガルミズは、アラバケツと対をなす、コロール島の東側の突出部にある村で、八年振りにサテワヌ島から戻ってきたとき、家、家、家で埋まり、内地の地方都市と変らぬ姿となったコロールを嫌って、久功が時折、息抜きに出かけてゆくところだった。

昭和三十一年に出た久功の詩文集『青蜥蜴の夢』に収録されている、パラオに来てすぐ、島の若い女たちとガルミズへ行ったときの長詩「青蜥蜴の夢」や、サテワヌから帰った直後、昔なじみのその女たちと再び村を訪れる紀行文「ガルミズ行」などを読むと、そこが久功にとって、青春の思い出の纏綿する、忘れ難い場所でもあったことがわかる。頼りなげな姿のタコの木があちこちに生えているだけの、アケズと呼ばれる赤土の禿山、女たちが水を浴びる洗身池、昔ながらの石畳の道、ひっそりした入江に沿う、尾の長い鳥の翼のような葉を重ね合っている、小暗い椰子林の中の村、そこに点在する、屋根をニッパ椰子で葺いた高床式の家々、小舟が舫ってある、板が半ば朽ちた舟着場……。

しかし久し振りでやって来てみると、ここも昔の石畳の道が消え去って、トラック道路が波止場まで造成され、「木々ハ切リ仆サレテスッカリ変ッテシマッテ」いた。

南洋時代、敦は、役所での生活など書くに価しないとばかりに、長期の出張旅行の期間のほかはほとんど日記をつけていないが、この日については記述を残しており、「往昔の石畳路の掘起されて軍用道路となるを見る、島民又転居する者多きが如く、土方氏、頻りに嘆く。〔……〕椰子樹多く伐倒され、石畳変じて畑となる」と、怒り悲しむ久功の姿を書きとめている。時局が逼迫するにつれ、これまで内地と周辺の島々から食料の補給を仰いできたコロール島も、いざというときに備えてできる限りの食料の自給をめざさざるを得なくなり、多くの土地が強制的に畑に変えさせられた結果が、このような事態を招いたのである。

また、久功の日記の「Yaisang ノ所ニ Sũmang ガ居タノデ若椰子ノ実ヲトラセテ皆デ一ツヅツ飲ンデ休ム」とある個所では、敦は、「土方氏一婦を見て「オヤイさんぢやないか。久しぶりだねえ。直ぐわかつたよ。アンタもおばあさんになつたねえ」云々。蓋し、ヤイ女は、内地人との混血にして、十年前のアルミヅ小町なりしと。ヤイは八重の転訛なるべし。ヤイ女の家にて、椰子水を馳走されて」と、島民の女とやりとりする久功の姿を躍如として描いている。


九月十五日、敦は、「南洋へ来た目的の第一」であり、「実にイヤでイヤで堪らぬ官吏生活の中で唯一の息抜き」であった念願の、群島を一周する長期の出張旅行に出発した。

日本の委任統治下の南洋群島は、マリアナ、カロリン、マーシャルの三群島からなり、あとの二つの群島の島々は、赤道のやや北を、赤道と平行して東西二千七百海里にわたって点々と連なっている。カロリン群島は、パラオ、ヤップ、トラック、ポナペの諸島を含み、パラオ諸島はその西端に位置する。一方、サイパン島を主島とするマリアナ群島は、カロリン、マーシャル両群島の線とはほぼ直角に、北から南へと点在する。

敦の最初の旅行は、西から東へ、トラック諸島の夏島、ポナペ島、マーシャル群島のクサイ島、ヤルート島へとゆき、同じコースを今度は逆に戻り、夏島を根拠地にして冬島、秋島などトラック諸島の島々をめぐって、十一月五日にコロールに帰着するという、五十二日にわたる長旅だった。そして彼はその十二日後には再び船に乗り込み、ヤップ、ロタ、サイパン、テニアン島への、一月近い旅に出た。この二つの長旅は、敦の南洋行のいわばハイライトだった。「蠟を嚙むどころではございませぬ。こんなあぢきない生活は始めてです」と父田人に向かって歎じた役人生活と、「温帯の価値標準が巾をきかせてゐる」、「如何にも植民地の場末と云つた感じの、頽廃した、それでゐて、妙に虚勢を張つた所の目立つ」、嫌いなコロールの町を離れ、彼はこの旅の間に、幾つかの島で、はじめて無垢の熱帯と、そこに生きる人々に触れることができた。

久功はその年の二月一日から五月十日まで、三カ月余にわたって南洋群島一周の旅をしていた。敦と同じようにトラック、ポナペを経てヤルートまでゆき、逆戻りして、トラックの夏島を中心に、ほぼ一月かけてトラック諸島をめぐり、更に北上してテニアン、ロタ、サイパンとマリアナ群島をまわって帰ってきている。二人の旅程が酷似しているところからして、敦は久功と相談し、その意見に従って旅程を立てたと思われる。久功の日記の九月十一日の項には、「夕食後中島君一緒ニ来テ、東旅行報告ノ挿図ヲ持ッテ行ク」と、さらに十五日の項には、「昨日朝パラオ丸入港、今日出港、中島敦君東へ」とある。

しかし敦の出発は二度とも淋しいものだった。それでも最初のときは、谷口という、パラオに赴任する際の船で一緒だった、違う課の青年が荷物を持って船まできてくれたが、二度目のときは誰も見送り人がいなかった。

普通は誰でも旅行するとなれば、同じ課の者が沢山《タクサン》、荷物をもつたりして送つてくれるのだが、僕の場合は、そんな事をしてくれる者は一人もない。役所に於《オ》ける僕の不人気《フ》は之でも分るだらう。僕も別に彼等の気に入らうと務《つと》めもしない。誰もつきあふ者がなくても、却《かえ》つて、うるさくない位に考へてゐる。しかし、かうハツキリと反感を示されると、さすがに一寸不愉快だね。全く役所つて、イヤな所さ。

と彼は、たかへの手紙の中で書いている。

彼の「不人気」の一因が、自分からすすんで周囲の人々と接触しようとしないその「変屈な性質」にあったことはたしかであろう。しかし彼は決して、「山月記」の中の虎と化した詩人李徴のような、「臆病な自尊心」に心を食い破られた、狷介だけの人間ではなかった。一方で彼が、愉快で、愛すべき一面を持っていたことは、友人たちや横浜高女時代の同僚たちの思い出を読むとわかる。久功自身も「敦ちゃんの喘息は随分ひどいものだった。だから発作が来た時の敦ちゃんは実にみじめに、いたいたしい有様だったが、発作のない時はまるで別人のように、ひとを笑わせた。実は笑わせようと思っているのではないのだが、人柄にそんな明るさと諧謔とがあったのだろう」と回想している。

敦の「不人気」の主因は、彼自身言うように、「地方課の中では、課長の次に、僕がサラリーを多く取つてる」ことにあった。「中学を出てから、直ぐつとめて、二十年も三十年もつとめ上げたといふ様な」人々が、彼のように「途中からはいつて来て、若いのに、自分達の上に坐る者に〔……〕反感を持つ」のは、自然の成行きだ。そのうえ皆と打ち解けようとせず、欠勤がちとなれば、なおさらだった。

「昭和十六年十月一日現在」と註記のある『南洋庁職員録』によると、嘱託の久功も含め二十二人いる地方課の中で、課長の次に地位の高いのは、判任官三級の敦と、もう一人視学の柳沢勝の二人で、敦の言っていることはほぼ正しい。ちなみに、彼の着任時、港まで彼を出迎えた高里景行は六級、佐野佐久馬は四級、宿舎まで彼を案内した嘱の牧野豊一郎の月給は四十八円である。課員の大方の月給は、敦の月給の半分にも足りなかった。

なぜ南洋に——南方行の系譜と中島敦

彼の旅への出発は、彼が役所にいることの、彼と役所の双方の不幸を浮彫にした。彼は、青一色の無限の空間に向かって追放されたような思いを抱いたであろう。

それにしても彼はなぜ南洋などへやってきたのか？　なぜ？　この問いは、旅行の間中、彼についてまわる。

〔……〕上甲板の寝椅子に腰を下して、ぼんやり海と空とを見てゐる。お前たちのこと、本郷町の家のこと、を考へてゐる。どうして、僕（僕たち）には自分の本当に望むことが、出来ないんだ。どうして本郷町のあの家を離れなけりやならなかつたんだ？　あの家での平和な生活を、つゞけては、どうして、いけないんだ？〔……〕こんな風になつたのは僕の意志ぢやない。決して。そりやね、丈夫な人なら、〔……〕二年や三年、お前達と離れて、なさけない生活《クラシ》をしても、あとで、それを取返すことができるんだから、いいさ。しかし僕には、将来どれだけ生きられるやら、まるで自信がない。それを思ふと、見栄《ミエ》も意地もない、ただ〳〵、お前達との平和な生活を静かにたのしみたいといふだけの気持になる。それが一番正直な所だのに、それだのに、オレは、今頃こんな病気の身体をして、何のために、ウロ〳〵と南の果《はて》をウロツイテルンだ。全く大莫迦野郎だなあ。俺は。〔……〕」。

トラック島に向かう船上で、敦はたかに宛ててこう書く。南洋行が彼の「意志ぢやない」とすると、一体誰の意志なのか？　誰に、あるいは何に強制されて、彼は「南の果て」までやってきたのか？

愛する妻と、八歳の長男、生まれたばかりの次男の二人の子を持ち、定職について、貧しいながらも安定した生活を送っていた彼が、職を離れ、妻子と別れ、ほとんど知人のいないパラオへ、しかも日米間の雲行きがあやしく、人々が続々と内地へ引き揚げはじめていた時期に赴任した行為には、大げさにいえば、自殺や家出にかよう、どこかただならぬところがある。

ロタ島のすぐ南に、グァムという米領の島が、打ちこまれた楔のように存在する南洋群島は、日米開戦となれば、一朝にして最前線となるおそれが多分にあった。すでに続々と軍人が入りこんでおり、コロール島の隣のアラカベサン島には海軍の基地ができ、敦の来島直前から、コロールの町では防空演習が本格化し、仮の空襲警報が日に何度もひびき渡って人々の心を不安にし、飛行機がしきりに上空を飛んで、模擬の投弾さえ行っていた。南洋庁は、昭和十五年末の段階で、ひそかに婦女子の引揚げを検討していたと久功は日記に記している。この時期の南洋行には、命の危険さえあった。実際帰国が一年遅れていたら、敦は、南洋神社の石段しかほとんどあとをとどめぬまでにコロールの町を焼き払った米軍の爆撃と艦砲射撃によって、中島幹夫や、同じ文化協会の、そしてやはり久功の部屋の常連だった栗山一夫のように不慮の死をとげたかもしれないのである。

彼は、周囲の人々にはパラオ行の理由を、「僕の病気は冬に悪いので、いつそ南洋へでも行つたら、と考へたのです」、「喘息から逃れる為に南洋（パラオ）へ行くことになりました」と、喘息の治療のためとしている。喘息が彼の宿痾であり、生涯それで苦しみ、それで死んだことはよく知られている。寒さが発作を誘発することも事実にはちがいない。しかし、だからといって、熱帯へゆけば、必ず治るというものでもないだろう。そんな当て推量だけのために、家族との生き別れや死の危険を冒すのは、納得のゆく話ではない。案の定、彼は南洋でもなん度か発作をおこしているし、やがてはたかに対して、「東京横浜の夏の方がパラオよりは（喘《ゼン》息に）ずつと良い。今の様子ぢや、パラオは内地の冬とたいして変らない。イヤになつてしまふ。全くえらい目算《モクサン》違ひだつたなあ」と打ちあけるに至る。

　たかは、夫の南洋行にもちろん強く反対した。そのたかは、敦の死後、「南洋にはお金のために行ったと思っています」と語る。父田人の三番目の妻こうに借金があり、父方の伯母志津が用立てていたというのである。たしかにその借金の返済を指示する、南洋からの敦のたか宛の手紙が残っている。しかしそれほど差し迫った、多額の借金とは思われない。月々の送金の額をもう少し減らしてくれてもいい、と言うたかに対し、こちらでは使い途がないから、余るのだったら貯金にでもまわすようにと答える敦の姿が別の手紙に見られるからであり、家族の生活を脅かす借金の暗い影は、夫婦の手紙にはまったく感じられないからである。

　喘息の治療と借金の返済を合わせてみても、敦の南洋行の動機の十分な説明にはとてもならない。そこには、家族むけ、友人、知人むけの口実、といった匂いがつきまとう。彼の南洋行には、人には決して説明しえない、それだけに深い、内的な理由があった、と考えずにはいられない。

『南島譚』の中に、「真昼」と題する小篇がある。どこの島での話かはわからないが、炎熱のさなか、珊瑚礁の浜の「大きなタマナ樹の茂みの下、濃い茄子色の影」の中で昼寝をむさぼっていた「私」が、昼寝からさめ、起き上がって一服つけ、「頭上の葉のそよぎと、ピチャリピチャリと舐めるやうな渚の水音の外は、時たま堡礁の外の濤の音が微かに響くばかり」の静寂の中にあって、光り輝く海を呆然と眺めながら、おのれの南洋行に思いをめぐらす、というだけの内容だ。少し長いけれども、その一部を引用してみる。

　　では、自分が旅立つ前に期待してゐた南方の至福とは、これなのだらうか？　此の昼寝の目醒めの快さ、珊瑚屑の上での静かな忘却と無為と休息となのだらうか？

「いや」とハッキリそれを否定するものが私の中にある。「いや、さうではない。お前が南方に期待してゐたものは、斯んな無為と倦怠とではなかつた筈だ。それは、新しい未知の環境の中に己《おのれ》を投出して、己の中にあつて未《ま》だ己の知らないでゐる力を存分に試みることだつたのではないのか。更に又、近く来るべき戦争に当然戦場として選ばれるだらうことを予想しての冒険への期待だつたのではないか。」

さうだ。たしかに。それだのに、其の新しい・きびしいものへの翹望は、何時か快い海軟風の中へと融け去つて、今は唯夢のやうな安逸と怠惰とだけが、懶《ものう》く怡《たの》しく何の悔も無く、私を取り囲んでゐる。

「何の悔も無く？ 果して、本当に、さうか？」と、又先刻の私の中の意地の悪い奴が聞く。「怠惰でも無為でも構はない。本当にお前が何の悔も無くあるならば。人工の・欧羅巴の・近代の・亡霊から完全に解放されてゐるならばだ。所が、実際は、何時何処にゐたつてお前はお前なのだ。銀杏の葉の散る神宮外苑をうそ寒く歩いてゐた時も、島民共と石焼のパンの実《み》にむしやぶりついてゐる時も、お前は何時もお前だ。少しも変りはせぬ。ただ、陽光と熱風とが一時的な厚い面被《ヴエイル》を一寸お前の意識の上にかぶせてゐるだけだ。お前は今、輝く海と空とを眺めてゐると思つてゐる。或ひは島民と同じ目で眺めてゐると自惚れてゐるのかも知れぬ。とんでもない。お前は実は、海も空も見てをりはせぬのだ。たゞ空間の彼方に目を向けながら心の中で Elle est retrouvée!――Quoi?――L'Éternité. C'est la mer mêlée au soleil.（見付かつたぞ！ 何が？ 永遠が。陽と溶け合つた海原が）と呪文のやうに繰返してゐるだけなのだ。お前は島民をも見てをりはせぬ。ゴーガンの複製を見てをるだけだ。ミクロネシアを見てをるのでもない。ロティとメルヴィルの画いたポリネシアの色褪せた再現を見てをるに過ぎぬのだ。そんな蒼ざめた殻をくつつけてゐる目で、何が永遠だ。哀れな奴め！」

ここには、敦の精神構造と、その「狼疾」がよくあらわれている。

ここに名前の出てくるゴーギャン、ロティ、メルヴィル、それに「見付かつたぞ！」の詩の作者ランボーは、みな近代文明を嫌って南へ赴いた人たちである。彼らに、敦の「光と風と夢」の主人公であるスティーヴンソン、D・

H・ロレンス、さらにアルトー、レリスらを加えることもできる。
西欧の一部の人たちが、西欧の文明に懐疑の眼を向け、やがてそれを否定し去るとき、西欧は北――パリの緯度はほぼサハリンに相当する――であるがゆえに、その対蹠地である南が、彼らの眼に、アウラを帯びた幻として姿をあらわす。西欧が「腐敗しきって」（ゴーギャン）いて、「氷の牢獄」（ロティ）であり、そこにはもはや「腐った理性しか残っていない」（アルトー）とするなら、南は、人々が「腐った理性」から解き放たれ、自然と交感し、「生きることが歌うことであり、愛することである」（ゴーギャン）、太陽の輝く場所なのだ。西欧の人々の南方憧憬は、もちろんエキゾティシズムの一種だけれども、それが東――具体的には、中国と日本――に向かうエキゾティシズムと違う点は、西欧文明の否定という激しい形にまで達してしまうことである。北は負であり、南は正であって、そこには二者択一の道しかない。だからランボーも、ゴーギャンも、スティーヴンソンも、いったんヨーロッパを捨てたら、もうそこへは戻ろうとはしないのである。

敦は、こうした西欧人の南方行の系譜に強い関心を抱いていた。日大法学部の図書館に残されている彼の蔵書や日記によって私たちは、彼が、ランボーの『地獄の季節』、『イリュミナシオン』、ゴーギャンの『ノア・ノア』、ロティの『ロティの結婚』、『アジャデ』、『ラムンチョ』、スティーヴンソンやD・H・ロレンスの主要な著作を読んでいたのを知ることができる。彼は、フランス語がそれほど堪能とは思われないのに、『地獄の季節』と『イリュミナシオン』、『ラムンチョ』は、原書さえ購入していた。彼は昭和十二年ごろに、「和歌《うた》でない歌《うた》」という題で一括された多数の歌を作っているが、その中には、「ある時はラムボーと共にアラビアの熱き砂漠に果てなむ心」、「ある時はゴーガンの如逞しき野生《なま》のいのちに触ればやと思ふ」、「ある時はスティーヴンソンが美しき夢に分け入り酔ひしれしこと」といった歌がある。

この関心の何よりの証左は、パラオへ発つ直前に、スティーヴンソンのサモア島における生活をテーマにした「光と風と夢」を書いていることである。彼が、さきほどの系譜の中で、とくにスティーヴンソンをとりあげたのは、資料を読むのに、フランス語より英語のほうが彼にとってはるかに容易だったことのほかに、彼と同じように呼吸器を病み、夭折を予感して生きていた、「光と風と夢」の中の表現を借りるならば、「唯一筋の道を選んで、之に己の弱い身体と、短いであらう生命とを賭ける以外に、救ひのないことを良く知つてゐた」スティーヴンソンその人に、深い親近感を抱いていたからだった。

「太陽と大地と生物とを愛し、富を軽蔑し、乞ふ者には与へ、白人文明を以て一の大なる偏見と見做し、教育なき・力溢るゝ人々と共に闊歩し、明るい風と光との中で、労働に汗ばんだ皮膚の下に血液の循環を快く感じ、人に嗤はれまいとの懸念を忘れて、真に思ふ事のみを言ひ、真に欲する事のみを行ふ」――「光と風と夢」の中に記されたスティーヴンソンのこの信条を、敦は、南洋へと発つ前、己の信条ともしようとしていたにちがいない。ともかく彼の南洋行が、「光と風と夢」の延長線上にあることはあきらかである。

京城育ちで、二十代前半に満洲や北支へ旅をし、この旅を素材にして「北方行」のような未完の長篇を書いている敦は、元来は北の人間であった。そしてこの、「北方行」の中には、「白つぽい海面にひろがつた此の秋のやうな冷たさが、彼の何処かにある北欧的なものへの思慕を呼びさました」というような、彼の北方志向を暗示するような個所さえある。その彼が、いつごろから南へ心を向けるようになったのか?

物心ついてから彼が南国の風土にはじめて触れたのは、昭和二年、すなわち一高入学の翌年の春にした伊豆下田旅行の折であったろう。この旅に取材し、一高の『校友会雑誌』に発表した短篇「蕨・竹・老人」の中には、

翌日、私は南に発ちました。
そして今迄の山の中の淡色とちがつて、ひどく色彩の強い風景を――脂ぎつた海や、黒緑色に盛り上つた島々や、強い日光の中に赤茶けて輝く断崖や――見ました。

といった、南の光の中での心の躍りを思わせる個所がある。

しかし彼の南方志向を決定づけたのは、昭和十一年の春にした小笠原旅行である。すでに妻子を持ち、横浜高女に

就職していたこの時期、わずか一週間足らずながら、彼が単身で亜熱帯の島へ赴いた事実は、これが、五年後の南洋行という大ジャンプのための助走であったことを思わせる。この旅は彼によほど強い印象を与えたとみえ、「小笠原紀行」と題して百首の歌を作っている。

空ノ青サ、海遠ク光リ、ミニヨンノ歌ナド思出デラル。見上ゲルヤシノカゲ、ジャバ蘇鉄。ベンガル菩菩樹《ママ》。モクタチバナ。

熱帯樹ノ葉ノソヨギノ良サ。影ノウゴキノコマカサ。赤チヤケタ道ニ白イ珊瑚ノ屑ヲ敷ケリ。パパイヤノ匂。〔……〕。

これは、手帖に残された一節である。

この小笠原旅行の記憶は、彼の中で、時間の灰をかぶりながら熾火のようにくすぶり続ける。そして「かめれおん日記」（昭和十三―十四年ごろ）の、女学校教師である主人公は、生徒からもらって、アパートの一室で飼いはじめたカメレオンを見るとき、久しく彼の中に「眠つてゐたエグゾティスムが、〔……〕再び目覚め」るのをおぼえ、「曾て小笠原に遊んだ時の海の色。熱帯樹の厚い葉の艶。油ぎつた眩しい空。原色的な鮮麗な色彩と、燃上る光と熱。珍奇な異国的なものへの若々しい感興が急に潑剌と動き出」すのを感じるのである。

南へ向かう敦の心が、西欧人の南方行の系譜に関心を抱かせるに至ったのか、逆に、この系譜が彼の心を南へと誘ったのかは、一概には決めがたい。ともかく明治以降現在まで、南へ赴いた文人、芸術家――その数は決して多いとはいえないが――の中で、こうした系譜を強く意識し、それをふまえている者は、彼のほかにはほとんどいない。

久功も、たしかにゴーギャンの影響を強く受けた。彼は、『白樺』同人の小泉鉄が、「白樺叢書」の一冊として大正二年に訳した『ノア・ノア』を逸早く読み、大震災でそれを焼いたあとは、買い直して繰り返し読んだ。「ゴーガンは全く不思議なほどに親しい」、「ゴーガンの幻想的なものはひどく私を引きつける」と彼は書く。しかし彼はゴーギャンを、敦のように系譜の中に位置付けて考えようとはしなかった。彼は、ランボーも、スティーヴンソンも、ロティも、ロレンスも、メルヴィルも、生涯にわたり、身を入れて読もうとはしなかった。西欧人の南方行自体に関心を持たなかったといっていい。

彼は、美校在学中から「フランスニ行ク位ナラバ南洋ノ土人達ノ島々ヲ一マハリスルカ、メキシコカペルーノ遺跡見物デモ見テ来ル方ガ面白イ位ニナッテヰタ」のであり、フランスから帰朝した画家・彫刻家が、ゴーギャンらの影響を受けて始まったフォーヴやキュビスム、つまり「フランス＋原始」を持ち帰って時代の尖端をなしているのを見て、「フランス＋原始」をもらってくるくらいなら、「まっすぐ南洋原始に飛びこんで、「日本＋原始」を作った方が立派じゃないか」（「わが青春のとき」）と考えて南洋へ行った人間である。彼の南洋行には、西欧の近代は介在していなかった。

別居していた父母が次々と死んで家庭が崩壊し、日本に居場所がなくなって、日ごろから考えていた南洋行を決心したとき、彼は日記の中に、南洋行の動機を説明した「南洋行キ次第」なる一文を書いているが、その中に動機として、寒さ嫌い、ゴーギャンの影響、考古学や民族学への関心、原始的なものへの好みの四つを挙げている。そしてゴーギャンについては次のように書く。「『ノア・ノア』ハ私ニ「南洋」ト「土人」トヲ教ヘハシタカモ知レナイガ、私ヲ「南洋」ヘ引張ッタノハ全然別ノモノダッタ。何故ト云ッテ、ゴーガンノ南洋ト土人トハ、私ニハ不向キナ夢ノ様ナソレラダカラ」。

そしてその「全然別ノモノ」とは、考古学や民族学に対する関心だった。

敦に比べると、久功の南洋行の動機は、はるかにナイーヴである。そしてそれだからこそ、彼は十三年もの長い間、南洋暮らしをすることができたのかもしれない。

ランボー以下の人々は、西欧に背を向けて、南へと出発した。しかし敦は、日本に背を向けたわけではなかった。彼の書き残したものの中には、たとえばゴーギャンのものに類する、日本の社会や文化に対する激烈な批判などはまったくない。彼の場合、南洋は正だとしても、日本は負ではなく、両者は二者択一の対象では決してなかった。彼を南洋へ連れていったのは、彼自身の「狼疾」にすぎなかった。

ただそれだけに、敦の南洋行に「人工の・欧羅巴の・近代の・亡霊」がとりつきやすいのもたしかだ。いや、南洋行の場合に限らず、この亡霊が至るところからあらわれて、彼の生を腐蝕させてしまうことこそ、彼の「狼疾」だったのではあるまいか？

いつのころからか、彼は、自分と現実との間に薄い膜が張られてゐるのを見出すやうになつた。そして、その膜は次第に、そして、つひには、打破り難いまでに厚いものになつて行つた。彼は、その、寒天質のやうに視力を屈折させる力をもつ、半透明な膜をとほしてしか、現実を見ることができなくなつて了つた。彼は、ものに、現実に、直接触れることができない。（「北方行」）

ともかくも、自分は周囲の健康な人々と同じでない。勿論、矜恃を以ていふのではない。その反対だ。不安と焦躁とを以ていふのである。ものの感じ方、心の向ひ方が、どうも違ふ。みんなは現実の中に生きてゐる。俺はさうぢやない。かへるの卵のやうに寒天の中にくるまつてゐる。現実と自分との間を寒天質の視力を屈折させるものが隔ててゐる。直接そとのものに触れ感じることが出来ない。（「かめれおん日記」）

創作も含め、南洋へゆく以前に書いた彼の文章には、自己に対する同種の不満がしばしば見られる。その事実は、彼にあって、こうした不満が強迫的なものにまでなっていたことを私たちに感じさせる。自分を包みこむ寒天質の膜をつき破り、ものに直接ふれ、手袋することなしに「現実と握手する」（「北方行」）こと、多分それが、そのころの彼の唯一の、強い願望だったにちがいない。たとえそこに死や家族との生き別れの危険がひそんでいようと、彼はどうしてもその願望を実現しなければならなかった。寒天質の膜の中にとどまり続けることは、精神の死でしかなかったのだから。そして実現には、一切の「観想」も「思念」も役に立たず、「たゞたゞ身を働かすこと」（「悟浄出世」）、すなわち行為しかないと、彼は思いつめていたのである。

敦が陥っていた一種の蟻地獄は、一部の友人の眼にも映っていた。一高の文芸部以来の仲間である釘本久春は、昭和十五年一月、敦から送られてきた「かめれおん日記」と「狼疾記」の原稿を読んだあと、「僕にはあの作品の地盤である作者の生活の現実が、気にかゝるのだ。僕は友人として、限りなく内部にばかり入つてゆく、そして身を嚙んでゐる作者の人間的誠実〔……〕がいたましくて見てゐられぬやうな気持になる。作者が、真の意味で、あの生活とは他縁な生活圏に立つ日を希はずにはゐられない」と書き、「大けなきことであるが、僕は作者が自己を外部に、現実と行為の世界におし出してゆく契機の如きものを作るよすがになりたいと思ふ」と付け加えている。

そして実際、敦を「現実と行為の世界におし出してゆく契機」を作ったのは、この釘本久春だった。

敦は、南洋庁へ転職するために横浜高女をやめたのではない。おそらくは蟻地獄から脱け出すために、転地療養を口実にして、昭和十六年の三月に一年間の休職を申し出たのであった。そして実際、父方の叔父を頼って新京へしばらく行くことも考えていた。休職の間の後任を頼んだ父田人に宛てて、彼は、新京は寒いから十月以後はいられないだろうとしたあと、「本当は南洋の方へ行きたいのですけれど之も経費の都合で、むづかしさうです」と書く。

まだ満洲行のつもりでいた敦のところに、当時文部省にいて、外地における日本語教科書編集の要の地位にいた釘本久春から、南洋庁の編修書記の仕事が持ち込まれたのは、五月のことだった。役人ということに若干のこだわりはあったものの、敦は、さきに記したような願望を実現するきっかけとして、すぐに釘本の申出に乗ったと思われる。

彼は、南洋にゆきたいというより、ゆかねばならなかった。それは、彼の心の論理がさし示す道だった。「唯一筋の道を選んで、之に己の弱い身体と、短いであらう生命とを賭ける以外に、救ひのないことを良く知つてゐた」彼にとって、ほかにとるべき手段はなかった。

彼は、南洋行について打ち明けたとき、強く反対する妻たかに対し、喘息の治療と借金の返済以外に、口にする言葉を持たなかった。「今になって言っても仕方ないでしょうが、とにかく一度言い出したら聞かない人です」と、たかは口惜しげに当時を回想している。

敦は、六月十六日付で横浜高女へ退職届を出した。
彼は、自分を超えるなにものかに強く背中を押されるようにして、南洋へと旅立ったのだ。たしかにそれは、彼の「意志じゃな」かった。

敦の群島めぐり

敦の二度にわたる長い出張旅行については、彼自身詳細な日記をつけており、また妻と、今度発見されて、新しい全集に収録された三十一通を含め、二児に宛て、たくさんの手紙を書いていて、私が付け加えることはあまりない。なお、新発見の子供たち宛の手紙——ほとんどが絵葉書——は、釘本久春の遺族の家に保存されていた。釘本は、敦の死後、未亡人と幼い二人の子供を経済的に支援するため、これらを一本として出版するつもりだったらしい。最近、この計画は受け継がれ、多くの絵葉書は原寸大のまま収録されて、『中島敦　父から子への南洋だより』（川村湊編、集英社、平成十四）という美しい一冊となった。

二度の旅行の間、喘息の発作はほとんどおきず、彼は肥って帰ってきた。その原因の一つは、コロールでは、戦時下の食料難に加えて、伝手がないためにきわめて貧しい食事を強いられていたのに、船の一等の食事は「中々上等で、「久しぶりで家鴨《アヒル》の炙肉《アブリ》や牛の尾の料理にありつけた」からだった。彼が出張旅行を待ち望んだのは、「イヤでイヤで堪らぬ」役所での生活から逃れるためのほか、こうした食事のこともあったのだと、彼は自嘲気味にかつての教え子の一人に打ち明けている。

ゆくさきざきでの彼の仕事は、公学校の教員たちに会って、既製の教科書と新たに編修すべき教科書についての現場の意見をきくことだった。教員たちのこうした意見を詳細にメモした手帖が一冊残っている。しかし最初の出張だけで、彼は、教科書編修に対して、それまで「多少は持つてゐた」熱意をすっかり失ってしまった。それは、「現下の時局では、土民教育など殆ど問題にされてをらず、土民は労働者として、使ひつぶして差支へなしといふのが、為政者の方針らしく見え」たからであった。「土人を幸福にしてやるためには、もつと〳〵大事なことが沢山ある。教科書なんか、末の末の、実に小さなことだ」と彼は書く。

彼が最初の旅行で一番気に入ったのは、マーシャル群島の主邑ジャボールのあるヤルート島だった。これは、大きな潟湖を囲んで、多くの小礁が花綵のように連なる環礁島で、標高は二メートルを越えず、高波が来れば、たちまち水没してしまいそうな島である。「ヤルートは面白い島だよ。ここ迄来て、やつと、南洋へ来たといふ気がするね」、「僕は今迄の島でヤルートが一番好きだ。一番開けてゐないで、スティヴンスンの南洋に近いからだ」と彼はたかに言う。

この島で、彼は、海豚の群に囲まれながらポンポン蒸気で環礁の中の小島に行って公学校を見学し、大酋長の家を訪ね、深く水を湛えたある巌蔭で、色あざやかな魚たちが群れ泳ぐ、この世ならぬ眺めを、一時間余もただ呆然と見惚れていた。

ここには、横浜高女での教え子で、担任をしたこともある淀川和代の家があった。彼女とは、すでにコロールの波止場で、乗船間際に偶然出会っていた。彼女は三月に卒業し、やがて敦も乗ることになるパラオ丸で、横浜から帰省する途中だったのである。横浜高女での敦の同僚である山口比男の著書『汐汲坂——中島敦との六年』によると、淀川和代は、「純真明朗、話題の多い生徒であった」という。「南洋も狭いもんだね。船に乗つてから、色々と横浜の話など聞かうと思つてゐる。いい楽しみが出来たよ」と敦は、たか宛の葉書に嬉しそうに書いているが、彼は一等、彼女の方は三等だったので、船中ではろくに話ができなかった。

一夕、彼は、雑貨商をしている彼女の父親の家によばれ、船の上で頼んでおいた、好物であるコーヒーとパンの饗応にあずかった。

敦は南洋でこれまで、久功以外には、共感の持てる人間にあまり出会えなかったが、ヤルートに来て、竹内虎三という一人の役人と意気投合した。彼は日記に、「今日半日、竹内虎三氏と語り、頗る愉快なり。南洋庁には珍しき気骨ある男なり」と記し、たかへの手紙にも、「一人の役人と仲良くなつた。竹内といふ、実に気持の良い男」と書いたあとで、「どうも少し、この男一人の話をしすぎたやうだ」と言うくらい、竹内の人柄やその愉快な行動について長々と語っている。それによると、彼よりも三つ四つ年上の、男前で、頭もいいのに、上役と衝突ばかりしているために出世できず、あまり月給が上がらないのに業を煮やして、「マタ、ゲツキフ、アゲヌ。バカヤラウ」と内務部長に電報を打ったので有名な男だという。敦は彼と一緒に、「役人といふもの（殊に南洋庁の役人）を痛快な程、罵倒」して、日ごろの溜飲をさげた。

竹内は、日本人より島民が好きだと公言して憚らず、島民に深く慕われていた。彼が島民の楽団を作り、それを率いて東の島々をまわって歩く話は、とりわけ敦を興奮させる。

渠が曾遊の東の島々に於ける経験を聞くに、宛として夢の国の物語の如し。終日の饗宴の準備の後、夕暮、歌ひつれつゝ花輪を手にせる少女等が饗宴場に来り、一人一人、渠の頭に肩に花輪を掛けるといふ。さて焚火。石焼、料理のかぐはしき数々、など、スティヴンスンやロティの世界の如し。かゝる島々に、黒き楽団をつれて旅するは、如何に楽しきことぞ！　遊意をそゝらるゝこと頻りなり。

これは、敦の日記の一節だ。

竹内虎三は、大久保康雄（一九〇五—八七）を案内して、マーシャル群島の島々をまわった人物でもあった。大久保は、『風と共に去りぬ』、『武器よさらば』、『北回帰線』など、アメリカ文学の翻訳家として知られているが、若いころ小説を書いていて、敦よりも少し前に南洋を訪れ、その体験をもとに『孤独の海』という短篇集を出している（刊行は昭和二十三）。敦は、大久保の友人でのちにやはり『白鯨』や『嵐が丘』などの訳者となった田中西二郎と親しく、大久保や田中のやっていた同人雑誌を送ってもらっていて、大久保の小説を読んでいた。『孤独の海』は、巧みに書かれた南洋奇譚集ともいうべき作品で、文学的価値はそれほど高いとは思われないけれども、南洋群島を素材とした日本の小説はきわめて少なく、その点で貴重であり、『南島譚』の先駆といってよく、敦は、影響とまではゆかないにしても、刺激を受けた可能性は十分にある。

敦がやってきたとき、ヤルート支庁の庶務課員で判任官五級だった竹内虎三は、昭和十八年の『南洋庁職員録』によると、ポナペ出張所に転勤し、同じ判任官の五級ながら、総務課の課長に出世している。多分月給もあがったであろう。


南洋庁時代の敦が他人の眼にどのように映ったかは、証言がきわめて少なく、久功のものと、田辺秀穂の「スティブンソンのいない島——中島敦との二週間」(『中島敦研究』所収)くらいしかない。田辺の一文は、当時サイパンにいた彼が、第二次の出張旅行で来島した敦に宿舎を提供する話で、三十余年後に書かれたものだけに若干の記憶違いがあるけれども、興味深い。

敦は十一月二十五日にサイパンに着き、最初支庁のクラブの宿泊所に泊っていたのだが、四十畳ほどのだだっ広い、薄べりが敷いてあるだけの大広間に二組の子連れの夫婦者と同居させられ、夜は赤ん坊の泣き声で本も読めず、閉口して部屋換えを頼んだらしい。「所で、オレは宿舎をかへたよ。サイパンに実業学校があるが、そこの先生のウチに同居することになつた。先生といつても、オレと同じくらゐの年齢《トシ》で、今は一人でゐるんだ。勿論、オレもその人も、外で飯を喰つてゐるんだ。家はたゞ寝るだけだ」と敦はたかに報じている。

田辺は、すでに妻子を内地へ引き揚げさせており、自分もいつでも帰れるように家財道具はほとんど梱包して片隅に積み上げてあったので、ドイツ領時代のものである、外観は瀟洒なその官舎の中は殺風景をきわめていた。田辺は一台だけある鉄製の寝台を敦に譲り、自分は床に寝た。

パラオ本庁からの連絡では、「嘱望された文学者」という触れこみだったので、田辺は芸術家タイプを予想していたが、役所で引き合わされた、ワイシャツの襟元はよれよれの、黒ズボン姿の敦は、その予想とはまったく外れていた。「芸術家にありがちな、世界の苦悩を自分一人で背負い込」んでいるかのようないやみな点はなかったものの、「あまりにも一般的であり過ぎるため、こちらが不満を覚えるほど、平々凡々たる印象しかなかつた」と彼は書いている。

なぜこんなところへやってきたのかという田辺の問いに、敦はただ一言「喘息を治すためだよ」と答えた。田辺自身喘息で、島へ来て治ったのだが、それでもそれをきくと、「何かしら、馬鹿馬鹿しい気がした」。サイパンはグァムに隣接しており、今や島は戦争一色で、田辺は授業のほか、飛行場建設のためのもっこ担ぎその他の勤労奉仕に日夜駆り出されていて、そういう切迫した島の空気の中では、敦の答えは、ひどく間の抜けたものに感じられたからである。

二人は夜しか顔を合わさなかったが、田辺が戻ってくると、敦はいつも寝台で、木版刷の漢書や、ハックスレーの英書などを読んでいた。そうかと思うといきなり、「君、仔豚って可愛いよ」と言って、細君が作ったという大きな腹巻をまいたままの恰好で四つん這いになり、鳴き声を真似ながら、板の間を飛んだり跳ねたりするのだった。

敦は、この宿舎で十二月八日を迎える。その前日の深夜、二人は、銃の尖端を光らせながら、闇の中を行進してゆく軍隊の姿を、窓から見下ろした。「到頭、始まったよ。グヮム島だ」という田辺の言葉に、敦は答えず、ついに「一言も洩らさなかった」。

敦は日米開戦をどのように受けとめたのか。日記にもただ「午前七時半タロホホ行のつもりにて支庁に行き始めて日米開戦のことを知る。朝床の中にて爆音を聞きしは、グヮムに向ひしものなるべし」とあるだけで、感想は一切記されていない。もっともたか宛の手紙には、「いよ〳〵来るべきものが来たね。どうだい、日本の海軍機のすばらしさは」とあって、人並の昂奮は覚えたようだ。

その日の午後、早速空襲警報が鳴りひびき、何事もなかったものの、来るべき空襲にそなえ、田辺は台所の板をはがして防空壕作りをはじめなければならなかった。泥まみれ、汗まみれになって働いている彼に対し、敦は声ひとつかけず、お世辞にも「大変だな」とも「手伝いたいが〔……〕」とも口に出さず、片時も本から眼を離さなかった。「政治の現状には興味を示さないばかりか〔……〕悠然と漢書の中に己れを忘れている」敦に、田辺は憤然とし、スコップの手を休めて、「君は、今、何をしたいのだ」と訊ねると、敦は平然と、「僕は本を持って死ぬよ」と答えたという。

パラオ好日

久功と敦との交友が本当に始まるのは、昭和十六年十二月十八日に敦が二度目の出張旅行から帰ってきてからのことだ。翌年の三月四日には、二人は帰国の途につくのだから、その期間は三月足らず――、帰国してからももちろん二人の交友は続くが、久功は結婚してすぐに家庭を持つし、敦は敦で、新進作家として、残されたわずかな時間をすべて執筆に注いだので、東京では二人は数えるほどしか会うことができなかった。さきに引いた久功の文章にあるように、二人の交友は「本当に短かかった」。

滅多に味わうことのできない美味佳肴を瞬時に食べ尽くさなければならない人のように、敦は久功との時間を貪る。「役所での生活は相変らず、不愉快」で、教科書編修の熱意も失せ果てた彼にとって、今や「夜、土方さんの所へ行つて、お茶をのみながら、話をするのだけが唯一つの楽しみ」なのだ。出張から戻ったその日の夜に久功を訪ねて「コーヒーの馳走に預か」って以来、彼はほとんど連日のように久功の住居に入り浸る。それは、久功がある日の日記に、「敦チャン、朝昼晩」と書いたほどだった。

敦がコロールを留守にしていた十一月の末に、久功は、同じ敷地内にある独立家屋の官舎があいたので、そちらに引き移っていた。ほかの部屋に遠慮する必要がなく、これまでより気楽に出入りできたことも、敦の入り浸りの一因だった。また、灯火管制がきびしく、明かりをつけるためには戸を閉め切らねばならず、それでは暑くて堪らず、結局明かりを消して戸を開け放つ、という仕儀になり、「本も読めないので、毎晩土方さんの所へ行つては、無駄話」をする、ということもあった。さらには、コロールでは以前より一層物資が払底していたのに、伝手の多い久功のところには、敦の好きなコーヒー、紅茶、ビスケット、さつまいもなどが常備されていた、ということもあった。やがて敦にとって、久功の家はわが家同然となる。

ぷらっと、やぶけた着物をひきずって入って来ると、
「何故私はコーヒーを飲まないだろう?」
と彼は子供のような可愛いい声で云う。これは『きたかぜ』のエスキモーの真似である。そして戸棚をあけてアルコール・ランプに火をつけて、小さなヤカンをかけるのである。それからまた、私が帰って来るともう「トン」が来ていて、台所で、こわれたかまどの前に蹲まって小さな枯枝をくすぶらしているのだ。

じきに両手でアルミの鍋をさげて室に戻って来ると、新聞紙の上にボロボロとサツマ芋の皮をむきこぼしながら、フーフーと息を吹きながら、その芋を右手にもち左手にもちかえ、時にはころがしながら、口の方から芋に近づけてその熱い芋にかじりつき、今度は口の中に入った芋にスースーと息を吸いこみながら、実にあたふたとせからしく芋を食うのである。だが見ているといかにもうまそうで、私もその前に坐りこんで手を出さずには居られない。(「トン」)

久功の家でのある日の敦の姿を、久功はこんな風に描く。付け加えると、『きたかぜ』とは、敦にすすめられて久功の読んだ、ポール・エミィル・ヴィクトルというフランスの民族学者のグリーンランド探険記で、その中には、親しいエスキモーの青年がヴィクトルの小屋に入ってきて、「どうして俺はお茶を飲まんだろうか?」と訊ね、「飲め」と言われて勝手に飲みはじめる場面があるのだ。

読書家の彼は、面白い本があると、やってきてよく久功に貸した。こうして久功は『きたかぜ』だけでなく、「敦チャンノ持ッテ来テクレタ」、ロティの『ロティの結婚』、ボスエルの『サミュエル・ジョンソン伝』、セナンクールの『オーベルマン』などを読んだ。

新しい本が内地から届いたりした時のトンの嬉しそうなしぐさが目に見えるようです。早速私のところに持っ

て来て見せ、それからその新しい本を愛撫するのです。厚い近眼鏡の奥に、笑うとなくなってしまうような眼、その眼鏡に近々と本を寄せて、何かぶつぶつ言いながら本の頁をパラパラと前にかえし、うしろにもどし、二部屋ぶっとおしにあっちからこっちに、こっちからあっちへと歩くのです。すると額にバサバサと髪の毛が垂れさがる、その髪の毛を片手の手でかきあげ、仰向いて頭をブルンと振って髪の毛をうしろに投げあげるのですが、元の姿勢にかえると一緒に、いっぺんに元通り垂れさがってしまうのです。(「パラオでのトンと私」)

これは、久功の描くもう一つの敦の姿だ。

久功の家の書棚や机の上には、南洋群島での彼のさまざまな調査の記録、折にふれて書いた文章や日記が無造作に置かれていて、敦はそれを自由に読むことを許されていた。こうして敦は、久功がコロール島の南に在る、ソンソル、ブル、トコベイなどパラオ諸島の離島を旅したときの紀行「南方離島記」の中に、ナポレオンという綽名の、「プール島(人口二十に足らず)に、パラオより流刑に会ひし無頼の少年」の話を、また「日記」の中に、久功のごくささやかな親切に感謝し、癌で死ぬ前、三人の青年に遺言して、久功のところへ死後それぞれ鶏を届けさせるギラメスブヅ爺さんの話をみつけた。敦は帰国後、これらの話をもとにして、『南島譚』の中の短篇「ナポレオン」と、「鶏」を書いた。

やはり小説の素材を探していたためであろうが、敦は久功に対し、しきりに「パラオの話を求めた」。

マルキョク、ガラルド辺のボラ捕りの話頗る面白し〔……〕

又、リーフの縁辺にて、大シャコ貝(アキム)の盥程のものを捕るも愉快なりと。〔……〕

土方氏によれば、天下の珍味は、海亀の脂に極まる由。〔……〕

昨夜の土方氏の蛸とりの話頗る面白し。〔……〕

剽悍なる巨口の大魚タマカイの話〔……〕

敦の日記にはあちこちに、久功からきいた島々のこのような奇談が録されている。それらもやはり『南島譚』の中の「幸福」などの細部に使われた。

そのほか、極度に嫉妬深い上に膂力にすぐれ、夫を誘惑したと思う女性のところへ押しかけて、ヘルリスと呼ばれる女同士の喧嘩をたえずに挑む妻を持った夫の悩みを描く「夫婦」の話は、久功の著書『パラオの神話と伝説』の中に原型があり、本の出版はこの短篇の執筆後だけれども、敦はコロールの久功の家で、この本を原稿の段階で読んだと思われる。

このようにみてくると、『南島譚』の中の南洋を舞台にした作品の大方は、なんらかの形で久功から素材を仰いでいることがわかる。

のちの話だが、昭和十七年十二月四日のその死の少し前に「今日の問題社」から出たこの小説集を、これほど恩恵を受けたにもかかわらず、敦は久功に贈ろうとはしなかった。

久功は、昭和三十一年に刊行した詩文集『青蜥蜴の夢』の中に、日記の中のギラメスブヅ爺さんの話を、ほとんどそのまま、やはり「鶏」と題して再録し、その末尾に後日譚として、パラオの彼の家で敦が日記の中にこの話をみつけ、「土方さん、この話、僕にくれませんか」と言ったので、「ああ、どうぞ」と答えたものの、その後一向にものになったということをきかないと思っていたら、ある日友人に『南島譚』を見せられて敦の「鶏」の存在をはじめて知り、さらにその後、敦の未亡人から「敦があれ〔『南島譚』〕ははずかしいから土方さんにはあげない、といって、上げなかったのでした」ときかされた、という話を記している。

久功の日記によると、彼が『南島譚』の存在を知ったのは、昭和十九年八月のことだ。彼は敦の死の直後にボルネオへと発ち、香港の病院で長い療養をしたのち、その年の三月に帰国し、なお大阪でしばらく入院していたのだから、これはごく自然である。友人――熱帯生物研究所の所員だった阿刀田研二――からの来信で本のことを知り、早速、中島未亡人に手紙を書いて一本を求めたところ、今手元にないという断りの返事に例の敦の言葉が書き添えられていたのであった。結局、久功は仙台にいた阿刀田から送ってもらって『南島譚』を読むのである。敦の感じたはずかしさについて、久功は日記の中で「彼ノ気持ガ解ルヤウナ気モスルト同時ニ、如何ニモ中島ラシイ」と書き、そのはずかしさの理由を、

ソレハ只、是等ノ小説ノ大部分ガ、私カラ持ッテ行ッタ材料ダカラデモアリ、ソレガ只単ニ私カラ何トナシニ話シタモノデナクテ、コンナニマトマッタ作品デハナイニシロ、私ガ私ナリニ既ニ書イテアッタモノヲ読マセタノダッタカラ〔……〕ソレモ敦ハコレラヲ此ノ様ナ形デ出ス筈デハナカッタノデ〔……〕少クトモ「鶏」ハ。敦ハ公学校ノ教課書ヲ作ルコトニナッテ居タノデ、教材トシテ鶏ノ話ヲ呉レト云ッテ来タノダッタ。

と解釈している。

敦の羞恥の根にあるのは、南洋在住十三年の久功の眼に対する怖れであろうが、たしかにそこには、教材としてもらってきたものを小説に仕立ててしまったことへのやましさもまじっていたにちがいない。

久功が、自分が素材を提供したと認める敦の作品は、「夫婦」、「鶏」、「寂しい島」、「ナポレオン」、「マリヤン」である。

是等の材料ガ、コノヤウニ取扱ハレテ居ルコトニモ、小説ノ創作過程ヲ知ラナイ私ニハ、大変ニ面白ク考ヘラレルシ、感心シテシマフ。実際コニクラシクナル。

これは、それらを読んでの久功の感想である。

独立家屋の官舎に移ったため、久功の住居は、これまで以上に梁山泊の趣きを呈するに至った。集まってきたのは、

阿刀田研二、和田清治、加藤源治、松井喜三、大平辰秋、羽根田弥太といった熱帯生物研究所の人たち、昭和十六年九月に開局したパラオ放送局々員の、敦とガルミズに同行した久保田公平、アナウンサーの山口岩夫、文化協会の例の中島幹夫、栗山一夫、地方課の家入満洲雄ら、さらにマリアをはじめとする島民の男女の友人たちだった。

荒俣宏の「南洋の若き学徒たち――畑井新喜司とパラオ熱帯生物研究所」(『大東亜科学綺譚』所収)によると、熱帯生物研究所は、昭和九年に、東北大学の生物学の教授であった畑井新喜司《しんきし》の奔走で生まれた文部省管轄の研究機関だった。もっぱらアメリカで生物学を学んだ畑井は、フロリダの離島にある熱帯生物研究所で暮らしたことがあり、日本にも同じものをと考え、各方面を説いて設置に漕ぎつけ、場所はコロール島のアラバケツを選び、昭和十年三月に木造平家建ての実験所が完成するや、自ら初代所長となって赴任した。研究所は、実験所のほか別棟の図書室と所員たちの宿泊所からなっており、粗末なものながら数艘の採集船も持っていて、すぐ裏手のマングローヴの林にかこまれた潟湖につながれていた。研究所は独特の方針によって運営され、専任の研究員は置かず、内地の無給助手や大学院生を中心とする若い学徒に研究員を委嘱し、半年、一年と期限を切って滞在させるというシステムをとった。

彼らの大方は二十代から三十代はじめの青年たちで、殺風景な合宿所で独身生活を強いられていたから、夜になると時間をもて余してコロールの町へ繰り出し、おのずと久功の家へ集まってくるのだった。前述のように、役人たちとは肌の合わなかった久功は、彼らとの交友を喜んだ。彼のほうからも研究所へ出かけてゆき、実験所で顕微鏡を覗かせてもらったり、庭の大王椰子の木かげの寝椅子で、畑井所長や所員たちと歓談したりもした。彼と、のちに発光生物研究の世界的権威となり、横須賀市博物館の館長をつとめた羽根田弥太が音頭をとり、採集船を出してもらって、岩山湾に浮かぶ無人島を探険してまわったこともあった。採集の合間には、彼らは、水平線がどこにも見えず、島々が濃青の海にひっそりと影を映している湖のような海で泳ぎ、魚を釣り、貝をとり、真白な砂浜の木かげで弁当を開いた。それは、採集を兼ねたピクニックだった。戦後、年に一度集まって往時を偲ぶ元研究所員――久功も客員として出席した――の集まりが「岩山会」と名付けられたのは、こうした心楽しい思い出のためである。

土方氏の所へ集まつてくるのは、みんなカハッタ人ばかり。熱帯生物研究所の人で、鰹《カツヲ》の脳《ナウ》の中の水分の分量について、研究してゐる人や、目高《メダカ》の心臓《シンザウ》の研究をしてゐる学者などがやつて来る。中々面白いよ。

と敦は、たか宛の手紙に書く。

「鰹の脳の中の水分の分量について、研究してゐる人」とは松井喜三であり、「目高の心臓の研究をしてゐる学者」は、加藤源治だった。荒俣宏によると、加藤は、「魚類研究に熱中していた昭和天皇のために、パラオの熱帯性海水魚類十尾を生きたまま水槽にいれて空輸、ついに天皇の許に届けるという快挙（?）を達成した」由である。久功の家で皆に「目高の源さん」と呼ばれていた加藤は、戦後、錦鯉の餌の開発に成功して産をなした。

さきほどの敦の手紙の続きには、

土方さんの家の屋根裏の部屋に、一人、面白い芸術家（工芸の方をやる人）が住んでゐる。この人と仲良くなりさうだ。この人は草花のことなんかトテモ良く知つてゐるので、話が合ふんだ。屋根裏に住んでるなんて中々いいぢやないか。

と記されている。

この「面白い芸術家」とは、久功が敦について、「私以外のものとは、笑顔とつまらない冗談以外には殆ど何も話さなかった」と述べている前掲の一文に付け加えた、「尤も私のところにいつでもぞろぞろとやって来て勝手なことを言ったり為たりして行く熱帯生物研究所の若い学者達、それから私のところの二階に居たTとは自然な親しさを持っては居たが」という但書きの中のTのことである。

T、すなわち高松一雄が、どのような経歴を持ち、どのような動機でパラオにやってきたのかはわからない。終始家具の製作にたずさわっていたところからして、元来は指物師ではなかったかと思われる。島民の中にまじって住み、家具製作のかたわら、あちこちの半端仕事を手伝って、暮らしを立てていたが、彼の作ったアバイの模型を物産陳列所が買いとった件をきっかけにして、久功とのかかわりが生まれた。当時、高松は経済的に逼迫していて、長い時間をかけて作ったその精巧な模型をある日本人に捨値で売ろうとしたのを、久功が間に入って、物陳の所属する商工課に金を出させたのである。

故武田範芳画伯の生前の話によると、画伯は高松一雄と親しく、久功が折々彫刻をしにゆくアラカベサン島の佐伯清の家に一時二人で世話になっていたことがあるが、その折、高松があまり金に困っているのでなけなしの金を貸したところ、一向に返してくれず、代りにスペイン風の座卓を作ってくれたとのことだった。その、半世紀以上も前にもらった座卓を、いまだに愛用していると、画伯は言っていた（この古雅な座卓は現在も画伯の遺族の家に残っている）。高松は、やがて久功の推薦で、嘱託として商工課に入り、物陳でその仕事を手伝い、久功が独立官舎に移るや、その屋根裏部屋に住むようにまでなった。名人気質の変人と周囲からは見られていたが、そんなところがかえって敦と肌が合ったにちがいなかった。

敦の日記には、

十二月二十四日（水）。〔……〕夜、高松氏と、文化協会の映画。月漸く明るし

十二月二十五日（木）。〔……〕昨夜の高松氏との約束にては今朝七時前に西班牙教会に同行する筈なりしも、目覚めしは七時半。慌てて朝食をすませ、教会に行く。高松氏在らず〔……〕後に聞けば、高松氏も寝坊せしなりと

十二月三十一日（水）。夜土方氏方に到り、阿刀田氏高松氏等と飲み喰ひ語る。十一時、外に出て一同マリヤを誘出し、月明に乗じコロール波止場に散歩す、〔……〕

昭和十七年一月一日（木）。〔……〕十一時半土方、高松氏とアラカベサンに向ふ。〔……〕

とあって、二人が急速に親しくなってゆくさまを窺うことができる。

久功もその日記の十二月二十四日の項には「〔……〕コーヒーヲ入レテタラ高松君ト一緒ニ敦チャン来ル。文化協会ノ映画ヲ見テ来タ由」、二十五日の項には、「昨夜ノ今日デボヤボヤシテ居タラ九時前ニ敦チャンガ来ル。スペイン教会ノミサニ行ッテ来タ由。高松君ハ寝ボウシテシマッテ行カナカッタノダ」と記していて、二人の交友を、いくらか庇護者めいた、暖かな関心で見守っているのがわかる。

スペイン教会は、スペイン人神父の司祭するカトリックの教会で、コロールの町の東はずれ、マリアたちの家の近くにあり、島民たちがよく通っていた。パラオ諸島を含むカロリン群島は、米西戦争の結果、一八九八年ドイツに売却されるまで長いことスペイン領だったため、島民にはカトリック信者が結構多かったのである。高松はよくこの教会に出入りしていたので、多分案内役を買って出たのであろう。

大晦日の晩の、マリアを誘ってのコロール波止場への散歩は、「マリヤン」の中で、H氏とマリヤンと「私」のする散歩として使われている。小説の中では、この時H氏に、「マリヤンが今度お婿さんを貰ふんだつたら、内地の人でなきや駄目だなあ。え？　マリヤン！」ときかれて、マリヤンは、「でもねえ、内地の男の人はねえ、やつぱりねえ」と答えるのである。

敦と高松一雄の交友は、敦の帰国と急死のためにかりそめのものに終わってしまった。

高松は、パラオから引き揚げてきて、東京で戦災にあい、しばらく防空壕暮らしをしていた。武田画伯がそれを憐れんで土地を貸し、家を建てさせた。家具製造のほうも一時は順調で、有名な映画監督の山本嘉次郎が家を新築する際、その家具を一手に引き受けたことさえあった、しかし酒癖がわるく、あるとき酒のうえのあらそいから家を出たきり行方しれずになったとは、これも画伯の話である。

帰国まで

アラカベサン――それは、久功にとって特別な場所だ。

今は大統領府や国立病院があり、久功の多くの絵で飾られたパラオ・パシフィックリゾートなどの高級ホテルの並ぶアラカベサン島は、久功が昭和四年にはじめてパラオにやってきたころは、ほとんど何もない、コロール島の西隣の小さな島に過ぎなかった。やがていくつかの鰹節工場が建ち、海軍の基地ができて、彼がサテワヌ島から引き揚げてきたときには、珊瑚礁を埋め立てて作った土手道で、コロール島と陸続きになっていた。

鰹節工場を持ち、かたわら鰐の養殖をしていた紀美水産を兄と経営していた佐伯清は、客を好み、その屈託のない人柄を慕って、その家には多くの人々が集まってきた。彼は芸術を愛好し、とりわけその方面の人々を喜んで迎えた。「シャリアピンをききにゆきましょうよ」という赤松俊子の言葉に誘われて、久功は昭和十五年の三月に、はじめて佐伯家を訪問した。大の音楽好きで、東京で暮らしていた青年時代には、日比谷公会堂の音楽会は欠かさなかった彼は、佐伯の集めていたクラシックのレコードをきかせてもらい、長年の渇を癒やすことができた。以来、日曜になるとやってきては、モーツァルトやシューベルトのレコードに堪能し、料理好きでパンまで自分で焼く夫人の手料理のもてなしを受け、夜おそくまで歓談し、ときには泊めてもらった。

しまいには彼は、佐伯の言葉に甘え、佐伯家内の、海に沿ったタマナの大木のかげの空地で、官舎ではできなかった彫刻をするようになった。高松一雄も、武田範芳も、一時ここをアトリエ代りにした。

> 話、蓄音器、トマトチーズノスープト ngdüil のコキールとダックの丸アブリト、ポテトトニンジン、ソレカラキウリトアスパラガスト卵ノ皿、ビールの夕食。パインアップルトパイトコーヒーノデザート。ソレカラ又話ト歌ト蓄音器ト笑ヒト親シサト。ソレカラスバラシイ貝ノコレクショントバリーノ珍ラシイ彫刻物ト。デ十二時

前ニナッテシマフ。…………十二時少シマハッテ、オ手製ノオミヤゲノパンヲ持ッテ帰ッテクル。パラオデナイカノ様ナ一夜。

これは、久功の日記に記された、佐伯家でのある夜の集いの有様である。

久功は、もちろん敦をここへも伴った。それは、昭和十七年の元旦のことだった。日頃から敦は、寮の食堂の食事の貧しさをたかにかこっていたが、元旦は、食堂の人間を休ませなければならないので、とりわけひどかった。昼食と夕食は折詰になっていて、御飯もおかずも、あわせて一食分しかなかった。朝の雑煮の量が少なかったので、十一時にはもうその二つの折詰を食べてしまい、そのあとは菓子一つ、蜜柑一つつまむものがなく、彼は、たえず疼く傷口のように、「スキバラをかかへて、ねてゐるよりほかはな」かった。コロールには、二人の娘を横浜高女に出している、杉山隼人という町の有力者がいて、彼は以前に訪ねたこともあり、そこへゆけば「何か、夕ベモノにありつけるとは考へたが、何だか食物をネダリに行くのがイヤなので」やめて寝ていた。そのとき「土方さんから救ひが来て、土方氏の親《シタ》しい或る人の家で夕食にありつけた」と敦はたかに宛てて書いている。この「或る人の家」というのが佐伯家だったのである。

敦の日記の方には、

十一時半土方、高松氏とアラカベサンに向ふ。途中スコールに降られる。渡船場に到る頃はすでに止む。渡し舟十分にして島に着き佐伯氏宅に行く。鰐魚を見る、試みに石を投ずれば、怒りて、カツと血の気なき口を開く。コーヒーうまし。家鴨。晩食の馳走に預かり、七時過の渡船にて帰る。

とある。

敦は以前から久功に、本島へ連れて行ってくれと頼んでいた。着任早々デング熱のために、久功の本島めぐりに同行できなかった悔いが、尾を曳いて、彼の中に残っていたのである。

二人はこのころ、役所をやめて帰国することを話し合っていた。久功の場合、理由は、戦争と体の具合だった。日米開戦以来、島民たちの生活も戦時体制に組みこまれ、食料増産が義務づけられ、島民たちは無理矢理畑仕事をさせられていた。「昔の閑かさはもうどこにもない。こんな未開な、自給自足の小さな村から、閑かさと暇と気ままさを取りあげてしまったら、もう生活には何も残らない」(「トンちゃんとの旅」)と彼は嘆く。ほとんどの島を見尽くしていたし、こんな南洋群島に、彼はもはやなんの未練も持っていなかった。体の具合とは、先にもちょっと触れた背や腹の痛みで、このころの彼の日記には、「背腹痛ミテ堪ヘズ」、「背中重シ」、「昼頃カラ稍背中ガ痛カッタガ夜ヒドク痛ムノデ早寝シテシマフ」といった記述が頻出する。彼はリュウマチと考えていたが、パラオの病院では原因は実際にはよくわからず、彼は東京の大病院で一度診てもらうことを以前から考えていたのである。これらに加えて、彫刻や絵の仕事ができないという悩みや、役所に対する不満もあった。

役所に対しては、敦のほうは不満どころではなかった。パラオが喘息の治療には何の役にも立たないこともはっきりした。

そして彼の「狼疾」は? 彼は、それが南洋では、いや、どこへ行っても治り得ないことを、それが不治の病であることを、この南洋行によって痛いほど知らされた。「銀杏の葉の散る神宮外苑をうそ寒く歩いてゐた」彼と、「島民共と石焼のパンの実にむしやぶりついてゐる」彼との間には、なんの違いもなかった。「私が考えていたような旅は、結局のところ、場所を変えることによって今ある自分とは別のものになるための方法であるどころか、相変らず自分自身と同一な人物の単なる移動にすぎない」——このミシェル・レリスの言葉に、敦は、満腔から同意したにちがいない。しかし旅が自分を変え得ないと悟ったとき、彼は変ったのではあるまいか?

ともかく、もう彼には、書くことしか残されていなかった。そしてこの旅や逃亡の神話への断念が、帰国後九月足らずの、あのほとんど奇跡的といっていい、みのりゆたかな彼の創作活動につながったのではなかろうか?

すでに十一月の段階で、彼は父田人に向かい、「とにかく、今のパラオのやうな生活を一年も一年半もつゞけたら、身体はこはれ、頭はぼけ、気は狂つて了ひさうです」と訴えている。彼を南洋庁にひきとめていたのは、今や、職を世話してくれた釘本久春への義理だけだった。

帰国前、一月半ばから月末にかけて、本島を一周することが二人の間に取り決められた。久功の日記の一月十二日の項には、「午後中島敦チャン。南洋汽船ノ予定表ヲモッテクル。出張ノスケジュールヲ立テル為」、翌十四日には、「夕方敦チャント旅行ノスケジュールヲヤル」とあって、いそいそとした敦の姿が眼に浮かぶ。旅行に出発した十七日付で、彼は「今から出張旅行に出る。今度は土方さんと一緒だから楽しい」とたかへ葉書を書き送っている。

二人はまず船で東海岸の中心地マルキョクまでゆき、そのあと陸路をオギワル、ウリマン、マガンランと北上、マガンランから小さなポンポン船で、離島カヤンガルへ渡り、今度は定期船で西海岸のアイミリキまで南下、徒歩でガスパン、アイライ、ガトキップをたずね、渡船でコロールへ戻ってきた。

この旅については、久功に「トンちゃんとの旅」という長文の紀行があり、敦もかなりくわしい日記をつけていて、両者を照らし合わせると、旅の様子がよくわかる。

今度も敦は前夜に発熱、眠ることができず、翌朝は熱の疲れが残っていて、「リュックサックの重荷は肩に痛く、よほど、今日の出発は止めにせんかとも」思ったほどだった。しかしこの機会を逃したらあとがないので、無理して出立、最初の一日二日は、宿舎で臥床を余儀なくされた。一方久功も、「トンのリュクサックを何とかしてかつがせないですませる為に気をくばり、人夫や舟の心配をしなければならなかった」。けれど敦は、旅行をしている間に次第に回復し、なんとか無事に行程を終えることができた。

久功は、昭和四年にパラオに来てすぐ、南洋庁の嘱託になり、杉浦佐助とともにほぼ一年、マルキョクをはじめ本島の東海岸の村々に次々と移り住んで、公学校で木工を教えた経験があり、それ以後も、たえず足を運んでいたので、本島の至るところにコンパニー——パラオでは、親しくなった日本人と島民とは、互いにこう呼び合った——がいた。「トンちゃんとの旅」には、久功がこうしたコンパニーたちと旧交を暖める有様がいきいきと描かれている。公学校のかつての生徒たちは、すでに立派に成人し、中には結婚して子供を持っている者もいた。彼は引張り凧で、皆争って彼に宿を提供しようとし、彼の泊った家には、物資の乏しい折なのに、たえず差し入れがあった。言葉が不自由で、そのうえパラオに来て日が浅いため、島民を表面しか知りえずに苛立っていた敦は、こうした久功に深い羨望を抱いた。久功に対する彼の敬愛の念は、主として、久功が誰よりも深く島民の中に入りこんでいることから来ていた。久功は、南洋に居続けた場合の敦のあるべき自分の姿だった。

〔……〕小さなリュックサックを背負って村はずれの道を歩いて行くと、芋田に行くらしい母と娘が、椰子の葉で編んだバスケットをかかえて向うからやって来る。たちまち娘が大げさな表情で、パラオ語で話しかけてくる。そして二言三言冗談を言って別れて行く。すると敦ちゃんが、君、いまのは何と言ったの、ときく。そして、いいなあ、いいなあ、と言うのだった。(「敦ちゃん」)

と久功は書いている。

敦は、二度の出張旅行の間、支庁が世話してくれた官舎、日本人の経営する旅館、日本人の家を宿とせざるを得ず、これまで一度も島民の家に泊ったことがなく、それが彼には大きな不満だった。この本島旅行で、彼ははじめて島民と寝食をともにし、久功のおかげで、帰国間際になって、やっと宿望がいくらか叶えられた。

〔……〕六時半頃帰る。ヤイチ既に在り。配給に忙し。カムヅックルのさしみと塩煮とタピオカ。夜、室内は暗けれど、外の月は明るし。月下に、路を距てし一旧家とその前庭の趣、仲々に良し。夜、小便に起れば、ヤイチが板の間に裸体にて熟睡しをれり。

夕食はブルブルトに飯を炊かせる。アルコロンの天野の店の島民女と其の助手らしき女も此の家に泊る。土方氏背中痛。月夜の屋外に歌声するにつられて外に出て素馨《そけい》並木、海岸等を逍遙。……夜具無しでゴザの上に寝る。遅く迄女共のベチヤクチヤしやべる声。いやに静かになつたのに気付き見ればランプの光の下、誰一人をらぬ如し(朝見れば、皆隅の方にかたまつて寝てゐたものの如し)。

前者はマガンランでの、後者はカヤンガルでの一夜だ。
オギワルでのひとときを、久功はこんな風に語る。

ぶらぶらと景色のいい椰子浜を散歩したが、私がこの真白な砂の中にはソコル貝と云う、真白なしじみのような小さな貝が沢山あることを教えると、敦ちゃんはすぐにしゃがみこんで、砂をかきまわしはじめた。すぐに白い可愛らしい貝が出た。敦ちゃんはそれを青空にかざして、「これ、たべられるの?」敦ちゃんは子供のように、面白い、面白いと言って、砂浜を掘りつづけるのだった。五、六寸のシャコ貝の殻にいっぱい掘って帰ったが、それが味噌汁のみになって、敦ちゃんの夕食の菜になった。私が大きなかわはぎのブラオム〔腐り魚〕をむしゃむしゃ食べると、敦ちゃんは、うまそうだなと言いながら、手を出そうとはしなかった。(「敦ちゃん」)

このときのことは、敦の日記には、

〔……〕夕方迄土方氏と浜の干潟に下り立ち soko゛(z) なる白き小あさりを掘る。持帰りて味噌汁とす。夕食には之と、クオカとを喰ふ。土方氏の為には腐り気味《ブラオ》なる魚あり。

と記されている。日記からは、久功が描いてみせたような敦の子供っぽい姿は浮かんでこない。
旅の終わりごろには、激しい吹き降りのため、人里離れた林業試験場の小屋にとじこめられ、二人とも南洋には珍しい寒さに震えながら、薄い毛布にくるまって、終日、古新聞をひっくりかえして暮らした、というようなこともあった。

最後の日、朝九時の渡船でコロールに戻ってきた二人は、人々が南貿《なんぽう》と呼びならわしていた南洋貿易という一種のデパートの二階の喫茶室に上がってみると、そこは兵隊たちで満員だった。それを見て、「パラオ生活、南洋生活の最後をつくづくと感じたのだった」と久功は、「トンちゃんとの旅」の末尾に書いている。

敦は、この旅から帰るとすぐ、二月五日から二泊三日でペリリュウへ、二月二十日から一泊二日でアンガウルへと、パラオ諸島南端の二つの島へ、最後の短い二つの出張旅行をした。彼の日記は、本島旅行以後、この二つの旅の間しかつけられておらず、手紙も、三月二日に打電された「チカクジョウキヨウノヨテイナニモオクルニオヨバヌアツシ」というたか宛の至急電報以外残っていないので、このころの彼の動静も、帰国を前にして彼が何を考えていたのかも知ることができない。

久功のほうは、二月四日に商工課によばれ、年度末なので、余った予算六千円を至急使い切ってほしいと命じられて、激怒する。以前、年度中に、彼が、必要不可欠と思われた企画を提出し、予算を要求したのに、そのときは金を出し渋って企画を握りつぶしておきながら、このぎりぎりの、どうにもならない時期になって、金を出すと言われたからである。

〔……〕ケチケチトシマヒコンデ居テシマヒニ腐ラセテシマフ事務屋バカリ居テ守ッテバカリ居テ、——活カシテ使フコトノ出来ル人間ト役トヲドウシテモ置カウトシナイノダ。モウ三年目ノ三度目ノ予算ノ見透シガ見エタ。オエラ所ガドンナニ理解ガアッテモ、小役人ドモガ、ハキチガヘタ忠義顔デ何モカモ骨抜キニシテシマフノダ。

この日記の文章からは、普段めったに腹を立てることのない久功の、ふつふつとした怒りが伝わってくる。このことを直接のきっかけとして、彼は南洋庁辞職をはっきり決意する。

彼は堂本内務部長に病気を理由に辞意を表明して了解を得るが、そのあとすぐ電話で役所へ呼び出され、課長たちから、辞表提出はしないで、休職ということで内地へ帰ってくれ、休職の規定期間内に体が治らなければやめられても仕方がないが、その場合でも無給嘱託ということで、役所との連絡は絶たないでほしいと慰留される。南洋庁にとって、それほどかけがえのない人間だったのである。実際、「昭和十八年十月現在」という註記のある『南洋庁職員録』には、物産陳列所の項に、「嘱託　無手当」として、まだ彼の名前がのっている。

一方の敦も、一応東京出張の形をとっており、「依願免官」の辞令が出るのは、この年の九月七日付でのことだ。

二月二十二日、久功は、帰国の乗船手続きのため船会社に赴いたが、サイパン丸と山城丸にそれぞれ一つずつしか部屋がとれなかった。彼は、サイパン丸を敦に譲ることにし、山城丸に乗るつもりでいたところ、翌々日サイパン丸にもう一つ部屋がとれ、二人は揃って帰国できる段取りとなった。

久功は、まだ美校に在学していた大正十一年七月六日から、実に五十五年間、生涯にわたり、一日も欠かさずに日記をつけ通した人である。昭和三十二年に胃潰瘍の大手術を受けた折など、麻酔をかけられて意識不明になった間のことは、あとで周囲の人々にきいて書き足す、という周到さで、つけ通すことを自分の義務としていたかにみえる。ただ二つだけ例外があり、一つは、昭和五十二年一月十一日に心不全で死ぬ前の五日間であり、もう一つは、この乗船前の四日間だ。彼が帰国準備と送別会の連続で、いかに多忙だったかがわかる。

三月四日、二人は朝七時半にサイパン丸に乗りこんだ。中島幹夫、栗山一夫、家入満洲雄が波止場まで見送りに来、高松一雄は船室にまで入ってきて、別れを惜しんだ。いずれも二人部屋の、久功は三号室、敦は十七号室だった。

船は十一時十五分に出港した。みごとに晴れ上がった日で、光が至るところできらめき、海の色はひとしお鮮やかだった。港の背後の丘の緑は、深々と静まり、椰子が空に鮮やかなシルエットを描いていた。

前夜、喘息の発作をおこした敦は、船が出ると、蒼い顔をして部屋へと下り、もうそこから出てこなかった。久功は、甲板に残り、長年暮らした、そして多分再び見ることはないコロールの島影が、別れの合図でもあるかのようにたえず白波の上がっている堡礁の向こうに遠ざかってゆくのを眺め続けた。

V

引き裂かれた旅人——民族学者アルフレッド・メトローの場合

『新潮』二〇〇四年七月号

フランスの異色の民族学者ピエール・クラストル（一九三三―七七）は、一九六三年の一月、南米パラグアイの奥地へ最初のフィールド調査へ出かける直前、高等研究院での恩師アルフレッド・メトローを訪ねた。メトローは、自分のよく知っている調査地へ弟子が赴くのを喜び、三カ月後には自分も出かけるつもりだから現地で合流しようと言い、いつになく寛いで、ふだん控え目な彼には珍しく、若いころ、そのあたりで、虐殺されそうになったインディオたちを助けたという話をした。自慢などをする人ではなかったので、いくらか曖昧な、仄めかすような言い方だったけれども、その話はクラストルの心に残った。

それから数年後、パラグアイとアルゼンチンの国境をなすピルコマヨ川のほとりに住むチュルピ族の間で暮らしていた時のこと、クラストルは或る日彼らから次のような話を聞いた。

三十年以上も昔のことです。私たちは、魚をとるため、川岸に野営していました。アルゼンチン領の向こう岸には、小さな砦があって、守備隊がいました。或る晩私たちは、服をびしょ濡れにして、アルゼンチン兵がたった一人、川から上がってくるのを見ました。彼はゆっくりとキャンプに近づき、暖をとるため、焚き火に身をかがめました。私たちはみな、黙って彼をみつめていました。彼が何をしにきたのか分らなかったものですから。ちょっとしてから彼は、明日の明け方、兵隊たちが川を渡って皆殺しにやってくる、だから今すぐ森の中へ逃げた方がいい、と言いました。私たちはあまり信用しませんでした。だって兵隊ってのは、普通、私たちを守るより殺すのが商売だったんですから。その男はそう言うなり立ち去り、また泳いで、川を横切ってゆきました。私たちも念のため、キャンプを離れました。そして翌日、あとに残して置いた見張りの連中は、本当に軍隊がやってくるのを見たんです。しかし皆行ってしまって、そこには誰もいませんでした。例の兵隊は嘘をつかなかったんです。私たちを救ったんです。以後二度と彼を見たことはありません。

当時、このあたり――チャコ地方。メトローは「ほぼ三十年前まで、北のチャコは南米でもっとも未知の土地の一つと考えられていた」（『南米インディオの宗教と呪術』）と書いている――は一種の西部で、白人と言えば、チュルピ族にとっては不倶戴天の敵である兵士しかいなかった。だから彼らを救った兵士の存在は、彼らには真に驚きだったのである。ところでクラストルは、メトローが三十余年前、この砦の近くにテントを張って、一人で調査をしていたことを知っていた。この兵士は間違いなくメトローだった。彼はフィールドでは、いつも軍服に似た作業衣を着ていたから、チュルピ族の人々が彼を兵士と見間違えたのも無理はない。彼は、砦の兵士たちの無駄話から、この虐殺の計画を知ったのであろう。川にはピラニアが無数にいたし、インディオたちの射かける矢や砦の兵士たちの銃撃の的になる怖れだってあった。つまりメトローの行為は、決死の覚悟の上のことだったのである。クラストルは続いて書いている。「インディオたちは、メトローにとって、断じて単なる観察の対象などではなかった。彼は、フィールドにおいて、白人とインディオを隔てるどうしようもない距離を、なんとか縮めようとしたのだった。彼が彼らに抱く友情の深さは、彼があえて冒した危険によって測ることができる」。

メトローは、フィールドで合流するという弟子との約束を果たさなかった。クラストルの出発の三カ月後の一九六三年四月十一日に、彼は、パリ近郊シュヴルーズの谷の奥の大樹の下で、睡眠薬を飲んで六十歳で自殺したからである。右の話は、クラストルが師の死の四年後に書いた「アルフレッド・メトロー頌」（『アルフレッド・メトローの存在』所収）の中のものだ。

メトローとクラストルとの関係は、高等研究院での教授と学生の間柄にとどまるものではなかった。二人は、気質の上でも通じるところがあり、「ひそかな絆」で深く結ばれていた。二人は、単に学問の専攻分野や職業として民族学を選んだのではなかった。その道は彼らにとって、一つの生き方の選択であり、彼らの暮らす西欧世界に対しての明確な態度表明だった。クラストルは、こうした民族学者のありようをメトローから受け継いだのである。

詩人であり、民族学者だったミシェル・レリス（一九〇一—九〇）が、最も共感を抱いて親しく交わった民族学者は、メトローである。メトローは、詩も小説も書かなかったけれども、やはりひとりの詩人だった。「私にとって、詩人＝民族誌学者の典型的タイプは、アルフレッド・メトローです」——これは、レリス自身の言葉だ。レリスは、メトローの中にもう一人の自分を見ていたのかもしれない。

そのレリスは、ジャン・シュステルとの対談の中で、メトローについて次のように語る。

〔……〕私がメトローの中で、そしてほかにもそういう人は何人かいますが、いつもすばらしいと思ったのは、インフォーマント〔情報提供者〕と呼ばれる人たちについて話す時のことでした。彼にとって彼らは、単なる道具でも、役に立つというだけで接触をする助手でもありませんでした。彼らは、彼との間に、真実の、深い絆がはぐくまれる生きた人間でした。もう一度言いますが、彼は詩人、ネルヴァルのような大詩人でした。いずれも自殺した詩人です。〔……〕或る土地に足を踏み入れて夢中になり、しばらくするとがっかりして、その土地を悪しざまに言う、ということが、彼にはよくありました。彼は真の安住の地をついに見つけることができませんでした。実際彼は、どこにも満足を見出せなかったんです。（『アント・ロギュール』）

ここでレリスは、メトローを讃えながらも、彼を死へと追いやった分裂——それは、レリス自身の分裂でもあった——に触れている。たとえばメトローは、死を賭してまでインディオたちを救うほど彼らに友情を抱いていたにもかかわらず、その彼らにすら我慢できなかったのである。彼は晩年の或る手紙の中で、「私は、アイマラ〔アンデス高地〕のインディオには強い生理的嫌悪をおぼえる。実際彼らを見ると、吐気を催す」とさえ書くのだ。

私は、バタイユとレリス、とりわけレリスの著作を通じて、メトローの存在を知った。私は、西欧の文明と社会を嫌い、その一切を否定し、故国を去って、未開の地——主として南方——に再生の場を求めた西欧人、ランボー、ゴーギャン、スティーヴンソン、シュピースらに年来関心を抱いてきた。彼らは、西欧にしか生まれえない、或る意味では、もっともよく西欧を体現している人々と言うことができる。

シュルレアリスムの詩人でありながらグループを脱退し、「西欧人であるとは、なんとおぞましいことか!」(『幻のアフリカ』)と叫んで、マルセル・グリオールの率いる、足掛け三年にわたるアフリカ横断調査団に参加し、帰国後民族学者に変身したレリスも、そのような西欧の否定者たちの系譜につながる人間と私の眼には映った。十九世紀にランボー以下の否定者たちを生み出した底流が、二十世紀に至り、ダダ、シュルレアリスムと民族学となって顕在化したとするなら、レリスはまことに興味深い存在である。そしてさきに見たように、このレリスに精神的にきわめて近いメトローという、日本ではまだほとんど紹介されていない民族学者へと、私の関心はごく自然に導かれていったのである。

アルフレッド・メトローの伝記を書こうという奇特な人はいないものか。なにしろ彼は、歴史的にも社会的にも、十字路にいた人なのだから。

これは、メトローの未亡人フェルナンド・シュルマンが、メトローとバタイユの交友を語った一文「或る友情——二人の故人」(『エスプリ』一九六三年十一月号)の中の一節である。たしかにメトローは、さまざまな意味で十字路にいた人だった。父がスイス人で、母がグルジア出身のユダヤ人であった彼は、民族と人種の十字路にいた。スイスのローザンヌで生まれ、アルゼンチンのメンドサで幼少期を送り、パリで高等教育を受け、パリ、ホノルル、ワシントン、ニューヨーク、ハイチ、ペルー、チリなどに住み、スイス国籍は残しながらアメリカ合衆国の国籍を取得した彼は、国々の十字路にいた。その著作の大方はフランス語で書きながら、日記や手紙の一部に英語を用い、論文のいくつかはスペイン語で発表し、ポルトガル語、マオリ語、クレオール語、南米インディオの土語にも通じていた彼は、言語の十字路にもいた。レリス、バタイユのようなシュルレアリストか、シュルレアリスムに関わりの深い人々を何人も友人に持ち、この運動の近くに位置していた彼は、時には対立することもあったシュルレアリスムと民族学の十字路にもいた。その民族学にあっても、科学的・客観的民族学と、主観性に重きを置くレリスのような立場との十字路にもいた。

といって私は、ここでメトローの伝記を企てるつもりもないし、その用意も資格もない。

大方の民族学者、とくにフィールドで仕事をする人たちは、自分自身の属する文明の中で居心地の悪さを感じている、なんらかの意味での反抗者、不安な人たちです。

私は、メトローが或るインタヴュー（『人間』第四号、一九六四）で述べているこのような民族学者のあり方を、その死後に公刊された彼の日記、書簡などを通じて、明らかにしてみたいだけだ。

人はどのようにして民族学者になるのか

メトローは、一九〇二年十一月五日、スイスのローザンヌ市で生まれた。バタイユよりは五歳、レリスよりは一歳年下である。

メトロー家は、ローザンヌの近くに定住してきた旧家だったが、彼の父は、ローザンヌ大学の医学生だった時、グルジアのティフリからやはり同じ大学に医学を学びに来ていた女性と学生結婚をし、経済上の理由から医学の研究を諦めて開業医となり、アルゼンチン北部のメンドサ市に赴いて市の病院に勤務し、一生をその地で暮らした。そのためメトローは幼少期を、アンデス山麓に位置し、葡萄栽培の中心地であるこの町で過ごすことになる。

しかし学齢に達した時、メトローは母とともにスイスへ戻り、以後父には、もう稀にしか会わなかった。しかし彼は、その日記『道程Ⅰ』（一九七八）の編者でその冒頭に彼の略伝を書いているアンドレ＝マルセル・ダンによると、この「遠い父」に、生涯にわたって「きわめて強い愛情」を抱き続けていたという。

しかしその日記の中で、彼は、父についても、母についても、およそ肉親について、ほとんど語っていない。まるでそれは、禁忌に属する事柄ででもあるかのようだ。

〔……〕病院にちょっと寄る。パパの老朽化した診療棟の前では、一人の看護婦が、血まみれの綿の入った盆の始末をしている。これらの汚物は、穴の中に投げ捨てられる。病人たちは建物の前に坐っている。庶民の女たちの痩せた、栄養の悪い顔。オセアニアでのように、彼女たちの前歯はなくなっていて、口は、腐敗物で一杯の黒い穴のようだ。ママが言うには、病人に比してベッド数が足りず、彼らは床にじかに寝ていると。調理場も不潔で、がたがただ。

これは、一九三九年三月四日、すでに民族学者として一家をなしていた彼が、何度目かのフィールド調査のため、アルゼンチンを訪れた折の日記の一節だ。

一九五三年十月二十九日、当時パリのユネスコに勤務してたメトローは、メンドサから来たパダン博士なる人物と長い会話をする。

彼は、パパについて、実に熱っぽく、感動を以て語る。パパの謙虚さ、並外れたデリカシー、金銭についての気配り。メンドサ市は、パパに停年法を適用しない。彼は一生院長のままだろう。彼の読書と医学についての博大な知識〔……〕。

日記の中の父についてのこうした稀な言及からも、地域の医療に一生を捧げた、寡黙で篤実な医師の姿が浮かび上がってくる。メンドサ市には、彼の遺徳を偲んで命名されたアルフレッド・メトロー博士通り（父と子は同名であった）という通りがあるという（シュルマン「或る友情」）。

メトローは、この父の圧倒的な影響のもとに民族学の道に入った。そのことを教えてくれるのは、彼の三番目の妻、フェルナンド・シュルマンが「或る友情」の末尾で紹介している、一九五四年五月のものと推定されるメトローの一通の手紙だ。

その年、彼は、アマゾンの奥地、ジャングルのさなかの、カヤポ族の一支族クベンカンクレイ族の村に単身入りこんで調査をしていた。しかし言葉が全く通じないため、調査は難渋し、彼は苛立ち、ついで無気力に落ちこむ。調査を打ち切って、リオに戻りたいと思っても、迎えに来てくれるはずの飛行機は、一向に姿を現さない。手持ちの食料は底を尽き、バナナと、樹皮を煎じたお茶だけで日々を過ごす有様だ。しかしそれより彼にとってもっと苦痛だったのは、いつもなら調査地に沢山携えてくる小説その他の書物をあまり用意してこなかったので、孤絶と無気力の日々にあって、どうにも時間の潰しようがなかったことである。その時彼は、「すべての怪物の中で一番怖れていた怪物である「自分自身」と、無防備のまま」向き合わざるをえなくなり、容赦ない自己検証をはじめてしまう。それが手紙の内容だ。受取り人は明かされていないが、当時、二度目の妻ローダと離婚同然の状態にあった彼が、三度目の結婚前に交際していたL・エリアーヌという女性だったと思われる。

ふだん、大事な書類をとかく紛失しがちだったメトローは、この手紙だけは写しをとって手もとに置いていた。そしてその死後、フェルナンドによって発見されるのである。

手紙の中で、彼はまず、「フィールド調査をなによりも重視する」と言いながら、そうした調査で「めったに喜びを味うことがなく」、しかも、「自分には或る種の才能があると思っているのに」、その成果が「いつも予想をはるかに下まわってしまう」のはなぜか、という問いを自分に課し、次のように書く。

この問いに答えるためには、遠隔地での踏査に対する私の好みと称するものも、フィールド調査熱も、もとはと言えば、挑戦的態度から出たものだったし、今もそうだということを、まずはじめに認めておかなければならない。それらは、強迫的性質を持っており、幼年期に溯る、いわれのない恐怖から来ている。私の一生の大方は、子供っぽい固着に支配されてきたとさえ言ってもいい。子供のころ、私は病身だったが、母は私の病気を大げさに考え、それを口実に、自分の生活を私中心のものにしてしまった。私は、母性愛に押し潰され、同年輩の子供たちから仲間はずれになっていると感じておびえ、大きくなったら探険家か冒険家、つまり誰よりも強くて勇敢な人間になって、皆を見返してやろうと思った。父は、今もそうだが、旅行記類が大好きだったので、私はその影響を受けてこの道に入った。父が冒さなかった危険を冒し、彼が話してくれたような旅行をしよう、こうして、何としてでも彼を、とくに母を感心させよう、と私は心に誓ったのである。

このようなメトローの幼少年期は、彼と同様の大旅行家だったピエル・ロティの幼少年期に酷似している。やはり繊弱な少年だったロティもまた、母親の愛情に半ば窒息し、同年輩の少年たちから孤立していることに悩み、海軍軍医であった兄が任地のインドシナへと発った日、兄を連れ去る馬車の音がまだきこえていた時、「神様のおかげで、私たち、お前だけは手もとに置いておけるんだわ」という母の言葉を聞いて、「僕も行こう、兄よりももっと遠くへ、至るところへ、世界中へ行こう」と心ひそかに誓い、瞼裏に「南太平洋の〔……〕無限の青い輝き」がひろがるのを見るのである（『或る子供の物語』）。ランボーもまた、このような母性愛の牢獄からの脱走者の一人だ。

私たちは、メトローのこの手紙から、父親が旅行記を偏愛し、旅にあこがれ、読んだ旅の話をたえず子供にきかせていたのを知る。彼のメンドサ行は、彼のこのような性向と無縁ではないだろう。メンドサ市にどんな因縁があったのかは分らないけれども、生まれ育ったスイスを去り、南米の辺陬の町に家族とともに移り住んで、故国には一生ほとんど戻らなかったというのは、やはり尋常ではない。彼が青年期を送った世紀末は、エキゾティシズムという病いが西欧の人々の間に猖獗した時代であった。スティーヴンソンがサモアに定住したのが一八八九年、ラフカディオ・

ハーンが来日したのが一八九〇年、ゴーギャンがタヒチへ出発するのは一八九一年である。メトローの父も、この病いに冒されていたにちがいない。そして息子は、あきらかに父から病菌を受けついでいる。
メトローの手紙は、次のように続く。

こういう次第で、自分の男らしさを自分に証明してみせるために、どうしても旅行をしなければならぬ――できれば、困難な条件のもとで――という強迫観念が、物心つくころから私の中に生まれた。その後、心底に刷りこまれていた度外れな野心が、私を科学へと向かわせた。これは、父にすすめられた分野だ。彼自身、科学研究の道に進みたかったのだが、生活上の事情――とくに私の誕生――のため、叶わなかった。科学の中で、科学を通して野心を実現することによって、私は敬愛する父と一体化し、そして彼を追い抜いたのだった。なにしろ私は、父の果たせなかった野心を実現したのだから。

こうして父の影のもと、メトローは民族学――旅と科学の一致する学問――の道に入った。彼は、未知の観念が消え失せ、西欧による植民地支配のおぞましい実態が明らかになり、エキゾティシズムの夢が醒めた時代の子だった。彼、あるいは彼らにとって、世界のどこにももうタヒチは存在しなかった。「自分自身の属する文明の中で居心地の悪さを感じ」た時、もはや耐え難くなった時、彼らのゆきつく先は、民族学しかなかった。自分を失敗したランボーと観じたレリスの場合と同様、メトローにとっても、この道はほとんど宿命的なものだったのである。
その「強迫観念」は、メトローにめざましい成果をあげさせた。彼は、すでに二十代にしてフィールド・ワーカーとして名をなし、数々のすぐれた著書や論文を書き、次々と要職について、民族学界に重きをなした。しかし彼の鋭い意識は、それが自発的な、真の欲求のなせるわざではないことを嗅ぎとっていた。「生憎なことに私は、自分のエネルギー、知性その他の美点をよそにして、悲しいことに、これまでのところ一度も私の心から離れたことのない、自分にはなんの価値もないという感情、自己不信、自己嫌悪を抱き続けてきた。〔……〕けれど私は、学者としてめぐまれた道を歩んできた。しかしそれは私の眼には、いつも詐欺と映った。私はずっと、私を信用している人たちは思い違いをしている、私はいつか仮面を剝がれる、という気がしていた」と彼は書く。そしてそこに、彼の宿痾であった「神経症の典型的な症候」を見てとるのである。

メトローの日記の中では、母についての言及は一層少ない。しかし先程の手紙の一節にもあるように、母もまた彼に大きな影響を与えた。未亡人フェルナンドの言によると、彼自身はそんなことはないと言っていたけれども、明らかに母に魅了されていた模様で、よく母の話をしたという。そこに浮かび上がってくるのは、「美しくて、いくらか不安定、とまでは言えないにしても、興奮しやすい、小説の中に出てくるようなスラヴ女性」だ。メトローは話上手な人だったらしいが、そうした才能は母譲りのものだと、彼はつねづね言っていた由である。

彼は幼い時、母に連れられて一度、母の故郷のグルジアを訪ねている。それは、彼のはじめての大旅行だった。そこで彼は、親戚の沢山の老女たちに引き合わされたが、彼女たちは、彼が全く割礼を受けていないことを知って、口々に怒りの声をあげたので、「すぐにことは改められた」とダンの略伝の中にはある。

グルジアとメンドサと、彼は幼くして、西欧以外の土地へ二度の大旅行をした。この経験が、彼にあって、西欧での「居心地の悪さ」の要因となったことは疑いない。これは、ゴーギャンにとって南米のリマで幼年時代を送ったことが、ハーンにとって、イオニア海に浮かぶギリシアの島で生まれたことが、ドイツ人のシュピースにとって、少年期から青年期のはじめウラル山脈の麓の小さな町ステルリタマク（バシキール自治共和国）で抑留生活を送ったことが、彼らののちの西欧脱出に濃い影を落としているのと同断である。

バシキールで三年間の抑留生活を送り、真の生活とはなにかを知ってからというもの、もうヨーロッパでアット・ホームの気持になることは不可能です。自分がヨーロッパの人間だと感じるためには、私の全存在を形作っているものを放棄しなければなりません。つまり自分を売り渡さなければなりません。それくらいなら、皆と別れて新しいホームをどこかへみつけにゆく方がいい。(ロディウス『ワルター・シュピースとバリ島の芸術』)

当時の蘭領インド、現在のインドネシアへ旅立つ前に、シュピースが或る女性に宛てて書いたこの手紙の中の言葉は、メトローの、いや、彼ら全員の言葉であるだろう。彼らにとって、ヨーロッパは「氷の牢獄」(ロティ)なのだ。

バタイユとの交友

その著作を繙けば、ジョルジ・バタイユが民族学に深い関心を抱き、バタイユと言うとすぐに引合いに出されるポトラッチをはじめ、民族学の知識を広く、多方面にわたって利用しているのを知ることができる。彼は、アフリカにも、オセアニアにも、南米にもゆかず、フィールド調査に類することは全くしなかったけれども、高等研究院でマルセル・モースの講義を聴講生としてきいているし、もっとも親しい友人の二人——レリスとメトロー——までが民族学者だったし、たしかに民族学のごく近くにいた。それは、一九八七年、ジョルジュ・バタイユ友の会によって、「ジョルジュ・バタイユと民族学者たち」と銘打たれたシンポジウムが催されたほどである。

民族学、とりわけ彼の思想に大きな影響を与えたマルセル・モースの仕事に彼を開眼させたのは、メトローだった。メトローは、一九二一年の秋に十九歳でパリの古文書学校に入学し、そこで偶然のことから、卒業間際のバタイユと知り合った。その折のことを、メトローは、「民族学者たちとの出会い」という一文で、次のように回想している。ちなみにメトローはバタイユの死の翌年——一九六三年——に自殺しており、この一文はその数週間前に書かれ、同年発行の、バタイユの創刊になる『クリティック』誌、バタイユ追悼号に掲載された。

私がバタイユと出会ったのは、古文書学校でだった。私たちの初対面は、とてもはっきりと記憶に残っている。それは秋の或る午後、学校の図書館でのことだ。どういうきっかけで会話がはじまったのかはおぼえていない。

しかし後に私たちが認め合ったように、お互いをひきつけたのは、肉体的によく似ているという漠とした感情だった。ともかく、交わした言葉は忘れていない。バタイユは、ローマ学院の方はすんでのところで駄目だったが、マドリッドのフランス学院に採用されて、発つ直前なのだ、と教えてくれた。私自身、アンダルシアで一月過ごしたばかりだった。彼はスペインについて長々と訊ね、私の提供するありきたりの情報を、それにそぐわぬ熱心な、見たところナイーヴな様子で聞き入っていた。彼の滞在の表向きの目的である学問研究には関心があるようには見えず、アラブの遺跡や闘牛について、私に話をさせようとした。

バタイユのマドリッドへの出発は、一九二二年二月なのだから、「秋」というのは、メトローの記憶違いかもしれない。「肉体的によく似ているという漠とした感情」から二人が近づき合ったというのは興味深い。このことはフェルナンドも触れていて、「同じ身長、同じ黒い髪、同じ整った顔立ち、ただ一方の眼は明るく、他方の眼は暗かった」と書いている（「或る友情」）。二人の相似は、「兄弟と間違われる」ほどだったという。もっとも彼女は、メトローが五十過ぎてからはじめて会った、彼よりもはるかに若い女性なので、青年時代の二人を知るわけがなく、彼から話をきいたか、そのころの二人の写真を見せられるかしたのであろう。中年以後のメトローは、「黒い髪」がすっかり禿げ上がり、眼鏡をかけ、体型も肥満型になっているのに対し、バタイユの方は、夫とともに晩年の彼を訪ねたフェルナンドによると、「白いながらも、豊かで、滑らかな髪」を持ち、「すらりとした姿」だったというから、彼女自身認めるように、「その後はもう似ていなかった」。

メトローのこの一節に描かれているのは、まだカトリックの信仰を持ち続けていた、ニーチェを読む以前のバタイユである。半年近いスペイン滞在と、一九二二年六月の帰国直後のニーチェ体験が彼を変えた。だから一年後に再会した時、メトローの眼に、バタイユは、以前と別人のように映っていたはずである。

メトローの方も、この間に大きな体験をし、決定的な選択をしていた。古文書学校と並行して、高等研究院で、聴講生として、「コロンブス発見以前のアメリカの宗教」についてのジョルジュ・レイノーの講義をきき、一九二二年三月には、古文書学校から八カ月の休暇をとり、最初のフィールド調査に出発、メンドサを根拠地にして、ペルー、ボリビア、アルゼンチン、チリを旅し、まだ学生の身でありながら、これまでの民族学上の解釈をくつがえすような発見をしたり、さまざまな資料を持ち帰って、師のレイノーを驚かせた。そして帰国後は、民族学者になる決心をし、古文書学校を去って、高等研究院の方へ鞍替えした（ジャン゠ピエル・ブーレ「一九二二年のアルフレッド・メトロー」）。

この再会の時、私は古文書学校を去り、マルセル・モースの講義をきいていた。私は、南米専門の民族学者になりたいのだと彼に言った。彼が名前だけしか知らなかったモースの話をしたと思う。この時から、私たちは、離れられない仲となった。

とメトローは続けて書いている。

バタイユの二つの主著『呪われた部分』（一九四九）と『エロティシズム』（一九五七）がともに、メトローを介して知ったモースの学説から発想を得ていることは、今では広く認められている事実なので、ここではあまり立ち入らない。バタイユは『呪われた部分』において、近代文明の根幹をなす生産と蓄積に対し、破壊と蕩尽を対置するわけだが、それを象徴するのが、北米インディアン、クワキウトル族のポトラッチという習俗であった。「私は、彼の住んでいたレンヌ通りをゆきつ戻りつしつつ、自分の威光を高め、競争相手を圧倒するために、蓄えた厖大な富を、ただの一日で蕩尽するクワキウトル族の酋長たちの振舞いを、彼のためにかいつまんで話したものだった」とは、メトローの回想である。

『エロティシズム』の禁忌とその侵犯というテーマは、モースが教室で口にして学生たちを面くらわせ、メトロー自身も「その重要性にあまり気付かないまま、バタイユに伝えた、「タブーってのは、犯されるためにあるんだよ」という言葉」を、直接の発火点とするものであった。バタイユはこの本の序文で、レリスをはじめとする多くの人々に感謝を捧げたあと、最後にメトローの名前を引いて言う。

私はまだ、一番古い友人アルフレッド・メトローの名前をあげていなかった。ここでは、彼が力を貸してくれたこの機会に、私が彼に負うもの一般について言っておかねばならぬ。第一次大戦直後の数年からこのかた、彼は人類学と宗教学の分野に私をひき入れてくれただけでなく、禁忌と侵犯という決定的な問題について私が語る際、その争う余地のない権威によって、私に自信――確固たる――を与えてくれたのである。

もちろんバタイユが、メトローから一方的に恩恵を受けたということでは決してなかった。恩恵ないし影響は相互的だった。「民族学者たちとの出会い」は、バタイユと民族学のかかわりを論じた文章なので、メトローがバタイユから受けた個人的な恩恵や影響については全く触れていないけれども、フェルナンドによると、メトローは、「田舎者のハンディキャップに打ち克つのに、この先輩にどれほど世話になったことか」と、よく彼女に語ったという。またバタイユはメトローに、「自分の文学上の好みを共有させ、とりわけ『地の糧』のジッドと〔……〕ニーチェについて手ほどきをした」。彼女は、バタイユがメトローに言ったとされる、「一切が許されるんだ。君は根が陽気な冷笑家なんだから、思い切ってそうなり給え」という言葉を書きとめている。ところで「ジョルジュ・バタイユは、当時「陽気な冷笑家」〔……〕に大きな価値を与えていた」とは、メトロー自身が、バタイユのアステカ文明礼讃に触れて書いていることである（「民族学者たちとの出会い」）。

メトローは、一九二七年、高等研究院を卒業、翌年にはパリ大学で、トゥピ＝グァラニ族に関する論文で博士号を得、スウェーデンのイェーテボリ大学で、当時著名なアメリカニスト、N・E・H・ノルデンショルトの講義をきくために、妻子を連れてスウェーデンに一時移住した。妻子と書いたのは、このころ彼は、最初の結婚をしていて、前年には、妻エヴァとの間に長子エリックが生まれていたからである。

その年に帰国した彼は、ジョルジュ＝アンリ・リヴィエールが組織し、トロカデロの民族誌学博物館で開催した

「古代アメリカ芸術展」への協力を求められ、それに応じて、カタログの共同執筆者となった。

リヴィエールは、メトローの死後、ユネスコが主催したその追悼の集いにおいて、レヴィ＝ストロース、レリスらとともに追悼演説を行った五人のうちの一人で、この展覧会を機に、メトローと生涯にわたって親交を結んだ。彼はまた、バタイユとレリスとも深い関わりを持ち、二人の人生の一時期に濃い影を落としている。

メトローの後年――一九五三年――の日記には、リヴィエール自身が語ったその前半生が記されている。それによると、パリで生まれ、父は市役所の役人にして絵画愛好家であった。伯父が美術批評家だったため、ごく早い時期に、当時の著名な画家たち、とくにドガを識った。第一次大戦に動員され、「ラバの後脚で蹴られて」負傷、戦争末期はカレーにいて、イギリス参謀本部の「マスコット」だった。彼は元来音楽畑の人間で、頼まれて連隊の行進曲まで作ったのである。戦後は社交界の寵児となり、あちこちのサロンに出入りしていた。

リヴィエールは、この展覧会の成功を機に、認められて民族誌学博物館の副館長に任命されるのだが、レリスは、副館長としての彼に再会する前、或るサロンで、ジャズ・ピアノを鮮やかに弾いた彼に強い印象を受けており、彼に捧げた「青い眼の猛禽」（一九八五）という一文の中で、彼を「無神論者の大修道院長、鬘を物置に放りこんだ元貴族」や「青い眼の猛禽」になぞらえている。

民族学や民族誌学のキャリアを全く持たないリヴィエールが副館長に起用されたのは、その組織の才と、上流社会に彼の持つ広い人脈のためだったと思われる。そして高等研究院時代の恩師である館長のポール・リヴェに彼を推薦したのはメトローだったと、これは例の追悼演説の中で、リヴィエール自身が言っていることである。

彼は、民族誌学博物館の後身である人類博物館でも副館長をつとめ、第二次大戦後に至るまで、フランスの博物館界に大きな貢献をした。この特異で魅力的な人物のおかげで、草創期のフランス民族学界が生気を帯び、或る種の広がりを得たのはたしかである。

アフリカ横断調査団へのレリスの参加について、グリオールに助言したのも、バタイユが編集長をつとめた雑誌『ドキュマン』の資金をひき出してきたのも彼だった。『ドキュマン』は、彼、バタイユ、美術史家カルル・アインシュタインの「三頭政治」（レリス）で運営されるのである。

リヴィエールがそのバタイユと知り合ったのも、この展覧会がきっかけであり、やはりメトローを介してのことだった。

雑誌『共和国学芸手帖』は、展覧会のために特集号を組み、リヴィエール、メトローに加えて、バタイユにも寄稿を依頼した。バタイユの「消えたアメリカ」は、彼のごく初期の散文の一つで、展覧会を見、メトローがすすめた二、三の参考書を読んだだけで書いたものらしいが、「その完成度と豪華さにもかかわらず、どこか死産したようなところ」があるとしてマヤ芸術を批判し、「その気違いじみた激しさ、夢遊病的歩みによってもっとも魅力的だ」とアステカ文明をたたえ、あくことなく人間の供犠を要求するその「血まみれ」の神々の中に、「畏怖よりももっとおそろしい一種のブラック・ユーモア」を見てとっているこの一文には、メトローが言うように、バタイユの「思想の主要テーマがすでに明確に表明されている」（「民族学者たちとの出会い」）。リヴィエールもこれを読んで感心し、メトローにバタイユを紹介してもらうのである。

リヴィエールとバタイユは急速に親しくなった。その結実が『ドキュマン』である。この雑誌の刊行がすでにはじまっていた一九二九年六月三十日の日記の中で、レリスは、リヴィエールについて、「わたしが知るなかで、ほんとうに悪魔に魂を売ったような印象があるきわめつけの人間である。〔……〕このような人物がジュアンドーと親しく、またいまではバタイユと親しいというのも当然のなりゆきだ」と書いている。

一九二四年に生まれたシュルレアリスム運動は、バタイユ、レリス、メトローの世代に大きな衝撃を与えた。この運動に対する三人の反応は、三人三様である。

レリスは、一九二五年、当時兄事していた画家アンドレ・マッソン、そのまわりに集まっていたアルトー、ミロらとともに運動に参加した。

メトローがフランスを離れていた間に、バタイユは、一九二四年の末、当時の勤務先であった国立図書館の同僚の紹介でレリスを識り、意気投合した。レリスはバタイユをマッソンのところへ連れて行ったが、バタイユは、彼同様ニーチェ主義者のマッソンとも深く共鳴し合うものを感じた。しかしそのマッソン、レリスらのシュルレアリスム参加は、レリスと彼の間に「隔てを作った」。彼は、ブルトン一派に牽引をおぼえると同時に、強い敵意と反感を抱き、レリスによってブルトンとアラゴンに紹介され、『シュルレアリスム革命』第二号に無署名で中世詩の現代語訳を出しながら、ついに運動には参加しなかったからである。その辺の事情をバタイユは、未発表の遺稿「シュルレアリスムその日その日」という文章に詳しく記している。

メトローも、この運動には当初から深い関心を抱いていた。彼の死後に『人間』誌のメトロー追悼号に発表され、さきにもちょっと引用したインタヴューの中で、民族学者になった理由として、「自分自身の属する文明の中での居心地の悪さ」とともに、もう一つ、一九二四―二六年ころの時代の影響をあげて、こう言っているからである。

〔……〕思想運動の形をとって現れたこの時代の動きがどのようなものであったかはご存知の通りです。そのことを考えると、今でも正直、感動をおぼえます。それは、沸騰と反抗の時代で、誰もが揺り動かされていました。一言で言うなら、シュルレアリスムが始まっていて、それがもっとも激烈だったのはそのころです。私は運動には加わりませんでしたが、沢山のシュルレアリストを知っており、ジョルジュ・バタイユは友人でした。つまり私は、この運動を見守っていました。それには、民族学がきわめて貴重な寄与をしたのです。

第一次世界大戦をきっかけにして、西欧文明への疑問、批判、否定が、とりわけ若い世代に一挙にひろがった。このような動きは当然西欧以外の文明、とくに、未開と呼ばれてきた文明や民族――アフリカ、アジア、オセアニア、中南米――へ彼らの顔を向けさせた。ダダ、シュルレアリスムとフランスの民族学は、この潮流を母として生まれた異父兄弟のおもむきがある。

レリスのアフリカを別にすると、ブルトンの「オセアニア〔……〕この言葉は、シュルレアリスムのうちになんという魅力をふるってきたことだろう」（「オセアニア」）という回想が示すように、シュルレアリストたちは、主としてオセアニア、そして中南米に関心を抱いた。エリュアールの七カ月に及ぶ南海旅行、初期の主要メンバー、ジョルジュ・マルキーヌの一時的なタヒチ移住、タラフマラ族の村に再生の地を見出そうとしたアルトーのメキシコ行、バンジャマン・ペレのメキシコ亡命などの事実は、彼らの西欧文明以外の文明への関心が尋常なものではなかったことを示している。

それに対し、民族学者たちのシュルレアリスムへの関心は、とても高いとは言えなかった。そこには敵意や無視さえ見られた。そうした中でのメトローのこの関心は、異例のことに属する。

草創期のフランス民族学は、人文科学の一ジャンルとしての位置を確立するため、また、未開と呼ばれる人々への関心が、キュビストたちのアフリカ彫刻への関心をはじめ、従来あまりにも美的な方面に偏りすぎたことへの反動として、厳密な科学主義を標榜した。たしかに民族学は、彼らの宗教や習俗に見られる非合理的なものの価値を認めはしたが、「非合理的なものの科学」（レリス）であることに変りはなかった。ところで合理や理性は、シュルレアリスムの最大の敵だった。ここで民族学とシュルレアリスムは鋭く対立する。この対立にもっとも苦しんだのは、レリスだった。彼は、「最大限の主観性を通じて人は客観性に達する」（『幻のアフリカ』）と考えて、この対立を乗り越えようとする。しかしその実践と言っていい、アフリカの民族誌と自己の内面の赤裸な告白の混淆である『幻のアフリカ』（一九三四）、今では民族学の古典とさえ考えられているアフリカ日記は、当時のフランス民族学界ではきわめて不評で、御大のモースですら、「真面目ではない」と面と向かって彼を咎めたという（レリス『日記』）。この対立は、彼にとって一生の重い課題となる。

レリスと似た資質の持主であったのに、メトローは、少なくとも表面上は、この種の対立にあまり苦しまなかったかに見える。しかしそれは決して、彼がレリスのように、まともに詩人たらんとしなかったからでも、民族学を正面切って考えようとしなかったからでもなかった。科学とは、彼にとって、まず事実に対する厳密さのことだった。そしてそこに、彼がシュルレアリスムに加わらなかった理由もあった。例のインタヴューで、彼は、人々が異文化から突飛なものや、奇異なものしか求めないことを歎き、それらに対する驚嘆や熱狂は自民族中心主義の裏返しにすぎないと言って、シュルレアリストたちの異文化に対する態度への飽き足らなさを明らかにしているからである。「私は気質上、民族学の科学的な面に関心があったことを言っておかねばなりません」と彼は付け加えているが、この言葉は、民族学が対象とする異文化にあって、その奇異や神秘を嘆賞するより、それらの事実をくわしく検証して、文化全体の脈絡の中に置く方向に彼の道があったことを示唆するものである。

メトローのこの態度は、一時シュルレアリストであり、のちにバタイユ、レリスとともに社会学研究会を作り、メトローの知人でもあったロジェ・カイヨワの有名な飛び豆事件を連想させる。一九三四年の或る日、シュルレアリストたちの溜り場だったカフェ・シラノで、たまたまカイヨワは、仲間の一人がメキシコから持ち帰ってきた飛び豆をめぐって、ブルトンと議論をした。この生きもののように飛びはねる豆は、座にいた人々を驚かせたが、カイヨワはその中に虫が入っていると考え（実際はそうだった）、豆をあけてみることを主張した。それに対してブルトンは、カイヨワの態度を一種の冒瀆とみなし、驚異は驚異のままにしておくべきだとして、豆をあけさせなかった。その晩カイヨワは、家に戻るとすぐブルトンに手紙を書き、詩と探究の二つの分野にあって、ブルトンが「直観と詩と芸術それらの特権」の側に立つ人間であり、それに対して自分は探究の側に立つ人間だとし、検証に耐ええないような驚異は、自分にとって何の意味もないと言って、シュルレアリスムからの脱退を宣言するのである。

カイヨワの分類に従うなら、メトローもまた「探究」の側に立つ人間である。ただカイヨワが、神秘や驚異に深く牽かれながら、あくまで合理の立場を崩さなかったのに対し、メトローは、事実に厳密な検証は加えながら、非合理は非合理のまま受け入れる、というところがあった。

しかしメトローがここで口にしている「科学」は、権威を持つ、あの大文字の科学などではなかった。レリスが民族学研究所に提出すべき論文「サンガのドゴン族の秘密言語」を書き悩んでいた時、「最良の民族学の著作は、いつもすぐれた小説だ」というアメリカの民族学者エドワード・サピアの言葉をひいてはげまし（アルメル『ミシェル・レリス伝』）、アメリカの作家ウィリアム・シーブルックの、発売当時センセーションをひきおこしたハイチについての本、民族学者たちが歯牙にもかけなかった『魔術の島』（一九二九）を、「嘘だらけだけど、ハイチについてあれほど正確に書いた本はないよ」と言って、レリスに向かってほめたメトローが、大文字の科学の客観性などを信じていたとは思われない。

科学とは彼にとって、父祖の業のごときものであり、なにより、父と一体化するための道だった。科学に関して言えば、彼は、生まれつき抗体をそなえていて、悪疫にかからずに済んだ人間に似たところがある。

メトローの民族学上の著作は、まだ一冊も邦訳されていないが、『イースター島』（一九四一）にしろ、『ハイチのヴォードゥ』（一九五八）にしろ、『インカ』（一九六二）にしろ、『南米インディオの宗教と呪術』（一九六七）にしろ、恣意や想像をまじえず、厳密な検証を経た事実だけから成り立っていて、学問上の評価が高く、それぞれの分野において今日でも古典の位置を保っているが、その種の学術書にありがちな無味乾燥なところは少しもない。バタイユは、「人間的な書物、偉大な書物」（一九五六）の中で、レヴィ＝ストロースの『悲しき熱帯』と並べて『イースター島』を論じ、「最近のフランス文学の傑作の一つ」とたたえ、「「イースター島の悲劇的歴史」と題された章など、どうして熱狂して読まずにいられよう？　大衆が文学と考えている山とある小説など、本書の驥尾にも付しえない、と言うだけでは足りない。その上、『イースター島』において、私を感動させるのは、きわめてきびしい科学の厳密さに達しようとする一方で、著者が、おのれの研究は、人の心を動かすに足るだけのものをそなえていなければならないと考えていたことである」と言い、レリスは、「それらの高度な記録的価値以外に、彼自身と彼の研究対象との間につねに感じられる感動に根ざした関係こそ、メトローの著作の真価をなすものだ」と書いていて（「アルフレッド・メトロー管見」）、二人とも、メトローの著作が、科学と文学の稀に見る一致であることを認めている。さらにリヴィエールのごときは、その追悼演説の中で、「アルフレッドよ、君の明日の兄弟たちは、今日の兄弟たち同様、君の著作の中に、彼ら自身の引き裂かれた思いの木霊を見出すだろう。君という詩人の、人間の痛切な告白をそこに感じとるだろう」とまで言うのである。

「二人がめったに会わなかったのは事実だけれども、彼らの仲は堅固で、嘘いつわりのないままだった」とフェルナンドは書く。実際「古代アメリカ芸術展」以降、メトローとバタイユは顔を合わす機会をあまり持たなくなる。その理由の大方は、メトローの度々のフィールド調査や長期にわたる海外生活のせいである。メトローの日記は、一九三五年から一九五三年までの分——それもきわめて断続的だ——しか公刊されていないが、そこにバタイユの姿はほとんどない。

たとえばバタイユが編集長をつとめたあの『ドキュマン』、「考古学、美術、民族学」と銘打たれ、フランス学士院の教授たちと、レリス、デスノス、ランブール、クノーらシュルレアリスム脱退者たちとの呉越同舟だった、この「途方もない雑誌」(レリス)に、メトローはただの一度も執筆していない。民族学関係ではモースをはじめ、リヴェ、リヴィエール、メトローの恩師の一人であるノルデンショルト、グリオールらの文章が、ほとんど毎号誌面を賑わせているのに、である。

それはメトローが、一九二八年、メンドサよりさらに北、アルゼンチン北部の屈指の都市トゥクマン——彼自身は、「汚ならしい混血の人たちの住む、ぞっとするような熱帯の小都市」と言っているが——の国立トゥクマン大学に自ら設立した民族学研究所の所長となって赴任し、一九三四年まで帰ってこなかったからである。

レリスは一九三四年、メトローと初めて会うのだが、それまでは手紙のやりとりだけの関係だった。そしてその手紙というのが、毎号メトローに送っているはずの『ドキュマン』が、おそらくは郵便の事情で彼の手もとに届かないため、「怒り狂って」寄越す彼の苦情への、編集担当者の一人としての返事だったと、レリスは或る対談(『セタディール』)で語っている。

その後もメトローは、一九三四年、イースター島の調査団に参加したあと、ホノルルのビショップ博物館に勤め、ついでアメリカへ渡って、カリフォルニア大バークレー校やイエール大で教え、そのあとワシントンD・Cのスミソニアン研究所に入り、第二次大戦後は国連、ユネスコと渡り歩き、ユネスコ本部の人種問題局の局長としてパリに戻ってきたのは、やっと一九五〇年四十八歳になってからである。しかしそのころバタイユの方は、カルパントラス、オルレアンとパリを離れて暮らしていたのだ。

二人が最後に会ったのは、一九六二年だった。夏、会議に出席するためメキシコへ発つ直前、メトローは、すでに死病に冒されていた旧友を見舞ったのである。だからメキシコで、『ル・モンド』紙の死亡欄にバタイユの名を見出した時、彼はさして驚かなかった。それでも深く心を動かされた彼は、その晩ホテルの一室で、「醒めながら夢を見ているような状態に陥り」、若い妻に向かって、「というより、自分自身に向かって」、二人の仲を、とりわけはじめて会ったころのことを、夜遅くまで語り続けたという。

フェルナンドは、メトローとバタイユの共通点として、「一種の寛容さ、自分を無にするまでの超越的態度」をあげており、レリスもこの二人から、「生への激しい熱情と、人生は生きるに足りないとする容赦ない意識とのまれにみる結合」を学んだと書いている（「アルフレッド・メトロー管見」）。しかし、少なくとも或る時期まで容貌と体つきが酷似していたにもかかわらず、二人はむしろ正反対の人間であった。ジェイムズ・クリフォードは言う。「この二人の友人の仕事ほど好対照をなすものはない。ひとりは、意味ある細部を見分けるセンスをもちながらも、ほとんどピューリタン的なまでに抑制されている。もうひとりは、挑発的であり、放縦であり、ニーチェ的である。しかし奇妙にも、有無を言わさぬしかたで、二人は相補的なのである。バタイユはメトローの博識によって安定させられ、逆にメトローは民族誌学に対する情熱を、彼の友人が積極的に表現してくれることによって確認することができたのである」。そしてクリフォードは、二人の交友を「フランス民族誌学とアヴァンギャルドとのあいだに親しい関係を保たせてきたあの持続的な接触〔……〕の象徴」とみなすのだ（『文化の窮状』一九八八）。

イースター島で

メトローとレリスは、一九三四年一月にトロカデロの民族誌学博物館ではじめて会った。アルゼンチンから戻ったメトローは、この博物館でしばらく働くことになり、アフリカから帰国して前年から館員になっていたレリスと、一時期同僚になったのである。

初対面の印象については、どちらも何も書き残していないが、二人はともにバタイユの友人であり、すぐに同気相通じたのは間違いなく、少なくともレリスの方はこのころからすでにメトローに対して深い共感と強い関心を抱いていたようだ。この年一月二十三日付のジャン・ポーラン宛の手紙の中でレリスは、「南アメリカから戻ってきた、トロカデロでの私の同僚であるすぐれた民族学者」としてメトローを推薦し、「大変開かれた精神の持主にて、あまりにも厳しく、科学的になりすぎた民族学の軌道修正をするのに、今日、フランスにおいて、もっとも有能な人物の一人と私考しております」(『レリス＝ポーラン往復書簡集』)と書いているからである。

ガリマール書店発行の『NRF(新フランス評論)』誌の編集長であり、新人発掘の名伯楽として知られたポーラン(一八八四―一九六八)と、レリスはこの時点ですでに十年近い知己であった。レリスは当時まだ小さな詩集を二冊出しただけの、文壇では無名に近い存在だったが『NRF』には書評などをすでに寄稿しており、この年の四月には、彼の出世作となる『幻のアフリカ』が、ポーランやマルローの推挽で、ガリマール書店から刊行されるのである。

ポーランは、一九〇七年から一〇年まで、中学校教師としてマダガスカル島に滞在しており、この滞在は、アルトーのメキシコ行や、レリスのアフリカ行と同様の西欧脱出の試みと言ってよく、その点でレリスやメトローの仕事をよく理解できる立場にいた。

「もっぱら文学に明け暮れていた活動から民族誌学の実践に転ずることによって、僕はそれまでの知的習慣と訣別し、自分とは異なった文化、異なった人種に属する人々との接触を通し、僕がその中にあって窒息しかけていた隔壁を打ち倒そう」(『幻のアフリカ』序)として、レリスはアフリカ横断調査団に参加した。しかし自我の孤立になによりも苦しみ、自我の境界から脱け出、他と接触、合体することを激しく望んでいた彼を、「民族誌学は失望させるほかはなかった」。民族学、民族誌学は「あくまで科学であり」、彼の求める接触や合体をむしろ忌み、観察の距離を強いたからである。「自己放棄しなければならない場合にあって、観察者の非人間的立場を守らせる民族誌学に対する恨み」と彼は書く。

エチオピアのゴンダールで、彼は、ザールと呼ばれる精霊に憑かれる女たちと出会い、彼女たちの集まる家に連日通い、時には泊りこんで調査に熱中するのだが、ここでも彼は、「私は憑かれた人々を研究するより憑かれたいのだ。ザールに憑かれた女についての一部始終を科学的に知るよりも、彼女を肉体的に知りたいのだ」と日記に書きとめずにはいられない。

帰国して、民族学の専門家としての道を歩きはじめたそんなレリスにとって、この学問の成立基盤である科学と科学的観察に対する疑いは、避けて通れない難問だった。館長ポール・リヴェの固い意志のもと、一九三七年の人類博物館への改組にむけて、民族誌学博物館自体が、日ごと科学性、合理性への傾向を強めていた時だっただけに、なおさらであった。息苦しささえおぼえていたこのような空気の中へのメトローの出現は、孤立無援のレリスにとって、陳腐な言い方だが、百万の味方を得たような思いをさせたにちがいない。

しかし知り合ってすぐ、二人はひととき別れなければならなかった。メトローが、フランス＝ベルギー合同イースター島調査団に加わって、一年間博物館を留守にすることになったからである。

当時イースター島は、西欧の人々の眼に、まるで他界の土地でもあるかのような、謎と神秘の島と映じていた。オランダの船長ヤコブ・ロッヘフェーンによって、一七二二年の復活祭の日曜日に発見されたためイースター島と名付けられたこの島は、南太平洋の東端、世界のどの島よりも隔絶した位置にあって、どの航路からもはずれ、外界とほとんど接触することがなかった。その後たまたま立ち寄ったクックやラ・ペルーズらの残した記述は、それぞれ大幅に食い違っていて、謎と神秘を深めた。島の至るところにある石の巨像は、いつ、誰が建てたものなのか、どのようにして作られ、運ばれたのか、何をあらわしているのか、ロンゴ＝ロンゴと呼ばれる絵文字は一体何なのか？ 島に住むひと握りの原住民は、エジプトのスフィンクスやインカの巨像を思わせる巨像を作り、文字を持っていた人々の裔とはとても思われなかった。アジアやアメリカ大陸、かつて文明が栄え、太平洋に水没した大陸との関係さえ取り沙汰された。

まともな学術調査は、まだほとんど行われていなかった。フランスは一八七二年、ピエル・ロティ——海軍士官ジュリアン・ヴィオー——も乗船していた軍艦フロール号をこの島に派遣しているが、その目的は水路の測量と、巨像を一体持ち帰ることで、まだチリ領になっていなかったこの島に対するフランスの植民地獲得の野心を窺わせるものであった。この時フロール号が持ち帰った巨像の頭部は、民族誌学博物館の入口に置かれていて、メトローもレリスも、日々それを眼にしていた。付け加えておくと、フロール号の艦長は、島の調査を、絵や文章の巧みなジュリアン・ヴィオーに委ねた。彼は島の人々の中に入り、何人かの友人を作り、島の習俗を調べて、帰国後、当時の著名な絵入り週刊紙『イリュストラシオン』に、彼自身のデッサンを添えて、「イースター島」として発表した。これは、ロティのごく初期の文章の一つで、彼の民族誌家としての並々ならぬ素質を示しており、メトローもその著『イースター島』の中で何遍か言及している。

一九三二年、すなわちメトローらの出発の二年前、ハンガリーの学者ヘヴェシーは、ロンゴ＝ロンゴと、紀元前三〇〇〇年のモヘンジョ＝ダロの文字との酷似を指摘し、両者には明らかに関係があるという説を提出して、学界にセンセーションをひきおこした。民族誌学博物館長のポール・リヴェも、この仮説に強い関心を持ち、半ば同調し、島に本格的な調査団を送りこむ計画の中心となった。そこにベルギーも加わって、アフリカ横断調査団と同様の国家事業として、イースター島調査団が結成された。といってもこちらは規模が小さく、団員はわずか三人、団長はフランスの考古学者シャルル・ワトラン、ベルギー側からは王立博物館員でやはり考古学者のアンリ・ラヴァシュリー、そしてもう一人メトローがリヴェに要請され、民族学者、言語学者として参加したのである。

一九三四年三月、三十一歳のメトローは、ワトランとともにブルターニュのロリアン港からフランス海軍の護衛艦に乗船し、イースター島へと向かった。しかしアフリカ沿岸と南米沿岸を南下し、ホーン岬をまわったところで、思いがけない悲劇的な出来事に見舞われる。団長のワトランが、パタゴニアまで遠征した際風邪をひき、数日後に肺炎を起こして急死してしまうのである。団長の任は、否応なくメトローの肩にかかってくる。ラヴァシュリーは別行動をとり、リマで二人と合流する予定になっていたので、遺体の始末から、あらゆる種類の手続き、調査団のための物品の購入その他、一切をメトローは一人でやらなければならない。彼は、チリのサンチャゴからリヴェに宛て、「ここでは、しなければならない無数の奔走のため、忙殺されております。〔……〕調査団の責任はお引き受け致しますが、小生の持ち帰る収穫が、ワトラン、ラヴァシュリー両氏に寄せられた過大な期待にそぐわぬものになりましても、御容赦下さいますようお願い申し上げます」と書く。なお、これらの手紙は人類博物館に保存されているもので、マリ＝シャルロット・ラロシュにより「イースター島のアルフレッド・メトロー」（『アルフレッド・メトローの存在』所収）という一文の中で紹介された。

メトローとラヴァシュリーは、七月二十七日、イースター島のハンガ・ロアに到着する。珊瑚礁の優しい白砂の浜と中空に緑の天蓋をひろげる椰子の木——そうした「典型的なポリネシアの浜の風景が眼前にあらわれる夢を抱いていたとしたら、私はひどく幻滅したにちがいない」と彼は書く。彼が眼にしたのは、雨催いの暗澹とした空のもと、けわしい崖に砕ける激浪と、ポリネシアよりも、かつて彼の住んだスウェーデンの、どこかの漁村を思わせる、貧しい家々の並ぶ陰気な村であった。「イースター島でのこの最初の日のことを、私は決して忘れないだろう」（「イースター島をめぐる旅」）。

二人は島に、翌年の一月三日までほぼ半年滞在した。

調査の条件は、よいとはとても言えなかった。まず天候。島は風が強いので知られているが、それに雨が加わる。「天気の日は全部合わせて、せいぜい二週間」にすぎなかった。そして夜の寒さと、「我慢しなければならないひどい食事」。旅の終わりごろ、彼はリヴィエールに宛てて、滞在を次のように総括している。

イースター島での生活は、物悲しく、単調なものだった。振り返ってみると、不自然な姿勢をして、お話をノートすることですごした雨の日々のことしか思い浮かばない。僕はもうくたくただ。〔……〕このとんでもない島のおかげで、たとえばアフリカのような、民族学上恵まれた土地での二年間の滞在でするよりもはるかに余計な仕事をさせられる破目になってしまったようだ。〔……〕島の連中はぞっとする。これ以上薄汚く退化した住民は、ちょっと想像できないよ。

しかしここでもメトローは期待に十分にこたえ、すぐれた収穫をもたらした。彼は、考古学方面は一切ラヴァシュリーにまかせ、島の最長老をはじめ、島民たちから連日ききとりをして、現在いかに退化し、ほんの一握りの数になってしまっていようとも、彼らが、巨像を作った人々の裔であることを、その伝承と民俗の中から明らかにした。また、彼の予想通り、アメリカ大陸や水没した大陸は問題になりえず、どれほど隣の島から隔絶していようと、この島の文明もポリネシア文明圏の一角に位置することも証明した。イースター島というと、メトローらの調査の十三年後、ヘイエルダールの行ったコン・チキ号の航海が有名だが、筏によるこの航海をもとにヘイエルダールの提唱したイースター島文明南米起源説に対し、メトロー——彼はヘイエルダールを個人的に識っていた——は否定的で、現在も学界全体は、メトローの説を支持している。

さらに巨像はどのようにして作られたのか、また大樹がなく、したがって運搬に不可欠な修羅を作るのがむずかしい島で、島の中央の石切り場で刻み出された巨像を、それらがかつて立っていた海岸までどのようにして運んだのか、さらにそれは何を表しているのかといった難問にも、メトローは一応の解決をもたらした。巨像は、島の特産であり、普通の石よりも柔らかくてはるかに細工しやすい凝灰岩で作られており、重さも、像の巨大さが想像させるほどのものではなく、島はかつて現在よりはるかに多くの人口を擁していたゆえ、修羅さえあれば、十分運搬可能であった。修羅の問題は、流木に関する信仰・民話に着目し、海の彼方から流れ寄る、神からの授かり物である流木こそ修羅の素材であろうとした。また、現在までかすかながらも続いている祭祀や伝承から、巨像が祖先を表すものであることには、まず疑いがないと考えた。

ロンゴ＝ロンゴの方ははるかに難問だったが、モヘンジョ＝ダロの象形文字との相似は偶然に過ぎず、ロンゴ＝ロンゴは文字ではなく、長い神歌をおぼえるための記憶用の符号であるという推論を下した。

その一方でメトローは、この島の豊かな文明が、白人との接触によって、いかに根こそぎ失われてしまったのかの経過もあとづけた。白人が持ちこんだ伝染病、虐殺、強制労働させるための拉致が、島の人口をみるかげもないほど激減させ、とりわけ伝承の担い手である聖職者層を消滅させたのであった。彼の著『イースター島』の中の、バタイユが「どうして熱狂して読まずにいられよう?」と激賞した「イースター島の悲劇的歴史」の章は、いつものように確認された事実だけが記されているにすぎないが、白人文明に対する痛烈な批判であり、告発である。

十二月五日付の手紙で、メトローはリヴェに、誇らしげに報告する。「気の毒なワトランの死後、小生は最善を尽くすとお約束しました。小生は、この島からあたうるかぎりのものを引き出し、今後一切の調査団は余計となるだろう、という確信を抱いて帰ります」。

その後、ポリネシア研究の中心、ホノルルのビショップ博物館での二年の研鑽の末彼が著した英文の『イースター島の民族学』(一九四〇)と『イースター島』(一九四一)とは、以後のイースター島研究者にとって必須の文献となる。

メトローの派遣は、民族誌学博物館にとっても、彼個人にとっても、大成功だった。彼の得意や思うべしと考えたいところだが、彼の内面の実情は、全く違っていたようだ。

メトローの日記『道程Ⅰ』を責任編集したアンドレ＝マルセル・ダンは、フィールドでメトローがしばしば落ちこみ、「彼の一生を支配した不安が現れて、耐え難いまでに苦しめる」記述が日記にたえず出てくるところから、民族学者一般が多少なりともそのような人間と世間の人々から見られ、フィールドの神話が崩壊し、一種の英雄たる民族学者のイメージ・ダウンになるのではないかという危惧から、日記の公刊に反対する声があったことを報告するくだりで、まるで隠れた犯罪を仄めかそうとするかのように、括弧の中に入れて、「知られているように、メトローが最初の自殺の試みをしたのは、早くも一九三五年、イースター島でのことであった」と書いているからである。

ダンが何を根拠にしてこのようなことを書いているのかは分らない。イースター島滞在中の日記は存在せず、公表された限りでの、島から書いたメトローの手紙には、そうした事実を窺わせる記述はないからである。ダンが日記を編集する作業の中で、たまたま眼に触れた未刊の資料からこの事実を発見したとすれば、「知られているように」とは書かないだろう。それは、民族誌学博物館周辺の人々の、あるいは民族学者仲間の公然の秘密だったのだろうか?

ワトランの急死による過重な負担が、フィールド病とも言うべき彼の落ちこみや不安を、日ごろより一層募らせたとは、たしかに考えられることである。先ほど「そうした事実を窺わせる記述はない」と書いたけれども、十二月五日付のリヴェ宛の手紙の中で、ラヴァシュリーの健康状態がきわめて良好である旨を報告したあと、「小生の方はそうではありません。小生、亜熱帯での生活が六年目に入ったことに気付き、ひどく年をとったと感じています。大変疲れ、いくらか落ち込んでおります。とはいえ、どうってことはありません」と記しているのは、館長で恩師への、儀式張った、正式の報告書に近い手紙の一節だけに、いささか異様な気はする。

レヴィ＝ストロースは、親友メトローの死後、メトローの個人生活は、「徐々に進行する自殺への順応だった」（『遠近の回想』）と語っているが、島での自殺未遂は、こうした「順応」への最初のひとこまだったのかもしれない。

メトローとラヴァシュリーは、一九三五年一月三日、ベルギーの練習船メルカトール号に乗船して島を離れ、ピトケーアン島、タヒチ島、ツアモツ諸島、マルキーズ群島、ハワイ諸島を経て、四月十四日にル・アーヴルに帰ってきた。途中、バウンティ号の反乱者たちの子孫が住みついて、平和な村を作っていたピトケーアン島では、数日滞在して彼らの話をきき、メトローは帰国後、『パリ・ソワール』紙に四回にわたり、「五十年後のバウンティ号の反乱者たち」という簡潔なルポルタージュを連載した。またホノルルでは、イースター島研究を完成させるため、ビショップ博物館でしばらく働く契約を結んだものと思われる。

帰国後もメトローは多忙だった。民族誌学博物館は、人類博物館に改組、変身するに当たり、「取壊し屋どものつるはしの最初の音がひびく前に」（リヴィエール）、最後の展示として、イースター島展を計画したからである。もちろん調査団が持ち帰った考古学上の資料から博物標本に至るおびただしい資料が主体で、万事につけ、メトローが中心となって働かねばならなかった。

この展覧会を機に、メトローは、バタイユ、レリスにつぐもう一人の終生の友と知り合う。博物館の暗室を自分の仕事場とする一方、リヴェとリヴィエールに頼まれて博物館の写真の仕事をヴォランティアで引き受けていた写真家のピエール・ヴェルジェで、メトローが島で撮ってきた写真の引伸ばしを手がけたのも彼であった。

ヴェルジェはメトローに劣らぬ大旅行家で、やはり最近ポリネシアの島に滞在した経験を持ち、話が合った。「この出会いは、私の生き方に大変大きな影響を与えた。もうすでに三年この方、そうとは知らずに自分が民族誌学をやってきたことを彼から知らされ、驚くと同時に嬉しくなってしまったからである」とヴェルジェは、「アルフレッド・メトローとの三十年の友情」(『アルフレッド・メトローの存在』所収)という一文で書いている。ヴェルジェは、南米とアフリカを中心に世界中を広く旅して、多くのすぐれた写真集を出すが、後には民族誌学者としても名を成すに至る。

知り合ってしばらくして、二人は、生年月日を同じくし、誕生の時間が数時間違うだけだということに気付いた。ある種の事実を前にしての同じ反応、同じ感じ方、同じ考え方は、そこから来ると思われた。以後二人は互いに「マラッサ」(アンゴラ語で双子の意)と呼び合うようになる。

ヴェルジュは、展覧会の準備で忙しい、改組を控えた民族誌学博物館の活気に溢れた様子をこんな風に描いている。

マルセル・グリオールの率いたダカール＝ジブチ調査、ニジェール川湾曲部調査から戻ってきたばかりの調査団の団員たち、グリーンランド帰りのポール＝エミール・ヴィクトルのチームの団員たちが、廊下ですれ違い、展示室で肱つき合わせていた。〔……〕そこには、ドビュッシーの楽譜を抱えたアンドレ・シェフネルもいれば、ドゴン族の品物を夢中になって運び、説明しているジェルメーヌ・ディーテルラン、ゴンダールのザールについての文章を苦心して書いているミシェル・レリスもいれば、ガラスケースの中から借用したベルベル族の絨毯にくるまって博物館によく泊りこんだオーレス帰りのジャック・フォーブレも、ドニーズ・ポームも、のちにラザレフになるエレーヌ・ゴルドンも、メキシコ、ベラクルス地方の「ヴォラデレス」(トトナカ族が太陽神に捧げる特異な儀式)の研究にその人生の三十五年を捧げることになるストレッセル＝ペアンも、博物館の新しい設備についてのプランを練っているポンタヴリーとゴトロもいた。

仕事が終わると彼らの多くは、ジャック・プレヴェール兄弟やジャン＝ルイ・バローが根城にしているカフェ・フロールのテラスに集まり、夜はブロメ通りのバル・ネーグル（黒人ダンスホールの意）へと繰り出すのだった。

黒人《ネーグル》という言葉は、ピカソらの黒人彫刻に対する関心以来、パリの一部の人々の心を深くとらえてきた。とりわけ、第一次大戦後にアメリカから入ってきたジャズの大流行、黒人アフリカに着想を得た、ダリウス・ミヨー作曲、ブレーズ・サンドラール脚本のスウェーデン・バレエ『世界の創造』の上演、ジョセフィン・ベーカー主演の黒人レヴューの大当たりなどがこのブームを加速させた（レリス『黒人アフリカの芸術』）。リヴィエールが、ダカール＝ジブチ、アフリカ横断調査団の資金集めのために、当時のバンタム級チャンピオン、黒人のアル・ブラウンのボクシング試合を企画したのも、このような流行を背景にしてのことだった。だからバル・ネーグルには、パリ在住の黒人たちだけでなく、「全モンパルナス」（マルセル・デュアメル）が集ったのである。

バル・ネーグルと言っても、この店は、アフリカよりも、アンティル諸島のダンスと音楽が中心だった。プレヴェールの親友であり、シュルレアリストで、やはり店の常連だったマルセル・デュアメルは書いている。「店に入るなり、レアルデのクラリネットが客の面《つら》の真中にはじけ、雛菊畑のひばりの囀りのようにさざめ」き、「客たちは、壁沿いに並ぶテーブルのまわりに、樽づめのニシンのようにすし詰めに」なっていて、夜が更けるにつれ、踊場ではいつのまにか白人の姿が消えて、「オーケストラとレアルデのクラリネットに憑かれた、汗まみれの、ジャングルの子供に帰った」（『汝の人生を語るな』）黒人たちだけが踊り狂うこの店は、メトロー、ヴェルジェ、レリスにとって、かかわりの深い場所だった。ヴェルジェはメトローについて語って、「彼がここで過ごした熱い、エキゾティックな夜々におぼえた感動が、一部は、彼の、そして私のアンティル諸島、ブラジル、アフリカ文明に対する関心のもとになっていることを、私はいまだに信じて疑わない」と言う。

レリスもこの店の常連の一人だった。なにしろ彼が一時期入り浸っていたマッソンのアトリエはブロメ通りにあったのであり、バル・ネーグルはマッソンとその仲間たちのお気に入りの場所でもあったのだから。彼のアフリカとアンティル諸島への関心もまた、一部はバル・ネーグルに由来すると言えるかもしれない。学術書の体裁をとった彼の『マルティニックとガドゥループでの諸文明の接触』（一九五五）には、アンティル諸島の音楽をきくことのできる場所として、「パリ、ブロメ通りの「バル・ネーグル」」の名が、歴史上の重要な場所でもあるかのように、さり気なく書きこまれているのである。

メトロー、ヴェルジェ、レリス――この三人のバル・ネーグルの常連は、後年ハイチのヴォードゥに共通して強い関心を抱き、一冊の本に揃って名を連ねることになる。『ハイチのヴォードゥ』（一九五八）がそれで、メトローのこの代表作には、レリスが序文を書き、ヴェルジェが写真撮影で協力しているのだ。

メトローとレリスの交友ももちろん復活した。このころレリスは、西アフリカのサンガでドゴン族の調査を行っていた二人の女性民族学者、ドニーズ・ポームとドゥボラ・リフシッツにメトローの論文をいくつか送っている。その一つは、一九二五年『民族誌学雑誌』に発表された「民族誌学調査の方法について」である。これは、フィールド調査の手引とも言うべきもので、そこに一貫して見られるのは、民族学者も含め、おのれの文明を唯一最善のものと信じ、その基準に照らしてすべての原住民を判断しようとする白人の自民族中心主義に対する批判である。自分たちのものと著しく異なっているからといって、彼らの風習の多くを奇習扱いしてあやしまない白人たちのむき出しの好奇心や嘲弄が、いかに原住民の心を傷つけるか、そのため肝心の部分、とりわけ信仰に関する部分について彼らがいかに沈黙を守ろうとするかについて、メトローは諄々と説く。この一文は、フィールドにおけるメトローの細心さ、用意周到さを示す一方、文章を裏打ちしている経験の豊かさを窺わせる。これが、民族学という学問が生まれて間もない、フィールド調査など緒についたばかりの時期に、しかもわずか二十三歳の学生の筆になったことを思うと、驚かずにはいられない。現在でも十分に通用し、味読に耐えうるすぐれた文章である。

レリスは、フィールド調査の参考にと考えて、これを彼女らに送ったのであろう。「私はあなたの意見に全く同感です。私も彼を、もっとも共感の持てる民族誌学者の一人と考えます」、「民族誌学の観察の方法についてのメトローの見方には大変興味をそそられます。彼はとても大きな経験をしているのだと、私たちはみな、多くのものを彼から学ばねばならないと思います」とリフシッツはレリスに返事をしている（『グラディーヴァ』一九八七年第三号）。

この年バタイユはパリに住んでいたのだが、レリス、メトローという二人の親友のいる民族誌学博物館に姿を見せた痕跡はない。このころ彼が、かつて喧嘩別れをしたブルトンと結んで、結成の準備に忙しかった反ファシズムの組織、コントル＝アタックに対し、レリスが距離を置いたゆえに、バタイユとレリスの間に生じた一時的疎隔のためであったかと思われる。


メトローとレリスは再び別れなければならなかった。メトローのホノルル赴任が本決まりになったからである。夫妻の送別会は、彼らにいかにもふさわしい場所、バル・ネーグルで行われた。レリスの『日記』の、この年十月二十七日の項には、「ブロメ通りのバル・ネーグルで、ホノルルに行くメトロー夫妻の送別会。エヴァとダンスをし、おしゃべりをする」とある。

メトローの妻エヴァは、メトローがイースター島に行っている間、パリに残り、民族誌学博物館に研究のため通っていた。レリスはそんな彼女になんらかの関心を抱いた模様で、その『日記』の一九三四年七月三十一日の項に、「夢。エヴァ・M〔メトロー〕と接近し、彼女と寝なければならなくなる。彼女は週末にフォンテヌブローへ私を連れてゆく。彼女はどんな男からも満足をえたことはないと言う。彼女の乳房を愛撫する感覚」という一節がある。彼女もレリスの関心にこたえていた。『ミシェル・レリス伝』の著者アリエット・アルメルは、この時期のレリスをめぐる女たちの一人にエヴァを数え、彼女が彼と長いこと文通を続けていた事実をあかしている。しかし「彼女とミシェル・レリスとの間に深い友情以上のものがあったことを確信させるものは何もない」と付け加えてもいる。

メトローは、やがて、エリックという子までなしたエヴァと離別する。それがどういう理由からだったかは分からない。別れた直後の、一九三九年の彼の日記には、エヴァの姿が明滅する。「不安と悲しみを抱いてエヴァのことを考えた」、「おそろしい不安を感じて目ざめる。夢はさだかではなくなったが、イギリスで永久に立ち去ったエヴァのことはおぼえている」、「自分は孤独だと歎くと嘘になるほど、エヴァも、E・Gも、Y・Oも私を愛してくれている。

〔……〕しかし肝心なのは、私が誰も愛してない、ということだ」、「つらい夜、不安な夢、エヴァを捨て去った悲しみ」。

メトローの自殺後に残された遺書めいたメモには、「わが二十歳の頃のエヴァ」という一行があったという（レリス『日記』）。この最初の妻の幻は、終生彼の中に棲みついていたらしい。

ハイチのヴォードゥ――レリスとの日々

メトローがはじめてハイチを訪れたのは、すでに第二次世界大戦の始まっていた一九四一年の七月から八月にかけてのことだった。当時彼は、スミソニアン研究所にいて、J・H・スチュアートのもとで、南米インディオ研究の金字塔とも言うべき『南米インディオ便覧』全七巻の編集・執筆の仕事を手伝っていた。すでに、マーガレット・ミードの弟子のローダ・バベンディと再婚しており、この旅は彼女を伴ってのものであった。

首都ポルトー＝プランスに上陸してすぐ、彼は大統領エリー・レスコ――ハイチは、一八二〇年以来、世界最初の黒人共和国であった――のもとではじまった、ヴォードゥを主とする迷信追放運動の噂をきき、関心を抱いた。彼は、南米のかつてのスペイン領植民地で、カトリックの神父たちの行った偶像崇拝撲滅に関する文献をいくつか読んでいたからである。カトリックの神父とプロテスタントの牧師が中心となっていたハイチのヴォードゥ狩りは、彼の予想をはるかに凌ぐ徹底したものだった。或る日彼は、ポルトー＝プランスの近くの司祭館の中庭に、山と積みあげられて火刑の日を待っている、ヴォードゥの祭儀に用いられる太鼓その他の品々をまのあたりにした。芸術的価値や学術研究上の必要を云々して、そのうちの何点かを譲り受けようとしたが、神父は、ハイチの名誉がかかっているから一切焼いてしまわねばならないと、彼の懇望を断固として斥けた。その時彼は、ヴォードゥの間近い消滅を予感する。「このことが、遅くならないうちに、その研究をしようという思いを私のうちに目ざめさせた」と、彼は『ハイチのヴォードゥ』の前書きに書いている。

ヴォードゥとは、ハイチを中心に、カリブ海の島々やアメリカ南部で行われている民間信仰である。カトリックの典礼なども取り入れて、キリスト教と習合してはいるものの、根幹は、西アフリカから十七世紀に、白人の経営する大農場に奴隷として連れてこられた黒人たちの信仰、とりわけダホメ起源の信仰だ。ヴォドゥンとは、ダホメに住むヨルバ族の言葉で、神、または霊を意味する。ロアと呼ばれる神々を信奉し、この神々が信者たちに乗り移る憑依現象を特色とする。この時彼らは脱魂状態に陥り、踊り狂い、託宣をし、鶏、山羊、牛などの供犠を受ける。呪術ともかかわりがあり、かつては人身御供も行われたところから、白人たちの眼には、血と恐怖と淫蕩の宗教と映った。ヴォードゥに材を取ったW・B・シーブルックの『魔術の島』（一九二九）のようなノンフィクション、その他いくつかの小説がそのような評判を一層煽った。このような悪評がヴォードゥ狩りの動機の一つであったことはたしかである。

一方、ヴォードゥをアフリカの伝統を継承した貴重な民俗とみなす見方をする人々も、メトローの来島以前にすでにあらわれていた。彼がこの旅で知り合ったハイチの作家ジャック・ルーマンもその一人だった。メトローのすすめもあって、やがてルーマンの手により、ヴォードゥを迷信追放運動から救い出すことを主たる目的として、ハイチ民族学研究所が設立され、『民族学研究所報』が創刊された。しかしそれでも、「ヴォードゥがまだそのホメロスを、もっとつつましい言い方をするなら、そのパンテオンの神々に関する豊かな口頭伝承を書き伝える労を惜しまないよき民族学者を待っている」状態には変りはなかった。メトローは、その役割をわが身に引き受けようとするのである。

メトローは、ただ単に、それが消滅寸前であるという理由だけからヴォードゥ研究に踏み入ったのではなかった。民族学において彼が「宗教現象と習合信仰の形成に対して常に抱いてきた」関心と、「この点においてヴォードゥがとりわけ実り豊かな分野と思われた」ことが最大の理由であった。実際イースター島研究でも、インディオ研究でも、彼の眼は一貫して、信仰とそれをめぐる諸現象に注がれている。

レリスは、『ハイチのヴォードゥ』の序文の末尾で、「自分とは別の人間になること、熱狂やトランスのさなかで自分を乗り越えることは、人間の根源的欲求の一つではあるまいか？」と問いかけたあと、さらに踏み込んで次のように言う。

アルフレッド・メトローを知った人々は、みな私と同様、学者としても人間としても、彼が別してこの研究を行うのに適していたと考えるであろう。日常の平俗の壁から逃れたいという激しい欲求に自身とり憑かれていただけに、彼は、研究対象である憑かれた人々に、余人より一層の理解を持っていたからである。

この言葉は、すでに記したように、エチオピアでザール信仰の女たちの調査をしているさなか、「私は憑かれた人々を研究するより憑かれたいのだ」と日記に書かずにはいられなかったレリス自身にも当てはまる――さらに一層、と言うべきかもしれない――だろう。ともかく憑依現象に対する二人の関心と態度とにはきわめて共通するものがあり、しかもやがて、レリス自身もメトローに導かれて、ヴォードゥへと向かうのだ。

この年メトローは、ガリマール書店から『イースター島』を刊行し、そのオセアニア研究に一つの区切りをつけていた。だから「ハイチ旅行をきっかけにして、メトローは学者としてのキャリアにおいて、新しい段階に入る」（ダン）のである。

一九四四年の十一月、メトローはハイチを再訪する。この二つのハイチ旅行については、それぞれ日記が残っているが、後者は全くのフィールド・ノートで、私たちはここに、ヴォードゥの調査にまっしぐらに没頭してゆく彼の姿を見ることができる。

この時、ジャック・ルーマンは死去していたが、民族学研究所を介して、メトローは、オデット・メネソン＝リゴーという女性と知り合った。これは、ハイチの画家と結婚したためハイチ人になったフランス人で、自身ヴォードゥの秘儀伝授を受けており、「これほどヴォードゥを内側から知っている白人はほとんどいない」し、「彼女を友人として迎えない聖所はなかった」。

秘儀伝授を受けて司祭――男の場合はウンガン、女の場合はマンボという――となった人々は、ウムホと呼ばれる一種の教会を開き、そこに信徒たちを集め、さまざまな機会にロアを祀る儀式を行う。メトローは、このリゴー夫人から、ポルトー＝プランスの下町にウムホを持つロルジナ・ドゥロルジュというマンボを紹介してもらった。彼女は、「財政不如意にもかかわらず、ロアたちを崇め、先人たちの教え通りの、由緒正しい伝統に従って儀礼をとり行っている」、評判の高いマンボだった。『ハイチのヴォードゥ』に収録されている、メトロー自身の撮ったその写真を見ると、頭にスカーフを巻き、両耳に金属の円いイヤリングをさげた彼女は、眼も鼻も大きく、唇が厚く、いかにも女司祭らしい威厳をそなえた堂々たる中年の黒人女性である。彼は彼女について、「よくかっとなり、トランス中は、おそろしい様子を見せたけれども、親切で心優しい、すぐれた女性だった」と書いている。彼は好んで彼女のウムホを訪れ、その日常生活に深く入りこみ、やがて彼女を「ママン」と呼び、彼女からは「家の子」と呼ばれる間柄になる。

レリスの言う通り、メトローの中には、たしかにヴォードゥの人々に深く共感するものがあった。秘儀的な傾向が強く、信者でもない限り容易に白人を受け入れないヴォードゥの世界に、彼がこのように入りこむことができたのは、多分このような共感のなせるわざである。

きわめて不安定な状況の中、敵意にみちた白人たちの監視下、休息と睡眠を犠牲にして自分たちの部族の信仰をよみがえらせようとしたこれらの奴隷たちの熱意には感嘆せざるを得ない。奴隷たちが何世代にもわたって、神々の求める儀礼と歌を次代に伝えるには、どれほどのエネルギーと勇気を必要としたことか！

ウンガンやボコ〔治病者でもあるウンガンのこと〕を罵倒する人たちは、病気の子供を診てくれる医者のいない女の苦しみを考えたことがあるのか？　ハイチの丘々に、整った医療設備が生まれないかぎり、ヴォードゥはなくならないだろう。

ヴォードゥの果たした役割は、芸術表現の分野では否定しがたい。アフリカできわめて高度な発達をとげていた二つの分野、すなわち音楽とダンスの遺産を、ハイチの農民層が継承できたのは、ヴォードゥのおかげである。〔……〕ヴォードゥから生まれ、ハイチの文化の伝統に唯一独創性を与えているこうした芸術表現がなければ、ハイチの農村生活はどれほど味気ないものになってしまうことか。ヴォードゥは、芸術的センスと宗教的センスを一つに結びつけ、さもなければ畑の労働と貧困に押しつぶされていいたに違いない人々の生活に威厳を与えている。ヴォードゥゆえに、その信者たちは、あまりにもみじめな現実から脱出することができたのである。

『ハイチのヴォードゥ』の中のこうした言葉には、メトローのヴォードゥに抱く満腔の共感が滲み出ている。そしてこの本に収められた、ヴォードゥの儀式のさなか、恍惚として踊り狂うハイチの農民たちの表情を見事に捉えたヴェルジェの写真を見る時、私たちにはメトローの言葉が首肯されるのである。なお、『ハイチのヴォードゥ』は、「ロルジナ・ドゥロルジュの思い出と〔……〕その助けがなければ、この本が書かれ得なかったオデット・メネソン＝リゴー夫人に」献じられている。

一九四一年にアメリカ国籍をとっていたメトローは、一九四五年、すなわち終戦の年に動員され、アメリカ陸軍の技術顧問となり、爆撃に関しての心理調査の仕事をした。戦後は、「インディオたちに対するその愛情、彼らの社会的向上を助けたいという意志」（バスティッド）から国連に入った。

しかし相変らず長途の旅行やフィールド・ワークの連続で、一九四七年には、五月から約二カ月かけてギアナ、ブラジルを訪ね、七月十九日にはパリに来て、久し振りにレリスをはじめとする旧友や旧知に会っている。彼が民族誌学博物館を去ってから、すでに十二年の歳月が経っていた。その間にも彼はレリスに会ったかもしれないが、少なくとも、公刊されている限りの彼の日記において、レリスの名前が出てくるのは、この時が最初である。

八時十五分到着。税関は何の支障もなし。アンヴァリッドでカプニック、オッドン、レリス、レーマン。トロカデロへゆく。〔……〕レリス夫妻の家で夕食。彼らの家に泊めてもらう。

これだけの記述からも、二人の親密さが窺われる。パリに来て、メトローが一番先に会いたいと思う人間の少なくとも一人がレリスなのだ。

『ミシェル・レリス伝』によると、一別以来、二人は途切れることなく文通し合っていたという。レリスが保存していたメトローの手紙の中で、彼は、自分の孤独癖や生活に対する恐怖を打ち明け、この恐怖に対しては、「過重な研究、長い旅行によって対抗している」のだと言い、「私がいつか大学者になるとすれば、恐怖によってでしょう」と記している由である。

メトロー宛のレリスの手紙が残っているか否かは不明だが、たとえば『幻のアフリカ』の中の、「気違いにならないため、どれほど多くの仕事を見出す工夫をしなければならぬことだろう！　一体どうしたらフランスでまた生きてゆけるのか？　私が研究に研究を重ね、出版に出版を重ねる計画を立てているのは、自分を忘れたいためなのだ」という一節は、メトローの手紙とひびき合う。

十二年の間には、レリスの身の上にも、トロカデロ、すなわち民族誌学博物館の後身である人類博物館にも有為転変があった。レリスは大戦がはじまるや、三十八歳の老兵ながら動員されてアルジェリアで後方勤務につかなければならなかったし、動員解除されて帰国した後も、義父のカーンワイラーがユダヤ人であったため、その一家と画廊をめぐる騒ぎに否応なしに巻きこまれたし、勤務先の人類博物館がレジスタンスのアジトの一つであったところから、いくつもの悲劇をまのあたりにすることになった。ヴィシー政府に反対の立場をとっていたポール・リヴェは、館長職を解任されて南米への亡命を余儀なくされた上、何人もの館員が逮捕された。レリスがメトローの論文を送ったドゥボラ・リフシッツはユダヤ人であったため警察に狙われ、かくまわれていたレリスのアパルトマンで逮捕され、アウシュヴィッツへ送られて、ガス室で殺された。メトローの日記の前掲の一節に出てくる、人類博物館の司書であったイヴォンヌ・オッドンも同様に収容所に送られるが、こちらは、奇跡的にも命を全うして、戦後復職を果たしている。彼女はこの後、ハイチでメトローの仕事を手伝うことになる。

メトローがパリに来たころ、レリスは、アンティル諸島への旅に出るべきかどうか逡巡していた。マルティニック島の首都フォール・ド・フランスの市長で詩人のエメ・セゼールが、翌一九四八年、奴隷制廃止百年記念の行事の一つとしてクルージングを企画し、友人のレリスに声をかけた。レリスは妻のゼットとともに参加するつもりでいたところ、或る事情から資金の出所が文部省に変り、気軽なヴァカンス旅行のたぐいになるはずだったものが、四カ月の調査となり、ゼットが一部にしか加われないばかりか、彼の嫌いな講演もいくつか引き受けねばならないことになったからだ。

レリスの迷いの雲を吹き払ったのは、一緒にヴォードゥの聖所めぐりをしようというメトローの一言だった。メトローはやはり翌年、ユネスコが企画したハイチのマルビアルの谷の経済的社会的開発計画と民族学調査の責任者となることを依頼され、というより、ヴォードゥ研究のため、自ら志願して引き受け、しばらくハイチに滞在するつもりだったのである（『ミシェル・レリス伝』その他による）。

メトローは、リヴェとリヴィエールに会い、リヴィエールらとともにバル・ネーグルへもゆき、久し振りのパリに満足してニューヨークへ帰っていった。「仲間たちは、優しく、暖かく私を迎えてくれた。おかげで今度のパリ滞在は、わが人生でもっとも愉快な出来事の一つとなった」と彼は、ヴェルジェに報じている。

一九四八年、レリスは、マルティニック島とガドゥループ島を二カ月かけてへめぐったあと、九月二十四日に約束通りハイチを訪れ、十月二十六日までほぼ一月滞在した。さきに来島——それは、この年四度目の滞在であった——していたメトローは、待ち構えていたかのようにレリスを連日ヴォードゥの聖所めぐりに連れ出し、ロルジナ・ドゥロルジュのウムホをはじめ、ポルトー゠プランス周辺のウムホへ案内した。

レリスはメトローの追悼演説の中で、メトローが『ハイチのヴォードゥ』に書いてくれた「ミシェルへ。われわれの彷徨の記念に。われわれを慰めてくれるあの素朴な魔教」という献辞を思い出しつつ、その時のことを次のように語る。

数週間のあいだ、メトローはいくつものヴォードゥの聖所へ私を連れていってくれました。彼がヴォードゥ信者たちの中に持っていた友だちを訪問したり、集会に参加したりしたわけですが、この集会中に、私たちは憑依の場面を目のあたりにし、深い関心を抱くとともに、驚嘆させられました。私たちが信徒ではないというただそれだけの理由でそう思われたにすぎぬこの「素朴な魔教」は、それでも私たちにとって、血を湧かせる見物《みもの》でした。それは、調査のみのり豊かな素材であっただけでなく、数時間のあいだ、信奉する神々に化身することによって、みじめな生活を忘れるこうした人たちを見るのは感動的でもありました。(「アルフレッド・メトロー管見」)

ヴォードゥのパンテオンには、実にさまざまな神々がいる。精霊たちと人間を隔てる境の神レグバ、海の神アグエ、蛇の神ダンバラ゠ウェード、泉の神シンビ、雷の神ソグボ、風の神バデー、畑と農業の神ザカ、美と優雅の女神エジリ、死の神ゲデ、バロン゠サムディなど……。一定の神が一定の信者に乗り移るのが普通だが、思いがけない神が思いがけない信者に憑依することもある。

憑依のありようも様々だけれども、一般に憑依者は、眼が表情を失い、生あくびをしたり、額に汗をかいたり、顔を痙攣させたりし、そのあと突然バネではじかれたように駈け出したり、激しく体を回転させたり、よろめいたりする。そして失神状態に陥り、時には地面をころげまわる。蛇の神ダンバラ゠ウェードが憑くと、信者は柱をかけのぼり、梁に両脚をかけて、だらりと逆さにぶら下がったりする。

こうした前駆徴候がすぎると、憑依者は神そのものになり変る。彼、あるいは彼女の表情、仕草、声、言葉、すべてが神のものだ。たとえば女性に戦いの神が憑くとなれば、彼女は粗暴な言葉を吐き、荒々しく振舞い、葉巻を吸い、ラム酒をあおる。逆に女神が男性に乗り移る場合もあり、その時彼はしなを作り、女性の服を求め、唇に口紅をつけ、愛嬌を振りまいたり、誰彼なしにしなだれかかったりする。

憑依中の憑依者の言葉は、文字通り神の言葉であって、信者たちは居ずまいを正してそれをきき、憑依者自身のものだとは夢にも思わない。そして憑依からさめたあと、憑依者たちは、憑依中のことは全くおぼえていないと異口同音に言うのであり、実際、一時期人格の交替が行われたかのような様相を呈する。

こうしたヴォードゥの憑依は、レリスがエチオピアのゴンダールで見てきたザール信仰の女たちの憑依に酷似するものだった。これらの憑依にあって、憑依者の言動が真に無意識のものなのか否かが、メトローにとっても、レリスにとっても、大きな問題となる。意識しての演技ではないにせよ、そこに演劇的な要素が入りこんでいるのを認める点で、二人の見方は共通している。メトローがまず「憑依における儀礼的な芝居」（一九五五）を書き、その考えを『ハイチのヴォードゥ』（一九五八）で発展させ、レリスは、メトローに示唆を受けつつ、そのザール研究を『ゴンダールのエチオピア人にみられる憑依とその演劇的諸相』（一九五八）と題して出版するのである。

レリスがハイチに滞在していた間のメトローの日記が断片的ながら残っていて、二人の「彷徨」の有様をかいま見させてくれる。日記といっても、ヴォードゥの記述がほとんどで、むしろフィールド・ノートに近い。メトローは、或るウンガンの集会で見た憑依の光景を、自分では記さず、レリスのノートをそのまま引き写しており、日記の編者はその部分を、メトローがレリスにソロを促す、ジャズのジャム＝セッションに比している。以下はレリスの筆になる記録の一部だ。

憑依。Xは腕と脚をひろげ、椅子に坐ったままのけぞり、痙攣をおこして震えている。「ア、ダ、ダ」という、とぎれとぎれの、不明瞭な一種のうめき声が彼の唇から洩れる。彼は、まわりの椅子をすぐにも倒しかねない。彼に乗り移ったのはブリゼだ。今度は、シセロンが発作をおこす。彼は、顔を痙攣させて地面をころがり、手足をよじる。ござが運ばれてきて、彼はその上に寝かされる。すぐに首にメダイユをかけた、紫色のドレスの若い女（彼女は、庇のない帽子をかぶり、ゲデの古い衣裳をつけたラ＝プラス〔ヴォードゥの集会で儀式を司る役〕と向かい合って、長いこと激しく踊っていた）が、シセロンのそばに仰向けになって倒れ、背後で手足をねじらせ、頭を後へ向けようとするかのように顔をよじらせる。彼女はおそろしいしかめっ面をする。彼女は、への字にした唇を異常なまでにふくらませるのだ。シセロンは彼女に寄り添い、体を丸くして、彼女の右の方へ、曲げた脚を向ける。彼は口をよじり、白眼をむいてばたばたする。皆は二人のまわりにぎっしり集まって、小さな輪を作る。皆は、ジョーの指揮下、こんな風に横たわった二人の体をまたいでは、何度も行ったり来たりしなければならない。

二人は、かつて海賊の根拠地だった、ハイチの沖に浮かぶ小島ラ・トルチュ島までも帆船で出かけて行った。メトローは、ブラジルのバイアに住んでいたヴェルジェに宛てて、「この旅はとても快適だった。もう一度私たちは、「ヴェルジェがいたら……」と叫んだものだった」と書いている。ヴェルジェは、レリスより前にハイチに来て、ヴォードゥの写真をとってまわり、レリスとは入れ違いにまたブラジルへ帰っていったのである。

或る晩、ヴォードゥの集会からの帰途、更けわたった、人気のないポルトー＝プランスの下町を二人で歩いていた時、メトローはレリスに向かい、「秘密を探っていて、その秘密を知るのに、こちらをあてにしているとでもいった様子で」、こうした通りの風変りな美しさや家々のたたずまいを正確に表現するにはどうしたらいいだろうか、と真剣な表情で訊ねた。レリスが当惑して、自分にもよく分らないと答えると、彼はがっかりしたように見えたという。この挿話を紹介したあと、レリスは、「メトローのこのような配慮は、単に正確を期する専門家の配慮ではなく、まさしく詩的な段階の配慮でした」と付け加えている。

この挿話は、「私は年代記作者にすぎない」、「私は、次の世代の人たちがそれを読んで、そこに描かれている人たちが生きているようだ、と感じるような本を書きたいのだ」というメトローの言葉を思い出させる。彼にとって民族学とは、人文科学の単なる一分野ではなく、何よりもまず、その印象が彼の心に深く刻まれた、「未開」と呼ばれる土地で出会った人々、とりわけ信仰に生きる人々の姿であり、彼らの持ち伝えている風習であり、彼らをとり巻く環境であった。もちろん彼は、できる限り事実を正確に把握しようとする。しかし彼は、一般の民族学者のように事実を伝えようとするのではなく、事実に対する感動を伝えようとするのだ。この点で彼の仕事は、レリスの言うように、民族学よりも、詩や文学に近い。

マルビアルの谷の開発計画を担当したことでユネスコと関係のできたメトローは、一九五〇年、国連からユネスコへ正式に移り、ニューヨークを離れ、本部のあるパリへ赴任した。

青春の一時期を送ったパリに来て住むのは、彼にとってはほぼ二十年振りである。以後死ぬまで、彼はここをほぼ定住の地とする。

二度目の妻ローダとの間には、レリスがハイチに来た年に息子ダニエル——彼はのちに社会学者となり、創価学会についての著書を出したりしている——が生まれているが、彼は妻子をニューヨークに置き、パリでは一人で暮らした。法律上の離婚はもう少し後だけれども、この時が実質上の離婚だったと思われる。パリでは彼の側らに、すでにL・エリアーヌという女性がいる。

最近邦訳の出たヒラリー・ラプスリーの『マーガレット・ミードとルース・ベネディクト』(一九九九)によると、メトローと別れたあと、ローダはミードの助手となって共同生活をし、ミードの死後はその本を編集したりしている。ミードのレズビアンの相手でもあったらしい。

レリス、リヴィエール、彼よりひと足先にニューヨークからパリに戻り、人類博物館の副館長になっていたレヴィ＝ストロースらとの旧交を暖める日々……。以下は一九五〇年の彼の日記の中の記述である。

八月三十日、〔……〕レリス夫妻、拙宅で夕食〔……〕。

十月十三日、レリスとハイチの画家たちの展覧会を見る。

十月三十日、マッソンとレリス家で夕食〔……〕。
十一月一日、パーティ。レヴィ＝ストロース夫妻、レリス、シェフネル、リヴィエール〔……〕。
十一月十三日、〔……〕人類博物館で昼食。レヴィ＝ストロースに会った。
十一月十四日、〔……〕人類博物館でベヌレの、ヤルロ族についてのひどい映画を見た。〔……〕レリスと話した。

ハイチからパリにやってきた人々を連れて、バル・ネーグルに出入りする彼の姿も再び見られる。

ユネスコでの彼の仕事は、人種問題だった。こうした仕事に対し、人種の四つ辻で生まれ、世界の至るところで人種差別の実態を目にしてきたメトローほどの適任者は少ないだろう。以後彼は、死ぬ直前までこの仕事に精力を傾注する。人種差別解消のためのその努力は、民族学と並ぶ、彼の仕事のもう一本の柱だ。

ユネスコでメトローの追悼演説をした五人のうちの一人であり、彼同様、アフロ＝アメリカンの宗教に深い関心を抱いた民族学者であり、彼と共同作業をしたこともあるソルボンヌの教授ロジェ・バスティッドは、ユネスコでのメトローの活動をたたえて、次のように言う。

> 彼はこの組織〔ユネスコ〕の中にあって、単なる役人となることを常に潔しとせず、自分の職務を、すべての不公正、すべての人種差別と戦う聖職とした。極度に感じやすい彼は、われらが同胞に加えられた苦しみを、まるでおのれの苦しみであるかのように身を以て苦しみ、彼らとともに戦い、よりよき明日を準備した。（「アルフレッド・メトローを偲んで」『宗教社会学史料』十六号）

とりわけ彼は、人種問題についての本のシリーズを企画し、小学校の児童に寛容を教えるための手引を編集した。前者について言うならば、レリスの『人種と文明』（一九五一）、レヴィ＝ストロースの『人種と歴史』（一九五二）などは、この枠の中の仕事である。

彼は、必要とあれば差別に苦しむ人々に会いにゆき、人種問題の講演のために東奔西走し、一切の妥協を排し、時には上司とも激しく対立し、バスティッドの言うように、「人種差別に対するあらゆる戦いに、全身全霊を以て加わった」。そのことは、彼の日記からも知ることができる。

メトローは、ユネスコに移った当座から、ユネスコの企画として、レリスに二度目のアンティル諸島調査を依頼することを考えていたらしい。レリスは、最初の調査で、マルティニック、ガドゥループ、ハイチといった島々にすっかり惚れこんでしまった。「レリスは、ハイチを彼の夢の祖国だと称し、ここへきた時の旅行が、これまでした旅行の中で一番すばらしいものだったと、彼特有の真面目さで断言している」――これは、ヴェルジェ宛のメトローの手紙（一九四九年四月三日付）の一節だ。

民族学の上ではこれまで黒人アフリカを専門とし、人類博物館ではその方面の主任だったレリスは、以後はっきりとアンティル諸島へとシフトを移す。もともとジャズの大ファンだった彼は、ジャズのように、西欧文明とアフリカ文明との混合ないし習合に強い興味を抱いていたのである。

しかし一旦具体化しながら、この計画は、レリスの出発まで難航した。その理由は、一言にして言えば、政府の上層部や館長のリヴェが、レリスの共産主義に近い政治上の立場を嫌ったのである。

一九五二年の一月早々、レリスが切羽つまった表情でメトローのところへやって来る。

朝、レリス訪問。彼は旅行に出かけたい気持――もっと正確に言えば必要を訴えに来たのである。彼はもうじっとしていられないのだ。（『日記』）

レリスはこのころ、畢生の大作『ゲームの規則』の第二巻『フルビ』を書きあぐみ、公私さまざまな事情が重なって、気分一新のため、どうしても長期間の旅行に出る必要に迫られていたのである。

リヴェはくやしさと〔……〕から、レリスのアンティル諸島行の邪魔をしている。これはユネスコが資金を出すつもりになっていた旅行だ。私はまだ内務大臣からの確答を待っている。しかしレリスはリヴェから「共産主義者」と、私は「アメリカの帝国主義者」ときめつけられているので、どうしたらいいか分らない。

レリスの訪問直後に、メトローはこうヴェルジェに報じている。

四カ月の調査期間中、レリスの給料をカットするという話まで出て、メトローは苦慮するが、八方手を尽くしてなんとか上層部を納得させ、レリスをやっと旅立たせる。

フランスの海外県であるマルティニックとガドゥループにおいて、「民族上、文化上の特徴ゆえに、あるいは、この地方への近年の来住ゆえに、国民の共同生活に十分に参加できないでいる集団の社会的同化を容易にするための方法と手段の総点検」を目的とし、一九五二年三月二十一日から七月二十一日までレリスによって行われたこの調査は、『マルティニックとガドゥループにおける諸文明の接触』となって実を結び、メトローの序を付して、一九五五年にユネスコ＝ガリマールから出版された。

『鐙に足をかけて』——双子《マラツサ》のピエール・ヴェルジェ

『鐙《あぶみ》に足をかけて』とは、一九九四年にジャン＝ミシェル・プラス社から出たメトローとヴェルジェの往復書簡集の題名である。今まさに旅立とうとしている状態の比喩で、二人はこの比喩を愛用し、手紙の冒頭の挨拶代りに、「あなたに手紙を書いている今、私はまさに鐙に足をかけている」、「飛行機についてこんな比喩を使ってもいいのなら、私は鐙に足をかけながらあなたに手紙を書いている」、「残念ながら、私があなたに手紙を書くのは、すべての鐙から遠く離れてだ」といった文句を書き合っている。彼らにとって、鐙に足をかけないでいるとは、許しがたい罪でもあるかのようだ。この二人の稀有な大旅行家の書簡集に、これ以上ふさわしい題名はないだろう。

前述のように、ヴェルジェは、メトローと同年同月同日の生まれである。彼は、パリの大ブルジョワの出身で、父は大きな印刷会社の経営者だった。レリスと同じ、パリの名門校リセ・ジャンソン・ド・サイィに入学したが、不服従のため放校、次のリセからも放校になっていて、手に負えない反抗児だったようだ。その西欧脱出は、彼の生まれ育ったブルジョワ社会で暮らすことへの拒否だった。「一切が見てくれの体面《スタンディング》のために犠牲にされるのでした。お屋敷町に住まねばならず、有名なクラブかサークルの一員にならなければなりませんでした」と、彼は或るインタヴュー（『民族誌学』一九九二）で語っている。「そうとも、私は順応主義者になった。ヨルバ族の中での地位と名誉を求めているんだから。たとえ得られたとしても、自分の属する社会環境では屁とも思わないのに〔……〕。私はラテン語もギリシア語も勉強しなかったのに、今やヨルバ語の翻訳をして日々を過ごしている。ピアノの教師たちの脛は蹴とばしたが、太鼓を上手に叩くためなら、何をくれたっていい」――これは、メトロー宛の手紙の一節だ。

父の会社に一時勤めたり、スポーツカーを乗りまわすダンディの生活を送ったりもしたが、一九三二年三月、母が死ぬや、彼は、周囲の強制する規範にはもはや一切従うまいと心に決め、ローライフレックス一台を手にして、まず手はじめにコルシカ島へと飛び出し、七月から八月にかけ、島中をくまなく、なんと千五百キロメートルを足で歩きまわった。十月にはモスクワへゆき、その年の終わりには、タヒチへ向かって船出した。しかしゴーギャン同様、その首都パペーテはあまりにも文明化されすぎていると思い、ライアテア島、ついでボラボラ島へ渡った。しかしそこで「不愉快な驚き」が彼を待っている。訣別したはずの過去の象徴である、父親の会社のカレンダーが、彼をあざ笑うかのように、この遠い島で彼を迎えたのである。彼はさらにガンビエル諸島、ラパ・イティ（小ラパ）島へと旅を続ける。ところでラパ・ヌイ（大ラパ）島とは、イースター島のことだ。初対面の時、この大小二つのラパ島が、メトローとヴェルジェの「最初の共通の関心事」（ヴェルジェ）になったのだった。ヴェルジェは、一九三四年一月に一旦帰国するが、パリには三週間しかとどまらず、今度は世界一周のルポルタージュの企画のため、『パリ・ソワール』

紙に写真家として雇われ、作家のマルク・シャドゥルヌらに随行して、二月から八月まで、アメリカ合衆国、日本、中国北部をまわった。そしてまたパリに戻ってきて、トロカデロの民族誌学博物館に「無料奉仕の協力者」として迎えられるのである（『ピエール・ヴェルジェ写真集』一九九三の年譜その他による）。

ヴェルジェの記録（「アルフレッド・メトローとの三十年の友情」）によれば、トロカデロ以来、二人が再会したのは、五年後の一九三九年十二月、ブエノス・アイレスでのことだった。この年メトローは、例のチャコ地方をはじめ、南米でのフィールド調査に大半の時を費し、アメリカ合衆国へ戻る直前で、一方のヴェルジェは、動員——第二次世界大戦がはじまっていたのだ——されて、ダカールへ出発するところだった。

それからさらに七年の歳月が流れる。戦中から戦後にかけて、ヴェルジェは写真の仕事で、西アフリカ、中国、フィリピン、インドシナ半島、中南米の国々をへめぐっていた。そして今度二人がめぐり合うのは、ペルーのリマでのことだ。書簡集の最初の手紙は、この出会いのあと、すなわち一九四六年三月十二日付で、メトローがワシントンからヴェルジェに宛てて書いたものである。以後二人は、メトローの死の直前まで、折々の空白を挟みながらも、ほぼ定期的に手紙を交わし合う。

手紙を書いてくれとは言いません。なにしろあなたは書くのが好きじゃないんだから。しかしアドレスだけは教えておいて下さい。われわれ二人の放浪生活はまたクロスするかもしれないんですからね。少なくともそうあってほしいと思っています。

最初の手紙の中で、メトローはこう書いている。

ヴェルジェは、手紙だけでなく、書くこと自体が嫌いだった。それは、彼の性癖であると同時に生活信条でもあった。書くことの拒否——、書くとは、生の感覚を損なうと彼は考えていたのだ。或る表情、或る動作、或る場面、或る風景に感動する時、彼はカメラを手にとる。ファインダーを通して見る世界には、注釈も説明も要らなかった。

「〔……〕何故を問わずに流れに身を委ね、生き、不毛な分析だの、合理的と称する間違った説明で、感じる悦びを台無しにしないこと〔……〕」（メトロー宛）と彼は言う。彼が求めていたのは、言葉によって汚されることのない無垢な感動だけだった。メトローは、そうしたヴェルジェを愛した。

メトローの日記の一九五二年一月十七日の項には、有名なアフリカニスト、ジョルジュ・バランディエとポール・メルシエと昼食をともにしながら、当時ブラジルと西アフリカの双方に住んで、カンドンブレと、そのもとになったダホメの信仰の写真をとり続けていたヴェルジェを話題にするくだりがあり、「われわれ三人は、ヴェルジェが決して何も書かないだろう、という点では一致した」と記されている。

しかし後にヴェルジェが、万やむを得ざる事情から、カンドンブレとダホメの信仰についての本を書かざるを得なくなった時、メトローはいかにも愉快そうに彼をからかう。「今後あなたは、学者先生やブックメーカーどもを馬鹿にするなんの権利もないんだよ。〔……〕あなたは変る。あなたは変る。私がヴェルジェになる一方、あなたはメトローになるんだ」。

一九四六年には、メトローはすでにヴォードゥの調査に没頭しはじめている。そしてヴェルジェの方も、ほぼ時期を同じくして、ヴォードゥのブラジル版とも言うべきカンドンブレに夢中になり、その中心の一つであるブラジル東海岸の古都バイア（現在サルヴァドル）に居を構える。その年の七月、メトローはバイアにいるヴェルジェに宛てて書く。「最近バイアのヴォードゥについてのエッセイをいくつか読んだ。とてつもなく面白そうだね。儀礼はハイチと同じくらい複雑だ。あなたはほとんど手つかずの素材を目の前にしてるってわけだ。なんともあなたが羨しいよ」。

共通の関心が、この双子《マラッサ》同士をさらに深く結びつける。翌四七年の七月十七日にも、メトローは、リオからダカールへ飛ぶ飛行機の中継地である、バイアよりやや北の町レシフェで、しばらく前からこの町に滞在していたヴェルジェと、深夜、ほんの短い間会う。ヴェルジェはカンドンブレの集会に行ってきたところで、二人はひたすらヴォードゥとカンドンブレについて熱っぽく語り合う。この時ヴェルジェは、カンドンブレの写真集——のちに彼の代表作の一つ『アフリカの神々』（一九五四）となる——の出版の計画を立てていて、その版下《マケット》を携えてきていた。メトローはそれを見て感銘を受け、奪うようにして持ち去り、久し振りに戻ったパリで、多くの人々に見せた。ニューヨークに戻るや、彼は早速ヴェルジェに報告する。「レリス、シェフネルその他沢山の人たちが、あなたの写真を見て、口々にとても熱狂的な論評を加えた。きいたら、あなたは喜んだにちがいない。なにしろ、うわっ面なことは言わない、好みのとても確かな人たちが、思わず知らず言ったことだからね。皆、あなたが一段と冴えているという点では一致している」。

一九四八年六月には、ヴェルジェはハイチでメトローと落ち合い、ヴォードゥの写真をとり、すでに触れたように、レリスと入れ違いにブラジルへ帰ってゆく。そしてその翌年、フランス・黒人アフリカ研究所（IFAN）に招請され、その助成金を受けてダホメの信仰を研究するため、一年間ダホメに滞在する。これを機に以後、彼は西欧を全く離れ、西アフリカと南米をたえず往来しつつ、アフロ＝アメリカンの宗教や、その基盤となった奴隷問題へと向かう。このような特異な経歴は、その望むと否とにかかわらず、彼を民族誌学上、きわめて貴重な存在にした。メトローの文、ヴェルジェの写真で構成された『ハイチ、その土地、住民、神々』（一九五七）の序で、メトローはこうヴェルジェを紹介する。

この本の写真の大部分を撮ったピエール・ヴェルジェ氏は、有名な『アフリカの神々』の作者である。彼はその中で、写真によって、ブラジルにおけるアフリカの信仰の存在を示した。彼は、写真家としてのすぐれた才能と、アメリカ大陸の黒人、ダホメとナイジェリアのそのいとこたちについての深い知識を結びつけている。新旧両世界のアフリカ人の社会に、彼ほど深く入りこんだ民族誌学者はいない。

やがてヴェルジェは、ダホメでたまたま目にした奴隷貿易の古文書がきっかけとなり、アフリカ、アメリカ両大陸間の奴隷貿易の研究へと深入りし、世界各地の古文献を漁り、一九六六年にはソルボンヌに学位論文を提出して博士号を得、イフェ大学（ナイジェリア）の客員教授にまでなり、写真家より民族誌学者の方が表看板になってしまう。

しかしヴェルジェは『民族誌学』誌のインタヴューで、「人々を昆虫や変った植物みたいに研究する」民族誌学への不信を露にし、自分のカンドンブレや奴隷貿易に対する関心は「民族誌学的関心」ではなく「人間的関心」だとしたあと、次のように語る。

私は、ある人たちと一緒に暮らすことが楽しいんです。彼らを研究するためではなく、当たり前の、ごくごくまっとうな人間として、彼らを理解するためにね〔……〕。

ヴェルジェは少しも変っていない。彼は最後まで彼のままだったのだ。

一九五一年の十月三十一日から十一月十日まで、メトローはバイアに滞在し、ほとんど連日ヴェルジェと行をともにした。これらの日々の様子は、メトローの日記にくわしい。ハイチで、メトローがレリスとヴォードゥの聖所めぐりをしたように、今度はヴェルジェが導き手となって、メトローをカンドンブレのパイ・ヂ・サント（ヴォードゥのウンガン）やマンイ・ヂ・サント（マンボ）のところへ連れてゆく。メトローがカンドンブレの儀式を見るのは、もちろんこれがはじめてではないが、彼はヴォードゥとの相似にあらためて心を奪われる。「歌のメロディは、驚くほどヴォードゥの歌そっくりだ。文句さえ、ヴォードゥの儀式の言葉を思い出させる」と彼は書く。

二人は、たえずバイアの下町を彷徨する。「アカラへ〔一種の揚げ菓子〕を売る女たちへの挨拶、手へのキス。ヴェルジェは、港に住む哀れな連中を、信じ難いほど沢山知っている。沖仲仕、靴みがき、船員、何の職業とも分らぬ人たち。彼は、彼らに金を与え、冗談を言い、なぜ牢屋に入っていないのかと訊く。破れたズボンをはくこのみじめな人々の多くは、カンドンブレの常連で、中にはその高位者だっているのだ」。これは、そうした彷徨の一齣である。

ヴォードゥについて究めるとなれば、どうしてもその発祥の地、かつてダホメ王国の栄えた西アフリカのダホメにゆかねばならない。幸い、彼の意向を察しでもしたかのように、ヴェルジェが、一九五一年の末以来、バイアから、ダホメ共和国の首都ポルト・ノヴォに移って暮らしている。

一九五二年は、メトローとヴェルジェという双子《マラッサ》にとって、五十歳という重い年齢に達した年だ。二人の誕生日である十一月五日付の手紙の中でメトローは書く。

〔……〕全く客観的に自分を省みて、私が、やろうと思っていた仕事を果たさなかったこと（私の誤ちから）、何の利点もない一人暮らしの面倒の一切合切を背負いこむのに成功したこと、ひどくうんざりしてしまっていること、持って生まれた神経症がひどくなるばかりであること、残る年月をどう暮らしたらいいかよく分らないことを認めねばならない。見通しは明るくない。しかしもっと悪いのは、私がそれを苦に病んでいないことだ。

彼が二年後にアマゾンの森で書く例の手紙を先どりしているかのような文面だ。しかしその暗さを払いのけようとするかのように、同じ手紙の中で、彼はダホメへ発つ計画を告げる。「ともかく私は、これまでした中で一番すてきな贈物を自分にすることにした。ダホメ旅行だ〔……〕」。

遠足を明日に控えた小学生のような浮き立った調子の問合せの手紙が次々とヴェルジェのもとに届く。どんな服装をしていったらいいのか、金はどれほど持ってゆくべきか、宿舎はあてにできるだろうか、フィルムは用意して行った方がいいか……。「私の一生でこれほど興奮する旅はないよ。あなたがいてくれるおかげで、万事うまくゆくことが分ってるんだ」、これは、旅立つ前の手紙の一節である。

メトローのダホメ旅行は、十二月十日から、翌年の一月十九日まで、一月余に及んだ。ヴェルジェは、コントヌーの空港までトラックで迎えに来ていて、以後ほとんど行をともにする。

二人が主として滞在したのは、内陸部にある、ダホメ王国のかつての王都アボメだった。十七世紀にフォン族が建てたこの王国は、奴隷貿易によって栄え、一八九四年にフランスに滅ぼされてその植民地となるまで、一時は西アフリカの沿岸部に強大な勢力を揮った。最後の王ベハンジンは、逃亡するに際して王都を焼き払わせたが、それでも昔の栄華のあとはあちこちに残っており、王家の裔と称する人々も、一部の住民の尊崇を受けながら暮らしていた。王国の王たちは、先代の王が死ぬと、その王宮の隣に自らの王宮を建てたので、王宮めぐりは、そのまま王国の歴史を辿ることになった。メトローとヴェルジェは、無数の中庭や、浮彫で飾られた回廊や、壁が人間の血で塗られた部屋部屋を持つ、迷宮のようなこうした王宮を訪ね、王家の人々に会って話をきいた。厖大な数の奴隷を白人に売り渡したこの王国の恐怖の影がまだ至るところに感じられた。「かつての王宮に沿って帰る。とても暗く、むっとするこの闇の中には、漠とした恐怖感があり、血なまぐさい記憶が漂っている。私には全く無縁の、うごめく人々の中に溺れているという印象」とメトローは日記に書く。

二人は、至るところで行われる祭にも、できる限り立ち会った。ゲデ、レグバ、オグー、ダンバラ、アイダ＝ウェド……ヴォードゥの神々が、ほとんど同じ名前、同じ属性をもってここでは祀られていて、ヴォードゥのフォン族起源を、メトローに実感させた。アセン（祭壇の前に立てる鉄の棒）、ヴェヴェ（神の付属物を描いたデッサン）といった祭祀用語も同じだった。ただダホメの信仰が王宮中心で、貴族的性格を帯びているのに対し、ヴォードゥ、カンドンブレはあくまで民衆のものであるといった相違はあった。後者の祭の、狂乱に近いまでの熱気は、ここにはなかった。

二人は、アボメだけではなく、ヨーロッパ人が商館を建てていた、奴隷貿易の実際の中心地だった海沿いの町ウィダ、かつての王都の一つでもあり、ダホメ共和国の首都でもあるポルト・ノヴォ、カナ、コントヌー、さらには南東の、ナイジェリア国境近くの村々までも赴いた。これらの村の神々は、もはやヴォードゥの神々ではなく、オリシャ、シャンゴのような、バイアのカンドンブレの神々だった。

すでに一年ダホメで暮らしていたヴェルジェは、ここでも原住民の中に広い人脈を持っていて、メトローの調査を助けた。こうしてヴェルジェと寝食をともにしたこの旅は、バイアの旅とともに、メトローにとって忘れ難いものとなる。

メトローの神経症は、自身言うように「持って生まれた」ものであり、結局は彼を死に至らしめた一生の宿痾であった。この病を抜きにして、彼の人間も仕事も語ることはできない。

彼の日記にそれについての記述がはじめて現れるのは、一九三九年、三十七歳の時のことだ。この年彼はイエール大学の客員教授を務めているが、講義はほとんどしなかった模様で、二月から十月まで、年の大半を南米で暮らしている。レヴィ＝ストロースとはじめて会ったのも、ヴェルジェと五年振りに再会したのも、この年のことだ。

ここでレヴィ＝ストロースとの交友について若干記しておくと、メトローはこの年の二月、当時サンパウロ大学に勤務していたレヴィ＝ストロースのところへ、自分の乗る、リオからブエノス・アイレスへゆく船が数時間サントスに寄港するから、そこで会わないかと言って寄越した。同じアメリカニストの二人は、その業績を互いに評価し合っていて、文通はしていたものの、まだ一度も会ったことがなかったのである。十一日、二人は、船の荷揚げと荷積みの時間のあいだ、タクシーで人気のない浜へゆき、最初は歩きながら、最後は売春婦がたむろし、ラジオが陽気な音楽を流す安カフェの椅子に坐って語り合った。この時の印象はレヴィ＝ストロースにとって忘れ難いものであったらしく、『遠近の回想』でも、メトローのための追悼演説の中でも回想しており、メトローの方も、この日のことは日記に詳しく記している。

この年レヴィ＝ストロースは帰国するのだが、九月に第二次世界大戦が勃発、フランスはドイツにたちまち占領され、ユダヤ人である彼の身は、きわめて危険なものとなった。彼は、ナチス・ドイツの脅威からヨーロッパの学者を救おうというロックフェラー財団の手ですすめられていた計画のおかげで、フランスを脱出し、ニューヨークへ逃れることができるのだけれども、この計画推進のかげに、ロバート・H・ローウィとともに、メトローの大きな尽力があったことを、彼は『悲しき熱帯』の中に明記している。

それから数年間、メトローは、ワシントンからニューヨークに出てくるたびに、レヴィ＝ストロースの部屋に泊った。「グリニッチ・ヴィレッジの私の仕事部屋は、私たちのとうの立った学生生活に役立ちました。私は彼にベッドを譲り、フィールド調査用の寝袋をとり出して寝ました。食事も一緒に作りました」と、レヴィ＝ストロースは追悼演説の中で語る。

戦後、メトロー自身がニューヨークに居を構えた時代からパリ時代にかけての彼の日記には、連日のようにレヴィ＝ストロースの名前が出てくる。そしてこのような親交は、メトローの死まで続くのである。

しかし二人は、全くタイプの異なる民族学者で、仕事の上での影響関係は、互いにほとんどなかった。メトローは、構造主義を含め、理論一般に関心を持たず、と言うより、むしろ不信の念を抱き、バスティッドによると、「事実の外側のものである概念体系を通して事実を見ることにより、観察を歪めてしまうのを望まず」、常日ごろ、「民族学は理論の墓場だ」と言っていたという（「アルフレッド・メトローを偲んで」）。

レヴィ＝ストロースの方も、エリボンとの対話（『遠近の回想』）の中で、「たいへんな物知りであり、また素晴らしいフィールドワーカーでした」とメトローを讃えつつ、仕事の上でのその影響ははっきりと否定し、「たいへんな熱血漢でした。と同時に、非常に神経質なところもあって、躁の状態からどうにもならないぐらいの鬱状態に急変するのです」と言い、その死については、「私にとっても、私以外の彼の友人にとっても、彼の死はたいへんなショックでした。しかし今になって考えてみれば、彼の個人生活は徐々に進行する自殺への順応だったように思えます」と語るのである。

レヴィ＝ストロースと別れたあと、彼はブエノス・アイレス経由で父のいるメンドサまでゆき、そこから弟のギィを連れ、途中からは一人で、かつて二十代でトゥクマン大学の民族学研究所の所長をしていたころフィールドとしていたチャコ地方を中心に歩き回る。

すでに見てきたように、彼をフィールドへと赴かせるものは、その魅惑であると同時に、幼時以来の強迫観念だった。それゆえ、とりわけ、インフォーマント以外話相手のいない未開の土地で暮らし、否応なしに「すべての怪物の中で一番怖れていた怪物である「自分自身」と顔をつき合わせる時、えてして危機的な状況が訪れる。以下は、パラグアイ国境に近いサン・アンドレスのマタコ族の中で暮らしていた時、五月九—十日の日記の一節である。

〔……〕昨日、私は自己規定をしようとしてみた。私は今、いつになく明晰に自分を見ることができるような気がする。義務感から病気に敗けまいとし、自分が哀れな、非生産的な病人でないことを、行動の中で自分に納得させようとしている神経症の人間、と。そこから、自分の存在を確認するための叱咤激励とライヴァル意識のたえざる必要が生じてくる。

次は六月九日、パラグアイ川を下る船中での間のことだ。

〔……〕私の中にはおそろしい空虚がある。私は民族学が好きじゃない。私の野心は、行動することによって、自分を忘れるための口実に過ぎない。私を動かすものとは、自分を忘れるか、自分の中にある可能性にみちた存在を呼びさますための行動や騒ぎへの好みだ。実際私は、何も信じていないし、自分の目をくらませることのほか、何ひとつ望みも願いもしていない。

ここに見られる自己省察は、十五年後、アマゾンの森の中で書いたあの手紙の中のものと基本的には少しも変らない。

彼の悩みとは、自分の中の「おそろしい空虚」を覗きこまないことが至上命題となり、そのために一切がなされるゆえに、真の欲求に従っていないという思いが瘴気のように湧いて、彼の存在の根を枯らしにかかることだ。「仕事は欲得離れた好奇心の産物じゃない。絶望と死への欲望に敗けないための、私が自分に与えた一種の保証なのだ」と、彼はアマゾンの森からの手紙で書いている。しかしそのあとでこうも付け加える。「神経症にもいいところがある。それがなかったら、私の人生は幸せだったろうが、平凡だったろう。それは、私を仕事へと駆り立てた拍車だ」。

しかし彼の神経症は、老いというもう一つの病が加わる時、次第に深刻な様相を呈しはじめる。アフリカへ発つ前、五十歳の節目にヴェルジェに宛てて書いた手紙は引用した。あの中に立ちこめていた暗雲は、それでも、ヴェルジェとの、輝く太陽のもとでのダホメ旅行のおかげで、一時は消え去った。

ダホメは、この上なく愉快な思い出となっただけでなく、目下はっきりわかるよい影響を私にもたらした。神経が静まり、楽観主義（ほどほどの）が戻ってきて、身の内爽快に感じている。

とメトローは、旅行の直後ヴェルジェに書いている。しかしこの安定は、束の間のものでしかなかった。パリで借りて住んでいた、お気に入りのアパルトマンから追い立てをくらい、窮余の一策としてパリ西郊のヌイイにステュディオを買ったことが、彼を混迷の中に突き落とした。

そういう次第で、私は自分の自由の象徴であった金をこの件に一切注ぎこんで、家主になるのだ。この件がどれほど私を動揺させたかは、この買物が、新しい住居を探さずにほっておいた怠惰のせいだけに、お察しの通りだよ。（三月四日付）

〔……〕例のいまいましいステュディオの購入が、いささか私の頭を狂わせ、おそろしいリアクションをひき起こしてしまった。こんなことを言うのも、アフリカでのよい影響が一切霧散し、私がこれまで以上に神経質で不安に苛まれてるってことを、あなたに知ってもらいたいからだ。（三月十七日付）

ステュディオの購入は、たえず「鐙に足をかけて」いなければ気のすまないメトローの眼に、あきらかに鐙からの一歩後退と、そして老いと死への一歩接近と映っていたのである。

一方のヴェルジェの方は、ほぼ同じころ、バイアのカンドンブレの発祥の地とも言うべき、ダホメ南部の町ケトゥーの、ヨルバ族の信仰集団の中で、秘儀伝授者《ババラオ》の資格を授けられ、ファトゥンビという名を得る。「新しい名前を以て生まれかわるとは、古い名前を失うことだ。私が受けた秘儀伝授によれば、ピエール・ヴェルジェは死に、ファトゥンビが生まれたのである」と彼は言い、メトローに宛てて、「こうして私は、家族との間にまだ残っていた最後の絆を断ち切った」と書く。彼は西欧とはっきり縁を切り、アフリカの地で再生をとげる。メトローは、ルカ伝の中の挿話にちなみ、自分をマルトに、ヴェルジェをマリアになぞらえ、「多分あなたの方が正しいのだ」と言う。闇に沈みはじめたメトローにとって、その双子《マラッサ》の一方は、このころから身に一層の輝きを帯びはじめる。

六月にはヴェルジェが久し振りにパリにやってきたので、メトローは、ユネスコ勤務の多忙のさなか、できる限り時間を割いてつきあった。たとえば七月八日には、「ルージェ、陽気で活気にあふれたヴェルジェとレリス家で夕食」をし、十一日には、「二人のダホメ人を連れてきたヴェルジェとブロメ通りで一夕を過ご」している（『道程Ⅰ』）。ブロメ通りとは、言うまでもなく、二人の青春の舞台の一つ、バル・ネーグルだ。

> 最近ヴォードゥについて大分書いた。私の本は大いに進んでいる。五五年には書きあげ、私も読者もうんざりしはじめているロアたちに、永久におさらばしたいと思っている。

とメトローは、その年の十一月四日付の手紙に書いている。しかし彼が『ハイチのヴォードゥ』を苦心惨憺の末に書きあげて、「ヴォードゥについての私の本は終わった」とヴェルジェに告げるのは、予定が大幅に遅れて、一九五七年五月のことであり、ガリマール書店からの出版は、その翌年となる。だがいずれにせよ、あれほど彼をとりこにしたヴォードゥ熱が、この年をさかいに彼から次第に離れ去ってゆくのはたしかだ。

彼の新たな関心が向かうのは、若年以来のホームグラウンド、南米である。アメリカニストと言われながら、彼の熟知しているのは、もっぱらチャコ地方であり、アマゾンの奥地でまともなフィールド調査をしたことはないし、アンデス方面も詳しいとは言い難い。彼は老年に当たり、アメリカニストとしての仕事の総仕上げを志したかのようだ。たまたまユネスコでアンデス計画なるものが持ち上がる。人口過剰になり、その上大農場経営者たちに圧迫されて悲惨な境遇に陥っている高地のインディオたちを、もっと低い土地へと移住させる計画だ。彼はこの計画に積極的にかかわり、その年の末には半年の休暇をとって、南米へと出発する。

彼は、チチカカ湖周辺のアンデス地方とボリビアを二月かけて歩きまわり、リマに戻ってきて、ヴェルジェに旅の報告をしたあと、こう書き添える。「ともかくアンデス地方とスペイン領のアメリカとはおさらばだ。これらの地方は、全く私の関心を引かなくなった」。

もちろんこれは一時的な感情である。彼は以後も、これらの地方に何度か戻ってくるからであり、最晩年の精力を遺著『インカ』（一九六二）に傾けているからである。それでも彼の関心がインディオからさえ離れようとしていることを、これらの言葉は感じさせる。

一九五四年の三月から五月にかけて、彼は念願のアマゾン奥地へのフィールド調査へ赴くのだが、出発に先立って、アマゾン川の支流シェング川方面か、まだ未開のカヤポ族の住む村々かという、目的地の選択を迫られる。その時、「できれば困難な条件の下で」旅行をしなければならないという、幼時以来の強迫観念が再び姿をあらわす。「シェングへの旅の方が安全だ。しかし私はもっと勇気を示し、怖れることなく困難な仕事を企てねばならぬ」と彼は日記に書きつける。しかしこうして選んだカヤポ族の村での生活は、前述のように、迎えの飛行機が来ないという事情も手伝って、惨澹たるものとなる。彼がこの時女友達に宛てて書いた手紙には、どこか遺書のような匂いがつきまとう。実際、イースター島でのように、彼は自殺をはかったのではないか、とさえ私には思われる。

やっと戻ってきたリオから、メトローはヴェルジェに宛てて書く。「或るおそろしい考えが浮かんだ。私のインディオたちへの愛は、マゾヒズム、つまり自分に逆い、自分の性質に反したことをしたいという欲求にすぎなかったのではないか、と。あなた同様、私の心が向かうのは、黒人の世界と、抒情に富んだその文化の方だ。私が、死ぬまでに、自分の気に入ることができるとあなたは思うか？　自分の気に入ったことをする——それがなんと難かしいことか」。そして手紙の末尾で彼はこう打ち明ける。「私はあなたのことをとても考えている。あなたは、私が全く心をひらいた、そして私を理解してくれる唯一の人間だ」。

一九五三年以降のメトローの日記はいまだ公刊されていないけれども、その概要が『道程Ⅰ』の編者によって、一九九〇年に行われた、ユネスコ主催のメトローをめぐるコロックの記録『アルフレッド・メトローの存在』（一九九二）の中に紹介されており、それと、ヴェルジェ宛の手紙を通して見る限り、一九五七年へかけて、彼の精神の地平は一層暗さをましてゆくようだ。癌のため、メンドサからローザンヌへ運ばれた父の死、彼自身のヘルニアの手術、どうにも妥協点が見出せなくなってきたローダとの離婚問題、パリでの恋人エリアーヌとの別れ、老年の孤独、次第に耐え難くなってゆく役人生活……。

一九四六年に国連に入って以来、彼はすでに十年、役人生活を続けてきた。毎年長期にわたって役所を離れ、フィールド調査へ出かけていて、少なくとも外見からは、われわれの考える役人生活とは程遠いが、それでも組織の重みは、彼の肩にくいこんでいたにちがいない。「私が官僚に、役人になったときいたら、あなたは驚くだろう。〔……〕このことは、口の中に苦い味と、重苦しい意識を残す。私の有罪感はそのため一層ひどくなっている」——これは、国連入り直後のヴェルジェ宛の手紙の一節だ。「ここでの生活がとても堪え難くなってきた。私が行政官向きに、それ以上に役人向きにできていないのはたしかだ。放浪か修道士の生活が私の天性の道だったんだ」——これもヴェルジェ宛の、一九五五年十二月三日付の手紙だ。

しかし放浪を「天性の道」としながらも、彼のなかに、役所に限らず、組織を必要とする面があったことも事実である。

私にあって、自分を成りゆきまかせにしてしまうこの天分、目的に向かってまっすぐ歩いてゆくための、枠と組織の必要はかなり異常だ。きまりきったことの外に出ると、もうだめだ。私の人格の解体となるところからして、真の苦行となる旅行などはもうやめて、きまりきったことをもう一遍しっかりやれば、私は救われるかもしれない。

これは一九三九年――レヴィ＝ストロースにはじめて会った年――六月、まだ国連に入る前、チャコ地方を調査して歩いていて、神経症が悪化した時の日記の中に書きとめられている言葉だ。

旅――とくに未開地のフィールドでの一人暮らしが、メトローにあって神経症の引金になるのは、ほとんど常態であったと言っていい。それにもかかわらず、彼はフィールドへ出ずにはいられなかった。「旅が私の人生において占めてきた極端な重要性について、言っておかねばならない。「フィールドに出る」機会がなくなるんじゃないかというだけの心配から、立派なキャリアを犠牲にしたことが、私には何度かある」と、彼はアマゾンの森の中から書く。旅とは、彼にとってまさしくセイレーンの歌だった。その甘美な声に誘われると、彼は否応なしに、死の待っている危険な淵へと引き寄せられていった。その声に誘惑されないためには、彼はオデュッセウスのように、船の帆柱に自分を縛りつけねばならなかった。この帆柱が、彼には役所だったと言えようか。

メトローの自殺の原因は、あきらかに、ヘミングウェイと同様の老いることへの拒否だった。そして老いとはメトローにあって、フィールド調査の不可能を意味していた。これほど旅を重んじ、旅に魅惑される一方で、これほど旅を怖れた旅人も珍しい。

私は、「おのれの生を救わんとする者は失い……」という福音書の中の言葉を思い出す。結局これが、あなたが成功し、私が失敗した理由だ。とはいえ、幸いなことに「死の影の谷」がある。旅の終わりの味がする一年の終わりだ。（一九五五年十二月十三日）

あなたに話すような面白いことは何もない。私がますます疲れ、ますます生きる関心を失ったことのほかには。私は、六カ月のボリビア滞在をことわったところだ。あれらのインディオたちは、あまりにも醜く、汚ない。（一九五六年四月二十日）

六月、あなたの手紙を受けとり、それに返事も書かずにスイスまで持って行った。その言い訳や釈明をしようというわけじゃないが、ただあなたの手紙が、落ちこみのどん底にいて、しかも右腕が麻痺していた時に届いたってことだけは分ってもらいたいんだ。（一九五六年八月二十八日）

ひどいふさぎの虫の状態の中で、手紙を書くのはつらい。そうなんだ、私はあまり元気じゃない。ひどい士気喪失、長びいている不安、とめどもない倦怠。〔……〕誰もが多少とも神経症のわれらが世代の中で、アメリカ人が正真正銘の「アジャストメント」と呼ぶものに成功したのは、あなただけじゃないだろうか？（一九五七年五月二十二日）

こうした沈滞と無気力の中でも、彼は、それに挑もうとするかのように、鐙に足をかけ続ける。この手紙の直前にはポルトガルへ、直後にはニューヨークへ飛び、ニューヨークから船で、キューバ、ハイチ、マルティニックとカリブ海の島々をめぐっている。キューバでは、写真集を作るために五月からこの島に滞在していたヴェルジェと、久し振りに会った。

キューバには、ヴォードゥ、カンドンブレと同様、アフリカ起源の民間信仰サンテリアがある。二人は、この国の著名な女流作家で伝統文化にくわしい、旧知のリディア・カブレーラに案内されて、あちこちのサンテリアの儀式に参加したようだ。ようだ、と言うのは、ヴェルジェの年譜には、彼と合流したメトローと一緒にさまざまなサンテリアの集会に出かけた旨が記されているのに、ダンによると、この時のメトローの日記には、書くに価することなど何もなかったかのように、サンテリアについての記述がきわめて少ない由だからである。実際彼は、旅立つ直前の五月二十二日付の手紙の中で、「ヴォードゥについての私の本は終わった。それは、私の中に苦い後味を残した。それでも一切片がついたのはうれしい」と書いていて、彼にとってヴォードゥはもはや完全に過去のものであった。カブレーラを真中にして、メトロー、ヴェルジェの三人がデッキチェアに寝そべっている写真が残っているが、そこに感じられるのは、フィールド調査の中休みと言うより、「これまでになくヴァカンス気分に浸り、平和な時間と身のまわりの贅沢を、ほとんどジッド的な熱心さで味わっている」(『日記』)姿だ。

ボードレールの詩にならって言えば、カリブ海の島々での「われらが束の間の夏の輝き」が過ぎ去るや、メトローの中にはまた冬が戻ってくる。その年の十二月七日付のヴェルジェ宛の手紙は、きわめて深刻だ。彼は、「生まれてはじめて神経障害をおこし」、睡眠療法を受けるためエピネイの精神病院に入ったものの、どんな睡眠薬を以てしても彼の不安を静めることができず、「かなりひどい状態でこのおそろしい場所から出てきた」旨を報じたあと、こう書く。

私は、一切に対して私を無感動にするとめどもない倦怠を引きずって歩いている。私は、孤独を怖れるあまり、もはや自分の家にはじっとしていられない。四壁の中で自分自身と向き合うのがこわく、ただそれだけのために友人たちの家に寝泊りすることがある。こいつは重大だ。医者たちは私の病気はひどいと明言としており、私にリラクゼーション療法を受けさせている。

ここで彼は、「レリスも同じ療法を受けたのだが、今はとてもよくなっている」と付け加えている。レリスはその年の五月二十九日、多量の睡眠薬——やがてメトローも飲むことになるバルビツール剤——を飲んで自殺をはかり、三日半昏睡状態に陥り、約二週間クロード・ベルナール病院に入院しなければならなかった。その辺の事情は、『ゲームの規則』の第三巻『フィブリーユ』(一九六六)に詳しい。

その直接の原因は女性問題だったが、根本には、彼が生涯にわたって苦しみ続けた、メトローも共有する二重性があった。彼が自分の「これまでの知的習慣と訣別し」、アフリカへと旅立った行動の根には、言うまでもなくランボーがあった。しかしランボーとは違って、彼はアフリカから戻って来てしまうのであり、その上人類博物館の館員という、メトローと同様役人になるのである。そればかりか、「哀れむべき唯美主義にすぎないと思われる一切のものに背を向けよう」としながらも、皮肉なことに『幻のアフリカ』の成功によって職業的文筆家に化しさえする。彼はこうした自分を決して許そうとしなかった。それでも、書くことのほかに自己を回復する道はなかった。しかし彼の書くものはもはや、「美的で当たりさわりがなく、懲罰を受けない」ものであってはならず、そこに「闘牛士にとっての牛の鋼《はがね》の角に相当するもの」がなければ、つまり書くことが自分を危険にさらす行為でなければならなかった。『成熟の年齢』から『ゲームの規則』に至る彼の赤裸な告白文学がそこから生まれてくる。だが一切は文学にすぎないと思われる日がやってくる。ちょっとした事柄が、こうした、綱渡りにひとしい精神のバランスを失わせてしまうのだ。

レリスの自殺未遂は、メトローにとって衝撃だったと思われる。「レリスは今、その自殺の原因と結果について一冊の本を書いている。それで入院費用を取り戻そうとしているんだ!」というヴェルジェ宛の手紙の中の、冗談めかした、いささか露悪的な物言いは、この衝撃の裏返しであろう。

手紙はさらに続く。

〔……〕離婚を抱えて、私はこれまで以上にたった一人だ。闇の中に沈みこんでゆくような気がする。おのれの不幸を身にしみて感じていることをあなたには隠すまい。これまで以上に、正しいのはあなただ、と思っている。真の賢者、われらが見習うべきお手本は、われらすべての師、ババラオたるピエール・ヴェルジェであるぞ。

目下私は何もせず、何も書かず、読みさえしていない。全く下らぬ不毛な生活を送って、自分から逃げることに甘んじている。私の好奇心と関心の欠如はおそろしい。それは、こうした一切がなんらかの形で終わるのを見たいという気持を、たえず募らせるからだ。もう一度人生への意欲をとり戻すにはどうしたらいい？

しかしメトローの人生には、ひと時明るさが戻ってくる。一九五八年一月四日付のヴェルジェへの手紙は、次のような文面ではじまる。

あなたに手紙を書くのは、鐙に足をかけてだ。しかも足は二つの鐙にかかっている。私は、さんざん私を悩ませたじゃじゃ馬とは別の馬の鞍にまたまたがることができたんだから。興味津々なことに、新しいご婦人は、ダイエットする以前のあなたに似てるときている！

鐙の一つは、彼が計画していたインド旅行であり、もう一つは、彼の三度目の夫人となるフェルナンド・シュルマンへの暗示である。

フェルナンド自身の語るところによれば（『鐙を足にかけて』）、二人は、共通の知人である女性から紹介されて知り合い、前年の十二月三十一日に、大晦日の夜食をともにしたとのことである。のちにメトローはヴェルジェに、三度目の結婚について、そこに「安楽と奉仕を求めず」、それを「出発、非順応主義、一種の再生」とみなしていると語り、フェルナンドにあって彼を魅惑するのは、「あなたと共通する部分」だと書いているところからして、彼女は、ヴェルジェ同様、活力にあふれた、行動力豊かな女性であったらしい。実際、一九五九年に夫妻がペルーに滞在していた折、彼女はヒッチハイクをしながら一人でペルーの中をまわり、警察に逮捕されたりもしているのである。

メトローのインド旅行については、日記が残っておらず、それに関する文章もなく、詳細は分からないが、ヴェルジェへの手紙によれば、カルカッタからブータン国境までゆき、さらにアッサム地方まで足を伸ばした模様である。

彼は、アマゾンの森からの手紙の中で、「思春期、東洋の諸民族の方に心を寄せていたころには、私は、後に私をインディオの諸部族の方へと押しやった傾向よりは、はるかに健全な傾向に従っていたのだ」と書き、一九五五年にはヴェルジェに、『ハイチのヴォードゥ』の失敗——と彼は感じていたのだ——を嘆じたあと、「あのガレー船に私は一体全体何をしに行ったんだろう？　私の天職はインド学だったのに」とも記していて、インド学は、彼のひそかな、見果てぬ夢の一つだったようだ。そしてこのインド旅行は、その夢を求めてのことだったのかもしれない。

　彼がアメリカニストになったのは、メンドサ育ちの上、父がメンドサにいて足の便に恵まれていたのが大きな理由であったことは確かで、偶然の事情の結果、と言えば言い得る。彼に「自分に逆い、自分の性質に反したことをしたい」という欲求があったことも否定はできない。しかしそれが全てでなかったことは、『人間』誌のインタヴューで最初のフィールド調査について、「私が研究の対象とした、大部分南米に属するこれらの新しい——私にとって、われわれにとって新しい——文化の中で、私は予期していたのとは全く違った感情をおぼえました。私はとても気楽で、自分の文明の中にいるよりはるかに居心地よく感じたのです。なぜかって言うのですか？　多分身のまわりにもっとゆっくりしたリズムを感じたからであり、私が接触した人たちは、私たちみなを押し潰している問題などに悩んでいなかったからです。それは、私にとって一種の休息でした」と語っているからである。この「休息」がなければ、彼がそのほとんど一生をインディオ研究に捧げることはやはりなかったであろう。

　インドから帰ると、彼はフェルナンドを伴って、三週間のクレタ島旅行へと出発した。以下は、一九五八年七月九日付の手紙の一節である。

　精神的にも肉体的にも、私は別人だ。あなた同様「若返り《レフベネシド》」、頭も剃った。とうとう私は一切の責任を投げ出し、本能のままに生きることに決めた。途端に私は元気になった。心理的に安定するや、仕事をする力もとり戻した。

一九五九年、五十七歳のメトローは、アンデス計画の一環として、チリのサンチャゴ大学で教えるため、ユネスコ在籍のまま三月にパリを離れ、以後約一年、チリを中心に南米で暮らした。彼がフェルナンドと結婚するのも、八月十二日、サンチャゴでのことだ。

彼はまず、三月二十二日から三十日まで、ヴェルジェと会うため、バイアを一人で訪れている。「あなたに会い、私の友情が冷えるどころか、以前にもまして強くなっていることを示したいので、ユネスコの方は大不満だったが、旅程を変更してもらったのだ」と彼は旅立つ前、ヴェルジェに宛てて書いている。

メトローから結婚の計画を知らされたヴェルジェは、それを「狂気の沙汰」扱いし、「あなたが髭を生やしたら、青いにちがいない」とか、「実際にはあなたは一夫多妻制の支持者で、空間上ではなく、時間の上でその理想を実現しているのだ」（一九五八年八月二十四日付）などと、メトローをからかった。メトローはそれを気にして、次の手紙では、「あなたとまた一緒になり、一部でも生活（サルバドルのホテルの糞まみれの鼠だけはごめんだが）をともにすることができたら、私は結婚を考えなかったかもしれない」と書いていて、この辺の事情が、「友情が冷える」云々の文面となってあらわれたと思われる。

この結婚については、メトロー自身大分迷っていたことが、一九五九年一月の手紙からわかる。「パニュルジュ〔ラブレー『パンタグリエル物語』中の人物〕のように、私は、「結婚すべきか、せざるべきか」と考えては時間を過ごしている。〔……〕一方で、ひとり暮らしにかけての自分の無能力を、他方では、女性と暮らすことにかけての同じ程度の無能力を認めねばならない。〔……〕そういう次第で私は、私自身が何をしないでも済むわけではないにしても、一切を清算してくれる破局への希望を抱いて、思い切った一歩を踏み出す」と書いているからである。この手紙は、クレタ旅行直後の手紙とは打って変って暗く、今引用した一節のすぐ前には、「私は、生活に対する強い興味をとり戻せないでいる。誰かがこの世で何をしているのだと私に訊ねたら、小学生のように「終わるのを待っています」と答えたい気持だ。老年の徴候——リュウマチが出た。この痛みを伴う関節硬直は、死の予告《メメント》だ」という言葉が見られる。暗さの原因はリュウマチであろう。旅人である彼にとって、脚は、画家にとっての眼、音楽家にとっての耳に相当する。歩行が妨げられれば、旅は終わる。鐙に足をかけない人生など、彼には人生ではない。

バイアはちょうど復活祭を前にしての聖週間で、その賑いのさなか、メトローとヴェルジェは、さまざまな行事に立ち会い、旧知をたずね、例によって、カンドンブレの集会にも顔を出した。

しかしこのメトローのバイア訪問は、いつもと違い、二人の交友に暗い影を落とした。この訪問以後の彼の手紙は、それから半年以上も経った十月十四日付のものである。

一年がかなり早く経った。チリは、私をとらえている無気力にはうってつけのところで、私はそれから中々抜け出せないでいる。〔……〕一時期から私は、「旅は終わりだ」という気がしている。こうした気持は、こんなことを言うのを許してもらいたいが、ちょっと苦い後味を残したバイア訪問以来一層募った。あなたはちょっと私の分身みたいだが、私から離れようと決めたんじゃないだろうか。別れ際にあなたが口にしたエグンのイメージが、私につきまとって離れない。

エグンとは、ヨルバ族の死の神である。メトローの誤解を解こうとしてヴェルジェの書いた返事から推すに、彼に他意はなく、「いつものふざけ心」から、声をひそめて、今度はダホメで会おうという意味で、エグンのところで会おうといったたぐいのことを囁いたらしい。もちろんそこには、六十歳を間近に控えた二人の老いへの暗示もあったであろう。しかし健康なヴェルジェとは違い、リュウマチを抱え、死への傾斜を確実に辿りおりていたメトローの心に、この言葉は深く突き刺った。

二人の疎隔のもう一つの原因は、メトローの結婚に対するヴェルジェの相変らずの無理解であった。次の十一月十九日付の手紙で、メトローは、すでに記したような彼の結婚の理由を諄々と説明し、そうしたことをヴェルジェが理解しなかったのは不思議だ、と嘆いているからである。

同じ手紙の中で、彼はこう書く。

この前会った時、あまりざっくばらんでなかったことを悔やんでいる。私のひどい孤独感、仲間も友達もなしにこれまでやってきたことの苦労をあなたに言うべきだったんだ。あなたは多分分ってくれてはいないだろうけど、私はあなたを、生活の一部をともにしてくれた唯一の友、好みもフォビーもマニーも共通する唯一の友と思っている。私はあなたを、私より勇気があって、私が企てるのをためらうことを実現する一種のアルター・エゴと、私自身より自分自身に忠実な人間とみなしてきた。私はそのあなたの方からの疎隔と冷淡さを認めたように思った。私の孤独感と落胆は、そのため一層募った。

この手紙に対するヴェルジェの返事は残っていない。

三十余年後、『鐙に足をかけて』の編者に二人の友情の冷却の理由を問われて、ヴェルジェは、何の心当たりもないと答えている。しかし以後二人の間の交信が間遠になったことだけはたしかで、この手紙以後、メトローが自殺する一九六三年四月十一日までの三年半の間に、メトローの手紙は四通、ヴェルジェのものは五通しか存在しない。そして実際ヴェルジェは最後の手紙（一九六三年二月二十六日付）で、「私たちの古い友情の絆は、いくらか弛み、風のまにまに漂っている」と書いているのである。メトローが大変重要視していたこの友情の冷却は、彼の自殺の、少なくとも遠因の一つではあっただろう。

一九六〇年半ば、チリからパリに戻ったメトローを待っていたのは、高等研究院の教授の椅子である。彼は、ブローデルその他のはからいによって、ユネスコ停年（一九六二）を前にしてこの職を得たのであり、以後死ぬまで、研究院の第六部門において南米インディオの民族学を講ずる。彼は、ヌイイのステュディオから、モンパルナス大通りにさらに広いアパルトマンを買って移り、そこでフェルナンドと暮らしている。スイユ社からの『インカ』の出版も決まっており、表面的には彼の生活は、内面とはうらはらに、順風満帆といったおもむきである。

『インカ』(一九六二)は、彼の生前に出版された最後の本である。彼はチリ滞在中、インカの遺跡を精力的に歩きまわっており、この本は『イースター島』以来の彼の著作同様、徹底した現地調査と文献渉猟にもとづき、インカの興亡をいきいきと描き出した「知性と熟慮の小傑作」(バスティッド)で、その視線は、「二十世紀のインカ族」にまで届いている。

『ハイチのヴォードゥ』同様、挿入されている写真のほとんどは、ヴェルジェのものだ。ただしこの本のために彼がわざわざ撮影したのではなく、メトロー以上にかつてのインカの地をくまなく旅し、『ペルーのインカ』(一九五〇)という写真集まで出している彼の写真のストックを適宜に利用したものであった。

一九六一年にも、彼は「鐙に足をかけ」続ける。六月にフェルナンドとともにアメリカに渡り、ニューヨークからカリブ海の島々をめぐる船旅に出、そのあと一人でギアナの奥地に入る。日記に見るかぎり、これは彼の「最後の旅」(ダン)だ。

船はもちろんポルトー=プランスにも寄港する。

照明に照らされたポルトー=プランスの停泊地。ここを見るのも最後だと思う。ハイチにいる必要がないと思うと、本当にほっとする。そうだ、私はもうこの国を愛していない。ここでは、することはもう何もない。

これは、日記の一節だ。

「困難な条件の下で」ではなく、ヴァカンス旅行めいた、安楽な条件の下で旅をした自分を罰しようとするかのように、旅の途中から、彼は突然、「インディオたちに会えると思うと、荒々しい、ほとんど子供っぽい興奮」をおぼえて、英領ギアナの奥地へフィールド調査に赴く。おきまりの落ちこみ、強度の不安、集中力の欠如、無気力……。調査の終わりごろ、彼は意味深長な父の夢を見る。

私は、その死の直前のような、痩せて、背をかがめ、おだやかながら苦しげな表情をした父を見た。私は彼と一緒に夜のさなか、彼の腕を支えて、広い並木道を下っていた。ためらい、いくらか気兼ねしながら、私は言った。「パパ、年をとったように思うんだ。調子が悪いんだよ。どうしたらいいか、なにかアドヴァイスしてくれない?」。彼はいくらか放心したような様子で答えた。「アデノールを飲むんだな」。そう言うと、大きな日刊紙の本拠である大きな建物の中へ私を入らせた。そこでは、機械がきらきら光る活字で、ありとあらゆるニュースをさまざまな言語で印刷していた。父はこうして、私たちに共通のはにかみと気兼ねから、会話をそらそうとしているように思われた。

ダンによると、一九六二年初めから自殺する六三年四月までのメトローの日記は存在しない由である。それゆえこの期間の彼の動静はよく分らない。しかし彼がただ「終わるのを待って」いただけでないことは、この間、例のバタイユ追悼文「民族学者たちとの出会い」をはじめ、いくつもの論考やエッセイを、学界誌、一般誌に発表している事実からも知ることができる。

ヴェルジェ宛のメトローの最後の手紙は、一九六三年四月五日付、すなわち自殺のほぼ一週間前のものである。それは、このような文面ではじまる。

ナイジェリアでのお楽しみの最中に、私のことを思い出してくれて有難う。あなたに六十歳の誕生のお祝いを出さなかったのは、実際にはペシミズムのせいだ。

二人は、前年の十一月五日に六十歳を迎えていた。二人はこれまで、この日に必ず祝いの手紙を書き合ってきたが、その年は二人とも、期せずしてそれをしなかった。それでヴェルジェは、この手紙の前に、「私たちの古い友情の絆は〔……〕」云々と、メトローに書いて寄越したのである。このころヴェルジェは、ナイジェリアのイバダンに住み、フランス・黒人アフリカ研究所に依頼されて、奴隷貿易に関する大著を執筆していた。

〔……〕私の六十歳は、出だしが悪かった。一冬中坐骨神経痛に悩まされ、びっこになり、よく眠れなかった。こうした痛みが慢性化する「高齢」のことを考えておびえた精神状態の方は言わずもがなだ。しかし今は元気を回復し、数週間後にはブラジル、とくにパラグアイへ発つ準備をしている。

彼の南米旅行、とくにパラグアイでのフィールド調査の計画は、冒頭に引いたクラストルの回想の中にも記されていて、思いつきではなく、かなり以前から企てられていたことは明らかである。彼はたしかにまた「鐙に足をかけ」ようとしていた。しかし四月十一日、彼は、鐙から足をはずし、それに背を向け、致死量のバルビツール剤を携えて、パリ近郊のシュヴルーズの谷へと向かったのである。この一週間のあいだに一体何があったのか？　なにが谷の大樹の下へと彼を誘ったのか、今となっては知る由もない。

ヴェルジェは、メトローの自殺を知った時のことについて、「この決心の遂行は、私を深く悲しませたけれども、それほど驚かせはしなかった。なぜって、それは老年を受け入れることに対する彼の嫌悪の当然の結果だったのだから」（「アルフレッド・メトローとの三十年の友情」）と書き、そして自分も三十歳に達した時、四十歳になったら自殺しようと決心し、生き得る日にち分のミリメートルに分割されたメートル尺を買い、一日が終わって眠りにつく前、残っている日にちが正確に分るように、一ミリずつ切りとっていったという話を付け加えている。三十歳の彼にとって、四十歳は「許し難い」年齢であった。しかしアフリカの地で再生をとげた彼は、九十四歳の長寿を全うする。

レリスは休暇先のムージャンで、レヴィ＝ストロースを介してメトローの死を知った。彼はその日の日記にこう書いている。

心配した通り自殺だった。シュヴルーズの谷の奥まった場所で遺体が発見されたが、そこでバルビツール酸睡眠薬を大量に呑んだのだ。熟慮の上で、そしてまた助かる可能性を完全に排除した上で自殺に及んだと思われる。さもなければ、このように人里離れた場所を選んだりはしなかっただろう。

次は同じレリスの日記の中の五月三日の記述である。


メトローが死を前にして書き綴った八ページ分のノートの抜粋。

ソクラテスの死を描く画像〔ルイ・ダヴィッドの有名な絵《ソクラテスの死》〕への言及。子供時代もしくは青春時代に本のなかで見たイメージ〔……〕段々と寒さの感覚が強まることをめぐっての、もうひとつ別なソクラテスへの言及。

ただ眠り込んでしまうだけだといけないと思い、バルビツール酸睡眠薬をさらに呑み込む必要があったという表現。

「わが二十歳の頃のエヴァ」、それから何人かの友人たち（レヴィ＝ストロースや――自分の名があって嬉しかったが――わたし）への言及。

ローマ古代の作家たちの文章の引用。

英語の文章のなかにはシェイクスピアの引用（『ハムレット』のなかのホレイショの台詞「Good night, sweet prince!」）があった。

「その一切は文学だ！」に類する言葉。読解不可能な文字の数々。

有効な文学。すなわち人生の危機的な瞬間の伴侶となることができる文学であり（オーケストラが歌声の伴奏をするように）、どのような手段を用いてこれに到達したのかという点はほとんど重要ではない（心底から人を驚かせる告白、激しい叙情、まばゆいばかりの創作）。

＊文中に引用した、レリスの日記は千葉文夫（『ミシェル・レリス日記』１・２、みすず書房）の、ジェイムズ・クリフォードの『文化の窮状』（人文書院）は清水展の、レヴィ＝ストロース／エリボン『遠近の回想』（みすず書房）は竹内信夫の訳文を拝借した。

主要参考文献

（１）メトローの主な著作

L'Ile de Pâques, Gallimard, 1941.

Le Vaudou haïtien, Gallimard, 1958.

Les Incas, Seuil, 1962.

Religions et magies indiennes, Gallimard, 1967.

（２）メトローの日記

Itinéraires 1 (1935–1953), Payot, 1978.

（３）ヴェルジェとの往復書簡集

Le pied à l'étrier, Jean-Michel Place, 1994.

（４）メトローに関する主な文献

Présence d'Alfred Métraux, réunie par Dominique Lecoq, Acéphale, 1992.

L'Homme, n°4 1964, Editions de l'Ecole des Hautes Etudes en Sciences Sociales.（メトロー追悼号）

あとがき

旧著四冊に単行本未収録の一文を加えまとめて復刊されることになり感慨深いものがある。とりわけ、三十五年前に出した『島の精神誌』（一九八一）は愛着の深い本だ。まったく違った分野の人物や事象に行き当たりばったりの関心を抱いてきた人間――私はえてしてそんなふうに思われがちだが、この本を読んで下されば、私の主題が終始一貫していることだけは分っていただけるにちがいない。

島と南方憧憬から私は出発した。最初のころは、人のあまり行かない島々を訪ねて歩く気ままな旅人であった。私は賞には縁の薄い人間だけれども、一九六一年に雑誌『旅』の紀行文学賞をいただいた。受賞作は、こうした旅から生まれた「三宅島へのひとり旅」というエッセイであった。その後、島については、白水社の「日本風景論シリーズ」の一冊として『島』（一九八四）を書いている。

同年の夏、私は初めて、まだ復帰前の沖縄を訪れ、その風土を発見し、御嶽という森だけの聖地に深い感銘を受けた。以来今日まで、御嶽めぐりをしたいばかりに半世紀余にわたって沖縄通いを続けている。その辺のことは、本書に収録された『南の精神誌』（二〇〇〇）に詳しく書いた。

神社も古代にあっては社殿がなく、森だけだったと考えられている。私は、本土にも森だけの聖地があちこちの離島や僻村にいまでも残っているのを知り、若狭のニソの森、対馬の天道山、鹿児島のモイドン、種子島のガロー山などを旅して歩いた。その報告がやはり本書に収めた『神の森　森の神』（一九八七）である。

最近、平凡社新書で、『原始の神社を求めて』（二〇〇九）、『神社の起源と古代朝鮮』（二〇一三）と題する二冊の本を出した。十年ほど前、私は韓国の済州島で、御嶽そっくりの堂《タン》という聖地を発見した。大方は社殿がなく、榎を中心とした小さな森と、岩などを利用した祭壇だけである。御嶽とのもう一つの共通点は、祭の主役が女性であることだった。以来、毎年のように済州島へも渡って村々の堂を見て歩いた。堂は日本の神社と同様、かつては朝鮮半島のどこの村にもあったものらしい。しかし儒教化するか、近年のキリスト教の急速な普及によって消え去るかしてしまった。堂が御嶽あるいは神社と無関係だとはとても思われなかった。そして私は、古代朝鮮が神社の起源に大きな役割を果たしていることを確信するようになった。だからこの二冊は、御嶽に対する私の長年の関心の結実と言えるのである。

一九六一年はまた、柳田国男の遺著となった『海上の道』が出た年であった。私は沖縄へ行く船中でこれを読み感動し、以来柳田の著書を耽読、『柳田国男の青春』(一九七七)、『貴族院書記官長柳田国男』(一九八五、以上筑摩書房)、『殺された詩人——柳田国男の恋と学問』(一九九六、新潮社)、『柳田国男の恋』(二〇一二、平凡社)と四冊の本を出すまでに入れこんでしまった。柳田の仕事は、神社、御嶽を含め、日本人の信仰を考えるうえで、私がつねに仰いできた指針であった。

私の島と南方への憧憬に火をつけたのは、あのポール・ゴーギャンである。私が最初に出した本は、彼がタヒチから妻と友人たちに宛てた書簡の翻訳『タヒチからの手紙』(一九六二、昭森社)であった。この本の書評を『朝日新聞』に書いて下さった、作家であり名著『ゴーギャンの世界』の著者でもあった故福永武彦氏は、私のことを「ゴーギャンにとりつかれた青年」と書いている。実際、当時の私のゴーギャン熱は、愛好や私淑という段階を越えており、狂信者めいたところさえあった。私は、ゴーギャンに倣ってタヒチへ行かねばならないと思いこんでいたが、当時の旅行事情では無理だったので、かわりに沖縄を選んだのである。

その後もゴーギャンに関心を持ち続け、彼の文章と書簡を集めた『オヴィリ 一野蛮人の記録』(一九八〇、みすず書房)を翻訳し、また、彼を中心として、近代の画家たちの南方への関心を主題とした『絵画のなかの熱帯——ドラクロワからゴーギャンへ』(二〇〇五、平凡社)を書いた。

私は美学美術史学科を出ており、勤務していた大学では西欧の近代美術史とフランス語を教えていたのだから、世間からみればこの辺が私の「専門」ということになるらしい。そして私は、長年にわたって「専門外」の事柄にかかわり続けてきた、というわけである。しかし、このような区別は、あまり意味があるとは思われない。御嶽と柳田国男とゴーギャンとは、私の中で深く結びついていて、それぞれに対し、同じ強い関心から、長い時間、精力をもって対してきたからであり、そこにはまったく軽重の差はない。

なお私の「専門」の仕事としては、ほかに『アンリ・ルソー　楽園の謎』（一九八三、新潮社、現在は平凡社ライブラリー）、『郵便配達夫シュヴァルの理想宮』（一九九二、作品社、現在は河出文庫）がある。ルソーもシュヴァルも、一歩もフランスを出なかったけれども、ともに南方憧憬の強い人たちであった。

西欧の大半は、気候・風土ともに北であり、西欧を嫌悪した人たちにとって、そこは「氷の牢獄」（ロティ）と化す。そのとき彼らの瞼裏には決まって南方が姿を現すのだ。こうして南方へ赴いた文人、画家は数多い。なかにはゴーギャンのようにかの地で客死して、ヨーロッパに帰らなかった人も少なくない。ドラクロワ、ボードレール、ランボー、ゴーギャン、ロティ、アルトー、レリス、シュピース、ロレンス……。そうした人々は系譜をなし、その作品は一つのジャンルをなしているとさえ言えるほどだ。しかし彼らの多くは、西欧の文学史、美術史で正統の位置を占める。ランボー抜きにして近代詩を、ゴーギャン抜きにして近代絵画を語ることはできない。西欧を嫌悪し、否定した彼らこそ、もっとも西欧近代を体現した人たちだと言えるほどだ。そこに西欧近代の逆説がある。

私は西欧近代のこのような系譜にも深甚な関心を抱いてきた。ロティ、ルーセル、レリス、メトローに関する私の仕事はここから生まれた。

ゴーギャンより先にタヒチに渡り、彼のタヒチ行に影響を与え、ゴッホやルーセルが愛読したピエル・ロティではあるが、時流に投じエキゾティシズムを鼓吹した二流作家、というのがごく最近までの彼への評価であった。『島の精神誌』を出した時点で、ロティはまだ私の視野に入っていなかったが、一九九五年、しばらく滞仏していた際、フランス中部、大西洋岸にある彼の故郷ロシュフォールを訪れ、奇想の館とも言うべきその生家を見て好奇心をそそられた。いろいろと調べていくうちに彼が単なるエキゾティシズムの作家ではないという確信が生まれ、世上一般のあまりの評価の低さに義憤さえおぼえて、『ピエル・ロティの館』（一九九八、作品社）を書いた。

レーモン・ルーセルは、このような系譜に収まり切らない作家だが、ロティの熱烈な讃美者であり、一九二〇年の世界一周旅行の折には、ロティの足跡を訪ねるためタヒチに長く滞在したほどである。また、ポニュケレ国というアフリカの架空の国を舞台にして『アフリカの印象』（一九一〇）を書き、最後はシチリア島を死場所として選んでいることからして、南と島にも関わりが深い。そのうえレリスの師匠格であり、私はそのからみで彼の存在を知ったのである。そして、彼の代表作『アフリカの印象』と『ロクス・ソルス』（一九一四）を、稀にみる幻想文学の傑作と思い翻訳（一九八〇、白水社。一九八八、ペヨトル工房。いずれも現在は平凡社ライブラリー）、『レーモン・ルーセルの謎』（一九九八、国書刊行会）という本まで書いた。

ミシェル・レリスは、私がこれまでに一番親炙した西欧の作家である。自己と世界を変えたいと念願してシュルレアリスム運動に参加しながら、この運動が単なる文学運動にすぎないと知って脱退、民族学調査団の一員として足掛け三年アフリカに滞在、帰国後、その旅日記『幻のアフリカ』（一九三四）によって文名を得、かたや人類博物館に勤務してアフリカ専門の民族学者となり、その後、特異な自伝小説『ゲームの規則』四巻を出して、二十世紀を代表する作家として知られるに至った。

私は、レリスの生き方や在り方に共感をおぼえると同時に強く惹かれ、『幻のアフリカ』（共訳、一九九五、河出書房新社。現在は平凡社ライブラリー）や『ゲームの規則』の第一巻『ビフュール』（一九九五、筑摩書房）だけでなく、彼の民族学的著作や美術評論（『ピカソ　ジャコメッティ　ベイコン』一九九九、『デュシャン　ミロ　マッソン　ラム』二〇〇二、いずれも人文書院）までも翻訳した。近く、千葉文夫、谷昌親両氏の協力を得て『ゲームの規則』全四巻の完訳を出す予定である（平凡社近刊）。

アルフレッド・メトローは、レリスの親しい友人であり、レリスをして「詩人＝民族誌学者の典型的タイプ」と言わしめた、すぐれた民族学者である。彼もレリス同様、西欧文明に対する疑問から、未開と呼ばれた人々に目を向け、『イースター島』（一九四二）、『ハイチのヴォードゥ』（一九五八）、『インカ』（一九六二）といった名著を残した。本書に収録した「引き裂かれた旅人——民族学者アルフレッド・メトローの場合」は、わが国ではまだほとんど紹介されていない彼の人間性と仕事を、なんとか日本の読者に知ってもらいたくて書いた小さな評伝である。

西欧近代の画人・文人たちによる南方行の脈々たる系譜に比べ、日本にはそうした系譜が存在しない。奄美・沖縄のような亜熱帯の島々を国土に持ち、日清戦争の結果台湾を領有し、第一次大戦後、南洋群島を委任統治領としたにもかかわらず、そうした土地に移り住んでかけがえのない仕事をした日本の画人・文人は少なくとも戦前までは皆無にひとしいのである。学問の分野でもそれは変らない。たとえば、一九二〇年、柳田国男が沖縄に旅して、学問上の沖縄の重要性を訴えるまで、本土の側の沖縄研究はほぼ白紙にちかかったのである。

このような日本人の南方無視あるいは無関心は、明治以来の西欧崇拝の裏返しとも言えるだろう。しかし本質は、日本そのものが南方だったからだと私は考えている。

そうしたなかで、南洋群島で十三年暮らした彫刻家・画家・民族誌学者の土方久功、その弟子で、ほぼ一生を南洋で生き、テニアン島で死んだ、宮大工上がりの特異な彫刻家杉浦佐助は、まことに稀有な存在である。

久功のことはずいぶん前から知っていて、『島の精神誌』の中の「治癒の場としての南島——土方久功、中島敦、島尾敏雄」の章でも取り上げはしたが、詳しいことは知らず、作品もろくに見ていなかった。この本に故谷川健一氏が目をとめ、或る雑誌の対談の相手に私を指名され、その直後、旧知の仲だったという久功の家へ連れて行って下さった。紹介いただいた未亡人からは、久功が生涯一日も欠かさずにつけ通したという厖大な日記のコピーの恵贈を受け、一年がかりで読み、コロール島やパラオ本島にも赴いて、彼の伝記『南海漂泊』（一九九〇、河出書房新社）を、次いで杉浦佐助の伝記「南海漂蕩」と久功と中島敦とのパラオでの交友について書いた「パラオ好日」を合わせた『南海漂蕩』（二〇〇七）によって和辻哲郎文化賞を受けた。

付言すると、「パラオ好日」の二人の主人公、中島敦と土方久功の展覧会が、「パラオ——ふたつの人生　鬼才・中島敦と日本のゴーギャン・土方久功展」と題して、二〇〇七年十一月十七日から〇八年の一月二十七日にかけて世田谷美術館で、次いで二〇〇八年四月十二日から六月二十二日まで、土方久功、杉浦佐助、儀間比呂志の、南洋群島における三代の師弟を中心に、南洋群島へ赴いた他の美術家たちの作品も含め、「美術家たちの南洋群島展」が町田市立国際版画美術館（高知美術館、沖縄県立博物館・美術館へも巡回）で開かれた。この二つの展覧会の開催は、私にとって大変嬉しいことだった。とりわけ後者では、佐助の怪異な彫刻がその生前の展覧会以来はじめて、まとまった形で——といっても彫刻は僅か七点だったが——人々の見る機会となったからである。私は微力ながら、両展覧会のお手伝いをした。

こうして私のささやかな仕事を振り返ってみると、それらがいずれも旅と不可分であったことをあらためて思う。

最後にこのような本を企画し、それを推進して下さった松井純氏に心からお礼を申し上げる。

岡谷公二

二〇一六年一月七日

著者略歴

岡谷公二（おかや・こうじ）

1929年生。東京大学文学部美学美術史学科卒業。跡見学園女子大学名誉教授。著書に『アンリ・ルソー　楽園の謎』（平凡社ライブラリー），『郵便配達夫シュヴァルの理想宮』（河出文庫），『レーモン・ルーセルの謎』（国書刊行会），『ピエル・ロティの館』（作品社），『貴族院書記官長柳田国男』，『柳田国男の青春』（以上，筑摩書房），『島の精神誌』（思索社），『神の森　森の神』（東京書籍），『島』（白水社），『南海漂泊』（河出書房新社），『殺された詩人』，『南の精神誌』（以上，新潮社），『絵画のなかの熱帯』『柳田国男の恋』（以上，平凡社），『南海漂蕩』（冨山房インターナショナル，和辻哲郎文化賞），『原始の神社を求めて』『神社の起源と古代朝鮮』（以上，平凡社新書）訳書に，レリス，ドランジュ『黒人アフリカの美術』（新潮社），レリス『日常生活の中の聖なるもの』（思潮社），同『幻のアフリカ』（平凡社ライブラリー），同『ゲームの規則　ビフュール』（筑摩書房），同『レーモン・ルーセル』（ペヨトル工房），同『ピカソ　ジャコメッティ　ベイコン』，同『デュシャン　ミロマッソン　ラム』（編訳，以上，人文書院），ルーセル『アフリカの印象』，同『ロクス・ソルス』（以上，平凡社ライブラリー），バルディック『ユイスマンス伝』（学習研究社），ゴーガン『タヒチからの手紙』（昭森社），同『オヴィリ　一野蛮人の記録』（ゲラン編，みすず書房）など多数。

島／南の精神誌

2016年 9 月 1 日　初版第 1 刷印刷
2016年 9 月10日　初版第 1 刷発行

著　者　岡谷公二
発行者　渡辺博史
発行所　人文書院
〒612-8447 京都市伏見区竹田西内畑町 9
電話 075-603-1344　振替 01000-8-1103

装幀者　間村俊一
カヴァー写真　港千尋
印刷所　㈱冨山房インターナショナル
製本所　坂井製本所

落丁・乱丁本は小社送料負担にてお取り替えいたします

© 2016 Koji Okaya Printed in Japan
ISBN 978-4-409-54083-1 C3039

http://www.jimbunshoin.co.jp/

JCOPY 〈(社) 出版者著作権管理機構 委託出版物〉

本書の無断複写は著作権法上での例外を除き禁じられています。複写される場合は、そのつど事前に、(社) 出版者著作権管理機構（電話 03-3513-6969、FAX 03-3513-6979、e-mail：info@jcopy.or.jp）の許諾を得てください。